CANDACE FALK
LIEBE UND ANARCHY
&
EMMA GOLDMAN
EIN EROTISCHER BRIEFWECHSEL
EINE BIOGRAPHIE

Titel der amerikanischen Ausgabe:
Candace Falk
Love, Anarchy and Emma Goldman
A Biography
edited by Holt, Rinehart & Winston
New York 1984

Aus dem Amerikanischen übersetzt von:
Dita Stafski und Helga Woggon.

CIP–Kurztitelaufnahme der Deutschen Bibliothek:

Falk, Candace:
Liebe und Anarchie & Emma Goldman: e.
Biographie; e. erot. Briefwechsel / Candace
Falk. [Übers. aus d. Amerikan. v. Dita Stafski
u. Helga Woggon.] – Berlin: Kramer, 1987.
Einheitssacht.: Love, anarchy, and Emma
Goldman ‹dt.›
ISBN 3–87956–177–X

©Karin Kramer Verlag
Braunschweiger Str. 26
1000 Berlin–Neukölln (44)
1. Auflage 1987
Gesamtherstellung: Offsetdruckerei Dieter Dressler, Berlin

Candace Falk

Liebe
und
Anarchie
&
Emma Goldman

Ein erotischer Briefwechsel
Eine Biographie

Karin Kramer Verlag
Berlin

Inhalt

I. Selbstzensur
9

II. Tochter eines Traums
19

III. Liebe – eine gewaltige Macht
57

IV. Promiskuität und freie Liebe
89

V. Liebessucht
109

VI. Teer und Beifuß
139

VII. Söhne und Mütter
163

VIII. Nichts ist unwiderruflich
173

IX. Geburtenkontrolle – „Blut– und Eisenmilitarismus"
185

X. Das Jahr 1917
Selbst heute noch ist es eine Qual, darüber zu schreiben
211

XI. Die letzte Seite eines stürmischen Kapitels
1918 – 1919
225

XII. Mütterchen Rußland
241

XIII. In alle Winde zerstreut
255

XIV. Grenzüberschreitungen
271

XV. Wiedergelebtes Leben
287

XVI. Blinder Glaube
301

XVII. Tödliches Ende
321

XVIII. Gegen eine Lawine
335

Nachwort
353

Hinweise, Anmerkungen und Danksagungen
356

Bildnachweise
357

Namensverzeichnis
358

GERHARD
SISTERS
Photo
St. Louis

I.
SELBSTZENSUR

Als Achtundfünfzigjährige begann *Emma Goldman* 1927 mit der Niederschrift ihrer Lebensgeschichte. Das war acht Jahre nach ihrer Ausweisung aus den Vereinigten Staaten. Zwei Jahrzehnte lang war sie dort als „Königin der Anarchisten" bekannt. Zu Tausenden waren die Menschen zusammengeströmt, um ihre mitreißenden Reden zu hören, ihre Visionen von einem Dasein zu teilen, das so viel anders sein könnte, würden wir uns nur zu unserer Menschlichkeit bekennen. Zu einer Zeit, als die konventionelle Ehe zur alleinigen Norm erhoben war, verteidigte Emma bereits die freie Liebe und plädierte für eine Geburtenkontrolle, als über dieses Thema noch nicht einmal geschrieben wurde. Sie kämpfte für die Redefreiheit, als dieses Recht allzuoft in der Praxis mit den Füßen getreten wurde; und sie agitierte für den Acht-Stunden-Tag, als zwölf Stunden die Norm waren.

Emma definierte den Anarchismus als „die Philosophie einer neuen Gesellschaftsordnung, gegründet auf einer von menschlicher Gesetzgebung unbeeinträchtigten Freiheit; als eine Theorie, nach der alle Regierungsformen auf Gewalt beruhen und deshalb falsch und schädlich und völlig überflüssig sind." In ihrer Autobiographie schrieb sie: „Ich fordere Freiheit und das Recht auf Selbstentfaltung, das Recht eines jeden Individuums, Schönes und Sinnvolles zu tun." Ihr ganzes Leben galt dem Kampf für die Veränderung der Gesellschaft. Als sie schließlich 1917 ihre Stimme gegen die Wehrpflicht erhob, wurde ihr der weitere Aufenthalt in Amerika, ihrer Wahlheimat, untersagt. Aufgrund ihrer Überzeugung verbrachte sie achtzehn Monate im Gefängnis und verlor ihre Staatsbürgerschaft, bevor sie zusammen mit Hunderten anderer in die Sowjetunion deportiert wurde. Paradoxerweise war diese Rückkehr in das Land ihrer Geburt und der jungen Revolution für sie alles andere als eine Heimkehr. Kaum waren zwei Jahre verstrichen, übte sie dort schon offene Kritik an der Unterdrückung der Freiheit und am Niedergang der Ideale der Russischen Revolution. Wieder einmal wurde sie ausgebürgert, wanderte von Land zu Land, von den Rechten gehaßt und von vielen Linken skeptisch beobachtet; politische Aktivitäten waren ihr strengstens untersagt. Wohin sie auch ging – sie fühlte sich eingeschränkt und bespitzelt.

Etwa 1927 begann sie, in ihrem Dasein einen neuen Sinn zu erkennen. Gleich dem „realen Revolutionär, dem Träumer, Künstler und Bilderstürmer", den sie in ihrer Kritik von Gerhart Hauptmanns Stück *Einsame Menschen* beschrieben hatte, fühlte sich Emma mehr und mehr von ihrer Umwelt losgelöst. Einst hatte sie viele andere Menschen für die Idee, in dieser grausamen und ungerechten Welt für eine bessere zu kämpfen, begeistert, immer wieder hatte sie die Meinung vertreten, daß die Fähigkeit, sich ein Leben in Freiheit vorzustellen, ein unerläßlicher Schritt zur Verwirklichung einer neuen Gesellschaft sei. Die Zweifel, ob ihr eigenes Leben überhaupt einen festen Platz in der Geschichte hätte und ihre Visionen sich je verwirklichen würden, ergriffen zusehends Besitz von ihrem Denken. Emotional löste sie sich jedoch von den Frustrationen ihres Lebens als Exilierte und suchte Zuflucht in ihrer ruhmvollen amerikanischen Vergangenheit.

Beim Entwurf ihres Buches stützte sie sich auf ihren Reichtum an Briefen, um ein klares Diagramm ihrer turbulenten politischen Karriere zu erhalten. Briefe zu schreiben, war ihr stets leichter gefallen als Bücher und Vorträge zu verfassen, besonders weil (wie sie sagte): „Ich weiß, daß sie zu meinen Lebzeiten nicht veröffentlicht werden." Für diese Frau, die die meiste Zeit ihres Lebens allein lebte, bedeuteten Briefe Freundschaft zu jeder Tages- und Nachtzeit. In ihrer Korrespondenz hatte sich Emma sowohl über ihre sexuellen Gefühle, als auch über ihre politischen Neigungen freimütig geäußert. Anhand dieser Korrespondenz gelang es ihr, nach und nach die eigene Vergangenheit wieder aufleben zu lassen – je nach dem, wie bereitwillig sich ihre Freunde von den Briefen trennten, die sie ihnen einstmals geschrieben hatte. In ihrer kleinen Wohnung in Toronto versuchte sie, sich in frühere Zeiten zurückzuversetzen. Sie beabsichtigte, ihre hier entdeckten Schätze nach *Bon Esprit*, ihrem Landhaus in St. Tropez, mitzunehmen, wo sie dann mit der eigentlichen Niederschrift ihrer Memoiren begann.

Sie hatte sich bewußt dafür entschieden, ihr Leben nicht auf die herkömmliche Weise zu beschreiben. Sie wollte ihr öffentliches Auftreten nur bei gleichzeitiger Schilderung all ihrer Schwierigkeiten darstellen, um ihre politischen Ideale auch in ihrem persönlichen Alltag aufzuzeigen. Aber damit sah sie sich vor das Problem gestellt, Akzente zu setzen. Ihr schien es, als sei sie selbst „aus vielerlei Fäden gewoben, deren Schattierungen und Strukturen sich miteinander in Disharmonie befinden", und bis ans Ende ihrer Tage „zwischen dem Verlangen nach einem privaten Dasein und der Notwendigkeit, sich ganz (ihrem) Ideal zu widmen, hin- und hergerissen".

So schrieb sie an ihren beständigsten Freund Alexander Berkman:

„Ich beschreibe das Leben der Emma Goldman – der öffentlichen Person, nicht aber des privaten Individuums. Natürlich möchte ich den Leuten zeigen, wieviel einer zu leisten vermag, der von einem Ideal durchdrungen ist, wieviel er zu ertragen bereit ist und wie weit er all die Schwierigkeiten und Nöte seines Daseins durchstehen kann. Werde ich dazu imstande sein und daneben auch noch die andere Seite aufzeigen können –

nämlich die Frau, die Persönlichkeit, auf ihrer Suche nach dem Unerreichbaren in einem privaten Sinne? Das nämlich ist die Schwierigkeit. Aber ich werde mich daran machen …"

Als Emma diesen Brief schrieb, war sie gerade in eine Affäre mit einem verheirateten Mann verwickelt, und zur selben Zeit vertiefte sie sich auch noch in ihre Korrespondenz mit einem anderen Mann, der während ihrer produktivsten Phase eine zentrale Rolle sowohl in ihrem politischen als auch privaten Leben gespielt hatte. Jene stürmischen zehn Jahre mit Ben Reitman – von 1908 bis 1917 – waren Jahre der rückhaltlosesten Leidenschaft gewesen, in denen jedoch Emmas hochgesteckte Liebeserwartungen zunichte gemacht wurden.

Der ungezügelte und auffallend gut aussehende Reitman übte sich in den verschiedensten Rollen: er war „König der Hobos", Kreuzritter der Arbeitslosen, Gynäkologe, Soziologe und PR-Agent. Er war 1908 in Emma Goldmans Leben getreten – „mit der Gewalt eines Wirbelsturms, um sich mit gleicher Geschwindigkeit wieder zu entfernen". Und nun, Jahre nach ihrer Trennung, erfüllte er Emmas Bitte um Rückgabe ihrer zahllosen Liebesbriefe, die sie ihm einst geschrieben hatte. Zusammen mit den Briefen kam Bens kurze Notiz: „Wenn du diese alle noch einmal durchliest, wirst du erstaunt sein, daß du mich einst geliebt hast." Aber für Emma waren sie mehr als die Erinnerung an eine Liebe. Über dem Lesen stiegen in ihr all die schmerzhaften Gefühle der Ungewißheit und Verzweiflung noch einmal hoch, die sie fast während der ganzen Beziehung gequält hatten. Und sie kam zu dem Schluß, daß dies ein Teil ihrer Vergangenheit war, den sie nicht enthüllen durfte, wollte sie sich nicht der öffentlichen Mißbilligung und Kränkung ausliefern. Und in der Tat konnte sie sich auch nie dazu überwinden, die ganze Geschichte dieser Beziehung in ihre Autobiographie aufzunehmen.

Schon Jahre zuvor, als sich ihre Leidenschaft zu Ben auf dem Höhepunkt befand, hatte sich Emma offen über ihre grundlegenden Bedenken, die Geschichte dieser Beziehung der Menschheit preiszugeben, geäußert: „Wenn unser Briefwechsel je veröffentlicht werden sollte, würde die Welt schlechthin entsetzt sein, daß ich, die verwegene Emma Goldman, die überzeugte Revolutionärin, die Frau, die aller Gesetze und Konventionen spottet, sich so hilflos wie ein Schiffswrack auf einem wütenden Ozean gebärdet."

An Einsicht mangelte es ihr nicht, trotzdem fühlte sie sich unfähig, diesen schrecklichen Konflikt zwischen ständigem Aufruhr und der Erwartung, daß diese idealisierte Partnerschaft ihr endlich den ersehnten Frieden bringen würde, zu lösen. Sie fürchtete sich vor ihrer aufs neue entflammten Leidenschaft, und sie fürchtete die Folgen ihrer Abhängigkeit von Ben. Und als dann Bens inkonsequentes Verhalten sie schließlich zur Raserei brachte, hoffte sie dennoch, kraft ihres Willens diese düstere Realität von sich fernhalten zu können. In einer qualvollen Phase schrieb Emma an Ben: „Ich würde lieber auf die Realität verzichten, falls mein Ideal für immer geschmäht, beschimpft, bespuckt und durch den Schmutz gezogen sein sollte." Ist es dann noch ein Wunder, wenn sich Emma dafür entschied, die Bedeutung ihrer Beziehung zu Ben in einem Buch, das ja ihr Leben als ermutigendes Beispiel für die Größe ihres Ideals ausweisen sollte, herunterzuspielen?

Wie schmerzlich für sie, erneut mit ihren Briefen konfrontiert zu werden, sich sagen zu müssen, daß sie bereits vier Wochen nach ihrer ersten Begegnung mit Ben von ihren Gefühlen so überwältigt war, daß sie nicht umhin konnte, ihm Worte wie diese zu schreiben: „Weißt du, Geliebter mein, daß es das erste Mal in meinem Leben ist, daß sich Liebe wie eine gespenstische Macht über mir aufrichtet und sowohl Leben wie Tod für mich bereithält?" Die sexuelle Energie, die der neue Liebhaber in ihr ausgelöst hatte, machte es ihr unmöglich, sich ihrer Vernunft zu bedienen. Sechs Monate nach Beginn ihrer Beziehung bekannte sich Emma in einem Brief an Ben zu der Totalität dieses Einbruchs in ihre Welt:

„Du hast die Gefängnispforten meiner Weiblichkeit aufgebrochen. Denn all die Leidenschaft, die über so viele Jahre hinweg ungestillt in mir ruhte – stürzte sie sich nicht in einen wilden, unberechenbaren Sturm, grenzenlos wie die See? … Kannst du dir also noch vorstellen, daß ich mich vor dir zurückhalten könnte? Was bedeuten schon Liebe, Familie und das Gefühl der Zusammengehörigkeit für einen Wanderer in der Wüste. Sein Denken ist nur noch auf eine Quelle gerichtet, die seinen Durst löschen wird … Wenn man von mir verlangte, mich entweder für die Welt der Vernunft oder diese Quelle zu entscheiden, die meinen Leib mit Feuer erfüllt, müßte ich letztere wählen. Sie bedeutet Leben, Sonnenschein, Musik, unaussprechliche Verzückung. Die Quelle! Oh, ihr Götter, die ihr meinen Körper all diese Jahre hindurch gemartert habt, ich will euch ja meine Seele geben – nur laßt mich trinken, trinken von der Quelle meines höchsten Geliebten … Hier hast du das Geständnis eines notleidenden, gequälten Wesens, mein Ben."

Es war nicht allein Bens sexuelle Ausstrahlung, die dieser starken, unabhängigen und verständigen Frau, der sowohl gefürchteten wie geachteten Vorkämpferin – kurz: der inzwischen weithin bekannten Emma Goldman zu schaffen machte – nicht diese Ausstrahlung allein; was noch hinzu kam, war die Tatsache, daß Ben auch während seiner Liebschaft mit Emma nicht aufhören konnte, seinem Ruf als „Frauenheld" gerecht zu werden. Obwohl Emma eine ausgesprochene Verfechterin der freien Liebe und Gegnerin der Ehe war, mußte sie eingestehen, daß Bens häufige Eskapaden „an meinen Nerven zerren, … mich mir selbst entfremden". Einmal, nachdem sie entdeckt hatte, daß Ben fast unmittelbar nach ihr eine andere Frau besuchte, schrieb sie:

„Um mich ist alles leer, alles ist dunkel und traurig, nichts ist mir geblieben. Oh Ben, Ben! Das Schicksal ist hart und grausam – 38 1/2 Jahre lang bin ich mit einem brennenden, unersättlichen Verlangen in meinem Herzen nach dem Unbekannten durch das Leben gegangen. Und ich konnte mich – ach, so klar – über alle menschlichen Angelegenheiten, über die heimlichsten Regungen des menschlichen Herzens auslassen. Das Wunder kam in strahlendsten, herrlichsten Farben. Es umfing mich, nahm mich in Besitz, kroch mir in Seele und Körper und beraubte mich aller Vernunft. Keine 24 Stunden sind vergangen, als dieses Wunder mich noch in sein blendendes Licht tauchte und die Welt mir klein und nichtig zu Füßen (lag) … Nun ist alles dunkel, ich kann nichts mehr sehen, von Leben ist keine Rede mehr. Oh Ben, Ben! Ich bin so gedemütigt und gepeinigt, ich kämpfe den bittersten Kampf meines Lebens – selbst wenn ich ihn bestehe, fürchte ich doch, daß ich nicht mehr fähig sein werde, dich noch einmal zu sehen. Und wenn ich versage, werde ich wie eine Verurteilte vor den Schranken meiner eigenen Vernunft stehen …"

Um ihre Ausbrüche der Eifersucht auf irgendeine Weise in den Griff zu bekommen, stürzte sich Emma in die Rolle der gekränkten, aber verzeihenden Mutter – mit Ben als dem eigensinnigen Sohn. Diese enthüllende Metapher wurde zum Leitmotiv ihrer Beziehung.

Fast im gleichen Atemzug konnte Emma Schmerz und Enttäuschung vergessen und Ben überschwenglich für seine Liebe danken: „Ben, Liebster, ich werde sie immer in mir tragen, und wenn dann der Moment kommt, in dem ich mein Leben für meine Ideen einlösen muß, … werden (diese letzten) Augenblicke mir die Seele erleuchten, und ich werde fühlen, daß ich nicht umsonst gelebt habe – nein, ich habe nicht umsonst gelebt!"

Emma tröstete sich mit dem Wissen, nicht die einzige Frau zu sein, die die Widersprüchlichkeit von politischem Wollen und gleichzeitigem privaten Engagement um der Liebe willen zu spüren bekam – nicht die einzige, die sich ohnmächtig fühlte, wenn alles, was sie vor der Welt an Ideen vertrat, ihr zu gebieten schien, sich anders zu verhalten. Sie wußte von den Qualen, denen Mary Wollstonecraft, Verfasserin des bahnbrechenden Werks *Verteidigung der Rechte der Frauen*, durch ihre Liebe zu dem treulosen Gilbert Imlay unterworfen war. 1911, als Emmas Liebschaft mit Ben noch sehr jung war, schrieb sie ihm: „Mary Wollstonecraft, die verwegenste Frau ihrer Zeit, die unbändigste und kühnste Verfechterin von Freiheit und freier Liebe – eine Sklavin ihrer Leidenschaft für Imlay. Wie läßt sich soviel Schwachheit entschuldigen? So urteilte ich einmal vor vielen Jahren. Und heute? Emma Goldman, die Wollstonecraft des 20. Jahrhunderts, ist gleich ihrer großen Schwester abhängig und schwach. Sie klammert sich an den Mann – einerlei, wie unwürdig oder treulos er ist. Welch Ironie des Schicksals."

Neben dieser Zwiespältigkeit, die Emma aufgrund des Widerspruchs zwischen Alltag und Ideal empfunden haben mag, gab es noch andere Überlegungen, die gegen eine Enthüllung sprachen. Nicht zuletzt gehörte dazu ihre Hoffnung, daß mit der Veröffentlichung von „Living my Life" („Gelebtes Leben") – trotz der darin enthaltenen Kritik an den bestehenden Verhältnissen – für sie eine neue Chance zur Wiedererlangung der amerikanischen Staatsbürgerschaft gegeben sein könnte. Während sie in Toronto – nur einige Meilen jenseits der für sie undurchlässigen Grenze – fieberhaft arbeitete, getrieben von dem Wunsch, sich mit diesem Buch einen Platz in der Geschichte zu sichern, wurde sie von den Erinnerungen an ein Amerika ergriffen, nach dem sie sich sehnte „wie eine Frau nach einem Mann". Aber versperrte sie sich nicht selbst ihre Rückkehr – allein schon durch ihr Eintreten für die Abschaffung des Staates und vielmehr noch durch ihr freimütiges Bekenntnis zur ungebundenen Sexualität?

Auch fürchtete sie, daß ein Buch ohne jegliche Selbstzensur am Ende nicht zur Veröffentlichung freigegeben oder – was noch schlimmer wäre – zur Sensationsliteratur deklariert werden könnte und das, worauf es ihr ankam, völlig verzerrt würde. In diesem Sinne schrieb Emma an ihren Freund Hutchins Hapgood:

„Zu meinen beabsichtigten Memoiren: Du meintest, es könnte ein großartiges Buch werden, falls es 'absolut wahrheitsgemäß' wäre. Wer aber, meinst du, würde ein 'absolut wahrheitsgemäßes' Werk publizieren? Ich glaube nicht, daß es irgendeinen Verleger gibt, der so etwas unternehmen würde oder könnte – möglicherweise noch in Frankreich, aber sicherlich nicht in den Vereinigten Staaten. Und da ich mit meinen Memoiren doch unbedingt eine breite Öffentlichkeit ansprechen möchte, wird es mir vermutlich gar nicht vergönnt sein, so frei über meine intimen Erfahrungen zu sprechen, wie ich es mir vorstelle. Dennoch habe ich den Wunsch, mich offen zu äußern, wo immer ich kann, ohne mir die Chance zu nehmen, dies Buch auch einmal gedruckt zu sehen. So wie die Dinge liegen, zweifle ich, ob selbst unter optimalen Bedingungen meine Memoiren von den Verlegern akzeptiert werden. Ganz gewiß habe ich nicht vor, eine sensationelle Sex-Story daraus zu machen. Ich möchte die Vielzahl der Ereignisse meines Lebens in einen deutlichen Kontrast zum gesellschaftlichen Hintergrund dieses Amerika gestellt wissen – vor allem diejenigen Erfahrungen, die mich zu dem gemacht haben, was ich bin, nämlich eine Art Knotenpunkt aus eigenen inneren Bestrebungen und den gesellschaftlichen Widerwärtigkeiten außerhalb meines Ichs. Ich mache mir nicht vor, daß ich damit bei den amerikanischen Verlegern ankomme – die hätten lieber etwas Lüsternes, Sinnliches, was der Sensationslust ihrer pathologisch-neugierigen Leserschaft eher entspräche. Ich glaube nicht, daß ich ihnen dergleichen bieten kann."

An Frank Harris, Autor einer ausdrücklich aufs Sexuelle bezogenen Autobiographie, schrieb Emma: „Was mich betrifft, geht es mir nicht darum, nur diejenigen anzusprechen, die an autobiographischen Passagen mit möglichst viel Sex interessiert sind, sondern die Mehrzahl derer, die zwar das Sexuelle als wichtigen Bestandteil eines erfüllten Lebens zu schätzen wissen, in ihm aber dennoch nur *eines* der Elemente erkennen, die dieses erst zu einem komplexen Ganzen werden lassen ..."

Ben gegenüber beharrte Emma vor allem darauf, ihr zu versprechen, diesen gegenseitigen Briefwechsel weder zu veröffentlichen noch darüber zu schreiben: „Briefe sollten nur als solche und dann auch erst nach dem Tod ihrer Verfasser veröffentlicht werden. Es ist zwar nicht so, daß ich mich ihrer zu schämen hätte. Aber Liebesbriefe sind für den Geliebten bestimmt und nicht für Hinz und Kunz. Ich bin mir ganz sicher, daß du mir meinen Wunsch erfüllen und *keinen meiner Briefe für deine Story verwenden* wirst."

Zögernd ging Ben darauf ein. Er betonte, daß er ihre Briefe ohnehin nicht in einer sie verletzenden oder gar bloßstellenden Weise benutzt hätte: „Schlimmstenfalls hätte ich ja nur versucht, mich ein wenig im Abglanz deines Ruhmes zu spiegeln." Obwohl Emma ihrerseits versprochen hatte, auch seine Briefe nie zu verwenden, wußte Ben doch, daß ihr Buch sich auch mit seiner Rolle in ihrem Leben werde befassen müssen. Auf die für ihn charakteristische Art gedenkt er noch einmal des Kummers, den er ihr bereitet hat, um ihr sodann, in der Hoffnung auf ein mildes Urteil, das Beste zu wünschen:

„Laß mich noch einmal deine Hand halten und dein herrliches Haar streicheln, und laß mich in deine wundervollen blauen Augen sehen und dir sagen: Meine Liebste, meine Freundin und Lehrerin, von ganzem Herzen wünsche ich dir das Beste. Ich möchte, daß du ein großartiges Buch schreibst und bin überzeugt, daß mir trotz meiner Versäumnisse, meiner Schwächen und Grausamkeiten doch noch – dank deiner Gerechtigkeitsliebe, Ehrlichkeit und Fairness – eine Seite deines Buches gewidmet wird. Ich hoffe, daß du dasselbe von mir sagen kannst, was ich von dir in meinem Buch sagen werde: daß die zehn Jahre mit dir nicht nur die besten zehn Jahre meines Lebens waren. Und ob ich dann als Unwürdiger ende oder als einer, der der Welt etwas zu geben vermochte – so ist es nur deshalb, weil du mich geliebt und mit mir gearbeitet hast …"

Emma konnte sich nicht überwinden, in ähnlich glühenden Worten von Ben oder ihren gemeinsamen Jahren zu sprechen. Sie litt noch immer unter der Enttäuschung über die gescheiterte Liebe. Ihre Wut saß zu tief, um sie in ihren Memoiren verbergen zu können. Immerhin räumte sie Ben ein, ihre Publizität vergrößert und die Verbreitung von *Mother Earth*, ihrer anarchistischen Zeitschrift, gefördert und zumindest hier eine wichtige Rolle in ihrem Leben gespielt zu haben. Tatsächlich hatte er sich ihrer Arbeit in einem Ausmaß gewidmet, wie es nur wenige Männer getan hätten.

Sein schillernder Charakter und das, was Emma sein „ungezügeltes" Wesen nannte, fügten sich gut in den romantischen, nahezu melodramatischen Stil ihrer Autobiographie ein. Sie leugnete nie, daß Ben ihre sexuellen Leidenschaften überhaupt erst zum Entflammen gebracht hatte, aber über seine anderen Einflüsse auf sie machte Emma nur vage Andeutungen. Sie gab bestenfalls zu, daß sie seine Briefe als „eine Art Droge" empfand, die ihr Herz schneller schlagen ließ und ihren Verstand einschläferte. Ihr Bericht über die gemeinsamen Jahre wirkt enthüllend und intim; hier stellt sie ihre Verwundbarkeit auf eine Weise zur Schau, wie man dies nicht einmal von den freimütigsten aller Memoiren erwarten würde. Aber Emmas scheinbare Offenheit verschleiert den Selbstzweifel und die Schwächen, mit denen sie stets zu kämpfen hatte. Sie versteift sich auf eine Darstellung, die die scharfen Kontraste zwischen Bens ungebildetem und ihrem kultivierten Charakter hervorheben sollte. Sobald sie nämlich erkannte, daß er ihre Ideale niemals teilen und schon gar nicht begreifen würde, rechtfertigt sie ihre zurückweisende Haltung als eine ganz natürliche Reaktion.

Letzten Endes war es für sie leichter, Ben zu kritisieren, als sich der Frage nach der durch die gegenseitige Beziehung bedrohten Lebensfähigkeit ihrer eigenen Träume und Erwartungen zu stellen – nämlich, wenn es galt, diese aus der abstrakten, politischen Dimension in den realen Alltag zu übertragen.

Emmas frühe Schriften, Ansprachen und Vorlesungen konzentrierten sich vor allem auf die Vision einer totalen Umgestaltung aller Bereiche des menschlichen Daseins im Sinne einer Befreiung. Ihre Träume hatten sich jedoch nicht verwirklicht und so wurde die Arbeit an ihren Memoiren zu einer einsamen Abrechnung mit einer langen Serie von Enttäuschungen. Ihre zahlreichen politischen Niederlagen haben jedoch ihre Lebenskraft niemals zu besiegen vermocht:

„Es war sehr schmerzhaft, alles noch einmal aufleben zu lassen, viel schmerzhafter als meine augenblickliche Wirklichkeit. Ich war ja damals viel jünger und felsenfest überzeugt, daß ich bis ans Ende meiner Tage nicht aufhören würde, den Idealen, die ich mir zum Ziel gesetzt hatte, zu dienen. Während ich an meinem Buch arbeitete, war alles anders geworden. Alle meine Hoffnungen auf (neue) Aktivitäten waren begraben, ich hatte nichts mehr, worauf ich mich freute und die Vergangenheit schien äonenweit entfernt. Sie wieder auferstehen zu lassen, war in der Tat ein schmerzlicher Prozeß, aber er mußte durchgestanden werden, um mein Werk glaubhaft und lebendig zu machen. Und wenn mir das Buch nichts weiter einbringen sollte, so ist es doch immerhin beruhigend zu wissen, daß es den Leser beeindruckt. Denen, an deren Meinung mir gelegen ist, kann ich mich zumindest so zeigen, wie ich war. Und vielleicht kann ich der jungen Generation den Blick für jene Erkenntnis öffnen, daß ein Leben ohne ein großes Ideal und ohne die Entschlossenheit, sich dafür einzusetzen, nichts wert ist. Das wäre in der Tat der schönste Lohn."

Die Autobiographie schildert jedoch nur den heroischen Teil von Emmas Leben. Die Spannung zwischen einer großen Idee und der Begrenztheit des Individuums wurde für sie zur Tortur. Ihre Briefe betrachtete sie als Produkte ihrer Schwäche und konnte nicht zugeben, daß sie zu ihren Lebzeiten veröffentlicht würden, solange sie selbst bemüht war, der Welt ihre Stärke zu zeigen. Zu einem späteren Zeitpunkt wünschte sie es sehr wohl, war sie doch entschieden der Meinung, daß das zu einem besseren Verständnis jener Frau beitragen könnte, die hinter dem Rednerpult stand. Mit Vorbedacht datierte und ordnete sie ihre Briefe und richtete dabei ihr Augenmerk auf alle ihre Freunde, Liebhaber und Genossen, und zweifellos auch auf die ihr noch unbekannte Leserschaft in der Zukunft – auf alle, die in Emmas Stimme ihre eigene und in Emmas Kampf ihren eigenen Kampf wiedererkennen könnten.

Als Emma 1927 das Material für ihre Autobiographie, an der sie mehr als drei Jahre arbeitete, zu sammeln begann, erschien es ihr unmöglich, einen lückenlosen Bericht über ihre Erfahrungen mit Ben zu schreiben und daraus persönliche und politische Implikationen abzuleiten. Das meiste aus dieser Korrespondenz empfand sie als schmerzliches Überbleibsel eines bestimmten Abschnitts ihrer Vergangenheit, das andere Menschen einmal für sie entwirren müßten. Im Laufe der Zeit wurde es ihr immer bewußter, daß sie ganz intime Dinge zu verbergen hatte.

Vertrauensvoll gestand sie Sascha (Alexander Berkman): „Wir haben alle etwas zu verbergen. Aber es ist nicht Feigheit, was uns zurückschrekken läßt, unser Innerstes nach außen zu kehren. Es ist eher die Furcht, daß die Menschen uns mißverstehen – die Furcht, daß etwas, das von uns selbst als unverzichtbar angesehen wird, für sie eine Sache ist, vor der sie glauben, ausspucken zu müssen."

II.
TOCHTER EINES TRAUMS

Die Jahre, die Emma mit Ben Reitman teilte, waren die besten ihres Lebens, weil sie das tun konnte, was ihr am meisten bedeutete. Ihr Talent als öffentliche Rednerin ließ die Menschen landesweit zusammenströmen, um ihre bissige Kritik an der etablierten Ordnung zu vernehmen und Zeuge der Vision einer neuen Welt zu sein, in der alle Menschen ihre Fähigkeiten zur Liebe und Aufrichtigkeit verwirklichen würden – eine Welt ohne Habgier und Engstirnigkeit. In einem vorwiegend von Männern bestimmten politischen Klima war eine Frau von so unerhörter Redegewandtheit sowohl gefürchtet, als auch hochgeschätzt.

Da Emma von gesetzestreuen Staatsdienern als „gefährlichste Frau der Welt" betitelt wurde, waren die Leute von ihrer Weiblichkeit oft überrascht. Roger Baldwin, Gründer der American Civil Liberties Union, bemerkte in seinen „Recollections", daß seine Teilnahme an einer ihrer Vorlesungen im Jahr 1908 für ihn als jungen Mann zum Wendepunkt seiner intellektuellen Entwicklung geworden sei. Zuerst, so erinnerte er sich, habe er sich geweigert, eine Rede dieser gefährlichen Frau anzuhören, die – wie er erfahren hatte – „gedungenen Mord und Gewalt entschuldigte"; aber angestachelt von dem Spott eines Freundes, der ihn als protektionierten Harvard-Mann bezeichnete und als offensichtlich unfähig, eine andere Meinung zu hören, nahm er an der Veranstaltung doch teil.

„Ich war 25 Jahre alt und was ich in dieser von Arbeitern überfüllten Werkhalle zu hören bekam – aus dem Mund einer leidenschaftlichen und klugen Frau –, war eine Herausforderung der Gesellschaft, wie ich sie bis dahin noch nie vernommen hatte – eine Vision vom Ende der Armut und des Unrechts, herbeigeführt durch den freien Zusammenschluß der arbeitenden Menschen. Diese Frau sprach von der Abschaffung der Privilegien durch die organisierte Macht der Ausgebeuteten und setzte sich mit Realitäten wie Armut, Unrecht, Mangel an Chancen usw. auseinander – Probleme, nach deren Lösung ich vergeblich geforscht hatte ... Ich verließ die Versammlung mit dem Wunsch, sie noch während ihres kurzen Aufenthalts in St. Louis zu treffen. Durch die Vermittlung eines stadtbekannten Dissidenten wurde mir ein Interview ermöglicht. Dieser Mann war William Marion Reedy, Verleger und Herausgeber des *Reedy's Mirror*, eines mutigen und einflußreichen Wochenblattes."

William Reedy war schon seit langem ein begeisterter Förderer von Emmas Aktivitäten. Als weithin geachteter Journalist konnte er es sich leisten, der in der Presse weitverbreiteten Karikatur von Emma Goldman als „einer ungebildeten, vulgären, kreischenden alten Vettel mit der Bombe in der einen und der Vitriolflasche in der anderen Hand" entgegenzutreten. Sein Bericht über sie mit der Überschrift *The Daughter of a Dream* begann mit dem Bibelzitat: „Ein Volk ohne Vision geht zugrunde."

„Sie ist eine kleine Frau von untersetzter Statur, mit sauber gewelltem Haar, klaren blauen Augen und sinnlich, ja klassisch geformten Lippen. Sie ist nicht direkt hübsch, aber wenn ihr Gesicht in der ihr eigenen glühenden Begeisterung aufleuchtet, wirkt sie ungewöhnlich attraktiv. Ihre Art, sich zu geben, ist ohne Tadel: ungezwungen und frei von Überheblichkeit und nicht im geringsten ordinär. Ihr Lächeln ist absolut gewinnend. Als Gesprächspartner ist sie einfach wundervoll. Ihre Kenntnisse sind breit gefächert, ihre Erfahrungen umfassend, ihr Belesenheit in mindestens drei Sprachen nahezu unbegrenzt. Sie hat obendrein Witz und Humor und ist von zwingender Aufrichtigkeit. Worüber sie spricht? Kunst, Literatur, Naturwissenschaften, Ökonomie, Philosophie und über Männer und Frauen. Über Filme, Poesie, Dramen und bekannte Persönlichkeiten – lauter substantielle Dinge, und immer aus der Sicht eines Menschen, dessen zentrales Anliegen die Revolution ist. Diese Frau hat einen Sinn für das Charakteristische und die Gabe, sich präzise auszudrücken. Sie ist schlicht und keinesfalls gewaltsam. Sie ist selbstbewußt, ohne ausfällig zu werden. Sie ist sanft, und zuweilen ist sie sogar zart. Ihre gesamte Persönlichkeit ist von einer Begeisterung erfüllt, die ansteckend wirkt. Diese Frau glaubt an ihren Auftrag und erspürt ihn mit äußerster Intensität. Er ist der Maßstab, mit dem sie alle Werte mißt. Die Welt erkennt sie als das Material, dem sie die Form geben möchte, die ihrem tiefsten Verlangen entspricht. Aber welches ist ihr tiefstes Verlangen? Es ist *Freiheit*, die absolute, unbeeinträchtigte und an keine Bedingungen geknüpfte Freiheit. Das ist mit Anarchie gemeint. Und das soll brutal, abstoßend oder lasterhaft sein? Es ist es nicht. Anarchie ist das Verlangen und Streben nach Vervollkommnung der Menschheit – 'jenes eine, weit entfernte göttliche Ereignis, auf das sich die ganze Schöpfung zubewegt'. Diese kleine Frau stellt sich gegen das herrschende Recht und nimmt es für sich nicht in Anspruch. Sie lebt frei und ist bereit, diese Freiheit mit Verleumdung, Schmähung, Armut und Verfolgung zu bezahlen. Und trotz allem bewahrt sie ihre Heiterkeit. Sie ist sich inmitten einer wahnwitzigen Welt ihres Verstandes völlig sicher. Sie ist wie jener unsterbliche und unbesiegbare Don von einem Ideal durchdrungen, das die Menschheit noch nicht zu erkennen vermag. Soweit ich es beurteilen kann, ist nichts Verkehrtes an Miss Goldmans Evangelium – mit Ausnahme der Tatsache, daß sie ihrem Zeitalter um etwa achttausend Jahre voraus ist. Ihre Vision ist nicht anders als die Visionen aller großen

Seelen, die je auf Erden gelebt haben. Ein Traum, könnte man sagen. Aber ohne Traum ist Leben gleich Tod. Der Traum ist jene Realität, auf die wir uns zubewegen."

Die Frau, der dieses Lob gewidmet war, Emma Goldman – Tochter eines sich mühsam abrackernden russisch-jüdischen Händlers – wurde am 27. Juni 1869 im jüdischen Viertel von Kowno geboren – einer russischen Kleinstadt in der heutigen litauischen SSR. In der Familie ihrer Eltern – Taube und Abraham Goldman – herrschten ziemlich turbulente Verhältnisse. Ihre Mutter war eine dynamische, kluge, aber verbitterte Frau, deren Liebesfähigkeit – laut Emmas Memoiren – sich offenbar mit dem Tod ihres ersten Mannes erschöpft hatte. Emma war das dritte Kind ihrer Mutter und das fünfte ihres Vaters. Bei ihrer Geburt hatte die Mutter den Verlust Labe Zodokoffs (des ersten Mannes) noch nicht überwunden und war kläglich bemüht, aus der neuen Ehe mit Abraham Goldman das beste zu machen. Emmas Geburt schien ihr noch einmal Auftrieb zu geben und sie vom zusätzlichen Verlust ihrer Mutter Chava abzulenken. Durch Abrahams unverhüllte Enttäuschung, der sich einen Sohn erhofft hatte, wurde Taube vor die erneute Aufgabe gestellt, ihm diesen Wunsch zu erfüllen, was ihr tatsächlich binnen eines Jahres gelang. So war Emma nur über wenige Monate hinweg Gegenstand einer eher gemischten elterlichen Aufmerksamkeit, die ihr durch die viel aufregendere Geburt des nachfolgenden Bruders schnell wieder entzogen wurde. Noch zwei weitere Jungen erblickten das Licht der Welt: 1873 kam Herman und Morris zwei Jahre darauf. Soweit überhaupt von elterlicher Zuwendung die Rede sein konnte, wurde sie doch bald von Alltagsverdruß und pflichtmäßiger Routine überschattet. Hinzu kamen finanzielle Schwierigkeiten, die zu immer wiederkehrenden Spannungen führten.

Später interpretierte Emma die unberechenbaren, heftigen und sich häufenden Wutanfälle ihres Vaters als Ausdruck seiner Frustration über die auffällige Gefühlskälte ihrer Mutter. Ihn beschrieb Emma als stattlichen Draufgänger, der ja bei ihrer Geburt erst zweiundzwanzig Jahre alt war – als einen Mann voller Lebenskraft mit einer schrecklichen Neigung zur Gefühlsraserei. Seine Unzufriedenheit wurde obendrein durch wiederholte geschäftliche Mißerfolge verstärkt. Später siedelte die Familie nach der baltischen Stadt Popelan um, wo Abraham eine Gastwirtschaft übernahm. Als es in der Stadt einen untergeordneten Verwaltungsposten neu zu besetzen galt, fiel die Wahl auf ihn. Jedoch als Mittelsmann jüdischen Blutes wurde er im Handumdrehen zum Sündenbock; man schob ihm die Schuld an der Trinkfreudigkeit der Bauern in seiner Kneipe und deren tätliche Übergriffe auf Beamte zu. Nunmehr, als er seine Männlichkeit an allen Fronten bedroht sah, zog er sich auf seine letzte Bastion als unerbittlicher Patriarch zurück. Emma war von der Gewalt seiner Ausbrüche zuweilen fasziniert, aber auch zutiefst erschrocken.

Sie hatte zwei ältere Halbschwestern: Lena und Helena. Wo die eine zuviel Temperament zeigte, hatte die andere zu wenig. Es war Helena, von der sie emotionale Unterstützung erhielt, denn ihre Mutter litt häufig unter Depressionen; dennoch setzte sie sich, als talentierte Rednerin, für jüdische Mütter ein, die die Freistellung ihrer Söhne vom Dienst in der russischen Armee forderten. Seit der Geburt ihres jüngsten Kindes Morris ging es mit Taubes Gesundheit ständig bergab. Was ihr Unglück noch verschärfte, war der Tod ihres Erstgeborenen im frühen Alter von sechs Jahren. Dieses Familien-Trauma, von dem Emma besonders betroffen war, mag dazu beigetragen haben, daß in ihren Memoiren kein einziger direkter Hinweis auf diesen Bruder zu finden ist. Ihre Mutter geriet durch diesen erneuten Schicksalsschlag in immer tiefere Depressionen. Ihre Niedergeschlagenheit und die Angst vor weiteren Qualen führte zu einer Gefühlskälte gegenüber ihren Kindern. Nur der jüngste Sohn war ihrer Zuneigung gewiß. Emmas Vater, der seinen Zorn zuweilen auch körperlich an den Kindern ausließ, mangelte es an innerer Stärke, um eine derartige Situation zu verkraften. Um dieser Realität zu entfliehen, verfiel Emma manchmal sogar in Tagträume. Sie glaubte sich dann „von einer verzehrenden Krankheit befallen", die den Vater veranlassen könnte, sie nicht mehr mit Schlägen zu drangsalieren. Er hatte bereits ein Jahr vor dem tragischen Ereignis seine amtliche Position verloren, so daß der ständige Geldmangel zu einer weiteren Quelle der Sorge geworden war. Schon als kleines Mädchen wußte Emma, daß sie diesem Chaos entrinnen wollte – der unzugänglichen Mutter, dem zornigen Vater und dem verzweifelten Gerangel ihrer Geschwister.

Als Emma acht Jahre alt war, schickte ihr Vater sie nach Königsberg zu ihrer Großmutter mütterlicherseits, wo sie ein neues Zuhause finden und die Schule besuchen sollte. Ohne Mutter und Vater fühlte sich Emma in der fremden Umgebung ziemlich verlassen, war aber dennoch erleichtert, den Drohungen des Vaters entkommen zu sein, der sie schlagen wollte, falls sie sich dort nicht manierlich benahm. Ein neues Unglück kündigte sich an: ganz unerwartet und ohne jede Erklärung war ihre Großmutter abgereist, und Emma sah sich den Launen ihrer Tante und des Onkels ausgesetzt.

Zunächst einmal nahm dieser sie sofort aus der Schule, bürdete ihr sämtliche Hausarbeiten auf und behandelte sie mit unglaublicher Grausamkeit. Einmal stieß er sie die Treppen hinunter, weil sie sich geweigert hatte, für ihn ein Päckchen in einen weit entfernten Ort zu bringen. Alarmiert durch diese Mißhandlung, benachrichtigte Emmas Tante ihren Vater, der seine Tochter wieder nach Hause holte. Die Familie zog später nach Königsberg und dann in die Hauptstadt St. Petersburg. Fortan jedoch trug Emma in sich die ständige Furcht vor einem erneuten Verlassenwerden.

Aber es gab auch lichte Momente, in denen sie spürte, daß das Leben mehr zu bieten hatte. Von größter Bedeutung war zweifellos ihre enge und liebevolle Beziehung zu Helena, die ihr Sicherheit und Vertrauen gab. Die ständigen Ortswechsel der Familie – verursacht durch antisemitische Anfeindungen und auch geschäftliche Mißerfolge des Vaters – brachten schmerzhafte Veränderungen und sogar ökonomischen Abstieg, trugen jedoch andererseits dazu bei, Emmas Horizont zu erweitern.

Gern erinnerte sie sich auch später noch an ihre Freundschaft zu dem

Hirtenjungen Petruschka, mit dem sie in Popelan über die Wiesen tollte und der ihr auf seiner Flöte vorspielte und sie abends auf seinen Schultern nach Hause trug. Eine weitere bleibende Erinnerung war die an ihren ersten Opernbesuch in Königsberg, wo sie den *Troubadour* von Verdi sah. Diese tragische Liebesgeschichte erweckte in der jungen Emma Empfindungen, die ihren Träumen gleichkamen.

Emma erhielt ihre Ausbildung teils in jüdischen Schulen, teils durch Hauslehrer auf die althergebrachte, strenge Weise. Wie auch andere russische Juden jener Zeit ließen Emmas Eltern sie in deutscher Literatur und Philosophie unterrichten. Klassische Literatur erschien Emma als Fundgrube der Inspiration, die strenge Reglementierung des täglichen Lebens erregte jedoch ihren Protest. Etliche Lehrer empfanden sie daher als Störenfried.

Später, als die Familie nach St. Petersburg – dem Brennpunkt und Nährboden kultureller und politischer Aktivitäten – übersiedelte, sah Emma ihre freudigen Erwartungen erfüllt. Denn auf Schritt und Tritt erinnerte die Stadt an die Helden der frühen russischen Revolution, an die Nihilisten, die das Attentat auf den Zaren verübt hatten. Zu jung noch, um sich an Aktivitäten zu beteiligen, die im Widerspruch zu den konservativen Lehren und Traditionen ihrer Familie standen, verbrachte Emma jede freie Minute mit Lesen. Ihr Interesse wechselte bald von den deutschen zu den russischen Klassikern über. Tschernischewski, Gontscharow und Turgenjew, die ihr ein lebendiges Bild von der ungebrochenen Energie jener radikalen Zirkel vermittelten, wie sie sich in zahlreichen russischen Städten gebildet und gegen die wachsende Unterdrückung durch das zaristische Regime erhoben hatten. In den Gestalten der großartigen vorrevolutionären Romane fand sie neuen Stoff für ihre Träume. Tschernischewskis Wera Pawlowna, jene wagemutige und unkonventionelle Heldin seines Romans *Was tun?*, erweckte in Emma die Vision ihrer eigenen zukünftigen Rolle, in der sie – befreit von den Restriktionen gegen ihr Geschlecht – in der Lage sein würde, ein freies Leben zu führen. Mit dreizehn Jahren schon mußte Emma in die Fabrik, um Geld zu verdienen und ihre Familie zu unterstützen. Sie nähte dort zunächst Kopftücher und später Handschuhe. Das Bild Wera Pawlownas blieb ihr dabei ständig vor Augen, jener Frau, die durch die Gründung einer Näh-Kooperative sich selbst und ihre Kolleginnen aus der Abhängigkeit von einem System befreit hatte, für dessen unermeßliche Reichtümer die verarmten Massen durch harte Arbeit bezahlen müssen.

Angeregt durch diese Heldin entstand in Emma die Vision einer Welt frei von Zwängen, in der Familienpflichten und Familientraditionen durch Liebe und Ideale als die vereinende Kraft ersetzt würden. Emma wollte nicht die lähmende Dumpfheit ihrer eigenen Familie wiederholen. Die russischen Populisten und Nihilisten beflügelten ihre Phantasie und bestärkten sie in ihrem Glauben, daß die Beseitigung allen Unrechts vom Volk selbst ausgehen müsse. Um ihrem Leben wieder Würde zu geben, verweigerte sie sich den herrschenden Konventionen zugunsten einer Zukunft, die – wie sie wußte – ihre Erwartungen nicht enttäuschen würde.

Emmas Fähigkeit, sich ihren Idealismus trotz Armut und Unglück zu erhalten, war für die Angehörigen ihres Volkes nichts Ungewöhnliches. Als Jüdin hatte sie immer wieder unter dem Antisemitismus zu leiden, der sie und ihre Familie in dem Verlangen nach Sicherheit und einem wirklichen Zuhause zu einem ständigen Wechsel ihres Wohnsitzes zwang. Aber den Glauben an eine endliche Gerechtigkeit und die Kraft, selbst als staatenloses Volk in einer feindlichen Welt überleben zu können, hatten sie dennoch nicht aufgegeben. Emma sah sich zuweilen in der Rolle einer biblischen Judith, die Holofernes – als Symbol des Bösen – enthauptet hatte. Diese gesellschaftlich so bedeutsame Rächerfunktion einzunehmen, war für eine jüdische Frau nichts Ungewöhnliches. Während viele jüdische Männer sich fast ausschließlich ihren religiösen Studien widmeten, hatten die Frauen für den Unterhalt der Familie zu sorgen. Emma jedoch hielt aufgrund ihrer Zukunftsträume einen radikalen Bruch mit dieser Konvention und allem, was sie noch mit der alten Kultur verband, für unvermeidlich.

Die Welt hatte sich in der Tat geändert. Die autoritären Familienstrukturen mit dem Vater als Oberhaupt und der Mutter in einer ihm untergeordneten Rolle sowie das ganze System der Partnerbestimmung waren bereits im Zerfall begriffen. Ein ähnlicher Trend zeigte sich auch in den yiddischen Geschichten von Sholem Aleichem, die mehr und mehr mit der romantischen Liebe und jenen jungen Frauen sympathisierten, die sich nicht mehr widerstandslos von den eigenen Eltern verheiraten ließen. Zu der Zeit, als Emma erkannt hatte, daß ein Leben in Würde den totalen Bruch mit der Vergangenheit voraussetzen würde, war sie mit dieser Erkenntnis schon nicht mehr allein. Den jüdischen Frauen – ja, selbst den heranwachsenden Mädchen – war es längst zur Gewißheit geworden, daß die alte Welt im Sterben lag und eine neue an ihre Stelle treten würde. Ohne Vorbilder und ganz auf sich gestellt unternahmen sie ihre ersten tastenden Schritte in Richtung auf eine neue gesellschaftliche und ökonomische Freiheit und lösten sich mehr und mehr aus dem festen Griff der Familien. Auch Emma hatt sich aufgrund ihrer aus Büchern und der Praxis gewonnenen Kenntnis und Erfahrung bereits ein eigenes Bild von ihrer Zukunft gemacht, das sich freilich in krassem Gegensatz zu der Zukunft befand, die ihr traditionsgemäß zugedacht war, nämlich Fabrikarbeit und ein vom Vater erwählter Ehemann.

Wie so viele andere russische Juden dieser von Pogromen gebrandmarkten Zeit richtete auch Emma ihre alleinige Hoffnung auf Amerika. Lena, ihre älteste Schwester, war als erste der Familie in die Vereinigten Staaten ausgewandert. Auch für Emma schienen sich hier ganz neue Möglichkeiten aufzutun: Freiheit, Liebesabenteuer, vielleicht ein Leben von der Art einer Wera Pawlowna. Selbst Emmas als schüchtern und fügsam bekannte Schwester Helena war schon dabei, einen Fluchtplan in diese neue Freiheit zu entwerfen, um vor allem der strikten Bevormundung durch den Stiefvater zu entkommen; war er es doch, der ihr die Ehe mit einem Nichtjuden, den sie liebte, verbieten wollte. Obwohl sie diesen Mann dann doch nicht heiratete, war sie entschlossen, ihr Elternhaus zu verlassen, um sich in Amerika einen Partner zu suchen. Auch Emma kämpfte mit dem Vater, der ihr Verlangen nach Unabhängigkeit als Zeichen eines losen Charakters brandmarkte. Und Zorn – statt Mitgefühl – erfüllte ihn, als er von Helena erfuhr, daß Emma von einem jungen Bekannten vergewaltigt worden war. Um seine Macht über sie zu festigen, plante er ihre Verheiratung und gab dieses Vorhaben erst auf, als Emma drohte, sich in die Newa zu stürzen. Aber auch sein „Verständnis" in dieser Sache konnte seine Töchter nicht mehr versöhnen, sie hatten die väterliche Brutalität ein für allemal über und sahen die Zeit für gekommen, die Heimat zu verlassen. Helena erklärte sich bereit, die Reisekosten für Emma zu übernehmen.

Gegen Ende des Jahres 1885 gingen Emma und ihre Schwester Helena an Bord eines nach Amerika auslaufenden Schiffes, wobei sie vorübergehend den Namen ihrer wohlhabenden mütterlichen Familie Binowitz annahmen (wie es aus dem Bericht des Kapitäns hervorgeht). Nach ihrer Ankunft in Castle Graden – der New Yorker Abfertigungsstelle für Einwanderer – wandten sie sich nach Rochester, dem Wohnsitz ihrer Schwester Lena. Wie die meisten US-Immigranten hatten auch sie den Nachweis zu erbringen, daß amerikanische Familienangehörige für ihren Unterhalt garantierten. Lena war schwanger, als ihre zwei Schwestern bei ihr eintrafen, und ihr Mann Samuel Comminsky, der als Blechschmied arbeitete, verdiente wöchentlich nicht mehr als zwölf Dollar. Sobald Emma und Helena sich ein wenig in dem ihnen zugewiesenen gemeinsamen Zimmer eingerichtet hatten, machten sie sich sofort auf die Suche nach Arbeit.

Kaum hatte Emma ihre Habseligkeiten ausgepackt, begann sie zu ahnen, daß ihr Leben in der Neuen Welt unter diesen Bedingungen nicht besser aussehen würde als jenes, dem sie gerade entronnen war. Auch hier war sie an eine strikte Disziplin gebunden – diesmal von den Verwandten auferlegt, die ihr Unterschlupf gewährten. Sie sprachen sogar von einer zu arrangierenden Heirat! Wieder einmal arbeitete sie die meisten Stunden des Tages in einer Fabrik als Näherin, und obwohl hier unter moderneren Bedingungen produziert wurde als im alten Rußland, war die Reglementierung rigider als dort. In Petersburg hatte es noch eine echte Kameradschaft unter den Arbeiterinnen gegeben, sie hatten miteinander reden können und oft auch gesungen; hier in Rochester fühlte sich Emma isoliert. Die strengen männlichen Vorarbeiter, die die Frauen an den Maschinen zu überwachen hatten, untersagten ihnen jedes Gespräch. Auch Emmas Glaube an eine allgemeine jüdische Solidarität wurde schnell erschüttert, als sie die gewaltige Kluft zwischen dem reichen deutsch-jüdischen Fabrikbesitzer und den russisch-jüdischen Einwanderern erkannte, die er als billige und fügsame Arbeitskräfte auszubeuten verstand.

Furchtlos, wie sie war, schritt Emma schon wenige Wochen nach Arbeitsantritt in das Büro des Unternehmers, um sich bei diesem persönlich über den niedrigen Lohn von nur 2,50 Dollar für sechs 10 1/2 Stundentage zu beschweren, der es ihr ist nicht ermöglichte, ein Buch zu kaufen, ja, noch nicht einmal eine Blume; und um sich zu beklagen, daß ihr neben der Arbeit keine Zeit zum Leben blieb. Als der Unternehmer erwiderte, daß derartige Neigungen einem Fabrikmädchen nicht angemessen seien, suchte sich Emma eine andere Arbeit.

Schon nach kurzer Zeit lernte sie den Textilarbeiter Jacob Kerschner – einen russischen Juden und Immigranten wie sie selbst – kennen. Auch er hatte eine Vorliebe fürs Lesen und Tanzen. Ihm schien es nichts auszumachen, keine Ersparnisse anhäufen zu können, und gleich Emma sehnte er sich danach, der Fabrikarbeit zu entkommen. Sehr bald entdeckten sie ihr gemeinsames Verlangen, auf Reisen zu gehen, um nach dem Amerika ihrer Träume zu suchen, das sich ihnen bisher nicht gezeigt hatte.

Die nunmehr siebzehnjährige Emma beschäftigte sich immer häufiger mit dem Gedanken, diesen 21jährigen und stattlichen Kerschner zu heiraten; sie hielt das für eine Möglichkeit, der alltäglichen Plackerei in der Fabrik und den familiären Restriktionen zu entfliehen. So arrangierten die beiden ihre Verlobung, denn Emmas an sich schon bedrückende Lage war noch schlimmer geworden, nachdem ihre Eltern im Spätherbst 1886 wegen des wachsenden Antisemitismus in Rußland gleichfalls nach Rochester gekommen waren. Außer ihnen und Emma gehörten zu dem gemeinsamen Haushalt Helena, ihre beiden Brüder und Jacob als Untermieter. In dieser Situation beschloß Emma, ihre Verlobungszeit zu verkürzen und Jacob zu heiraten, um sich endlich – fern von den Eltern – ein eigenes Leben aufzubauen.

In ihrer Hochzeitsnacht im Februar 1887 wurde Emma jedoch mit einer neuen Art von Einsamkeit und Isolation konfrontiert, als es Jacob nicht gelang, ihre sexuellen Sehnsüchte zu befriedigen. Diese Unfähigkeit hielt sie zunächst für anfängliche Nervosität, bis ihr klar wurde, daß es sich um ein ernsteres Problem handelte. Kerschner war in der Tat impotent – eine wahrhaft schockierende Entdeckung für Emma, durch die sich Kerschner so gedemütigt fühlte, daß er in tiefe Depressionen versank. Plötzlich verflüchtigte sich auch sein Interesse am Lesen und Tanzen, der bisher gemeinsamen Basis ihrer gegenseitigen Beziehung. Er saß viele Stunden am Tag mit seinen Kumpeln beim Kartenspiel. Und während er so seine Zeit und das bißchen Geld, das für derartige Zerstreuungen zur Verfügung stand, verschwendete, wurde er immer eifersüchtiger auf Emmas Freunde und die Stunden, die sie ohne ihn verbrachte.

Zuweilen stritten sich die beiden in aller Öffentlichkeit, meistens jedoch verfielen sie in eine schwelende Unzufriedenheit. Da Emma ihren Job aufgegeben hatte, um als sittsame Ehefrau den Haushalt zu besorgen, fühlte sie sich vereinsamt und unglücklich. Die gleichzeitige Nähe ihrer Eltern ließ in ihr – im Zusammenhang mit Kerschners Impotenz – noch einmal quälende Kindheitserinnerungen, die sich auf früheste sexuelle Erlebnisse bezogen, aufsteigen. Ihre Mutter hatte nicht lange gefackelt, als sie Emma beim Masturbieren ertappte, und ihr deutlich ihre Mißbilligung zu verstehen gegeben und später, als sie von Emmas erster Monatsblutung erfuhr, diese mit einer Ohrfeige quittiert, statt der Heranwachsenden Trost und Beistand zu gewähren. „Mädchen brauchen das", hatte sie mit strenger

Miene erklärt, „wenn sie erwachsen werden; es schützt sie vor Schande."

Es gab auch noch andere angstbesetzte Kindheitserinnerungen an den Vater, von dem sich Emma Liebe und Bestätigung erhofft, statt dessen aber nur finstere Ablehnung und gelegentliche Wutausbrüche geerntet hatte. Erst in Rochester wurde es ihr richtig klar, daß jenes Vergnügen, das sie als kleines Mädchen bei den spielerischen Tätscheleien mit dem Bauernsohn Petruschka verspürt hatte, durch eine lustvolle sexuelle Empfindung ausgelöst worden war – ein Vergnügen, das in der verschrobenen, lieblosen und dumpfen Gefühlswelt ihrer Eltern keinen Platz hatte. Und Emmas Ehe war auch nicht dazu geschaffen, die brutale Aufklärung über ihre sexuelle Identität, die ihr als junges Mädchen erteilt worden war, wettzumachen.

Noch in ihren späten Tagen, wenn sie sich diese trüben Erfahrungen wieder ins Gedächtnis rief, bemerkte Emma gelegentlich, daß sie sich „in der Anwesenheit von Männern immer wie zwischen zwei Feuern gefühlt" hätte. „Die Verlockung war groß, aber stets mit heftigen Reaktionen verbunden. Ich konnte es nicht ertragen, wenn sie mich anfaßten." Aber nun konnte Emma nur feststellen, daß sich eine Wand vor die Träume zu schieben begann, die der gemeinsamen Suche nach einem strahlenden Leben in Freiheit und innerer Erfüllung gegolten hatten. Kerschner – nun nicht mehr der ersehnte Seelengefährte – zog sich immer mehr in sich selbst zurück. Sein Hang zum Kartenspiel wurde für sie zum Symbol jener Leere und Langeweile, die sie von allen Seiten zu bedrohen schienen.

In dieser Ehe fühlte sie sich einsamer als jemals zuvor in den Zwängen der Familie. Dort war ihr zumindest noch die Hoffnung geblieben, eines Tages irgendwie ausbrechen zu können. Hier aber hatte sie auszuharren, denn eine Scheidung kam innerhalb der traditionellen jüdischen Gemeinde kaum in Frage. Ein derartiger Schritt wurde nur dann unternommen, wenn die Verzweiflung bereits die Furcht vor der Mißbilligung und Verstoßung durch Familie und Nachbarn überstieg, eine Strafe, die nicht ausbleiben würde. Anfangs versuchte Emma, ihr Elend zu verdrängen und konzentrierte sich auf die politischen Ereignisse, die ringsumher wie ein Feuer um sich griffen.

Man schrieb das Jahr 1887, und die Zeitungen waren gespickt mit sensationellen Meldungen über die Chikagoer Verschwörung und den Prozeß gegen eine Gruppe von acht anarchistischen Revolutionären und Arbeiterführern. Am 4. Mai 1886 war – was später als die Haymarket–Affäre auf der ganzen Welt bekannt wurde – ein Chikagoer Polizist von einer Bombe getötet und zahlreiche Bürger verletzt worden. Dies geschah am vierten Tag eines weit um sich greifenden Generalstreiks, der den Forderungen der Arbeiter nach dem Achtstundentag und der Fünftagewoche Nachdruck verleihen sollte. Die acht Angeklagten – alle Sprecher bei der Kundgebung – wurden mit dem Tode bestraft. In einem Verfahren, das nur wenige Jahre später von John P. Altgeld, dem späteren Gouverneur von Illinois, als ein Hohn auf die Gerechtigkeit bezeichnet wurde, erklärte man diese Männer aufgrund von äußerst fadenscheinigen Beweisen für schuldig. In Wirklichkeit war es ihre politische Überzeugung, für die sie verurteilt wurden.

Emma war von den leidenschaftlichen Plädoyers der Todeskandidaten aufs tiefste bewegt. Und als dann vier von ihnen nach einem abgelehnten Gnadengesuch am 11. November 1887 hingerichtet wurden, war sie außer sich.

Innerhalb der anarchistischen Bewegung gab es eine Gruppierung individualistischer Prägung, von der sich Emma besonders angesprochen fühlte. In den Worten jener mutigen Haymarket-Märtyrer, die sich als Individuen gegen das Unrecht erhoben und selbst im Angesicht des Todes zu ihren Idealen gestanden hatten, erspürte sie deren starken Glauben an die individuelle Aktion, die auch andere zum Aufbruch rufen sollte. Der Gedanke, daß der Tod dieser Männer weltweit ein neues Bewußtsein erwecken würde, versetzte sie in Erregung, und der Aufruf zur Aktion fand bei ihr volles Gehör.

Die Worte von August Spies – einem der exekutierten Anarchisten – klangen ihr noch lange in den Ohren: „Wenn Sie aber glauben, durch unsere Hinrichtung die Arbeiterbewegung auszurotten – die Bewegung, von der die geschundenen Millionen und aber Millionen, die in Mangel und Elend leben und schuften, die Lohnsklaven, ihre Rettung erwarten – wenn Sie das glauben, dann hängen Sie uns! Sie werden hier einen Funken austreten, aber dort und dort, hinter Ihnen und vor Ihnen und überall werden neue Flammen auflodern. Es ist ein unterirdisches Feuer, daß Sie nicht löschen können. Der Boden brennt, auf dem Sie stehen!"

Zermürbt von ihren Schwierigkeiten mit Kerschner fühlte sich Emma von der Gleichgültigkeit und Ignoranz ihrer Umgebung, die die Bedeutung der Haymarket-Affäre nicht einzuschätzen wußte, um so empörter. Und dann kam der Augenblick, wo ihr Zorn so unkontrollierbar wurde, daß sie einer Verwandten, die ihre Mutter besuchte und abfällige Bemerkungen über die Märtyrer gemacht hatte, ein Glas Wasser ins Gesicht schüttete. Diese neue Art von Intensität, erhöht durch den herausfordernden Konservatismus der Verwandten, erschreckte Emma und ließ sie zugleich aufhorchen.

Ihr Zorn und die Ermutigung, die ihr die Märtyrer einflößten, fegten all ihre Depressionen hinweg. Sie fühlte sich nun stark genug, die Trennung von Kerschner zu wagen – Emma war damals noch keine zwanzig –, und gab ihren Entschluß, sich scheiden zu lassen, bekannt. Sie war gewillt, alle Brücken hinter sich abzureißen – nicht nur zu Kerschner, sondern auch zu ihrem Elternhaus – und siedelte von Rochester nach New Haven über. Die Flucht aus dem Elend in eine neue Umgebung, von der sie sich ein erfüllteres Leben versprach, wurde zum oft wiederholten Muster ihres Daseins. Ihr neuentdecktes politisches Interesse öffnete ihr ein gewaltiges Wirkungsfeld und die Möglichkeit, all ihren Zorn und alle erfahrenen Kränkungen in Aktivitäten zu kanalisieren, die der Gesellschaft von Nutzen waren.

In New Haven arbeitete sie in einer Miederwarenfabrik, deren gewerkschaftlich organisierte Belegschaft sich bereits relativ gute Arbeitsbedingungen erkämpft hatte. Sie stieß auf eine Gruppe junger russischer Immigranten, die des öfteren nach Feierabend über die brennenden Fragen des Sozialismus und Anarchismus diskutierten. Ohne Rücksicht auf ihre allabendliche Müdigkeit nahm Emma an diesen Versammlungen teil – schließlich befand sie sich dort unter Gleichgesinnten, unter Menschen, die gleich ihr danach strebten, die Vision einer neuen Gesellschaft zu verwirklichen. Obgleich sie sich mehr vom Anarchismus als vom Sozialismus angezogen fühlte, war sie von dem Niveau der politischen Auseinandersetzungen über beide Theorien fasziniert. Aber der lange, anstrengende Arbeitstag und die nicht weniger große Anspannung der abendlichen politischen Zusammenkünfte forderten ihren Tribut; Emmas emotionale und physische Erschöpfung verschlimmerte sich. Was als gewöhnlicher Husten begonnen hatte, entwickelte sich zur Tuberkulose und die Schmerzen in Beinen und Füßen erwiesen sich als ernstzunehmende Venenerkrankung. Am quälendsten jedoch waren die allmonatlich wiederkehrenden krampfhaften menstruellen Beschwerden.

Zwei Monate blieb Emma noch in New Haven, dann ging sie zurück zu ihrer Schwester Helena. Diese war inzwischen mit Jacob Hochstein verheiratet und Mutter eines kleinen Kindes; finanziell ging es der Familie sehr schlecht. Nun wieder in Rochester blieb es nicht aus, daß Emma auf Jacob Kerschner traf, der sie bedrängte, sie wieder zu heiraten. Als er auch noch mit Selbstmord drohte, war sie, die so dringend einer Fürsorge bedurfte, unfähig, seinem Drängen zu widerstehen. Und tatsächlich heiratete sie ihn ein zweites Mal. Außer Helena, die für Kerschner nie etwas übrig gehabt hatte, war die gesamte Familie über diese Heirat und die augenscheinliche Abkehr Emmas von ihrer rebellischen Phase erleichtert.

Aber jegliche Hoffnung auf einen neuen Anfang erwies sich sehr bald als Illusion; denn kaum lebten Emma und Kerschner wieder zusammen, begann das alte Elend von vorn. Die Rückkehr zu ihm und ihrer Vergangenheit hatte den Charakter einer unwiderruflichen Festlegung, und Emma mußte nun kraft ihrer Ratio das bewältigen, was sie zuvor nur dunkel gespürt hatte: entweder einen neuen Anfang wagen oder im Elend verkommen. In aller Heimlichkeit besuchte sie einen Schneiderkurs, um sich die Voraussetzung zu einer finanziellen Unabhängigkeit zu schaffen.

Als sie sich entschloß, Kerschner ein zweites Mal zu verlassen, mußte sie bitter dafür bezahlen. Die jüdische Gemeinde von Rochester verstieß sie, und ihre Eltern verboten ihr das Haus wegen der nach ihrer Meinung unerhörten Geringschätzung ihrer Verantwortung ihnen und der eigenen Zukunft gegenüber. Ihre Verständnislosigkeit schmerzte Emma sehr. Sie fand Unterstützung bei einem jungen Mann namens *Bernstein*, zu dem sie eine intime Freundschaft entwickelte und der ihr half, sich von Kerschner zu lösen.

In dieser Situation entschloß sie sich, nach New York City zu gehen. Sie nahm ihre Nähmaschine, setzte sich in den Bus und fuhr los. Viele Jahre später faßte sie ihre Gefühle über die Zeit in Rochester zwischen 1885 und 1889 mit folgenden bissigen Worten zusammen: „Rochester, N. Y. – die Stadt meiner Einweisung in die Schönheiten des amerikanischen Fabriklebens; der Ort, an dem ich zum ersten Mal die Schamlosigkeit der amerikanischen Freiheit kennenlernte; Rochester mit seiner altklugen Art, Andersdenkende zu bevormunden. Hier war es, wo mir die legalisierte Heiligkeit der Familie wie ein Hohn erschien. Aber auch jenes Rochester, wo mir wie nie zuvor der Blick für Freiheit und Unabhängigkeit geöffnet wurde."

Das anonyme und vielgesichtige New York bedeutete für Emma nach all der Enge und Konformität der jüdischen Gemeinde von Rochester eine wahre Erleichterung. Am 15. August 1889, dem Tag ihrer Ankunft in der Metropole, stöhnte die Stadt unter einer Hitzewelle. Aber gerade diese Hitze war Emma willkommen, schien sie von ihrer Vergangenheit zu reinigen. Zunächst besuchte sie Verwandte, Onkel und Tante, die ein Fotoatelier besaßen. Der kühle Empfang, der ihr dort bereitet wurde, machte ihr klar, daß sie hier nicht bleiben würde. Sie verabschiedete sich also mit der Erklärung, daß sie mit einem gewissen Hillel Solotaroff verabredet sei, dessen Vorlesungen sie in New Haven besucht hätte. Ihr Reisegepäck ließ sie bei den Verwandten zurück. Durch puren Zufall oder auch durch ihre Entschlossenheit gelang es ihr, Solotaroff zu finden; gemeinsam suchten sie dann das Café Sachs in der Suffolk Street auf, den berühmten Treffpunkt der Lower-East-Side-Radikalen. Ein Stimmengewirr aus Russisch und Yiddisch schlug ihnen schon am Eingang entgegen, und die Düfte aus osteuropäisch-jüdischer Küche versetzten Emma in ihre Kindheit zurück.

Sie fühlte sich sofort heimisch. Lange schon hatte sie davon geträumt, einmal jenen Leuten zu begegnen, über deren Werke und Ideen auf den Zusammenkünften in New Haven so oft diskutiert worden war. Nun hatte sie also den Weg in das eigentliche Zentrum der Aktivitäten jüdischer Immigranten gefunden. Und sofort geriet sie auch in den Bann eines Mannes von besonderer Ausstrahlung. Es war Alexander – Sascha – Berkman, tagsüber Zigarrendreher und Hemdenpacker, des Nachts aber anarchistischer Aktivist, der im Jahr davor, 1888, geradewegs aus Wilna in Rußland gekommen war. Er plauderte freundlich und geistreich mit Emma und schien, wie sie, auf der Suche nach einem Seelengefährten zu sein. Er liebte es, die Freunde auf seine ganz besondere Art zu ermahnen: „Wenn wir Gras fressen, so ist das besser als Dreck; aber deswegen brauchen wir uns noch lange nicht für Rindviecher zu halten."

Sascha lud Emma noch am gleichen Abend zu einem Vortrag von Johannes Most ein, einem deutschen Anarchisten. In Deutschland war er Reichstagsabgeordneter der Sozialdemokratischen Partei und einer der Herausgeber der *Berliner Freien Presse* gewesen und bekannt geworden durch seine volkstümlichen Erläuterungen zum *Kapital* von Karl Marx. Des Landes verwiesen, emigrierte er nach London, wo er die Wochenzeitschrift *Freiheit* – mit unverkennbar anarchistischen Tendenzen – begründete.

Solotaroff machte Emma mit den Schwestern Anna und Helen Minkin bekannt, die gerade nach einem Untermieter suchten. Emma war höchst erfreut über diese günstige Gelegenheit und schon am gleichen Abend zog sie bei den Minkins ein. Obgleich es in der Wohnung etwas unruhig zuging und Emma daher bald wieder auszog – denn auch hier gab es einen problematischen Familienvater –, gewährte ihr diese Unterkunft einen ersten Halt und erleichterte ihr die Eingewöhnung in New York. Anfangs arbeitete sie in einer Miederwarenfabrik, später machte sie eine Seidenblusenfabrik ausfindig, für die sie – dank der eigenen Nähmaschine – Heimarbeit in Auftrag nahm. Damit war sie von der täglichen Betriebsdisziplin befreit und flexibel genug, um an anarchistischen Aktivitäten teilnehmen zu können. Es war diese politische Szene, die ihr eine Lebensweise nach ihren Vorstellungen ermöglichte.

Als sie schließlich das Glück hatte, ein Zimmer in der Suffolk Street – nahe beim Café Sachs – zu finden, konnte sie endlich unbeeinträchtigt von allen Mißhelligkeiten des Familienlebens ihrer täglichen Näharbeit nachgehen und ihre eigenen Erfahrungen machen. Jetzt, wo ihr die politischen Verbindungen eine gewisse Stabilität verliehen, brachte selbst ein gelegentlicher Wohnungswechsel sie nicht mehr aus der Fassung. Ihre Begeisterung für den Anarchismus wurde durch das Interesse erhöht, das nicht nur die Minkin-Schwestern, sondern auch so bedeutende Anarchisten wie Alexander Berkman und Johannes Most ihr entgegenbrachten.

So sah sie sich bald von beiden Männern umworben. Most war dabei, wenn sie kulturelle Veranstaltungen besuchte, und Emma berichtete ihm – bis ins kleinste Detail – von ihrem ersten Opernerlebnis, dem Troubadour. Ihre Sprachgewandtheit, ihre Fähigkeit, Gefühle wiederzugeben, erstaunten ihn. Er hatte einen besonderen Sinn fürs Dramatische, hatte er doch selbst schon davon geträumt, Schauspieler zu werden. Emma wiederum war von seiner Lebenstragödie beeindruckt, seiner seelischen Ausgeglichenheit und Ausstrahlung, mit denen er sein verunstaltetes Gesicht vergessen machte. Schließlich tat es beiden gut, ihre jeweiligen trüben Kindheitserinnerungen, deren Grundton zuweilen den Klängen von Verdis Oper entliehen schien, miteinander zu teilen. Im Verlauf solcher Gespräche kam Most zu dem Entschluß, die imponierende Redegewandtheit seiner attraktiven Begleiterin für öffentliche Auftritte zu kultivieren. Für Emma war es ein erregender Gedanke, ihr potentielles Talent von einem so großartigen Redner bestätigt zu bekommen und sich selbst einmal in der Lage zu sehen, ein größeres Publikum für die Sache des Anarchismus zu begeistern.

Ihr gegenseitiges Bündnis hielt, solange Emma in Mosts Fußstapfen trat. Als sie jedoch begann, eigene Ideen zu entwickeln, ließ sein Interesse an ihr nach. Ihr wurde langsam klar, daß selbst in anarchistischen Zirkeln jene Männer, die sich so entschieden zur absoluten Freiheit des Individuums und zur Gleichheit aller Menschen bekannten und jegliche Hierarchie ablehnten, über die Frauen dominierten und dies auch genossen. Sie riskierte es, dem „großen Most" zu mißfallen, indem sie sich seiner dirigistischen Pedanterie entzog. Zwar entschuldigte er sich hinterher für sein unangemessenes Benehmen – mit dem Hinweis, seine Liebe zu ihr hätte ihn fehlgeleitet, dennoch konnte Emma es ihm nicht vergessen, wie schnell er sie zu einem Sexualobjekt gemacht und ihre Vorstellungen ignoriert hatte und wie garstig er wurde, wenn Sascha hinzukam.

Sascha in seiner warmherzigen und aufrichtigen Art schien eher bereit, Emmas neues Selbstbewußtsein zu unterstützen. Er war von ihrer Charakterstärke und ihren originellen Ideen viel zu fasziniert, als daß er daran dachte – jedenfalls zunächst –, ihr seine Vorstellungen aufzudrängen. Ihre Freundschaft schien sich in dem Grade zu festigen, in dem sie gemeinsame Interessen entdeckten. Auch Sascha hatte sich, als er noch in Rußland lebte, von Tschernischewskis „Was tun?" inspirieren lassen, und während Emma sich mit Wera identifizierte, richtete sich Saschas Imagination auf Rachmetow, jenen Helden, der alles – sein Heim, seine Geliebte, seine Kinder und alle Sicherheiten – aufgibt, um seinen Idealen zu dienen. Ihre Zuneigung zueinander wuchs. Nach einer Veranstaltung, auf der Most Vergeltung für das schreckliche Unrecht, das den Anarchisten der Haymarket-Affäre widerfahren war, gefordert und die Emma sehr aufgewühlt hatte, konnte sie ihrem Verlangen nach Sascha nicht widerstehen und nahm ihn mit auf ihr Zimmer.

Emma war noch kein Jahr in New York, als sie zusammen mit Sascha, seinem Vetter Fedja (Modest Stein, ein junger Künstler) und zeitweilig auch Helen Minkin, die in einer Miederfabrik arbeitete, eine Vierzimmerwohnung in der 42. Straße bezog, um eine kleine Kommune nach ihrer Vorstellung zu bilden. Fedjas Vorliebe für Blumen und Farben stand Saschas Askese gegenüber, und obwohl Fedja den anderen für einen absoluten Fanatiker ohne jeden Sinn für Schönheit hielt, lebten sie verträglich miteinander und genossen die Wärme ihrer „Wahlfamilie". Zum ersten Mal in ihrem Leben fühlte sich Emma wirklich geliebt und ungetrübt glücklich.

An einem Punkt jedoch – Sascha nannte dies Fedjas „unheilbare bourgeoise Neigungen" – gerieten sie aneinander. Als Fedja sich nämlich von dem gemeinsamen Geld eine blau-weiß gestreifte seidene Jacke kaufte, wurde Sascha darüber so zornig, daß er die Wohnung verließ und mehrere Tage ausblieb. Emma fühlte sich unglücklich und einsam und suchte Zuflucht bei Fedja, dessen Feinfühligkeit sie liebte, in dessen Gegenwart sie sich entspannen konnte, weil er von ihr nicht diese völlige Hingabe an die Sache erwartete wie Sascha. Seine Flexibilität bildete einen starken Widerspruch zu Saschas Unerbittlichkeit. Als Emma einmal für ihn Modell stand, konnte er sich nicht länger beherrschen. Er verließ fluchtartig das Zimmer, und Emma hörte ihn im Nebenraum heftig schluchzen. Als sie ihn zur Rede stellte, gestand er ihr seine Liebe. Nur seine Furcht, Sascha zu verletzen, hätten ihn bisher daran gehindert, ihr dies zu sagen. Nun aber ginge es nicht mehr, und er müsse wohl ausziehen. Nun merkte Emma, daß auch sie in Fedja verliebt war. Aber war das möglich? Konnte man zwei Menschen gleichzeitig lieben, fragte sie sich. Sie beschlossen, Sascha von ihrer Liebe zu erzählen und so ihre gemeinsame Überzeugung, daß

Liebe weder exklusiv noch mit Besitzdenken verbunden sein dürfe, zu testen. Zunächst aber fehlte ihnen der Mut, mit Sascha zu sprechen, dessen abruptes Verschwinden sie zumindest teilweise mit der Tatsache in Verbindung brachten, daß ihm ihre wachsende Vertrautheit nicht entgangen war. Viele Jahre später kommentierte Sascha in einem Brief an Emma seine damalige Reaktion auf ihr und Fedjas Verhältnis. Diese Zeilen waren eine Erwiderung auf Emmas Bitte um Stellungnahme zu einem frühen Entwurf ihrer Autobiographie:

„Auch entspricht die Beschreibung deiner Intimitäten mit F. keineswegs den Tatsachen – weder in bezug auf den Zeitpunkt noch auf den Charakter eurer Beziehung. Du stellst es so hin, als ob ich nichts davon gewußt hätte. In Wirklichkeit war es doch eher so: Als ich einmal etwas besorgen ging, mußte ich – als ich zurückkam – an die Tür klopfen, weil sie aus irgendeinem Grund verschlossen war. F. kam heraus und sagte mir, daß du einen 'Anfall' hättest – was in jenen Tagen ja des öfteren der Fall war – und daß er versuchte, dich zu 'beruhigen'. Obwohl ich nichts erwiderte, war mir sofort alles klar. Ich war schon mit zwanzig genauso zurückhaltend wie heute mit 58; F. bat mich, nicht vor einer Viertelstunde – oder so ähnlich – zurückzukommen. Ich blieb eine ganze Stunde aus und erinnere mich, daß mir F. auch dann wieder erklärte, daß es ihm nicht gelungen sei, dich zu beruhigen, und ich ging nochmals weg."

Als Sascha zurückkam, glaubte er, Emma unbedingt beweisen zu müssen, daß seine Reaktion auf Fedjas Einkauf nichts mit einem Mangel an Schönheitssinn zu tun hatte. Er beteuerte, daß er schöne Dinge liebe, aber um der Sache willen bereit sei, darauf zu verzichten. Und fuhr fort, daß er alles tun werde, um Emmas Werk zu unterstützen. Als Most sie später aufforderte, ihre erste Redekampagne (die ausgerechnet in Rochester begann) zu starten, konnte Sascha sich nicht enthalten, ihr kurz vor Abfahrt des Zuges einen Strauß Rosen „american beauties" zu überreichen.

Im Verlauf der kommenden Monate zog Sascha aus der Wohnung aus. Er hatte inzwischen ein Verhältnis mit Anna Minkin und verhielt sich immer kritischer, wie er es nannte, Emmas exhibitionistischen Tendenzen gegenüber; d. h. ihrer Gewohnheit, bei gewerkschaftlichen Geselligkeiten so ungehemmt zu tanzen wie jeder andere x-beliebige Teilnehmer. Wahrscheinlich war er auf Fedja und alle Männer, die sich von Emma angezogen fühlten, eifersüchtig, was er jedoch nie eingestand.

Es war die Zeit, in der Emma nicht müde wurde, ihre Unabhängigkeit zu betonen und ihre Sexualität voll auszuleben – die Zeit, in der sie den Entschluß faßte, keine Kinder haben zu wollen. Wochenlang litt sie unter außerordentlich schmerzhaften, menstruationsbedingten Krämpfen und den Symptomen einer nichterkannten Endometriose. Immer wieder meinten ihre Ärzte, daß diese Beschwerden auf einen Gebärmuttervorfall zurückzuführen seien – die übliche Diagnose, mit der man damals Frauenleiden abzufertigen pflegte. Emmas Freund Dr. Hillel Solotaroff brachte sie zu einem Arzt, der ihr bestätigte, daß sie in ihrem jetzigen Zustand keine Kinder würde austragen können. Er schlug eine Operation vor, die –

wie er irrtümlich glaubte – Emma von ihren Menstruationskrämpfen heilen und es ihr ermöglichen würde, Kinder zu bekommen. Zu einer derartigen Operation erklärte sich Emma jedoch nicht bereit. Sie zog es vor, „das Verlangen nach dem Kind als stärksten und elementarsten Wunsch einer jeden Frau zu besiegen" – eingedenk der eigenen brutalen Kindheitserfahrungen, der unzähligen ungewollten und vernachlässigten Kinder in aller Welt und nicht zuletzt ihres jüngsten Entschlusses, ihr Leben der gemeinsamen Sache zu widmen. Sie wollte „diesen Preis bezahlen … die Qual durchstehen" und das Ventil für „ihr mütterliches Begehren in der Liebe zu *allen* Kindern" sehen. Ihr physisches Leiden machte sie zu ihrer Methode einer natürlichen Geburtenkontrolle. Das Liebesverhältnis zu Fedja vergrößerte ihr Selbstvertrauen, und sie war fest davon überzeugt, daß dies weder ihrer Liebe zu Sascha noch ihrem Engagement für die Sache abträglich sei.

Als sie Sascha schließlich ihre Beziehung zu Fedja eingestand, zeigte sich dieser generös und schien es zu respektieren. Die Eifersucht, die er sehr wohl empfand, aber bekämpfte, dünkte ihm als Überbleibsel seiner bürgerlichen Herkunft, während seine Solidarität mit Fedja und Emma auf Freundschaft und Liebe und politischer Verbundenheit zu beiden beruhte. Im Namen der Revolution – so glaubte er – würde er schließlich jedes Besitzdenken überwinden.

In jener Nacht kamen Sascha, Fedja und Emma überein, daß sie sich „durch eine erhabene Tat der Sache weihen und notfalls gemeinsam sterben" wollten. Ein derartiges Gelöbnis hatte große Tradition unter den russischen Revolutionären, die ihren Widerstand in symbolischen, oft aber auch gewalttätigen Aktionen bekundeten – dies freilich in einem Land, in dem politische Bildung noch kaum möglich war. Die Aktionen mußten dramatisch sein, um Aufsehen zu erregen. Sascha, Fedja und Emma verstanden sich als Nacheiferer ihrer großen russischen Heldinnen und Helden, zu denen fiktive Gestalten wie Wera Pawlowna und Rachmetow und auch jene Revolutionäre gehörten, die die russischen Massen vom Joch des zaristischen Regimes zu befreien gedachten. Für Emma war dieser Entschluß etwas, das sie „von der breiten Masse" abhob und ihrem Dasein endlich einen Sinn verlieh. Zu dieser Zeit war Helen Minkin wieder zu ihrer Schwester zurückgekehrt, und Emma hatte – zusammen mit Fedja und Sascha – eine Wohnung in der Dreizehnten Straße gemietet.

Ihr lockerer ménage à trois, neugefestigt durch das feierliche Gelöbnis zu gemeinsamer Aktion und gegenseitiger Treue, gab den drei jungen Idealisten das Gefühl, jeglicher Herausforderung gewachsen zu sein. Fedja, der sich mehr im Hintergrund hielt, weil er, wie er glaubte, eher durch seine Kunst als durch direkte Propaganda den Freunden und der Sache dienen könne, war dennoch entschlossen, seinen Beitrag zum politisch-ökonomischen Zusammenleben zu leisten. Emma und Sascha zogen sogar eine Rückkehr nach Rußland in Erwägung, um sich der Widerstandsbewegung gegen das zaristische Regime anzuschließen. Nach einer Rücksprache mit Most kamen sie zu der Auffassung, daß zwar Saschas Platz im

Kampf für die Revolution eher in Rußland sei, Emma hingegen in Amerika eine gute Chance als Rednerin habe. Sascha sollte zunächst einmal nach New Haven gehen, um dort die nötigen Fertigkeiten als Drucker zu erwerben. Emma wollte in seiner Nähe bleiben und folgte ihm nach, ebenso Anna und Helen Minkin. Mit den beiden Schwestern gründete Emma eine Kleiderwerkstatt. Doch der Mangel an Aufträgen und infolgedessen auch an Geld zwang sie und Helen zurück in die Lohnarbeit als Korsettnäherinnen, während Anna den häuslichen Schneidereibetrieb aufrechterhielt. Die gemeinsamen Aktivitäten galten der Organisierung politischer und kultureller Veranstaltungen, die sich in fortschrittlichen Kreisen New Havens einiger Beliebtheit erfreuten. Fedja ging nach New York, wo er mit einem festen Einkommen rechnen konnte. Anna, die an Schwindsucht litt, kehrte bald nach New York zurück, ebenso Helen, die dann dort mit Most zusammenlebte. Auch Emma und Sascha gingen schließlich nach New York, wo sie zusammen mit Fedja eine Wohnung in der Forsythe Street bezogen. Dort warteten sie auf die Hilfe von zuverlässigen Genossen, an die sich Most in einem geheimen Appell wegen finanzieller Unterstützung der Rückkehr nach Moskau gewandt hatte.

Am 1. Mai 1891 wurde Most wegen einer Rede, in der er aufgebrachte Arbeiter zum bewaffneten Widerstand aufgerufen hatte, verhaftet. Emma und Sascha begruben ihre Meinungsverschiedenheiten mit Most und eilten ihm zu Hilfe, aber an dem Gerichtsurteil, das auf Zuchthausstrafe lautete, konnten auch sie nichts mehr ändern. In der Zwischenzeit hatte Fedja eine gutbezahlte Tätigkeit als Photograph in Springfield, Massachusetts, gefunden und schlug Emma vor, mit ihm zu arbeiten. Emma ergriff die Gelegenheit, ließ die Stadt und die ermüdende Akkordarbeit an der Nähmaschine hinter sich und ging. Bald folgte auch Sascha. Sie faßten den Plan, gemeinsam ein Photoatelier zu gründen und zogen zu diesem Zweck nach Worcester. Aber das Vorhaben ließ sich nicht verwirklichen, und so kamen sie auf die Idee, einen Eissalon zu eröffnen. Sie versprachen sich davon ein Minimum an finanzieller Sicherheit, um ihre politische Arbeit fortsetzen zu können, und darüberhinaus die Möglichkeit, Geld für die Unterstützung der Genossen in Rußland zusammenzubekommen. Der Duft von Emmas Kaffee erfüllte den Laden, und es dauerte nicht lange, bis dieser zu einem Geheimtip wurde – und dies ungeachtet der Gerüchte über Emmas und Sachas Zusammenleben in wilder Ehe, was dazu führte, daß manchen Kindern von ihren Eltern verboten wurde, in diesem Laden ihr Eis zu kaufen.

Das neue Unternehmen hatte sich kaum etabliert, als etwas geschah, was die Genossen nicht ignorieren konnten, worauf sie reagieren mußten. Am 6. Juli 1892 waren während eines Proteststreiks gegen die Lohnpolitik der Carnegie Stahlwerke in Homestead, Pennsylvania, die Arbeiter durch Streikbrecher ersetzt und von ihren Arbeitsplätzen ausgesperrt worden. Henry Clay Frick, Direktor des Unternehmens, setzte 300 Pinkerton-Agenten zur Bewachung der Fabriktore ein. Damit waren gewaltsame Auseinandersetzungen, bei denen drei Pinkertons und zehn Arbeiter getötet wurden, vorprogrammiert. Sascha fühlte sich nun persönlich aufgerufen, den Tod der zehn Arbeiter zu rächen. Er faßte den Plan, Frick zu töten.

Man schloß den Eissalon und fuhr gemeinsam nach New York, um dort Vorbereitungen für das Attentat zu treffen. Alexander Berkman, inzwischen 22 Jahre alt, übernahm die Planung des Attentats. Emma wurde mit der Aufgabe betraut, die Aktion, sobald sie gelaufen war, den Massen zu erläutern. Nach Emmas und Saschas Auffassung sollte dies ein individueller Gewaltakt gegen die kapitalistischen Ausbeuter sein – ein Akt, der keinerlei Zustimmung oder Unterstützung irgendeiner organisierten Gruppe bedurfte und der, wie sie hofften, ohne weiteres auch von den Arbeitern verstanden werden würde. Für sie war dies der Augenblick, um ihre Treue zur Sache unter Beweis zu stellen, selbst wenn es sie das eigene Leben kosten sollte.

Sascha versuchte zunächst, eine Bombe zu bauen. Als ihm dies mißlang, ging er mit wenig Geld, aber der Hoffnung nach Pittsburgh, sich dort eine Waffe und einen Anzug von untadeligem Schnitt besorgen zu können, der ihm den Zutritt zu Fricks Chefetage ermöglichen sollte. Er wollte sich als Vertreter einer fiktiven Firma, der „Simon Bach Employment Agency", ausgeben. Im Vertrauen darauf, daß seine Tat die Arbeiterklasse zur Aktion anstacheln würde, nahm er Abschied von Emma.

Diese setzte nun alles daran, ihren Geliebten zu unterstützen. Sascha brauchte vor allen Dingen Geld, um das Attentat ausführen zu können. Aber wie welches beschaffen? Nach einer unruhigen, schlaflosen Nacht faßte sie den verwegenen Plan, auf den Strich zu gehen; sie wollte ihren Körper verkaufen. Für Sascha wollte sie das tun, für seine große Tat. In Kleidern, die sie für dieses Vorhaben für geeignet hielt, stellte sie sich an eine Straßenecke und wartete auf den ersten Freier. Als schließlich ein gut gekleideter Herr des Weges kam und sie mit einem anerkennenden Blick bedachte, folgte sie ihm in ein Weinlokal am Union Square. Hier hatte sie jedoch schon einmal mit Most gegessen und mochte nicht dort bleiben. Also wechselten sie in eine Bar über. Im Verlauf des Gesprächs wurde es dem Mann klar, daß er es mit einer Anfängerin zu tun hatte, die krampfhaft versuchte, ihre Schwierigkeiten mit der ungewohnten Rolle zu überspielen. Schließlich sagte er ihr, daß sie sich nicht zur Dirne eigne, schob ihr eine Zehn-Dollar-Note zu und ging. Emma blieb nichts anderes übrig, als ihre Schwester Helena um den Rest der Summe zu bitten, die für die Aktion noch notwendig war. Sie erklärte ihrer Schwester, sie sei krank.

Berkman hatte sich inzwischen in einem Hotel in der Nähe des Stahlwerks einquartiert, und zwar unter dem Namen Bachmetow (eine leichte Abwandlung des Namens seines Kindheits-Idols Rachmetow). Am 23. Juli 1892 gelang es ihm, sich Zugang zu Fricks Büro zu verschaffen; er streckte den Stahlbaron mit drei Schüssen nieder. Die Verletzungen waren ernsthaft, aber nicht lebensgefährlich. Als Berkman sah, daß Frick noch lebte, stürzte er sich mit einem Messer auf ihn, um seine Tat zu vollenden. Aber er wurde von Arbeitern, die gerade mit Reparaturarbeiten in dieser Etage beschäftigt waren, und Fricks persönlichem Assistenten zurückgerissen und so lange geschlagen, bis er das Bewußtsein verlor. Damit hatte Sascha die Chance verfehlt, einem Symbol kapitalistischer Unterdrückung den Todesstoß zu versetzen. Und ausgerechnet Arbeiter, zu deren Befreiung dieses mutige Attentat geplant war, hatten ihn daran gehindert, waren ihm in den Arm gefallen, um den gemeinsamen Feind zu beschützen! Auf der Polizeiwache entdeckte man eine Dynamitkapsel in seinem Mund, die die Beamten sofort konfiszierten. Berkman wurde zu 22 Jahren Zuchthaus (später reduziert auf 14 Jahre) verurteilt.

Emma hatte angenommen, daß Saschas Tat zu einem landesweiten Aufstand der Arbeiterschaft und zu Fabrikbesetzungen führen würde. Stattdessen erzeugte das mißlungene Attentat eine neue Welle der Unterdrückung und spaltete die Arbeiterbewegung noch viel stärker in einzelne Grüppchen, die sich über die Taktik nicht einig werden konnten.

Die Polizei, die in Emma eine Mittäterin festzunehmen hoffte, hatte zunächst die von ihr verlassene Wohnung durchsucht. Zwei Tage danach erwirkte der Hausherr die gerichtliche Räumung. Auch enge Freunde gerieten in den Verdacht der Komplizenschaft, obwohl sie nie etwas von Saschas Plänen erfahren hatten. Emma war zunächst zu einer Bekannten gezogen, die aber zuviel Angst hatte, sie länger zu verbergen. Sie schlüpfte bei ihrer Großmutter unter, saß in Cafés oder fuhr mit der U-Bahn – gemartert von dem Gefühl, nirgendwo ein Zuhause zu haben. Nach einiger Zeit änderte sie ihren Namen in E. G. Smith und trug sich auch so in das Register einer (vermeintlichen) Pension ein, bis sie entdeckte, daß es sich um ein Bordell handelte – ironischerweise nicht der schlechteste Platz, um sich Geld durch Nähen von Kleidern für die Prostituierten zu verdienen. Während sie sich auf der Flucht vor dem Gesetz mit den Dirnen solidarisch fühlte, war sie schon bald wieder gezwungen, diesen Ort zu verlassen, da ihre Publizität als „Rote Emma" – und somit auch als Komplizin des Frick-Attentäters – gestiegen war. Ihre nächste Zuflucht war eine Herberge für tschechische Revolutionäre.

Die Spannung zwischen Hoffnung und Realität nahm beständig zu. Sie und Sascha hatten ihren Traum vom Anarchismus russischer Prägung im Amerika des 20. Jahrhunderts zu Ende geträumt. Die Kluft zwischen ihnen und der Neuen Welt war durch das gescheiterte Frick-Attentat nur noch tiefer geworden, und es kamen ihnen Zweifel an der Effektivität derartiger Aktionen, zumal es sich bei Frick nicht um eine politische Persönlichkeit gehandelt hatte und weil das allgemeine politische Bewußtsein noch zu wenig entwickelt war, um den Menschen das Attentat begreiflich zu machen.

Da ihr vertrautester Genosse im Gefängnis war, während sie als Mittäterin frei herumlief, quälte sich Emma mit Schuldgefühlen und der Frage, was sie für ihn tun und wie sie ihr Leben zur Verwirklichung ihres gemeinsamen Traumes von der Revolution einsetzen könnte. Sie begann sich zu fragen, ob ihre Aktion nicht zu übereilt und am Ende gar nicht im Sinne der Arbeiterbewegung gewesen wäre. Obwohl sie in der Öffentlichkeit Saschas Tat beharrlich verteidigte, begann sie innerlich daran zu zweifeln und eigene Vorstellungen zu der Frage zu entwickeln, wie der anarchistischen Sache am besten zu dienen sei.

Sechs Monate nach dem Attentat, anläßlich einer allwöchentlichen Zusammenkunft der Vertreter einer Kampagne für die Herabsetzung von Saschas Strafe, lernte Emma einen großen, blonden Mann kennen, von dem sie sich einerseits angezogen, andererseits aufgrund seines seltsamen Benehmens irritiert fühlte. Er schien der nervösen Gewohnheit erlegen zu sein, ständig mit dem Bein zu schlenkern, und spielte obendrein noch mit Streichhölzern. Kokett schnappte sie ihm die Streichhölzer aus der Hand. „Kleine Kinder sollten die Hände vom Feuer lassen!" Der Vierzigjährige schien um eine Antwort nicht verlegen. „Schon gut, Großmutter, aber ich bin ein Revolutionär, mußt du wissen. Ich liebe das Feuer. Du nicht?" „Ja, am rechten Ort", antwortete Emma und ermahnte ihn dann, sein Bein ruhig zu halten, weil das Geschlenkere sie und andere nervös mache. Aber ihr Übermut kehrte sich bald in Betroffenheit, als er ihr mitteilte, daß diese „Angewohnheit" das Resultat seiner zehnjährigen Gefängnisstrafe sei. Emma identifizierte ihn sofort mit Sascha und war begierig, mehr von ihm zu erfahren.

Edward Brady war gerade aus Österreich gekommen, wo er erst kurz zuvor eine zehnjährige Gefängnisstrafe wegen Verbreitung verbotener anarchistischer Literatur abgesessen hatte. In ihm hatte Emma einen Genossen gefunden – nicht allein für den Kampf, sondern einen, der ebensogut ihrem Verlangen nach einem kultivierten Leben gerecht wurde. Brady machte sie mit den großen Klassikern bekannt: Goethe, Shakespeare, Rousseau, Voltaire. Er lehrte sie französisch, und gemeinsam vertieften sie sich in die Lektüre von Molière, Racine und Corneille. Er brachte ihr sogar den österreichischen Dialekt und die französische Küche bei. Aus ihrer anfänglichen Kameradschaft wurde Liebe. Samstags gingen sie meistens in Justus Schwabs Kneipe, dem berühmtesten Treffpunkt der Radikalen in New York. Dort wurde heftig und mit großen Vergnügen diskutiert – mit Schriftstellern, Künstlern, französischen Kommunarden, spanischen und italienischen Flüchtlingen, russischen Emigranten und deutschen Sozialisten und Anarchisten.

Ihre Arbeit – Emma arbeitete täglich zehn Stunden an der Nähmaschine –, die Sorgen um Sascha und schließlich auch ihre neue Beziehung zu Ed Brady überstiegen ihre Kräfte und ihre Tuberkulose brach wieder auf. Sie war so geschwächt, daß sie sich nach Rochester zurückzog, wo sie, in angemessener Entfernung von ihren Eltern, eine Bleibe im Grünen fand.

Unter der fürsorglichen Obhut einer Krankenschschwester erholte sie sich langsam, kehrte jedoch viel zu früh nach New York zurück, weil sie glaubte, politische Aktivität sei für sie heilsamer als die Isolation in Rochester. Ed Brady empfing sie mit offenen Armen und versuchte, sie von der Arbeit zurückzuhalten, bis sie völlig genesen war. Aber so sehr Emma seiner Anteilnahme bedurfte, sie konnte nicht vertragen, wenn er versuchte, ihr etwas vorzuschreiben.

Es dauerte nicht lange, bis Emma – trotz politischer Repressionen und trotz ihrer Mittäterschaft an Berkmans Attentat – wieder vor die Öffentlichkeit trat. Anläßlich einer Veranstaltung auf dem Union Square führte sie bereits 1893 eine Gruppe arbeitsloser Frauen und Mädchen an. Sie ging an der Spitze des Demonstrationszuges und trug die rote Fahne. Den Werktätigen rief sie zu: „Marschiert vor die Paläste der Reichen, fordert Arbeit. Wenn sie euch keine Arbeit geben, fordert Brot! Wenn sie euch auch das nicht geben wollen, nehmt es euch! Das ist euer heiliges Recht!" Kein Wunder, daß Emma am folgenden Tag während einer Veranstaltung in Philadelphia verhaftet und nach New York gebracht wurde. Die Anklage lautete auf „Anstiftung zum Aufruhr … Zweifel an Gott und staatlicher Gewalt". Voltairine de Cleyre, eine Anarchistin, die gleich Emma von dem Justizmord in Chikago beeinflußt worden war, protestierte nachdrücklich gegen Emmas Verhaftung. Auf einer Veranstaltung erklärte sie den Arbeitern:

„Zweifellos liegt die Macht in euch selbst, zweifellos könntet ihr euch ihrer bedienen, und ihr könnt sicher sein, daß die Herrschenden dies wissen und fürchten und daher entschlossen sind, von ihrer Gewalt Gebrauch zu machen, und zwar in dem Maße, das nötig ist, um die ersten Anzeichen einer Erhebung zu ersticken. Und deshalb haben sie Emma Goldman ins Gefängnis gesteckt. Sie fürchten euch nicht so, wie ihr seid, sondern wie ihr euch entwickeln könntet. Das Gefährliche war ,die Stimme, die aus der Wildnis schreit', weil sie die Macht ankündigte, die dahinter steht. Und wie sehr sie sie fürchten, das hättet ihr in Philadelphia erleben können. Sie rückten heran mit Polizisten und Detektiven, inszenierten ein militärisches Manöver, um jener Frau habhaft zu werden, die ihnen drei Tage lang auf der Nase herumgetanzt war. Und als sie sich ihnen näherte, schlossen sie den Kreis und fingen sie ein. Sie bewachten das Rathaus, in dem Emma bis zum Morgen eingesperrt war, und ließen sie durch einen Detektiv, der sich in der Nachbarzelle einquartiert hatte, beobachten. Und warum? Hatten sie Angst vor der spitzen Nadel der Schneiderin? Oder fürchteten sie eine stärkere Waffe? … *Der Geist, von dem Emma Goldman durchdrungen ist, ist die einzige Kraft, die den Sklaven seiner Sklaverei und den Tyrannen seiner Tyrannei entledigen kann – jener Geist, der bereit ist, alles zu wagen und alles zu ertragen.*"

Als die Polizei Emmas schlechten körperlichen Zustand erkannte, war sie sicher, mit ihr ein leichtes Spiel zu haben. Man sagte ihr Straffreiheit zu und bot ihr Geld für den Fall, daß sie der Polizei mit Informationen über die Aktivitäten der New Yorker Radikalen zur Verfügung stünde. Emma war außer sich. „Sie elender Schuft", schrie sie, „schlimm genug, daß Sie selbst ein Judas sind, nun wollen Sie auch aus mir einen machen – Sie und Ihr verdammter Chef! Lieber lebenslänglich ins Gefängnis, aber kaufen lasse ich mich nicht."

Für diese Beleidigung in Verbindung mit ihren Äußerungen am Union

Square wurde sie zu einem Jahr Zuchthaus auf Blackwell's Island verurteilt. Ungeachtet dieser Entscheidung veröffentlichte die New Yorker *World* ihre Rede vor Gericht und gab Emma somit Gelegenheit, ihr Denken und ihren Standpunkt einer großen Menge zu vermitteln.

Im Gefängnis wurde ihr die Leitung der Nähstube übertragen. Emma lehnte es jedoch ab, die Funktion einer Aufseherin zu übernehmen, wodurch sie sich das Wohlwollen ihrer Mitgefangenen erwarb. Sie erlitt einen Rheumaanfall und wurde in die Krankenabteilung eingewiesen, wo sie nach ihrer Genesung als Pflegerin arbeitete, obwohl sie niemals eine Ausbildung erhalten hatte. Aber Emma liebte diese Arbeit, die ihr gestattete, Einblick in tiefere Zusammenhänge zu nehmen, und die ihrem Leben im Zuchthaus einen neuen Inhalt gab. Viel stärker empfand sie nun auch die Nähe von Sascha, die Gemeinsamkeit ihres Opfers für die Sache; denn, obwohl zur Zeit daran gehindert, waren sie doch beide beharrlich darauf bedacht, die Voraussetzungen für eine freie Zukunft zu schaffen.

Als Emma 1894 aus dem Gefängnis entlassen wurde, bereiteten ihr die Genossen im New Yorker Thalia Theater einen großartigen Empfang. Bei ihrem Wiedereintritt in die Politik stieß sie auf eine starke innere Geschlossenheit in der Bewegung. Sie erkannte, daß sie selbst zu einer nationalen Berühmtheit geworden war und den engeren Kreis der vorwiegend yiddisch sprechenden Linken hinter sich gelassen hatte.

Unter den Fittichen der Intellektuellen und gefeierten Mitglieder der literarischen Avantgarde – aus dem Umkreis eines Ambrose Bierce, James Huneker, Sadakichi Hartman und John Swinton – gelangte Emma zu den eigentlichen Initiatoren des amerikanischen Radikalismus. Nach und nach revidierte sie ihre Meinung, daß dieses Land keine „Idealisten" hervorbringe und beschloß, den Kreis ihrer Zuhörer fortan zu erweitern. Sie lernte neue Leute kennen – unter ihnen eine Frau namens Emma Lee, die eine Haftstrafe verbüßt hatte und sich nun für die Reform des Gefängniswesens einsetzte.

Emma und Ed Brady kamen überein, eine Wohnung zu suchen, um ein gemeinsames Leben zu führen – aber Emmas Streben nach Unabhängigkeit war Ed ein Dorn im Auge. Sie bestand auf einem eigenen Zimmer, er aber wollte sie ganz für sich haben. Auch erhielt sie mehr Besuch, als er verkraften konnte. Er träumte davon, mit ihr Kinder zu haben. Sie hingegen versuchte ihm klarzumachen, daß es nichts gäbe, was sie von der Erfüllung ihrer großen Aufgabe im Angesicht der allgemeinen Notlage der Menschen ablenken könne. Er wollte, daß sie zu Hause blieb; stattdessen nahm sie einen Job als Krankenpflegerin an und nutzte auf diese Weise ihre im Gefängnis erworbenen Fähigkeiten. Als Ed aus gesundheitlichen Gründen seinen Beruf aufgeben mußte, versuchte es Emma erneut mit einem Eissalon. Aber der Laden lief nicht, was sie in ihrer Überzeugung bestärkte, als Krankenpflegerin besser zum gemeinsamen Lebensunterhalt beitragen zu können. Und nun war es Ed, der, trotz aller bisherigen Einwände in bezug auf Emmas Unabhängigkeit, überraschenderweise vorschlug, daß sie nach Wien gehen sollte, um im dortigen Allgemeinen Krankenhaus eine Ausbildung als Krankenpflegerin und Hebamme zu machen. Fedja kam für die Kosten der Überfahrt auf und zahlte ihr für die gesamte Dauer ihres Aufenthalts einen monatlichen Zuschuß von 25 Dollar. Über das Jahr Trennung, das Emma und Ed nun wieder bevorstand, tröstete Ed die Tatsache, daß Emma nun sein geliebtes Österreich kennenlernen würde, insbesondere Wien, von dessen Kultur und Charme er ihr soviel erzählt hatte.

Sie war 26, als sie sich nach Europa einschiffte. Erste Station ihrer Reise war London, von wo sie eine Vortragsreise ins Land unternahm, die sie auch nach Leeds und Glasgow führte. In London traf sie bedeutende Vertreter des europäischen Radikalismus: so u. a. die beiden anarchistischen Theoretiker Peter Kropotkin und Enrico Malatesta und Louise Michel, die Heldin der Pariser Kommune.

Von Kropotkin gewann sie ihre Überzeugung, die moderne Technologie nicht schlechthin im Zusammenhang mit dem kapitalistischen System zu verwerfen, sondern in ihr sehr wohl die Basis für einen Kommunismus des Überflusses zu erkennen. Voraussetzung dieser Kropotkinschen Vision wären kommunale Solidarität und Kooperation, die er als „gegenseitige Hilfe" bezeichnete. Kropotkins Erklärung der Revolution als natürlichen Prozeß war für Emma einleuchtend. Mochten andere ruhig von einem historischen Außenseitertum der Anarchisten reden – bei Kropotkin fand Emma die Bestätigung, daß sie sich sehr wohl in Übereinstimmung mit der Geschichte befand. Sie selbst beschleunigte lediglich, was unvermeidlicherweise eintreten würde: politische und gesellschaftliche Erziehung würden Gewalt und Zerstörung – die Folgen eines totalen, sofortigen Wandels – auf ein Minimum reduzieren.

Nicht minder begrüßte Emma den Realismus des militanten Malatesta. Er war Befürworter der „direkten Aktion". Nach ihm war es nicht die Aufgabe der Anarchisten, die Menschen zu emanzipieren – das mußten sie schon selbst tun. „Eine gute Sache ist nach unserer Auffassung jede Aktion, die sich für die Beseitigung ökonomischer und politischer Unterdrückung einsetzt; die der Entwicklung des moralischen und intellektuellen Bewußtseins der Menschen dient; die ihnen zur Erkenntnis ihrer individuellen Rechte verhilft und sie dazu bringt, im Interesse aller zu handeln." Gewalt- und Sabotageakte – ausgeführt von kleinen Gruppen oder Individuen – seien unerläßlich, um das Bewußtsein der Massen zu formen. Emma akzeptierte zwar diese Art von Logik, machte sie aber nicht zum Orientierungspunkt ihrer Arbeit oder Aktivitäten. Für sie lag die Betonung vor allem auf der Erziehung.

In Wien, wo sie ihre Ausbildung am 1. Oktober begann, besuchte sie auch Vorlesungen von Sigmund Freud und fand ihre eigenen Vorstellungen über die zentrale Rolle sexueller Unterdrückung und deren Auswirkungen auf das menschliche Denken und Handeln bestätigt. Sie las und lernte viel, um ihre Ausbildung als Hebamme und Krankenschwester zu einem erfolgreichen Abschluß zu bringen. Aber die eigentliche Faszination dieser Stadt war für Emma deren geistiges und kulturelles Leben und ihre Möglichkeit, nun daran teilzuhaben.

Reich an neuem Wissen und Erfahrungen, kehrte sie nach New York in den relativen Luxus von Eds Wohnung zurück – Zeugnis seines gutgehenden Plattengeschäfts. Ihre Freunde begrüßten sie mit einem exquisiten Festmahl, gekrönt durch einen Brief von Sascha, der inzwischen aus der unmenschlichen Isolationshaft – aus dem Gestank der eigenen Exkremente – entlassen und in eine Abteilung überführt worden war, die ihm den Zugang zur Gefängnisbibliothek und die Möglichkeit der Kontaktaufnahme mit anderen Gefangenen gewährte. Ein Gesuch um Strafverkürzung war kurz vorher abgelehnt worden.

Anstatt als Krankenschwester oder Hebamme zu arbeiten, widmete sich Emma immer mehr ihren politischen Interessen und immer weniger ihrem Liebhaber. Ganze Tage und Nächte verbrachte sie in Versammlungen – sehr zum Leidwesen Eds, der so geduldig auf sie gewartet hatte. Die berufliche Anspannung hatte seine politischen Aktivitäten zum Ruhen gebracht, und auch Fedja fühlte sich der politischen Arbeit nicht länger verpflichtet, nachdem er Zugang zu den wohlhabenden New Yorker Künstlerkreisen gefunden hatte. Eines Abends begann sich Ed darüber auszulassen, daß Emma sich immer weiter von ihm entferne und stellte ihr ein Ultimatum: sie hätte sich nun zwischen ihm und der politischen Arbeit zu entscheiden. Er war nicht mehr bereit, sie mit „irgend jemandem oder irgend etwas" zu teilen. Als Emma auf seinen Zornesausbruch nicht reagierte, verließ er fluchtartig die Wohnung mit der Drohung, nie mehr zurückzukommen.

Um den Kummer über Eds Verlust zu betäuben, stürzte sich Emma in ihre Arbeit als Krankenschwester und Hebamme. Täglich machte sie Bekanntschaft mit Elend und Armut, sah die Mengen der schwächlichen, verwahrlosten, ungewollten Kinder, die um ihre Füße krochen, wenn sie einem weiteren armen Geschöpf auf die Welt half. Das alles deprimierte sie fürchterlich und zerrte an ihren Kräften. Vierzehn Tage nach Eds Fortgang erlitt sie nach einer äußerst dramatischen Entbindung einen Zusammenbruch und schickte Ed eine Nachricht. Er eilte unverzüglich zu ihr zurück. Das veranlaßte sie, ihre politischen Aktivitäten zugunsten eines intensiveren Zusammenlebens mit ihm zu reduzieren. Obwohl sie immer wieder versicherte, daß Konflikte sie nur stärker machten und sie sich „das Dasein nur als Zusammenprall gegensätzlicher Energien vorstellen" könne, begann diese turbulente Beziehung sie allmählich zu schwächen. Sie zeigte unverkennbare nervöse Symptome, ihr Selbstvertrauen schwand dahin, je mehr sie Eds wachsender Kritik ausgesetzt war. Vorübergehend schien diese physische Instabilität, die – wie die Ärzte glaubten – durch einen Gebärmuttervorfall verursacht sei, eine engere Anlehnung an Ed zu bewirken, der es genoß, sie zu umsorgen. Andererseits wurde es ihm immer bewußter, daß er sie nicht auf Dauer wie einen Vogel im Käfig halten könne. Sobald sie sich besser fühlte, war sie wieder unterwegs. Und mit ihrem ersten öffentlichen Auftritt begann der alte Groll erneut in ihm aufzustei-

gen. Gleich nach der Rückkehr von ihrer ersten Reise gerieten sie hart aneinander, und bevor Emma erneut aufbrach, mußte sie sich ernstlich fragen, ob der Zusammenbruch ihrer Beziehung überhaupt noch zu vermeiden sei.

In einem Brief gab Ed ihr zu bedenken, daß er zwar gelernt hätte, seine
Ansprüche an sie hinunterzuschrauben, aber nun müsse er erkennen, daß
seine Liebste mit der Öffentlichkeit verheiratet sei. Immerhin akzeptierte
er Emmas Vorschlag, ihren jüngsten Bruder, der sein Medizinstudium fern
von Rochester fortsetzen wollte, in die gemeinsame Wohnung aufzunehmen. Ed versuchte, das beste aus der Situation zu machen und tröstete sich
mit dem Gedanken, nicht ganz allein zu sein, wenn Emma auf Vortragsreisen war. Sie hingegen erwog bereits, ihre bisherige Ausbildung durch ein
Medizinstudium zu ergänzen, und Ed schien nicht abgeneigt, ihr diese ehr-
geizigen Pläne zu finanzieren.

Auf ihren Reisen in den mittleren und fernen Westen der USA fühlte sie
sich zuweilen von anderen Männern der anarchistischen Bewegung angezogen. Sie genoß ihre Freiheit, genoß es, ihren Impulsen zu folgen und
schob den Gedanken, daß Ed auf sie wartete, weit von sich. Zwar schrieb
sie ihm hin und wieder und erledigte etliche geschäftliche Aufträge für
ihn – wie den Vertrieb seiner Erfindung in einschlägigen Firmen für Büro-
artikel in den Städten des Westens. Wenn Emma wieder zu Hause war,
sprachen sie kaum miteinander; sie verhielten sich eher kühl zueinander. In
der Unterstützung eines Textilarbeiterstreiks in Summit, New Jersey, sah
Emma eine willkommene Gelegenheit, ihrem Fernsein von Ed eine legiti-
me Begründung zu geben. Und als sie einmal eine Massenkundgebung zu
organisieren hatte, hoffte sie insgeheim, bei dieser Gelegenheit verhaftet
zu werden, nur um den Schwierigkeiten mit Ed zu entkommen. Er hingegen war auch für ein weiteres Mal fest entschlossen, ihre Beziehung zu retten – besonders in Augenblicken, in denen Emma einer Gefahr ausgesetzt war.

Einige Wochen nach ihrer Rückkehr aus New Jersey erkrankte Ed an einer Lungenentzündung und war auf Emmas Hilfe angewiesen. Als er sich
dann wieder besser fühlte, besuchte sie zusammen mit Fedja eine Veranstaltung und kam erst nach Hause, als Ed schon schlief. Am nächsten Morgen versuchte sie vergeblich, ihn zu wecken. Mit Entsetzen wurde ihr klar,
daß er Morphium genommen hatte in der unverkennbaren Absicht, ihr damit einen Schreck einzujagen und sie von ihrer „Versammlungsmanie" zu
kurieren. So jedenfalls lautete sein Geständnis, als er wieder bei Bewußtsein war. Dieser Schock brachte ihr die Erkenntnis, daß die gemeinsame
Sache und all ihre gemeinsamen Vorstellungen für ihn nichts anderes bedeuteten als „Versammlungen" und „Trennungen", und versetzte ihrer sie-
benjährigen Beziehung den Todesstoß. Emma sah klar, daß sie niemals *die*
Frau für ihn sein konnte, nach der er sich sehnte, und verließ ihn endgültig.

Zunächst hatte Emma die Absicht, zusammen mit Max Baginski, einem
ihrer Verehrer, den anarchistischen Kongreß in Europa zu besuchen. Doch
er fühlte sich mehr zu einer anderen jungen Frau hingezogen, und Emma

trat – ganz auf sich gestellt – eine Vortragsreise durch die Vereinigten Staaten an.

Ihre Enttäuschung war bald vergessen, als sie zwei wohlhabende Freunde ihres kürzlich verstorbenen Verehrers Robert Reitzel kennenlernte, die ihr ein Studium an einer Schweizer Schule für Medizin finanzieren wollten. Sie würde somit einen Beruf haben, der ihrer politischen Arbeit einen sicheren Rückhalt bot. Herman Miller und Carl Stone, zwei erfolgreiche Geschäftsleute, zeigten viel Sympathie für Emmas politische Vorstellungen und erkannten hier ihre Chance, einer vielversprechenden jungen Idealistin zum Wohle der Menschheit zu einem soliden Handwerk zu verhelfen. Zurückgekehrt nach New York, erhielt sie einen Brief von Ed, in dem er sie bat, in die Wohnung zurückzukehren und dort bis zu ihrer Abreise nach Europa zu bleiben. Emma nahm, trotz großer Bedenken, das Angebot an, doch stellte sich bald heraus, daß Ed nicht mehr imstande war, das, was er als ihre bewußt kalkulierte Vernachlässigung seiner Person bezeichnete, zu verkraften, und am Vorabend ihrer Abreise nach Europa verlor er die Kontrolle über sich, bekam einen Tobsuchtsanfall, zerschmetterte Möbel und Porzellan und zerriß sogar die Aktzeichnung , die Fedja von Emma gemacht hatte.

Wenige Wochen nach ihrer Abreise lebte er schon mit einer anderen Frau zusammen und Emmas Bruder zog aus.

Kaum auf der Schule, begann Emma eine heftige Abneigung gegen die Reglementierung, der sie dort unterworfen war, zu entwickeln. Es zog sie mehr und mehr in die Politik. In London begegnete sie dem tschechischen Revolutionär Hippolyte Havel, den sie trotz seines exzentrischen Verhaltens faszinierend fand. Havel war schon einmal mit der Begründung, daß nur ein Geisteskranker wie er an der Regierung zweifeln könne, in eine psychiatrische Anstalt eingewiesen worden. Es war Professor Krafft-Ebing, der ihn herausgeholt hatte mit der Feststellung, daß Havel „gesünder als wir alle" sei. Der quicklebendige Havel bediente sich dieser Erfahrung auf seine besondere Weise: mit dem aufgespanntem Gerippe eines Regenschirms stellte er sich an eine Straßenecke und wartete, bis die Menschen zusammengeströmt waren, um dann laut zu verkünden, daß er „durchaus nicht lächerlicher sei als die Gesellschaft, in der wir leben". Mit Havel hatte Emma eine kurze Affäre. Beide fuhren gemeinsam nach Paris, und Emma scherte sich nicht mehr um ihre medizinische Ausbildung.

Die strenge Disziplin in der Schule war nicht das einzige Motiv ihrer Flucht, gewährte ihr doch das studentische Leben trotz aller Mühen mehr Privilegien als ihr bisheriges Dasein. Teilweise verbarg sich hinter ihrer spontanen Entscheidung die bewußte Absage an ein respektables Leben, welches sie aus dem ihr so vertraut gewordenen sozialen Wirkungsbereich zwischen Politik und Bohème herausreißen würde. Emma fühlte sich völlig in ihrer Handlungsweise bestärkt durch Kropotkins Meinung, daß sie als Heiler gesellschaftlicher Leiden der Menschheit einen größeren Dienst erweisen würde. Natürlich mußte sie nun damit rechnen, daß von ihren Wohltätern keine Gelder mehr zu erwarten waren.

In Paris besuchte sie den auf wenige Teilnehmer beschränkten Kongreß der Neo-Malthusianer, der sich mit der kontroversen und vieldiskutierten Frage der Empfängnisverhütung und Geburtenkontrolle befaßte. Für Emma gab es dieses Problem – im Gegensatz zu den meisten Frauen – nicht, da ihre „verlagerte Gebärmutter" sie vor jeder Empfängnis schützte. Dennoch war ihr klar, daß die Kampagne für Empfängnisverhütung auch in den Bereich ihres politischen Engagements gehörte und revolutionäre Auswirkungen auf den Kampf um die sexuelle Freiheit haben würde. Aufgrund ihrer Erfahrungen als Hebamme wußte sie sehr wohl um den Unterschied zwischen einem in freier Liebe und ökonomischer Sicherheit gezeugten und dem ungewollten, in die Armut hineingeborenen Kind.

Als Emma am 7. Dezember 1900 wieder nach New York zurückkehrt war, glaubte sie, den Beruf gefunden zu haben, der ihre vielfältigen Talente und Interessen am besten miteinander verband. Durch die Verknüpfung von Geburtshilfe mit ihrem Engagement für die Geburtenkontrolle konnte sie einen direkten Beitrag zur Befreiung der Frauen leisten und sich zudem einer Beschäftigung widmen, die der Mutterrolle sehr nahe kam. Ohne sich mit der alltäglichen Mühe der Kindererziehung belasten zu müssen, war es ihr auf diese Weise vergönnt, den spannenden Augenblick der Geburt mitzuerleben. Auch konnte sie sich vom Rednerpult aus für die Empfängnisverhütung einsetzen, die Revolution der sexuellen Werte proklamieren und gleichzeitig ihren Kampf gegen die Einschränkung der persönlichen Freiheit durch Staat und Regierung fortführen.

Die persönliche Situation ihrer alten Freunde hatte sich während ihrer Abwesenheit verändert. Ed war nicht nur verheiratet, sondern bereits Vater einer kleinen Tochter. Gelegentlich trafen sie sich – ohne Eds Frau und Kind. Sascha hatte nach neun Jahren Gefängnis endlich eine Besuchserlaubnis für Emma erhalten. Er war schmaler und bleicher geworden, sein Körper nach einem weiteren Jahr Einzelhaft – Folge eines mißlungenen Ausbruchsversuchs – geschwächt. Seine Augen enthüllten die ganzen Qualen des Gefangenendaseins – und die Sehnsucht nach Emma.

Monate vergingen. Emma richtete sich langsam wieder in New York ein und begann, neue Kräfte aus ihrer Unabhängigkeit zu schöpfen, bis sie am 7. September 1901 von einer Pressemeldung erschreckt wurde, die im ganzen Land Schlagzeilen machte: *Meuchelmörder von Präsident McKinley ein Anarchist. Gesteht, von Emma Goldman angestiftet worden zu sein. Anarchistin gesucht.*

Leon Czolgosz, ein 28jähriger Fabrik– und Farmarbeiter, der sich selbst als Anarchist bezeichnete, Regierung, Herrschaft, Wahlen, Religion und Ehe schmähte, hatte am 6. September 1901 in Buffalo, New York, den Präsidenten der Vereinigten Staaten durch Schüsse getötet. Vor der Polizei bekannte er, im Jahr zuvor eine Rede von Emma Goldman gehört zu haben. Das genügte, um die „rote Emma" für seine Tat verantwortlich zu machen.

Sofort wurde eine landesweite Fahndung nach der Anarchistin eingeleitet. Emma mußte, verkleidet, St. Louis verlassen, wo sie gerade einen Vortrag hielt. In Chikago glaubte sie sich einigermaßen sicher. Der Polizei gelang es, ihre Spur bis in die Wohnung eines alten Freundes – des Sohnes eines reichen Predigers – zu verfolgen. Für eine Weile gab sie sich als schwedisches Dienstmädchen aus, konnte aber dieses Versteckspiel nicht lange aufrechterhalten. Sie wurde verhört und vorübergehend inhaftiert. Ed machte ihre Gefängnisadresse ausfindig und sicherte ihr in einem Telegramm die volle Unterstützung seiner Firma zu: „Wir stehen zu dir, wie immer es endet." Die Beamten von Buffalo versuchten vergeblich, sie zu überführen. Schließlich erhielt sie ihre Freiheit zurück. Mit unübertrefflichem Eifer setzte sie sich nunmehr für Czolgosz ein und vertrat die Meinung, daß die Anarchisten ihn keineswegs fallenlassen dürften, selbst wenn sie seine Tat als verfehlt ansahen; aber all ihre Bemühungen konnten ihn nicht vor dem elektrischen Stuhl retten.

Die Ironie, die mit Emmas Verwicklung in Czolgosz' Verbrechen einhergeht, liegt in der Tatsache, daß sie selbst schon längst nicht mehr von der Effizienz derartiger individueller Gewaltakte überzeugt war. „Gewaltakte, ausgenommen die Demonstrationen einer empfindsamen menschlichen Seele, haben sich als äußerst nutzlos erwiesen", schrieb sie. Sie hatte volles Verständnis für den Zustand, der einen Menschen letztlich dahin bringt, eine derartige politische Aktion zu vollziehen und erklärte in aller Deutlichkeit, daß sie niemals in ihrem Leben Czolgosz' Tat vergessen würde. Eine ihrer Ansprachen widmete sie „jenen Menschen, die das letzte Kapitel ihres Lebens mit einem gewaltsamen Aufstand gegen unser System beschließen". In ihrem Essay und Vortrag *Die Psychologie der politischen Gewalt* zitierte sie eine Äußerung des skandinavischen Dramatikers Björnstjerne Björnson über jene Anarchisten, die sich selbst in der Rolle eines „modernen Märtyrers sehen, der seinen Glauben mit Blut bezahlt und seinen Tod mit einem Lächeln willkommen heißt, weil er, wie Christus, überzeugt ist, daß sein Märtyrertum die Menschheit erlösen wird". Emma schob

„die Schuld an solchen Morden ... jedem Mann und jeder Frau zu, die entweder bewußt oder durch kalte Gleichgültigkeit soziale Bedingungen, durch welche andere in die Verzweiflung getrieben werden, aufrechterhalten. Der Mensch, der sein ganzes Leben hingibt – ja selbst den Tod nicht scheut –, um gegen die Untaten seiner Mitmenschen zu protestieren, ist gegenüber den aktiven und passiven Befürwortern von Grausamkeit und Ungerechtigkeit ein Heiliger – selbst wenn sein Protest außer dem eigenen auch noch das Leben anderer zerstört. Soll doch der, der sich ohne Sünde glaubt, den ersten Stein auf ihn werfen."

Emma war auch der Ansicht, daß die Auslöser solcher Gewaltakte nicht in den Lehren des Anarchismus zu suchen seien, der das Leben über alle anderen Güter stellt, sondern im enormen Druck der Verhältnisse, der diesen Menschen das Dasein zur Hölle macht.

„Wie die hochempfindlichen Saiten eines Streichinstruments klagen sie und weinen über ein Leben, so grausam, so unerbittlich und so fürchterlich unmenschlich, daß die Saiten die Spannung nicht mehr ertragen. Ungeübte Ohren vernehmen dies nur als schrillen Klang. Aber diejenigen, die den

Todesschrei heraushören, begreifen seine Harmonie; sie erkennen in ihm den alles übersteigenden Augenblick menschlicher Erfüllung. Hierin liegt das Geheimnis der Psychologie politischer Gewalt."

Die Antwort auf Czolgosz' Tat war eine Welle landesweiter Repressionen gegen die Anarchisten, die zwei Jahre später zur Verabschiedung strenger, anti-anarchistischer Einwanderungsgesetze führte. Im Rußland des 19. Jahrhunderts hätten solche Maßnahmen die Gemüter wahrscheinlich zur Rebellion angespornt, in den Vereinigten Staaten bewirkten sie eher eine allgemeine Verunsicherung. Amerikas weitgehend verschwommene soziale Strukturen gaben den Befürwortern gesellschaftlicher Veränderung mehr Chancen und ermöglichten ein viel breiteres Spektrum sozialer Reformen und Umschwünge.

Vielleicht sind die Gründe für Emmas starke Reaktion in ihren eigenen Erinnerungen an die mit Berkman betriebenen Vorbereitungen für das Attentat auf Frick zu suchen. Zur Neueinschätzung ihrer damaligen Haltung gezwungen, begann Emma nunmehr zu erkennen, daß die für Rußland gültigen revolutionären Taktiken nicht ohne weiteres auf die ganz anders strukturierten Vereinigten Staaten zu übertragen sind. Und obwohl sie diese Attentate durchaus für gerechtfertigt hielt, mußte sie sie dennoch als schwerwiegende taktische Fehler ansehen, da ja die Öffentlichkeit noch keineswegs das erforderliche politische Bewußtsein erreicht hatte, um derartige Gewaltakte begreifen zu können.

Auch die Presse war weit davon entfernt, die feinen Veränderungen in Emmas politischer Haltung wahrzunehmen und einzig darauf erpicht, die ihr gebotene Chance zu weiteren sensationellen anti-anarchistischen Attacken zu nutzen. In ihrer Ausgabe vom 14. September 1901 beschrieb die *New York World* die damals erst 32jährige Emma eine „verrunzelte, häßliche Russin", die „allen Herrschenden nach dem Leben trachtet". Sie wäre es gewesen, die „den Ansporn zu McKinleys Ermordung gegeben", im geheimen dafür gewirkt und sich mit den „Schlächtern aus ihrem Anarchistengrüppchen" verschworen hätte. Sie wäre bereits „in mehr als nur einen Mordplan" verwickelt gewesen.

Über etliche Jahre hinweg war Emma gezwungen, den großen Kreis ihrer Freunde und Verbündeten einzuengen, denn jeder, der sie kannte, war Verhören ausgesetzt. So verlor auch ihr Vater einen Teil seiner Kunden für sein Möbelgeschäft, und die Synagoge in Rochester legte ihm nahe, sich zurückzuziehen. Ihre Arbeit als Hebamme brauchte Emma nicht aufzugeben, doch hielt sie sich im Hintergrund; ihre Nichte Stella Comminsky fungierte als Mittelsperson, besorgte die Einkäufe und führte alle öffentlichen Funktionen für Emma aus.

Stella war glücklich, ihrer berühmten „Tante Emma" helfen zu können. Als Tochter von Emmas ältester Schwester Lena hatte sie schon immer eine große Zuneigung zu ihr empfunden. Auch Emma fühlte sich zu ihrer jungen Nichte hingezogen, mit deren abenteuerlicher Lebendigkeit inmitten einer tristen Familie sie sich gern identifizierte.

Um in dieser schwierigen Zeit eine Wohnung mieten zu können, bediente sich Emma sogar ihrer Untergrund-Identität als E. G. Smith. Obgleich ihr Ed die ehemalige gemeinsame Wohnung anbot, war sie zu stolz, seine Hilfe anzunehmen. Ein weiterer Grund, der sie zu dieser Zurückhaltung zwang, waren ihre neuerwachten Gefühle für einen 19jährigen Freund ihres jüngeren Bruders.

Doch dieses Leben im Untergrund konnte Emma nicht ertragen. Es dauerte nicht lange und sie war wieder unterwegs, rief einmal zu Spenden für streikende Bergarbeiter und ein andermal für die politisch Verfolgten im vorrevolutionären Rußland auf. Es hatte fast den Anschein, als würden sich die Wolken wieder lichten, die sich seit ihrer Verwicklung in Czolgosz' Attentat über ihr zusammengezogen hatten. Kurz vor Weihnachten bestand Ed sogar darauf, von ihr die Maße für ein hochmodisches Festkleid zu bekommen, mit dem er sie zum Neujahrstag ausstaffieren wollte. Mit der Freude am Feiern war es schnell vorbei, als die Polizei sie auf einer Bahnstation verhaftete und lange verhörte – nur weil sie Emma Goldman war. Zu guter Letzt wurde sie wieder freigelassen, aber das politische Klima im Lande neigte immer häufiger zu Repressionen.

1903 verabschiedete der Kongreß das Anti–Anarchist Immigration Law, das jeder Person, die sich nicht zum Regierungssystem bekannte, die Einreise in die Vereinigten Staaten verweigerte. Nachdem die Radikalen schon jahrelang vor dieser Art der Bedrohung der freien Meinungsäußerung Oppositioneller gewarnt hatten, war die Zeit reif für eine grundsätzliche politische Debatte. Die Liberalen im Land begannen sich ernsthaft mit dieser Frage auseinanderzusetzen. Um die Aufmerksamkeit für ihre Sache auf sich zu lenken, wandten sich Mitglieder liberal-intellektueller Gruppen an Emma als landesweit bekannter Verfechterin von Redefreiheit – Emma, die ihnen sagen konnte, was man unter Anarchismus zu verstehen hatte. Sie schätzte diesen Auftrag der liberalen Intelligentsia und nicht minder die damit verbundene Verbesserung ihrer finanziellen Lage. Wieder einmal waren Krankenpflege und Lehrtätigkeit die beiden Stützen ihrer Existenz.

In den folgenden Jahren bemühten sich die Radikalen, ein 1. Nachtragsgesetz durchzubringen. In zahlreichen Fällen widersetzten sich Organisationen den Anordnungen lokaler Behörden und erteilten demonstrativ Emma das Wort, um so ihr Recht auf freie Meinungsäußerung zu unterstreichen.

Eines Tages kam Ed zu ihr. Er schien völlig verzweifelt und am Ende zu sein mit der Frau, die er einzig deswegen geheiratet hatte, so behauptete er, um seinem Ärger und ohnmächtigen Zorn wegen Emmas Zurückweisung Herr zu werden. Zuerst hätte er sich dem Suff und dem Sex hingegeben, um schließlich herauszufinden, daß seine neue Freundin ihm bereits vor der Ehe verhaßt war. Als er versucht hätte, mit ihr Schluß zu machen, hätte sie getobt und ihn bekniet, doch bei ihr zu bleiben und sogar eine Schwangerschaft vorgetäuscht. Allein sein Gewissen hätte ihn veranlaßt, sie zu heiraten. Als sie dann später tatsächlich schwanger wurde und ihm eine Töchter gebar, hätten ihn seine wachsenden Vatergefühle gehindert, mit ihr zu brechen, aber in seinem Innersten hätte er sich immer nach Emma gesehnt. Er fühlte, daß die ständigen Auseinandersetzungen mit seiner Frau dem Kinde schadeten und hatte beschlossen, zusammen mit der Tochter das Haus zu verlassen. Nun war er gekommen, um Emma zu fragen, ob sie bereit wäre, mit ihm und dem Kind nach Wien zu gehen. Aber Emma lehnte ab mit der Begründung, wie unfair es sei, einer Mutter das Kind wegzunehmen. Sie erklärte, daß sie gern mit ihm gehen oder ihn später besuchen würde, wenn er allein ginge, daß sie aber nicht mit dem Kind einer anderen Frau fortlaufen könnte.

Es geschah im April, zwei Monate vor seiner geplanten Reise, daß Ed sich wieder einmal in einer Kneipe nahe der Bahnstation von Long Island dem Suff ergab und beim Versuch, die Toilette zu erreichen, den Halt verlor und mit dem Kopf gegen die Theke schlug. Man setzte ihn in ein Taxi und schickte ihn nach Hause. Seit Stunden schon wartete dort ein Freund auf ihn, mit dem er verabredet gewesen war. Das Taxi fuhr vor, und der Freund konnte Ed gerade noch die Treppe hinauftragen und einen Arzt verständigen, bevor Ed einem Herzanfall erlag. Der seiner selbst überdrüssige, sich innerlich aufbäumende Ed war gestorben. Eds Frau verweigerte Emma die Teilnahme am Begräbnis und reagierte hysterisch, als Emma einen letzten Blick auf den geöffneten Sarg werfen wollte. Sie schoben sich gegenseitig die Schuld an seinem tragischen Ende zu.

Emma fühlte sich weiterhin ihrem Beruf als Krankenschwester und dem Kampf gegen die anti-anarchistischen Gesetze verpflichtet. Als es ihren Vermietern – einem nach dem anderen – unbequem wurde, eine unverbesserliche Anarchistin im Hause zu haben, mußte sie ständig die Wohnung wechseln. Eine Zeitlang lebte sie mit ihrem Bruder und Albert Zibelin, einem anderen Anarchisten, zusammen; 1904 mietete sie sodann einen Teil der Wohnung ihrer Freunde Alexander Horr und dessen Frau in der neuentstandenen Östlichen Dreizehnten Straße Nr. 210. Horr hatte eine besondere Vorliebe für Emma. So wurde diese Wohnung schließlich zu ihrer sichersten Ausgangsbasis während der nachfolgenden zehn Jahre.

Im Verlauf des Jahres kehrte ihre Nichte Stella nach New York zurück, um in der Nähe der Tante leben und arbeiten zu können. Sie hatte schon lange im Sinn gehabt, Rochester für immer den Rücken zu kehren. Nun war sie Sekretärin bei einem Richter. Abends gingen sie und Emma ihrer politischen Arbeit nach; vor allem versuchten sie, die Menschen mit der revolutionären Situation in Rußland vertraut zu machen. Als sich Emma von ihren beruflichen Verpflichtungen überfordert fühlte, machte ihr eine Kosmetikerin ihres Bekanntenkreises den Vorschlag, einen „Wiener Salon für Kopf- und Gesichtsmassage" zu eröffnen. Die hierzu notwendigen Kenntnisse hatte sich Emma bereits während ihres Aufenthalts in Wien erworben. Da dieser Beruf für sie weniger emotional belastend war, aber ihr Zeit für ihre politische Arbeit ließ, richtete sich Emma schon bald ein kleines Geschäft in der Siebzehnten Straße/Broadway ein, das sich als recht erfolgreich erwies.

Während eines kurzen Urlaubs zusammen mit Stella auf Hunters Island im Bronx Belham Bay Park erfuhr sie, daß die russische Pawel Orleneff Theatergruppe aus ihrem New Yorker Quartier exmittiert worden war und nun vor dem Bankrott stand. Emma fand einen Freund, der den Künstlern soviel Geld leihen konnte, daß sie in der Lage waren, bei ihr und Stella auf Hunters Island zu kampieren.

Emma war schon immer von der Idee eines fortschrittlich-inspirativen Theaters als möglicher Alternative zur direkten Agitation und Propaganda angetan und Pawel Orleneff hatte schnell ihre Begabung erkannt. Schon nach wenigen Wochen fragte er sie, ob sie daran interessiert sei, für seine Truppe als Managerin und Übersetzerin zu arbeiten. Er hatte auch nichts dagegen, daß sie sich eines Pseudonyms bediente. Als Miss Smith nahm Emma den Job an.

Die Zusammenarbeit war für beide Teile nützlich und befriedigend. Für Orleneff und seine Hauptakteurin Alla Nasimowa war Emmas Talent wie auch ihr unermüdlicher Eifer, ihnen eine Existenzgrundlage in einem kleinen Theater der Östlichen Dritten Straße zu schaffen, unverzichtbar geworden. Andererseits ergab sich für Emma nunmehr die Chance, Kunst mit Politik zu vereinen. Sie hatte das Theater gefunden, das sie sich schon immer gewünscht hatte, das Theater als ideales Vehikel, um ungestraft in einem Klima der unweigerlich anwachsenden Unterdrückung jeder direkten politischen Äußerung die Botschaft der Freiheit verkünden zu können. Orleneffs Aufführung von Tschirikows Stück *Das auserwählte Volk* war ein Protest gegen die russischen Pogrome. Seine dramatische Interpretation von „Verbrechen und Strafe" ließ, ungeachtet der weitverbreiteten Stimmung gegen alles Russische, den Geist des russischen Volkes in einem positiven Licht erscheinen. Hunderte von Amerikanern wohnten den Aufführungen bei, obwohl sie kein Russisch verstanden.

Die Erfahrungen mit Orleneff und Nasimowa bildeten später die Basis von Emmas Werk *The Social Significance of Modern Drama*, in dem sie das Theater als „Spiegel des verworrenen Kampfes ums Dasein" und „zugleich Reflex und Inspiration der Menschheit auf der ewigen Suche nach höheren und besseren Dingen" beschreibt. Sie verstand die moderne dramatische Kunst als „Dynamit, das den Aberglauben unterminiert, die Säulen der Gesellschaft erschüttert und Männer wie Frauen auf eine neugestaltete Welt vorbereitet".

Wenn auch Orleneffs Truppe ökonomisch nicht immer erfolgreich war, konnte sie sich doch mit Emmas Hilfe über Wasser halten. Als es für Orleneff Zeit war, nach Rußland zurückzukehren, veranstaltete er als Ausdruck seiner Dankbarkeit ein Benefiz von Ibsens *Gespenster* eigens für Emma, die nie ein Honorar erhalten hatte, um ihre Mitarbeit auch finanziell zu würdigen und um zur Verwirklichung ihres Traumes von einem politischen Magazin beizutragen. Dies sollte ihr als Sprachrohr für die Verbreitung anarchistischer Vorstellungen zur Politik dienen.

Ursprünglich wollte Emma ihr Magazin *The Open Road* nennen, da es aber bereits eine andere Zeitschrift mit diesem Namen gab, entschied sie sich für *Mother Earth* als symbolischem Begriff für die erneuernden Kräfte der Natur, zugleich Grundlage des Wachstums einer neuen, anarchistischen Ära. Dieser Name stand sowohl für Emmas starke mütterliche Gefühle als auch für ihr neuerliches Engagement, das sie bald zwingen sollte, all ihre anderen Aktivitäten, Krankenpflege, Geburtshilfe und sogar ihren Massage-Salon, aufzugeben.

Für die fünfunddreißigjährige Emma fielen alle diese Entscheidungen in eine Lebensphase, in der sie – nach damaligem Verständnis – das gebärfähige Alter bereits überschritten hatte. Statt zu gebären, so tröstete sie sich selbst, würde sie nun eine Zeitschrift ins Leben rufen, würde diese durch die schwierigen Kinderjahre hindurchbringen und ihr zur Reife verhelfen. Weitere ähnliche Vergleiche, in denen sie *Mother Earth* als ein „aus Liebe geborenes Kind" bezeichnete, lassen keinen Zweifel daran aufkommen, daß dieses literarische Produkt als Ersatz für ein Kind diente. Dies war auch die Zeit, in der, nach relativer Beständigkeit, ihre intime Beziehung zu Dan, dem dreizehn Jahre jüngeren Freund ihres Bruders, aufgrund altersbedingter Mißverständnisse ein abruptes Ende fand. Allein die Bestätigung, zu der ihr die Arbeit für das neue Magazin verhalf, konnte sie über den Verlust hinwegtrösten.

Mother Earth, im März 1906 erschien die Nr. 1, war als anarchistische Alternative zu dem mehr theoretisch und sozialistisch orientierten Periodikum *The Masses* gedacht. Emmas Zeitschrift sollte die von zeitgenössischen Stückeschreibern und Poeten formulierten politischen Botschaften einem eher radikalen als intellektuellem Publikum – im Unterschied zu der Leserschaft von *The Masses* – nahe bringen. Geprägt durch die einmalige Kombination aus Politik und Kunst, wurde *Mother Earth* bald zu dem wichtigsten Diskussionsforum anarchistischer Ideen und umstrittener Vorstellungen jener Epoche. Es informierte über die weltweiten Aktivitäten der Anarchisten; dabei lag die Betonung eher auf Inspiration als auf Kritik der Bewegung als solcher. Ungewöhnlich viel Platz wurden der politischen Dichtung und den dramatischen Künsten eingeräumt. Die erste Ausgabe in einer Auflage von dreitausend Exemplaren war schon eine Woche nach Erscheinen verkauft, so daß der großen Nachfrage wegen weitere tausend Exemplare gedruckt wurden.

Obgleich *Mother Earth* von der ständigen Gefahr des ökonomischen Bankrotts bedroht war, kam es Emma niemals in den Sinn, um der Auflagenhöhe willen Zugeständnisse auf Kosten eigener Prinzipien zu machen. Als sie z. B. die Oktobernummer 1906 dem Andenken Leon Czolgozs' widmete, mußte sie den Verlust etlicher Abonnenten hinnehmen.

Während sich Emma ganz dieser neuen Aufgabe widmete, wurde am 18. Mai 1906 Alexander Berkman aus der Haft entlassen. Die äußerst harten Bedingungen seiner vierzehnjährigen Zuchthausstrafe hatten – in Geist und Körper – tiefe Narben hinterlassen, die nun ernsthafte Depressionen bei ihm auslösten. Ungeachtet ihrer einstmals so engen Beziehung, standen sich Emma und er wie Fremde gegenüber. Ihre Liebe zueinander war zwar unverändert, aber die unterschiedlichen Erfahrungen in den letzten vierzehn Jahren hatten eine tiefe Kluft zwischen ihnen gerissen. Emma war weltgewandter geworden und hatte sich in zahlreichen Aktivitäten – von Geburtshilfe bis hin zur Redaktion einer Monatszeitschrift – Qualifikationen erworben. Hingegen hatte Berkmans Verständnis vom Weltgeschehen aufgrund seiner langen Isolation eine totale Verzerrung erfahren. Im Knast war ihm nichts weiter geblieben, als sich den dort herrschenden harten Sitten der Unterwelt und des Strafsystems anzupassen, um zu überleben; er hatte sie verinnerlicht und seine Kräfte waren verbraucht. Bei seiner Entlassung stieß er auf eine geradezu dramatisch veränderte Welt, während seine eigene Identität als eifriger Verfechter linksradikaler Militanz im wesentlichen dieselbe geblieben war. Beinahe erdrückt von dem, was er als Emmas übertriebene Rücksichtnahme empfand – und fast bis zum Selbstmord getrieben –, fühlte er sich beinahe zwei Jahre lang den schlimmsten Konflikten bei seiner Wiederanpassung ausgesetzt.

Doch schon im Oktober 1906, noch keine sechs Monate nach seiner Entlassung, hielt Emma die Zeit für gekommen, ihn zu einer Vortragsreise zu ermutigen, Zeit für den Zurückgekehrten, sich selbst und seine Gefängniserfahrungen den anarchistischen Zirkeln mitzuteilen. Zunächst stimmte Sascha dem Vorschlag zu. Aber sobald er sich von New York entfernte, verfiel er in einen Zustand permanenter innerer Erregung. Keine Gruppe schien ihm den Empfang zu bereiten, der überzeugend genug gewesen wäre, ihm sein verlorenes Selbstvertrauen wiederzugeben. Da ihn die vielen Menschen irritierten, suchte er seine Flucht in der Einsamkeit auf langen nächtlichen Sparziergängen.

Aber er sollte keinen Frieden finden und auch nicht von dem Gefühl loskommen, lebensuntauglich zu sein. Voller Verzweiflung beschloß er, seinem Leben ein Ende zu setzen. Er kaufte sich einen Revolver und fuhr nach Buffalo, wo ihn niemand kannte. Dort jedoch fühlte er sich nach New York hingezogen. Kaum in der Stadt, wanderte er tagelang durch die Straßen und mietete schließlich ein Zimmer in der Bowery. Mehrmals war er nahe daran, sich zu töten, aber das Verlangen, Emma noch einmal zu sehen, hielt ihn zurück. Schließlich schickte er ihr ein Telegramm. Sofort eilte sie zu ihm. In der Meinung, daß er nicht mehr am Leben sei, hatte sie schon vorher eine Suchaktion in die Wege geleitet.

Sie versprach Sascha, ihn fortan vor den Scharen ihrer zahlreichen Besucher zu schützen; nur Stella, Max Baginski und einer jungen anarchistischen Freundin namens Becky Edelson sollte es noch erlaubt sein, ihre Wohnung zu betreten. Sie versuchte, ihm die Ruhe und den Schutz zu geben, deren er gleich nach seiner Entlassung dringend bedurft hätte.

Nunmehr ging Emma ihren Aktivitäten nur noch außerhalb der Wohnung nach. Nach der Verhaftung von drei jungen Anarchisten während einer Versammlung, die sich mit Czolgozs und seiner Aktion befaßt hatte, wurde Emma gebeten, auf einer Protestkundgebung zu diesen Vorgängen Stellung zu nehmen. Zehn Minuten nach Beginn der Veranstaltung stürmte die Polizei, mit Schlagstöcken bewaffnet, den Saal und schlug auf die Teilnehmer ein. Emma wurde von hinten gepackt und verhaftet. Sie erhielt eine Anklage wegen Verletzung des in New York geltenden neuen Criminal Anarchy Law, wurde jedoch gegen Kaution noch während des schwebenden Verfahrens freigelassen. Die Taktik gegenüber den Anarchisten war im Laufe der Zeit subtiler geworden; zum Beispiel fanden immer häufiger Razzien bei geselligen Zusammenkünften statt und Saalbesitzer, die ihre Räume weiterhin an Anarchisten vermieteten, bekamen Schwierigkeiten. Emmas Verhaftung hatte jedoch zumindest eine positive Nebenwirkung – sie rüttelte Sascha wach, weckte seinen Kampfgeist, ließ ihn den Entschluß fassen, Emma in ihrem Kampf zu unterstützen.

Aber diese Phase der Aktivität und Hoffnung währte nur kurze Zeit. Erneut wurde Sascha von Depressionen befallen, diesmal entsprangen sie dem Unmut über seine ökonomische Abhängigkeit von Emma. Es gelang ihr, einen ihrer Freunde zu überreden, Sascha das zur Gründung einer Druckerei erforderliche Geld zu leihen. Dieses leider nur kurzlebige Projekt konfrontierte ihn abermals mit seiner Unfähigkeit, sich in einer veränderten Welt zurechtzufinden – und obendrein noch mit einer viel lebenstüchtigeren und durch nichts zu erschütternden Emma. Seine Einstellung zu ihr wurde immer kritischer; möglicherweise fühlte er sich von ihrer Art, die Dinge zu meistern, überfahren – ausgerechnet von ihr, die eine so zentrale Rolle in seinen liebeshungrigen Träumen während der Gefangenschaft gespielt hatte. Obgleich sich Emma nicht minder nach seiner Zärtlichkeit sehnte, verhielt sie sich ihm gegenüber eher mütterlich. Dies wiederum vermehrte Saschas Unsicherheit. Er glaubte, als Anarchist Emmas sexuelle Freiheit respektieren zu müssen und fraß seine Enttäuschung und seinen Kummer in sich hinein. In seiner Hilflosigkeit griff er sie auf der politischen Ebene an, verurteilte oft ihre Ansichten und ihre Freunde. Um seiner ständigen Vorwürfen zu entkommen, entschloß sich Emma zu einer Vortragsreise quer durch die Staaten, die der weiteren Verbreitung von *Mother Earth* dienen sollte. Nun blieb es Sascha überlassen, sich um die Organisation und Redaktion der Zeitung zu kümmern, obgleich er lieber eine eigene Wochenzeitschrift gehabt hätte.

Unterwegs wünschte sich Emma sehnlichst ein Wiederaufleben ihrer sexuellen Beziehung zu Sascha. Was nutzte ihr das öffentliche Ansehen und selbst die wohlmeinenden, wenn auch zuweilen doppelsinnigen Pressestimmen ohne seine Liebe, so schrieb sie ihm. Sie fühlte sich Sascha immer noch so eng verbunden wie keinem anderen je zuvor. Aber die jahrelange Trennung, in der jeder den anderen zum Idol erhoben hatte, forderte ihren Tribut: sie hatten sich entfremdet und stritten viel miteinander. Emma versuchte, die innige Beziehung zu ihrem vertrauten Genossen und Geliebten neu zu beleben:

„Mein Ansehen bereichert mein Leben nicht. Wenn etwas zählt, ist es einzig die Tatsache, daß ich den wahren Wert der menschlichen Natur zu schätzen gelernt und die Macht der Liebe erfahren habe. Alles andere bedeutet mir absolut nichts. Als mir gestern abend nach meiner Rede 12.000 Menschen stürmischen Applaus bekundeten, ihre Hüte und Taschentücher schwenkten und mir zujubelten, sah ich nichts von alledem, ich sah nur ein einziges Gesicht, eine menschliche Seele, weit weg von mir und doch so nah – ich konnte fast ihren Atem spüren. Und meine Seele schrie die ganze Nacht nach ihr. Weißt du, wer es ist, kannst du es dir vorstellen? ... Laß mich die Freude deines Lebens sein ... die Ekstase der Liebe."

Aber als Emma zurückkehrte, war Sascha noch immer so, wie sie ihn verlassen hatte – immer noch geistig unruhig, im quälenden Konflikt zwischen der Einstellung, die zu seiner Tat geführt hatte, und der Wirklichkeit, mit der er nun konfrontiert wurde. Seine kritischen Bemerkungen erschienen ihr als naiver Purismus und auf unentschuldbare Weise übertrieben. Enttäuscht davon, daß sich keine Belebung ihrer Beziehung abzeichnete, begab sich Emma noch einmal auf Reisen – diesmal zum Internationalen Anarchistischen Kongreß nach Amsterdam. Um *Mother Earth* brauchte sie sich keine Sorgen zu machen, die war bei Sascha gut aufgehoben.

Max Baginski, Emmas langjähriger Genosse und gelegentlicher Liebhaber, begleitete sie. Sie genoß die internationale Atmosphäre des Kongresses, die Diskussionen, das Für und Wider der Frage, ob Organisationen der individuellen Freiheit förderlich seien, und bald war die Leere, die sie gefühlt hatte, wie weggeblasen. Emma machte auch einen Abstecher nach Paris, wo Stella seit 1907 als Sekretärin beim amerikanischen Konsulat arbeitete. Sie verlebten herrliche Tage miteinander, besuchten zahlreiche Cafés und trafen viele Genossen, so auch Peter Kropotkin. Aber Emmas Unbeschwertheit war plötzlich dahin, als sie und Max in London erfuhren, daß die Regierung der Vereinigten Staaten inzwischen aufgrund des Anti-Anarchist-Immigration Law beschlossen hatte, Emma die Rückkehr in die U. S. A. zu verweigern. Es gelang den beiden jedoch, trotz der Beschattung durch Scotland Yard, sich in Liverpool nach Montreal einzuschiffen, von wo aus sie nach New York gingen.

In der *Mother Earth*-Redaktion stieß Emma auf ein totales Chaos. Noch schlimmer stand es mit den Finanzen – schlimmer als je zuvor. Sascha, der sich ihr gegenüber weiterhin abweisend und kritisch verhielt, hatte inzwischen eine intime Beziehung zu der nur fünfzehnjährigen Becky Edelson aufgenommen. Die Gründe für Saschas Hinwendung zu einem derart jungen Geschöpf sah Emma in der Blockierung seiner seelischen Entwicklung während der vierzehn Jahre Haft. Doch daß sie selbst ihm nichts mehr bedeutete, versetzte ihr den größten Schmerz.

Zwar war die Fortsetzung ihrer Liebesbeziehung über die lange Trennung hinaus von vornherein fragwürdig gewesen, aber erst Saschas neue Liaison machte es Emma endgültig klar, daß ihre letzte gemeinsame Zeit nur noch auf einer Illusion beruht hatte. Obwohl es ihr zunächst noch gelungen war, ein wenig von der einstmaligen Vertrautheit und Kameradschaft zu retten, war doch ihr innerer Friede, der sie während Saschas Haft erfüllt hatte – und die alles beherrschende Gewißheit seiner an keine Bedingungen geknüpften Liebe –, bereits durch die Zurücknahme seiner sexuellen Zärtlichkeiten wie auch seiner politischen Zustimmung erschüttert worden. Sicher, sie hatte einige Liebhaber gehabt, doch ihre Ambivalenz gegenüber derartigen Bindungen – war dies nicht eine Folge ihrer Loyalität zu Sascha und Beweis ihrer großen Hoffnung, daß sie beide nach seiner Entlassung ihre Träume von Liebe und Anarchismus erst verwirklichen würden? Und jetzt war alle Hoffnung auf eine Versöhnung dahin. Emma versuchte weiterhin, für ihre Ideale zu arbeiten, aber in ihrem Innern war sie einsamer und mutloser als in all den Jahren, seit sie an jenem heißen Sommertag von 1889 Rochester verlassen hatte, um nach New York zu gehen.

III.
LIEBE – EINE GEWALTIGE MACHT

„Ja, ich bin eine Frau – sogar viel zu sehr Frau. Das ist meine Tragödie. Die riesige Kluft zwischen meiner weiblichen Natur und der Natur einer gnadenlosen Revolutionärin ist zu groß, als daß ich dabei noch glücklich sein könnte. Doch wer kann sich schon rühmen, glücklich zu sein …“

Als Emma diese Zeilen 1907 an den anarchistischen Historiker Max Nettlau schrieb, wußte sie, daß ihr Schicksal bereits besiegelt war. Jetzt, wo sie nicht einmal mehr von den Zärtlichkeiten mit Sascha träumte, erschien ihr die Vergangenheit wie eine Kette aus tragischen Liebesaffären. In Zukunft würde die Anerkennung, die ihr durch ihre wachsende Popularität und politische Einflußnahme zuteil wurde, von einem Gefühl des Scheiterns und Nichtausgefülltseins in ihrem privaten Dasein begleitet sein. Während ihrer Werbekampagnen für *Mother Earth* wurde ihr dieser Widerspruch besonders bewußt. In welchen Städten auch immer sie unter dem Beifall der Massen das Podium verließ, unverzüglich danach drohten Einsamkeit und Depressionen sie erneut zu ersticken. Den berauschenden Momenten im Rampenlicht der Öffentlichkeit folgten die langen einsamen Nächte in Hotelzimmern oder sogar in örtlichen Gefängnissen.

Ihre mitreißenden Reden hatten ihr den Titel „Hohepriesterin des Anarchismus“ eingebracht, und für ihn war Emma auch bereit, die Einsamkeit zu ertragen, die sie als dessen Preis sehr wohl erkannte. In dem Bewußtsein ihrer selbst als weibliche Berühmtheit lauerte zudem die versteckte Furcht, daß, falls Liebe noch einmal ins Spiel käme, dies den Verlust ihrer Berufung, wenn nicht sogar ihrer Persönlichkeit bedeuten könnte.

Als sie sich am 5. März 1908 nach Chikago als nächster Station ihrer Reise begab, erhoffte sie sich bestenfalls die Genugtuung eines herzlichen Empfanges durch ihr Publikum. Die Polizei war ihr nicht gerade freundlich gesonnen. Der Schock vom 23. Januar 1907 lag den Behörden noch schwer in den Knochen. Ein massives Aufgebot arbeitsloser Demonstranten hatte sie damals in Panik versetzt. Nun glaubten sie, in den Anarchisten dieser Stadt die Urheber dieses Aufruhrs gefunden zu haben. Die Polizei war eisern entschlossen, Emma in jedem Fall am Reden zu hindern.

Und dann geschah es, daß zwei Tage vor ihrem geplanten Auftritt ein russischer Immigrant einen Anschlag auf Polizeichef Shippy verübte. Shippy kam ohne Verletzung davon, aber sein Sohn erschoß den Angreifer Lazarus Averbuch. Polizei und Presse, von dem bloßen Gedanken einer möglichen Allianz zwischen Anarchisten und Arbeitslosen aufs höchste alarmiert, stempelten Averbuch kurzerhand zum Anarchisten, obwohl er unter den Genossen so gut wie unbekannt war.

Am 3. März 1908 erschien auf der Titelseite der *Chicago Daily Tribune* ein siebenspaltiger Artikel, der den vermeintlichen Mörder als „einen geistesgestörten Typ (beschrieb) – als Anhänger von Emma Goldman, der 'Königin der Roten', und wahrscheinlichen Teilnehmer des unlängst von 'Dr.' Ben L. Reitman inszenierten Aufmarsches von Arbeitslosen. Was ihn (Averbuch) zu seiner mörderischen Attacke auf den Polizeichef bewog, war einerseits die schroffe Abfuhr, die die Demonstranten an diesem Tag von seiten der Polizei erfahren hatten, und zum anderen die Ankündigung der Polizei, daß Emma Goldman für den kommenden Freitag die Erlaubnis, in der German Hod Carriers Hall über Anarchie zu sprechen, entzogen worden sei."

Ein weiterer sensationeller Artikel dieser Ausgabe berichtete, mit ausdrücklichem Hinweis auf die bevorstehende Ankunft Emma Goldmans, über die Reaktion der Linken und benutzte den Mordversuch als Beweis für die Notwendigkeit einer Gesetzgebung, die es „einem Mörder unmöglich macht, seine Schüsse unter dem Deckmantel von 'gesundem Menschenverstand' oder 'persönlichem Recht' abzufeuern". Die Herausgeber drängten auf gesetzliche Maßnahmen im Sinne des Criminal Anarchy Law, nach welchem es unter Androhung schwerer Strafen untersagt ist, anarchistische Reden zu halten oder anarchistische Literatur zu verbreiten.

Dieser erneute Rückgriff auf anti-anarchistische Unterdrückungsstrategien war nicht allein auf Chikago beschränkt. Am Tag der Veröffentlichung des Tribune–Artikels erließ der Staatsminister für Handel und Arbeit eine Anordnung an die Einwanderungsbehörden, in der sie zur Zusammenarbeit bei der Befreiung des Landes von „allen ausländischen Anarchisten und Kriminellen, die unter das Deportationsgesetz fallen", aufgefordert wurden.

Emmas Ankunft in Chikago, ehemaliger Schauplatz der Haymarket-Affäre, wurde von der Presse weidlich ausgeschlachtet: *Forsche Priesterin der Roten vor ihrem Auftritt*", posaunte eine Schlagzeile der *Chicago Daily Tribune* vom 6. März. *„Emma Goldman in Chikago – verhöhnt Polizei und lobt Averbuch. Nicht bereit zum Frieden. Entschlossen, sich öffentlich für die Anarchie einzusetzen."* Kampfbereit wie eh und je, hielt sie den Reportern vor, daß es lächerlich sei, Averbuch nur deshalb einen Anarchisten zu nennen, weil er versucht hatte, den Polizeichef zu töten. Sie sprach sogar von einer Dramatisierung der Vorgänge durch die Polizei, die die Ermordung des Täters als Notwehr rechtfertigen wolle. Sie bekundete ihre Absicht, an der Beisetzung des Getöteten teilzunehmen, die auf demselben

Friedhof stattfinden sollte, auf dem auch die Haymarket–Märtyrer begraben waren.

Vergeblich suchte sie nach einem Versammlungsraum. Die Vermieter hielten sich an die Warnungen der Polizei, die gedroht hatte, jeden Saal zu räumen, in dem Emma auftreten würde. Selbst der Masonic Temple stand nicht mehr zur Verfügung, weil der Mietvertrag plötzlich rückgängig gemacht worden war. Entgegen ihren Plänen, mehrere Vorträge in verschiedenen Teilen der Stadt zu halten, mußte Emma nun fürchten, überhaupt keine Gelegenheit für einen Auftritt zu bekommen. Schließlich war Emma so entmutigt und erschöpft, daß sie zusammenbrach. Man schaffte sie in die Wohnung der anarchistischen Ärztin Dr. Becky Jampolski, wo sie zunächst blieb. Hier meldete sich eines Tages Dr. Ben Lewis Reitman, eine lokale Berühmtheit ungewöhnlicher Art, um der „Roten Queen" seine Hobo–Halle anzubieten.

Neugierig gemacht durch Presseberichte, war Emma schon lange darauf erpicht, den Mann kennenzulernen, dem die Chikagoer Polizei auf jener Arbeitslosendemonstration so übel zugesetzt hatte. Er, der sowohl in der medizinischen Fachwelt als auch der Unterwelt aus Strichjungen, Prostituierten, Hobos und anderen Geächteten zu Hause war, begann Emma zu faszinieren. Obgleich Ben keinem anarchistischen Zirkel angehörte, sah sie in ihm, wegen seiner Rolle während des Marsches, einen Mitstreiter im Kampf um Gerechtigkeit. Sie wußte nicht, daß es die Sozialisten gewesen waren, die ihn in ihre Marschkolonne eingereiht hatten, wo er rein zufällig an die Spitze des Zuges gelangt war, als andere, aus Angst vor den brutalen Schlägen der Polizei, ihre Plätze verlassen hatten. Bens Narben und sein Wagemut führten dazu, daß er von Emma sofort als Avantgardist der Linken eingestuft wurde. In ihrer Autobiographie ruft sie sich die erste persönliche Begegnung mit Ben noch einmal ins Gedächtnis zurück:

„Er kam nachmittags, eine exotische, malerische Gestalt mit großem, schwarzem Cowboyhut, wehendem seidenen Schal und einem riesigen Stock ... ein großer Mann mit edel geformtem Kopf, dicken, schwarzen Locken, die er offensichtlich länger nicht gewaschen hatte. Er hatte große, braune, träumerische Augen. Wenn er lächelte, zeigte er wundervolle weiße Zähne und seine Lippen waren voll und leidenschaftlich. Er sah aus wie ein hübscher Grobian. Seine schmalen, weißen Hände übten eine seltsame Faszination auf mich aus. Die Fingernägel schienen sich, wie sein Haar, im Streik gegen Seife und Bürste zu befinden. Ich konnte die Augen nicht von seinen Händen wenden. Ein fremder Zauber ging von ihnen aus, sanft und doch aufregend."

Als sich die beiden während der folgenden Tage des öfteren trafen, um darüber zu diskutieren, wie sich aus dem schäbigen Saal von Bens „Brotherhood Welfare Association" ein für Emmas Zwecke geeigneter Versammlungsraum machen ließe, erspürte jeder im anderen eine gewisse Bereitschaft, auf ein Abenteuer einzugehen. Ihre Unterhaltung bezog sich hauptsächlich auf Emmas aktuelle politische Situation und Bens Möglichkeiten, ihr behilflich zu sein, doch beide fühlten sich von einer wachsenden sexuellen Anziehung aus dem Konzept gebracht:

„Von dem Moment an, als er zum ersten Mal in Jampolskis Praxis erschien, fühlte ich mich in eine tiefe Erregung versetzt. Durch unser häufiges Beisammensein konnte ich mich seiner physischen Ausstrahlung immer weniger entziehen. Mir war klar geworden, daß es auch ihn getroffen hatte – ich merkte es an seinen Blicken. Und plötzlich, eines Tages, umfaßte er mich, um mich an sich zu ziehen. Ich verweigerte mich, obwohl mich seine Berührung hatte erzittern lassen. Als ich in der Stille der Nacht mit meinen Gedanken allein war, wurde ich mir meiner aufkeimenden Leidenschaft für dieses ungezähmt erscheinende Wesen von so stattlicher Gestalt, dessen Hände mich unbeschreiblich bezauberten, immer bewußter."

Ben Reitman über seine Begegnung mit Emma:

„Vor meiner Begegnung mit Emma und ihren Freunden glaubte ich stets, es gäbe nur eine einzige Kraft in der Welt, die die Menschen gut und die Verhältnisse besser machen könnte – nämlich die Religion. Seit ich mit Emma Goldman, dem Anarchismus und seiner Gesellschaftsphilosophie bekannt wurde, erscheint mir die Religion in einem neuen Licht."

Reitman wurde am Neujahrstag 1879 in St. Paul, Minnesota, geboren. Für seine Arbeit als Gründer des Hobo College zur Unterrichtung und politischen Erziehung von Wanderarbeitern hatte er sich den Spitznamen „König der Hobos" eingehandelt. Als Gynäkologe nahm er in der Behandlung und Verhütung von Geschlechtskrankheiten eine gewisse Pionierstellung ein. Er schrieb über sich selbst:

„Amerikaner von Geburt, Jude durch Abstammung, Baptist durch Adoption, Single aus Zufall, Arzt und Lehrer von Beruf, Kosmopolit aus Liebe, Sozialist aus Neigung, Schurke von Natur, Berühmtheit aus Versehen, Tramp aus 20jähriger Erfahrung und Reformer aus Begeisterung."

Hinlänglich bekannt geworden ist er durch sein Buch *Sister of the Road: The Autobiography of Box Car Bertha*, welches das Leben einer Landstreicherin beschreibt, die am Rande der Gesellschaft inmitten von Tippelbrüdern ihr Dasein fristet. Seine Kenntnisse vom Außenseitertum solch sozialer Gruppen hatte Ben bereits in seiner Kindheit gewonnen, die er inmitten einer teils irischen, teils schwarzen Bevölkerung des Bordellviertels von Chikago verbrachte. Schon als kleiner Junge waren er, seine Mutter Ida und sein Bruder Lew vom Vater verlassen worden. Schließlich lief auch sein Bruder davon, der sich dem Vater sehr verbunden fühlte. Ben wurde zum Lieblingssohn seiner Mutter und zu ihrer größten Stütze. Die Armut zwang ihn schon früh zum Geldverdienen: er sammelte Schrottabfälle, für die er beim Altwarenhändler bares Geld erhielt; gegen freie Mahlzeiten machte er Botengänge für Prostituierte und Strichjungen. Seine Mutter lebte von verschiedenen Jobs und war vielleicht selbst ein Freudenmädchen – Ben erinnerte sich, daß sie während dieser Jahre viele „Ehemänner" hatte. Seine Spielplätze waren die Rangierbahnhöfe, wo er leere Güterwagen durchstöberte und mit Hobos zusammentraf, die ihm von ihren Abenteuern erzählten. Diese Vagabundengeschichten übten einen so großen Reiz auf ihn aus, daß er mit noch nicht einmal elf Jahren aus der Schule ausriß, um selbst ein Hobo zu werden. Seine Wanderlust brachte es mit sich, daß er sich zumindest zeitweilig aus der erschreckend starken Bindung an seine Mutter lösen konnte. Unterwegs beeinflußten Geistliche der Bahnmission, die ihn für die Idee der Liebe und Menschlichkeit begeisterten, seine religiöse Haltung. Mit siebzehn ließ er sich als Schiffsheizer anheuern und kam nach Antwerpen, London, Marseille, dem Schwarzen Meer, Ägypten, Afrika, Indien, Persien und Arabien. Er ließ sich sogar für die Armee anwerben, desertierte jedoch, als er erkannte, daß er nicht zum Befehlsempfänger taugte.

Zurückgekehrt nach Chikago, hielt er sich mit den verschiedensten Gelegenheitsjobs über Wasser. Schließlich wurde er Hausmeister im Poliklinikum der Stadt und geriet auf diesem Weg in den Bann der Medizin. Es scheint, daß er des öfteren seine Arbeit vernachlässigt hat, um die Vorlesungen eines Wiener Gastdozenten besuchen zu können. Als dieser sich einmal in einer neueingerichteten Klasse verspätete, schlüpfte Ben in einen weißen Kittel und hielt in dieser Verkleidung – mit offensichtlichem Erfolg – einen medizinischen Vortrag. Über diesen Streich war das Kollegium sowohl erbost als auch verblüfft. Der Pathologe Professor Dr. Leo Loeb war von Bens Eifer und seinen – trotz mangelnder Ausbildung vorhandenen – Fähigkeiten beeindruckt und drängte ihn, ein Medizinstudium aufzunehmen; er zahlte sogar für ihn die Gebühren. Doch sobald Reitman sein Studium erfolgreich abgeschlossen hatte, überkam ihn wieder die alte Hobo-Sehnsucht. Er schloß dann von Zeit zu Zeit seine Praxis, um sich wieder auf das Trittbrett eines Güterwagens zu schwingen und durchs Land zu trampen. Auf seinem Weg nach dem Westen kam er auch nach San Francisco, wo er Zeuge des Erdbebens von 1906 wurde. Im Südwesten arbeitete er eine Zeitlang als ärztlicher Betreuer eines Eisenbahnbautrupps in Mexiko.

Auf dem Rückweg unterbrach er seine Reise in St. Louis, um Freunde zu besuchen, die für die Brotherhood Welfare Association tätig waren. Das Bruderhaus – auch unter dem Namen Hobo College bekannt – war ein Zentrum für freie Erziehung und soziale Dienste, das Menschen ohne festen Wohnsitz eine Bleibe bot. Dieses freie College bemühte sich auch um die Reform der Landfahrergesetzgebung, die Erneuerung des städtischen Herbergswesens, eine Lohnzahlung für arbeitende Häftlinge und trat für eine allgemeine Verbesserung der Situation der Wanderarbeiter ein. Ben hielt es für sein dringendstes Anliegen, in Chikago eine Zweigstelle dieses Bruderhauses einzurichten. Am 20. Mai 1907 unternahm er einen großangelegten Versuch, das öffentliche Bewußtsein für die prekäre Lage der Hobos wachzurütteln. Er lud alle gesellschaftlich Deklassierten zu einem Hobo-Bankett in das vornehme Windson-Clifton Hotel nach Chikago ein – alle, angefangen bei „den Ausgestoßenen der Bezirksgefängnisse, der Armenhäuser, der Notunterkünfte, der Missionshäuser und der schäbigsten Absteigen … aus dem 'Hinky Dink's Saloon'…" Dieses Ereignis fand seinen Niederschlag in einem Buch mit dem Titel *Knights of the*

Road. Darin heißt es: „Obwohl Reitman das Bankett als vollen Erfolg ansah, bedauerte er, daß die Berichterstatter in ihren Reportagen lediglich das Spektakuläre des Ereignisses hervorhoben, ohne über das wirklich Erschütternde zu berichten. Von den Saufbrüdern aus den Gossen bis zu den Jungs, die gerade eben von Zuhause ausgerückt waren – alle hätten sie den Reportern ergreifende Geschichten erzählen können. So wurde Reitmans ernsthafte Absicht schon am folgenden Tag durch billige Histörchen über 'weary Willies' (Tramps, Hobos), die kostbare Teppiche besudeln, zunichte gemacht."

Sowohl das Hobo-Bankett als auch der Marsch der Arbeitslosen hatten Reitman in den Brennpunkt der lokalen politischen Kontroverse gerückt. Als er nunmehr Emma Räume für ihre Veranstaltung zur Verfügung stellte, ahnte er nicht, daß er damit einen folgenreichen Schritt in die turbulente Szene der amerikanischen Radikalen tat.

Bens Angebot drohte zu scheitern, als die Feuerwehr plötzlich die Benutzung des Versammlungsraums für mehr als neun Leute aus Sicherheitsgründen untersagte. Ben und Emma waren dennoch entschlossen, die Veranstaltung durchzuführen. Als sie am Abend die Hobo-Halle erreichten, fanden sie den Eingang von Polizisten verstellt. Die *Chicago Daily Tribune* kommentierte diese jüngste, gegen Emma gerichtete Polizeiaktion auf ihrer Titelseite als großen Erfolg: „Nahezu 200 Anarchisten, Sozialisten und andere mit Appetit auf gut gewürzte, intellektuelle Kost versammelten sich gestern abend vor einem leeren Geschäftsgebäude in der Dearborn Street 892, um einen Vortrag von Emma Goldman zu hören. Aber es kam nicht dazu ... Vierzig oder fünfzig Polizisten unter dem Kommando von Inspektor Wheeler forderten die Menge auf, den Ort zu verlassen. 'Ich bot ihnen an, einen neuen Fußboden einziehen zu lassen', sagte Reitman, 'und die Türen herauszunehmen; aber der Polizei schien es darum zu gehen zu verhindern, daß überhaupt eine Versammlung stattfindet.'"

Generell fanden Emmas Vorträge großen Zuspruch. In jenen Tagen waren abendliche Vorträge eine durchaus übliche Form der Unterhaltung und Information. Emma sprach in Hörsälen und manchmal sogar in Kneipen. Ihr Publikum, dessen Reaktionen sich zwischen stürmischer Begeisterung und mißbilligenden Pfeifkonzerten bewegten, waren sowohl Intellektuelle als auch Arbeiter; entsprechend drückte sich Emma mal eleganter, mal drastischer aus. Ihre starke Persönlichkeit und die herausfordernde Art ihrer Vortragsweise boten an sich schon die Garantie für einen interessanten Abend. Für die organisatorische Vorbereitung der Veranstaltungen sorgten anarchistische Verbände, Free–Speech–Gruppen und Arbeiterorganisationen. Nach den Vorträgen war stets noch Zeit für ein geselliges Beisammensein, um die Heldin des Tages zu feiern.

Emmas bloße Anwesenheit auf einer Veranstaltung der Chikagoer Anthropologischen Gesellschaft einen Tag nach ihrem eigenen, von der Polizei vereitelten Vortrag schien dieser die Einschleusung von Spitzeln zu rechtfertigen. Der Leitartikler der *Daily Tribune* bemerkte dazu: „Miss Goldman, mit glühenden Wangen und Blicken, die selbst durch das Funkeln der randlosen Brillengläser nicht zu überbieten waren, zeigte sich von ihrer lieblichsten Seite. Sie trug ein schwarzseidenes Kleid mit blendend weißen, muschelförmig geränderten Batistmanschetten."

Die Anzahl der im Hintergrund des Raums verharrenden Geheimpolizisten und die Unruhe, die diese verursachten, war so störend, daß der die Veranstaltung leitende Anthropologe sie höflich aufforderte, sich in die erste Reihe zu setzen: "Meine Herren, hier vorn ist noch genügend Platz für sie." Aber als kurz darauf einer der Detektive sich des Sitzes neben Emma bemächtigte, verließen sie und Ben die Veranstaltung, unverzüglich gefolgt von zwei Spitzeln.

Emma, die entschlossen war, mit Bens Hilfe einen Versammlungsraum zu finden, nahm ihn zu einem geheimen Treffen der Anarchisten mit, die ihr den Besuch in Chikago ermöglicht hatten. Es ging um die Vorbereitung von Emmas nächstem Auftritt vor der Literarischen Gesellschaft in der Workmen's Hall, der nach Meinung der Gastgeber unangekündigt erfolgen sollte. Aber als das Ereignis seinen Verlauf nahm und Emma die Bühne betrat, um über Anarchismus und was er wirklich ist zu sprechen, war die Polizei bereits zur Stelle und stieß Emma buchstäblich zur Saaltür hinaus.

Ben beschrieb den Vorfall folgendermaßen: "Captain Mahony, ein bulliger, großer, dickschädeliger Ire von gut 250 Pfund Gewicht, stürzte auf die Bühne und riß Miss Goldman ohne die geringste Warnung vom Podium herunter. Er zog und zerrte sie wie einen Mehlsack durch den ganzen Saal, wobei er sie auf die gemeinste Weise beschimpfte …"

Daß es Emma nicht an Erfahrungen mit derartigen Störmanövern mangelte, zeigte sich an ihrer schnellen Reaktion. Anstatt Furcht und Verwirrung zu äußern, wandte sie sich spontan dem Publikum zu: "Die Polizei ist hier, um einen neuen blutigen Haymarket zu provozieren. Gebt ihr keine Chance. Geht ruhig hinaus. Das ist tausendmal besser für unsere Sache." Die Teilnehmer antworteten mit symbolischem Widerstand. Während sie den Saal verließen, stimmten sie ein revolutionäres Lied an. Am nächsten Tag machten sich die Zeitungen darüber lustig, welch guten Dienst die Ordnungskräfte, ohne es zu wollen, den Anarchisten erwiesen hätten. Durch ihre aufwendigen Bemühungen, Emma Goldman am Sprechen zu hindern, hätten sie erst recht die öffentliche Aufmerksamkeit auf sie gelenkt. Die *Daily Tribune* vom 17. März 1908 gab eine Darstellung des Wortwechsels zwischen dem Captain und Emma, der wie folgt endete: "'Sie sind wohl hierher gekommen, um uns Ärger zu machen, eh?', wies der Captain sie zurecht. 'Nehmen Sie sich zusammen', konterte Miss Goldman, 'und reden Sie wie ein Mann, auch wenn Sie ein Polizist sind.'"

Alle namhaften Anarchisten der Stadt hätten an der Versammlung teilgenommen, fuhr der Artikel fort, "mit der einzigen Ausnahme von Lucy Parsons, mit der sich Emma Goldman nicht gerade sehr gut steht". Die Tatsache, daß Emma das Buch *The Bomb* von Frank Harris verkaufte und populär machte, war Lucy ein Dorn im Auge, weil es das Privatleben der Haymarket-Märtyrer enthüllte. Lucy bekannte sich zur Sache der Arbeiterklasse und beschuldigte Emma der Preisgabe ihrer politischen Grundsätze, weil diese auch Vorträge vor der Mittelschicht hielt. Aber Emma hatte schon immer die Art und Weise verurteilt, in der die Witwe des Märtyrers Albert Parsons mit dessen Heldentum, ihrer Meinung nach, renommieren ging. Für sie war Lucy ein weiteres Beispiel für jene Frauen, die ihre Identität aus dem Ansehen ihres Mannes beziehen. Sie meinte, daß Lucy sich durch eigene politische Aktivitäten glaubwürdig erweisen müsse – so, wie sie es selbst tat. Zweifellos existierte zwischen den beiden Frauen eine versteckte Rivalität.

„Ben Reitman, gekleidet wie ein Tramp, die Stoffkappe tief in die Stirn gezogen, das Gesicht unrasiert, erreichte den Versammlungsort kurz nach 9 Uhr – als Vorhut von Miss Goldman, die sich in diesem Augenblick bereits hinter den Kulissen befand, was aber allgemein nicht bekannt war. Für Reitman selbst war im letzten Teil des Programms die Lesung von *Celestine of Camp Royal* vorgesehen ... Dr. Reitman, der anläßlich der Demonstration der Arbeitslosen verhaftet worden war und nun jeden Ärger vermeiden wollte, konnte in der allgemeinen Verwirrung um Miss Goldman untertauchen. Später fanden ihn Reporter in der Wohnung der Ärztin Dr. Jampolski. Er erklärte ihnen, daß 'der stellvertretende Polizei-Präsident unser Vertrauen enttäuscht (hat). Er hatte uns versprochen, daß Miss Goldman – falls wir den Saal bekämen und dieser den Erfordernissen der Bauordnung entspräche – Redeerlaubnis erhalten würde. Es hat sich aber herausgestellt, daß die Polizei ihre Zusicherungen nicht einhält.'"

Der ganze Tatbestand der Unterdrückung von Emmas Aktivitäten führte nicht nur bei Ben zu grundlegenden staatsbürgerlichen Bedenken, sondern bewirkte auch die Bildung einer neuen Ortsgruppe der Free Speech Society in Chicago. In anderen Teilen des Landes zog er die neugierig gewordenen Massen zu Emmas weiteren Auftritten.

Für die Anarchisten in Chikago blieb die Frage, wer möglicherweise die Information über Emmas überraschendes Erscheinen weitergegeben hatte. Der Verdacht fiel auf den neuhinzugekommenen, hilfsbereiten Außenseiter Dr. Ben L. Reitman. Bens unerklärliche Abwesenheit bei dem nachfolgenden Treffen, das der Einschätzung der aktuellen Ereignisse dienen sollte, erregte das Mißtrauen der Freunde. Emma war empört über derartige Anschuldigungen und versuchte, Reitmans Fernbleiben vor den anderen zu rechtfertigen. Auf dem Heimweg „klammerten sich ihre Gedanken voll Vertrauen an diesen Mann und dennoch fürchtete sie, daß er einen Fehler begangen haben könnte".

Als sich Emma zu einem späteren Zeitpunkt Bens Beteuerungen, daß er nicht die geringste Ahnung von dem vermeintlichen Überbringer von Informationen an Presse und Polizei hätte, erneut ins Gedächtnis zurückrief, vermerkte sie: „Jegliche Zweifel, die mich noch am Abend zuvor gequält hatten, schmolzen dahin wie Eis unter den ersten Sonnenstrahlen. Es schien mir unmöglich, daß ein Mensch mit einem so offenen Blick eines derartigen Verrats oder bewußter Lüge fähig sein könnte." Aber all diese Aufregungen führten dazu, daß Emma einen weiteren Zusammenbruch erlitt und ihren Auftritt in Milwaukee absagen mußte. Die Presse berichtete ausführlich darüber, und sogar in San José konnte man lesen: *Emma Goldman zusammengebrochen.*

„Emma Goldman, Anarchistin, erlitt letzte Nacht einen totalen körperlichen und seelischen Zusammenbruch. Zu diesem Kollaps haben zweifellos die Anstrengungen der letzten Tage beigetragen, als sie versuchte, im Widerstand gegen das polizeilich verhängte Redeverbot, einen Saal zu bekommen.

Schon während der vergangenen zwei Tage zeigten sich bei ihr Symptome der Nervosität und seelischen Niedergeschlagenheit, die den baldigen Zusammenbruch ankündigten. Sie war gerade dabei, den Text zu ihrer Rede auszuarbeiten, die sie heute abend in Milwaukee halten wollte."

Ein paar Tage später hatte sich Emmas Befinden so weit gebessert, daß sie ihre geplante Reise nach Milwaukee antreten konnte, bestärkt in dem Glauben an Bens Integrität und erleichtert über die Tatsache, daß, trotz aller Turbulenz der vorangegangenen Tage, wieder ein relativer Friede eingetreten war. In ihrer Rede in Milwaukee ging sie auf Mythen wie „Jeder hat die Möglichkeit, sich vom Schuhputzer zum Präsidenten hochzuarbeiten" ein. Mindestens tausend Menschen hörten ihr zu. Aber selbst solche Erfolge konnten ihr die Einsamkeit, die sie hier in Milwaukee empfand, nicht nehmen. Trotz der Nähe der Genossen, so schrieb sie, „erfaßte mich ein großes Verlangen, eine unwiderstehliche Sehnsucht nach dem Mann, von dem ich mich in Chikago so angezogen gefühlt hatte. Ich telegraphierte ihm zu kommen, aber sobald er hier war, kämpfte ich verzweifelt gegen eine innere Barriere, die ich mir nicht erklären, aber auch nicht überwinden konnte".

Nach Beendigung ihrer Vortragsreise in Milwaukee kehrte sie zusammen mit Reitman nach Chikago zurück. Hier endlich hatten sie Zeit, einander näherzukommen. Obwohl Emma nicht vorhatte, in Chikago aufzutreten, rief sie nach ihrer Rückkehr den Polizeichef an, um ihm zu sagen: „Hier spricht Emma Goldman. Ich wollte Sie nur wissen lassen, daß ich wieder zurück bin." „Vielen Dank für Ihren Anruf", erwiderte dieser, „aber wir sind bereits über Ihre Ankunft informiert."

Emma war völlig fasziniert von Bens Schilderungen seiner abenteuerlichen Vergangenheit; er erschien ihr wie eine Verkörperung all jener Figuren, die sie aus Dostojewskis und Gorkis Erzählungen kannte. „Ich hungerte nach Leben und Liebe und der Umarmung eines Mannes, der aus einer ganz anderen Welt zu kommen schien ... Ich fühlte mich von der reißenden Flut einer gewaltigen Leidenschaft erfaßt, von der ich im Traum nicht gedacht hätte, daß je ein Mann sie in mir erwecken könnte. Ich überließ mich ohne Scham ihrer urtümlichen Lockung, ihrer nackten Schönheit, ihrer ekstatischen Lust."

Diese uneingeschränkte Freude sollte sich jedoch bald wieder in Zweifel umkehren, als Emma ihre Vortragsreise fortsetzen wollte und zuvor zu einem Abschiedsessen ins Café Bismarck ging. Ihrer Tischrunde gegenüber, im anderen Teil des Raumes, saß ein Polizist, der zu Emmas Entsetzen Reitman mit der Herzlichkeit eines alten Freundes begrüßte. Emma war wie vom Blitz getroffen. „Ben Reitman, dessen Umarmung mich mit einer unbeschreiblichen Wonne erfüllt hatte … Er, Kumpan eines Spitzels? … War es also doch Reitman gewesen, der die Polizei informiert hatte? Ist so etwas möglich? Und ich habe mich diesem Mann hingegeben!"

Verwirrt, aber nicht minder wütend, verließ Emma die Stadt. In Milwaukee lag bereits ein Telegramm für sie. Ben wollte wissen, weshalb sie so plötzlich abgereist sei. Emma war unfähig, ihm zu antworten. Am Nachmittag erhielt sie ein weiteres Telegramm. „Ich liebe dich, ich möchte bei dir sein. Laß mich zu dir." Emma kabelte zurück, daß sie mit dem Freund eines Polizisten nichts zu tun haben wolle. Sie reiste weiter nach Winnipeg, ihrem nächsten Ziel, um dort weitere lange Briefe von Ben vorzufinden, der verzweifelt versuchte, sich zu rechtfertigen, bis Emma schließlich seine Erklärung über die Beziehung zu diesem Polizisten akzeptierte: in seiner Eigenschaft als Arzt sei er für in Schwierigkeiten geratene Hobos, Tramps und Prostituierte, die so häufig auf seine Fürsprache bei den Polizeibehörden angewiesen seien, mit Captain Schoettler in Kontakt gekommen. „Etwas anderes war hier nicht im Spiel", beschwichtigte er Emma, „bitte, glaub' mir, laß es dir beweisen."

Auch in Minneapolis erwarteten sie Briefe von Reitman, in denen er sie bat, zu ihr kommen zu dürfen. Tagsüber, solange sich Emma auf ihre politischen Aufgaben konzentrierte, konnte sie ihre Gedanken von Ben fernhalten, aber des Nachts …

„Ich träumte, daß Ben sich über mich beugte, sein Gesicht dem meinen ganz nah, seine Hände auf meiner Brust. Von seinen Fingerspitzen ging eine Erregung aus, die langsam auf mich übergriff. Mein Körper strebte ihnen entgegen, um ganz von ihrem Fieber verzehrt zu werden. Als ich erwachte, versuchte mein Herz unaufhörlich, meinem rebellierenden Verstand einzuflüstern, daß eine große Leidenschaft schon oft der Motor großer Gedanken und Taten gewesen war. Warum sollte es mir nicht gelingen, Ben zu bewegen, mir in die Welt meiner gesellschaftlichen Ideale zu folgen? Ich schickte ihm ein Telegramm: Komm … Ich verbrachte zwölf Stunden zwischen tödlichem Zweifel und dem wahnsinnigen Verlangen, ihm glauben zu dürfen. Es kann doch nicht sein, wiederholte ich mir wieder und wieder, daß mein Instinkt mich derart im Stich läßt und daß ein Unwürdiger mich dermaßen betört. Was auch immer für mich auf dem Spiel steht, ich muß ihm jetzt mein uneingeschränktes Vertrauen schenken."

Sobald die beiden wieder beisammen waren und Ben sie erneut seiner Loyalität versicherte, waren Emmas Zweifel schnell beseitigt. Es gab jetzt eine Menge zu tun. Minneapolis war nur eine Station auf dem langen Weg, der Emma vom mittleren Westen zur amerikanischen Westküste führen sollte – und dennoch, keiner der beiden Liebenden konnte sich an den Gedanken gewöhnen, nun bald über Monate hinweg getrennt zu sein.

Ben war entschlossen, eine Lösung zu finden und bot Emma an, sie als Helfer auf der Reise zu begleiten. Indem er sich selbst diesen untergeordneten Platz zuwies, den Platz hinter den Kulissen, mit dem sich nur wenige

Männer begnügen, konnte er der Frau, die er liebte, einen Beweis seiner Verbundenheit geben. Er würde die Veranstaltungen vorbereiten, Bücher verkaufen, diese und jene Aufgaben übernehmen – und das alles, um in ihrer Nähe zu sein. Emma war begeistert von der Aussicht, ihren Geliebten als ständigen Begleiter auf ihren einsamen und anstrengenden Reisen zu haben und willigte sofort ein.

Das Ziel war Kalifornien. Als der Zug den Bahnhof verließ, überkam Emma das seltene Gefühl von gleichzeitiger Freiheit und Geborgenheit, aber auch schon der quälende Zweifel, ob dieses neue Bündnis sich wirklich bewähren würde. Ben kam aus einer anderen Welt, hatte keine politischen Ambitionen, war gesellschaftlich schwerfällig und wohl kaum für Emmas politische Vorstellungen zu gewinnen. Würde er in den Zirkeln willkommen sein, in denen sie verkehrte? Wie könnte sie sich je seiner „primitiv-kreatürlichen" Dominanz mit gutem Gewissen unterwerfen? Es war abzusehen, daß zwei so eigenwillige Charaktere eines Tages aneinandergeraten würden. Aber ihr tiefes Verlangen nach einem ständigen Gefährten, ihre Leidenschaft für ihn beschwichtigten all ihre Bedenken.

Tatsächlich erfüllte diese erste gemeinsame Reise Emmas höchste Erwartungen: tagsüber streitbare Revolutionärin und des Nachts zärtliche Geliebte, das versetzte sie in einen Taumel, der sie mühelos allen harten Anforderungen ihres Programms – Ansprachen, Interviews, Auseinandersetzungen mit der Polizei – gewachsen sein ließ. Und Ben stand zu seinem Wort. Er entwickelte sich unversehens zu einem erfolg- und hilfreichen Förderer ihrer Interessen. Seine kühnen Einfälle, die öffentliche Aufmerksamkeit auf die geplanten Veranstaltungen zu lenken, zogen immer mehr Zuhörer an. Doch wachsende Popularität und privates Glück ließen sich auf die Dauer nicht miteinander vereinen. Sich als „öffentliches Eigentum" verstanden zu wissen, war nicht im Sinne Emmas. Zwar befaßten sich ihre Vorträge mit so heiklen Themen wie Sexualität, aber ihre intimsten, persönlichen Entscheidungen mußten auch weiterhin ihre alleinige Angelegenheit bleiben, um sich selbst nicht noch mehr zu dem Bürgerschreck zu machen, zu dem die Öffentlichkeit sie ohnehin schon abgestempelt hatte. Als Ben sich bereits mit den Vorbereitungen für Emmas nächste Rundreise im Oktober 1908 beschäftigte, gab sie ihm detaillierte Anweisungen, um die Öffentlichkeit in dem Glauben zu bestärken, daß er für Emma Goldman keine andere Funktion als die eines Managers habe:

„Ich möchte, daß du dir ein nettes möbliertes Zimmer suchst und den Leuten erzählst, daß du deine Frau erwartest. Ich will in einem Hotel absteigen, zumindest mich in einem solchen registrieren, die Presse empfangen etc., und zwar unter meinem eigenen Namen. Aber wenn ich ankomme, bringst du mich natürlich in dein Zimmer, damit wir ein ungestörtes und herrliches Wiedersehen feiern können – so, wie es sich für zwei Liebende, wie wir es sind, gehört. Das geht aber nur, wenn niemand außer dir weiß, wann ich ankomme. Auch muß dein Zimmer in einem Stadtviertel liegen, das von den Hotels weit entfernt ist. Glaubst du nicht, Liebling, daß dies ein guter Plan ist?"

Wenn Emma sich zuweilen auch über Bens Bestrebungen, sie noch populärer zu machen, beklagte, war doch die wachsende Zahl ihrer Zuhörer Beweis genug für ihre erfolgreiche Zusammenarbeit. Zudem gewann Ben eine ganze Reihe neuer Abonnenten für *Mother Earth*. Was Emma jedoch am meisten erfreute, war der Wandel, der sich in Bens Bewußtsein vollzog. Es war ihr Werk, wenn aus einem überzeugten Anhänger der Idee der göttlichen Inspiration ein nicht minder glühender Verfechter anarchistischer Visionen wurde.

Weil er bereits mit arbeitslosen Hobos und Prostituierten gearbeitet hatte, glaubte Ben, mit den Problemen derer vertraut zu sein, die von der amerikanischen Gesellschaft verachtet werden und ein gespanntes Verhältnis zu Staat und Behörden haben. Durch seine Arbeit mit Emma war er nun einer ganz anderen Art von Verfolgung ausgesetzt. Als Emma und er im späten April 1908 in San Francisco eintrafen, waren sie vom ersten Moment an von Polizei und Geheimdienst umgeben. „Schutzmannschaften" ungeladener Detektive bestiegen schon hundert Meilen vor der Stadt ihren Zug und ließen sie nicht mehr aus den Augen. Der örtlichen Presse – lüstern wie immer auf sensationelle Stories über politische Gewalt oder ungesetzliche Liebe, auf Intrige oder exotische Charaktere – waren sie höchst willkommen. Obwohl Emma und Ben als berufliches Team durchaus über eine öffentliche Legitimation verfügten und auch ihre Unterbringung stets den Gesetzen des Anstands entsprach, gab doch die bloße Tatsache ihres gemeinsamen Reisens und offenen Eintretens für die freie Liebe genügend Anlaß zu Kritik und Gemunkel. Der *San Francisco Examiner* kündigte das Ereignis mit folgenden Schlagzeilen an: „*Emma Goldman Gast von St. Franziskus – Anarchistin und König der Tramps kommen in Begleitung der Geheimpolizei aus Sacramento.*" Ihre starke Beschattung, selbst für hartgesottene Anarchisten etwas höchst Ungewöhnliches, resultierte aus dem Gerücht, daß die „Rote Emma" eigens gekommen sei, um die im Hafen liegende amerikanische Flotte in die Luft zu sprengen. Aber Emma konnte zumindest einen der Reporter beruhigen, indem sie erklärte, daß sie lieber die gesamte amerikanische Marine und Armee in die Bucht kippen würde, als eine einzige Bombe zu verschwenden. Mit Vergnügen schilderte sie die angestrengten Bemühungen der Gesetzeshüter, ihre Pläne zu vereiteln:

„Die Kundgebungen glichen eher einem Feldlager. Ganze Häuserblocks waren von Polizisten umstellt – in Autos, auf Pferden und auch zu Fuß. In den Sälen waren bewaffnete Polizisten, die Tribüne von Offizieren abgeschirmt. Diese Anhäufung uniformierter Männer war für uns eine bessere Reklame, als wir sie uns je hätten erhoffen können. Unser Versammlungsraum hatte Sitzplätze für fünftausend Zuhörer, die jedoch für die andrängenden Massen nicht ausreichten. ... Und all dies verdanken wir der gewaltigen, von den Behörden inszenierten Farce, die letzten Endes auf Kosten der hiesigen Steuerzahler geht."

Überall waren sie zu sehen: Polizeichef Biggy und Ryan, der stellvertretende Hauptmann der Geheimpolizei. Ein Dutzend Geheimdetektive

„flitzten in ihrer unmittelbaren Nähe hin und her, um die Gespräche von Emma Goldman, Ben Reitman und ihrem Gastgeber Alexander Horr zu überwachen".

Ein derartiges Aufgebot an Presse und Ordnungshütern zog Neugierige an, die sich selbst nicht im Geringsten als Radikale betrachteten. Eine von Emmas populärsten Reden war dem „Patriotismus" gewidmet. Ihre nostalgische Schilderung der amerikanischen Vergangenheit traf auf ein breitgefächertes Publikum verschiedenster politischer Richtungen, dem sie die enthumanisierenden Einflüsse der Industrialisierung, insbesondere der Waffenproduktion, deutlich vor Augen führte. Selbst Ben fühlte sich angesprochen, seine Vorstellungen von Vaterlandsliebe im Zusammenhang der amerikanischen Situation um die Jahrhundertwende noch einmal zu überdenken. Emma attackierte jenen falschverstandenen Fortschrittsglauben, „denn der Spielplatz hat sich in eine Fabrik, eine Mühle oder ein Bergwerk verwandelt und der ohrenbetäubende Lärm der Maschinen ersetzt den Gesang der Vögel. Auch die Geschichten von großen Heldentaten hören wir nicht mehr, denn heute erzählen unsere Mütter von Sorgen, Tränen und Leid." Und dann fuhr sie fort: „Was also ist Patriotismus? Dr. Johnson gibt uns darauf eine Antwort: 'Patriotismus, mein Herr', sagte er, 'ist die letzte Zuflucht der Schurken.' Leo Tolstoi, der größte Gegner des Patriotismus unserer Zeit, bezeichnet ihn als das Prinzip, das auf völlig legale Weise die Ausbildung von Massenmördern rechtfertigt; Patriotismus ist ein Geschäft, das zur Ausübung von Massenmord eine bessere Ausrüstung erfordert als für die Herstellung von Schuhen, Kleidern und Häusern – ein Geschäft, das weitaus höhere Einkünfte und größere Ehren garantiert, als die Arbeit eines ehrlichen Arbeiters."

In einer dieser Versammlungen in San Francisco erntete Emma stürmischen Applaus, als ein Soldat aus dem Publikum zum Podium eilte, ihr die Hand schüttelte und – laut Emmas Bericht – zu ihr sagte: „Ich danke Ihnen, Miss Goldman." Es folgten tumultartige Ovationen. Das anwesende Militär schien völlig überrumpelt. Begeisterte Zuhörer warfen ihre Hüte in die Luft. Erst später erfuhr Emma, daß jener junge Soldat William Buwalda von Polizeispitzeln gefaßt, zur Garnison gebracht und vor ein Militärgericht gestellt wurde. Die Anklage lautete auf unerlaubten Besuch einer Veranstaltung und Händeschütteln mit einer Anarchistin. Buwalda, ein musterhafter Soldat, der ursprünglich nichts anderes vorgehabt hatte, als seine neuerworbenen Kenntnisse in Stenographie zu erproben, wurde degradiert und zu fünf Jahren Militärgefängnis auf Alkatraz verurteilt.

Die offizielle Begründung seiner Festnahme bezog sich auf das Tragen einer Uniform bei einer öffentlichen Veranstaltung, in der Emma Armee und Marine als „Werkzeuge des legalisierten Mordes" bezeichnet hatte. Buwalda sagte aus, daß „die Rednerin ihm im Vorbeigehen zugelächelt und die Hand entgegengestreckt hätte, welche er ergriffen und dabei gesagt hätte: 'Guten Tag, Miss Goldman.'" Das harte Urteil löste nicht nur Proteste in der Bevölkerung aus; sogar Präsident Theodore Roosevelt schaltete sich ein und empfahl, in einem Schreiben an den Vorsitzenden des Obersten Kriegsgerichts, eine Strafminderung auf sechs Monate und unehrenhafte Entlassung aus der Armee.

Das Militärgericht kam schließlich zu der Entscheidung, Buwalda zu entlassen. Die Öffentlichkeit sollte zunächst nichts davon erfahren, solange nicht „die Verhältnisse im Hafen von San Francisco wieder normale Formen angenommen hätten". Nach dem Abflauen der Streiks im Hafenviertel waren Militäreinheiten bemüht, die Hafenanlagen, die unter dem Erdbeben von 1906 gelitten hatten, wieder funktionsfähig zu machen und für „Ordnung" zu sorgen. Buwaldas Entlassung würde unter diesen Umständen nicht vor Ablauf von mindestens sechs weiteren Monaten erfolgen, und die nicht informierte Öffentlichkeit blieb somit in dem Glauben, daß jene Instanzen, die ihn inhaftiert und verurteilt hatten, sich von Protesten nicht beeindrucken ließen.

Emma hatte erst nach ihrer Ankunft in Portland, Oregon, von Buwaldas Festnahme gehört. Von da an beendete sie jede einzelne ihrer Reden mit einem leidenschaftlichen Aufruf zur Unterstützung dieses zu Unrecht bestraften Soldaten. Die Reaktion war so positiv, daß Emma den Eindruck hatte, als ob alle Schichten der Gesellschaft von dieser empörenden Handlungsweise zutiefst betroffen wären, sowohl „Rechtsanwälte, Richter, Ärzte, Literaten als auch Damen der Gesellschaft und kleine Fabrikarbeiterinnen. Sie alle kamen, um die Wahrheit über die Ideen zu hören, die man sie zu fürchten und zu hassen gelehrt hatte." Emma war so fest entschlossen, die öffentliche Unterstützung für Buwalda zu gewinnen, daß ihr sogar das Presseorgan der Sozialistischen Partei „höchstes Lob zuerkannte, weil sie sich vermutlich mehr als irgendeine Frau in dieser Welt für die Emanzipation und Freiheit der menschlichen Rasse einsetzt".

In Oregon wurden Emmas Reden durchweg positiv aufgenommen, besonders von den Arbeitern, die eigens gekommen waren, um ihre Ausführungen zum Thema „Das Verhältnis des Anarchismus zu den Gewerkschaften" zu hören. Die konservative Presse setzte hingegen alles daran, Emma in Mißkredit zu bringen. Mit dem ihr eigenen Sarkasmus konterte Emma immer wieder derartige Versuche: „Haben Sie keine Angst", sagte sie zu einem der anwesenden Reporter, „ich habe kein Dynamit in der Tasche, und es gibt, soviel ich weiß, in diesem Haus noch nicht einmal einen Knallfrosch."

In Portland, wo die Taktiken der Behörden sich mit dem toleranten Verhalten der maßgebenden Zeitungen zu decken schienen, wurde Emma von der Polizei kaum belästigt. *Der Oregonian* schrieb in seinem Leitartikel: „Es wäre verkehrt, sie zu behindern oder ihr das Recht auf freie Meinungsäußerung abzusprechen. Laßt sie nur gewähren. Aber machen wir uns keine falschen Vorstellungen über den 'Anarchismus' im Unterschied zu 'Anarchie'. Diese Frau und ihre Freunde erteilen uns zwar eine gute Lehre in bezug auf Selbstbeherrschung, wir sollten jedoch nicht übersehen, daß es vieles bei ihnen gibt, was sich für einen guten Bürger nicht schickt."

Der pazifische Nordwesten war die letzte Etappe dieser Kampagne, die insgesamt vier Monate gedauert hatte. Nun, wo es auf Juni zuging, war es Zeit, nach New York zurückzukehren und sich um *Mother Earth* zu kümmern. Ben wollte den Sommer bei seiner Mutter in Chikago verbringen, bevor er sich wieder in New York mit Emma traf. Sie hatte sich inzwischen so sehr an seine Gegenwart und Hilfe gewöhnt, daß ihr schon der bloße Gedanke an eine Trennung unerträglich erschien.

Für einen Mann wie Ben mit viel Sinn für Abenteuer und einem starken Drang nach Unabhängigkeit war eine so enge Bindung an die Mutter eher ungewöhnlich. Aber auch als Erwachsener zeigte er ihr gegenüber fast das gleiche Verhalten wie als Kind – mal ihr Beschützer und ergebener Sohn, mal der böse Junge, der gelegentlich von Zuhause ausriß. Er hatte sogar eine kurze Ehe hinter sich und war Vater eines Kindes. Emma erkannte sehr wohl den starken Einfluß, der noch immer von seiner Mutter ausging – Ursache vieler Spannungen in seiner Persönlichkeit, die jederzeit zu heftigen Ausbrüchen, gerade ihr gegenüber, führen konnten, und sie vermutete, daß hier auch der Grund lag, weshalb seine Beziehungen zu Frauen so häufig zum Scheitern verurteilt waren. In seinen jüngsten Briefen an Emma fand diese Zerrissenheit seiner Gefühle zwischen ihr und seiner Mutter einen entsprechenden Ausdruck; er bezeichnete Emma, die zehn Jahre älter war, als „seine blauäugige Mommy". Es blieb Emma nichts übrig, als sich mit dieser Doppelrolle, mal „Mommy", mal Geliebte, abzufinden und geduldig auf seine Rückkehr zu warten.

Obwohl sie befürchten mußte, daß ihre Leidenschaft einmal enden und ihre Vorstellung von einer innigen, dauerhaften Bindung sich eines Tages als unhaltbar erweisen würde, konnte sie sich nicht dazu überwinden, von ihren Idealen Abstand zu nehmen. Im Gegenteil, sie nahm die Herausforderung an und versuchte sogar, ihren mütterlichen Anspruch auch in der Zeit, die er bei seiner Mutter verbrachte, durchzusetzen, indem sie ihre Briefe an Ben mit „Mommy Reitman" unterzeichnete. Diese Rolle als seine „blauäugige Mommy" mit all ihren reizvollen, inzestuösen Delusionen spielte Emma, solange es irgendwie ging. Es war auch im Sinne Bens, wenn sie versuchte, anhand solcher Phantasien die Widersprüchlichkeiten zwischen der Beziehung zu einem offensichtlich leidenschaftlichen Liebhaber und einer Mutter/Kind-Beziehung zu überbrücken.

„Ich habe starke mütterliche Gefühle für dich, mein Baby. Sie waren schon immer das ausgleichende Element unserer Partnerschaft. Sie haben es mir wiederholt ermöglicht, über deine jungenhaften und unverantwortlichen Streiche hinwegzusehen. Doch dieses mütterliche Element ist nur ein Teil meines Wesens – die restlichen 99 Teile stehen für das Weibliche in mir, für die Frau voll tiefer, wilder Leidenschaft, der niemand so sehr wie du zum Leben verholfen hat. Ich denke, hier haben wir den Schlüssel zu all unseren Schwierigkeiten, aber auch unserem erhabenen wie nicht minder seltenen Glück."

Indem sie sich selbst in die Rolle von Bens „Mommy" kleidete, gelang es ihr besser, mit ihrer Eifersucht fertig zu werden, hatte sie doch den starken Verdacht, daß Ben nicht allein wegen seiner Mutter nach Chikago gegangen war, daß in dieser Stadt, in der er es zu einer gewissen Berühmtheit als Schürzenjäger gebracht hatte, noch andere Frauen auf ihn warteten. Auch aus ihren Briefen sprechen diesbezügliche unterschwellige Verdächtigungen über Bens „außerverwandtschaftliche" Aktivitäten. Dieselbe Frau, die während ihrer Vortragsreisen von Küste zu Küste immer wieder bekräftigt hatte, daß „die Liebe, obwohl sie nur eine kurze Spanne der Ewigkeit währt, dennoch die einzige kreative, belebende und erhebende Macht darstellt, auf deren Grundlage erst sich ein neuer Mensch, ja, eine neue Welt entwickeln kann", diese Frau verstrickte sich nun selbst in ihren abgrundtiefen Gefühlen aus Eifersucht und Selbstzweifeln. Sie fürchtete in der Tat, daß Ben in ihrer Abwesenheit eine neue Liebe finden würde. „Hobo, ich tobe, ich fiebere, ich bin krank vor Angst. Ich glaube nicht mehr, daß du mich liebst. Während ich hier leide, bist du vielleicht mit einer anderen zusammen. Ich könnte alles kurz- und kleinschlagen und muß mich sehr zusammenreißen. Es ist die reine Hölle für mich, bis ich endlich deine Antwort in Händen habe."

Es wurde ihr klar, daß die „Mommy"-Rolle Ausdruck ihres geheimsten Wunsches war, den Platz von Bens Mutter einnehmen zu können. Das zeigte sich auch in ihrem morbiden Verlangen, ihm die jiddische Legende eines Mannes zu erzählen, der seiner Geliebten hörig war. Wir finden diese Geschichte in einem von Emmas Briefen, den sie Ben während einer kurzen Trennung nur ein paar Tage vor der geplanten Reise zu seiner Mutter im Juni 1908 geschrieben hat. Unmittelbarer Anlaß dieser gequälten Zeilen war wieder einmal einer von Bens Seitensprüngen:

„Habe ich dir schon einmal die Geschichte von der Liebe einer Mutter erzählt? Ein Mann hatte eine grausame und herzlose Geliebte, die seiner Liebe auf qualvolle Weise mißtraute. Er aber war so in sie vernarrt, daß er sie eines Tages fragte: 'Was kann ich denn tun, um dir meine Liebe zu beweisen?' 'Geh und hol mir das Herz deiner Mutter', sagte sie. Der Mann liebte seine Mutter über alles, denn sie war immer sehr gut zu ihm gewesen. Aber seine Leidenschaft trieb ihn dennoch dazu, sie zu töten und ihr das Herz herauszureißen, um es der Geliebten zu bringen. Unterwegs stolperte er und fiel zu Boden. 'Mein über alles geliebtes Kind', flüsterte das Herz seiner Mutter, 'hast du dir auch nicht weh getan?' – Genau dieser Charakterzug ist es, lieber Ben, der mich an dich bindet und mich verführt, dich in die Arme zu nehmen und zu besänftigen. Die Mutter ruft nach nach dir, mein Junge, mein geliebtes Kind!

Doch die Frau, die Frau, die 38 1/2 Jahre lang schlief und die du zu einem ungezügelten, wilden und hungrigen Leben erweckt hast, ist ganz von Sinnen, weil du sie wegen einer augenblicklichen Laune zur Seite geschoben hast, weil du dich an ihrem Heiligtum vergangen hast, mein Gott, jenem Zelt, in dem die Leidenschaft ihr herrliches, sinnenbetäubendes Fest feiert. Oh, es ist schrecklich, schrecklich!

Aber was nutzt es, sich zu grämen, wenn die Mutter, die dich geboren hat, all dies schon vor mir wußte …"

Emma hoffte, daß ihre Parabel Ben beeinflussen und ihn von seinem unverbesserlichen, ruhelosen Verhalten abbringen könne. „Liebling, mußt du denn immer noch diesen ausgetretenen Spuren folgen? Nein, nein, ich kann es nicht glauben – ich will nicht! Könnte dich doch meine große Liebe und Hingabe davon befreien, du mein Baby, mein Geliebter."

Als ob diese Aufregungen über Bens Mutter und die anderen Frauen nicht schon genug gewesen wären, mußte sich Emma auch noch mit eigenen Zweifeln herumschlagen. Sie fragte sich, ob Bens politische Überzeugung der ihren an Tiefe gleichkäme. Was eigentlich fesselte sie an diesen „intellektuell so ungeschliffenen" und „gesellschaftlich naiven" Menschen, der, „wie so viele andere amerikanische Liberale, nur die Oberfläche der Mißstände zu reformieren trachtete, ohne eine wirkliche Ahnung von deren Ursachen zu haben"? Freilich diente ihr seine kindliche Sicht- und Denkweise als willkommene Erholung von all dem Ernst, den die Sache von ihr forderte. In einem tieferen Zusammenhang befriedigte er dennoch ihre Bedürfnisse, denn lange genug hatte sie sich vergeblich nach einem Menschen gesehnt, der sowohl ihrem sexuellen Verlangen entsprach als auch die Arbeit mit ihr teilte. Und obgleich sie die Anerkennung, die ihr als politischer Persönlichkeit entgegengebracht wurde, zu schätzen wußte, fühlte sie sich in dieser Phase ihres Lebens relativ isoliert, selbst inmitten ihrer Genossen.

So schienen ihr Bens amouröse Qualitäten bald wichtiger zu sein als die politische Hilfe, die er ihr tatsächlich geben konnte, und Emma fragte sich ernsthaft, wie es um ihr eigenes politisches Engagement noch bestellt sei. War sie, die wilde, unabhängige Emma Goldman schon so sehr in die Netze ihrer lang herbeigesehnten Traumliebe geraten, daß sie um die Ausgewogenheit ihrer so gegensätzlichen Interessen fürchten mußte? Vor ihrer Liebschaft mit Ben war der Anarchismus ihr unangefochten vorrangiges Anliegen gewesen, und all ihre sexuellen Affären, mit Ausnahme ihrer Beziehung zu Alexander Berkman vielleicht, hatte sie ihrer politischen Arbeit untergeordnet. Aber nie zuvor hatte sie soviel schmerzliche Leere empfunden wie jetzt in den Tagen, in denen Ben nicht bei ihr war. Dieser „unwürdige Hobo" hatte es fertiggebracht, die Grundfesten ihres politischen Wirkens – und somit auch ihrer Existenz – zu erschüttern.

Derartige Schwierigkeiten dieser Lebensperiode versuchte Emma in ihrer Autobiographie möglichst herunterzuspielen. Sie wollte vermeiden, diejenigen ihrer Leser zu enttäuschen, die bei ihren ersten politischen Aktivitäten ihres Vorbildes bedurften. Sie gab lediglich zu, daß Ben insofern eine wichtige Rolle in ihrem Leben gespielt hatte, als er ihren politischen Aktivismus noch steigerte, und verschwieg, wie sehr er doch zeitweilig ihrer Einsatzfreudigkeit im Wege stand. Ihre Briefe an Ben während dieses ersten gemeinsamen Sommers bekunden ihre ganze Zerrissenheit, ihre Unfähigkeit, Liebe und Anarchie, die beiden mächtigsten Triebfedern ihres Lebens, miteinander in Einklang zu bringen.

Bens „unkultiviertes Temperament" war für sie beides zugleich: Lustgewinn, aber auch Ursache vieler Qualen; der sie begehrte, übte auch anderen Frauen gegenüber keine Zurückhaltung. Emma begann die Zusammenhänge zwischen seinem herausfordernden Vagabundengebaren und seinem typischen Mangel an Verantwortungsbewußtsein gegenüber denen, die er liebte, sehr bald zu erkennen. Seine starke Sinnlichkeit ließ sie aufblühen, machte ihr aber auch den Altersunterschied klar, der immerhin zehn Jahre betrug. Sie, die Verfechterin der freien Liebe, war ihrem eigenen Anspruch nicht mehr gewachsen, sobald sie merkte, wie unbekümmert ihr Liebhaber mit den Betten auch seine Treue wechselte. Ihre große Liebe zu Ben wollte sie nicht mit dessen Hang zur „breiten Masse" vermixt sehen. Auf einmal empfand sie sich als rettungslos monogam. Trotz ihrer häufigen Attacken gegen die Institution der Ehe bezeichnete sie sich zuweilen als Bens „unglückliche Ehefrau".

Ungeachtet all dieses Wirrwarrs schrieben sich die beiden Tag für Tag leidenschaftliche Briefe. Emma war oft erschöpft nach arbeitsreichen Nächten, die *Mother Earth* gewidmet waren: „Gute Nacht, Liebster, oder vielmehr guten Morgen. Es ist bereits 5 Uhr. Und obwohl müde und ausgelaugt, bin ich liebeshungrig nach meinem Liebhaber und sollte ihn auf ein paar Dinge aufmerksam machen, aber leider ist er nicht hier. Komm näher und sieh zwei echt riesige M und ein helläugiges TB. Deine Mommy."

Sie kreierten eine intime, erotische Sprache aus Code-Buchstaben und Code-Wörtern, die den sexuellen Inhalt ihrer Korrespondenz kaum verleugneten. Es machte ihnen großes Vergnügen, auf solch euphemistische Weise die Gesetze gegen „Obszönität in Postsendungen" umgehen zu können. Aufgrund weniger erhaltener Briefe mit voll ausgeschriebenen Decknamen war es möglich, den Code weitgehend zu entschlüsseln: Emmas *TB* – treasure box = Schatzkästlein – sehnte sich nach seinem *W* – Willie –, und ihr verlangte danach, sein Gesicht zwischen ihren *Ms* – mountains = Freudenbergen Mt. Blanc und Mt. Jura – vergraben zu wissen und an der Kuppe seines „Lebensbrunnens" zu saugen, der sich „wie ein mächtiges Phantom über ihr aufrichtete". Beide Liebende fanden eine tiefe Befriedigung an oralen Praktiken. Emma schrieb: „Ich presse dich mit meinen glutheißen Schenkeln gegen meinen Körper, ich umschließe deine kostbare Kuppe." Sie gestand, daß er sie all ihrer Vernunft beraubt hätte:

„Am liebsten möchte ich dich verschlingen, ja, ich möchte mich in deinem Fleisch verbeißen, daß du wie ein verwundetes Tier aufbrüllst. Denn du bist ein Tier und hast mich geil gemacht." Mit solchen und ähnlichen Briefen erregten sie sich so sehr, daß sie „ein Bad nehmen" mußten, um ihrer Leidenschaft wieder Herr zu werden.

In jener Zeit war Sexualität noch ein generelles Tabu und über weibliche Sexualität gab es wenig Erkenntnisse, geschweige denn wurde sie bejaht. Sie war ein männliches Privileg und Frauen hatten sich ihm zu unterwerfen, egal ob sie es genießen konnten oder nicht. Informationen über Geburtenkontrolle waren gesetzlich noch nicht einmal zugelassen, obwohl sich in den Vereinigten Staaten und auch Europa bereits eine breite Bewegung zu ihrer Durchsetzung herauszubilden begann. So war Emmas öffentliche Parteinahme für freie Liebe eine unerhörte Herausforderung der herrschenden Sitten.

Als Emma die Schikanen ihrer New Yorker Vermieter nicht mehr ertragen konnte, zog sie vorübergehend in die Nähe von Ossining. Die Farm, wie sie dieses Refugium nannte, war ihr von Bolton Hall, einem libertären single–taxer, zur Verfügung gestellt worden. Max Baginski hatte dort schon eine Weile mit Frau und Kind gelebt und seither diente er Emmas anarchistischen Freunden als Landhaus. Auch von hier gingen nun täglich Briefe an Ben ab. Sie machte ihm die verlockendsten Angebote und stellte ihm aufreizende erotische Genüsse in Aussicht, die sogar seine sexuellen Spiele übertreffen sollten:

„Die Tage erscheinen mir unerträglich, wenn ich nicht mit dir reden kann. Noch lieber würde ich etwas ganz anderes mit dir zusammen machen – etwa ein rotglühendes, samtweiches T über W und die Büsche jagen, damit Hobo ganz rasend wird vor Lust und Entzücken … Ich weiß nicht, was in mich gefahren ist, aber nie zuvor habe ich dich und W in diesen zwei Jahren so sehr herbeigesehnt. Ach, nur einen einzigen S an dieser wundervollen Kuppe oder nur einen einzigen Schluck aus diesem Lebensquell. Ich würde meine Lippen an diesen Brunnen pressen und trinken, trinken, Tropfen um Tropfen. Wirklich, Hobo, ich bin schier wahnsinnig vor TB-Sehnsucht, ich erkenne mich selbst kaum wieder. Aber warte nur, du wirst schon sehen, was dir bevorsteht – die Überraschung deines Lebens. Indien, China und Japan sind nichts dagegen und auch nicht deine Federn. Aber etwas muß ich mir ausbedingen: bitte, bitte keinen Schnauzbart – das TB würde das nicht überstehen. Die neue Sinfonie, die es sich ausgedacht hat, braucht sanfte Instrumente. Liebling Hobo, du hast mich überhaupt noch nicht richtig geliebt, weder das TB noch die Ms. Glaub es mir. Aber ich weiß, wie ich es dir beibringen werde. Wenn ich nur zeichnen könnte, würdest du's besser verstehen. Aber warte …. Schieb es nicht zu lange hinaus, bitte, bitte, komm sofort, ich brauche dich. Dir macht es wahrscheinlich nichts aus, wieviel Jahre ich auf dem Rücken habe – aber mir! Ich möchte frei sein, vollständig und absolut frei, um ganz für dich da zu sein. Wenn du nur erst bei mir wärst und ich mit dir reden – oder besser: dir meine ganzen Künste vorführen könnte, würdest du deine Mommy nie mehr verlassen.

Ich hoffe, daß ich schon morgen von dir erfahre, wann ich dich erwarten kann. Wir werden ein großartiges Wiedersehen feiern – wie nie zuvor. Du wirst dich nicht wieder vom TB oder von ihnen (Ms) trennen, nie wieder. Komm, ich will mit dir tuscheln. Das TB überreicht dir eine Blume.

Mummy Reitman"

Die Leidenschaftlichkeit ihrer Beziehung wurde durch die Trennung nur noch gesteigert und die ununterbrochene Kette ihrer Briefe verstärkte die Spannung bis zu den wenigen Augenblicken des Beisammenseins. Für häufige Telefongespräche war kein Geld vorhanden, sie waren auch viel zu vergänglich für Liebende wie sie, die die Briefe des anderen mit ins Bett nahmen, um sie auch dort wieder und wieder zu lesen. Für Emma bedeuteten sie Sicherheit; wenn immer sie glaubte, an Bens Treue zweifeln zu müssen, genügte es, seine Worte zu lesen, um seiner Liebe erneut versichert zu sein. Es war in der Tat ihr gemeinsamer Traum, eines Tages miteinander weit weg gehen zu können, um sich ausschließlich ihrer Leidenschaft widmen zu können, vielleicht nach Australien, wo sie, unbehelligt von den kritischen Blicken der Genossen und der Öffentlichkeit, reisen und sich rückhaltlos und ohne Angst vor einer möglichen Trennung würden lieben können.

Mitten in diese gemeinsamen Träume hinein erhielt Emma noch kurz vor der Veranstaltung der Gewerkschaft der Böttcher zum Tag der Arbeit einen äußerst beunruhigenden Brief von Ben. Er schrieb ihr, daß er soeben eine psychologische Studie des norwegischen Schriftstellers Boyer mit dem Titel *Die Macht der Lüge* gelesen hätte, welche die Ansicht vertrat, daß eine Lüge unter Umständen ein ganzes Leben lang andauern und die Psyche eines Menschen vollkommen beherrschen könne. Dieses Buch hätte ihn so sehr beeindruckt, daß er sich gezwungen sähe, Emma ein Geständnis zu machen. Es gäbe ein Geheimnis in seinem Leben, das, wie er fürchte, ihrer gegenseitigen Achtung ein Ende bereiten könnte. Er selbst nämlich wäre es gewesen, der an jenem gewissen Märztag von Emmas überraschendem Auftritt in Chikago, ihr Vorhaben einem Reporter verraten hätte. In seiner ständigen Sucht nach Öffentlichkeit hätte er gar nicht daran gedacht, wie groß die Gefahr einer Zusammenarbeit von Presse und Polizei (im Hinblick auf Emma) war. Er wäre nach der Veranstaltung auch nicht bei einem Hobo-Treffen gewesen, sondern bei einer Frau. Auch in jeder anderen Stadt ihrer gemeinsamen Tour hätte er Frauen gehabt, Frauen, die gekommen waren, um sie reden zu hören. In Anbetracht der wenigen Zeit, die ihnen auf ihren Reisen zur Verfügung gestanden hätte, wäre das gar nicht so einfach gewesen, aber während ihrer Interviews mit Reportern oder ihrer Treffen mit anderen Aktivisten, die ihn ohnehin nicht akzeptieren würden, wäre er dann eben seine eigenen Wege gegangen. Obwohl diese kurzen Liebesabenteuer ihm nichts bedeuteten, hätte er ihnen nicht widerstehen können. Sogar seine Abrechnungen aus den Einkünften von *Mother Earth* wären gefälscht gewesen, weil er von Anfang an für sich und seine Mutter, die ja von ihm abhängig war, Geld entnommen hätte. Kurz und gut: Er hätte Emma vom ersten Tag ihrer Beziehung an betrogen und nun bitte er sie um ihre Zustimmung, noch einmal von vorn beginnen zu dürfen.

Emma, die Vorkämpferin aller Enterbten und Entrechteten, konnte sich Bens Diebstähle, so verwerflich sie waren, erklären, aber wie konnte er das kostbarste Gut, ihre Liebe, derart schmähen und erniedrigen. Natürlich hatte sie schon vorher seine gelegentliche Untreue geahnt, hatte seine „Schlafzimmerblicke" bemerkt, die er durch die überfüllten Säle wandern ließ, und wußte zumindest von einer seiner Affären. Doch solche Flirts erschienen ihr eher als ein harmloser Ausdruck seines Charmes. Aber jetzt fühlte sie sich völlig verraten. Wie hatte sie nur so blind sein können?

So sehr sie auch immer bemüht war, ihn zu verstehen, mußte sie sich doch sagen, daß „es einem selbst gar nichts hilft, eine Sache zu verstehen". Schon früher hatte sie ihm ihre Eifersucht nicht verbergen können und ihm geschrieben: „Deine Promiskuität macht mich völlig fertig. Sie ekelt mich an und macht mich so bitter, daß ich mich selbst nicht mehr kenne." Sie forderte ihn auf, ihr zu erklären, was ihm seine Liebe bedeutet:

„Der Mond war Zeuge unserer herrlichen Umarmung ... Aber du, noch erfüllt von dem Feuer unserer Liebe, warst in Gedanken bereits bei der nächsten. Und ein paar Stunden später, nachdem du bei deiner ganz großen, deiner 'erstgeborenen' Liebe verweiltest, warst du schon mit einer anderen zusammen – an demselben Ort, der eben noch deiner heiligen Liebe zu Mommy geweiht war. Was soll ich von deiner Liebe halten, wenn sie nicht wie ein Leuchtfeuer das Dunkel durchdringt, erhaben über alle Launen des Augenblicks? Auf diese Frage finde ich keine Antwort, und ich kann nicht ruhen, solange ich diese Antwort nicht habe. Und ich weiß auch, daß ich erst dann wieder mit dir zusammenarbeiten und nach Australien oder sonstwohin gehen kann, wenn du mir diese Frage beantwortet hast.

Ich will dir keine Vorhaltungen machen. Bitte, glaub mir: ich will nichts, gar nichts von dir, nichts, was du mir nicht aus freien Stücken gibst. Aber ich kann kein Geschenk annehmen, wenn ich nicht weiß, was dieses Geschenk dem Schenkenden bedeutet.

Eines deiner gestrigen Worte geht mir nicht mehr aus dem Sinn. Du sagtest: 'Du weißt, daß ich dich liebe.' Ja, ich weiß es. Aber trotzdem kann ich nicht verstehen, was Liebe nun wirklich für dich bedeutet. Ist sie groß genug, um auch dich stark zu machen? Kannst du um ihretwillen auf deine Vergnügungen verzichten? Deine zweitrangigen Wünsche und Launen überwinden? Kannst du um ihretwillen Entbehrungen, ja, Gefahren in Kauf nehmen? Spornt sie dich zu größeren Leistungen an? Bis jetzt habe ich von alledem nichts gemerkt. Du gabst vor, keine Mühe zu scheuen und sogar für die Fahrtkosten nach Australien aufzukommen. Aber sobald du auf meine Gegenwart verzichten mußtest, hast du deinen Entschluß im Handumdrehen geändert. Du hast dich nach mir gesehnt – mehr als nach irgendetwas in dieser Welt, aber während du vor lauter Sehnsucht schon beinahe gestorben bist und deine Briefe an mich vor Leidenschaft trieften, *hast du dich mit anderen Frauen amüsiert*. Zugegeben, es war die reine Verzweiflung und du warst, wie du es nanntest, halb von Sinnen, weil Mommy so weit weg war. Sicher, das wäre möglich, aber ist das ein Grund, mir deine Liebe auf so anormale Weise zu demonstrieren?

Du kamst wieder zu mir und nahmst mich in Besitz, wie kein anderer Mann je zuvor. Du hattest alles: Liebe, Leidenschaft, Hingabe, Kameradschaft, und es dauerte keine vier Tage, da warst du schon wieder bei einer anderen ... Es ist nicht diese Frau, die mir so zu schaffen macht, es ist die Frage, was ich von deiner Liebe zu halten habe. Was ist sie wirklich? Es war doch nicht Hunger oder Verzweiflung? Mommy war da, und du fühltest ihren bebenden Körper in deiner engen, vollendeten Umarmung ... Diese

Ungewißheit setzt mir dermaßen zu, besonders nach dem gestrigen Eklat, daß ich weder Frieden noch Ruhe finde. Ich halte es auf der Farm nicht mehr aus, im Anblick des Tempels meiner Liebe. Und jetzt: eine Müllhalde und nichts weiter. Das ist mehr, als ich ertragen kann. Ich werde in die Stadt zurückgehen, obwohl ich nicht weiß, was ich dort soll. Ach Ben, Ben, gib mir den Frieden, meine Ruhe zurück. Und sag mir, was du unter 'Liebe' verstehst."

Bens Promiskuität wurde immer mehr zum zentralen Problem ihrer Beziehung. Obwohl Emmas Verständnis von freier Liebe sie aus politischen Gründen daran hinderte, sein Verhalten zu verurteilen, zeugen ihre Briefe um so mehr von der Qual, ihre bittere Enttäuschung mit ihrer Ideologie in Einklang zu bringen. Sie versuchte, sich ihre nagende Eifersucht auszureden, doch ohne Erfolg. Trotz intensiver Arbeit war sie von einer unkontrollierbaren Sehnsucht nach Ben gepeinigt.

Ben hatte sich in New York ein Zimmer gemietet und vermied es tunlichst, Emma in ihrem Büro aufzusuchen, bevor sie ihn zurückrief. Sie bewohnte zusammen mit anderen Mitarbeitern in der Östlichen 13. Straße Nr. 210 ein Appartement, dem die Genossen die liebevolle Bezeichnung „Heim der verlorenen Hunde" oder auch „Gasthaus für verwundete Seelen" gegeben hatten, da es von vielen auswärtigen Freunden als Bleibe oder Ausgangspunkt ihrer politischen und gesellschaftlichen Aktivitäten benutzt wurde; ein Platz für hungrige, aber auch gesellige Naturen. Selbst die New Yorker Glücksspieler kamen hierher, um ihre Gewinne und Spielmarken zu verstecken, wohl wissend, daß die Polizei bestenfalls Bomben in dieser Wohnung vermutete. Und Emma gab sich in solchen Fällen eine Miene von unverdächtiger Gelassenheit bis zweckentsprechendem Ernst. Ihre Briefe aus jener Zeit berührten nur jene Dinge, die sie und Ben, trotz seiner Lügen, noch gemeinsam hatten: ihr Glaube an die Vielfalt sexueller Verwirklichung. Im Grunde jedoch blieb ihre Sehnsucht auf Ben gerichtet:

„Nr. 210 läßt mich stets vernünftig werden, wie du siehst, mein verträumter goldäugiger Liebhaber. Nr. 210 weiß nichts von den Stürmen, die du heraufbeschworen hast. Hier lebt eine E. G., die bestens bekannt ist als ernsthafte Agitatorin mit tausend Verantwortlichkeiten. Ich wünschte, ich wäre eine Verwandlungskünstlerin. Leider ist es dafür zu spät, zumindest im Augenblick, aber wahrscheinlich für immer. Oder glaubst du, daß jemand, der den Ozean toben hörte, den wütenden Kampf der Wellen gesehen und bis zu schneebedeckten Gipfeln der Berge getragen wurde, kurz: den Wahnsinn einer zügellosen, barbarischen, ja urzeitlichen Liebe überstanden hat, sich jemals wieder an eine Beziehung unter kultivierten Bedingungen gewöhnen kann? Ich glaube, dazu hast du mich schon längst unfähig gemacht ..."

Emma sah ihre einzige Hoffnung, ihren Qualen entrinnen zu können, in einem Ortswechsel und einem neuen, gemeinsamen Heim. Sie befaßte sich noch einmal mit dem Plan, zusammen mit Ben nach Australien zu gehen, wohin sie bereits zu einer Vortragsreise eingeladen worden war. Zu diesem Zweck hatte sie bereits Literatur nach Australien geschickt. Zwar bedauerte sie, ihr gesamtes Werk, das *Mother Earth*-Projekt, sowie ihre Freunde und alten Genossen im Stich zu lassen, doch um ihre Beziehung zu Ben zu retten, erschien ihr dieser drastische Entschluß unvermeidlich.

Auch wollte sich Emma den mißbilligenden Blicken ihrer Mitarbeiter entziehen. Selbst Sascha, ihr vertrautester Freund, weigerte sich, in ihrer Beziehung zu Ben etwas anderes zu sehen als eine vorübergehende und zügellose Leidenschaft. Vielleicht konnte er es nicht verwinden, daß Emma einer Beziehung ohne ernsthafte politische Gemeinsamkeit verfallen war; vielleicht fühlte er sich sexuell übertrumpft, obwohl er und Emma sich seit Jahren nicht mehr geliebt hatten. Ben gegenüber hielt er sich sehr zurück, aber Emma bekam es ganz persönlich von ihm zu hören, daß dieser Mann über „keinerlei rebellischen Geist" verfüge und „nicht zur Bewegung gehöre". Und selbst Emma ärgerte sich über das, was sie Bens Heuchelei nannte, und schalt ihn wegen seiner vorgegebenen Sympathie für die Benachteiligten und weniger Gebildeten, während er in Wirklichkeit jeden engeren Kontakt mit ihnen mied. Andererseits tat es ihr weh, daß Ben nur um ihretwegen von den politischen Freunden geduldet wurde, und auch Ben schien diese herablassende Freundlichkeit zu mißfallen.

Den meisten blieb ihre Beziehung zu Reitman ein Rätsel. Roger Baldwin beschrieb ihn als „einen schrecklichen Menschen, rücksichtslos, arrogant, besitzergreifend und geradezu widerwärtig … (er war) Emma niemals treu, zu keiner Minute. Ohne Sinn für Humor, er konnte sich selbst nicht leiden. Er beherrschte sie … sie schien dies nötig zu haben. Außerdem benahm er sich wie ihr Manager und ihr Boß. Ich glaube, ihr gefiel das – ich hasse es … Ben war äußerst vulgär … Er war in sie verliebt und kümmerte sich ständig um sie. Ich denke, ihr gefiel es, einen Beschützer zu haben."

Senja Fleshine, Photograph und Layouter bei *Mother Earth* und als solcher in engem beruflichen Kontakt zu Reitman, konnte ihn überhaupt nicht leiden. Er meinte, daß Emmas Anhänglichkeit rein sexueller Natur wäre. Ihr gegenüber verhielten sich all ihre Bewunderer und Freunde loyal, aber für Reitman, den Neuling, dessen Pöbelhaftigkeit und Opportunismus jedem reinen Verfechter der Sache als Kränkung erscheinen mußte, empfanden sie nichts als Verachtung. Seine groben Witze im engeren Kreis der Freunde, seine religiösen Anspielungen gegenüber den Atheisten schockierten sie. Gelegentlich eines Aufenthalts in Portland, Oregon, brachte er es sogar fertig, in ihrer respektablen Unterkunft völlig nackt zum Frühstück zu erscheinen, woraufhin er und Emma aufgefordert wurden, unverzüglich das Haus zu verlassen. Aber Emma, die Individualistin, blieb hartnäckig. Als Einzelgängerin, sogar unter Genossen, fühlte sie, daß sie ihr nur wenig zu geben vermochten, zu wenig, um derartig über sie verfügen zu dürfen. Ihre Parteinahme für Ben im Angesicht einstimmiger Mißbilligung war durchsetzt mit etlichen Spuren von Groll, der ihre Solidarität mit Ben noch besonders unterstrich. Aber als sie ihn später einmal zu einem Treffen der Künstlergilde mitnahm, brachte er sie so in Verlegenheit, daß sie es kein zweites Mal wagte.

„Im übrigen hast du mich total mißverstanden, wenn du glaubtest, es macht mir nichts aus, was die Genossen über dich denken. Es ist doch ganz natürlich, daß ich mir wünsche, die anderen würden deine Vorzüge erkennen und dich für glaubwürdig und respektabel halten. Ich liebe dich doch und mein Leben ist an deines gebunden. Warum sollte ich mir nicht wünschen, daß alle Welt sieht, wie großartig, wie ehrlich und wahrhaft wundervoll du sein kannst? Willst du denn nicht, daß alle Menschen deine Mommy richtig verstehen und respektieren? Und tut es dir gar nicht weh, wenn sich Mommy erniedrigt fühlt? Überrascht es dich also, wenn ich möchte, daß meine Genossen dich mögen? Und dabei weißt du, mein Ben, daß ich mir nie viel aus ihrer Meinung gemacht habe. Wenn es so wäre, stünde ich nicht so isoliert in all diesen Kämpfen. Denk doch mal selber nach: Es gibt Tausende von Anarchisten in diesem Land, aber was tun sie für M(other) E(arth)? Nichts, nicht das Geringste. Und warum? Weil ich immer meine eigenen Wege gegangen bin und mein eigenes Leben gelebt habe. Nein, es macht mir nichts aus, was die Genossen über dich denken. In Wirklichkeit liebe ich dich gerade deswegen so sehr, weil sie so schlecht von dir denken. Ich weiß, mein Ben, was in dir steckt, und das ist's, weshalb du bei einigen von ihnen so unbeliebt bist."

Emma verteidigte ihre Liebe zu Reitman und hob ganz bewußt seine Qualitäten hervor. Um so mehr fühlte sich Ben in diesen, an politischen Theorien orientierten, anarchistischen Zirkeln verunsichert. Es gelang Emma nicht, sein Selbstvertrauen zu festigen – er war nun einmal der Possenreißer und Außenseiter, dessen Verdienste man nie honorieren würde. Er war nicht mehr als ein Anhängsel der großen Rednerin Emma Goldman, welche zudem noch erkannte, daß seine Verunsicherung im Verein mit ihren Zweifeln sich bereits nachteilig auf ihre Beziehung auszuwirken begann. Australien war ihre einzige Hoffnung.

Aber auf Emma kamen noch andere Probleme zu. Mit Ben in Australien – war er nicht gerade die Ursache all ihrer Schwierigkeiten? Sie fürchtete im Ernst, daß ihre Abhängigkeit von dem temperamentvollen Gefährten sich dort noch stärker als auf den Reisen durch den amerikanischen Kontinent auswirken und seine Promiskuität – falls er daran festhielt – die Beziehung noch mehr belasten würde. So beschränkte sie sich in ihren Briefen darauf, Ben eindringlich zu mahnen, sein Verhalten zu ändern, falls er sie weiterhin begleiten wolle:

„Ich habe mich immer wieder von neuem gefragt: Warum muß ausgerechnet mir dies alles passieren? Habe ich es wirklich verdient, von dir so geschockt zu werden? Habe ich dir nicht alles gegeben – meine Liebe, mein ganzes Herz, meine Gedanken, alles, alles … Warum also dieser schreckliche Schock? Ich kann keine Antwort finden, denn gegen Besessenheit ist kein Kraut gewachsen. Was meine eigenen Sorgen und Nöte betrifft, ist mir schon lange klar geworden, daß deine Besessenheit mir mehr abverlangt, als ein Mensch geben kann. Aber meine Liebe war stark genug, um damit fertigzuwerden. Soweit es meine Arbeit angeht, kann und will ich es deinen Einfällen nicht erlauben, mir im Wege zu stehen. Mich erwartet eine gewaltige Aufgabe: eine fast einjährige Reise durch ein fernes Land, und ich kann das Risiko nicht auf mich nehmen, daß du mir plötzlich mit deinen Einfällen dazwischenkommst und mir alles verdirbst. Eben erst hast du deine eigenen Entschlüsse über Bord geworfen und dich geweigert, das zu tun, wozu du dich selbst aus freien Stücken entschieden hattest. Ein Brief, ein Wort, eine Äußerung von mir hatte bisher genügt, um deiner Mitarbeit sicher zu sein. Was aber wird sein, wenn wir in Australien sind und ich deiner Hilfe bedarf? Nein, Ben, dieses Risiko kann ich nicht auf mich nehmen. Und deshalb bitte ich dich, so zärtlich und inständig wie es auf diesem Stückchen Papier überhaupt möglich ist, erst nachzudenken und dann zu handeln. Spontaneität ist wundervoll, doch wo es um ganz entscheidende Dinge geht – eine Sache, die mir seit zwanzig Jahren am Herzen liegt –, können spontane Reaktionen gefährliche Folgen haben. Wo es um Herzensangelegenheiten geht, gib deinen Impulsen freien Lauf, selbst wenn mir mein Herz dabei blutet, wie schon so oft. Dafür ist es gemacht, Mommys Herz ist dafür gemacht. Aber Ideen sind wichtiger, Liebster, oder glaubst du nicht? … Wichtig ist nur, daß wir zusammenarbeiten, ganz gleich, welche Differenzen wir miteinander haben, daß du arbeiten kannst und dich stark genug fühlst, um das zu verwirklichen, was du bisher an Aufgaben übernommen hast – zumindest bis in jüngster Zeit. Ein klares Nein ist mir im Augenblick lieber als ein schwaches Ja, das du möglicherweise zurückziehst, falls du erneut von plötzlichen Einfällen verleitet wirst. Du hast ja so recht, mein Liebling, warum solltest du dich ändern? Dazu ist wirklich kein Grund vorhanden, es sei denn, durch die Macht der Liebe, die, wie du sagtest, dein Leben völlig verändert hat. Nur durch sie allein, dessen bin ich mir sicher.

Auch wenn dir die letzten sieben Monate nichts gegeben haben, müßten sie doch wenigstens deinen Charakter gestärkt und dein Leben lebenswerter gemacht haben. Für mich verkörpern sie eine ganz neue Welt, eine Welt von so gediegener Einmaligkeit, wie sie nur die ganz große Liebe hervorbringen kann. Und dafür danke ich dir, Ben, Liebster. Ich werde sie immer mit mir tragen, und wenn dann der Augenblick kommt, in dem ich mein Leben für meine Ideen einlösen muß, werden diese letzten sieben Monate meine Seele erleuchten, und ich werde fühlen, daß ich nicht umsonst gelebt habe – nein, ich habe nicht umsonst gelebt!

Deine Mommie"

Ihre gemeinsamen Bemühungen um eine Entscheidung für oder gegen die Australienreise und um eine Klärung der Frage von Bens Promiskuität förderten neue Mißverständnisse zutage, die wochenlang ungelöst blieben, weil alle strittigen Punkt nur brieflich erörtert werden konnten. Emma, die soviel Energie drangesetzt hatte, ihre Gedanken und Gefühle in klare Worte zu fassen, war über Bens Reaktionen aufs tiefste verletzt. Auf ihre typisch widersprüchliche Art übertrug sie ihm, obwohl es finanziell höchst unklug war, die Kasse von *Mother Earth* und bestimmte ihn zum

Manager für die Tour durch Australien für ein Jahr. Ben sah darin eine Zurückweisung und schickte ihr eine entsprechende Antwort. Emma schrieb ihm verletzt zurück:

„Ich kenne zwar die ekstatischen Gefühle, das unbeschreibliche Glück, das deine Liebe mir zu geben vermag, aber ich weiß auch, wie sehr mein Geist vor den Toren deiner Liebe verhungern muß, wenn ihm nichts mehr, nicht das geringste Verständnis, entgegengebracht wird. Ja, lach du nur, lach und wein im selben Atemzug. Was, um Himmels willen, ist denn wieder geschehen? Ich kann doch wohl noch englisch schreiben, so daß du es verstehen müßtest. Wie ist es nur möglich, daß ein Mensch meine Worte derart verdreht und falsch interpretiert? Wie kann es passieren, daß du so falsche, ja irrige Schlüsse daraus ziehst? Du kennst mich doch auch schon seit sieben Monaten, hast mich fast täglich gesehen, hab' ich dich je angelogen oder Ausreden gebraucht oder meine Wünsche verheimlicht? Wie also kommst du darauf, ich hätte ME als Vorwand ... für unsere Liebe, unsere Kameradschaft benutzt? ... Und wann?

Gute Nacht, mein Hobo. Deine Mommie hat sich in ihrem ganzen Leben nie so allein, nie so einsam gefühlt wie heute abend. Falls dir diese Zeilen etwas klar gemacht haben, schick mir ein Telegramm. Ich hoffe, daß sie es können.

Deine Mommie."

Die Mißverständnisse, gefolgt von Vergebung und Versöhnung, hielten auch weiterhin an:

„Mein Einziger, mein Allereinziger,
dein Eilbrief vom 29. war wie Balsam auf meine blutende Seele. Alles war dunkel und düster, nirgends ein Hoffnungsstrahl oder ein Fluchtweg aus der schrecklichen Agonie des Zweifels. Dabei hab' ich nicht im geringsten an deiner Liebe gezweifelt, aber ich hatte solche Angst vor deinen fixen Ideen und fürchtete, daß deine jüngste Laune dich zu einem Punkt führen könnte, von dem es kein Zurück mehr gäbe. Wie ich schon sagte, für mich war der Himmel grau und finster, und die eisige Hand des Todes hatte mein Herz umklammert. Oh Ben, ich möchte nicht noch einmal solche Tage durchstehen müssen. Dann kam dein Eilbrief und alle Schatten lösten sich auf. Nun erscheint alles in einem neuen Licht. Weißt du, Geliebter mein, daß es das erste Mal in meinem Leben ist, daß mich die Liebe wie eine gespenstische Macht beherrscht und sowohl Leben wie Tod für mich bereithält? ... Wenn es dir nur erst einmal klar würde, daß du für mich, als Liebhaber, nicht nur die größte und vollendetste Gabe der Götter bist, sondern ich mir in dir auch den Genossen, den Freund und Seelengefährten ersehne, mit dem ich jeden Gedanken, ob trüb oder freudig, jeden Zweifel, jede Hoffnung austauschen kann ... Ben, wird mir das in Zukunft gelingen? Die Vergangenheit spricht dagegen – und doch, und doch, ich werde die Hoffnung nicht aufgeben. Ich darf es nicht."

Sie wußten beide, daß es schwierig werden würde, wenn Ben nach New York zurückkehrte. Inmitten von Emmas intellektuellen, anarchistischen Freunden würde er, verunsichert wie er war, wieder nur die Rolle des

Clowns abgeben und seine „amerikanischen Prahlereien" würden die Entfremdung nur vertiefen. Sascha verhielt sich ihm gegenüber, trotz Emmas
Versuchen, die beiden Männer miteinander zu versöhnen, in wachsendem
Maße reserviert. Sie war letztendlich zutiefst enttäuscht: „Ja, Alex hat einen wundervollen Charakter, aber, wie die meisten von uns, erhebliche
Schwächen. Nur hat er sie bisher so gut zu kaschieren verstanden, daß sie
nicht gleich ins Auge sprangen. Es ist ein Jammer, daß ihr beiden euch
nicht näher gekommen seid. Wie seltsam, daß Männer so oft aneinander
geraten, sobald eine Frau zwischen ihnen steht."

Schließlich entschloß sich Emma, Ben ihr uneingeschränktes Vertrauen
zu schenken und mit ihm als Manager die Tour durch Australien zu machen. Dieser Entschluß mobilisierte sie: „Bedenk doch mal, es sind nur
noch 23 Tage, bis wir wieder zusammen sind. Es macht mich halb wahnsinnig, wenn ich daran denke, was auf uns zukommt: dieses überschwengliche
Glück, diese Rasereien, diese Freude."

Emma sehnte sich maßlos nach Ben und wünschte, er wäre schon bei ihr
in New York. Es scheint, daß sie zu der Zeit bereit gewesen wäre, ihre politische Arbeit gegen nur eine Stunde sexueller Glückseligkeit einzutau-
schen. „Arme verlassene Ms – sie sind klein und schlaff geworden, besonders wenn die Angst sie befällt, daß sie ihren Meister verlieren könnten.
Was das TB betrifft, so befindet es sich in absoluter Verzweiflung. Es jam-
mert, schreit und rebelliert: zur Hölle mit ME, mit all der Propaganda, mit
der Agitatorin EG, der Rednerin, der Schriftstellerin. Ich will meinen Geliebten, meinen Lebensspender, meinen Sonnenschein, meinen großen,
unbändigen Liebhaber, zur Hölle mit all dem andern."

Inzwischen schien sich zu bestätigen, daß der geplanten Reise etliche
Schwierigkeiten entgegenstanden. Im Dezember schrieb Emma an einige
Freunde:

„Wäre ich religiös, müßte ich glauben, daß mich böse Geister verfolgen.
Seit ich New York verlassen habe, ziehen sich alle Qualen der Verdammten
über mir zusammen. Die erste Schwierigkeit war der Termin. Es war einfach unmöglich, die Leute für meine Vorträge zusammenzutrommeln.
Und in Indianapolis kam uns die Polizei dazwischen. Und dann die Stupi-
dität gewisser Genossen, die, obwohl seit Jahren in der Bewegung, nicht
einmal in der Lage sind, eine Versammlung zu organisieren. Entweder
mieteten sie die schmutzigsten, zweifelhaftesten Kaschemmen, vergaßen,
die Veranstaltung anzukündigen oder verschwendeten hundert Dollar für
drei Veranstaltungen. Ihr könnt euch sicher vorstellen, daß die Reise unter
diesen Umständen nicht gerade ein Erfolg war. Nun bin ich zwei volle Monate unterwegs und habe gerade soviel Geld zusammen, um ME vor dem
Bankrott zu bewahren; noch ungefähr hundert Dollar habe ich in Literatur
investiert."

Emma und Ben trieben die Vorbereitungen für ihre Australienreise voran, erst im Geheimen und dann mit Wissen und der zuweilen widerstrebenden Hilfe der Genossen, die sich wohl oder übel mit Emmas Entschluß abgefunden hatten. Eigentlich war vorgesehen, die Australienreise im Janu-

ar anzutreten, aber nachdem Emmas Nordwest-Tour sich als finanzieller Mißerfolg erwiesen hatte, schrieb sie einem Freund und Gönner folgende verzweifelte Worte: „Nach zehn Wochen fühle ich mich weiter denn je von meinem Australienvorhaben entfernt. Selbst Los Angeles war nicht mehr so erfolgreich wie im letzten Sommer. Und für San Francisco mache ich mir keine großen Hoffnungen. Das schlimmste ist, daß ich bereits diverse Literatur, insgesamt 600 Pfund, nach Australien geschickt habe. Falls ich nicht reisen könnte, müßte ich mir das ganze Material zurückschicken lassen. Ich kann dir nur sagen, die Überraschungen dieser Reise sind unbeschreiblich."

Um das Faß vollzumachen, gerieten Ben und sie auch noch mit der Polizei aneinander. Einem anderen Freund schilderte Emma ihre Lage folgendermaßen: „Sicherlich hast du bereits von Reitmans und meiner Verhaftung in Seattle und Bellingham erfahren und auch, daß wir in der Nähe von Vancouver an der kanadischen Grenze festgehalten wurden. Das hat uns nicht nur Geld gekostet, es sind auch etliche Kundgebungen ausgefallen – ganz abgesehen von unserem persönlichen Elend. Aber, wie du sagtest: wenn ich nicht so fest entschlossen wäre, würde ich den Kampf schon längst aufgegeben haben. Glaube mir, in diesen letzten Wochen war ich mehr als einmal nahe daran, dies zu tun. Aber irgendetwas in meinem Inneren hat mich immer wieder angespornt."

Die Verhaftungen von Emma und Ben waren klassische Beispiele für die willkürliche Anwendung der Gesetze. In Seattle gründete sich, laut Emmas Darstellung, die Anklage auf die Tatsache, daß Ben „sein Körpergewicht zu heftig gegen die Saaltür gestemmt (hätte), obwohl er sah, daß die verschlossen war", und daß sie (Emma) „gegen seine Verhaftung protestiert" hätte. Wegen des aufgebrochenen Türschlosses hatten sie eine Geldstrafe von einem Dollar fünfzig zu entrichten. Schlimmer jedoch war, daß ihnen in Seattle keine Räumlichkeiten mehr zur Verfügung gestellt wurden. Auch in der kleinen Stadt Everett wollte ihnen niemand einen Saal vermieten, und in Bellingham hatten sie kaum den Zug verlassen, als sie von zwei Zivilbeamten wegen konspirativer Planung einer gesetzeswidrigen Versammlung unter Arrest gestellt wurden. Mit der für ihn charakteristischen Dreistigkeit bat Ben die Polizisten, doch bitte zu warten, bis er und Emma zu Mittag gegessen hätten, was die Beamten gnädigst erlaubten. In aller Ruhe gönnten sich die beiden ein opulentes Mahl, während die verärgerten Polizisten vor dem Restaurant warteten. Schließlich wurde entschieden, Emma und Ben gegen eine Kaution von 5.000 Dollar freizulassen. Zu ihrem Glück fanden sich zwei ihnen völlig unbekannte Anwälte, die sowohl für die Bürgschaft als auch die Verteidigungskosten aufkamen.

Als Emma und Ben endlich nach San Francisco, dem Ausgangspunkt ihrer Australienreise, zurückkehren konnten, fühlten sie sich von den Anstrengungen ihrer monatelangen Kampagne reichlich geschwächt. Dennoch kam Emma auch hier ihren lange zuvor eingegangenen Verpflichtungen nach und hielt noch acht Reden. Die gute Nachricht, daß William Buwalda nach zehn Monaten Haft von Präsident Roosevelt begnadigt worden war, gab ihr neuen Auftrieb. Die Begeisterung in der Bevölkerung stieg, als sie und Reitman sich mit dem Soldaten trafen, hatte doch keiner so recht an einen Erfolg ihrer Kampagne zu seiner Freilassung geglaubt. Doch kaum waren die drei auf dem Weg zu Emmas nächster Veranstaltung im Viktoria-Theater, wurden sie erneut festgenommen. Nur Buwalda kam frei, mit einer strikten Verwarnung wegen Umgangs mit „gefährlichen Kriminellen". Diese Erfahrung veranlaßte ihn, auch eingedenk seiner vorangegangenen Haft, zu einer Korrektur seiner Haltung gegenüber seinem eigenen Land: er gab seine Auszeichnung „Philippine Insurrection" an den Verteidigungsminister zurück.

Ben und Emma wurden der achtfachen Anstiftung zur „Zusammenrottung" beschuldigt. Unter „Zusammenrottung" (Landfriedensbruch) wurde jede Versammlung von zwei oder mehr Personen verstanden. Resigniert und ohne viel Hoffnung wandte sich Emma an ihre Freunde: „Persönlich ist es mir einerlei, was mit mir geschieht. Der ständige Kampf hat mich ziemlich zermürbt. Meine ganzen Hoffnungen, nach Australien zu fahren, mein ME-Projekt zum Erfolg zu führen, haben sich zerschlagen. Ich kann hier nichts unternehmen, bis der Prozeß gelaufen ist – und natürlich kann ich hier nicht weg. Das einzige, was ich tun kann, ist, mich gut zu verteidigen. Unglückseligerweise ist dies hier nicht NY, wo man mich besser kennt und wo ich materielle Unterstützung erhalten könnte, da dieser Kampf Geld kostet."

Kaum hatte das Gericht – dank der Tüchtigkeit ihrer Anwälte – auf eine Kaution verzichtet, sahen sich Emma und Ben mit einer weiteren Anklage konfrontiert, diesmal wegen „gesetzwidriger Versammlung, Denunzierung aller staatlichen Regierungen" und „Verbreitung anarchistischer Doktrinen".

So kamen die beiden erneut hinter Gitter; diesmal betrug die Bürgschaft für jeden 2.000 Dollar. Emmas verzweifelte Situation wurde durch die Nachricht vom Tode ihres Vaters verstärkt. Ihr Vater war in den letzten Jahren sehr gebrechlich gewesen. Mit zunehmender Schwäche hatte sich sein wildes Temperament beruhigt und an die Stelle des Grolls, den sie ihm gegenüber empfunden hatte, war Mitleid getreten.

Emmas monatelanger Prozeß endete mit einem Freispruch. In der Zwischenzeit hatte Ben es erreicht, daß das *San Francisco Bulletin* ein Interview mit Emma über Probleme des modernen Dramas abdruckte. In der Meinung, daß sich die Dinge nunmehr zu ihren Gunsten gewendet hätten, verschoben die beiden ihre Australienreise auf den April, um Emma die Möglichkeit zu geben, ihre geplante Vortragsreise zum Abschluß zu bringen. Als aber innerhalb von zwei Wochen in San Francisco die Regenzeit einsetzte, schien sich das Schicksal erneut gegen sie zu stellen. Emma beklagte sich bei ihrer Freundin *Louis Meyer*, einer Frau aus dem Kreis der Sympathisanten und finanziellen Förderer der anarchistischen Sache, auf deren Hilfe in Notfällen stets Verlaß war:

„Der letzte Hoffnungsschimmer ist von den dunklen Wolken der Enttäuschung und Verzweiflung verdrängt worden, so daß mir mein Leben zuweilen als kompletter Hohn erscheint ... Unlängst teilte ich dir mit, daß wir einen Sieg über die Polizei errungen hätten – und so war es auch. Aber mit den Elementen zu kämpfen, geht über unsere Kräfte. Seit Wochen hört es hier nicht mehr auf zu regnen, mit dem Ergebnis, daß jede Veranstaltung ein totaler Mißerfolg wurde. Du magst vielleicht fragen, warum wir nicht einfach aufgeben? Hast du dich schon einmal mit der Psyche eines Glücksspielers beschäftigt? Er weiß, daß er verliert und, falls er weitermacht, ins eigene Verderben rennt. Aber eine unwiderstehliche Macht treibt ihn, bis er sein letztes Hemd versetzt hat. Genau so ein Spieler bin ich. Von Anfang an war meine Tour ein Fehlschlag. Aber statt nach New York zurückzukehren, spielte und hoffte ich weiter, bis ich meine ganze Energie verspielt und verblutet hatte. Die ganze Zeit wußte ich, daß es sinnlos war, daß ich nicht gewinnen würde, aber ich konnte es nicht lassen."

Daß sie trotzdem den Belastungen dieser Tournee gewachsen war, sei vor allem Ben Reitman zu verdanken, so vermerkte sie in der Aprilausgabe der *Mother Earth*: „Mehr als alles andere hat der unverwüstliche Optimismus, der immense Eifer und die aufmunternde Art unseres Freundes Ben L. Reitman dazu beigetragen, der vielen Hindernisse Herr zu werden." Selbst der bisher so zurückhaltende Sascha lobte ihn wegen seines Kampfes gegen die Einschränkung der Redefreiheit in San Francisco und fügte hinzu, daß er sich darauf freue, ihre Freundschaft bald zu erneuern. Er schrieb: „Ich wäre glücklich, zu deinen besten Freunden gerechnet zu werden."

In der Hoffnung, ihre Enttäuschungen und Niederlagen bald hinter sich lassen zu können, machten sich Emma und Ben erneut an die Vorbereitung ihrer Australienreise. Sie waren schon dabei, ihr Abschiedsfest zu arrangieren, als Emma ein schockierendes Telegramm aus Rochester erhielt: „Kerschners Staatsbürgerschaft durch Washington annulliert; es ist gefährlich, das Land zu verlassen."

Emmas Ehe mit Kerschner hatte eine einzige positive Seite: die Staatsbürgerschaft, die ihr seine Papiere garantierten. Eine Überprüfung von Kerschners Immigrationsberechtigung, eigens eingeleitet, um eventuell gegen Emma gesetzlich vorgehen zu können, hatte ergeben, daß Kerschners Angaben bezüglich seines Alters und der bisher in Amerika verbrachten Zeit, die 1884 zur Erteilung der Staatsbürgerschaft geführt hatten, nicht richtig gewesen waren. Nun hatte die Regierung endlich einen Weg gefunden, eine ihrer schärfsten Kritikerinnen unschädlich zu machen. Unter dem drohenden Entzug ihrer Staatsbürgerschaft konnte es Emma keinesfalls riskieren, das Land zu verlassen. Ihre Australienreise mußte nochmals aufgeschoben werden. Die Tatsache, daß Kerschners Staatsbürgerschaft überprüft und widerrufen worden war, nährte die in anarchistischen Kreisen zirkulierenden Gerüchte, wonach die Einwanderungs- und Naturalisierungsbehörden systematisch an den Voraussetzungen zur Deportation im Ausland geborener Anarchisten und letztlich auch der Radikalen verschiedenster Couleur arbeiteten.

Amtliche Empfehlungen gaben zwar diesen Behörden zu bedenken, „mit größter Sorgfalt" ans Werk zu gehen, „um die Regierung nicht ins Unrecht zu setzen" und nur bei Verdunklungsgefahr gegen Anarchisten einzuschreiten. Auf diese Weise wurde langsam, aber sicher eine Handhabe gegen unliebsame Bürger geschaffen.

Emma und Ben, die sich bereits ziemlich sicher gewesen waren, alle Schwierigkeiten von amtlicher Seite durchstanden und überwunden zu haben, fühlten sich nunmehr von den ausgeklügelten Schachzügen der Immigrationsbehörden völlig gelähmt. Was sollte aus ihrer Beziehung werden, jetzt, wo ihnen der Weg abgeschnitten war, auf dem sie all ihren Problemen zu entkommen hofften?

Da sie nicht nach Australien gehen konnten, entschieden sich beide für eine weitere Mother-Earth-Kampagne, die sie nach Texas führen sollte; El Paso, San Antonio und Houston waren Neuland für sie, denn für gewöhnlich fuhren sie in Städte, in denen es anarchistische Gruppen, Mother-Earth–Leser und Sympathisanten gab, die bereit waren, sie finanziell zu unterstützen. Dazu fehlten im Süden die Voraussetzungen.

IV.
PROMISKUITÄT UND FREIE LIEBE

Angeschlagen durch eine Serie von Mißerfolgen begann Emma sich immer mehr als Opfer „konspirativer Umstände" zu sehen. Ihre erste Enttäuschung war die durchweg geringe Zuhörerzahl bei ihren Vorträgen im Herbst 1908. Sie führte dies auf die anstehenden Präsidentschaftswahlen zurück, die ihr das Interesse des Publikums entzogen. „Elektomanie" nannte sie dieses Phänomen mit unverhohlenem Mißbehagen: „Amerikas schrecklichste Krankheit, viel schlimmer und unheilvoller als die Pest." Der nächste Schock war die Aufhebung von Kerschners Staatsbürgerschaft, wodurch sie gezwungen war, ihre Australienpläne aufzugeben – und damit die Hoffnung auf einen neuen Anfang mit Ben. In der Öffentlichkeit zeigte sich Emma ungebrochen und machte sich sogar lustig über die aufwendigen Bemühungen der Regierung, sie zu einer staatenlosen Person zu erklären: „Armes US-Regime", spottete sie einmal, „du stehst vor einer schwierigen Aufgabe ... Du bestimmst über Emma Goldmans Staatsangehörigkeit. Aber ihr gehört die Welt, ihr Vermächtnis ist die Blutsbande der furchtlosen Seelen – kein schlechter Handel!" Daß sie dabei von sich selbst in der dritten Person sprach, verrät ihren Wunsch, sich von dem eigenen Mißgeschick und dessen Konsequenzen für die politische und persönliche Zukunft distanzieren zu können. Auf privater Ebene verhehlte sie keineswegs ihre Verzweiflung angesichts der wenig erfreulichen Perspektive, auch weiterhin ihre Vortragsreisen durch die Staaten fortsetzen und sich danach in New York der endlosen Arbeit für *Mother Earth* widmen zu müssen.

Den Freunden, die ihr über eine frühere finanzielle Krise so tatkräftig hinweggeholfen hatten, Sophie und Meyer Shapiro, schickte sie folgende Zeilen:

„Niemand wird je erfahren, welche Kämpfe es mich gekostet hat, meinen Australientrip aufzugeben. Freilich, ich habe ihn nur verschoben, aber es war, als hätte man mir einen Zahn gezogen ... Meine Freunde, für mich wird es keine Ruhepause geben, solange es ME gibt. Und wenn meine Zeitschrift den Sommer überleben soll, werde ich die nächsten zwei Monate lang Vorträge halten müssen. Es ist wie eine unheilbare Krankheit, die uns langsam auffrißt. Wir wissen es, sehen es, spüren es, aber müssen weitermachen. Nur fragt mich nicht, warum ich nicht aufgebe – ich wünschte, ich könnte es. Aber ich kann nicht, zumindest nicht jetzt."

In dieser schwierigen Lage verstärkte sich Emmas Abhängigkeit von Ben, nachdem dieser erneut seinem Hang zur Promiskuität erlegen war. Die kurze monogame Phase im Anschluß an sein großes Bekenntnis hatte sich überlebt. Das Muster von Emmas Abhängigkeit und Bens zeitweiliger Entfernung blieb für ihre Beziehung bestimmend, aber sie sahen darin lediglich einen politischen Konflikt im Sinne einer Meinungsverschiedenheit über die Bedeutung der freien Liebe.

Im Winter kehrte Ben nach Chikago zurück. Ihm wurde sehr schnell klar, wie sehr ihm Emma fehlte, und er schrieb ihr einen Brief voller Sehnsucht. Sie antwortete: „Mein großer Schatz, ich kann dir gar nicht sagen, wie sehr mir mein Herz blutet, wenn ich den Schrei deiner Agonie und Einsamkeit vernehme. Nein, mein Lieber, das ist keine Schwäche, daß du zu der Person fliegen möchtest, die du über alles in der Welt liebst. Ich fühle genau wie du, auch ich weiß, daß ich mich *zusammenreißen sollte*, daß ich meiner Arbeit nachgehen *müßte – ich müßte, ich müßte*, aber eine Stimme in mir ruft: Nein, nein!!! Es gibt nur ein einziges Muß und das ist Hobo, Hobo, meines Lebens Blut, mein Sonnenschein, mein alles."

Auch der herzliche Empfang durch Sascha und Hippolyte Havel bei ihrer Rückkehr in die 210 half wenig, ihre Einsamkeit zu lindern, die noch immer aus ihren Zeilen spricht:

„Ich liebe dich mit der Intensität des Daseins selbst, wie es nur einer Frau in reifen Jahren möglich ist. Ich begehre dich mit jener ungezähmten Kraft, die weit entfernt ist von Vernunft, Realität oder Kompromissen. Mein ganzes Sein befindet sich in einem einzigartigen Aufruhr gegen alles und jeden, was immer uns trennt. Wie ich ohne dich leben und arbeiten soll, ist mir unerfindlich. Alles, was ich weiß, ist, daß ich wachen, denken, planen und nicht ruhen will, bis ich meinen Jungen wieder bei mir haben, bis er mich wieder in jene Welt des wilden Entzückens und der Freude hinaufhebt."

Auch finanzielle Probleme bedrückten sie. Die kläglich besuchten Vorträge hatten sie fast in den wirtschaftlichen Ruin getrieben. Ben dachte daran, in Chikago eine eigene Praxis zu eröffnen, und Emma arrangierte weitere Vorträge in New York; sie wollte auf keinen Fall in dem ihr verhaßten Chikago wohnen. Ben, der dort mit knapper Not sein Examen bestanden hatte, war nicht bereit, in New York einen Mißerfolg zu riskieren. Unglücklicherweise waren seine Patienten, Hobos, Prostituierte und Obdachlose, nicht in der Lage, ihm einen wirtschaftlichen Aufschwung zu garantieren. Auch sein eigenes Gebaren vergraulte eher die wenigen Patienten aus gehobeneren – und damit finanzstärkeren – Schichten. Sein auf Reisen und Unabhängigkeit gerichteter Sinn machte es schwierig, eine gutgehende Praxis aufzubauen. Als Spezialist für Venenerkrankungen konnte er zwar mit einem wachsenden Interesse an seiner Arbeit rechnen, aber in der medizinischen Fachwelt war Venenheilkunde noch nicht offiziell anerkannt. Da er, wie auch Emma, für gesellschaftliche Respektabilität nur Verachtung empfand, geriet er teilweise aufgrund dieser Einstellung in finanzielle Schwierigkeiten. Dennoch hofften die beiden, wenigstens genügend Geld für einen gemeinsamen Sommer in New York zusammenzubekommen.

Ben konnte in Chikago keine geeigneten Praxisräume finden und sah auch bald ein, daß seine Hoffnung, über Nacht eine rentable Arztpraxis aufzubauen, reichlich unrealistisch war. Er beschloß, zunächst einmal durch Blutspenden sein knappes Budget aufzubessern; dabei zog er sich eine Infektion zu. In einem Brief an Emma, in dem er ihr von seinem Mißgeschick berichtet, klagt er auch, von ihr nicht genügend geliebt und verwöhnt worden zu sein. Sie erwiderte:

„Glaubst du nicht selbst, daß es ein bißchen grausam von meinem Hobo ist, seiner Mommy solche Dinge vorzuhalten? Liebster, ich habe dich geliebt und gehätschelt – so oft, wie du mir es erlaubt hast. Ich gebe zu, daß einige deiner Kraftakte mich aus der Fassung bringen, daran wird sich auch nichts ändern, mein Liebling. In solchen Augenblicken kann ich deine Liebe weder akzeptieren noch erwidern. Aber jedesmal, wenn du mir die großartige und wundervolle Seite deines Wesens enthüllst, hat sich. dann meine Liebe nicht in ihrer ganzen Herrlichkeit dir zugewandt? Liebster, meinst du, es macht mir was aus, daß du keine geeignete Praxis finden kannst? Nein, mein Herzenskind … Bitte, bitte, Ben, du hättest doch schreiben sollen, daß du Geld benötigst. Warum hast du dein Blut verkauft? Um Himmels willen, weißt du denn nicht, daß es zugleich auch mein kostbares Blut ist?"

Neben Bens Geldsorgen quälte Emma auch sein Interesse für andere Frauen. Von all den Frauen, mit denen er in Chikago eine Beziehung unterhielt, war ihr Margaret Eleanor Fitzgerald, die Ben wegen ihres langen roten Haares die „Löwin" nannte, am besten bekannt. Diese junge Frau, die ihm und seiner Mutter sehr zugetan war, verdankte ihre zweifellos attraktive Erscheinung ihrer teils irischen, teils amerikanischen Abstammung von Pioniersfamilien aus Wisconsin. Fitzi, wie die meisten Leute sie nannten, bestach durch eine gewisse Ernsthaftigkeit, war ohne Dünkel oder politischen Dogmatismus. Als sie Ben kennenlernte, hatte sie keine Ahnung von seiner Liebschaft mit Emma, geschweige denn von seiner Promiskuität. Ihm erschien sie einmalig, fast wie eine Heilige. Sie war die einzige Geliebte, mit der ihn eine echte, beständige Freundschaft verband. Auf diese Beziehung war Emma weit weniger eifersüchtig als auf Bens zahllose, flüchtige Abenteuer, die sie immer wieder zum Rasen brachten:

„Solange ich dich liebe und umsorge, mein Hobo, werde ich unter manchen Dingen, die du tust, zu leiden haben. Ja, ich werde stets schreckliche Qualen wegen deiner Eigenwilligkeit erdulden. Aber ich bin nicht so töricht zu glauben oder mir selbst einzureden, daß unser gemeinsames Leben jemals harmonisch oder ungetrübt verlaufen könnte. Gerade so will ich dich haben. Eine Liebe, die nur glatt und hübsch und bequem ist, ist eine schwache Liebe, weil es nichts gibt, mit dem man sich auseinanderzusetzen hätte. Unter zehn Beziehungen sind immerhin neun von dieser Art. Bei den geringsten Schwierigkeiten sterben sie einen leichten Tod. Würdest du mit so einer Liebe zufrieden sein, Liebster? Wohl kaum. Doch solltest du deine Mommy nicht gleich für glücklich halten, wenn ihr Junge nur fixe Ideen im Kopf hat, die ihr die Seele durchbohren. Ich weiß, daß sich an deinen Launen nichts ändern wird, noch an meinen Aversionen gegenüber einigen von ihnen. Und ich weiß auch, daß du mich im Grunde glücklich machen möchtest. Liebster, wenn du tatsächlich meine Überzeugungen und meinen Geschmack so vollauf zufrieden stellen würdest, wie du das TB zufriedenstellst, ließe es sich, wie ich fürchte, nicht länger leben. Außerdem, mein Schatz, sind es einzig deine Liebe und deine Leidenschaft, die mich so vereinnahmen, daß ich mir gar nichts anderes mehr wünsche. Liebling, ich erwarte keineswegs, daß du dich konventionell verhältst – das wäre mir sehr zuwider. Aber du verwechselst Ästhetizismus mit Konvention. Manches stößt mich vielleicht ab, aber nicht, weil es unkonventionell ist, sondern weil es jeglicher Anmut und Unschuld entbehrt. Verstehst du nun den Unterschied, Herzchen?"

In einem der folgenden Briefe schlägt Emma sogar noch stärkere melodramatische Töne an: „Ich glaube nicht an die Story, daß Liebe blind ist. Ich behaupte vielmehr, daß eine wirklich große Liebe mit tausend Augen um sich blickt. Meine Liebe jedenfalls ist hellwach, und wenn sie auch nur eine dunkle Stelle an dem wunderschönen Himmel ihrer Wünsche entdeckt, weint sie blutige Tränen."

So klar sie auch selbst ihre eigene Verstrickung in diese problematische Beziehung erkannte und nicht aufhörte, Ben ihre Wünsche verständlich zu machen, so verschieden blieben doch ihre und Bens Vorstellungen über die gegenseitigen Verpflichtungen und Konsequenzen einer auf Dauer angelegten Gemeinsamkeit. Dennoch dachte keiner von ihnen daran, den anderen zu verlassen. Ihre gemeinsame Arbeit für *Mother Earth* gab ihrer Beziehung den äußeren Halt, der es ihnen ermöglichte, ihre Differenzen zugunsten der Sache zu begraben.

Im Frühjahr 1909 entwickelten sie einen Plan, der ihnen ein ständiges Beisammensein garantieren sollte: Ben sollte nach New York ziehen, um ausschließlich für *Mother Earth* tätig zu sein. Emma ermutigte ihn, sich über das Gerede der anderen, die in ihm mehr und mehr ein Anhängsel von ihr und *Mother Earth* sahen, hinwegzusetzen: „Sie unterstützen weder die Zeitschrift und noch viel weniger mich – warum also die ganze Aufregung. Das einzige, was mich quält, Liebling, ist die Tatsache, daß wir wahrscheinlich mit sehr wenig Geld auskommen müssen. ME bringt uns buchstäblich nichts ein. Meine einzige Hoffnung sind die Veranstaltungen. Sollten auch sie sich als Reinfall erweisen, wird uns ein schwieriger Sommer bevorstehen. Doch wenn ich mir deiner Liebe und Hingabe sicher bin, werden wir über die Runden kommen, daran zweifle ich nicht."

Emma wünschte sich Ben zwar in ihrer Nähe, schwor sich aber, nicht zu oft mit ihm zusammenzusein, um sich das köstliche Gefühl des Sich-Sehnens und Begehrens zu erhalten. Eingedenk der langen Monate ihrer Gemeinsamkeit, die der Trennung vorangingen, mußte sie ihrer Freundin und Genossin Voltairine de Cleyre Recht geben, die erst kürzlich geäußert hatte: „Laß es in der Liebe nie so weit kommen, daß sie durch die kleinlichen Mißhelligkeiten des ständigen engen Kontakts ins Vulgäre abrutscht. Es ist besser, die alltägliche Verachtung eines Feindes zu erdulden, als die des einzigen Menschen, den man liebt."

Emma mußte ständig dagegen ankämpfen, sich nicht völlig von Ben abhängig zu machen, während Ben seinerseits versuchte, sich von ihr zu distanzieren – nicht zuletzt deshalb, weil er sich in seinem männlichen Selbstverständnis von ihrer Popularität in den Hintergrund gedrängt sah. Auch zögerte er, ohne jeglichen finanziellen Rückhalt nach New York zu gehen. Daher seine Zeilen: „Liebste, ich kann nicht zu dir kommen, solange ich mir nicht selbst eine Fahrkarte kaufen kann und mir ein paar Dollar gespart habe, um davon zu leben." Emma versuchte, ihm seine Skrupel auszureden und bat ihn, ihr zu erlauben, ihn mit ihrer „Liebe, Hingabe" und „Kameradschaft" zu umsorgen. Aber Ben war auch noch den Rivalitätsansprüchen seiner Mutter und finanziellen Verpflichtungen ihr gegenüber unterworfen. Ein wenig doppelsinnig schrieb Emma zurück: „Ich freue mich, daß du dich bei deiner Mutter so wohl fühlst. Ich möchte ja durchaus, daß mein Junge es gut hat, nur möchte ich diejenige sein, die ihm Gutes erweist." Solange Ben von ihr getrennt war, empfand sie die Tage nur „halbwegs erträglich". Sie klagte: „Ich gehe und wandere hin und her, verrichte die Hausarbeiten, gehe ins Theater, gehe ins Konzert – nur, um nicht über mich nachdenken zu müssen."

Als klar war, daß Ben keine andere Arbeit finden würde und das gegenseitige Verlangen nach dem anderen schlechthin unerträglich geworden war, machte er sich auf den Weg nach New York. Vom späten Frühjahr bis Anfang Herbst 1909 arbeiteten die beiden kontinuierlich zusammen, mit Ausnahme der Tage, die Ben hin und wieder in Chikago verbrachte. Sie bereisten gemeinsam den Nordosten der Staaten. Elf ihrer Veranstaltungen wurden von der Polizei verboten oder aufgelöst. Derartige Vorfälle veranlaßten Emma, das Thema ihrer Vorträge zu ändern und die Redefreiheit in den Mittelpunkt ihrer Ausführungen zu stellen. In New Haven wandte sich die Polizei eigens an das Justizministerium, um sich nach einer gesetzlichen Handhabe gegen Emmas und Bens Aktivitäten zu erkundigen. Die Antwort war nicht das, was sie zu hören wünschte: „Dem Antrag auf ein gesetzliches Verbot regierungsfeindlicher Reden im Anschluß an McKinleys Ermordnung wird nicht stattgegeben." Dennoch ließ die Polizei die Besucher nicht in den Saal, wohl aber Emma und Ben. In *Mother Earth* stellte Emma die Frage: „Konnte dies geschehen, weil die Menschen ihre durch die Verfassung garantierten Rechte nicht kennen oder weil sie im Angesicht der polizeilichen Gewalt nicht mehr den Mut aufbringen, ihre Rechte in Anspruch zu nehmen?"

Zurück in New York war es Emma klar, daß Bens politischer Eifer mit dem ihren nicht Schritt halten konnte. Außerdem litt er unter Minderwertigkeitsgefühlen und es zog ihn nach Chikago zurück. Bevor er New York verließ, versuchte er, sein verlorenes Selbstwertgefühl auf eine für ihn charakteristische Weise zurückzuerlangen. Er nannte es: „Eine Frau bewirten." Aber daß sich diese Affäre in der gemeinsamen Wohnung abspielte, brachte Emma an den Rand der Verzweiflung.

Gegen Ende Mai fürchtete Emma, daß das Ende ihrer gemeinsamen „Reise" gekommen sei. Es erschien ihr unmöglich, ihren politischen Verpflichtungen gerecht zu werden, solange sie unter Bens Promiskuität zu leiden hatte. Denn jedesmal, wenn sie ihn in den Armen einer neuen Frau überraschte, brauchte sie Monate, um seine Untreue zu verschmerzen. Doch die rein logische Begründung für ihre Trennung, es sei Zeit für Ben, sich eine eigene ökonomische Basis zu schaffen, wurde hinfällig, als es ihm nicht gelang, eine andere Arbeit zu finden. Wieder war er auf *Mother Earth* angewiesen. Dabei hatte Emma gehofft, daß er als selbständiger Arzt bald in der Lage sein würde, ihr Magazin finanziell zu unterstützen. Ihre Briefe waren voll Resignation, doch unterließ sie es nie, ihre eigenen moralischen Vorstellungen hervorzukehren. Oft schrieb sie ihm mitten in der Nacht, selbst während der Zeit, als sie noch beide in New York wohnten:

„Unsere Reise war beschwerlich und dornenreich. Aber solange wir an unsere Liebe glaubten, konnten wir die Schwierigkeiten noch meistern. Das Vertrauen ist dahin, mein Ben, mein Vertrauen sowohl in deine als auch in meine Liebe zu dir. Ich weiß, daß ich damit gescheitert bin, sogar kläglich gescheitert. Was also hat es für einen Sinn, diesen Zustand verlängern zu wollen?

Den ersten Schock habe ich abbekommen, als du dich in Chikago nicht durchsetzen konntest. Das war gleich zu Anfang, obwohl du dir selbst so sicher warst, daß du dort arbeiten und Fuß fassen würdest. Für jemanden, der sich nie eine Schwäche erlaubt, ist dies ein entsetzlicher Schock. Aber meine Liebe flüsterte mir ein: 'Ben liebt dich und hält es ohne dich nicht aus und deshalb hat er in Chikago nichts unternommen.' Und ich hörte auf diese Stimme, denn du weißt, es tut so gut, geliebt zu werden.

Und dann kamst du nach N. Y. und gabst mir neue Kraft, um an die Macht der Liebe zu glauben. Du warst sehr aktiv und hast alles Mögliche versucht, hast geschrieben und gearbeitet, um auf eigenen Füßen zu stehen. Als du weggingst, war meine Liebe für eine Weile noch zuversichtlich. Als ich dich an jenem denkwürdigen Märztag verließ, glaubte ich noch an deine Entschlossenheit, dich zu engagieren. Aber leider hat sich diese Hoffnung zerschlagen. Deine Untätigkeit, deine Lethargie, deine absolute Gleichgültigkeit haben mir Schritt für Schritt meine Zuversicht zerstört, daß ich dich nur anspornen müßte und meine Liebe dir Kraft und Ausdauer verleihen könnte.

Und dann gibt es noch diese andere Sache, eine Angelegenheit, so abstoßend wie auch im höchsten Grad unerträglich: dein unverantwortlicher und skrupelloser Umgang mit Frauen, dein Mangel an Ehrlichkeit ihnen gegenüber, zu dir selbst und zu mir. Ich weiß, daß du dies meiner Eifersucht anlasten möchtest. Aber das ist nicht der Grund. Ich habe es dir oft genug gesagt: Falls du eine andere Frau wirklich liebst, gleichgültig, wie sehr mich das schmerzt, würde ich die Kraft haben, dieser Tatsache ins Auge zu sehen. Oder wenn du in deinen Affären wenigstens ehrlich wärst und deinen Frauen klipp und klar sagen würdest: 'Ich möchte nur mit dir schlafen, weiter nichts', dann könnte ich auch das noch hinnehmen. Aber dein totaler Mangel an Korrektheit, an schlichter Menschlichkeit und Rücksicht auf die Rechte der anderen macht mich fix und fertig. Du bestreitest, diese Frauen verführen zu wollen, aber ich weiß, daß *keine von ihnen* – weder Grace noch Lioness noch Lilly und auch nicht diese letzte Flamme von dir – je damit einverstanden wäre, dir als bloßes Spielzeug zu dienen, nicht eine einzige von ihnen. Selbst eine Prostituierte sehnt sich nach Liebe, zumindest möchte sie, daß die Männer ihr Liebe und Leidenschaft zeigen und sie nicht nur als Puppe behandeln. Kannst du dir das denn nicht vorstellen, Ben?

Immerhin hat es sich bei deinen früheren Spielzeugen um Frauen gehandelt, die imstande waren, auf sich selbst aufzupassen. Doch wie steht es mit deinem letzten Opfer? Du hast behauptet, du würdest sie nicht verführen. Aber wie nennst du es dann: diese Anrufe an ihrem Arbeitsplatz, diese ständigen Verabredungen, dieses stundenlange Beisammensein ... Ist das keine Verführung? Muß sie nicht glauben – und mit gutem Recht –, daß sie dir wirklich etwas bedeutet, zumal du ihr unter vielen anderen den Vorrang gibst? Sie kann doch nicht so naiv sein, sich einzubilden, daß du in ihr nur den intellektuellen oder gar spirituellen Partner suchst. Du sagst, sie wäre so feinfühlig. Für sie ein Grund mehr, sich in der Annahme bestätigt zu sehen, daß du sie liebst. Du sagst aber auch, sie sei nur ein Kind – und spielst mit ihr! Oh Ben, wo bleibt dein Gefühl für Fairneß und für Gerechtigkeit, daß du so mit einem menschlichen Wesen verfährst! Hat dir meine Liebe, ja, unsere Liebe, so wenig gebracht, daß nicht einmal ein Funke von Einsicht oder Aufrichtigkeit übriggeblieben ist? ...

Verstehst du jetzt wenigstens, weshalb ich nicht mehr an deine und meine Liebe zu glauben vermag?"

Emma ahnte, daß ihre eigene Individualität etwas mit Bens Affären zu tun haben mußte. Sie glaubte, daß die Frauen ihm deshalb Vertrauen entgegenbrachten, weil er der intime Freund Emma Goldmans war, einer absolut integeren Frau. „Sie glaubt an dich", hielt Emma ihm vor, „weil sie davon ausgeht, daß der Mann, der von EG geliebt wird, vertrauenswürdig sein muß, ja, sogar edel und ehrlich. Ist dir das bewußt?"

Emma unterbrach diesen Brief in der Absicht, ihn später zu Ende zu schreiben, da sie sich noch auf eine Rede für den gleichen Abend vorbereiten mußte. Sie wollte ein Publikum ansprechen, das von dem (nicht-anarchistischen) Vorstand einer neugegründeten Free-Speech-Gesellschaft eingeladen war. Diese hatte sich quasi aus Protest gegen die ständig wachsende Zahl der polizeilichen Übergriffe bei Emmas öffentlichen Auftritten konstituiert. Ein gewisser Alden Freeman hatte das Risiko auf sich genommen, eine Gruppe von Leuten in sein Haus im „lilienweißen und wohlhabenden" East Orange, New Jersey, zu bitten, um ihnen Emma Goldman nach einem neuerlichen Redeverbot vorzustellen. Die Bürger waren von

Freemans Vorhaben schockiert. Die Polizei konnte nichts tun; gegen Versammlungen auf Privatgrundstücken durfte sie nicht einschreiten.

Emma genoß ihre wachsenden Erfolge gegen die trickreichen polizeilichen Taktiken und die Anerkennung nun auch von Seiten der Mittelklasse, obwohl die Eifersucht und die schmerzliche Erkenntnis ihres Scheiterns an Ben sie arg plagten. Als sie gegen zwei Uhr morgens nach Hause kam, machte sie sich an die Fortsetzung des angefangenen Briefes. Der Tenor ihres Schreibens war ein anderer geworden:

„Ben, Ben, ich wünschte, ich wäre wie du, getragen allein von der Stimmung des Augenblicks – ich wäre sehr glücklich über meine gute Rede. 150 Menschen zollten mir Bewunderung und Respekt und waren voller Enthusiasmus. Und trotzdem fühle ich mich heute in dieser nächtlichen Großstadt erniedrigt, verlassen und elend wie niemand sonst. Was nützte mir selbst die Bewunderung der ganzen Welt, wenn meine Seele leidet, wenn der einzige Mensch, dem meine wahnwitzige, unbesiegbare Liebe gehört, all das, was mir groß und erhaben erscheint, mit Füßen tritt! Als ich diesen Brief begann, war ich entschlossen, unserer Beziehung ein Ende zu setzen. Aber als ich dich auf der Terrasse sitzen sah und erst recht, als du fortgingst, war all meine Entschiedenheit wie weggeblasen. Ich will dir sagen, was in diesem Jahr fast von Anfang an mein Leben mit dir in Wirklichkeit war: ein fortwährender Protest gegen deinen Mangel an allem, was mir gut und heilig ist. Du kannst auch nicht ermessen, was mir ein Leben fern von dir noch zu geben vermag. Der bloße Gedanke daran hat mich schon jedesmal erstarren lassen, wenn ich nur versucht habe, mich von dir zu lösen – so wie er mir diese Nacht alle Sinne lähmt. Und dennoch, kann man noch Christ sein, wenn man den Glauben an Christus verloren hat? Wie kann ich also eine Beziehung fortsetzen, unsere Beziehung, die meinem Dasein den Inhalt gab, wenn du mir den Glauben an deine Liebe und die erneuernde Kraft der Liebe zerstört hast? Ich kann es nicht, Ben, es sei denn, du gibst mir meinen Glauben zurück und läßt mich erkennen, daß meine Liebe nicht nur Motor einer physischen Verzückung war, vielmehr dich zu einem besseren Menschen gemacht und in dir einen Funken Verantwortlichkeit für das Leben und die Nöte der anderen erweckt hat. Gib mir meinen Glauben zurück – oder laß uns auseinandergehen. Glaub mir, ich werfe dir nichts vor, und ich will auch nicht in dein Schicksal eingreifen. Ich möchte dir nur klarmachen, daß meine Liebe, falls sie nichts bewirkt, was dein Leben ändert oder dir neue Interessen und neue, menschliche Wertvorstellungen erschließt, vergebens und sinnlos ist und ich sie dir besser verweigere. Gute Nacht. Wie sehr wünsche ich mir, nicht mehr aufzuwachen, es sei denn, zu einem neuen Morgen, so groß und gut und so wundervoll, wie ich mir einst unsere Liebe vorgestellt hatte …

Gute Nacht, Mommy."

Emma bezog sich auch in den Briefen der folgenden Wochen immer wieder auf denselben Gegenstand: den Verlust ihres Vertrauens in Bens Liebe wie auch in ihre Fähigkeit, ihn zu ändern. Aus ihren Zeilen war die Resignation herauszulesen:

„Liebster Ben, ich liebe dich mit der ganzen Intensität meiner Seele. Du bist Teil meines Blutes, meines gesamten Seins. Ich kann dich nicht herausreißen, selbst wenn ich es wollte. Du wirst von deinen fixen Ideen nicht lassen, solange du lebst. *Und so muß es auch sein ... Und du weißt es, Liebster,* es gab eine Zeit, da war ich töricht genug, mir selbst zu schmeicheln, ich könnte dich so sehr ausfüllen, daß keine andere mehr Platz in dir hätte ... Ich fühle mich so elend, das macht die Trennung und die Polizei, die hinter mir her ist, und unser ganzes Leben – zu elend, um mich zu engagieren. Zumindest im Augenblick."

Emmas Zerrissenheit hielt an. Sie versuchte, ihre Qualen „in der Arbeit, im Wäschebügeln, im Saubermachen, im Adressieren von Umschlägen und was nicht noch alles" zu ersticken. Aber ohne Erfolg:

„Hobo! Hobo! schrie meine Seele ... Warum bist du überhaupt in mein Leben getreten, wenn du mir dennoch so fern bist? Was für eine törichte Frage. Als ob wir wählen könnten, wen wir in unser Leben hineinnehmen. Du bist wie ein Blitz in mir eingeschlagen, hast mir in Seele und Körper eine wilde Leidenschaft entflammt, wie ich sie bis dahin noch nicht gekannt habe. Seitdem hast du mich aufgezehrt, in dein Blut aufgesaugt und wenn du fern bist, läßt du mich schwach und mutlos zurück. Doch wenn du bleibst, erleide ich Höllenqualen. Du sagst, du willst nicht, daß ich die Freuden meines Körpers mit anderen teile, aber gegen Seelenfreundschaften hast du nichts einzuwenden. Ben, Ben. Und kannst du dir vorstellen, wie ich unter deinen physischen Besessenheiten leide? Kannst du die tausend Phantasien und Einbildungen nachvollziehen, die meine Seele gemartert haben, wenn ich an den Tag denke, an dem du dir dieses Mädchen in *unser* Zimmer geholt hast? Aber du hast nichts begriffen und nanntest mich kleinlich ... Du sagtest, ich wäre unvernünftig. Mein lieber Junge, jeder von uns empfindet den eigenen Schmerz am stärksten und deshalb kannst du gar nicht wissen, welche Qualen du mir bereitet hast. Was meine eigenen körperlichen Beziehungen zu anderen betrifft, nach denen brauchst du mich nie zu fragen – *das sage ich dir schon von selbst.* Ich kann dir aber jetzt schon gestehen, daß deine Besessenheiten und Eskapaden mich abgestumpft haben, so daß ich dieses Mal nicht mehr so unwahrscheinlich leide wie während deiner Abwesenheit in dem früheren Fall. Bei dem Gedanken an eine anderweitige Beziehung habe ich nicht mehr diese heftige psychische Reaktion wie früher.

Unglücklicherweise habe ich sie jedoch dann, wenn ich mir vorstelle, in den Armen eines anderen Mannes zu liegen. Dann rebelliert mein Körper, die Ms und das TB rebellieren. Du hast sie hypnotisiert, sie in Trance versetzt."

Emma versuchte, sich abzulenken, indem sie gemeinsam mit Sascha einen gewaltigen Plan austüftelte, um zu dem Reichtum zu kommen, der, wie sie hoffte, ihren ständigen Geldnöten ein Ende bereiten würde. Sie hatten vor, eine Büste des kürzlich verstorbenen jiddischen Dramatikers Jakob Gordin in Auftrag zu nehmen und Repliken derselben an seine zahllosen Bewunderer zu verkaufen. Aber wie alle bisherigen Unternehmungen schlug auch dieser Versuch, an Geld zu gelangen, fehl.

Während sie ihre politischen Aktivitäten in dem gewohnten Umfang fortsetzte, ruhte die schriftliche Auseinandersetzung der beiden Liebenden keineswegs. Ben protestierte gegen Emmas Anschuldigungen und betonte, daß seine gesamte „Psychologie" einen Wandel durchgemacht hätte, obgleich seine Lebensweise keine Veränderung aufweise. Ihr erschien diese Unterscheidung geradezu lachhaft.

„Bedauerlicherweise bin ich nur ein Mensch und betrachte deshalb dein ganzes Tun und Lassen so, als ob auch du ein reifer Mensch wärst und nicht dieses launische, unbekümmerte und unzurechnungsfähige Kind, das du bist ... Dein Betragen würde nie so ins Gewicht fallen, wenn sich nicht deine Psychologie dahinter verbärge. Und die macht eben keine Unterschiede, d. h., du fühlst dich von jeder x-beliebigen Frau angezogen und wirst ein Verhältnis mit ihr anknüpfen, wenn sie nur einverstanden ist. Das ist dir schon zur Gewohnheit geworden, weil für dich nie eine andere Macht existiert hat als deine sexuelle Wahllosigkeit.

Nun aber ist diese Macht in dein Leben getreten: deine Liebe zu mir. Solch ein Ereignis hat bei einigen Männern Wunder bewirkt, hat sie von ihrer Drogenabhängigkeit befreit, vom Trinken, Spielen und fast allem. Welche Heilkraft hat sie bei dir gezeigt? Du liebst mich seit einem Jahr und hattest während dieser Zeit zu mindestens zehn Frauen, möglicherweise noch viel mehr, eine sexuelle Beziehung. Wenn du jetzt auch weniger Frauen hast, so ist das nicht wegen deiner großen Liebe zu mir, sondern weil unser Zusammensein deine Möglichkeiten verringert. Und auch weil unsere Beziehung natürlicherweise dein Leistungsvermögen mindert. Kurz und gut: wenn du nur zu dir selbst ehrlich sein wolltest, würdest du bald erkennen, daß deine Liebe nicht ein winzigstes Teilchen deiner früheren Besessenheit verändert hat ... Liebster, bitte, wenn ich auf deine Abhängigkeit hinwies, so doch nicht deshalb, weil ich etwas von dir will. Oh nein, alles, was ich mir von dir erwarte, sind deine Liebe und Hingabe, aber nicht dein Geld. Ich bin nie in meinem Leben von einem Mann ausgehalten worden und würde dies selbst dann nicht ertragen, wenn du eine gehobene Position hättest. Wenn ich von deiner Abhängigkeit sprach, so tat ich es, weil deine Liebe untätig war. Ich bin dir nicht böse, ich vergegenwärtige mir lediglich die größte Tragödie meines Lebens, nämlich die Tatsache, daß die Liebe ausgerechnet bei dem *einzigen Mann meines Lebens*, im Gegensatz zu allen anderen, nichts bewirkt hat."

Ben blieb den Frühling über und auch noch einen Teil des Sommers in Chikago – eine Tatsache, die Emma in ihren Briefen beklagte. Ihr schien es, als sähe er keinen Grund, zu ihr zurückzukehren, da er ja seine Hobos und seine Frauen um sich habe, die ihm die Zeit vertrieben. Sie war sich sicher, daß er sich selbst betrog, wenn er der Meinung war, daß seine Verbindung mit Emma für ihn von einschneidender Bedeutung gewesen sei. Andererseits war sie fest überzeugt, daß sie sich selbst durch die Begegnung mit Ben vollkommen gewandelt hatte:

„Meine Liebe hat in der Tat meine Psyche, meine Gewohnheiten und sogar meine Einstellung zur Arbeit verändert. Bevor ich dich kannte, habe ich mich für andere Männer interessiert und mit ihnen Intimitäten ausgetauscht. Und obwohl sie mich noch immer stimulieren, kann ich auf diesen Reiz nicht mehr eingehen; etwas, das stärker und gewaltiger ist, steht zwischen ihnen und mir – meine wahnsinnige und wilde Liebe zu dir. Ich kenne dich nun schon über ein Jahr und war seither nicht ein einziges Mal mit einem anderen Mann zusammen. Und du, der du mich genauso lange kennst, hast noch jede Frau an dich gezogen, die dich begehrte. Sieh den Unterschied."

Sie übte Kritik an seinem Verhalten, nur um herauszustellen, wie sehr ihre Liebe sie verändert hatte:

„Anfangs haben mir deine Eßmanieren buchstäblich den Magen umgedreht, stundenlang war mir hinterher übel. Meine Liebe hat mir darüber hinweggeholfen. Dein Mangel an Reinlichkeit hat mein Empfindungsvermögen in Zuckungen versetzt; meine Liebe hat mich davon kuriert. Die Liebe hat noch mehr bewirkt: mein ganzes Leben war ich dagegen, mich auf meinen Reisen begleiten zu lassen, weil ich es haßte, Gelder auszugeben, die für Propaganda und ME bestimmt waren. Meine Liebe hat diese Skrupel auf eine Weise überwunden, daß mir schon der Gedanke, ohne dich wegzufahren, unmöglich geworden ist."

Sie versicherte Ben mit Vehemenz, daß ihre sexuelle Zurückhaltung keineswegs von einem Mangel an libidinöser Energie oder Begierde herrühre, aber ihre Worte hatten einen defensiven Unterton angenommen: „Du hast selbst zugegeben, daß ich begehrenswert bin und viele Männer haben könnte, Männer mit mehr Würde als alle die Frauen, die du in deinem Leben gehabt hast – mit Ausnahme von Lioness. Und warum meide ich die Männer? Du meinst wohl, sie lassen mich kalt. Das tun sie nicht. Oder denkst du, ich wäre keine richtige Frau?"

„Mich zu lieben", ließ Emma ihn wissen, „bedurfte keines Opfers von deiner Seite, und du hast mir auch keine Opfer gebracht." Für sie galt Opfer als Beweis für Liebe und Hingabe. Sie sah aber nur, was sie Ben geopfert hatte; daß auch sein Leben und Werk eine Unterbrechung erfahren hatte, als er zu ihr zog, erkannte sie nicht. Außerdem kreidete sie ihm an, daß er ihr nicht das Gefühl jener ruhigen Vollkommenheit gab, das sie mit einer perfekten Liebesbeziehung verband. Ihr Verlangen nach Stabilität und freiwilliger Treue war keineswegs gestillt, und sie sah sich als Anarchistin und Verfechterin der freien Liebe gezwungen, einen feinen Unterschied zwischen Freiheit und Zügellosigkeit zu machen. Aber sie konnte nicht von ihren Versuchen ablassen, bei Ben Schuldgefühle zu wecken und warnte ihn sogar in ihren Briefen: „Es gibt eine einzige Sache, die dich aus meinem Leben schleudern könnte und das sind deine Weibergeschichten." Emma identifizierte sich mit Elinor Marx–Aveling, der Tochter von Karl Marx, die Selbstmord beging, weil ihr Mann „von seinen Gewohnheiten nicht abließ, bis er die Frau zur Verzweiflung getrieben hatte". Sie beteuerte, daß sie niemals mit Selbstmord drohen würde, sie wolle ihm nur vor Augen führen, wie ernsthaft sie unter seinen Schwächen litt. Aber sie genoß es, ihm Angst einzujagen. Ihre schneidende Kritik verlieh ihr ein gewisses Gefühl der Unabhängigkeit von Ben und die Überzeugung, nicht zu „einer totalen Sklavin" seiner „wilden, barbarischen Leidenschaft" geworden zu sein.

Auf Bens Vorschlag, „es" doch auch mal mit einem anderen Mann zu versuchen, ging sie gar nicht erst ein. „Viele Menschen haben niemals in ihrem Leben den höchsten Punkt sexueller Verzückung erfahren", schrieb sie ihm, „doch du hast mir das gegeben und noch eine Million anderer Dinge; wie also könnte ich mich mit etwas begnügen, das da nicht ranreicht. Ich begehre dich und nur deinen ...; deinen Körper möchte ich mit meinem verschmolzen sehen. Ich möchte dich im TB; ich möchte deine Berührung, die meine M... fest umklammert hält. Hobo, lieber Hobo, ich sehne mich so nach dir."

Emma gedachte, ihre Reize Ben gegenüber so auszuspielen, daß es ihm unmöglich wäre, in eine andere Beziehung abzuleiten: „Könntest du nur M Blanc und M Jura sehen, wie sie ihre Gipfel erheben und sagen, auch wir sehnen uns nach Hobo. Und erst recht das TB – es schreit voll Verlangen. Aber ich muß aufhören. Wenn ich so weitermache, werde ich wahrhaftig noch ein Bad nötig haben." Auf diese Weise versetzte sie sich selbst in Erregung, bevor sie ihrem „Meister der Liebeskünste", der sie „so großzügig zugunsten anderer Frauen aufzugeben" pflegte, eine gute Nacht wünschte.

Mit der Erwähnung von Bens Großzügigkeit gegenüber „dem Körper seiner Mommy" wollte Emma ihn zu einer Begründung seines Verhaltens herausfordern. Sie zitierte eine Stelle aus einem Brief: „Ich erblicke eine Frau und unmittelbar sagt mir eine Stimme: 'Hier erwartet dich ein Vergnügen'", ein Geständnis, dem er das seines nachfolgendes Ekels hinzufügt. Emma entgegnete mit scharfen Worten, daß genau dies ein Ausdruck „jener typisch männlichen Liebe sei – schwach, kläglich und parasitisch, nicht bereit, auch nur ein Minimum an Hingabe zu leisten, eine Liebe, die alles nimmt, aber nichts gibt. Freilich weiß ich, daß deine Liebe mehr vermag. Und überdies, ohne überheblich zu sein, fühle ich mich dennoch berechtigt, dir zu sagen, daß meine Liebe tiefere Gefühle erweckt." Daß Ben jedoch nicht fähig war, sein Verhaltensschema zu durchbrechen, wurde Emma mehr und mehr zur unausweichlichen Gewißheit. So wenig sie ihre heftigen Reaktionen auf seine wahllosen Seitensprünge unterdrücken konnte, so schwer fiel es Ben, den Reizen seiner weiblichen Umgebung zu widerstehen. „Wenn du nur wüßtest, wie sehr ich meine Ressentiments bekämpfe, ja, versucht habe, sie mir auszureden, wenn du das nur wüßtest. *Aber ich kann nicht darüber hinwegkommen und ich will es auch nicht.* Du wirst dich nie ändern. Mir ist auch längst klar geworden, daß deine Absonderlichkeiten für immer ein schwarzer, widerlicher Schandfleck auf unserer phantastischen, herrlichen Liebe sein werden. Ich weiß es und dennoch brauche ich dich."

Trotz all dieser Konflikte sah Emma voller Erwartung dem 27. Juni, ihrem 40. Geburtstag, entgegen, den sie gemeinsam mit Dr. BLR Lover begehen wollte. Er war eigens zu diesem Tag nach New York gekommen. Wie gewöhnlich frönten sie ihrer Leidenschaft und gerieten über fast alle anderen Dinge hart aneinander. Der gemeinsame Besuch einer Protestversammlung der Cooper Union gegen das Redeverbot am 2. Juli gehörte noch zu den erfreulichen Ereignissen. Bens letzte Affäre warf ihre Schatten auf ihr Beisammensein.

Auch nach seiner Abreise fühlte sich Emma noch verwirrt und war sich keineswegs über Bens tatsächliche Einschätzung ihrer Beziehung sicher. In ihren Briefen wiederholte sie sich ständig, wenn sie Ben einerseits schrieb: „Du bist mein Himmel und mein Licht, meine Schönheit und meine Herrlichkeit", und sich andererseits von „jenem schauerlichen, obszönen und heimtückischen Ding, dem Zweifel" ergriffen fühlte. Sie bekämpfte diesen Zweifel, wollte nicht fragen müssen, ob Ben Affären mit anderen Frauen aus „vorsätzlicher Bosheit" hatte oder lediglich „launenhaft und impulsiv" handle. Ihre anfangs geringschätzige Haltung gegenüber „jenem stupiden Ding", das Ben verführt hatte, verwandelte sich in echtes Mitgefühl: „Ich sympathisiere mit diesem Mädchen, das sich so verzweifelt an dich klammert." Immer noch erschien es ihr unbegreiflich, daß sie und Ben durch eine so „große Liebe" verbunden waren, wo er doch andererseits „ringsumher Elend" verursachte. All diesen Widersprüchen setzte sie ihre Hoffnung entgegen: „Uns steht noch so vieles bevor, eine so großartige und wichtige Aufgabe, unser Kampf, unsere Reisen und vor allem unsere große, große Liebe."

Kurz vor Antritt ihrer Tournee im September nach Vermont und Massachusetts schrieb sie: „Du bist genau der Manager, wie ich ihn mir wünsche, und erst recht der ersehnte Geliebte." Es war nicht eigentlich Ben, der sie so erregte, sondern ihre eigene, durch ihn gesteigerte Fähigkeit, körperliche Freuden zu geben und zu empfangen. „Jedes Lustgefühl, das ich in dir erwecke, erregt auch mich." Sie war, wie Ben viele Jahre später einmal bemerkte, verliebt in ihre eigene Liebe zu ihm.

Am 13. Oktober 1909 erfuhr Emma von dem Tode Francisco Ferrers, eines Freidenkers, der versucht hatte, die schulische Ausbildung spanischer Kinder ihres autoritären und von der Kirche beherrschten Erziehungsmodells zu entkleiden und statt dessen weltliche Schulen einzurichten, deren Ziel es war, die Kreativität des Individuums und unabhängiges Denken zu fördern. Er wurde der Anzettelung eines Volksaufstands in Spanien beschuldigt, verhaftet und von Militärs in den Gräben der Festung Montjuich erschossen. Emma organisierte eine Protestkundgebung, bei der sie in einer Resolution zur Unterstützung der von Ferrer eingeleiteten Schulreform aufrief. Ihre Betroffenheit über das an ihm begangene Unrecht verband sich mit der Betroffenheit über ihre eigene Situation:

„Durch den schrecklichen Schock über Ferres Tod habe ich meinen eigenen sinnlosen Kampf, den Jammer meiner Seele fast vergessen … Ich bin an Geist und Körper gebrochen und müde, nichts als müde. Niemals zuvor erschien mir mein eigener Kampf derart sinnlos, eine verlorene Stimme wider eine Menschenmenge. Meine Bemühungen, unsere Beziehung auf hohem Niveau zu halten, sind fehlgeschlagen. Sie wurde zu einem Gemeinplatz und man hat sie durch den Schmutz gezogen. Ich mache dir keine Vorwürfe. Ich bin nur so unbeschreiblich traurig und müde. Ich fürchte, ich bin weder zum Stillhalten geschaffen noch fühle ich mich stark genug für einen Krieg ohne Ende."

Emma ließ ihrer Verzweiflung nicht freien Lauf, sondern machte sie zum Motor für neue Aktionen. Heute gedenkt man ihrer als einer der maßgebendsten Gründerinnen der ersten New Yorker Ferrer-Schule, die ein Jahr nach Ferrers Tod ins Leben gerufen wurde. Besonderen Wert legte man in dieser Schule auf Kreativität und freie Meinungsäußerung. Auf Emmas Anregung hin betätigten sich einige der in New York ansässigen Anarchisten als Lehrer.

Trotz ihrer Aktivitäten konnte sich Emma nicht den Ungereimtheiten ihres privaten Lebens entziehen. An Ben schrieb sie: „Ich habe kein Recht, von Freiheit zu sprechen, solange ich selbst noch eine jämmerliche Sklavin meiner eigenen Liebe bin." Es erschien ihr unmöglich, in ihren Vorträgen über Ehe und Liebe weiterhin die Tugenden der freien Liebe zu rühmen, ohne sich über die Gründe ihrer Verurteilung von Bens Promiskuität im klaren zu sein. In ihren Ausführungen „Falsche Vorstellungen über die freie Liebe" zog sie eine scharfe Trennung zwischen Promiskuität und freier Liebe. Es war eine mühselige Aufgabe, der sie sich jedoch unterzog, um Ben endlich einmal klarzumachen, daß freie Liebe etwas völlig anderes war als wahllose sexuelle Beziehungen ohne jede Verpflichtung. Ihre Briefe befaßten sich auch mit diesem Thema:

„Deine Liebe ist purer Sex, der sich nicht um die Bedürfnisse [der anderen] kümmert … Meine Liebe ist sowohl Sex als auch Hingabe, Teilnahme, Besorgtheit, Freundschaft, alles in allem. Wie läßt sich beides miteinander vereinen? Dein Verhalten ist primitiv und meines überzivilisiert. Hier liegt der Bruch, die schreckliche Kluft, die all unsere Mißverständnisse bewirkt. Dies ist zugleich die Ursache, weshalb du mich niemals als echten Teil deiner selbst erkannt hast und ich, trotz meiner theoretischen Einwände gegen eine zu enge Beziehung, dich stets als solchen in mein Leben integriert habe. Mir ist klar, daß der Punkt bald erreicht ist, mich von dir zu lösen."

Und dennoch fuhr sie fort, in ihren Zuhörern die Vorstellung einer Liebe zu erwecken, die mit der herkömmlichen Ehe nichts mehr zu tun hatte. Sie versuchte, jene Leute zu erreichen, die sich wirklich nach Liebe und Verantwortlichkeit füreinander sehnten, um deren Verständnis von Liebe als rein individuellem Bedürfnis einen gesamtgesellschaftlichen Aspekt zu verleihen. Indem sie ihnen klarmachte, daß es allein die herrschenden gesellschaftlichen Konventionen seien, die ihre Erwartungen vereitelten, vermittelte sie ihnen einen Einblick in die Zusammenhänge ihrer frustrierten Sehnsüchte nach individueller Geborgenheit und dem Fehlen einer erweiterten Gemeinsamkeit. Um sein Dasein voll auszuschöpfen, müßte ein Mensch sich allen Herausforderungen – sozietäre Normen, Heuchelei und Ungerechtigkeit – stellen, die seine Freiheit begrenzen. Indem Emma ihren Zuhörern die innere Leere der gesellschaftlich akzeptierten Formen der Liebe verdeutlichte, hoffte sie, sie zur Veränderung all der Verhältnisse, die ihnen bei der Verwirklichung ihrer Vorstellung von Liebe im Wege standen, anzuspornen. In der Liebe erkannte sie das schwächste und zugleich stärkste Bindeglied zwischen allen Menschen. Und weil der Mensch ihrer so dringend bedarf, macht ihn diese Sehnsucht verwundbar. Selbst die Frustrationen, die der berufliche Alltag mit sich bringt, könnten durch die Verheißung eines erfüllteren, in sich abgerundeten privaten Daseins weitgehend gemildert werden. Emmas Scharfsinn und Originalität gründete sich vor allem auf ihre Fähigkeit, Dinge zur Sprache zu bringen, die von der Allgemeinheit als Privatangelegenheit betrachtet wurden.

Es war klug von ihr, diese persönlichen Dinge in den Vordergrund zu rücken und von dieser Basis aus eine über das gewöhnliche Verständnis von Liebe hinausgehende Vorstellung zu entwickeln. Dank dieser Methode veranschaulichte sie, ohne die Belange der Politik außer acht zu lassen, die Rechte des Individuums auf eine Weise, die jeder einzelne leicht nachvollziehen konnte. Ihre Vorträge über Liebe und deren Einbindung in die Politik lockten zuweilen, gleich Hochzeitspredigten, die Tränen jener Menschen hervor, die sich nach echter Gemeinsamkeit sehnten.

Ihr Ansatz war, gemessen an der amerikanischen Situation der frühen Jahre des 20. Jahrhunderts, von besonderer Brisanz. Die rapide Veränderung des Lebens schlechthin hatte eine spannungsgeladene Atmosphäre erzeugt. Einerseits hinderte der sterbende Viktorianismus die offene Diskussion privater Probleme, andererseits war den Frauen die Selbstbestimmung erleichtert, da sie nicht mehr allein an Heim und Familie gekettet waren. Auch war der Streit über die Geburtenkontrolle bereits zu einer lebenswichtigen Frage der städtischen, mittelständischen Familien geworden. Zu den sozialen und politischen Konsequenzen der neuen Freiheiten der Frauen gehörten auch die Beschränkung der Kinderzahl und der volle Einstieg in die Lohnarbeit, beides Errungenschaften, die an den Fundamenten der Gesellschaft zu rütteln schienen. Emmas Einblicke in die Problematik derartiger sozialer Umwälzungen befähigte sie, die Diskussionen über Liebe und Sexualität nun auch in den Familien in Gang zu bringen. Dabei war es zunächst unwichtig, ob ihre Vorstellungen akzeptiert wurden oder wie dieselben zu realisieren seien. Wichtig war, daß dem allgemeinen Bedürfnis, über diese Dinge zu reden, überhaupt einmal Rechnung getragen wurde.

Emma gehörte zu einer Gruppe intellektueller Bohemiens, die sich als Vorboten des Zeitalters der Neuen Frau verstanden. Ihre persönliche Ausstrahlung als Rednerin und ihre dramatische Art, kontroverse Ideen zur Darstellung zu bringen, ihre Einsichten in das allgemeine Problem der Entfremdung, all dies machte sie erst zu der weithin bekannten Persönlichkeit, die auch solche Leute in ihre Bann zog, die nicht unbedingt Anarchisten waren.

In ihrem Vortrag über Ehe und Liebe gab sie zu bedenken, daß die Ehe weit mehr geeignet sei, die Liebe zu hemmen, statt sie zu fördern, und daß Ehe noch immer als ökonomische Übereinkunft, als „Versicherungsvertrag", mißdeutet würde. Emma wies dabei auf die hohe Scheidungsrate hin und unterstrich, daß die Ehe nach wie vor eine patriarchalische Institution sei, in der die Frauen ihren Lebenswillen und ihre Freiheit an die Männer delegierten. Dieser Verzicht diene einzig dazu, die konventionellen Formen der Existenzsicherung zu zementieren.

Gleichzeitig machte Emma das moralische Diktat der weiblichen Unberührtheit vor der Ehe für die in ihr auftretenden sexuellen Spannungen als häufigster Scheidungsursache verantwortlich. Obwohl die Institution Ehe den Frauen scheinbaren Schutz gewähre, führe sie zu einer Abhängigkeit, die, wie Emma hervorhob, die Persönlichkeit der Frau untergrabe. (Emma stellte die Ehe auf eine Stufe mit „jener anderen väterlichen Einrichtung, dem Kapitalismus".)

Von dieser unerfreulichen Realität leitete Emma zu einem anderen Thema, ihrer Vorstellung einer erhabeneren, freien Liebe, über, in welcher Sicherheit nicht aufgrund eines vom Staat sanktionierten Paktes erzwungen, sondern auf eigenen Wunsch der Partner in einem auf Würde und Selbstbewußtsein gegründeten Akt erreicht wird:

„Freie Liebe? Als ob Liebe nicht schon immer frei gewesen wäre: Intelligenz läßt sich kaufen, aber um Liebe zu kaufen, würden alle Millionen dieser Welt nicht ausreichen. Zwar hat der Mensch es verstanden, sich des Menschen zu bemächtigen, aber keiner Macht auf Erden wird es gelingen, die Liebe zu besiegen. Der Mensch hat viele Nationen unterworfen, doch mit all seinen Armeen war er nicht imstande, der Liebe habhaft zu werden. Er hat den Geist unterdrückt und in Ketten gelegt, gegenüber der Liebe hat er sich als äußerst hilflos erwiesen. Hoch oben von seinem Thron herab, umgeben von Pracht und Pomp, kann er, gestützt auf sein Gold, befehlen, aber arm und verlassen ist er, sobald die Liebe ihn übergeht. Und wo sie verweilt, erstrahlt die ärmste Hütte vor Wärme und Leben. So magisch ist die Macht der Liebe, daß sie einen Bettler zum König macht. Ja, die Liebe ist frei; sie verschenkt sich selbst, rückhaltlos und in all ihrer überquellenden Fülle. Kein Gesetz aus dem verankerten Recht und kein Gericht dieses Universums kann sie dem Boden entreißen, in dem sie einmal Wurzeln gefaßt hat. Wenn aber der Boden unfruchtbar ist, wie kann die Ehe ihn fruchtbar machen? In unserem heutigen verkümmerten Zustand ist die Liebe den meisten Menschen ein Fremdling; mißverstanden und gemieden, findet sie keinen Grund unter den Füßen. Und wo's ihr gelingt, welkt sie dahin und stirbt. Ihr zarter Wuchs kann dem Streß und den Strapazen der täglichen Plackerei nicht standhalten. Ihre Seele ist zu kompliziert, um sich dem morschen Gerüst unseres Sozialgefüges einzuordnen. Sie weint und klagt und leidet zusammen mit jenen, die ihrer bedürfen, aber nicht die Fähigkeit haben, ihren Gipfel zu ersteigen. Irgendwann eines Tages werden sich Männer und Frauen erheben, und sie werden die Spitze des Berges erklimmen. Sie werden selbstbewußt und frei sein, wenn sie einander begegnen, und bereit, die goldenen Strahlen der Liebe zu empfangen und sie zu genießen. Welche Phantasie, welche Vorstellungskraft, welcher poetische Genius kann auch nur annähernd eine Entwicklung von derartiger innerer Stärke im Dasein der Männer und Frauen vorhersehen? Wenn die Welt jemals imstande ist, Einigkeit und eine wahre Gesellschaft hervorzubringen, dann wird nicht die Ehe, sondern die Liebe der Urheber sein."

Emma verurteilte die Institution Ehe, weil mit ihrer Hilfe immer wieder versucht wurde, Sicherheit und Treue durch Zwang zu erreichen, fühlte sich aber in ihrem Verhältnis zu Ben „durch Mangel an Beständigkeit mit Wunden übersät". Daran konnte auch der wachsende Erfolg ihrer Vorträge zum Thema Ehe und Liebe nichts ändern; er verdeutlichte nur die Distanz zwischen ihrem Wunschbild und der Wirlichkeit. Sie gestand Ben:

„'Ehe und Liebe' ist mir verhaßt, deshalb verhaßt, weil mein Glaube an die Macht der Liebe erschüttert ist. Früher dachte ich, ich könnte Wunder vollbringen – was für eine Närrin war ich doch! Du, mein Junge, kannst dir den Schock gar nicht vorstellen, den entsetzlichen Schock, der meine Liebe getroffen hat. So etwas verwindet man nie. Vielleicht, Liebster, finde ich zu dir zurück, vielleicht auch nicht. Aber wie, das hängt allein von dir ab. Eines ist gewiß: was bisher war, ist für mich vorbei. Dafür könnte ich nicht mehr einstehen, wirklich nicht."

Kaum eine Woche danach trafen sie sich in Boston. Und wieder ließ Ben sie fallen – für die kurze Lust eines Augenblicks. Ihr „Selbstrespekt", ihr „Frausein", ihr „Menschsein schlechthin war gröblich verletzt". Sie konnte sich nicht mehr auf ihre Arbeit konzentrieren und hielt sich selbst für eine Heuchlerin.

„Es ist schlimm genug, daß wir nicht beisammen waren, als die Propaganda(arbeit) mir mehr bedeutete als alles in der Welt, als ich kein persönliches Interesse an Menschen und Dingen hatte, als ich alles und jeden allein im Lichte der Sache betrachtete. Diese Zeit ist vorüber, sehr zu meinem eigenen Nachteil. Versammlungen, freie Rede, ME sind mir jetzt nicht mehr wichtig, solange meine Liebe, mein Leben, mein innerer Friede und meine Seele verkümmern. Die Arbeit mit dir war für mich, solange ich deiner Liebe vertrauen konnte, die köstlichste, größte Lust meines Lebens. Das mag zu meiner Vereinsamung beigetragen haben, zur Auflösung meiner Liebe zu dir. Das mag dir darüberhinaus erklären, warum ich, die Frau, die von Freund und Feind mit Respekt behandelt wurde, auf den Knien vor dir liege. Ja, ich lehrte dich, all die Schönheit, die Kraft und Größe der Liebe zu erkennen, aber nun glaube ich selbst nicht mehr daran, ich habe kein Vertrauen in deine Liebe und mit ihr ist auch die Freude an der gemeinsamen Arbeit vergangen. Wenn meine Seele bar jeder Botschaft ist, habe ich kein Recht mehr, mich den Menschen mitzuteilen."

Emma verfiel ihrer Depression. „Alles ist tot", schrieb sie Ben, „unglücklicherweise kann ich noch nicht einmal sterben. Aber die meisten Menschen leben mit einer toten Seele, warum nicht auch ich?"

In der gleichen Woche noch schrieb sie mehrere Briefe, in denen sie wieder und wieder Gründe anführte, weshalb sie an dieser unbefriedigenden und angstauslösenden Verbindung festhielt. Sie war über Bens jüngsten Ausrutscher verärgert und tobte, weil er sich andere Frauen nahm, während sie Vorträge hielt und ihren Verpflichtungen nachkam. Sie kasteite sich, weil sie ihrer Meinung nach versagt hatte:

„Wenn mich die Liebe zu dir nicht so völlig in Atem gehalten, wenn sie mich nicht so überwältigt und für alles andere blind gemacht hätte, wären meine Ansprüche nicht so sehr gestiegen. Ich habe nur die Hälfte dessen zurückbekommen, was ich dir gegeben habe. Das ist mir nie besonders bewußt geworden. Du bist mit so erschreckender Gewalt in mein Leben getreten und hast meine Seele, meine Sinne, mein Denken, meinen Körper ergriffen, bis nichts mehr von mir existierte, alles Übrige zum Schweigen gebracht war; alle Theorien, Überlegungen, Grundsätze, meine gesamte Logik, die Freunde, ja, sogar mein Stolz und meine Selbstachtung. Nur eines blieb: ein gewaltiger Hunger, ein unstillbares Verlangen nach deiner Liebe. Das erklärt meine Anhänglichkeit, mein zähes Festhalten an dir. Ich, die sich nie zuvor an einen Menschen geklammert hat! Das erklärt meine Todesängste, wenn immer eine andere Frau dich ganz allein und ausschließlich besitzen will. Oh bitte, hör auf mit deinen Beteuerungen, ich traue ihnen nicht. Hattest du mich nicht ganz vergessen in jener Nacht, als du eine halbe [Stunde] draußen im Regen ausharrtest, um die Frau deiner Träume zu treffen? Sie verdarb dir deine Laune, so schriebst du. Ja, ich weiß, sie war dir nicht zu Willen und das verdirbt dir jedesmal deine Laune."

Emmas Verzweiflung trübte ihr den Blick; sie sah sich vor grimmige Zeiten gestellt, sowohl politisch als auch persönlich. Im gleichen Brief erreichte dieses Melodram seinen Höhepunkt: „Arbeit? Erfolg? Meine Arbeit wird nie mehr erfolgreich sein, sie wird mir nie mehr etwas einbringen. Ihr Geist ist erstickt worden. Ich hasse den bloßen Gedanken an Versammlung[en], es kommt mir vor, als würde ich mich prostituieren. Ich kann das nicht mehr machen und warum sollte ich es auch? ME? Niemand fragt danach. Propaganda? Was kann sie überhaupt bewirken? Und ich selber? Wenn ich putzen ginge, würde ich mehr verdienen."

Die Begeisterung ihres ersten gemeinsamen Jahres war dahin. Sollte sie je wieder die Kraft finden, auf Tournee zu gehen, so beschloß sie, wollte sie Ben bitten, die Veranstaltungen zu organisieren und die nötigen Vorarbeiten zu leisten, wie er es bisher immer getan hatte, denn sie glaubte noch immer an seine Fähigkeiten als Manager. Allerdings wollte sie ihn diesmal prozentual an den Einnahmen beteiligen und kein festes Gehalt zahlen, damit er sie nicht dauernd um mehr Geld bitten könnte. „Außerhalb der Arbeit werden wir uns aus dem Weg gehen", schrieb sie ihm und schloß mit der Ermahnung, daß Ben „lernen solle, gelegentlich zu geben", was sie dadurch unterstrich, daß sie im gleichen Atemzug nach der Taillenweite seiner Mutter fragte, um ihr ein Weihnachtsgeschenk machen zu können.

Emma nahm ihre Arbeit wieder auf. In einem Vortrag, den sie mit dem Titel *Traum als moralische Kraft* versah, referierte sie über den positiven

Wert des Idealismus, wurde aber selbst erneut von Pessimismus befallen. Nach außen hin ließ sie sich nichts anmerken.

„Das Leben ist ein gräßlicher Alptraum, trotzdem schleppen wir uns damit ab und finden dafür auch noch tausend Rechtfertigungen. Es ist eine widrige Angelegenheit. Ich überlege bereits ernsthaft, ob ich nicht alles aufgeben sollte – *ME*, 210, Amerika –, um nach Australien zu gehen, ganz allein, für mehrere Jahre. Ich könnte mir das Geld beschaffen, schon morgen oder in diesem Augenblick, wenn ich nur die nötige Kraft dazu fände. Ich möchte es wirklich tun, denn ich sehe darin den einzigen Ausweg aus meiner Misere. Aber ich habe die Kraft nicht, habe keinerlei Ansporn, kann weder ruhen noch essen noch schlafen. Das Reden ist eine Tortur, und es gibt nichts, was mich von dem schrecklichen Verlangen nach diesem alleinzigen Menschen erlösen könnte. Hobo! Hobo! Hobo! klingt es ständig in meinem Ohren, bis mir der Schädel zerspringt. – Ich bin verrückt, krank, verbraucht und müßte eigentlich stark sein. Ich muß weg von hier. Mommy"

Wieder einmal erschien ihr Australien als die einzige Rettung vor den Mächten, die in ihrem Innersten tobten. Dieses Mal, da sie ohne Ben zu reisen gedachte, gestand sie sich ein, daß er zu diesen Mächten gehörte. Sie wußte aber auch, daß die Regierung noch immer nach einer Möglichkeit suchte, ihr die Staatsbürgerschaft abzuerkennen. Wenn sie jetzt die Vereinigten Staaten verließ, würde sie möglicherweise nie mehr zurückkehren können. Auch war sie noch immer der Überzeugung, daß ihre Liebe zu Ben durch nichts zu ersetzen war: „Ich werde wahrscheinlich nie wieder solch eine Liebe erleben oder überhaupt irgendetwas für einen anderen Mann empfinden", schrieb sie ihm und fügte hinzu, daß sie von sich selbst glaubte, sie würde „zu abgründig, zu unheilbar lieben, mit all der aufgestauten, unbeschreiblichen Leidenschaft einer Frau meiner Gemütsart". Einer ihrer Briefe schloß mit den Worten: „Meine Liebe zu dir zieht mir das Blut aus den Adern. Es ist eine tollwütige Liebe und daher auch nicht normal. Deine betrübte und einsame Mommy."

Als das Jahr 1909 seinem Ende zuging, war Emma sich unschlüssig, ob sie noch einmal die Kraft finden würde, eine hohe politische Funktion mit der nötigen emotionalen Hingabe ausfüllen zu können, eine Aufgabe, die ihrem Leben wieder einen Sinn gäbe. Sie schien ihre emotionale Stabilität in Bens Hände gelegt zu haben. Seine sexuellen Eskapaden empfand sie wie ständige Anschläge auf ihre schwankende Selbstachtung. Sie hoffte noch immer, daß er sich ändern würde und sehnte sich nach Beweisen seiner Treue, wie sie dem Bild ihrer Liebe entsprachen.

V.
DIE SUCHT NACH LIEBE

„Nach allem, was war, fühle ich mich in meinem Glauben an die Macht der Liebe bestätigt. Vor zwei Wochen war ich noch die ärmste, verworfenste Kreatur auf dieser Erde. Alles Leben, alle Hoffnung, aller Glaube waren geschwunden, ich wußte nicht mehr aus noch ein und hatte nicht mal mehr die Kraft, all diesem ein Ende zu machen.

Heute bin ich wie neugeboren. Wie ist dieses Wunder zustandegekommen? Nun, es war die Liebe, nichts anderes als die Liebe. Würde ich dich nicht so glühend, so vollständig, so absolut lieben, hätte ich den Schock vor zwei Wochen nie überwunden. Was ich heute fühle – meine Hoffnung, meine Zuversicht – wäre für immer dahin. Ja, die Liebe ist groß, sie ist voller Wunder."

Dieser Wechsel von gehobener Stimmung und nachfolgender Depression, von gemeinsamen Reisen und anschließender Trennung bestimmte auch weiterhin den Rhythmus ihrer Beziehung. In einem Brief hatte Ben ihr wieder einmal seine völlige Ergebung versichert, hatte versprochen, noch einmal von vorn zu beginnen und seine leidenschaftliche Geliebte beschworen, ihm die Treue zu halten, hatte ihr Hoffnungen für das Jahr 1910 gemacht. Aber er ging nicht so weit, seine „blauäugige Mommy" zu seinem Geburtstag einzuladen, denn dieses Vorrecht gestand er allein seiner Mutter zu. Und Emma wollte es nicht riskieren, ihm auf dem alljährlichen Mother–Earth–Neujahrsball in New York zu begegnen, weil Ben dieses Fest schon zweimal zum Anlaß genommen hatte, der Frau seiner augenblicklichen Leidenschaft zu folgen – und somit auch noch seine Gastgeberpflichten zu vernachlässigen. „Ich habe einen Horror vor derartigen Geschichten wie auf den zwei letzten Bällen. Und außerdem ist dies nicht der richtige Ort, um uns nach unserer gräßlichen Trennung zu begegnen. Ich möchte zu dir kommen, Liebster, und zwar bald. Deshalb habe ich auch den Zeitpunkt auf den 9. verlegt. ... Mit nie versiegender, aber leidgeprüfter Liebe, Mommy."

Die beiden wollten sich zunächst allein treffen und nicht im Rahmen einer öffentlichen Veranstaltung. Voller Ungeduld schrieb Emma an Ben: „Ich möchte mich langsam zu dir zurücktasten. Vielleicht können wir uns wieder aneinander erfreuen; ich weiß nur, daß ich ohne dich nicht glücklich sein kann."

Als der Zeitpunkt ihres Treffens sich näherte, Bens Briefe jedoch karger und seltener wurden, ließ Emma ihn wissen, wie sehr sie seine Bestätigung vermisse und verunsichert wäre. „Vielleicht tu ich dir Unrecht mit all meinen Zweifeln, aber sie kriechen in mir hoch wie die Schatten der Nacht." Ihr ständiges Mißtrauen verführte sie zu der Bemerkung, daß sie selbst sein Briefpapier verdächtige, einer Frau zu gehören, der er seine Aufmerksamkeit schenke. „Kannst du dir all die Hirngespinste, diesen gräßlichen Spuk und Zweifel vorstellen, den solche winzigen Dinge in mir heraufbeschwören? Ich bin schon ganz krank aus Mangel an Schlaf und Entspannung."

In Wirklichkeit verübelte sie ihm die Entscheidung, seinen Geburtstag mit seiner Mutter zu feiern, da sie doch „gehofft hatte, ihm das größte Geschenk zu machen, das eine Frau einem Mann geben kann – *sich selbst*, ohne Vorbehalte, ihr zitterndes, leidenschaftliches, volles Selbst."

An seinem Geburtstag ging sie auf einen russischen Sylvesterball. „Ich habe mich nie in meinem Leben so miserabel gefühlt", schrieb sie ihm. Auf dem Ball kämpfte sie mit „den Schatten der Vergangenheit. Es war, als ob sie mich aus deinem Leben hinausdrängen wollten." Sie ging nach Hause, und der Anblick seiner Photographie versetzte sie erneut in Wut und Schmerz. Sie machte sich sofort daran, ihm in einem zornigen Brief mit der Streichung der Wintertournee zu drohen, zu derem umfassenden Programm u. a. Themen wie „Ferrer und die moderne Schule", das Frauenstimmrecht, der weiße Sklavenhandel, „Die Psychologie der politischen Gewalt" und „Der Geist der Empörung im modernen Drama" gehörten sowie ihr Standardthema „Ehe und Liebe".

Ben schrieb zurück: „Wie konntest du nur daran denken, die Reise aufzugeben? Hobo würde sterben, wenn er nicht mehr mit dir arbeiten dürfte. Die Zeit reicht gar nicht aus, um dir zu sagen, daß du meine große Liebe bist, mein Alles. Ich sehne mich *so* nach dir, und wir müssen *weitermachen*."

Das genügte, um Emma zu überzeugen, daß Ben sie begleiten müsse. Schon im nächsten Monat trafen sie sich in Chikago und begannen ihre Tour durch den mittleren und äußersten Westen.

In *Mother Earth* berichtete sie über die schlechten Finanzen als Ursache der sie bedrohenden Handlungsunfähigkeit. Sie stünde wieder einmal vor der alljährlichen Alternative, entweder das Projekt ihrer „Zeitschrift zu begraben oder das Land zu erobern, d. h. auf Vortragsreise zu gehen. Als Herausgeberin habe ich volles Verständnis für sie (ihre Leser; d. Übs.) und möchte ihnen die Kosten einer Trauerveranstaltung ersparen. So habe ich beschlossen, mein Leben der geplagten Menschheit zu widmen." Diese Erklärung fand eine Ergänzung in der Januar-Ausgabe, in der Emma neuen Optimismus ausstrahlte. Obwohl sie vor drei Jahren in Chikago und Detroit vom Podium gezerrt worden wäre, sei sie nun dank der Bemühungen etlicher Free-Speech-Verbände in der Lage, in eben diesen Städten mehrere Vorträge zu halten.

Doch dieser Optimismus erwies sich als übereilt. Allein schon die Wahl des Themas „Ehe und Liebe", über das sie in Madison reden wollte, versetzte Stadt, Staat und Unversität in Aufruhr. Einem Mitglied der Fakultät, das Emmas Vorlesung auch im Rahmen seiner eigenen Klasse angekündigt hatte, wurde mit Entlassung gedroht. Gleichzeitig unterband das Postministerium die weitere Auslieferung der Januar–Ausgabe von *Mother Earth*, da sie den vollen Wortlaut ihrer Rede über den „weißen Sklavenhandel" enthielt. Diese Entscheidung verdankte sie wahrscheinlich dem Versuch, ihre Kritik an Staat und Kapitalismus mit so tabuisierten Themen wie Sexualität und Sexualerziehung in Verbindung zu bringen. Aber Emma war nicht gewillt, sich durch ein Gesetz über das, was der Post auszuliefern erlaubt war oder nicht, am Sprechen hindern zu lassen. Ihr Vortrag war eine Erwiderung auf ein Gesetz, das den Mädchenhandel über Staatsgrenzen hinweg oder hinein in die USA, falls er unmoralischen Zwecken diente, für illegal erklärte. Dieses Gesetz hatte zur Folge, daß in mehr als dreißig Städten sämtliche Bordelle dichtgemacht wurden. Emmas Essay wurde als gröbliche Beschimpfung des Staates gesehen. Sie hatte darin die verschiedenen Gründe, weshalb Frauen zu Prostituierten werden, peinlich genau herausgearbeitet. „Selbstverständlich die Ausbeutung; der erbarmungslose Moloch, genannt Kapitalismus, der sich an unterbezahlter Arbeit bereichert und auf diese Weise tausende von Frauen und Mädchen in die Prostitution treibt. Von [George Bernard Shaws] Mrs. Warren wissen wir, was diese Mädchen empfinden: 'Warum euer Leben wegen ein paar Schilling in der Woche für achtzehn Stunden Küchenarbeit pro Tag kaputtmachen?'" Außer der ökonomischen Ursache sah Emma „einen viel tieferen und weitaus folgenschwereren Grund in der völligen Ignoranz sexueller Tatbestände. Es bleibt unwidersprochen, daß die Frau zum Sexualobjekt gemacht worden ist und dennoch hält man sie in totaler Unwissenheit über Wesen und Bedeutung der Sexualität. Solange ein Mädchen nicht versteht, auf sich selbst aufzupassen und nichts über die Funktion der allerwichtigsten Angelegenheit ihres Lebens weiß, müssen wir nicht überrascht sein, wenn sie zur leichten Beute der Prostitution oder irgendeiner Beziehung wird, die sie zum bloßen Objekt sexueller Befriedigung entwürdigt."

Für Emma stand die Lösung dieses Problems in engem Zusammenhang mit einer durch Aufklärung bewirkten Veränderung und nicht so sehr mit Reformpolitik oder Frauenwahlrecht:

„Wir müssen über die törichte Einstellung des 'besser als du' hinwegkommen und anfangen, in den Prostituierten ein Produkt sozialer Bedingungen zu sehen. Nur solche Erkenntnisse können der Heuchelei ein Ende setzen und größeres Verständnis sowie menschlichere Behandlung gewährleisten. Und wollen wir die Prostitution wirklich überwinden, so kann dies durch nichts anderes erreicht werden als durch die völlige Umwertung aller Werte – insbesondere der moralischen –, gekoppelt mit der Abschaffung industrieller Sklaverei."

Die Reaktion der Zuhörer auf Emmas Vortrag bewegte sich zwischen Empörung und Dankbarkeit. Viele Prostituierte, die ihren Ausführungen gefolgt waren, bestätigten Emma, daß sie ihnen nicht nur ihr Selbstvertrauen wiedergegeben, sondern sogar ihr Interesse am Anarchismus geweckt hätte.

Obgleich sich Emma für die von der Prostitution und der Ehe gedemütigten Frauen einsetzte, war sie niemals eine Anhängerin der Suffragettenbewegung. Es dauerte noch zehn Jahre, bevor die Frauen sich das politische Stimmrecht erkämpften, aber ihre Bewegung war bereits zu einem wichtigen Bestandteil der Politik der amerikanischen und britischen Linken und der Mitte geworden. Die Suffragettenbewegung war eine logische Folge der Industrialisierung und des gleichzeitigen Anwachsens der Masse weiblicher Arbeitskräfte. In den Staaten selbst stand sie in engem Zusammenhang mit dem Abolitionismus*, denn viele Abolitionistinnen konzentrierten ihre Bemühungen nach Beendigung des Bürgerkriegs auf die Durchsetzung des weiblichen Stimmrechts. Doch Emma konnte sich mit diesen breiten, reformistischen Bestrebungen nicht einverstanden erklären. Vor einem Auditorium, in dem sich auch Maud Malone, die Führerin der militanten *English Flying Squad of Street Suffragettes* befand, gab sie einmal zu bedenken, daß die inhaftierten Mitglieder der englischen Schwesterbewegung ihre Kräfte verschwendeten: „Wohlgemerkt, ich habe nichts gegen das weibliche Stimmrecht. Es gibt keinen Grund, weshalb nicht auch eine Frau die Chance haben sollte, sich selbst zum Narren zu machen, wie es die Männer während der letzten Jahrhunderte taten. Ich möchte an dieser Stelle allen englischen Frauen, die so tapfer für ihre Überzeugung zu leiden bereit sind, meine uneingeschränkte Sympathie ausdrücken. Aber das Stimmrecht ist dieses Opfer nicht wert."

Den Beschluß der Suffragetten, sich aus taktischen Gründen auf die Durchsetzung des Stimmrechts zu beschränken, empfand Emma als Verrat an den Interessen der Arbeiterschaft, als moralistischen, mittelständischen Snobismus. Ihre Auffassung stieß bei den meisten Sympathisantinnen der Bewegung auf Unverständnis. Ihre Attacken waren geprägt von ihrer eigenen moralischen Überzeugung, und Emma bekannte sich zu ihrer Unerbittlichkeit. Wie sie es sah, brachte das Stimmrecht keinen wesentlichen historischen Fortschritt: „Vielleicht werde ich jetzt als Gegnerin der Frauen verschrien; aber da ich an ihrer Blindheit nichts ändern kann, werde ich mich deswegen auch nicht beklagen." Sie beendete ihre Rede, indem sie noch einmal betonte, daß die Frauen aufhören sollten, es dem Mann gleichtun zu wollen. Damit würden sie nur ihre Zeit verschwenden: „Ihre Entfaltung, ihre Freiheit und Unabhängigkeit müssen sie aus und durch sich selbst bewirken. Zuerst, indem sie sich als Persönlichkeit und nicht als Sexualobjekt verstehen. Zum zweiten, indem sie niemandem ein

---

* Historische Bewegung zur Abschaffung der Sklaverei in England und Nordamerika

Recht auf ihren Körper zugestehen und nur Kinder gebären, wenn es ihrem eigenen Wunsch entspricht. Indem sie nicht bereit sind, irgendjemandem zu Diensten zu sein: weder Gott noch dem Staat noch der Gesellschaft, dem Ehemann oder der Familie, sondern ihr eigenes Leben natürlicher gestalten, vertiefen und bereichern. Dies beinhaltet, daß sie Sinn und Substanz ihres Daseins in seiner ganzen Komplexität zu erfahren versuchen und sich selbst von der Angst vor der öffentlichen Meinung oder Verurteilung befreien. Nur so – und nicht aufgrund eines Stimmzettels – werden die Frauen sich emanzipieren und zu einem bis dahin unbekannten Machtfaktor in dieser Welt werden – zu Garanten der wirklichen Liebe, des Friedens und der Harmonie, zu einem göttlichen, lebensspendenden Feuer, zu Gebärerinnen freier Männer und Frauen."

Trotz ihrer kritischen Einstellung zur Stimmrechtsfrage war Emma völlig davon überzeugt, daß „sich in Amerika die Frauen und nicht die Männer als die leidenschaftlichsten Verfechter der gesellschaftlichen Umstrukturierung erweisen werden. In allen radikalen Bewegungen sind es schon heute die Frauen, die sich am eifrigsten engagieren. Ich sage dies nicht, um für mein eigenes Geschlecht Partei zu ergreifen, sondern weil die Männer des Mittelstandes – und sogar schon die Akademiker – durch die kommerziellen Gegebenheiten zu automatischen Handlangern entartet sind. Sie haben kein Blut in den Adern und deshalb auch kein aktives Interesse an ideellen Dingen." Die Sozialisierung der Frau mache sie zur Hüterin des Gefühlslebens und entwickle in ihr einen besonderen Sinn für die Zusammenhänge von innerer und äußerer Wirklichkeit, wo Männer vielleicht nur getrennte Fakten erkennen. Ihre traditionelle Rolle als Frau und Mutter erfordere viel Feingefühl für die emotionalen und körperlichen Bedürfnisse ihrer Familie. Deshalb, so argumentierte Emma, verfüge die Frau über jenes politische Potential, das sie zu emotionell und intellektuell ausgewogenen Aussagen befähige.

Emmas Bemühungen jedoch, aus dem eigenen politischen und emotionalen Sein etwas Abgerundetes, Ganzes zu machen, erwiesen sich nach wie vor als schwierig. Ungeachtet der Erfolge ihrer gemeinsamen Vortragsreise beklagte sie sich bei Ben, daß sie „nie so entmutigt über [ihre] Beziehung war". Auf dem Podium könne sie über die kleinen Probleme des Alltags hinwegsehen, aber „die schmerzliche Tatsache, daß unsere Liebe uns nicht vor den unschönen, vulgären Reaktionen gewöhnlicher Menschen bewahrt, lähmt alle meine Sinne". Ben versuchte, sie mit einem ganz offensichtlich fatalistischen Ausspruch zu trösten: „Was sein muß, muß sein." Aber Emma konnte sich nicht damit abfinden, daß der turbulente Verlauf, den ihre Beziehung genommen hatte, unvermeidlich sein sollte. Die beiden gerieten immer häufiger in Meinungsverschiedenheiten, wobei sich Ben allzu schnell mit den Dingen, die nun einmal passiert waren, abfand, als ob er für die Konsequenzen seiner Promiskuität nicht verantwortlich wäre, und Emma ihre Mitschuld an Bens Verhalten nicht minder in Abrede stellte und das Bedürfnis verleugnete, ihren „Jungen" abwechselnd zu strafen oder ihm zu verzeihen.

„Wenn ’sein muß, was sein muß’ – warum dann überhaupt noch neue Anstrengungen unternehmen? Warum noch kämpfen und jedem Hindernis entgegentreten? Warum noch Bücher schreiben? Warum ME publizieren? Warum sich mit unangenehmen Sachen herumschlagen?

Nein, ich glaube nicht an die Theorie ’Was sein muß, muß sein’. Solche Ausreden sind gut für Feiglinge und Schwächlinge. Mein ganzes Leben habe ich ihnen widerstanden, sie bekämpft und besiegt, mein ganzes Leben der Idee gedient – *mein ganzes Leben lang*. Ich habe mich geweigert, die grausame, widerliche Realität zu akzeptieren. Jetzt ist es für mich zu spät, mich mit irgendetwas zu arrangieren, das mir Schritt für Schritt, Tag für Tag meine Ideen zerstört. *Ich will es nicht. Ich kann es nicht.*"

Emmas Verleugnung der „Realität" war ein Muster, das sich durch ihr ganzes Leben zog. Ihre Erwartungen richteten sich auf ein soziales Klima völliger Freiheit, das aller Gewalt, Habgier oder Eifersucht im gesellschaftlichen wie auch privaten Bereich ein Ende machen würde. In einem solchen Rahmen müßte es der aufgeklärten Bevölkerung gelingen, für sich selbst diese Utopien zu verwirklichen. In letzter Konsequenz, so dachte Emma, müßte ihre Vision zu einer Überwindung aller lebensbedrohenden, destruktiven Kräfte in dieser Welt führen. Auch in ihrer Beziehung zu Ben unterlag sie dieser Illusion. Sie und Ben wären „anders", so meinte sie, und selbst in ihrer unfreien Umgebung könnten sie ungehindert leben und lieben, weil sie sich beide an höhere Normen gebunden fühlten, wodurch sie vor den Anfechtungen und kleinlichen Zänkereien der „gewöhnlichen Menschen" gefeit wären. Sie schrieb an Ben: „Lieber verzichte ich auf die gesamte Realität, als daß ich mir meine Ideale beschimpfen, erniedrigen, bespucken und durch den Schmutz ziehen lasse."

Emma konnte die ganzen Wirren ihrer Beziehung zu Ben nur deshalb ertragen, weil sie an ihrer Vision festhielt. Sie glaubte einfach, daß zwei Menschen mit einem so glücklichen Sexualleben auch auf geistiger Ebene zu einer echten Gemeinschaft finden würden.

In *Mother Earth* widersetzte sie sich allen Verdächtigungen über ihre persönlichen Schwierigkeiten mit Ben, indem sie seine ihr unvergeßlichen Verdienste als außerordentlich talentiertem Manager hervorhub: „Ich glaube nicht zu übertreiben, wenn ich behaupte, daß ich während der letzten zwei Jahre bessere Arbeit geleistet, mehr Menschen erreicht habe – ganz sicher innerhalb der englisch sprechenden Bevölkerung; daß ich mehr Literatur verkauft und weit besser zur Verbreitung der anarchistischen Idee beigetragen habe als während der meisten früheren Reisen. Dieses unvergleichliche Verdienst ist vor allem dem unermüdlichen Eifer, der Hingabe und dem Geschick Ben Reitmans zuzuschreiben. Ich bin der Meinung, daß einem jeden die Ehre zuteil werde, die ihm gebührt."

Diese großzügige Nachsicht gegenüber Ben entwickelte Emma während der Zeit, als er sich einer kosmetischen Nasenoperation unterzog. Als geborener Jude war er die meiste Zeit seines Lebens damit beschäftigt, seine Identität zu verleugnen. Er nannte dies seinen „Nasen-Job", aber innerlich hatte er sich bereits davon distanziert. Ob diese Operation eine medizinische Notwendigkeit war oder lediglich die Konsequenz seiner Eitelkeit, ist unklar. Emma bedachte die Angelegenheit mit einem sarkastischen Kommentar: „Wenn Ferral dir eine schönere Nase verpassen kann, vielleicht hat er dann auch die Fähigkeit, dich mit mehr Liebenswürdigkeit und Nachdenklichkeit auszustatten? Eine solche Operation würde sich doch lohnen, meinst du nicht?"

Der Hauptgegenstand dieses Briefes war das Geschäftliche und eine Kritik an Sascha, der eine kostspielige Bestellung gemacht hatte, ohne sich vorher mit Emma abzustimmen. Diese eigenmächtige Handlungsweise brachte Emma zum Überschäumen: „Da haben wir's wieder – die Männer wollen in jeder Situation das Sagen haben, aber für die Folgen wollen sie nicht verantwortlich sein."

Emma brauchte die Zuneigung der Männer, selbst wenn ihre Enttäuschungen sich stets von neuem bestätigten. Ihre engsten Freunde in dieser Zeit waren durchweg männlichen Geschlechts – Genossen, von denen sie geliebt und bewundert wurde. Als Frau glaubte sie sich ständig von ihnen versetzt; in Wirklichkeit war es ihre Liebe zu Ben, die sie hinderte, mit anderen Männern intim zu werden. Rational betrachtet, erschien ihr dies selber absurd. Ben hingegen empfand es als widersprüchlich, daß sie ihm laufend seine „Obsessionen" hinsichtlich anderer Frauen vorwarf und nicht sah, daß auch sie von Männern umworben war, die sie liebten. Sie schrieb ihm einmal: „Sascha ist das einzige Wesen in New York, das auf mich eine beruhigende Wirkung ausübt – wie eine Mutter, die ihr krankes Kind streichelt" – und dennoch gab es niemanden, der ihr soviel bedeutete wie Ben:

„Du glaubst also, Max [Baginski] hätte meine Liebe und mein Vertrauen und Berkman meine Kameradschaft und Hingabe, usw., usw.; um meiner selbst willen wünschte ich wirklich, du wärst im Recht. Leider, leider ist dies alles schon längst vorbei. Außer einem einzigen gibt es niemanden, wirklich niemanden – und dieser Einzige ist das grausamste, brutalste, gedankenloseste Wesen auf der ganzen Welt. Er heißt Ben Reitman, Mommys einzige Liebe, Mommys Freude und Mommys Leid. Es stimmt ja, du machst mich nicht glücklich und bist zu nichts zu gebrauchen, auch das ist richtig – aber ich liebe dich, ich liebe dich, ich liebe dich!

Heute habe ich zu Hapgood gesagt, wenn ich alles und jeden aufgeben müßte, um bei Ben bleiben zu können, würde ich es tun. Er ist die unwiderstehlichste Kraft in meinem Leben, auch, wenn dies die Hölle auf Erden bedeutet."

Es gab eine Erklärung für Emmas Stimmung: ihr Geburtstag stand unmittelbar bevor. Ben gegenüber nannte sie dies den „unglücklichen Tag meiner Geburt" und wünschte, daß er bei ihr wäre, obwohl kaum eine Woche seit ihrem letzten Beisammensein vergangen war. „Was nützen mir Vernunft, Klugheit, Gesundheit, Freiheit, etc., etc., wenn ich von meiner Liebe zu dir völlig in Anspruch genommen bin?" Emma erwartete ein Geschenk oder einen Glückwunsch von Ben, erhielt aber nur eine kurze Mitteilung. Verärgert gab sie ihm daraufhin zu verstehen: „Dein Brief erreichte mich um 9 Uhr morgens – was für ein kläglicher, nichtssagender Fetzen Papier, ein lumpiger Schnipsel, während ich vor Sehnsucht nach dir verhungerte." Außer Havel und Helena dachte niemand an ihren Geburtstag – und

„Alex, für den ich 22 Jahre lang wie ein Sklave gearbeitet habe, dachte auch nur daran, weil er H[avels] Blumen gesehen hat. Wäre das nicht ein guter Stoff für eine Tragikomödie? Plauderei über eine Närrin – niemand kann es mit EG aufnehmen, keine Frau auf der ganzen Welt.

Schließlich braucht es mir gar nicht besser zu gehen. Ein jeder hat seine Funktion zu erfüllen, die meine ist es, zu geben, immer zu geben, die der anderen, zu nehmen. Aber dennoch tut es weh, verdammt weh. Niemals war ich unglücklicher als heute … Von meinem Stolz, meiner Stärke, meinem Ehrgeiz ist nichts geblieben. Ich möchte dich, möchte dich ganz nah bei mir. Ich möchte deinen Körper fühlen, ich möchte, ich möchte. Ich bin verrückt, total verrückt und elend. Schreib mir. Mommy"

Dieses „Ich möchte" war alles, was Emma an ihrem Geburtstag fühlte. Später beklagte sie sich: „Mein Ben, meine Liebe zu dir ist zum dominierenden Element meines Lebens geworden. Mit ihrer urtümlichen, mysteriösen Gewalt schlägt sie auf mich, die Geschlagene, Verwundete, ein, beraubt mich all meiner Ideen und Ideale."

Emma betrachtete sich als Opfer von Bens schmählicher Liebe und bezeichnete sich selbst als „ein zitterndes Blatt, ausgesetzt der wütenden Gewalt eines Sturmes".

Ben tröstete sich und sie, indem er ihr riet, ihre Depression zu bekämpfen und sich in 210 in ihre Arbeit zu stürzen. Aber sie antwortete: „Stets sagst du, 210 wäre meine Heimat. Armer, närrischer Junge, was weißt du denn schon von mir. Ich fühle mich hier fremd, absolut fremd. Meine Arbeit, meine Gedanken, mein Körper, meine Seele sind in dir und mit dir verschmolzen. Ich fühle mich nirgends zu Hause, wo du nicht bist. Ich bin rettungslos gescheitert." Das Wissen um ihre Isolation und Heimatlosigkeit, selbst in familiärer Umgebung, entsprach ihrer frühesten Kindheitserfahrung, als sie sich selbst als Eindringling in eine bereits vorhandene Familienstruktur empfunden hatte. Dort war sie weder der vom Vater ersehnte Junge noch das von wahrer Mutterliebe umsorgte Kind gewesen.

Ihre schweren Depressionen wegen Ben und ihre Zukunftsängste spiegelten sich in ihren Briefen wider, die Ben kritisierte, weil sie ihm „keine Freude bringen". Es war ihm ja längst klar, daß ihr Schmerz älter und tiefer war als ihre gemeinsame Beziehung – und gerade deswegen konnte er ihm nicht beikommen. Dieser Herausforderung fühlte er sich nicht gewachsen und zog sich zurück. Auch er war in seiner frühen Kindheit, als der Vater die Mutter verließ, „verstoßen" worden und konnte dieses Trauma nicht aus der Welt schaffen – trotz der Liebe seiner Mutter. Vielleicht hatte er in Emmas schmerzlichen Klagen etwas entdeckt, das in ihm selbst existierte und das er zu unterdrücken gelernt hatte. Mit seinen eigenen Qualen in einem anderen konfrontiert zu werden, erregte beides in ihm:

sowohl Faszination als auch Angst und hinderte ihn daran, seiner verstörten Geliebten den Trost seiner besänftigenden Nähe zu geben.

Dieser Rückzug hatte nachhaltige Folgen. „Ich werde täglich durch die tausend Dinge, die du mir antust, hintergangen, verletzt und verspottet", schrieb Emma. Schließlich verkündete sie, daß sie im Herbst ihre Wohnung aufgeben würde. „Ich muß irgendwo alleine sein können. Ich kann nicht mehr länger mit dir leben und noch weniger mit anderen."

Es ist nicht verwunderlich, schon gar nicht in Anbetracht ihrer schweren Anschuldigungen, wenn Ben sich fragte, warum und weshalb Emma noch immer an ihm festhielt. Als er ihr dann einmal vorhielt, daß ihre Grausamkeiten mit ihrer Liebe zu ihm nicht vereinbar seien, antwortete sie: „Du dummer Junge, war deine Mommy denn jemals auch nur ein Hundertstel so grausam zu dir wie du zu ihr? Wenn du nur endlich mit all den Dingen, die du mir vorwirfst und antust, aufhören würdest – Dinge, die selbst einen Heiligen zur Verzweiflung treiben könnten. Oh, mein Baby, du bist ja so blind, wie kann ich dich nur sehend machen?" Sie dachte insbesondere an seine „ausfälligen, grausamen Äußerungen" bei ihren letzten Auseinandersetzungen, „ich kann nur noch davonrennen, wenn du 'verdammt noch mal' rufst."

Emma hatte sich einen Plan für Ben zurechtgeschmiedet, um ihn von seiner Mutter wegzulocken und von seinen anderen Frauen in Chikago; sie meinte, er solle im Sommer allein nach Europa fahren. Trotz ihrer Streitigkeiten hatte sie den Wunsch, ihn in New York noch einmal vor seiner großen Reise zu sehen. Gleich einer Mutter wünschte sie „ihrem Jungen" eine gute und erlebnisreiche Zeit, als seine Geliebte sehnte sie sich danach, ihn bei sich zu behalten. Der Tag des Abschieds ließ alte, kindliche Trennungsängste erneut in ihr aufsteigen. Sie glaubte zu erkennen, daß „es einen Schmerz jenseits aller Tränen gibt".

„Ein Schmerz, so tief und groß, daß man nicht einmal mehr weinen kann, so schrecklich und entsetzlich in seinen Auswirkungen, … den die angstgeschüttelte Mommy während dieser kurzen Zeit zu durchstehen hatte. Wie gern hätte ich mich an dich geklammert, um dir zu sagen: geh nicht fort, laß mich nicht allein, ich kann ohne dich nicht mehr leben. Aber ich stand wie zu Stein erstarrt, wie gelähmt, während du dich weiter und weiter von mir entferntest und mein ganzes Leben mit dir hinwegnahmst. Ich schleppte mich zurück nach 210, betäubt, verwirrt, voller Angst, wie ein Kind. Mir schauderte vor der Leere der Wohnung, aber noch fürchterlicher war mir der Gedanke, jemand anderen um mich zu haben."

Als Freunde kamen, um sie zu besuchen, um mit ihr zu reden, hatte sie das Gefühl, daß sie gar nicht bemerkten, „wie dunkel es in meinem Leben geworden ist … Können sie denn nicht sehen, daß meine Seele sich in Todesangst windet?"

„Liebster, mein ein und alles, es ist die Tragödie meines Lebens, daß ich mit dir nicht in Frieden leben kann. Vergiß es nicht, denn ich liebe dich mit einer Besessenheit, einer Hemmungslosigkeit und Sehnsucht, die alles, was sonst noch ist, in den Schatten stellt – dich, der wie ein Wirbelsturm in mein Dasein getreten ist und alle meine Ideen, Vorstellungen, Überzeugungen und Überlegungen beiseitegefegt und von mir Besitz ergriffen hat, wie nie etwas anderes zuvor. Ich kann nicht in Frieden mit dir leben. Ist das nicht erschütternd? Nicht tiefste menschliche Tragödie? Und dennoch ist es ein Nichts im Vergleich zu dem Schrecken, der blanken Verzweiflung, in der ich mich, fern von dir und ohne dich, befinde."

Bens Aufbruch nach Europa, den sie selbst initiiert hatte, gab ihr das Gefühl das Alleingelassenseins. „Warum bist du fortgegangen, du doppelt grausamer Mensch? Ich liebe dich doch." Sie bat ihn, ihr von seiner Liebe zu schreiben, obwohl sie ihrem „schwachen, verantwortungslosen, unmöglichen" Geliebten kaum ein Wort glaubte. In ihrem Ärger ließ sie ihn wissen: „Ich bestehe auf deiner Liebe und wenn ich sie dir aus dem Blut saugen muß oder aus deinem W..., selbst wenn ich sie aus dir herausreißen müßte. Sie gehört mir, mir, mir!"

Ihre „Verrücktheit" auf seine Liebe, wie sie es nannte, hatte völlig von ihr Besitz ergriffen. Der einzige Ausweg schien ihr die Arbeit zu sein. Um ihrem Schmerz zu entrinnen, wollte sie auf die Farm gehen. Sie verglich sogar ihre Schwierigkeiten mit denen von Bens Mutter: "Was hat es für einen Zweck, mich zu grämen, da doch die Mutter, die dich geboren hat, schon vor mir wußte, welch gemeiner, grausamer, gefühlloser Mensch du bist. Und du stellst noch nicht einmal das TB zufrieden. Zum Teufel, ich liebe dich doch."

Sie hielt sich selbst für „das elendste menschliche gestrandete Wrack" und wechselte wieder auf ihr zentrales Thema, das Dilemma ihrer Beziehung, über:

„Wie ist es nur möglich, daß eine so resolute, energische und unabhängige Frau wie ich, die sich gegen eine ganze Welt aufgelehnt und so viele Schlachten geschlagen hat, sich an einen Menschen klammert, ohne den ihr das Leben absolut trostlos erscheint? Wie konnte so etwas geschehen? Ich kann keine Antwort finden. Ich weiß nur, daß es so ist, daß mein Leben so fest an deines gekittet ist, daß all meine Interessen, Energien, Wünsche zusammen mit dir dahingeschwunden sind und mich starr und gefühllos zurückgelassen haben ... Ich weiß, es ist entsetzlich schwach von mir, ja, geradezu schamlos und unverzeihlich schwach, dich zu lieben. Aber ich tu es dennoch. Ich liebe dich, ich liebe dich."

Es ging ihr darum, die Unterschiede ihrer Verwundbarkeit hervorzuheben. Wie sie es sah, hatte Ben die Fähigkeit, sich vor den „wechselnden Gewalten des Lebens" zu schützen, während sie viel zu verletzlich war. Sie betrachtete diesen Unterschied als angeboren: „Das Schicksal war gütig zu dir. Es hat dir ein dickes Fell verliehen, anders als das von Mummy. Daß meine arme Seele so nackt und bloß ist, macht sie überaus empfindlich. Das scheint auch der Grund zu sein, weshalb ich nicht in der Höhle meines wilden Mannes leben kann. Ich liebe ihre Wildheit und herrliche Primitivität, doch muß ich darin schier verbluten. Ihre Unwirtlichkeit gräbt sich mir tief ins Fleisch. Dann aber, wenn ich wieder in die Zivilisation zurückgehe und meinen Waldgeist nicht mehr um mich habe, fühle ich mich elender als je zuvor."

Ob sie in ihre Qualen verliebt war oder sie als unerläßlichen Bestandteil ihrer tiefen Liebe betrachtete, läßt sich schwer feststellen. Sicher ist, daß sie von Ben mehr erwartete, als er ihr gab, und ihre emotionale Intensität sich nicht auszahlte. Und dennoch fühlte sie sich durch tausend feine Schlingen, die sie nicht entwirren konnte, mit ihm verbunden.

Zuweilen sehnte sie sich nach einem Kind, um ihr Bündnis mit Ben zu besiegeln. Aber diesen Wunsch äußerte sie bestenfalls in Form einer koketten Anspielung. Anläßlich eines Besuchs bei Jack London und seiner schwangeren Frau Charmian war sie von deren auf Häuslichkeit eingestellten Liebe füreinander so sehr beeindruckt, daß sie Ben ihre Gedanken darüber mitteilen mußte:

„Ich meine, wenn du mich ebenso liebtest, wie Jack seine Frau liebt, würde ich vielleicht ein Kind von dir wollen – aber vielleicht auch nicht. Vielleicht bin ich in die Leidenschaftlichkeit deiner Liebe so sehr verliebt, daß ich es nicht fertig brächte, sie mit jemandem zu teilen. ...

Aus der Beschreibung deiner Gemütslage während der Überfahrt ersehe ich, daß du nie daran gedacht hast, eine Frau, Kinder oder gar ein Heim zu haben. Und du glaubst doch nicht, daß ich daran denke? Aber jetzt tu ich es – ich denke sogar noch viel weiter, weil mir kein Ehemann jemals so viel bedeuten könnte wie du. Ich denke an ein *Heim*, denn noch nie habe ich mich so sehr danach gesehnt wie in diesem Augenblick. Aber das wirst du mir ja nie zubilligen, weil ich weiß, daß du in deiner Höhle glücklicher bist."

Sie korrespondierte über das Dilemma, das einem Leben in oder außerhalb „der Höhle" beschieden war.

„Ich weiß, du bist der wilde, der primitive Höhlenmensch und wirst es auch immer bleiben. Und trotzdem liebte ich dich, liebte dich mit einer Besessenheit und einer urtümlichen Gewalt, wie sie einzig der Wildheit eines Vulkans zuzuschreiben ist. Meine wiederholten Versuche, das junge Raubtier zu zähmen, unternahm ich nicht deshalb, weil ich glaubte, daß sich dahinter vielleicht noch etwas anderes als ein Löwe verbirgt, sondern weil ich das Höhlenleben nicht ständig ertragen konnte. ... Ich habe zu lange in der Zivilisation gelebt, habe mein gesellschaftliches Bewußtsein mit dem eigenen Blut bezahlt und die Last eines zivilisierten Lebens auf den Schultern getragen. Wie kann man dieses exzentrische, unerbittliche, eigennützige, gedankenlose, grausame Klima überhaupt aushalten? Ich habe auch etwas von einer Wilden an mir, ziemlich viel sogar, ich liebe die elementare, instinktive Gewalt der Natur. Wenn immer dieser Teil meines Wesens sich mit dem deinen vereinigt, dann ist die Hingabe vollkommen, die Verzückung unvorstellbar, unbeschreiblich.

Oh Liebster, ich kenne deine Seele, ich kenne sie nur zu gut. Sie liebt mich mit all ihrer Kraft und Schönheit und all ihrem Ungestüm; ich muß ihr in die Höhle, in die Wildnis folgen. Und doch macht sie mir Angst."

Ben und Emma verstanden unter dem Begriff „Zivilisation" die von Gesellschaft und Gewissen auferlegten Zwänge. Emmas anarchistisches Verständnis von freier Liebe ließ keine Schuldgefühle in ihrem Bewußtsein zu, aber Ben fühlte sich wegen seiner Affären mit verheirateten Frauen davon verfolgt. In Paris ließ er sich zu einem Essay mit dem Titel *Zivilisation* inspirieren, in dem er sich selbst als Opfer seiner Leidenschaft porträtiert. Es bleibt zu fragen, ob seine Ausführungen wirklich an Emma oder nicht generell an die Zivilisation als solche gerichtet waren:

„Kleine schwarze Teufel tanzen vor mir, es ist Feuer in meinem Blut. Ich schreie nach Wasser, nach der Kühle eines Gedankens, doch nur Brüste, Beine und Augen gleiten an mir vorüber. Was für eine schreckliche Sache, ein Gewissen in sich zu spüren.

Verdammte Zivilisation, warum hast du dich mir genaht? Was hast du mir beschert? Bevor du mich in Besitz genommen, war ich einfach und ungezähmt und wenn mich die Leidenschaft erfaßte, ging ich daran, sie zu befriedigen. Ich zügelte mich nicht, um zu überlegen: 'Wem gehört diese Frau' oder 'Ist die Befriedigung meiner Leidenschaft gut und moralisch'; doch jetzt, nachdem mir meine Einfachheit genommen und statt dessen die Begriffe und Normen der Zivilisation auferlegt wurden, sehe ich, daß ich mich nicht mehr frei und ungehindert einer Frau nähern kann. Was ist dein seltsamer Einfluß, Zivilisation, der mich zügelt und nachdenklich macht, wenn Begierde und Feuer mein Blut durchströmen.

Zivilisation! Mein Gott, wie schrecklich sie ist! Was ist dies Leben ohne die freie Befriedigung unserer Begierden? Denn wenn sie bedeutet, daß ein Mann sich zügeln und nachdenken muß, ehe er die Frau eines anderen begehrt, ist es höchste Zeit, sie abzuschaffen. ... Warum muß ich in einer Frau die Frau eines anderen sehen? Ich bin nicht daran schuld, daß sie verheiratet sind oder miteinander leben.

Verdammte Zivilisation! Kannst du denn nicht verstehen, daß es als Rechtfertigung genügt, wenn eine Frau mich erregt und sich mir willig zeigt? Natürliche Leidenschaft steht über allen Gesetzen, Religionen und Traditionen. Ich habe verheiratete Frauen schon früher gehabt, und da hat mein Gewissen nicht geschlagen. ...

Mach dich fort, Zivilisation! Ich möchte leben. Ich möchte meinen Gefühlen freien Ausdruck geben, ich möchte glücklich sein. ... Unsere Sexualität ist unsere Privatangelegenheit und hat nichts mit Gott und dem Teufel zu tun. Verstehst du nun, Zivilisation, ich möchte glücklich sein, ich möchte auf natürliche Art leben. Ich habe diese Begierde nicht herbeigerufen, sie kam zu mir wie ein Sommerwind, und obwohl du höhnst, grinst und mich lächerlich findest – ich werde leben, herrlich und frei. ... Oder willst du behaupten, daß ich nicht glücklich oder zufriedengestellt werde, wenn ich mit der Frau meines Freundes schlafe? ... 'Er wird sich grämen, wenn er's erfährt, und er wird es erfahren; und meine Geliebte wird leiden, wenn ich es ihr sage.' Was zum Teufel, ich werd's meiner Geliebten erzählen.

Ben L. Reitman, M. D.
Paris, 15. September 1910"

Ben erkannte in der anarchistischen Vorstellung von der Abwesenheit jeglichen Zwanges die Basis echter Freiheit, aber er gab dieser Vorstellung einen erotischen Inhalt. Obgleich er wußte, daß Emmas Vision der freien Liebe sich deutlich von Promiskuität unterschied, wollte oder konnte er sich nicht mit ihren Grundsätzen befreunden.

Auch Emma fühlte sich in dem Widerspruch ihrer eigenen Definitionen von primitiver und zivilisierter Welt gefangen. Einerseits sehnte sie sich nach der Sicherheit von „Mann, Kind und Heim", verurteilte aber die existierenden Formen einer derartigen Stabilität, was zur Folge hatte, daß sie sich nicht ernsthaft an die Neubearbeitung ihrer Vorlesung über *Ehe und Liebe* für eine volkstümliche Ausgabe machen konnte. Ben gegenüber äußerte sie sich so: „(Das Thema) Liebe wird mehr und mehr zum Gespött für mich. Ich brauche nur an die Liebe zu denken, die ich so reichlich verströmt habe, um mir zu sagen, wie wenig sie verstanden oder gewürdigt wurde, wie wenig sie mir eingebracht hat – und wieviel weniger erst den anderen. Bei dem Gedanken, dies alles, diese törichte, übersteigerte Konzeption von Liebe, die in Wirklichkeit gar nicht existiert, aufs Papier zu bringen, überkommt mich ein Schauder." Als ihr dann doch die Niederschrift ihres Essays gelang, mußte sie sich eingestehen, daß der Artikel – eine Kritik der staatlichen Förderung dauerhafter Beziehungen – ihre bestgelungenste Arbeit war. Im Rückblick auf ihre frühere gemeinsame Arbeit an diesem Thema schrieb sie Ben: „Der Essay über Ehe und Liebe ist mir ausgezeichnet gelungen – ich vermute, weil so wenig darin auf mich selbst zutrifft. Existieren nicht alle großen Dinge allein in der Vorstellung? So wird auch das Ideal meiner Liebe, ohne je verwirklicht worden zu sein, mit mir selbst vergehen. Vielleicht soll es so sein."

Ein Tag ohne Brief versetzte sie sofort in erneute Depressionen. Sie meinte, es wäre sein Lebensgeist, der ihr den Willen zum Kämpfen und Durchhalten gab, aber Ben wußte, daß er Emma nie wieder richtig „besitzen" würde. Sie protestierte: „Kein anderer Mann auf dieser Erde hat mich so sehr besessen. ... Entweder vernachlässigst du Mommy zugunsten anderer Frauen, oder du verläßt sie, um in Europa auf 'Vergnügungsreisen' zu gehen. Ich sollte meinen eigenwilligen Ehemann wegen unterlassener Unterstützung verklagen." Und in einem seltenen Anflug von Humor setzte sie ihren Brief fort: „Ben, Ben ... ich vermisse dich mehr als meine Mahlzeiten!";ebenso schnell jedoch kritisierte sie ihn: „Du warst wütend auf Harry [Kelly], als er sagte: 'Dein Anarchismus fängt bei deinem Sexualorgan an.' Nun teilst du mir selbst mit, daß dir keine mitfühlenden Worte einfallen, wenn deine Männlichkeit dich im Stich läßt. Heißt das, daß deine Liebe für mich nicht vom Herzen, sondern von deinem Sexualorgan ausgeht?"

Auf seiner Europatour, die in London begann, begegnete Ben etlichen der bedeutendsten Anarchisten und Freidenker der Alten Welt. Doch nicht überall wurde er herzlich empfangen. Während Enrico Malatesta ihn mit offenen Armen begrüßte, verhielt sich Peter Kropotkin zurückhaltender. Er sah in Ben in erster Linie einen Vertreter der Vereinigten Staaten,

wo seine Bücher sich schlecht verkauften. Emma beschrieb ihm die beiden
so:

„Du darfst Kropotkin nicht falsch verstehen. Sein Leben lang hat er sich
nur mit Büchern befaßt und hat wenig Ahnung von der menschlichen Realität. Nur so konnte er seinen Idealismus und seinen Glauben an die
Menschheit aufrechterhalten. Außerdem hatte er schreckliche wirtschaft-
liche Schwierigkeiten, und nun, wo er alt und gebrechlich ist, muß ihm dieser Streß unerträglich erscheinen. Seine ständigen Klagen über den
schlechten Absatz seiner Werke beweisen nur seine bittere Enttäuschung
über die kargen Ergebnisse seiner lebenslangen Bemühungen.

Ja, Malatesta ist ein Schatz. Er hat sich in das volle Leben gestürzt. Er
ist nicht so ein Kopfmensch wie K., er hat ein weites Herz, weil er einen
Einblick in die menschliche Natur hat. Falls du ihn nochmal siehst, grüß
ihn besonders herzlich von mir.“

Nach weiterem Nachdenken fiel Emma ein, daß Kropotkin ihr etwas
übelgenommen hatte – vielleicht ihr Beharren auf der freien Liebe und
den persönlichen Aspekten der anarchistischen Vision, und diese negativen Gefühle hatte er womöglich auf Ben übertragen: „Noch eine Bemerkung zu K.: Er mag mich nicht. Er hält mich für eine 'lose Person'. Ich vermute, daß ich mich nicht sonderlich um ihn bemüht habe, vielmehr meine
eigenen Vorstellungen vertreten und meine Unabhängigkeit hervorge-
kehrt habe. Wie alle alten Lehrer sieht er die jungen Leute, die den einge-
fahrenen Weg verlassen, ein wenig schief an. Das könnte seine Feindseligkeit dir gegenüber erklären. Jedenfalls bin ich froh, daß er aufs Ende zu
freundlicher wurde.“

Emma hatte in der Tat den alten Pfad ihrer anarchistischen Lehrer verlassen und deren Ideen nach und nach durch ihre eigenen Theorien und In-
terpretationen ergänzt, besonders im Hinblick auf die Gestaltung des persönlichen Lebens. Kropotkin, geprägt von konventionellen Vorstellungen
und verheiratet mit einer Frau, die nicht verstand, weshalb er seinen Für-
stentitel aufgab, betrachtete den Anarchismus als natürliche Entwicklung
herrschender ökonomischer Verhältnisse, die anarchistische Revolution
als organischen Prozeß, der die Ablösung des alten Systems auf durchaus
friedliche, konstruktive Weise ermöglichte. Anders als Kropotkin betonte
Emma die Notwendigkeit einer Befreiung des Individuums aus sozialen
Zwängen, den überlieferten Konventionen und religiöser Moral; darin lag
das Geheimnis ihrer persönlichen Stärke und der ihrer Anhängerschaft.
Geehrt und respektiert von den großen anarchistischen Denkern ihrer
Zeit, wurde sie dennoch häufig als Vertreterin reiner Frauenbelange ab-
qualifiziert.

Über Ben nahm sie nun teil an der Entwicklung der anarchistischen Bewegung in Europa. Es mußte ihr jedoch klar sein, daß Ben kein wirklicher
Anarchist war, denn etliche seiner Ansichten und Verhaltensweisen wirk-
ten sogar auf ihre Gefühle verletzend, insbesondere seine Äußerungen zur
Frage der Gewalt gegenüber ihren europäischen Freunden und Genossen

oder auch in der Öffentlichkeit des Londoner Hyde-Parks, wo er, auf Seifenkisten stehend, seine Meinung zum besten gab. Über sein Auftreten verärgert, wies Emma ihn zurecht:

„Hobo, mein Liebling, heute erhielt ich zwei Briefe von dir – vom 18., 19. und 20. Ich bin gar nicht glücklich darüber. In einem von ihnen berichtest du, daß ein Sozialist dich gefragt hätte: 'Was tun die Anarchisten überhaupt, abgesehen davon, daß sie reden?' Ich hätte zu gern gewußt, ob dir klar ist, wie berechtigt diese Frage an dich war. Ständig redest du über Gewalt, aber bist du auch bereit, dich daran zu halten und zu handeln? Und wenn nicht – mit welchem Recht nötigst du andere und bringst ihr Leben in Gefahr? Du predigst den Anarchismus, gibst vor, ein Anarchist zu sein, aber noch keine Sekunde lang hast du als solcher gehandelt. Du mischst dich in private Zusammenkünfte, beschimpfst die Leute auf jede erdenkliche Weise und wunderst dich hinterher, daß sie über dich empört und verärgert sind. Lieber Hobo, ich möchte dir nicht weh tun oder dich ausschelten, wirklich nicht, es geht mir lediglich darum, dir klarzumachen, wie sehr du den Gegnern des Anarchismus in die Hände arbeitest. Du solltest dich wirklich einmal daran erinnern, daß die Anarchisten alles andere sind als unduldsame Eindringlinge. Du kannst nicht einfach dich selbst oder deine Vorstellungen den anderen aufzwingen wollen, weder in privaten Veranstaltungen noch in Privatwohnungen, zumindest nicht als Anarchist. … Und wenn du das dennoch für richtig hältst, frage ich mich, weshalb bist du dann gegen die Regierung? Denn genau das tut ja die Regierung: sie zwingt dich, ihre Vorstellungen zu übernehmen. Du plädierst für freie Meinungsäußerung, bist aber erstaunt, wenn andere für sich die Freiheit beanspruchen, Sozialisten oder andere 'isten' zu sein. Lieber, lieber Hobo, ich fürchte, du hast überhaupt nichts dazugelernt. Auch all die Bücher haben dich nicht davon überzeugt, daß der Anarchismus nicht von unseren jeweiligen Stimmungen abhängen darf, sondern eine auf Vernunft und Urteil gegründete Theorie ist. Nun, Liebster, versuche mir nicht einzureden, daß du ja nur deinen Einfällen nachgibst, mit denen du dir und den anderen nichts Gutes tust. …

Was deine Einstellung zur Gewalt betrifft, Lieber: weder Kropotkin noch Berkman noch ich selbst haben jemals in Abrede gestellt, daß es Bedingungen gibt, die einen Menschen dazu bringen, Gewalt anzuwenden, und daß eine wirkliche revolutionäre Veränderung deren Anwendung unter Umständen unerläßlich macht. Das habe ich selbst in der Öffentlichkeit noch niemals bestritten. Wenn ich an Alex denke, so hat er seine Überzeugung besser als du und ich unter Beweis gestellt. In jedem Fall müssen wir darauf bestehen, daß Gewalt nur ein letztes Mittel zur Beseitigung sozialer Ungerechtigkeit sein kann. Wenn jede andere Methode versagt, nur dann, ist sie nicht nur gerechtfertigt, sondern sogar geboten – und nicht nur, weil der Anarchismus das lehrt; es ist die menschliche Natur selbst, die sich der Unterdrückung widersetzt und widersetzen muß. In der Tat, der Anarchismus lehrt uns, das eigene Wesen neu zu entdecken, auch, um die Hintergründe der Gewalt zu verstehen; er sagt aber nicht, daß wir töten und rauben sollen. Das letztere ruft nur die Regierung herbei, aber nicht die Freiheit. Ich fürchte, ich habe dir das schon tausendmal gesagt, und du hast es immer wieder aus meinen Reden gehört, und trotzdem bringst du jetzt alles durcheinander und wunderst dich, wenn die Menschen es dir verübeln. Im übrigen ist die Frage der Gewalt schon immer eine deiner fixen Ideen gewesen, die sich auf bloße Gefühle, aber nicht auf Vernunft und Logik stützen. Ich sage dir, Ben, du spielst mit dem Feuer und riskierst, für nichts und wieder nichts im Gefängnis zu landen und – schlimmer noch – erweist damit dem Anarchismus nicht den geringsten Dienst. Oh Hobo, lieber Junge, ich wollte, du könntest erkennen, wieviel Unheil du damit anrichtest."

Emma beendete ihre Ausführungen über Reitmans Einstellung zur Frage der Gewalt mit einem Kommentar über sich selbst:

„Solange ich mich den mir auferlegten Konventionen und Gesetzen verweigere, bin ich eine Revolutionärin. Die Methoden, deren ich mich dabei bediene, hängen nun wiederum nicht vom Anarchismus, sondern den jeweiligen Gegebenheiten wie Ort und Zeit ab. Intelligente Gewalt! Nun, dies impliziert vor allem Diskretion und eben die richtige Einschätzung von Zeit und Ort – hast du dies jemals beherzigt? Aber nein, du benimmst dich wie ein Stier, schlägst blindlings alles um dich herum kurz und klein und wunderst dich hinterher, wenn die Leute nichts von dir wissen wollen!"

Emma glaubte, daß Bens plötzliches öffentliches Bekenntnis zur Gewalt nichts anderes als eine vorübergehende Laune war, viellcicht ausgclöst durch seine zufällige Begegnung mit Malatesta, keineswegs jedoch eine Weiterentwicklung ihres gemeinsamen Engagements. Sie war über sein Verhalten so aufgebracht, daß sie all ihre Redekunst einsetzte, um ihm das Problem klarzumachen:

„Natürlich hast du das Recht, dich auf deine Weise zu äußern. Aber ich muß etwas dazu sagen, weil mir dies alles so kindisch und unverantwortlich erscheint. Ich möchte, daß du dich nützlich machst und gute Arbeit leistest, zu einem wirklichen Motor in unserer Bewegung wirst. Aber wenn du weiterhin nur deinen Einfällen folgst, dann bin ich sicher, daß du innerhalb weniger Minuten kaputt machst, was du zuvor in fünf Stunden an Gutem vollbracht hast, und es macht mich ganz höllisch krank.

Bitte, vergib mir, aber ich denke, du solltest erst dann wieder in der Öffentlichkeit auftreten, wenn du deine Vorstellungen gründlich durchdacht und verarbeitet hast.

Liebling, sei deiner Mommy nicht böse. Ich will dich ja gar nicht ärgern oder schelten, doch ich liebe dich und wünschte so sehr, du wärst berühmt und groß."

In diesem Sommer las und schrieb Emma viel, um sich abzulenken, wenn das Verlangen nach Ben übermächtig wurde. Eines Tages stürzte sie und brach sich die Kniescheibe. Von heftigen Schmerzen geplagt und noch mehr von dem Gedanken an die bevorstehende Operation mit anschließender Bettlägerigkeit über fünf Wochen bat sie Ben, nach Hause zu kommen. Er tat es nicht – schrieb ihr zwar Liebesbriefe, entschloß sich aber, nach Paris zu gehen. Wieder einmal empfand sich Emma als hilfloses Opfer seiner „gedankenlosen Unverantwortlichkeit". Auch seine Späße ärgerten sie, wenn er schrieb, wie angenehm die verordnete Bettruhe doch für sie sein müßte. „Eine gebrochene Kniescheibe ist vielleicht, medizinisch gesehen, nicht schlimm, aber für mich ist es ein schwerer Schlag. Ich bin absolut hilflos und abhängig, ganz abgesehen von den fürchterlichen Schmerzen, die ich Minute um Minute erdulde. Und noch mehr über 'den guten Tausch', du dummer Junge, ich kann doch nicht einfach vom Bett auf den Stuhl überwechseln, das Knie zerrt an meinen Nerven und bereitet mir schreckliche Qualen."

Emmas jüngster Bruder Moe stand ihr zur Seite, und ihre Freunde Sascha Berkman, Hippolyte Havel und Hutch Hapgood schickten Blumen und Obst. Doch immer wieder beklagte sie sich bei Ben: „Der menschliche Charakter ist eine zu närrische Sache. Warum begnüge ich mich nicht mit dem, was diese Freunde mir geben, warum martere ich mich mit dem sinnlosen Verlangen, von dir zu bekommen, was ich mir gar nicht erhoffen kann? Hobo, lieber Hobo, du wirst die Qual und die Scham derartiger Enttäuschungen niemals erfahren, Enttäuschungen, die du mir bereitet hast, seitdem ich dich kenne. Meine ganze Tragödie besteht doch darin, daß trotz alledem meine Liebe mit jedem Tag größer und tiefer wird."

Doch bald wurde die Frage des ökonomischen Überlebens zum wichtigsten Gegenstand ihres Briefwechsels, denn das Geld für die Rückfahrt, das Emma an Ben überwiesen hatte, war verlorengegangen, und die Zeitschrift brachte nur Schulden ein. Wieder einmal stand Emma vor der Frage, ob sie das Projekt aufgeben sollte. Auch diesmal erschien es ihr als einzige Lösung, daß Ben seine Arztpraxis wenigstens zeitweise wieder eröffnen sollte, um *Mother Earth* zu unterstützen. Ihre Auseinandersetzungen wegen des Geldes blieben sehr halbherzig und die in Betracht gezogenen Möglichkeiten beruhten auf reichlich unausgegorenen Vorschlägen, die an der finanziellen Krise nichts änderten. Allein schon die Vorstellung, daß die Existenz des Magazins von Bens beruflichem Erfolg abhängig gemacht werden sollte, war eine Belastung für ihr Verhältnis. Und wieder tauchte in ihren Überlegungen Australien auf: „Liebster, es macht mich so glücklich, daß du in Frieden und Eintracht mit mir leben willst. Niemand kann sich dies sehnlicher herbeiwünschen als Mommy. Stell dir mal vor, wir beide als echtes Liebespaar auf einer Reise nach Australien rund um die Welt – und das schon im nächsten Sommer. Vor lauter Freude wird mir schon ganz schwindlig. Wenn es so etwas nur gäbe! Aber die Hoffnung allein ist schon ein Trost."

Es war dieser Traum, der sie befähigte, die letzten Wochen ihrer Trennung durchzustehen und sich auf die Fertigstellung ihres Buches *Anarchismus und andere Essays* zu konzentrieren. Die Überarbeitung der Essays diente ihr gleichzeitig zur Vorbereitung ihrer nächsten Vortragsreise, die sie im Winter zusammen mit Ben unternehmen wollte. Sie freute sich auf

Bens Rückkehr und machte sich doch gleichzeitig Sorgen wegen ihres „Babys" und hoffte, es möge „gesund und stark sein".

Als Ben im Oktober von seinem Europatrip zurückkehrte, war ihr Wiedersehen leidenschaftlich genug, um Emma von der Dauerhaftigkeit ihrer Liebe zu überzeugen. Diese Zuversicht trug dazu bei, daß sie ihr Buch zu Ende schreiben konnte. Auch ihre Briefe klangen unbeschwerter: „Vor allem muß ich dir etwas sagen, was dir völlig neu ist: Ich liebe dich ganz wahnsinnig, hingebungsvoll und leidenschaftlich. Was gedenkst du damit anzufangen? Zweitens: Ich habe zwei imposante M... für dich mit leuchtenden Spitzen, die nach dir Ausschau halten, ferner ein glühendheißes TB und viele andere wundervolle Schätze. Drittens: Ich habe das 'Drama' fertig. Ich glaube, mir ist ein wahres 'Kunststückchen' gelungen – der längste meiner Artikel. Er wird meinem Manager-Geliebten sicher gefallen."

Nun war Ben wieder in New York und voll damit beschäftigt, den Plan für die Winter-Tournee auszuarbeiten; dabei dachte er auch daran, einen Abend für Outcasts zu veranstalten.

Seit Ben mit Emma liiert war, hatte er sich kaum seinem persönlichen Engagement für die Belange der Hobos und anderer gesellschaftlicher Randfiguren, die doch einen wesentlichen Teil seiner Identität ausmachten, widmen können. Mag sein, daß ihn seine Europareise und die Begegnungen mit bedeutenden Anarchisten motivierten, seine ursprünglichen Aktivitäten wieder aufzunehmen. Der Abend wurde ein voller Erfolg. Neben bekannten Leuten aus der Hobo-Scene, Saufbrüdern und pittoresken Bohemiens erschienen auch so berühmte Leute wie Sadakichi Hartman, Schriftsteller, Maler und Photograph deutsch-japanischer Herkunft, Hippolyte Havel und Hutch Hapgood. Ben hielt eine Rede über das Weltverständnis des gesellschaftlich Geächteten. Diese Veranstaltung ließ seine Talente in vollem Licht erscheinen und ihn selbst als „schwimmend zwischen dem Land der Geachteten und den Inseln der Kriminellen und Radikalen inmitten der Strudel des Zweifels im Meer der Isolation."

Emma lobte seine Fähigkeiten als Organisator: „Hobo, Liebster, du bist ein Wunder. Wenn du als Liebhaber so eifrig wärst wie als Schaffender, würde ich wahnsinnig. Aber in der Liebe bist du ein Vagabund, in der Arbeit ein wahres Prachtstück." Wenn er Vertrauen zu sich selbst gefaßt hatte, wie nach diesem Abend in Chikago, und seine übermächtige Liebe zu Emma in seinen Briefen zum Ausbruch kam, empfand sie seine Worte „wie die aufgehende Sonne, in deren Wärme und Liebe ich mich bade. Wenn du deine Liebe über mich ausschüttest, wie du es letzte Woche und auch in deinen lieben Zeilen getan hast, bin ich wie eine Blume, die von ihr geküßt wird, und alles in mir beginnt zu blühen – M, TB und mein ganzes Sein. Lieber Hobo, nicht nur für drei Jahre, sondern für den ganzen Rest meines Lebens will ich mit dir zusammensein – in der Liebe, in der Arbeit und allem."

Ihr Buch erschien im Dezember, und Emma schickte es Ben „mit all der Liebe, die eine Mutter für den Vater ihres Kindes empfindet, den sie in Freiheit 'zu ehren und folgen' gewillt ist. Ich glaube nicht, mein Liebling, daß irgendeine andere Mutter so viel für den Vater ihres Kindes empfindet, wie ich es tue." Sie bezeichnete sogar den Umschlag des Buches als „Kleid ihres Babys". In einem Telegramm an Ben kündete sie seine Ankunft an: „Baby um drei Uhr nachmittags angekommen. Wunderschöner Körper. Hoffe, daß Seele ebenso würdiges Exemplar. Mutter noch vor Anstrengung entkräftet, aber bereitet sich eifrig auf letzte Prüfung in New York vor. Rosen grüßten das Neugeborene und ließen Mommy Mickey hochleben." In einem nachfolgenden Brief meinte sie zweifelnd, daß sie erst einmal sehen müsse, „wie du dich als Vater machst und wie zärtlich du dich gegenüber der armen, erschöpften Mutter erweist".

Während sie ungeduldig auf Bens Rückkehr wartete, hatte Emma alle Hände voll zu tun. Vor allem rief sie in ihren Vorträgen zur Unterstützung jener Menschen auf, die in Japan das Opfer einer politischen Unterdrükkungswelle geworden waren. In *Mother Earth* schrieb sie:

„Dr. Denjiro Kotoku wurde zusammen mit seiner Frau und 24 anderen Sozialisten und Anarchisten vor ein eigens dazu einberufenes Gericht gestellt; sie wurden der Verschwörung gegen die kaiserliche Familie für schuldig befunden und zum Tode verurteilt. Denjiro Kotoku ist ein Mann, der ganz seinen intellektuellen Interessen gelebt und versucht hat, westliches Gedankengut in Japan populär zu machen. Sein 'Verbrechen' besteht allein in der Verbreitung radikaler Ideen und der Übersetzung der Werke von Karl Marx, Leo Tolstoi, Peter Kropotkin und Michael Bakunin. Wir, die internationalen Vorkämpfer der Freiheit, können nicht dulden, daß unsere japanischen Freunde den reaktionären Kräften zum Opfer fallen."

Erschöpft durch ihre verschiedenen Aktivitäten, fühlte sich Emma „heiser wie ein betrunkener Matrose" und wie vom Fieber geschüttelt; die Last ihrer politischen und finanziellen Verantwortlichkeit „stürzte von allen Seiten" auf sie ein. Obendrein litt sie unter Blutungen, die von „unerträglichen Schmerzen im TB" begleitet waren. Sie beklagte sich bei Ben über das Unrecht am weiblichen Geschlecht: "Oh Hobo, Hobo, die Natur ist grausam gegenüber den Frauen – kein bißchen Freude ohne stets wiederkehrenden Schmerz, während die Männer ohne die geringsten Unannehmlichkeiten aller Herrlichkeit auf Erden habhaft werden können. Wenn ich nicht einen gewissen Hobo so entsetzlich liebte, würde ich euren ganzen verdammten Sex verfluchen. Und doch – wenn es ihn nicht gäbe, hätte ich keinen Hobo und mein Leben wäre dunkel und kalt." Sie sah sich selbst mit ihren 41 Jahren „in der Phase ihrer höchsten Leidenschaft", drohte, „alle Veranstaltungen abzusagen, um eine ganze Woche lang eine Orgie zu feiern", und forderte Ben auf, es sexuell mit ihr aufzunehmen.

Doch gerade da wurde er krank. „Glaubst du wirklich", schrieb sie ihm, „meine Leidenschaft könnte das überleben, wenn du krank und niedergeschlagen bist? Es ist alles aus und vorbei, mein ganzes Ich ist zu Eis erstarrt, von meinen Einfällen ist nichts mehr übriggeblieben als ein stechender Schmerz, weil du krank bist und weit weg von mir, und ich kann dir nicht einmal helfen."

Ihr Buch-Baby war gerade erst geboren, sie selbst glaubte sich auf der

Höhe ihrer Schaffenskraft und doch fühlte sie sich wiederum mit der Situation konfrontiert, alles verloren zu haben. Selbst daß Ben ihre Fähigkeiten bewunderte, ließ sie nur noch verzagter erscheinen. „Aber, Ben, sie haben nie das geringste zu meiner Glückseligkeit beigetragen. Ich würde viel lieber eine bescheidene, kleine Blume sein, die das Zimmer meines Hobos verschönt, als eine bedeutende Autorin, genauso wie ich die Herrlichkeit der Liebe dem Glanz des Ruhmes vorziehe, der mir sowieso erst nach meinem Tode zufällt. Im Augenblick habe ich weder das eine noch das andere."

Ihr Selbstmitleid riß sie zu einer weiteren, geradezu feindseligen Bemerkung hin, die aber auch ihre ganze Skepsis zum Ausdruck brachte: „Auf das eine kann ich ganz gut verzichten, doch nicht auf das andere, denn ich habe ein enormes Bedürfnis nach Liebe und fürchte, daß sie mir nur auf dem Papier zuteil wird, über 800 Meilen hinweg. Unsere Beziehung ist eine einmalige Tragödie, mein Lieber, und die beruht auf der Tatsache, daß du mir nie deine Liebe zeigst, wenn du bei mir bist, und daß ich an dir zweifeln muß, weil ich sie niemals erlebte."

Ben verteidigte sich ganz energisch gegen diesen Vorwurf. Wenn er bei ihr sei, sagte er, nähme sie ihm jede Möglichkeit, nach seinen Vorstellungen zu leben. Emma versuchte, ihm zu widersprechen: „Liebster, habe ich dich je daran gehindert, dein Leben zu leben? Und außerdem – nennst du dies ein Leben, wenn du lediglich von einem Ort zum andern jagst?" und fuhr fort, sein neu errungenes Selbstvertrauen zu untergraben, indem sie seine Mutter ins Spiel brachte: „Hobo, lieber Hobo, Gott hat deinem Denken und Tun keine Beständigkeit verliehen. Einerseits sagst du mir, du wärst dein eigener Boß, könntest tun, was dir zu tun beliebt und als spirituelle Gefährtin hättest du ja deine Mutter. Aber andererseits wäre ich der Mittelpunkt deines Denkens." Sie beendete die Auseinandersetzung mit der Bemerkung, daß das, was er dachte, nicht zur Debatte stünde, weil sie es wäre, die sich, ungeachtet aller Konsequenzen, „mit tausend Fasern" an ihn gebunden fühlte. Sie würde auch weiterhin diese „Höllenqualen", die sie „seit ihrer frühesten Kindheit" nicht mehr gekannt hätte, erdulden müssen. Was ihre „Liebeserfahrungen" beträfe, könne sie sich nur noch mit Hutch Hapgood vergleichen, welcher gesagt hätte: „(Sie) schlagen mir auf den Magen; was übrig bleibt, ist, bestenfalls, ein Gedicht."

„Du siehst also", begann sie von neuem, „daß meine Liebeserfahrungen mit dir meine Gesundheit aufs Spiel setzen und mir nichts anderes einbringen als tiefes Leid." Mit Ausnahme ihrer Sexualität schien jegliches Gefühl in Emma erloschen.

Zum Jahresende 1910 sah sich Emma der üblichen Qual des Allein- und Getrenntseins von Ben ausgesetzt, der den Jahreswechsel bei seiner Mutter feierte. In der plötzlichen Erkenntnis der Anfälligkeit ihres „Liebesverhaltens" gestand sie sich ein: „Mir wird immer bewußter, daß all dieses Sehnen nach Kameradschaft, Liebe oder Verstandenwerden eine Schwäche ist, ähnlich wie Trinken, Spiel- und Morphiumsucht oder andere Betäubungen." Die große Befürworterin einer leuchtenden Zukunft philosophierte: „Was bedeuten all die Hoffnungen auf ein Morgen, wenn sich das Heute als leer und kalt erweist." Das vergangene Jahr war für sie „größtenteils Kampf, Schmerz und Seelenqual gewesen", und es erschien ihr sinnlos, auf ein besseres zu hoffen.

Einer von Bens Briefen aus dieser Zeit hat die widrigen Zeitläufte überlebt. Er stammt vom Vorabend seiner Abreise aus Chikago:

„Meine liebste Mommy,

alles ist gepackt und zur Abreise bereit. Ich bin so froh, dich bald wiederzusehen. Es ist mir, als könnte ich dir nie wieder wehtun oder dich vernachlässigen. Dein trauriger Brief hat mir bewußt gemacht, wie fremd wir uns sind. Ja, wir sind uns sehr fremd. Meine riesige, törichte Liebe hat es nie dazu kommen lassen, mich dir zu offenbaren. Wenn ich dich nur so haben und lieben könnte, wie ich es mir vorstelle. Oft scheint es mir, daß ich dich nie dazu bringen werde, mich ganz zu verstehen und mich so zu lieben, wie es meinem Verlangen entspricht. Ein Zuhause zu haben, Frieden und Ruhe und dich zu haben ... ist so etwas möglich?

'Wie kann ich denn schwanger werden, wenn ich nicht verheiratet bin?', fragte das kleine Mädchen.

'Wie können wir unglücklich und verzweifelt sein, solange wir uns lieben?'

Wenn du's nur *verstehen* könntest. Aber du verstehst mich nicht. Ich möchte dich verhätscheln, alles tun, was du willst und der zärtlichste Liebhaber sein – aber sobald wir zusammen sind, kommen uns tausend Dinge dazwischen: Geschäfte, Politik usw.

Du hast ein so kraftvolles Wesen, daß es schwierig ist, einfach nur dein Geliebter zu sein.

Oh, Liebste, ich komme voll Hoffnung und Leben zu dir, mit einem brennenden Verlangen nach den großen, liebreizenden Bergen, völlig g... auf das süßmundende Schatzkästlein. Ich komme voller Liebe zu dir, als dein Bewunderer, dein Geliebter und Manager.

Baby, ich begehre dich, liebe dich.

Oh, nimm mich, liebe mich, versteh mich.

Halte die Berge und das Schatzkästlein bereit, Willie ist verhungert und wartet.

Mommy, ich liebe dich,
Hobo"

Emma nahm die so vorgetragene Liebe stillschweigend zur Kenntnis und beantwortete abwehrend erst sein nächstes Schreiben, das sich hauptsächlich mit der Frage befaßte, wer von ihnen für das ersehnte Zuhause sorgen sollte. Einerseits fühlte sie sich als die Überlegenere, andererseits sehnte sie sich in ihren einsamen Stunden nach einem Mann, der ihr den Schutz und die Sicherheit eines Heimes gewährte, während Ben sich noch immer als das Kind verstand, für das ein Zuhause ohne „Mutter" nicht vorstellbar war.

„Immer noch möchtest du deine Vorstellung von einem Zuhause, wie deine Mutter es dir bereithält, auf mich übertragen und kommst dann zu mir und sagst: 'Gib mir so ein Zuhause, Mommy, und ich werde dich nie wieder verlassen.' Du meinst das sehr ernst, aber sieh doch, wie kindisch das ist. Glaubst du nicht, daß es an der Zeit wäre, für mich etwas zu tun? Warum kannst du mir nicht ein Haus bauen, wie es selbst der ärmste Mann für die Frau tut, die er liebt? Warum nicht mir deine Fürsorge und Hingabe gewähren? Ich weiß, daß du mich liebst und bewunderst, aber unglücklicherweise hast du deine Liebe bisher nur auf dem Papier bewiesen."

Ben genoß es noch immer, das Kind seiner Mutter zu sein. Er gab ihr seine gesamten Einkünfte, wovon sie ihm 75 Cents pro Tag für seine persönlichen Ausgaben überließ. 50 Cents benötigte er für Zigaretten, Telefon und Fahrtkosten, den Rest sparte er. Emma gegenüber bezog er eine ähnliche Position, obwohl ihm eigentlich ein Gehalt als Manager zustand. Aber alle, die für *Mother Earth* arbeiteten, bewegten sich am Rande ihrer Existenz und mußten sich für besondere Ausgaben einen Zuschuß erbitten, sogar für die Anschaffung von Unterwäsche. Wegen ihrer maßgebenden Funktion innerhalb der Organisation fiel Emma die Rolle des „Bewilligers" zu, wodurch sie sich ständig dem finanziellen Bankrott ausgeliefert fühlte.

Emma und Ben, wie auch die anderen, die sich für ein unkonventionelles Leben entschieden hatten, waren ständig gezwungen, sich mit ihrer besonderen Situation auseinanderzusetzen. Ihr Tun und Lassen bedurfte fortwährend der Neueinschätzung. Ben fragte sich einmal, wie seine Beziehung zu Emma aussähe, wenn sie tatsächlich ein Kind bekämen: „Meine kleine Geliebte, dein Hobo hat soeben seine ersten väterlichen Gefühle in sich verspürt. Das ist eine sehr seltsame Erfahrung, insbesondere wenn ich bedenke, daß meine kleine Mae [Bens Tochter Helen aus seiner ersten Ehe] im nächsten Monat [am 14. Februar] elf Jahre alt wird, seltsam auch, weil ich für Hutchs kleines Mädchen viel mehr empfinde als für mein eigenes Kind. Manchmal frage ich mich, ob unser Leben sich verändern würde, wenn wir beide ein Kind hätten."

Diese väterlichen Gefühle kamen nicht von ungefähr. Ben erinnerte sich in diesem Brief der Zeit, als Emma einige Monate lang geglaubt hatte, schwanger zu sein. Trotz ihres grundsätzlichen Verzichts auf die Mutterschaft zugunsten der Sache, ließ das bloße Bewußtsein, schon einmal ein Kind empfangen zu haben, ihre heimlichsten Wünsche nie völlig zur Ruhe kommen. Ben beschreibt ihre damalige Verzweiflung: „Wir waren ein dutzend Mal gemeinsam im Gefängnis, und ich habe erlebt, wie der Pöbel nach ihrem Blut schrie, und Emma nie ihre Haltung noch ihren Mut verlor. Nur ein einziges Mal sah ich sie weinen, und das war, als sie erfuhr, daß sie nicht schwanger sei. Monatelang hatte sie sich in der Hoffnung gewiegt, ein Kind zu bekommen, und war darüber sehr glücklich gewesen."

Emmas und Bens Aufbruch zur Wintertournee 1910/11 erfolgte per Bahn. In einem seitenlangen Artikel unter der Überschrift „Unterwegs" berichteten die beiden über die Veranstaltungen. Ihr Weg führte sie zunächst die Ostküste hinauf und hinunter und dann weiter in den mittleren und äußersten Westen. Emma stellte fest, daß das Recht auf freie Meinungsäußerung in den verschiedenen Städten jeweils „vom guten Willen bzw. schlechten Geschmack der Polizeibeamten" abhing. Daher behandelte sie das Problem der Redefreiheit in all ihren Reden.

Wie die Veranstaltungen in den einzelnen Städten ausgehen würden, war niemals vorauszusehen. Obgleich Maßnahmen von den örtlichen Behörden getroffen wurden, Emma am Reden zu hindern, gelang dies nicht immer. In Columbus, Ohio, wo die Polizei alle öffentlichen Versammlungsräume besetzt hielt, protestierten militante Teilnehmer eines gleichzeitigen Kongresses der Bergarbeitergewerkschaft nicht nur gegen die Maßnahmen der Polizei, sondern auch gegen ihre eigene Führung, die Emma jegliche Unterstützung versagt hatte. Ihre Beharrlichkeit verhalf Emma zum Sieg; sie erhielt schließlich die Genehmigung, in der Kongreßhalle der Bergarbeitergewerkschaft zu reden. Tausende von Bergarbeitern folgten ihrer Einladung. Eher umgekehrt war es in anderen Städten, z. B. in Pittsburgh, ein Ort, den Emma und Ben als Zentrum oppositioneller Kräfte ansahen; dort wurden ihre Veranstaltungen sowohl von der Polizei als auch von den Sozialisten sabotiert.

Ihr größter Erfolg wurde ihnen in St. Louis zuteil, wo ein lokales Blatt seine ablehnende Haltung gegenüber Emmas Ideen aufgab und einen Artikel veröffentlichte, in dem diese als seriös und nachdenkenswert beschrieben wurden. Allerdings bezeichnete der Redakteur Emmas „Temperament" und ihren Mangel an Geduld als einen tragischen Fehler. Insgesamt jedoch stand diese Würdigung in einem krassen Widerspruch zu der sonst üblichen Diffamierung ihres Charakters und ihrer Ideen.

Am Ende ihrer sechsmonatigen Tournee hatten Ben und Emma 18 Staaten und 50 Städte besucht; sie hatten 150 Versammlungen und Diskussionen veranstaltet, einige davon mit bis zu 1.500 Teilnehmern – alles in allem waren es zwischen 50- und 60tausend Zuhörer. Sie hatten ca. 10.000 Meilen zurückgelegt und, dank Bens „hypnotischen Fähigkeiten", eine große Menge an Literatur verkauft, im übrigen an die 10.000 Broschüren kostenlos verteilt. Der Erfolg dieser Tournee war nach Emmas Auffassung Ben zu verdanken, welcher die ganze „Plackerei" auf sich genommen, „die Versammlungen vorbereitet und sich um jedes Detail gekümmert hatte, kurz, der der unermüdliche Motor und die ausdauernde Seele des ganzen gewesen und vor keiner Schwierigkeit zurückgeschreckt war, noch die mühsamste Verantwortung gescheut hatte."

Ben selbst nahm in *Mother Earth* noch einmal Stellung zu seinen Reisen mit Emma, „unserer Schmerzensmutter", und beantwortet die immer wiederkehrenden Fragen aus dem Publikum: „War Czolgoz ein Anarchist?" / „Wie ist die anarchistische Position zur Frage der Gewalt?" / „Was ist der Unterschied zwischen Anarchismus und Sozialismus?" / „Ist nicht das Trinken die häufigste Ursache des Elends?" / „Wie können wir ohne Gesetze leben?" / „Praktizieren Sie die freie Liebe?"

Der Sommer kam, die Reise war beendet, und Emma fuhr nach New York zurück. Aus ihrem Schlafwagenabteil schrieb sie an Ben: „Mommy ist in ihrem Bett, aber kein Hobo ist in dem Liegeplatz über ihr. Mein teuerster Geliebter, ich frage mich, ob du dir vorstellen kannst, wie schrecklich es war, wegzugehen, und wieviel schrecklicher noch der Gedanke ist, für Wochen und Monate ohne meinen Hobo zu sein. Ich glaube, du weißt es gar nicht, wie sehr du mir fehlst, mein einziger Schatz."

Für Emma waren die letzten Tage dieser Reise die besten gewesen in all den drei Jahren ihrer Bekanntschaft.

„Nie so zärtlich, nie so voll inniger Besorgtheit. Unser Trip zum Park, das Boot, die letzte halbe Stunde am Bahnhof. Alles ist eine Offenbarung der goldenen Möglichkeiten unserer Liebe. Oh, Hobo, mein Liebling, warum kann es nicht immer so sein? Du bist mein Gefährte, kostbar im wahrsten Sinne des Wortes. Niemals in meinem Leben habe ich diese Verzückung, diesen erhaben-wahnsinnigen Sex erfahren. Auch in der Arbeit bist du so sehr Teil meiner Selbst, die Verwirklichung meiner kühnsten Hoffnung in bezug auf die Formen der Propaganda. Du bist mein kostbarster Gefährte und Kumpel, doch wir vertragen uns niemals sehr lange. Ich möchte wissen, warum. Aber schließlich, ein Tag wie heute ist all die Schmerzen der Vergangenheit wert, warum also sich grämen. Wo bist du jetzt? Was machst du gerade? Mein einziger Hobo, ich hoffe, du bleibst nicht allzu lange in Chikago, gehst lieber in die Nähe des Sees und machst einmal ganz richtig Urlaub. Und ich hoffe, Liebling, du schreibst mir und bereitest deiner Mommy irgendeine Überraschung. Bitte, tu das, Liebling, und ich meine, du solltest dir einen echt erholsamen Sommer gönnen und deiner Mutter ein bißchen Freude bereiten. Außerdem lebt deine Mommy ganz in dem Gedanken an die Zukunft, wenn Hobo, sonnengebräunt, stark und energiegeladen, zurückkommt... Komm zu mir, Geliebter, sieh die M groß und rund und weiß, sie sind für dich. Laß mich meine Lippen auf den schlanken Hals der Champagnerkaraffe pressen und trinken, bis ich vor lauter Freude wahnsinnig bin.

Gute Nacht, mein best- und meistgeliebter Hobo, mein Hobo, liebster Hobo,

deine Mommy."

Nach den ausgefüllten Monaten ihrer gemeinsamen Reise bereitete ihr der Sommer ohne Ben Schwierigkeiten; sie fühlte sich oft depressiv. Es war die Zeit, in der sie sich im „drückend heißen New York" um die Verlagsangelegenheiten, die heiklen Finanzen und die sozialen Belange ihrer Mitarbeiter zu kümmern hatte. Sie bedrängte Ben, den Winter mit ihr in New York zu verbringen und seinen genialen Geschäftssinn in den Dienst der Zeitschrift zu stellen, und malte die Zukunft von *Mother Earth* in den schwärzesten Farben, erwog sogar, das Magazin zugunsten einer anderen, sinnvolleren Aktivität zu „killen":

„Es ist purer Wahnsinn, [mit *Mother Earth*] weiterzumachen. ... Solange sie erscheint, werde ich nicht nur ein Sklave N. Y.s, sondern all derer sein, die mir bei der Arbeit helfen, und ich habe es satt. Solange die Zeitschrift existiert, wird sie alles verschlingen, was wir auf unseren Reisen einnehmen. Die sechs Monate Plackerei führen zu nichts anderem, als uns in N.Y. schmoren und büßen zu lassen, weil wir uns keinerlei Urlaub leisten können. Außerdem ist ME nicht das geeignete Mittel für Propaganda; Bücher und Broschüren sind weitaus wirksamer, Warum sollten wir uns nicht lieber mit so etwas befassen? Ich fürchte, mein gerade geborener Baby-Bastard liegt im Sterben, doch ich habe schon so viele Tode zärtlich gehegter Hoffnungen und Ideen überlebt, ich werde auch das überleben. Wenn nur du mich liebst und begehrst und mit mir zusammenarbeiten willst."

Ohne Ben fühlte sich Emma verloren, selbst *Mother Earth* war ihr nicht genug: „Ich fühle mich so allein, so hungrig nach deiner Liebe, die sich im realen Leben behauptet. Wird sie je zu mir kommen? Ich kann es nicht glauben. Es gibt keine Wunder."

Hinter diesem inneren Aufruhr verbarg sich Emmas Glaube, daß der Kampf an sich – und nicht sein Ergebnis – von Bedeutung sei. „Letzten Endes", schrieb sie Ben, „halte ich es mit Ibsen. 'Es ist eher der Kampf für, als die tatsächliche Erringung der Freiheit, was den Einsatz lohnt.' Bei mir ist es der Kampf um den Frieden und die Innigkeit der Liebe, der meinem Dasein den Anreiz gibt. Und selbst wenn ich versagen sollte, ich habe mich zumindest danach gesehnt, mit jedem Atemzug, mit jedem Herzschlag."

Emma schaffte es nicht anders; sie mußte schreien „lauthals, wenn sich der Dolch in ihre Seele bohrte". Wieder einmal war Ben den Versuchungen Chikagos erlegen.

„Oh, wenn du nur ahntest, was ich empfinde, wenn ich dich in Chikago weiß. Es ist wie das Bewußtsein, dich etwas Abscheulichem überlassen zu haben, etwas Schrecklichem, das dich unweigerlich aufspürt. Wie oft habe ich dir schon sagen wollen: geht nicht nach Chikago, bitte, tu es nicht. Aber ich konnte mich nie dazu überwinden, weil ich weiß, daß du auf Chikago versessen bist wie ein Trunkenbold auf Whisky. Es ist in deinem Blut, und du wirst stets zu ihm zurückkehren, auch wenn deine Mutter nicht dort wäre.

Solange sich daran nichts ändert, wird es für uns weder Frieden noch Eintracht geben. Diese abscheuliche Stadt, die dich an sich gefesselt hat, wird immer zwischen uns stehen."

Emma wurde es immer klarer, daß es eine Sache ist, über sexuelle Freiheit zu reden, und eine andere, sie zu verwirklichen. Sie fragte sich, ob sie nicht etwas Unmögliches wollte. Ihre Auseinandersetzungen mit Männern empfand sie, wenn es um persönliche und sexuelle Freiheit ging, als den falschen Weg, um die erstrebte, auf völliger Freiheit und Kooperation basierende Sicherheit zu erreichen. Sie wußte, daß ihr Scheitern nicht einmalig war und daß schon viele Frauen vergeblich versucht hatten, sich den demütigenden Erfahrungen mit Männern zu entziehen. Emma fühlte sich auf besondere Weise mit Mary Wollstonecraft verbunden, mit deren innerem Widerstreit zwischen Schwachheit in der Liebe und Stärke in der Politik sie sich gern identifizierte.

In diesem Zusammenhang betrachtete sie ihre politischen Aktivitäten als ihre „Erlösung" und projizierte ihre eigene Situation im Hinblick auf Ben in das Leben dieser Frau. „Vielleicht, wenn Mary in Imlay einen wirklichen Freund für eine gemeinsame Aufgabe gefunden hätte, würde sie nicht versucht haben, sich zu ertränken, noch wäre ihr Leben durch diese eine große Leidenschaft so sehr ruiniert worden." Denn es war ja Bens Loyalität ihrem gemeinsamen Werk gegenüber, die Emma bewog, weiterhin mit ihm zusammenzubleiben. „Du bist ein so großartiger Mitarbeiter, Hobo, so treu und ergeben und so in deine Aufgabe vertieft. Wenn es diese Seite deines Wesens nicht gäbe, wäre ich schon längst verzweifelt. Drum laß uns weiter miteinander arbeiten, wenn schon unsere Liebe so ein jämmerlicher Mißerfolg ist."

Während des Sommers stürzte sie sich in neue Aktivitäten zur Unterstützung der Revolution in Mexiko. Das half ihr, die Trennung zu überwinden und diente gleichzeitig als Lockmittel für Ben. Im Juli versuchte sie einmal, ihn mit einer jiddischen Redensart zu verblüffen, mit der jene Frauen verspottet werden, die sich zu keiner Heirat entschließen können: „Der Mann, den du heiratest, muß erst noch geboren werden – und seine Mutter ist im Kindbett gestorben." Sie ergänzte diesen Ausspruch: „Was meinen Liebhaber betrifft, so ist er noch ein Embryo. Ob er jemals zu einer freudigen Geburt heranreift? Es lohnt sich, dafür zu kämpfen, weil Leben Kampf ist."

In den folgenden Briefen spann sie das Thema von ihrem „Embryo-Geliebten" noch weiter: „Du siehst, mein Junge, ich kenne dich besser als du dich selbst kennst. Ich weiß, daß du nur in einer bestimmten Phase stark bist, d. h., wenn wir zusammen arbeiten. In allen anderen Dingen bist du so schwach wie ein neugeborenes Baby. Deshalb traue ich deinen Entschlüssen nicht." Sie warnte ihn, nach New York zu kommen, falls er vorhabe, sich ungebührlich zu benehmen. „Du verschwendest deine Zeit in der Bowery, wirst reizbar und träge. Ich kann das nicht mehr sehen, wirklich nicht, Liebling. Du machst dich damit unmöglich, insbesondere als Genosse. Und ich habe diese Auseinandersetzungen und Konflikte so satt, ich kann sie einfach nicht mehr ertragen."

Es war ihr klar, daß die Fürsorge, derer sie bedurfte, ihr niemals von ihrem „launischen Jungen" zuteil werden würde. Eine Bestätigung dieser Annahme erhielt sie, als Ross Winn, einer ihrer älteren Genossen und Herausgeber der anarchistischen Zeitschrift *Firebrand*, an Schwindsucht erkrankte. Er hatte stets seine ganze Energie in die politische Arbeit gesteckt und hatte nun nicht das Geld, sich die nötigen Medikamente zu kaufen. Seine Frau hatte Emma gebeten, ihnen zu helfen. Emma berichtete Ben über diese Misere: „Ich finde das alles so schrecklich. Ross Winn hat sich 20 Jahre lang unserer Sache gewidmet – und nun ist er krank und muß auch noch hungern. Ich fürchte, so wird es mir auch mal ergehen. Es ist entsetzlich." Sie wünschte, es wäre möglich, daß die „Bewegung" zu einer einzigen Familie zusammenwüchse und niemand allein gelassen, daß politische Tugend auf diese Weise belohnt würde. Tatsächlich waren sich die Anarchisten der Wichtigkeit persönlicher Bindungen weitaus bewußter als andere linke Gruppen. Aber Emma sehnte sich nach einer Bestätigung von Ben: „Warum bist du nicht hier, mein eigensinniger Hobo, ich vermisse deine Liebe und Zuneigung, jene Art von Liebe, die allein du mir geben kannst, so selten dies auch geschieht. Man kann nicht immer sagen, wie einem zumute ist, aber wenn du mich umfaßt hältst, wird dieses schreckliche Gewicht von mir genommen, das mich beinahe erwürgt. ... Du hast wenigstens Deine Mutter, aber wen habe ich denn?"

Sie konnte nicht aufhören, Ben ihre Verzweiflung und Einsamkeit zu schildern: „Ich habe absolut niemanden. Meine Vergangenheit und alle die Menschen, die hineingehörten, sind mir so fremd, als ob nie jemand in meinem Leben existiert hätte. Ich schlage mich mit meinen Sorgen herum und kann nirgendwo Trost finden. Und dann ist es mir, als ob ich schreien müßte."

Offensichtlich hatte auch Ben ihr von seiner Einsamkeit und Abhängigkeit geschrieben, aber Emma wollte das nicht hören. „Du sprichst über Abhängigkeit von mir. Bah! Was weißt du denn davon! Wenn deine Abhängigkeit eine wirkliche Kraft wäre, würde sie alles andere in den Schatten stellen. Sieh doch, wie sie sich bei mir äußert. Wie sie mich zu dir hintreibt, obwohl ich alles verabscheue, was du tust. Wenn ich nur daran denke, bekomme ich schon eine Gänsehaut. Das ist Abhängigkeit, mein Guter, eine Abhängigkeit, von der du keine Ahnung hast."

Hinter diesen Worten verbarg sich Emmas anhaltende Wut über Bens Promiskuität. „Deine Eskapaden, deine Promiskuität nagen an meinem Lebensnerv, bringen meine Galle zum Überlaufen und verzerren mein Wesen so sehr, daß ich mir selbst fremd werde." Sie war schon zu lange gemartert worden, um Toleranz auch nur vortäuschen zu können: „Drei Jahre lang, Ben, habe ich mich schon gegen diese wachsende Verzweiflung gewehrt, aber nun weiß ich, daß ich nie, nie mehr fähig sein werde, meinen Widerwillen zu unterdrücken – auch dann nicht, wenn mein Vertrauen in dich neue Wurzeln zu fassen scheint. Jedesmal, wenn ich es keimen und blühen sehe, zerschlägst du es wieder in tausend Stücke und läßt mich bis ins Innerste fröstelnd zurück." Trotz all ihrer Unzufriedenheit hoffte Emma noch immer auf „einen gloriosen Höhenflug durch den Garten des Entzückens", der sie alles andere vergessen lassen sollte.

Vor der Öffentlichkeit verhehlte sie ihre Betrübnis. Ihre Vorstellungen von freier Liebe waren ihrer Zeit so weit voraus, daß selbst die geringste Andeutung eines persönlichen Scheiterns oder die kleinste Spur von Furcht oder Bedauern über ihre eigene Unfruchtbarkeit sie und ihre Ideen unglaubwürdig gemacht hätten.

Emma hatte sich damit abzufinden, daß sie Ben nicht vor Oktober wiedersehen würde. Offensichtlich war von seiner Seite der Vorschlag gekommen, daß sie nach Chikago ziehen sollte. Entsetzt schrieb sie zurück: „Chikago – keine Macht der Erde könnte mich je dazu bringen, in diesem gräßlichen Dingsda zu leben. Ich wünsche mir Kalifornien, aber, falls wir nicht umziehen, möchte ich nach Australien gehen, weg von den alten Dingen, von der Vergangenheit, von all den schrecklichen Fesseln der Gewohnheit." In der Zwischenzeit gab es noch genug zu tun: „Die mexikanische Angelegenheit, die Ferrer-Projekte, ME und gar nicht zu sprechen von den kleinen, lästigen Dingen des Alltags."

Ben war keineswegs so herzlos, wie man es nach Emmas Briefen annehmen könnte. Nachdem er ihre traurigen Zeilen erhalten hatte, verlangte es ihn danach, ihren „wunderschönen, strapazierten Körper zu küssen und zu massieren ...". Er schrieb ihr: „Mein Herz ist voll Liebe für Mommy, und ich habe den wahnsinnigen Wunsch, bei dir zu sein." Und in der Tat hatte er bereits zu verstehen gegeben, daß er in der nächsten Woche kommen würde, um ihr bei der Arbeit für Mexiko zu helfen.

Der Brief war an die Farm adressiert, aber Emmas Reise dorthin hatte sich verzögert, so daß sie ihn erst später erhielt. Ihre Arbeit hatte sie in New York festgehalten. Noch von dort teilte sie ihm mit, daß sie beabsichtige, ihm von der Farm einen leidenschaftlichen Brief zu schreiben. „Ich möchte nicht Liebe mit Propaganda vermischen", jene Liebe, die sie, „ohne Rücksicht auf irgendetwas", für ihn empfand. Des weiteren erklärte sie ihm, daß er nunmehr einen ganz neuen Rang in ihrem Dasein einnähme: „Du bist wie Anarchismus für mich. Je mehr ich für diesen kämpfe, desto weiter entfernt er sich von mir. Je mehr ich für deine Liebe und Treue kämpfe, desto entfernter erscheint sie mir. Jedoch kämpfen muß ich. Denn wie die Freiheit, so bist auch du mein höchstes Ziel, das kostbarste Gut."

Emma stand vor der Frage, die keinem erspart bleibt, der diese Welt verändern will: Wie kann man hier und heute leben, wenn wir Tag für Tag unsere besten Kräfte dazu brauchen, die Welt in ihrem jetzigen Zustand zu kritisieren und das Bild einer zukünftigen Gesellschaft zu entwerfen? Ben war für Emma wie Anarchismus – eine zwingende, aber unendlich ferne Macht, von der sie besessen war. Ihr Traum verlieh ihr die Kraft, die Menschen zu inspirieren, aber die Wurzel ihrer Kraft war zugleich die Wurzel ihrer Schwäche. Indem sie an ihrer lebendigen, idealistischen Vision festhielt, mußte sie auch die täglichen Enttäuschungen eines Idealisten in einer unvollkommenen Welt in Kauf nehmen. Wenn jedoch ihre Beziehung zu Ben ins Wanken geriet, sah sie die Ursachen dafür auf sie beide beschränkt. „Es ist abscheulich", schrieb sie ihm, „aber Liebe und Propaganda scheinen sich nicht zu vertragen."

Auf der Farm fand Emma vorübergehend Ruhe. Zu der Zeit haßte sie alle Dinge, die sie in New York zu verrichten hatte.

„Warum tue ich sie? Liebling, du sagst es selbst, daß das Leben nicht so einfach ist. Wer sich einmal in diesem Netz verfangen hat, kommt so leicht nicht mehr davon los. Aber raus muß ich. Laß uns nach Australien gehen, wenn wir unsere Tour beendet haben, oder gleich an der Küste bleiben oder ins Gefängnis gehen. Das ist noch besser, als in den Trott zurückzukehren." Wieder einmal hatte der Wunsch sie eingeholt, ihren Problemen entfliehen zu können.

„Hör mir zu, mein Schätzchen, mein Geliebter, mein Ben, wir werden fortgehen, davonlaufen und unserer Liebe eine Chance geben, die einzigartige Chance, sich fern aller Arbeit in Schönheit und Harmonie zu offenbaren. Ich werde dich zu den geheimen körperlichen Freuden und Verzückungen geleiten. Ich werde deine Frau sein, deine Gefährtin, deine Mitkämpferin, ich werde alles für dich sein. Nur mußt du mir helfen, mich von den gräßlichen Zweifeln zu befreien. Bin ich nur mit dir in Liebe und Schönheit vereint – dann zum Teufel mit allem, was sonst noch ist. Oh, mein Geliebter, wie glücklich wäre ich, all meine Freunde zum Abschied zusammenzurufen, wie glücklich, sagen zu können, ich gehe mit meinem Jungen, meinen Geliebten, meinem ein und alles, um Frieden und Harmonie zu finden!! Aber mein Geliebter hat mir niemals gehört und unsere Liebe hat uns nie Frieden und Harmonie gebracht. Wie könnte ich also meine Freunde zusammenrufen, um ihnen von meinem strahlenden Glück zu erzählen? … Ich kann die Gefühle deiner Mutter verstehen, weil ich weiß, was es heißt, ohne dich zu sein. Aber als wahrer Jude solltest du wissen, daß ein Mann, der sich eine Frau zum Weibe nimmt, ihr folgen muß, denn sie ist seine Welt. Auf jeden Fall, Liebling, bist du meine Welt.

Die menschliche Natur ist eine seltsame Sache. Ich bin nun drei Jahre mit dir zusammen, aber nie zuvor habe ich dich so heftig, so wahnsinnig begehrt wie in diesem Augenblick. Manchmal ist mir das selber unheimlich, schon fast pathologisch – aber was kann ich dagegen tun? Ich muß mich zwingen, geduldig zu sein, sonst hätte ich dir schon ein halbes dutzend Telegramme geschickt. Nicht ein einziges Mal habe ich in diesen drei Jahren über soviele Einzelheiten hinsichtlich unserer Versöhnung nachgedacht – wie ein junges Mädchen, das den Bräutigam erwartet, freilich mit mehr Abstand und Scharfsinn, aber auch Raserei. Hobo, daß du mich nur nicht enttäuschst, *du wirst es nicht, darfst es nicht*. Ich erwarte dich am Donnerstag, allerliebstes Schätzchen. Ich bin bereit, wie niemals zuvor eine Frau für den Mann ihrer Liebe bereit war. Ich werde dich bezaubern, verführen, berauschen. Ich wollte, ich hätte die Mittel, eine ganze Menge Mittel, um dir ein Traumhaus zu bauen und mich selbst in Samt und Seide zu hüllen. Du wirst deine Mommy als eine ganz andere, neue, strahlende wiederfinden. Am liebsten hätte ich Hobo einen vollendeten Honigmond gegönnt, aber das Schicksal ist nicht so freundlich. Ich hatte von einem günstigen Reiseangebot auf den Bermudas erfahren, doch als ich mich im Reisebüro befand, wurde mir plötzlich klar, was das heißt: ins Ausland gehen. Natürlich können wir das niemals riskieren. Deine Mommy ist eine Gefangene Amerikas. Mir ist sogleich ein eisiger Schrecken in die Knochen gefahren."

Was vor einem Jahr noch als abstrakte Drohung gegolten hatte, war nun zur Wirklichkeit geworden: Bens und Emmas erträumter Flucht war jeglicher Weg versperrt. Als „einer Gefangenen Amerikas" gab es für Emma, falls sie das Land verließ, keinerlei Garantie auf Rückkehr. Ein paar heitere Winkel in einer dunklen Welt, ein paar ekstatische Augenblicke in einem Dasein voll Arbeit und Armut waren alles, was sich Emma erhoffen konnte.

„Was für eine schreckliche Macht die Liebe doch ist, die uns als bloßes Werkzeug benutzt, uns total abhängig macht. Oder ist es nur, weil ich so unersättlich bin? … Da stehen wir am Anfang eines Weges, der jeden in eine andere Richtung weist, und sind dennoch unfähig, uns ganz voneinander zu lösen. Das einzige, an das wir uns klammern können, sind ein paar seltene, erhabene Augenblicke. Inzwischen, lieber Hobo, will ich von dem bevorstehenden Wunder zumindest träumen, will hoffen, daß es eintrifft. Träume sind ja doch die einzigen Dinge, an denen es sich festzuhalten lohnt."

VI.
TEER UND BEIFUSS

Ben hatte eine böse Vorahnung. Trotzdem nahm er die Vorbereitungen für die Tournee 1912 mit einer Begeisterung in Angriff wie einer, der eine welthistorische Mission zu erfüllen hat: „Oh, Schätzchen, ich bin so froh, daß wir wieder auf Tour gehen. Ich würde wahnsinnig werden, falls ich in Chikago bleiben müßte, um mich dort redlich zu ernähren. Doch habe ich so ein Gefühl, als ob uns unterwegs irgendetwas schiefgehen könnte. Ich weiß zwar nicht, was es ist, aber hoffe, daß irgendetwas geschieht und wir an der bevorstehenden Revolution teilhaben."

Sie hatten ehrgeizige Pläne: eine Reihe von Vorträgen über die bedeutenden Ereignisse des Jahres 1911, einschließlich der Revolution in China, des italienisch-türkischen Krieges und der Schulreformbewegung – die Antwort auf die brutale Hinrichtung Ferrers in Spanien; ferner die mexikanische Revolution und den McNamara-Prozeß, in dem zwei Brüder angeklagt waren, das Gebäude der *Los Angeles Times* in die Luft gesprengt zu haben. Aber ihr eigentlicher Trumpf waren jene Vorträge, die das Tagesgeschehen unter dem Aspekt umfassenderer Entwicklungen behandelten: „Anarchismus, die treibende Kraft des Arbeiterkampfes", „Kunst und Revolution", „Sozialismus in der politischen Falle", „Das Versagen des Christentums", „Kommunismus, die brauchbarste Grundlage der Gesellschaft" und „Sexualität, das wesentliche Prinzip kreativer Arbeit". Emmas Vorlesung über Sexualität richtete sich gegen die freudianische Lehrmeinung, daß Kreativität an sexuelle Unterdrückung gekoppelt sei: „Der kreative Geist steht dem Sexualinstinkt nicht entgegen, sondern ist Teil seiner gewaltigen Manifestation. Sex ist die Quelle des Lebens. Wo die Sexualität versagt, versagt alles andere auch." Und weiter: „Die sexuelle Sensibilität einer Frau ist größer und ausdauernder als die des Mannes." Nachdem Emma sich in einem positiven Sinne über so unkonventionelle Praktiken wie Homosexualität als Ausdruck des Liebesbedürfnisses und der Kreativität so vieler Menschen geäußert hatte, behandelte sie noch andere aktuelle Fragen wie Abtreibung, Kindesmißhandlung, Geburtenkontrolle und Scheidung, aber stets kam sie auf ihre Grundthese zurück: „Da Liebe eine Kunst ist", betonte sie, „ist auch sexuelle Liebe eine Kunst."

Emmas und Bens Reise ging durch folgende Städte: Ohio, St. Louis, Chikago, Milwaukee, Detroit, Grand Rapids, Ann Arbor, Minneapolis, Omaha, Denver, Los Angeles und San Diego. In Chikago diskutierte Emma mit dem Arzt *Dr. Denslow Lewis*, der sich, obwohl ein Förderer der Sexualerziehung in den Schulen, aus Gründen der Rassenhygiene und weil der Staat Gesundheitsbescheinigungen für heiratswillige Paare verlangte, für die Institution der Ehe einsetzte. Emma umriß das Problem auf ihre übliche, provokative Art: sie sei „zu der Überzeugung gekommen, daß die Institution der Ehe den vordringlichsten Interessen der Gesellschaft abträglich" sei.

In ihren weiteren Vorträgen lenkte sie die Aufmerksamkeit auf den sich dramatisch zuspitzenden Streik von mehr als 25.000 Textilarbeiterinnen in Lawrence, Massachusetts, der sich gegen Lohnkürzungen und geforderte Leistungssteigerungen richtete. Der Slogan dieser Frauendemonstration: „Wir wollen Brot und Rosen", machte die Aktion als „Brot-und-Rosen-Streik" weltbekannt. Nunmehr konzentrierten sich Emmas Aktivitäten auf die finanzielle Unterstützung der Streikenden unter der Führung der jungen, enthusiastischen Sozialistin Elisabeth Gurley Flinn. Der Streik wurde auch von den *Industrial Workers of the World (IWW)* unterstützt, an deren Spitze Bill Haywood (Big Bill) stand. Es war das erste Mal in der Geschichte der amerikanischen Arbeiterbewegung, daß Sympathisanten aus anderen Industriebereichen die Kinder der Streikenden in ihre Familien aufnahmen, während die Eltern entweder Streikposten standen oder im Gefängnis waren. In dieser Zeit äußerte Emma einmal: „Wenn meine Arbeit nichts anderes bewirkt haben sollte, so würde allein die Hilfe für Lawrence all die Anstrengungen der Reise rechtfertigen." Mit einigem Bedauern stellte sie Ben gegenüber fest: „Ich wollte, ich wäre in Lawrence, um den Kampf voranzutreiben. Glaub mir, ich würde das lieber tun, als mich auf theoretische Auseinandersetzungen vorzubereiten."

Als Emma und Ben im Mai 1912 die Westküste erreichten, war es dort zu einer ganz anderen Art von Kämpfen gekommen. San Diego hatte sich immer außerordentlicher Redefreiheit erfreut. Sozialisten, Anarchisten, IWW und religiöse Sekten hatten für gewöhnlich vor großem Publikum im Freien sprechen können. Doch dann beendeten die Stadtväter von San Diego mit Hilfe einer Verordnung diese alte Gewohnheit. Die IWW und die Anarchisten begannen einen Kampf um die Redefreiheit mit dem Ergebnis, daß vierundachtzig Männer und Frauen ins Gefängnis kamen. In der Stadt tobte ein regelrechter Bürgerkrieg. Die Patrioten, die sich Vigilantes* nannten, hatten die Stadt in ein Schlachtfeld verwandelt. Sie schlugen, knüppelten und töteten Männer und Frauen, die noch an ihre verfassungsmäßigen Rechte glaubten. Hunderte waren aus allen Teilen der Vereinigten Staaten nach San Diego gekommen, um sich an der Kampagne zu beteiligen. In diesem Kampf, bei dem die Polizei auf seiten der Vigilantes stand, wurde am 7. Mai Joseph Mikolasek von zwei Polizisten getö-

*Selbstschutzverband, Bürgerwehr

tet. Die Stimmung in San Diego war so aufgeheizt, daß Mikolasek noch nicht einmal in der Stadt beigesetzt werden konnte.

Emma und Ben eilten nach San Diego. Aber schon bei ihrer Ankunft wurde sie von dem Pöbel erkannt. Jemand schrie: „Das ist sie, die Goldman!" Und: „Her mit der anarchistischen Mörderin!" Man brachte Emma und Ben eiligst in ihr Hotel und riet ihnen, es nicht zu verlassen, da die Polizei andernfalls ihren Schutz nicht garantieren könne.

Schon nach wenigen Augenblicken klopfte es an die Tür. Emma wurde aufgefordert, sich nach unten zu begeben, um mit dem Polizeichef und dem Bürgermeister wegen der Vorkehrungen, die zu ihrem Schutz notwendig seien, zu verhandeln, vorausgesetzt, sie wären bereit, die Stadt zu verlassen. Emma gab ihnen zu verstehen, daß sie sich noch niemals polizeilichem Schutz unterstellt hätte und auch nicht beabsichtige, dies jetzt zu tun. Ihre bissige Schlußbemerkung lautete: „Ich klage sie alle, die sie hier sind, an, mit den Vigilantes gemeinsame Sache zu machen." Als sie nach oben zurückkehrte, fand sie die Tür von Bens Zimmer verschlossen. Sie rief nach ihm, erhielt aber keine Antwort.

Später gab Ben eine Schilderung der dramatischen Ereignisse, die sich abgespielt hatten, während Emma abgelenkt worden war. Er fand sich plötzlich von sieben Männern umringt, die, sobald sich die Tür geschlossen hatte, ihre Revolver zogen:

„'Wenn du nur einen Ton von dir gibst oder eine Bewegung machst, werden wir dich umlegen.'

Dann nahmen sie mich in die Mitte. Ein Mann ergriff meinen rechten Arm, ein anderer meinen linken; ein dritter Mann packte mich vorn am Mantel, ein vierter hinten. Sie zerrten mich in den Korridor und in den Fahrstuhl, dann durch die Hotelhalle auf die Straße, wo ich in ein Auto gestoßen wurde. Als der Pöbel mich darin entdeckte, begann ein Freudengeheul ... Ich wollte, ich könnte den Schrecken dieser zwanzig Meilen langen Fahrt unter dem schönen kalifornischen Mondlicht beschreiben. Ich befand mich in einem Auto mit sechs Männern und einem Chauffeur. Sobald wir aus der Stadt heraus waren, begannen diese christlichen Gentlemen zu fluchen, mich zu stoßen und zu schlagen. Jeder von ihnen schien mit den anderen um die wirksamsten Foltermethoden zu wetteifern. Meine langen Haare hatten es ihnen besonders angetan. Abwechselnd zerrten sie daran. Diese christlichen Patrioten bohrten mir ihre Finger in die Augen und die Nase, sie hämmerten und traten auf mich ein, bissen mich und setzten mich den unmöglichsten, grausamsten, diabolisch-hinterlistigsten Torturen aus, wie sie sich eben nur gottesfürchtige und respektable Geschäftsleute ausdenken können. 'Eh, willst du nicht die amerikanische Flagge küssen? Bei Gott, wir wollen's dir schon beibringen. Wir werden sie dir in die Kehle rammen. Los, sing die Nationalhymne — aber mit Gefühl.'

Als wir nach etwa zwanzig Meilen außerhalb der Stadt Escondido die Bezirksgrenze erreicht hatten, steuerten die zwei Automobile einen leeren Platz abseits der Hauptstraße an, wo alle Insassen die Fahrzeuge verließen und sie so parkten, daß sich ihre Scheinwerferkegel zu einer obskuren Büh-

nenbeleuchtung vereinten. Dann bildeten diese vierzehn tapferen Vaterlandsverteidiger einen Kreis um mich und rissen mir die Kleider vom Leib. Im Nu stand ich nackt vor ihnen. Zuerst weigerte ich mich, die amerikanische Fahne zu küssen, dann wurde ich dazu gezwungen, nachdem sie mich zusammengeschlagen hatten … Als ich so nackt auf dem Boden lag, hieben sie erneut auf mich ein, bis ich fast nichts mehr fühlte. Mit einer brennenden Zigarre gravierten sie mir die Buchstaben IWW auf mein Hinterteil, gossen mir eine Büchse voll Teer über Kopf und Körper und rieben mir, in Ermangelung von Federn, ein ganzes Bündel von Beifuß in die Haut ein. Ein besonders gefühlvoller Geschäftsmann und treuer Diener der Kirche unternahm den gezielten Versuch, mir seinen Rohrstock in den After zu stoßen, und ein distinguierter Bankier zerrte an meinen Hoden …
Als den Herren das Vergnügen zu langweilig wurde, gaben sie mir meine Unterwäsche zurück, damit ich nicht Gefahr liefe, eine Frau zu belästigen. Sie händigten mir auch meine Weste aus, schließlich sollte ich ja mein Geld, meine Fahrkarte und meine Uhr bei mir haben. Aber den Rest meiner Kleidung entwendeten sie mir gleich Straßenräubern. Sie befahlen mir, eine Rede zu halten, und zu guter Letzt mußte ich Spießruten laufen. Die vierzehn Vigilantes bildeten eine Gasse, und als ich hindurchlief, versetzte mir jeder von ihnen mit der Tüchtigkeit eines Geschäftsmannes einen abschließenden Hieb.

Ich litt entsetzliche Qualen, aber mein größter Schmerz war die Sorge um EG.“

Emma hatte keine Ahnung von dem, was Ben zugestoßen war. Ratlos schritt sie in ihrem Zimmer hin und her und erst gegen Mitternacht fiel sie vor Erschöpfung in einen unruhigen Halbschlaf. Alpträume plagten sie, und sie sah Ben vor sich, „gefesselt und geknebelt und nach ihr Ausschau haltend“. Sie erwachte schweißgebadet, schreiend von einem lauten Pochen an der Tür. Der Hausdetektiv teilte ihr mit, daß Ben sich in Sicherheit und in einem Zug nach Los Angeles befände und es für sie klug wäre, sobald wie möglich die Stadt zu verlassen.

Eine Zeitung berichtete: „Emma wurde durch das Kellergeschoß zum Dienstbotenausgang gebracht, wo ein Auto auf sie wartete.“ Gegen 2.45 Uhr war sie am Zug und mit knapper Not einem Überfall durch Vigilantes entkommen. Während der ganzen Fahrt entlang der Küste war sie voll Angst und Verzweiflung. Als sie Ben auch am Bahnhof von Los Angeles nicht finden konnte, war sie fast überzeugt, daß er tot sei. Dennoch ging sie in ihre Wohnung. Dort erreichte sie die anonyme Nachricht, daß Ben sich in einem Zug aus San Diego befände; „seine Freunde sollten ihn mit einer Tragbahre am Bahnhof abholen.“ Emma hatte bereits die Presse von dem Vorfall unterrichtet und eilte nun in Begleitung von Reportern zum Bahnhof. In ihrer Autobiographie beschreibt sie dieses Ereignis so:

„Das Warten auf dem Bahnhof war quälend. Endlich traf der Zug ein. Ben lag im letzten Waggon und war ganz durcheinander. Er steckte in einem blauen Overall, sein Gesicht war totenbleich, seine Augen voll Angst. Er trug keinen Hut und sein Haar war ganz mit Teer verschmiert. Als er mich sah, rief er: 'Oh, Mommy, endlich bin ich bei dir! Bring mich weg, bring mich nach Hause!' ... Als ich ihm beim Ausziehen half, war ich entsetzt, daß sein Körper voller Wunden und mit Teerfladen bedeckt war. Die Buchstaben IWW waren in sein Fleisch eingebrannt. Ben konnte nicht reden; nur seine Augen versuchten auszudrücken, was er durchgemacht hatte."

Die *San Diego Sun* vom 22. Mai 1912 veröffentlichte sofort einen Artikel unter der Schlagzeile: „Reverend Dr. Thorp stellt klar: Reitman nicht gefoltert." Und am 27. Mai das Zitat einer Drohung Bens, er würde in einem Monat zurückkommen: „Ich werde es ihnen mit gleicher Münze heimzahlen."

Obwohl Ben seine Tour mit Emma die Küste hinauf und dann hinüber nach Denver fortsetzte, obwohl er Reden hielt und sich für die Unterstützung der Opfer von San Diego einsetzte, fühlte er sich sehr schlecht: „Ein Teil von mir lebt, der größere aber ist gestorben." Er meinte, er hätte sich anders verhalten, sich zur Wehr setzen , sein Leben riskieren müssen, wie Emma es sicher erwartet hatte. Aber seine Angst war stärker gewesen. Zwar kehrte sein Lebensmut langsam zurück, doch seine Unbeschwertheit und sein Vertrauen waren dahin. Er hatte am eigenen Leib die Brutalität des extremen rechten Flügels des amerikanischen „Businesspöbels" zu spüren bekommen, eine Lektion über das Ausmaß der Verschwörung von Polizei, Unternehmertum und Presse erhalten.

Außer dem Bewußtsein seiner Niederlage sah sich Ben Emmas wachsender Kritik ausgesetzt. Sie konnte es nicht vertragen, wie er seine Gefühle in der Öffentlichkeit zur Schau stellte. Einmal brachte sie es völlig aus der Fassung, als er einem Auditorium, zu dem Staatsbeamte und liberale Förderer gehörten, sein gebrandmarktes Hinterteil zeigte. Emma schrieb ihm:

„Ich hoffe, lieber Hobo, für den Fall, daß du je wieder einem S[an] D[iego] ausgesetzt wirst, du deine Reaktionen nicht wieder als Feigheit ausposaunen wirst – und falls du sie als solche empfindest, solltest du besser darüber schweigen. Es kann einer Frau, die dich liebt – am wenigsten der, die ihr ganzes Leben lang der Verfolgung ausgesetzt war –, nicht egal sein, daß ihr Mann es von allen Tribünen pfeift, wie feige er ist. Das ist tausendmal schmerzlicher als wenn die übrige Welt davon spricht."

Das Erlebnis in San Diego hatte ihr beider Leben verdunkelt. Nun erreichte Emma auch noch die Nachricht vom Tode ihrer Genossin und Freundin Voltairine de Cleyre. Wie Emma war auch sie von der Haymarket-Affäre politisiert worden. Die meiste Zeit ihres kurzen Lebens – sie war erst vierunddreißig Jahre, als sie starb –, all ihre schriftstellerischen, rednerischen und auch praktischen Fähigkeiten hatte sie, trotz ihrer zarten Konstitution, der anarchistischen Sache gewidmet. „Nach jedem öffentlichen Auftritt mußte sie tagelang das Bett hüten. Sie litt unter einer Nervenschwäche, die sich schon in ihrer frühesten Kindheit herausgebildet hatte und mit den Jahren immer schlimmer wurde." Voltairine spielte eine bedeutende, doch nicht minder problematische Rolle in Bens und Emmas Dasein.

Ben hatte sie stets bewundert und davon zu überzeugen versucht, daß sie sich eines Managers wie ihn bedienen müsse, um ihre Popularität zu fördern. Aber Voltairine verweigerte sich prinzipiell allen Extravaganzen wie teuren Hotels oder Mahlzeiten im Restaurant, die sich Emma und Ben auf ihren Reisen bewilligten. Sie lebte und lehrte im Milieu armer Immigranten. Einer Freundin gegenüber hatte sie einmal vertraulich geäußert, daß die Bewegung unter Emmas Einfluß ihres eigentlichen Charakters beraubt würde.

Aber trotz Voltairines Kritik fühlte sich Emma zu gelegentlichem Luxus durchaus berechtigt: „Ich meine, daß eine Sache wie der Anarchismus, zu dessen wundervollen Idealen die Lockerung und Freiheit von Konventionen und Vorurteilen gehört, nicht den Verzicht auf Leben und Freude bedeuten darf. Deshalb möchte ich nicht, daß man von mir erwartet, wie eine Nonne zu leben, und auch nicht, daß die Bewegung ins Kloster verlegt wird. Wenn das beabsichtigt ist, möchte ich nichts damit zu tun haben."

Nach Voltairines Vorstellungen sollte die Arbeiterklasse die einzige Zielgruppe anarchistischer Aktivitäten sein und nicht „bourgeoise Elemente" der Gesellschaft, an die sich Emmas politische Appelle richteten; „die Armen" sollten es sein, „die Unwissenden, die Abgestumpften, Enterbten – jene Männer und Frauen, die in dieser Welt die schwere und brutalisierende Arbeit verrichten." Auch Emma fühlte sich den unteren Klassen verbunden, nur glaubte sie, daß die ausschließliche Beschränkung auf die Massen „dem Geist des Anarchismus widerspräche", jenem Geist, der sich „nicht auf Klassen, sondern auf Männer und Frauen stützt". Und sie berief sich darauf, daß „die Pioniere des geistigen Fortschritts nur selten aus den Reihen der Arbeiter gekommen sind", sondern „in der Hauptsache aus den sogenannten respektablen Klassen hervorgehen".

Daß die zwei berühmtesten Frauen der anarchistischen Bewegung gelegentlich auch gegeneinander ausgespielt wurden, ist nicht verwunderlich, gab es doch sogar zwischen ihnen selbst Eifersüchteleien und Rivalitätsdenken. Von Emmas Freunden wissen wir, daß „sie auf alle hübschen und attraktiven Frauen, die ihr über den Weg kamen, einschließlich Voltairine, eifersüchtig war. Aber sie war weitherzig genug, sie dennoch zu lieben."

In einem ihrer späteren Essays über Voltairine projizierte Emma Teile ihrer eigenen Erfahrung in das Leben ihrer Zeitgenossin, indem sie deren Widerwillen gegen die vom Vater aufgezwungene katholische Erziehung und die dadurch bedingten Schwierigkeiten in ihre Beziehungen zu Männern hervorhob. Emma meinte, diese Probleme hätten möglicherweise auch die Widersprüche zwischen ihrem öffentlichen und privaten Leben hervorgerufen. „Doch die ausgehungerte Seele Voltairine de Cleyres verlangte nach mehr als bloßer Bewunderung, wozu die Männer weder die Fähigkeit noch den nötigen Charakter besitzen. Sie alle behandelten sie auf ihre jeweils spezifische Art mit unbarmherziger Wichtigtuerei und beließen sie in ihrer Untröstlichkeit, Verlassenheit und ihrem unstillbaren Hunger nach Liebe." Emma machte Voltairines Leben zum Exempel für all die alleinstehenden Frauen, die – obwohl es ihnen weder an Geist noch an Kreativität mangelte und sie über alle Möglichkeiten der Selbstverwirklichung verfügten – dennoch keinen Mann finden konnten, der an einer romantischen Beziehung zu einer kongenialen Frau interessiert gewesen wäre:

„Voltairines emotionaler Mißerfolg ist keine Ausnahme, er ist die Tragödie vieler intellektueller Frauen. Die physische Anziehung war und wird zweifellos immer ein entscheidender Faktor im Liebesleben zweier Personen sein. Sexuelle Liebe hat unter den heutigen Menschen sicherlich viel von ihrer früheren Rauhheit und Vulgarität verloren. Aber eines hat sich seit undenklichen Zeiten niemals geändert, nämlich daß sich Männer hauptsächlich vom physischen Charme und nicht so sehr von der Intelligenz oder den Talenten einer Frau angezogen fühlen. Damit soll nicht gesagt sein, daß sie lieber eine dumme Frau hätten, sondern daß sie die Schönheit einer Frau höher einschätzen als deren geistige Fähigkeiten, vielleicht weil sie sich selbst damit schmeicheln, der ersteren selbst nicht zu bedürfen und von den letzteren genügend zu haben, um sie nicht in ihren Frauen suchen zu müssen. In jedem Fall liegt hier die Ursache der Tragödie vieler intellektueller Frauen."

In diesem Sommer schien sich Emma allmählich über die wachsende Distanz zwischen ihr und Ben beruhigt zu haben, vielleicht weil er noch immer unter den Nachwirkungen des Schocks von San Diego litt und daher seine Abhängigkeit und Unsicherheit ihr gegenüber größer wurden.

Gleichzeitig fiel er in seine früheren Gewohnheiten zurück, frönte seinen promiskinen Neigungen. Häufiger als sonst besuchte er seine Mutter, die einzige Frau, mit deren Liebe und Bewunderung er immer rechnen konnte. Davon ging er aus, als er schrieb, daß er seine Vorstellungen von einem gemeinsamen Zuhause mit geliebten Frauen und Kindern aufgegeben hätte. Es war ihm nicht entgangen, daß Emma während der letzten sechs Monate ständig betont hatte, sie wünsche sich nichts als „Frieden und Ruhe" und sei „zu müde, um auch noch für andere zu sorgen". Seine mangelnde Bereitschaft, ihr diese Bedürfnisse langfristig zu erfüllen, hatte sie wütend gemacht, und zum ersten Mal nach langen Jahren begann sie, sexuelle Wünsche außerhalb ihrer Beziehung zu Ben zu äußern. Er wiederum fürchtete, daß bald ein anderer seinen Platz einnehmen könnte.

Daraufhin warf ihm Emma seine Widersprüchlichkeit vor: „Du bist aber wirklich komisch; tust immer so, als sei es dir gleichgültig, mit wem ich zusammen bin. Aber wenn du auch nur den geringsten Verdacht hast, ich könnte mich vielleicht bei einem anderen Mann zuhause fühlen, drehst du sofort durch. Dies scheint das Geheimnis der menschlichen Seele zu sein. ... Du redest davon, mich zu verlieren, während meine Seele laut nach deiner Liebe schreit."

Noch immer fühlte sich Ben verunsichert und fehl am Platz, da ja auch seine Männlichkeit unter dem Schock gelitten hatte: „Dein zartes, lebensspendendes Schatzkästlein will mehr, als mein lahmgewordener Willie ihm geben *kann*. Aber mit der Arbeit und dem Herzen bin ich bei *dir*. ... Wenn du den Wunsch hast, mit Männern intime Beziehungen anzuknüpfen, erzähl mir nichts davon. Ich kann es nicht verkraften." Zur gleichen Zeit machte er sich über seine eigenen „Schwächen" Gedanken:

„Mein Gott, in ein paar wenigen Monaten drei schreckliche Wahrheiten schlucken zu müssen: 1. daß meine Sexualität am Dahinsiechen ist; 2. daß ich ein Feigling bin; 3. daß ich eifersüchtig bin. Ich habe darüber nachgedacht, was du mir über mein Benehmen gegenüber den Frauen der Bewegung gesagt hast. Mommy, ich bin alt und unnütz, und wenn du mich nicht lieben kannst oder mich nicht mehr mit dir arbeiten läßt, muß ich ins Armenhaus gehen oder sterben. Es ist so schrecklich, sich seiner eigenen Schwachheit bewußt zu werden. Aber du bist groß und tapfer und stark und mußt vorankommen – ohne Rücksicht auf irgend so einen unbedeutenden Menschen wie mich.

Mir ist Wagners Autobiographie in den Sinn gekommen, die Stelle, wo einer der Musikdirektoren auf Wagner zukommt und schreit: 'Wagner, Sie sind ein großer Mann, ein Genie, und sie werden leben. Aber ich werde sterben und keiner wird an mich denken.' ... Ich habe dir im ersten Teil dieses Briefes gestanden, daß es mir nicht egal ist, wenn 'du es tust', doch verzeih mir meine Engherzigkeit und Schwäche. Ich wollte dich ja freigeben, damit du deinen Neigungen folgen kannst. Das habe ich wirklich so gemeint, aber der Jammer, der Schmerz, die Verdammnis, die ich erleide, wenn ich bloß daran denke, daß meine Berge, meine hügeligen, weißen Berge, einem anderen in die Hände fallen! Es läßt mir das Blut erstarren, es nimmt alles Leben von mir – allein schon die Vorstellung, daß andere an meinem Lebensquell trinken.

Ich habe immer gewollt, daß du dich frei fühlst, und ich möchte keine Treuegelöbnisse von dir. Ich möchte nur, daß du weißt, wie unglücklich ich bin, wenn du lieben mußt und meine Berge und Freudenquellen anderen gibst. 'Es ist, wie es ist', und ich gestehe meine Niederlage ein. Ich sage damit nur, was ich dir schon oft gesagt habe, mein unschuldiges Liebchen. Wenn ich auf unsere gemeinsamen Jahre zurückblicke, sehe ich keine anderen leuchtenden Augenblicke als die in deinen Armen. ... Ich werde es von nun an besser machen, so hoffe ich wenigstens. Dazu werde ich mir ein Gebet von dem kleinen Jungen ausleihen: 'Lieber Gott, mach, daß ich ein guter Junge werde. Ich habe dich schon gestern darum gebeten, aber du hast mich nicht erhört.' Komm, küß mich und verzeih mir."

Um Emma zu überzeugen, daß sie die einzige war, die er wirklich liebte, berichtete er ihr über die Frauen, die ihr während der letzten Jahren soviel Kummer bereitet hatten:

„Ich begehre nur dich allein. Es gibt keine andere in meinem Leben, die wirklich zählt. Lioness ist die einzige, mit der ich einen ständigen Briefwechsel habe. Aber du weißt ja selbst, welcher Art diese Beziehung ist. Was Anna betrifft, sie ist die Freundin meiner Mutter und hat mir nie viel bedeutet, auch wenn ihre Briefe sich anders anhören.

Parrin ist mein Kumpel, mit der ich nur einen sachlichen Briefwechsel führe. Von Edith habe ich schon ein Jahr lang nichts mehr gehört und mit Bergmann ist es dasselbe. Mit Gray hatte ich eine sehr alberne Affäre, die ganz schrecklich war, und ich hasse mich deswegen. Baby, es kommt alles wieder in Ordnung, und alles wird wieder gut."

Dieser Brief schien Emma davon zu überzeugen, daß sie beide wieder zusammenfinden könnten. Jetzt, wo er schwach war, fühlte sie sich stark, wobei unklar bleibt, ob Emmas neue Unabhängigkeit als Ursache oder Folge von Bens Verunsicherung anzusehen ist. Noch eine weitere Vermutung: In San Diego war Ben ja nur deshalb überfallen worden, weil er Emmas Manager war. Vielleicht verbarg sich hinter seiner Depression ein tiefer Ärger über Emmas Gleichgültigkeit, die nicht sehen wollte, daß er ihretwegen Gefahren und Qualen erduldet hatte.

Ihre Briefe beschäftigten sich weiterhin mit der "Wunde, die niemals heilt" – Bens fortgesetzter Promiskuität. Sie dachte dabei an die Frau, die Ben in Denver besucht hatte, und an all die anderen, die ihn in Chikago erwarteten. Als sie schließlich erkannte, daß Ben eifersüchtig war, vor allem nach ihrem Eingeständnis, mit einer Lesbierin intim zu sein, zog sie daraus die Hoffnung, daß sein Schmerz dazu führen könnte, sie einander wieder näher zu bringen: "Hobo, mein Geliebter, die Qualen, die du jetzt erleidest, habe ich vier Jahre lang ertragen. Begreifst du nun endlich? Ich hoffe es so sehr, denn das könnte uns endlich wieder vereinen."

Ihr nächstes Wiedersehen war für Anfang August in New York vorgesehen. Ben schrieb ihr: „Ich halte dich umschlungen. Ich beschwöre dich und gelobe dir, daß ich mir nichts anderes so sehr ersehne als das, dich auf meine verrückte Art glücklich zu machen. Das Leben ist voller Hoffnung und Freude. Laß deine Berge nach mir Ausschau halten, denn Hobo kommt, um sie zu vernaschen, und sag dem lieben Schatzkästlein, es möge für gewaltige Überschwemmungen sorgen. Ich gehöre dir und eile glücklich herbei. Bis zum Wiedersehen, Hobo."

Er hatte sich entschlossen, Emma entgegenzukommen, hatte die schwere Entscheidung getroffen, seine Mutter zurückzulassen: „Es ist ein Drama zu sehen, wie sie leidet, wenn ich meine Sachen packe. Mutters Hingabe ist etwas so Wundervolles." Aber nun hatte Ben sich entschieden.

Aus der nun folgenden Zeit ist, soweit es Briefe betrifft, wenig überliefert. Emma und Ben lebten wieder zusammen, hielten Vorträge und arbeiteten für die Zeitschrift.

Bezeugt ist lediglich Emmas ungewöhnliche Freundschaft mit Almeda Sperry, einer Prostituierten, die von Emmas Vortrag über den *Weißen Sklavenhandel* stark beeindruckt war. Almedas Interesse an ihr war jedoch nicht nur politischer Art, sondern auch sexueller, was sich besonders aus ihren Briefen herauslesen läßt. Als Almeda Emma kennenlernte, wohnte sie in New Kensington, Pennsylvania, wo sie, die in ihrer Stadt zu den Radikalen gehörte, am Aufbau einer Gewerkschaft beteiligt war, sich für die Einführung sexualkundlichen Unterrichts an Schulen einsetzte und Artikel für radikale Blätter schrieb. Ihre Briefe enthüllen ihr Wissen über die Unterdrückung der Frauen und auch ihre Entschlossenheit, sich zu ihren Leidenschaften zu bekennen: sie zögerte nicht, ihre an Emma gerichteten lesbischen Wünsche zu äußern, obschon sie sich der Unlösbarkeit ihrer psychologischen Verkettung an den eigenen Ehemann Fred völlig bewußt war (den sie als „das letzte Stück Mensch" bezeichnete, ihn, der gleich ihr „von Anfang an alles falsch gemacht" hatte). Emma konnte sich sehr gut mit den Schwierigkeiten dieser Eheleute identifizieren und kommentierte sie in einem ihrer Briefe an Ben:

„Wie sehr das für unsere Beziehung zutrifft. Und wer hätte das jemals für möglich gehalten, daß ich, die Verfechterin von Freiheit und Schönheit der Liebe, in eine Situation geraten würde, in der ich das heftige Verlangen verspürte, einen Mann zu schlagen. Ja, ich war schon sehr nahe daran, dich an jenem schrecklichen Tag zu verprügeln. Nur mit äußerster Willenskraft konnte ich dieser wahnsinnigen Lust widerstehen. Aber alles, was du damals zu mir sagtest, war zu furchtbar, so verletzend, daß es mich zur Weißglut brachte und alle mir innewohnende Bosheit und Gewalttätigkeit weckte.

In solchen Augenblicken habe ich das Gefühl, als ob sich deine Hände um die Kehle meiner Liebe legen und sie vor meinen eigenen Augen bis zum Erstickungstod strangulieren. Mir ist es dann, als ob ich wegrennen müßte, meilenweit fort von dir, um dein Gesicht nicht mehr zu sehen, deine Stimme nicht mehr zu hören und nie mehr von den Händen berührt zu werden, die meiner herrlichen Liebe die Luft zum Atmen genommen haben.

Und dann geschieht dies seltsame Wunder: Die überlegene Kraft meiner Liebe erweckt die arme, zerdrückte und geschändete, kleine Blume zu neuem Leben und holt dich in ihren Schoß zurück, berauscht sich an deinen Küssen und deiner Umarmung und ihr ganzer Schmerz, ihre schimpfliche Entwürdigung ist vergessen, vergessen bis zur nächsten Abscheulichkeit."

Am 8. August 1912 schrieb Almeda einen freimütigen Brief an Emma, ein Bekenntnis ihres Lebens als Prostituierte und ihrer Männerverachtung. Sie bekundete ihre Liebe für Emmas „ungezähmte Körperteile" und ihr Verlangen, diese Art von Liebe zu verwirklichen. Ihre Zeilen sprachen auch von ihrer Neigung, Situationen aufzuspüren, ja, zu provozieren, die ihren Geliebten und sie selbst in Schuld- und Schmerzgefühle verwickelten – sie hatte es als Kind nicht anders gekannt –, welche sich schließlich auf ihre Ehe und später auf ihre Beziehung zu Emma übertrugen.

„8. August [1912] – Meine Gute und Süße,
gerade habe ich deinen Brief erhalten und liege nun im Bett, um ihn zu beantworten. ... Wenn eine Frau sich entschließt, den Graben zu überspringen, dann war das für sie in der Tat der einzige Weg. Sie muß ihre Gefühle nach außen hin verbergen, sonst wäre dies Leben für sie nicht zu ertragen. Doch man gewöhnt sich daran und nach jeder weiteren Erfahrung denkt man nicht mehr darüber nach. Es ist die einzige Möglichkeit: dieses Vergessenkönnen geradewegs zu kultivieren. Einmal versuchte ich, an den Fingern abzuzählen, mit wieviel Männern ich schon beisammen war,

aber als ich den letzten Finger erreicht hatte, gab ich das Zählen auf. Ich war entsetzt, wieviele es waren. Ich weiß, daß du nie tun könntest, was ich getan habe. Das ist einer der Gründe, weshalb ich dich mag. Du bist so stark – und doch so verständnisvoll.

Ich kann überhaupt keine Gefühle erwidern – ich meine von Männern, die meinen Sex mit Geld bezahlen. Diesen Männern geht es einzig um ihre Selbstbefriedigung, so daß sie gar nicht erst fragen, ob die Frau Anteil nimmt. Und falls sie Wert darauf legen, kann man sie ohne weiteres bluffen. Fast alle Männer *kaufen* die Liebe – und falls sie sie nicht durch Heirat erkaufen, versuchen sie es auf andere Weise. Das ist es, weshalb ich die Männer so sehr verachte. Liebe sollte Hingabe sein, aber bei den meisten Männern ist sie – Ejakulation. Ich fürchte, ich werde nie einen Mann lieben können. Ich habe zuviel erlebt, und mir kann keiner etwas vormachen. … Aber der ungezähmte Teil meines Wesens ist immer noch verwegen genug, selbst in der Öffentlichkeit oder in einem Raum voller Menschen, dir meine Zuneigung zu zeigen. Und meine Augen würden vor Liebe aufleuchten, sie würden dir überallhin folgen und am liebsten nicht mehr von dir lassen. Jeder Teil meines Körpers würde diese tiefe Befriedigung durch Liebe zum Ausdruck bringen. Oh, mein Gott!

A.“

Almeda hatte allerhand Namen für Emma: „Meine liebliche, zerdrückte Goldtraube“ oder „zerquetschte Ananas“, „erstickte Holzapfelblüte“, „wunderbarer Duft verrotteter Äpfel“. Häufig unterbrach sie ihre Briefe mitten im Schreiben, um Emma „die Qualen zu ersparen“, denn sie fürchtete, daß sie ein „giftiges Kraut“ sei, das „ihr selbst und jedem aus ihrer Umgebung zum Verhängnis werden“ könne.

Es ist unbekannt, ob Emma und Almeda gleich zu Beginn ihrer Beziehung wirkliche Liebende waren. Immerhin geht aus Emmas Briefen hervor, daß sie Sperrys Liebe erwiderte, wenn auch mit weniger Leidenschaft. Sperry versicherte Emma jedoch: „Es macht nichts, wenn deine Gefühle nicht so stark sind wie meine. Zurückhaltung ist sogar ganz gut, weil sie läutert. Jede Erfüllung ist höllisch, weil sie uns satt und träge macht.“ Trotzdem schrieb Almeda ihr folgendes Gedicht:

> Oh Fels der Gleichgültigkeit, ich bin die warme Sonne,
> Ich will dich in Glut setzen mit meiner Flamme.
> Ich besitze dich und zwinge dich, mich zu lieben,
> Ich führe deine Auflösung herbei.

Almedas Briefe jedoch spiegeln ihre Zuversicht wider, daß Emma sie verstehen würde. Im März dann offenbarte sie ihr: „Ich habe nie einen Mann *gesehen*. Ich habe zwar Zweifüßer gesehen, die sich als Männer ausgaben, aber niemals einen *Mann*. Ich habe auch nie einen Mann wirklich geliebt. Vielleicht spiele ich meine Rolle zu gut, aber die Männer sind alle Lügner und Zuhälter und das einzige, was sie begehren, ist Sex.“ Doch als sie Emma eines Tages gestand, daß sie schwanger sei, gab sie immerhin zu, daß sie das Baby behalten würde – falls es „Sasch Berkmans Baby“ sei. „*Er* ist ein *Mann*.“

Almeda rühmte sich, ein unkonventionelles Leben zu führen, war aber, wie Emma, allen möglichen Gefühlsschwankungen und Eifersüchteleien unterworfen. Aus einem ihrer Briefe geht hervor, daß Emma, als sie von ihrer Promiskuität erfuhr, ihr ernsthaft empfahl, damit Schluß zu machen, um kein gesundheitliches Risiko einzugehen. Diesen Rat erteilte Emma nicht aus Eifersucht, sondern aus Besorgtheit um das Wohlergehen ihrer Freundin. Schließlich war es Almeda, die eifersüchtig wurde. Emmas Engagement für die anarchistische Sache, der anfängliche Grund ihres Interesses an Emma, wurde zum Keil zwischen ihnen, denn diese Aufgabe forderte so viel von Emmas Zeit und Energie, daß für die Freundin kaum etwas übrig blieb. Die war aber auch auf Emmas leidenschaftliche Hingabe an Ben eifersüchtig, der Almeda sehr respektlos behandelte, nur weil sie früher eine Prostituierte gewesen war. Er, der Anwalt der Unterdrückten, brauchte die Bestätigung seiner Überlegenheit über die Masse seiner Anhänger und seine Generosität gegenüber den Hobos, für die er eigens ein Bankett veranstaltet hatte, stand in auffallendem Gegensatz zu seinem unverschämten Verhalten Almeda gegenüber. Vermutlich spielte hier auch seine sexuelle Eifersucht auf die junge Rivalin eine Rolle.

Als feststand, daß Almeda Emma in New York besuchen würde, ermahnte sie Ben eindringlich, keine abfällige Bemerkung zu machen. Und: „Laß dir nicht anmerken, daß du weißt, was sie für mich fühlt." Doch die Feindseligkeiten zwischen den beiden nahmen ständig zu, wie es ein Brief Almedas an Emma deutlich bezeugt:

„Ich glaube nicht, daß ich Reitman gegenüber schlimmere Worte gebraucht habe, als er es tat. Einmal hat er Hutch Hapgood aufgefordert, an einer meiner Brüste zu saugen, während er die andere nehmen wollte, so daß ich zwei Orgasmen zugleich haben könnte. Und das ausgerechnet, nachdem ich mit Hutch ein so großartiges Gespräch geführt hatte. Er fragte mich auch, wieviel Männer es denn in dieser Stadt gäbe, mit denen ich noch nicht gefickt hätte. Liebste, wenn du wissen möchtest, wie sehr Reitman mich vom ersten Tag an gekränkt hat, dann stell du dich mal für eine Weile auf die Straße, wie ich es törichterweise mit einundzwanzig getan habe, und geh mit fremden Männern, die dich bezahlen. Für eine Frau deines geistigen Niveaus bist du erstaunlich naiv. Ich bitte Ben nicht wegen meiner verbalen Äußerungen um Verzeihung, sondern wegen meines Wutanfalls. Er hat von mir nur zurückbekommen, was er mir gegeben hat, nicht mehr und nicht weniger. Wenn er versuchen will, mich anzugreifen, ist er an die falsche Frau geraten. Seit er mir damals am New Yorker Bahnhof begegnet ist, habe ich einen abgrundtiefen Horror vor ihm. Ich habe sofort begriffen, was er wollte, als er mich am Arm packte, während wir die Straße entlanggingen. Und ich habe dieselbe Sprache benutzt, die er benutzt hat. Bitte, mach ihm das klar, sag es ihm, falls er je wieder beabsichtigt, eine sündenbeladene Frau zu treffen, der zum ersten Mal ein kleines Licht aufgegangen ist, sag es ihm, um der Menschheit und auch um seiner selbst willen und um der Frauen willen, daß er nicht wieder mit seinem Fuck-Gelaber daherkommen soll. Bitte, sag ihm, er soll sich doch endlich dessen bewußt sein, daß er an deiner Seite auch ein Repräsentant des Anarchismus ist.

Ich habe dir die geheimsten Winkel meiner Seele offenbart und dies ganz ohne Scham, weil ich glaube, daß es unserer Sache helfen könnte. Es würde mir überhaupt nichts ausmachen, wenn du meine Story an die Öffentlichkeit brächtest oder sogar meinen Namen erwähntest. Aber es gibt Abgründe, über die ich noch nicht gesprochen habe, weil ich die Zeit bisher nicht hatte. … Was wir am meisten in dieser Welt brauchen, ist Toleranz, meinst du nicht auch? Vielleicht ist es durch all das Leiden so weit mit Ben gekommen, wie auch mit mir. Es macht uns alle krank."

Emma übernahm in der Beziehung zu Almeda die Mutterrolle und hat sie zuweilen wohl auch wie ein Baby in den Armen gehalten. „Ich wollte, ich hätte eine Mutter wie dich gehabt", schrieb ihr Almeda, „nun bist du meine Mutter." Doch Almeda hegte auch Zweifel, ob die große Emma Goldman eine so unbedeutende und unsichere Person wie sie überhaupt ernstnehmen könnte. „Manchmal habe ich das Gefühl, als ob sie mich nur als Studienobjekt betrachtet, als spezifisches Produkt unserer Zivilisation. Die Sache geht ihr über alles." Diese Zweifel waren der Nährboden für das, was sie ihre „grausame Seite" nannte. Und sie setzte ihr Selbstgespräch in diesem anklagenden Brief fort: „Wenn ich mir dessen ganz sicher wäre, würde ich ihr das Herz aus dem Leib schneiden. Schaut her, wie das Blut herausprudelt! Aber Almeda, wenn du das tust, gibst du dir nur selbst eine Schwäche und dabei küßt du ihr doch so gern die Hände, Almeda, und liebst es, deinen Kopf an ihren wundervollen Busen zu legen." Die physische Distanz zu Emma war ein Grund mehr, ihr gegenseitiges Verlangen zu einem wahren Kult zu machen: „Mein Gott, wüßtest du, wie sehr ich von dir träume! Du sagst, wenn ich ein Mann wäre oder ähnlich fühltest wie ich, du würdest mich immer in deiner Nähe haben wollen. Liebste, ich möchte es nicht, selbst wenn ich könnte. Ich würde daran zugrundegehen. … Das Gefühl der Distanz, ein so angenehmes Gefühl, paart sich mit meiner schrecklichen Pein. Ich will keine *ruhigen* Freundschaften. Aber der Gedanke der Annihilation, der mir früher so verlockend erschien, reizt mich nicht mehr."

In einem weiteren Brief finden sich Andeutungen einer intimen Begegnung. Es könnte sich dabei um ein Produkt von Almedas Phantasie handeln, wahrscheinlich aber ist, daß Emma ihrer Zuneigung zu Almeda auch sexuell Ausdruck verliehen hat. Nach einem Besuch in New York beschrieb Almeda ihre Gefühle:

„Liebste, es war eine gute Sache, daß ich so richtig gekommen bin, als ich es bei dir machte – freilich, ich wäre sowieso richtig gekommen. Wenn ich nur den Mut gehabt hätte, mich zu töten, als du deinen Höhepunkt hattest – denn noch glücklicher werde ich niemals sein können, weil ich dich in diesem Augenblick so vollkommen besaß. Nun sieh doch, wie das Verlangen mich wieder ergreift, das Verlangen, dich immer zu besitzen. Und das ist eben nicht möglich. Kann es größere Qualen geben – einen größeren Himmel, eine größere Hölle? Und wie ich doch noch am Leben hänge, da ich mir wünsche zu leben, nachdem ich dich besessen habe. Befriedigt? Weiß Gott, mitnichten. In diesem Augenblick höre ich, wie das Blut an deinem Hals pulsiert. Ich verrausche in deinem Lebensblut, ich ströme durch die geheimsten Orte deines Körpers.

Ich wünschte, ich könnte dir entfliehen, aber meine Gedanken jagen mich von Ort zu Ort. Ich kann dem rhythmischen Fließen deiner Liebeswasser nicht entkommen.

Ich sitze hier am East Liberty und warte auf meinen Zug. Einen Augenblick lang sehne ich mich nach dir, und im nächsten Augenblick bete ich darum, dich nie wieder zu sehen. Ich bete darum, sterben zu können, denn das Größte, was die Welt hat, habe ich gehabt.

Sich mit aller Kraft nach etwas sehnen, heißt leiden. Aber diese Sehnsucht durch Erfüllung zerstören, ist tödlich. Süßes Verlangen! Rasendes Verlangen – revolutionäres Verlangen.

Die Qual hat mich wieder, liebes Herz, die Qual. Aber du hast mich reich gemacht. Du hast mich beschenkt. – In diesem Augenblick sehe ich, wie du in süßer Verzückung deine Lippen öffnest. Siehst du, mein Herz, nun kann ich dich immer besitzen (wie unvereinbar mit dem, was ich kurz vorher gesagt habe) und kann sogar in wüster Raserei Wein über dich schütten und dich vor Schreck stöhnen hören, dich wegen der Grausamkeit meiner Spielereien stöhnen hören.

Manchmal ist mein Haß auf dich größer als meine Liebe. Ich hasse dich wegen deiner unzähligen Interessen. Ich hasse dich wegen meiner Feigheit, dich nicht getötet zu haben und weil dein Leben nicht meines ist, das ich behalten oder mir nehmen kann.

Was ich dir gegeben habe, könnte ich keinem anderen Menschen geben, oh, mein Liebling, mein Liebling, so süß sind deine Säfte und du bist voller Honig.

Ich liege jetzt mit dem Gesicht zum Boden, und der Regen klatscht auf mich nieder. Über mir und um mich herum brüten dunkle Wolken. Ich bin untröstlich, ich bin verlassen.

Almeda"

Dann aber schämte sich Almeda ihrer Gedanken, die, wie sie glaubte, ihrer großen Freundin unwürdig waren, und versuchte, sich in die erhabeneren Augenblicke ihrer Liebe mit Emma zurückzuversetzen. Es gibt andere Briefe von ihr, die etwa so enden: „Ich werde noch ein paar Zigaretten rauchen und von dir träumen, ehe ich mich schlafen lege. Es ist so schön, an den Augenblick zu denken, als ich dich das allererste Mal sah. Heute nacht nähere ich mich dir in tiefer Verehrung."

Almeda erkannte so gut wie Emma, daß Frauen, deren Denken der eigenen Zeit weit voraus ist und die keinen Partner von vergleichbarer Intelligenz und Energie haben, sich nur schwer mit dieser Situation abfinden können. Auch sie identifizierte sich mit Mary Wollstonecraft:

„Seitdem ich Mary Wollstonecrafts Buch besitze, habe ich es schon zweimal gelesen. Arme Kreatur! Die menschliche Seele ist wie eine Pflanze. Ihre reife Schönheit wird, während sie sich entfaltet, ausschließlich von der

Güte des Samens und ihrer Umwelt bestimmt. ... Arme Kreatur. Auch sie hatte eine Vision ihrer Zukunft und war hin- und hergerissen von dem Widerstreit ihres Intellekts und ihrer Gefühle, der allen genialen Menschen gemeinsam ist. Menschen wie Mary bedürfen einer mitfühlenden, zärtlichen Liebe, die dennoch glühend sein kann. Statt dessen verschwenden sie sich an Männer, die ihrer nicht würdig sind. Es gibt ja nur wenige Menschen wie Mary, die sowohl sich selber als auch ihren Geliebten treu sind. Gute Mary! Gute Mary!"

Die Beziehung zu Almeda Sperry hatte Emmas Glauben an die freie Liebe gestärkt. Allerdings bemängelte sie an der Intimität zwischen Frauen den so häufig damit verbundenen Rückzug aus der Intimität mit Männern. Ihre Freundschaft mit Almeda stellte eine jener vielen engen Bindungen zwischen Lesbierinnen und bisexuellen Frauen dar, die sich, so meinte sie, „in bezug auf Intelligenz, Tüchtigkeit, Sensibilität und persönlichem Charme weit über dem Durchschnitt" vergleichbarer Beziehungen befanden. „Die moderne Frau gibt sich nicht länger damit zufrieden, ausschließlich von Männern geliebt zu werden. Es geht ihr um Verständnis und Kameradschaft. Sie will als Mensch anerkannt werden und nicht bloßes Objekt sexueller Befriedigung sein. Aber da ihr der Mann dies in vielen Fällen nicht geben kann, wendet sie sich ihren Schwestern zu."

Daher überrascht es auch nicht, daß Emmas Korrespondenz mit Almeda Sperry um so intensiver wurde, je mehr sie sich von Ben entfernte. Trotz der Launen, denen Almeda unterworfen war, und ihrer gelegentlichen Feindseligkeiten verkörperte sie durch ihre radikale, rebellische Art eine Alternative zu Emmas hiflsloser Leidenschaft für ihren „Mann". Sie gab ihrem Sinn für Unabhängigkeit neue Nahrung.

Ben jedoch fühlte sich bedroht. Während sich bislang sein Selbstgefühl als „der Mann mit dem magischen Touch" so ausschließlich auf seine Erfolge bei den Frauen gestützt hatte, sah er nun seinen „Willie" allein schon bei dem Gedanken an Emmas neue Freundschaft schrumpfen.

Sein kurzer Aufenthalt in New York, aus dem er sich bald wieder nach Chikago zu seiner Mutter zurückzog, war für Emma eine Enttäuschung gewesen. Die Spannungen zwischen ihnen bestanden weiter. Auch ihre ständigen Finanznöte und die mühselige Schinderei wegen des Fortbestandes ihrer Zeitschrift trugen nicht gerade zu einem romantischen Einverständnis bei. Als Ben sich offensichtlich darüber beschwerte, daß Emma „seinen Willie verschmähte", erhielt er eine eher bissige Antwort:

„Dienstag – nach dem Telefonat mit Hobo.

Wie kannst du behaupten, ich hätte W verschmäht? Schämst du dich denn gar nicht? Liebster Hobo, auf der ganzen Welt liebe ich dich allein. Aber Ich ist traurig, und Hobo versteht das nicht. Wenn er wenigstens geduldiger wäre, mich mal in seine Arme nähme und für eine Weile Ruhe gäbe, dann würde TB sich auch wieder rühren. Aber Hobo hält es damit genauso wie mit seinen Mahlzeiten – er macht sich hastig darüber her und läßt TB keine Chance. Wie Almeda Sperry mir schrieb, sind die meisten Männer so sehr auf ihre eigene Lust versessen, daß sie gar nicht fragen, ob die Frau auch zufriedengestellt ist, und deshalb ist es für eine Frau so leicht, sie glauben zu machen, daß sie es sei. Denkst du nicht auch, daß sie damit Recht hat? Mein Problem ist es allerdings, daß ich nicht bluffen kann und so tun, als wäre ich glücklich, wenn ich es nicht bin. Aber Hobo wird mir das sicher verzeihen und wird versuchen, mich zu verstehen – oder nicht?

Adieu, mein Liebling, ich liebe dich ganz schrecklich, und ich küsse W.

Mammy"

Im gleichen Atemzug beschwor sie ihn, seinen sexuellen Frustrationen nicht durch Masturbation beizukommen. „Versuch nicht, W zu drangsalieren; er gehört nicht dir, er gehört dem TB, verstehst du?"

Emma versicherte ihm, daß ihre Gefühlsschwankungen, die ihn so erschreckten, keinesfalls das Ergebnis einer neuen Liebesaffäre mit irgendeinem „blauäugigen Jungen" seien.

„In dieser Hinsicht brauchst du dir keine Gedanken zu machen. Meine Verdrießlichkeit und Depressionen haben größtenteils physische Ursachen. Ich habe in letzter Zeit vor und während meiner Menstruation schreckliche Beschwerden gehabt, was durchaus natürlich ist, besonders in Anbetracht der Tatsache, daß ich schon immer darunter leide, im übrigen jetzt das 'gefährliche Alter' erreicht habe und ohnehin von Schwermut geplagt werde. Du wirst fragen, warum? Aus vielen Gründen. Denn Jahr für Jahr, nach all unserer Plackerei und den Gefahren, denen wir uns aussetzen, stehen wir wieder da, wo wir angefangen haben – die gleiche Misere, die gleichen Schwierigkeiten, der gleiche Ärger. Es war noch nie leicht für mich, aber dieses Mal kommt es mir besonders hart vor."

Während dieser Zeit hielt sich Emma in Ossining auf, um Alexander Berkman bei der Fertigstellung seiner Gefängniserinnerungen behilflich zu sein. Ben war inzwischen nach New York zurückgekehrt und arbeitete wieder in der Redaktion. Er schrieb ihr:

„Mein geliebtes Schätzchen,

wenn wir nur die Zeit hätten, könnten wir die herrlichsten Liebesabenteuer erleben. Du verfügst über sämtliche Qualitäten einer neuen, jungen Geliebten. Nie zuvor habe ich so viel gearbeitet und nie so viel Energie in mir verspürt. Und sag es keinem: Ich habe nie so viel inneren Frieden besessen. Auch war deine Liebe noch nie so trostbringend und beständig. Jetzt fühle ich mich wirklich wie ein Teil von dir.

Ich liebe dich und möchte mit dir zusammen sein. Es gibt so viel zu tun und so viel zu erzählen, daß ich einfach nicht weiß, womit ich anfangen soll (ganz zu schweigen von Willie, der sich in letzter Zeit so ruhig und verläßlich benimmt, daß es mich überrascht). Doch dem TB und den Bergen muß ich sagen, daß ich sie nicht vergessen habe, in keiner Minute."

Bens Bruder, der die nächste Tournee vorbereitete, telegraphierte ihm die Ankunft ihrer Mutter in New York. Darauf reagierte Ben humorvoll: „Wir sind eben für die direkte Aktion, wir, die Familie! Mutter sagte, wenn ich ihr zu lange wegbliebe, würde sie einfach zu mir kommen. Welch eine reizende Überraschung."

Emma nahm die Ankunft ihrer „Schwiegermutter" gelassen zur Kenntnis. Jetzt, wo seine Mutter in New York war, arbeitete Ben, um Emma zu gefallen, so pausenlos, daß erstere ihn kaum zu Gesicht bekam. Über die Motive dieser Arbeitswut schrieb er an Emma:

„Zu leben und zu lieben sind die wichtigsten Dinge in meinem Leben. ... In diesen Tagen bringe ich alle mir zur Verfügung stehenden Kräfte in unsere Arbeit ein, so daß ich sehr wenig von meiner Mutter oder anderen zu sehen bekomme, und von Willie habe ich jede Spur verloren. Doch nur weil ich weiß, daß du mich liebst und wir beide uns einig sind, kann ich mich ganz der Arbeit hingeben. Ich bin mir sicher, daß mir dies nicht möglich wäre, befänden wir uns im Streit."

Ein paar Tage später kam Ben mit seiner Mutter auf die Farm. „Hobo kommt – hurrah!", schrieb die „verhungerte" Emma.

Die beiden Liebenden verbrachten den Oktober und November miteinander und trafen ihre Vorbereitungen für die nächste Reise. Als aber der 10. Dezember nahte, war die Stimmung schlecht, Emma setzte sich in den Zug und hielt ihren Vortrag ohne Bens Unterstützung. Alle seine Bemühungen während des vergangenen Sommers hatten es nicht vermocht, die Zeitschrift aus den roten Zahlen zu bringen. Auch Emma betrachtete ihre eigene Arbeit als Mißerfolg. Dieses Gefühl des politischen Versagens ging mit erneuten Spannungen in ihrer Beziehung einher. Sie erlag wieder einmal einem ihrer periodisch auftretenden Anfälle von Mutlosigkeit, zweifelte an ihrer Arbeit, zweifelte an sich selbst, zweifelte an ihrer Liebe zu Ben.

Ihrer Freundin *Ellen Kennan*, einer Lehrerin aus Denver, schrieb sie:

„Ich brauche dir nicht zu erzählen, wie oft ich den schrecklichsten Depressionen und Anfällen von Mutlosigkeit ausgesetzt bin. Es ist nicht der mangelnde Glaube an die Werte meiner Arbeit oder meiner Ideen, sondern jene tausend widerwärtigen Dinge, die das Leben einer landesweit bekannten Frau belasten und vor denen ich mit jeder Faser meines Seins zurückschrecke. Um erfolgreich zu sein, so denke ich manchmal, müßte man in der Haut eines Roosevelt stecken. Aber wenn sie dünn und durchlässig ist, bohren sich einem die gewöhnlichsten, kleinsten Ereignisse wie Nadeln in die Seele. Und es gibt so viele davon, daß ich oft meine, es geht nicht mehr weiter. Zum Glück verfüge ich über die Zähigkeit meiner Rasse – und daher muß ich weitermachen wie bisher."

Alexander Berkmans Buch mit seinen Gefängniserinnerungen war nunmehr druckfertig. Emma hatte ihm unermüdlich geholfen und ihn davor bewahrt, in die Verzweiflung zurückzufallen, die durch die Erinnerungen wieder heraufbeschworen wurde. Doch die zermürbende Arbeit brachte ihr nicht die Bestätigung ein, die sie sich von Sascha erhofft hatte. Über ihr widersprüchliches Verhältnis zu Berkman hatte sie an Ben geschrieben:

„Ja, mein Lieber, es war Liebe, die mich nach New York zurückkehren ließ – eine Liebe, genährt von den Sorgen und Verantwortlichkeiten aus sechzehn Jahren, die mich gelehrt haben, zu geben, ohne zu *fordern*. Denn als ich erkannte, daß Alex erneut krank war, erschien mir die Notwendigkeit meiner Rückkehr so unabweisbar wie die Tatsache, daß meine Lungen atmen. Aber das Baby hat zumindest wieder laufen gelernt. Warum also meine Kräfte noch länger verschwenden. Eines schönen Tages werde ich dir alles näher erklären. Im Moment möchte ich lieber nicht darüber sprechen. Es geht mir sehr schlecht, Liebling. Irgendwie spüre ich, daß auch du mich eines Tages nicht mehr brauchen wirst – das Ende also? Wenn ich wüßte, daß Gin Fizz mich aufmuntern könnte, würde ich eine ganze Menge davon trinken. Aber in meinem Innersten hält sich ein Kummer verborgen, der mit Gin Fizz nicht weggespült werden kann."

Das Erscheinen des Buches rief unerwartete Spannungen zwischen Emma und Ben hervor. Sascha hatte immer betont, daß er sich „im Innersten seines Herzens als Revolutionär und danach erst als menschliches Wesen" verstünde. Emma erschienen diese beiden Aspekte miteinander verflochten, wenn auch zuweilen im Widerspruch. Diesen hatte sie ja besonders in ihrem Verhältnis zu Ben zur Genüge erfahren und war entschlossen, auf der diesjährigen Reise den „vorrangig revolutionären" Teil ihrer selbst über den „menschlichen" zu stellen.

Die eigentliche Stärke der Gefängniserinnerungen lag dennoch in der Menschlichkeit seines Autors. Sascha hatte in dem Buch sein früheres Leben analysiert und jene Erfahrungen hervorgehoben, die ihn zu dem schicksalhaften Anschlag auf Frick motiviert hatten. Die menschlichen Aspekte dieses Buches, dessen Psychologie und Stil sie häufig an Dostojewski erinnerten, waren es, von denen Emma am meisten beeindruckt war. Trotzdem lehnte es Saschas Freund Jack London ab, ein Vorwort zu schreiben. Er würde sich gezwungen sehen, dieses anarchistische Dokument einer Kritik aus sozialistischer Sicht zu unterziehen, lautete die Begründung. Schließlich übernahm Hutch Hapgood diese Aufgabe. Er tat es mit einem Enthusiasmus, der, wie Emma es sah, dem großartigen Werk allein angemessen war.

Als Emma ihre Vortragsreise 1913 antrat, befand sich auch Saschas Buch in ihrem Reisegepäck. Für sie war es das „Dokument von Saschas Überwindung vom Alptraum des Gefängnisses und", so schrieb sie, „meiner persönlichen Befreiung von dem bohrenden Schmerz, sein Schicksal nicht geteilt zu haben". Es versetzte sie noch einmal in jene Tage zurück, als sie und Sascha voll jugendlicher Tatkraft gewesen waren. Und obwohl sie längst eine kritische Einstellung zu Saschas Begriff der Gewalt entwickelt hatte, identifizierte sie sich mit der eigentlichen Botschaft seiner Memoiren, nämlich der Idee, daß nur ein starker Glaube einem Menschen die Kraft gibt, fast alle Schicksalsschläge zu ertragen. Es waren Sascha und einige andere Gefangene mit politischem Bewußtsein gewesen, die die Brutalitäten des Gefängnislebens noch am ehesten durchstanden und sich gegen die Ungerechtigkeiten der Behörden selbst dann noch zur Wehr gesetzt hatten, wenn dies mit verstärkter Bestrafung geahndet wurde.

Sascha hatte sich im Verlauf seiner Gefängnisjahre von einem anfänglichen Außenseiter unter gewöhnlichen „Kriminellen" zu einem wahren Freund und Anführer seiner Mithäftlinge entwickelt. Er hatte ihre Spra-

che erlernt, ihr Vertrauen erworben und jene außerordentliche Kameradschaft und Liebe erfahren, die nur unter widrigsten Umständen möglich
ist. Er konnte es wagen, frei und offen über Homosexualität unter Gefangenen zu schreiben, ja, sogar über das eigene anfängliche „Entsetzen, seinen Ekel" gegenüber dem, was ihm als „exzessiver physischer Kontakt"
unter Männern erschien – und erst viel später als Ausdruck eines „höchst
wundervollen Gefühls". Während all seiner Anfechtungen in dieser extremen Situation hatte Emma den Briefwechsel mit ihm und so seine Verbindung zur Außenwelt aufrechterhalten. Sehr behutsam hatte sie ihm ihre
Schwierigkeiten geschildert, seinen in Freiheit lebenden Genossen, ja,
selbst engsten Vertrauten, den politischen Standpunkt eines Inhaftierten
verständlich zu machen. Sascha hatte ja zu spüren bekommen, wie die Distanz zu den alten Freunden immer größer wurde; nur von Emma wußte
er, daß sie ihn stets unterstützen würde, ganz gleich, wie weit sich ihre Ansichten voneinander entfernten.

Emmas augenblickliche Bemühungen, Saschas Botschaften in den Staaten Gehör zu verschaffen, mußten unweigerlich zu Spannungen zwischen
ihr und Ben führen. Berkman hatte ihn nie richtig akzeptiert. Und Ben
wußte auch, daß Emma ihm nie die Achtung zeigen würde, die sie für Saschas Leiden empfand. Auf dieser Vortragsreise fühlten sich beide wie von
seinem Geist verfolgt.

Vielleicht war es zum Teil wegen seiner Rivalität zu Sascha, daß Ben
plötzlich von dem Wunsch besessen war, zum Ort seiner Demütigung zurückzukehren. Dieses Mal, so redete er sich ein, werde ich den Vigilantes
von San Diego die Stirn zeigen und Recht und Redefreiheit wiederherstel-
len. Emma zeigte zwar Verständnis für sein Verlangen, gab aber zu bedenken, daß das dortige politische Klima sich wohl kaum so verändert habe,
wie er es irrtümlich glaube. Gegen ihr besseres Wissen stimmte sie schließlich ein: „Ben würde es nie gelingen, sich dem Bann dieser Stadt zu entziehen, wenn er nicht an den Schauplatz der Mai-Greuel zurückkehrte." Um
ihn nicht allein reisen zu lassen, arrangierte sie selbst einen Vortrag in San
Diego. Doch schon auf der Fahrt dorthin überfiel Ben die Angst vor der eigenen Courage.

Als die beiden frühmorgens den Zug in San Diego verließen, wurden sie
von fünf Gestalten empfangen. Vier von ihnen gaben sich diskret als Kri-
minalbeamte zu erkennen und stellten sie sofort unter Arrest. Der fünfte,
der sie ins Gefängnis brachte, kam ihnen auf höchst unangenehme Weise
bekannt vor. Und in der Tat, es war der Mann, der Emma im Jahr zuvor die
Vorladung des Polizeichefs überbracht hatte. Erst später fanden die beiden heraus, daß er der Anführer der Vigilantes war.

Zögernd betraten sie die ihnen zugewiesenen Gefängniszellen. Es dauerte nicht lange, da drang von der Straße das Gejohle des Pöbels herein:
„Reitman! Wir wollen Reitman!" Dann ertönten Autohupen, das Signal
zum Krawall, und wieder Rufe: „Reitman!" Einige Sekunden später erschien der Polizeichef in Emmas Zelle, um ihr, Ben und dem jungen Genossen, der die geplante Veranstaltung vorbereitet hatte, freies Geleit an-

zubieten. Wie schon immer, lehnte Emma auch diesmal jede Art von Poli-
zei-„Schutz" aus Prinzip ab, um ihre Stärke zu demonstrieren. Aber als sie
zu Bens Zelle gebracht wurde und ihr aus seinen Augen das blanke Entsetzen entgegenstarrte, sah sie sich gezwungen, ihren Entschluß zu überdenken. Eine Lösung wäre gewesen, allein in San Diego zu bleiben und die
beiden Männer dem Polizeischutz zu übergeben. Aber Ben würde sie nie
verlassen, das war ganz klar, auch wenn seine Ängste der Sache mehr schadeten als nutzten. Um nicht zwei weitere Leben aufs Spiel zu setzen, zog
Emma es vor, nachzugeben und den Polizeischutz, wenn auch zögernd, zu
akzeptieren:

„Kein Theaterstück wurde je dramatischer auf die Bühne gebracht, als
das unserer Errettung aus dem Gefängnis von San Diego und unsere Fahrt
zum Bahnhof. An der Spitze der Prozession marschierten ein dutzend Polizisten; jeder von ihnen trug eine Schrotflinte und Revolver steckten in
ihren Gürteln. Dann kamen der Polizeichef und der Chef der Kriminalpo-
lizei, beide schwer bewaffnet, Ben zwischen ihnen. Ich folgte mit je zwei
Beamten rechts und links. Hinter uns ging unser junger Genosse. Und hinter ihm noch mehr Polizisten.

Unser Erscheinen wurde mit wildem Geheul begrüßt. Soweit das Auge
reichte, sah man einen schwankenden, drängelnden Menschenhaufen.
Die schrillen Rufe der Frauen vermischten sich mit den vom Blutrausch
trunkenen Stimmen der Männer. Die Verwegensten unter ihnen versuchten einen Sturm auf Ben.

'Zurück, zurück!', schrie der Polizeichef, 'die Gefangenen stehen unter
dem Schutz des Gesetzes. Ich verlange Respekt vor dem Gesetz. Zurücktreten!'"

Die erniedrigende Erfahrung dieses Auftritts ließ in Emma den Entschluß reifen, eines Tages allein nach San Diego zurückzukehren, um eine
Entscheidung zugunsten der Redefreiheit zu erzwingen. Von ihrer Niederlage machte sie nicht viel Aufhebens, war sich aber völlig darüber im klaren, daß sie Ben nicht mitnehmen würde, auf den, wie sie einsehen mußte,
in kritischen Situationen kein Verlaß war.

„Er war impulsiv, jedoch ohne Standfestigkeit und Verantwortungsbewußtsein. Diese Eigenheiten seines Charakters hatten schon so oft unser
Verhältnis getrübt und mich für unsere Liebe zittern lassen. Die Erkenntnis, daß Ben nicht gerade aus heroischem Stoff geschaffen war, machte mir
viel Kummer. Er war von anderer Machart als Sascha, welcher es mit einem dutzend Männer aufnehmen würde und dessen kühle Überlegenheit
und Geistesgegenwart in riskanten Situationen ganz erstaunlich war. ...
Vom Gefühl her war ich bemüht, Ben zu entlasten und eine Rechtfertigung für seine Bereitschaft, sich aus dem Staube zu machen, zu finden. ...
Bens Gesicht war dicht neben dem meinen, seine Stimme flüsterte Liebeserklärungen, sein Blick verfing sich flehentlich in dem meinen. Und wie
schon unzählige Male zuvor, schmolzen alle meine Zweifel und Schmerzen
in der Glut meiner Liebe für den unmöglichen Jungen dahin."

San Diego, für die beiden Symbol ihrer zweifachen Niederlage, war zugleich Wendepunkt ihrer Beziehung. Emma fragte sich ernstlich, welchen Einfluß Bens Verhalten auf ihren weiteren Kampf gegen die Unterdrükkung haben könnte, falls es ihm nicht gelänge, den schrecklichen Schock des ersten Überfalls zu überwinden. Es schien, als ob all seine bisherige Arbeit nur reine Theaterregie gewesen wäre, wo er zwar die Fäden des Schauspiels in der Hand gehabt, sich aber nie aus dem Schutz der Kulissen herausbegeben hatte. Wirkliche politische Aktion hieß hingegen, sich selbst zur Zielscheibe der Vigilantes zu machen, für Emmas Aktivitäten mitverantwortlich zu sein und in jeder Minute den Tod vor Augen zu haben. Was Emma persönlich betraf, so gewährte ihr vorläufig die Macht des Tabus, gegen Frauen weder mit physischer Gewalt noch seelischer Grausamkeit vorzugehen, einen gewissen Schutz vor der Wut des Pöbels. Sie hatte also noch nie erlitten, was Ben widerfahren war. Vielleicht lag auch hierin einer der Gründe für ihre kritische Haltung gegenüber Bens „Feigheit". Von Sascha beeindruckt, weigerte sie sich, Gefahr überhaupt anzuerkennen. Furchtlosigkeit, glaubte sie, sei das wahre Kennzeichen eines Revolutionärs.

Folgende Passage aus seinem Buch hatte besonderen Eindruck auf sie gemacht:

„Gibt es irgendetwas, das mehr Würde verleiht, als für eine große, erhabene Sache zu sterben? Das Leben eines wahren Revolutionärs kann gar keinen anderen Zweck, keinen tieferen Sinn haben, als auf dem Altar des geliebten Volkes geopfert zu werden. Und was könnte es Edleres im Leben geben, als ein wahrer Revolutionär zu sein? Das erst macht uns zu einem Menschen, einem vollkommenen *Menschen*; zu einem Wesen, das keine höheren persönlichen Interessen und Wünsche hat als diejenigen, die für die Sache von Bedeutung sind; zu jemandem, der sich vom bloßen Menschsein befreit, sich weit darüber hinaus erhoben hat bis in die Höhen der echten Überzeugung, die alle Zweifel und jegliches Bedauern ausschließt."

Es war klar, Ben hatte es nach Emmas Meinung nicht geschafft, „ein Mensch" nach Saschas politischen Kriterien zu werden, und trotzdem fühlte sie sich hoffnungslos zu ihm hingezogen. Aber einmal, so wußte sie, würde sie sich „durch eine erhabene Tat der Sache weihen", vielleicht sogar ihr Leben hingeben. Und dazu würde Ben niemals imstande sein.

Es gehörte zu seinen Gewohnheiten, sich von Zeit zu Zeit zurückzuziehen, um „seine Seele zu pflegen" und sich zeitweise den Luxus eines von den anstrengenden Aufgaben für Emmas Ideale unbeeinträchtigten, privaten Lebens zu leisten. Über seine Flucht ins Zuhause nach der San Diego-Affäre war sie über die Maßen enttäuscht und verärgert, möglicherweise auch deshalb, weil ihr selbst das Verlangen, den Kampf aufzugeben, gar nicht so fremd war.

Ben, von Schlaflosigkeit geplagt, bedurfte „des Gefühls der Berge, um zur Ruhe zu kommen …" und „der Inspiration durch [sein] kostbares TB". Beide fühlten sich auch weiterhin zueinander hingezogen, aber ihr gemeinsames Engagement für den Anarchismus begann zu verblassen. Ben versuchte, dies durch einen betonten Optimismus und ein verbales Bekenntnis zur Revolution zu kompensieren. In Lawrence, Kansas, hatte er in einem Vortrag vor Studenten die Behauptung aufgestellt, daß alles Wissen auf Unwissenheit beruhe, daß Gott nicht existiere und daß Moral eine Angelegenheit von Geographie und der Stellung im Leben sei. „Die Arbeiter", sagte er, „glauben nicht mehr an die Unantastbarkeit von Gesetz, Privateigentum, Religion oder an die Notwendigkeit einer College-Ausbildung. Und weshalb? Weil die Revolution bereits im Gange ist. Ein normaler Mensch haßt nichts so sehr wie Armut und Tyrannei und will nichts anderes als Freiheit und die Möglichkeit zur Selbstverwirklichung. Er will die Welt aus eigenen Kräften verbessern, will daraus einen Ort machen, an dem man leben kann. *Die Revolution hat bereits begonnen!*"

Mit derartigen Übertreibungen konnte Ben aber Sascha nicht kommen, falls er unter dessen Schriftleitung für *Mother Earth* schreiben wollte. Nach dem San Diego-Debakel hatte Sascha ihm schon die Veröffentlichung eines Artikels verweigert und nun übte er in einem Brief heftige Kritik an Bens salopper Auffassung von politischem Denken:

„7. April 1913

Lieber Ben, ich weiß, wie sensibel du bist und hoffe, du wirst meine Zeilen freundlich und ohne Vorurteil lesen. Versuch, bitte, mich recht zu verstehen.

Ich bin gezwungen, etwas zu tun, was ich sehr hasse. Es geht darum, daß ich deinen Artikel in der vorliegenden Form nicht abdrucken kann.

Ein Herausgeber muß nicht notwendigerweise der gleichen Meinung sein wie seine Autoren, und ich habe bereits mehrere Artikel von dir veröffentlicht, mit deren Inhalt ich in verschiedenen Punkten nicht übereinstimmte.

Aber darum geht es hier nicht ... Mein Einwand ist, daß dein Artikel weder nach Inhalt noch Thema für *Mother Earth* geeignet ist. ...

Dein Artikel verzerrt Sinn und Geist der anarchistischen Bewegung. Natürlich hast du das nicht in bewußter Absicht so hingeschrieben. Ich vermute, dir ist es selbst nicht einmal aufgefallen. Aber im Endeffekt läuft es aufs selbe hinaus.

Der Artikel vermittelt *durchweg* den Eindruck, als ob EG sich ausschließlich an die Bourgeoisie in dementsprechenden Orten wende, als ob eine möglichst große Anzahl von Zuhörern wichtiger sei, als deren tatsächliche Qualität, und als ob wir es bei der Verteilung von Flugblättern besonders auf Autobesitzer abgesehen hätten.

Und dann machst du ständig Andeutungen, wie sehr du darauf hoffst, daß uns Leute mit viel Geld eine Erbschaft hinterlassen, daß reiche Leute unsere Bewegung unterstützen usw. Was soll diese ganze Bettelei! Laß mich deinen Artikel mit einem Buch von *Mark Twain* vergleichen. Man kann nicht mit seinem Finger auf ein einzelnes Wort oder einen Satz von Twain zeigen und sagen: 'Hier steckt der Witz', wenn das ganze Buch voll davon ist. Und so ist dein Artikel überall von dem Geist deines kompletten

Mißverständnisses über Sinn und Zweck der anarchistischen Propaganda durchdrungen."

Und belehrend fügte Sascha noch hinzu: „Die Verfolgung der Anarchisten durch die Polizei ist ein gutes Zeichen für unsere Aktivitäten. Wenn sie uns aber die Türen bereitwillig öffnen, ist das ein schlechtes Zeichen. Als Philosophie umfaßt der Anarchismus die gesamten Belange der Menschheit, als militante Bewegung beschränken wir uns auf das Proletariat. Es (und nicht die Intellektuellen) führt die Revolution an." In diesem Punkt war sich Sascha nicht einmal mit Emma einig. Sie war der Meinung, daß die Intellektuellen und Akademiker einer besonderen Art von Unterdrückung ausgesetzt seien und in der Revolution die Schlüsselfunktionen einnehmen würden. Sascha hingegen sah in ihnen nur Parasiten, die den Anarchismus als „intellektuellen Zeitvertreib" benutzten. Am Ende seines Briefes bezog er sich schließlich noch auf Bens persönliche Erfahrung: „Die Greuel von San Diego sind die beste Werbung für die anarchistische Bewegung als einer von Kapital und Patriotismus etc. *gefürchteten* Macht."

Ben verstand Saschas Verriß als eine indirekte Botschaft, auch von Emma, daß er nicht wirklich in ihre Reihen gehörte.

Auch wenn er noch weiter mit Emma arbeitete, hatte sich in seiner Einstellung zur Politik und sogar Religion ein Wandel vollzogen. Er wollte sich gegen Emmas Selbstgerechtigkeit zur Wehr setzen, aber das damit verbundene Risiko erschien ihm schier unerträglich. Er fühlte sich ausgenutzt; all seine bereitwillig geleistete Arbeit schien als Selbstverständlichkeit hingenommen, ohne je anerkannt worden zu sein. Das vorherrschende Gefühl jedoch war Angst. In ihrem Buch *Up-Hill All the Way: The Life of Maynard Shipley* hat die Suffragette Miriam Allen de Ford über die Begegnung von Maynard Shipley, ihrem Ehemann und Parteiführer der Sozialisten in San Francisco, mit Ben geschrieben:

„Am 13. Juli 1913 nahm Maynard an der ersten Diskussion seines Lebens teil. Zur Opponentin hatte er eine der meistgefürchtetsten Rednerinnen überhaupt: die schreckliche Emma Goldman. Er selbst konnte sich nicht vorstellen, wie er diese Auseinandersetzung mit der für ihre rauhen Taktiken und erbarmungslos rasche Auffassungsgabe berühmten Anarchistin überstehen sollte. ... [Einer seiner Freunde] war über Maynards Wagemut, sich mit Emma Goldman einzulassen, schlechterdings entsetzt: 'Sie wird dich mit Haut und Haaren auffressen!', prophezeite er und weigerte sich, diesem Gemetzel in San Francisco beizuwohnen.

Bereits zu Beginn der Debatte merkte Maynard, daß er seine Opponentin wütend gemacht hatte – ein sicheres Zeichen dafür, daß sie mit rationalen Argumenten nicht mehr aufwarten würde. Sie wurde sogar sehr persönlich, indem sie sich über seinen Prince-Albert-Rock mokierte, welchen Maynard in Ermangelung eines präsentableren bei all seinen Vorlesungen trug. Es kam zu keinen Entscheidungen, aber das Publikum, das zum größten Teil aus Anhängern von Miss Goldman bestand, zeigte durch seinen Applaus, daß Maynard mehr erreicht hatte, als nur seine Position zu verteidigen. Nach der Diskussion kam Dr. Ben Reitmanm, der 'Genosse' und Manager von Miss Goldman, zu ihm, um ihm das vereinbarte Honorar zu übergeben (das für die Zeitschrift *The World* bestimmt war). 'Shipley', flüsterte er, als er Maynard die Goldstücke in die Hand drückte, 'sie haben sie ganz schön in die Enge getrieben, und ich bin verdammt froh darüber!' Eine zweite Diskussion war für den folgenden Monat in Washington geplant, die dann am 17. August 1913 in Everett stattfand. Am Vormittag, als die letzten Vorbereitungen für die Veranstaltung getroffen wurden, ging Maynard noch in die Parteizentrale. Im Vestibül entdeckte er ein Klavier und da er sich unbeobachtet glaubte, spielte er ein altes romantisches Lied. Auf einmal vernahm er ein seltsames Schnaufen und dann ein Schluchzen. Er drehte sich um und sah einen Mann von beachtlicher Statur mit geröteten Wangen auf einer Bank liegen. Es war Ben Reitman, der Manager von Miss Goldman.

Sobald Ben sich von Maynard erkannt fühlte, konnte er seine Tränen nicht mehr zurückhalten. 'Oh, Shipley, ich habe dies alles so satt!', rief er aus, 'ich möchte wieder nach Hause, ich möchte nach Hause zu meiner Mutter!'"

Noch vor Ende des Monats war Ben tatsächlich wieder in Chikago bei seiner Mutter, befreit von allen politischen Belastungen. Er schrieb Emma: „Meine Geliebte, meine Frau, mein alles … Heute morgen hat Mutter mir die Haare gewaschen, und ich mußte daran denken, wie Mommy das früher bei mir gemacht hat." Mehr als alles andere in der Welt bedurfte er nun der fürsorglichen Pflege einer Mutter und hoffte „zu Gott", daß Emma ihm eines Tages dieses Gefühl der Sicherheit und des Seelenfriedens geben würde. Nur so würde er das Erlebnis Teer und Beifuß bewältigen können.

VII.
SÖHNE UND MÜTTER

Auch Emma sehnte sich nach einem Ort, der ihr und Ben nach den anstrengenden Reisen, dem ewigen Unterwegssein eine wirkliche Zuflucht bot. Sie hatte es satt, immer wieder von ihm getrennt zu sein und die Unsicherheiten und Mißverständnisse hinzunehmen, die diese Trennungen mit sich brachten. Was aber bedeutete „Heim und Familie" wirklich für sie in Anbetracht ihrer eigenen, frühesten Erfahrungen, wenn nicht die völlige Unterdrückung aller emotionalen und intellektuellen Regungen? Während der letzten Jahre war sie zuweilen nach Rochester gefahren, um den Kontakt zu ihrem Elternhaus wieder aufzunehmen. Ihre Mutter war nach langer Zurückgezogenheit zu einem engagierten Mitglied der jüdischen Gemeinde geworden und zeigte Emma voller Stolz die ihr verliehenen Auszeichnungen. Man erzählte sich, daß sie sich auf einer jüdischen Wohltätigkeitsveranstaltung geweigert hätte, die ihr zugestandene Redezeit einzuhalten; mit Hinweis auf ihre Tochter, die noch nicht einmal von der Regierung zum Schweigen gebracht werden könne, erklärte sie, daß die Gruppe nicht befugt sei, sie am Reden zu hindern. Um so mehr war Emma über die feindselige Reaktion der gesamten Familie entsetzt, als ihr Neffe Saxe im September 1913 zu verstehen gab, daß er nach New York umziehen wolle, da es ihm in Rochester an geistiger Anregung fehle. Dieser junge Mann, Saxe Commins, stieg später, freilich ohne den Segen seiner Eltern, zum Schriftleiter bei dem angesehenen Random House Verlag auf. Emma berichtet, daß er, genau wie sie, mit den Widersprüchen des jüdischen Familiensystems zu kämpfen hatte:

„Die jüdischen Familien betrachten es fast schon als Tragödie, wenn einer ihrer Angehörigen an Verstopfung leidet; ihr gesamtes Denken richtet sich auf das physische Wohlergehen. Sie würden sich selbst ihres letzten Pfennigs berauben und ihre eigenen Wünsche verleugnen, nur um demjenigen aus ihrer Familie nahe zu sein, dessen Gesundheit bedroht ist.

Aber laß einen von ihnen mal in geistige Nöte geraten oder sein Herz in seelischem Kummer verzehren, da wird er vergeblich um Verständnis oder gar Hilfe flehen. Meine Schwester Lena zum Beispiel tut alles für ihren schwindsüchtigen Jungen, aber sieht nicht, wie sie mit ihren Nörgeleien den armen Saxe zugrunde richtet, der seine Seele nicht dem Geldverdienen verschreiben will."

Hinter ihrer Verachtung für die Familie als Institution verbarg sich ihr unüberwindliches Mißtrauen allen Männern gegenüber, die sich anmaßten, ihr ein sicheres Zuhause bieten zu wollen. Ihr eigener Vater hatte sich finanziell und emotional als Versager erwiesen. Hinzu kommt, daß die jüdisch-orthodoxe Tradition der russischen Shtetl (jiddisch für Städtel = Gemeinde, Sprengel) in den Frauen die Bewahrerinnen der Familie sah, zuständig für fast alle Angelegenheiten des täglichen Lebens, während sich die Männer dem gemeinsamen Studium des Talmuds widmeten. Daß Emmas Eltern trotz des Versuchs, sich von dieser Tradition loszusagen, eine höchst unglückliche Ehe führten, war ja schließlich die Hauptursache ihrer negativen Einstellung zur Familie, die sich verfestigte, als ihre Schwestern, die sich für ein konventionelles Familienleben entschieden hatten, die so erkaufte Sicherheit mit Unterdrückung bezahlen mußten.

Emma war geneigt, die sexuellen Aspekte dieser Unterdrückung ihren eigenen Erfahrungen mit Ben gegenüberzustellen:

„Rochester, 29. Juni [ohne Jahreszahl]
Hobo, mein Schätzchen,
nun, seitdem ich die belebende Brise deines ursprünglichen, ungezähmten Wesens verspüre, wird mir die Engstirnigkeit meiner Familie um so schmerzlicher bewußt. Ich möchte sie nicht mehr ertragen müssen. Sie verstärkt nur noch meinen eigenen Haß auf all diese einengenden, versklavenden und entwürdigenden Zustände, die mir immer bewußter werden – gerade weil ich dich neben mir weiß, oh, so nahe, mein Liebling."

Emma machte es sich zur Aufgabe, das Modell einer neuen Familie zu entwickeln. So tödlich ihr die Isoliertheit der Kleinfamilie erschien, so verlockend war ihr der Gedanke, einen kommuneartigen Haushalt zu gründen, der ihr den Vorteil verschaffte, mit Ben zusammenzuleben, ohne sich in die Fesseln der herkömmlichen Ehe verstricken zu müssen.

Diese angestrebte Gemeinschaft sollte all die guten Elemente ihrer und Bens bisherigen Welten in sich vereinen, sogar etliche Bestandteile ihrer talmudischen und messianischen Traditionen. Sie würden „auf sich selbst gestellte Persönlichkeiten bleiben", und keiner von ihnen würde anderweitige wichtige Beziehungen aufgeben müssen. Selbst Bens Überzeugung, „Meine Mutter ist mein Zuhause", ließe sich ohne weiteres integrieren; auch seine frühere Freundin, die rothaarige Eleanor Fitzgerald, Lioness oder Fitzi genannt, sollte in die Kommune einziehen. Natürlich müßten alle wichtigen Mitarbeiter von *Mother Earth* zum Haushalt gehören; Emma würde über einen privaten Bereich verfügen, wie natürlich jeder andere Bewohner auch, und gleichzeitig im ständigen Kontakt mit den Genossen von der Redaktion bleiben. Sie redete sich freilich nicht ein, daß dieser Plan ganz ohne Tücken sei, so begeistert sie Ben auch darüber schrieb. Es war ihr klar, daß ihre Vorstellungen auf ein „alles oder nichts" hinausliefen. Zumindest hoffte sie auf einen Winter ohne Streit, vorausgesetzt, daß „wir dann wirklich über ein angemessenes Zuhause mit einigen Bequemlichkeiten verfügen und Hobo als Erfüllung seines größten Wunsches seine Mutter bei sich hat und schließlich noch Lioness als Stenographin. Vielleicht stimmt dich das milder Mommy gegenüber und bringt dich mir näher. Und wenn auch das schiefgeht, würde ich alles, aber auch alles, aufgeben und für ein paar Jahre wegfahren. Dann könnte ich nicht mehr weiterleben wie bisher. Gerade jetzt bin ich mehr als zuvor auf Liebe und Zuneigung angewiesen, und falls ich das von dir nicht bekommen kann, such' ich mir zumindest etwas Zerstreuung und verreise."

Im gleichen Brief machte sich Emma über die Spannungen ihrer Mutter-Sohn-Liebhaber-Beziehung lustig: „Liebster, einziger Hobo, ich liebe dich, obwohl du ein loser Vogel bist. Hat man schon je gehört, daß ein guter Sohn auch ein guter Liebhaber ist? Nicht, daß ich wüßte." Ihnen war klargeworden, daß sie ihre Fiktion von Emmas Doppelrolle als Mommy und Geliebte nicht würden aufrechterhalten können, wenn Bens Mutter mit ihnen unter dem gleichen Dach lebte.

Die Spannung, unter der Ben stand, wenn sowohl seine Mutter als auch Emma gleichzeitig bei ihm waren, spürte Emma genau. In solchen Augenblicken empfand sie Bens Aufmerksamkeiten ihr gegenüber als reine Pflichtübungen, denn seine Gedanken waren ganz bei der Mutter.

„Ich versichere dir, mein Hobo, daß ich dir deine starken Gefühle für deine Mutter keineswegs übelnehme, wirklich und wahrhaftig nicht. Aber es macht mich traurig, daß du mir in all den Jahren unserer Gemeinsamkeit niemals ... eine ähnliche Fürsorge und Hingabe erwiesen hast. ...

Es gab eine Zeit, Liebster, da glaubte ich tatsächlich, daß du unfähig wärst für Zärtlichkeiten, Aufmerksamkeit und Hinwendung. Aber seit ich gesehen habe, wie du dich deiner Mutter gegenüber verhältst, bin ich zu der Überzeugung gekommen, daß du sie und niemanden sonst und mehr als alles und jeden auf der Welt liebst, und mußte mir sagen, daß du also doch herzlich und aufmerksam und rücksichtsvoll sein kannst. Daß ich mich so elend fühle, wenn ich dich bei ihr in Chikago weiß, ist, weil ich versagt habe, weil es mir in all den sechs Jahren nicht gelungen ist, in dir eine ähnliche Liebe zu erwecken. Das ist mein Kummer, und er bedrückt mich sehr. Und das ist auch der Grund, weshalb du mich immer betriebsam und fröhlich sehen willst. Deine Liebe hat sich als zu schwach erwiesen, mich mit all meinen Nöten und meiner Verzweiflung zu akzeptieren – und das ist nach meiner Meinung das einzige Kriterium der wahren Liebe."

Emma erklärte Ben ihre Bereitschaft, sich mit der schwierigen Situation abzufinden:

„Uns erwartet immerhin eine große Aufgabe. Da niemand diese Last von mir nehmen kann, muß ich mich eben darein fügen. Vielleicht wäre ich nie so zielstrebig geworden, hätte ich eine hinreichende Erfüllung in der Liebe gefunden. Ich weiß es nicht. Aber ich habe nie eine derartige Liebe erlebt. Und so habe ich mich immer tiefer in die Arbeit vergraben, um dieses endlose Verlangen nach einer großen Liebe und jener Art von Hingabe, Rücksichtnahme und Aufmerksamkeit, die *du* zu geben vermagst, wenn du liebst, zu vergessen."

Und dennoch fürchtete sich Emma vor dem angestrebten ménage à trois: „Ich möchte dich ganz in meiner Nähe haben, möchte dich glücklich und deine Mutter zufrieden wissen, und doch habe ich Angst davor. Du weißt, mein Liebling, ich verstehe etwas von der Psychologie der Mütter, und deine Mutter ist so ausschließlich auf diese Rolle fixiert. Wird sie imstande sein, sich der neuen Situation anzupassen – in der ständigen Gegenwart ihres Herzblatt-Söhnchens? Und genau das ist die Frage. Wenn deine Mutter es nicht vermag, sind Spannungen unvermeidlich, und nichts hasse ich so sehr wie die Vorstellung, als eine Art Schwiegertochter zwischen dir und deiner Mutter zu stehen. Das würde ich nicht überleben."

All ihren Ängsten zum Trotz machte sich Emma voll Freude ans Pläneschmieden:

„Was nun die Einrichtung des Hauses betrifft, so soll das Büro in dem an der Straße gelegenen Raum des Untergeschosses sein, genau wie im Ferrer[-Center], mit direktem Eingang. Dann bleibt der Rest des Hauses sauber. Es ist ein schöner Raum, viel länger als unser jetziges Büro, doch nicht so breit. Dahinter befindet sich eine große, helle Küche, durch die man in einen wunderhübschen Garten gelangt.

Außerdem gibt es eine Art Empfangszimmer, ziemlich lang und auch wieder im Stil des Ferrer(hauses), nur viel schöner und mit Parkettfußboden. Das habe ich mir ausgesucht, und Hobo kann dann immer zu Mommy kommen und sie lieben. Es ist da niemand, der unsere große, wundervolle Liebe stören könnte. Dahinter ist ein prächtiges Eßzimmer; es wird eine Lust sein, darin zu speisen. Ein Drehtisch befördert das Essen aus der Küche ins Zimmer.

Im ersten Stock befinden sich zwei Zimmer und das Bad. Diese Zimmer habe ich an Stella und Saxe vermietet. Sie bezahlt vierzig Dollar im Monat dafür, einschließlich Licht und Wäsche. Das Bad in dieser Etage werden wir alle benutzen, aber es gibt noch eine separate „Tante Meyer" [Toilette], die man von der Küche aus erreicht. Wahrscheinlich werden wir im zweiten Stock eine weitere einbauen.

Dieser zweite Stock besteht aus vier Räumen – drei davon sind nicht besonders groß. Den größeren will ich Alex geben, weil ich mir gedacht habe, daß du gern mit deiner Mutter Tür an Tür wohnen möchtest und dafür eignen sich ganz ausgezeichnet die beiden ineinander übergehenden Räume. Alex wird also das vordere Zimmer bekommen und Smithy das danebenliegende. Somit hat deine Mutter einen absolut abgegrenzten, eigenen Bereich, aber natürlich stehen ihr Küche und Eßzimmer jederzeit offen. Das sind meine Pläne, aber wenn du es anders haben möchtest, steht dem nichts im Wege. Falls du und deine Mutter hier einziehen, wird, mit Ausnahme vielleicht in Stellas privater Etage, kein weiterer Bewohner hinzukommen. ...

Gestern abend schrieb ich dir, daß ich es für unsinnig halte, all eure Möbel hierher zu befördern; nun, nachdem ich deine Zeilen bekommen habe, sehe ich, wieviel sie euch bedeuten, und ich denke, daß es besser ist, wenn ihr mitbringt, was immer ihr wollt. Was soll's, wenn's ein bißchen mehr kostet. Euer Glück und eure Zufriedenheit, besonders das Wohlbefinden deiner Mutter, sind mir viel wichtiger. Was wir zuviel haben, können wir immer noch auf der Farm brauchen. ...

Mein lieber Hobo, ich hoffe, daß wir uns alle in unserem neuen Heim ganz wie Zuhause fühlen. Ach, ich sehne mich so sehr nach Frieden und echter Gemeinsamkeit; ich wünsche mir meinen Geliebten herbei – meinen liebsten Genossen, Mitarbeiter, Freund und Schätzchen zugleich. Ich liebe dich mehr als alles auf dieser Welt. Und mit dir möchte ich arbeiten."

Über Nacht hatte sich Emma die ganze Sache noch einmal durch den Kopf gehen lassen und unterbreitete am nächsten Tag Ben einen neuen Vorschlag für die Verteilung der Räume:

„Ich habe noch ein ganz tolles Zimmer für Hobo – im selben Stockwerk wie Mommy. Wär' dir das Recht, Liebling? Mir fiel eben ein, daß der Raum neben dem deiner Mutter schließlich doch ein bißchen zu klein für mein Schätzchen ist. Du brauchst ja den Platz für dein großes Bett, das bereits hier ist. Oder hältst du es für unbedingt notwendig, mit deiner Mutter zusammen zu wohnen?

Ihr Raum ist nicht sehr groß, doch gemütlich. Er hat ein eingebautes Waschbecken und einen Garderobenschrank. Und mit nur einem Bett wäre auch noch Platz für eine Kommode. Und dann ein Teppich und Vorhänge. Da wird sie sich sicher behaglich fühlen. Ich möchte, daß sie rundum zufrieden ist."

Ein paar Tage später stieß Emma beim Korrigieren von Bens Beitrag für *Mother Earth* auf den reichlich komischen Schlußsatz, in dem er von der Heimkehr zu seiner Mutter spricht. Sehr behutsam machte sie ihn auf seinen Fauxpas aufmerksam:

„Ich habe noch etwas verschwiegen und hoffe, du wirst es mir nicht verübeln. Ich wollte es dir schon immer sagen, hatte aber jedesmal Angst, dich zu verletzen. Aber da mein Hobo sehr vernünftig ist, soll er es jetzt erfahren. Es handelt sich um den Satz: 'Ich bleibe eine Weile bei meiner Mutter.' Liebling, in einem anarchistischen Magazin klingt so etwas unmöglich. Es wäre etwas anderes, wenn sie bei uns arbeiten würde oder eine Sympathisantin wäre. Aber sie hat nicht das Geringste mit uns zu tun, mein Liebes. Es klingt wie ein Kinderlied und ist völlig fehl am Platz."

Emma begann, den Umzug von der 210 in die 119. Straße voranzutreiben. Und obwohl die neue Wohnung viel geräumiger war als die alte, fiel ihr der Auszug schwer:

„Abgesehen vom Küchenherd hatten wir in der 210 keine Möglichkeiten zum Heizen, und mein Zimmer war am weitesten von der Küche entfernt.

Es ging auf den Hinterhof hinaus, und ich schaute direkt in die Fenster einer großen Druckerei. Das nervenaufreibende Summen ihrer Setz- und Druckmaschinen nahm nie ein Ende. Mein Zimmer war Wohnraum, Eßzimmer und Büro in einem. Ich schlief in einem kleinen Alkoven hinter dem Bücherschrank. Und davor schlief auch stets irgendwer, jemand, der vielleicht zu lange geblieben war und zu weit weg wohnte oder einfach zu schwach auf den Beinen war und einen kalten Umschlag brauchte oder überhaupt kein Zuhause hatte. ... Jeder kam mit seinen Sorgen zu uns in die 210, wie in eine Oase inmitten der Wüste des eigenen Lebens. Es war schmeichelhaft, aber zugleich auch lästig, weil wir niemals eine Stunde für uns allein hatten, weder tagsüber noch in der Nacht. ... Ein komplettes Kaleidoskop menschlicher Tragödien und Komödien hatte sich in den Wänden von 210 ..., diesem 'Heim der verlorenen Hunde', abgespielt. ... Nach einem allerletzten Blick in die leeren Räume trennte ich mich mit dem Gefühl eines tiefen Verlustes von ihnen. Zehn äußerst aufregende Jahre lagen nun hinter mir!"

In ihrem Buch *Gelebtes Leben* berichtet Emma über die neuen Räume:

„Ben und Miss Fitzgerald sorgten für das Büro, Rhoda [*Smith*, die saubermachte und kochte] für das Haus, während Sascha und ich uns um die Zeitung kümmerten. So hatte jeder seine eigene Sphäre, und es war genügend Spielraum für die verschiedenen charakterlichen Eigenheiten und Verhaltensweisen, ohne daß man sich gegenseitig in die Quere kam. Wir alle hielten Fitzi, wie wir unsere neue Mitarbeiterin nannten, für eine faszinierende Frau. Auch Rhoda mochte sie, obschon sie sich manchmal ein Vergnügen daraus machte, unsere romantische Freundin durch ihre gepfefferten Späße und Histörchen zu schockieren."

Wie vorauszusehen war, hatte Bens Mutter Ida die größte Mühe, sich der Hausgemeinschaft anzupassen. In Chikago hatte sie „zwischen ihren Töpfen und Tassen gelebt, unberührt von der Welt draußen". Sie liebte ihren Sohn sehr und hatte gehofft, ihn noch als erfolgreichen Arzt zu erleben. Stattdessen „hatte er seine Praxis, kaum daß sie eröffnet war, aufgegeben, hatte mit einer Frau, die neun Jahre älter war, 'was angefangen' und trieb sich mit gefährlichem Anarchistenpack herum". Obwohl sich Ida Emma gegenüber respektvoll verhielt, war es klar, daß sie sie nicht mochte. Emma berichtet noch weitere Einzelheiten in ihrer Autobiographie:

„[Bens Mutter] bekam das beste Zimmer im ganzen Haus, eingerichtet mit ihren eigenen Möbeln, denn sie sollte sich ja bei uns wohlfühlen. Ben frühstückte stets ganz allein mit ihr, und niemand durfte ihre Idylle stören. Bei unseren gemeinsamen Mahlzeiten nahm sie den Ehrenplatz ein und wurde von jedem mit höchster Zuvorkommenheit behandelt. Aber aus ihrer gewohnten Umgebung herausgerissen, fühlte sie sich unbehaglich. Sie sehnte sich nach ihrer alten Wohnung in Chikago und wurde unzufrieden und trübsinnig. ..."

In dieser Zeit der Eingewöhnung stieß Ben auf den Roman von D. H Lawrence *Söhne und Liebhaber*. In ihrer Autobiographie schreibt Emma über diesen „unglücklichen Tag": „Von der ersten Seite an erlebte er sich und seine Mutter in diesem Buch. Er betrachtete es als ihre Geschichte."

Söhne und Liebhaber ist die Geschichte der Beziehung von Lawrence zu seiner Mutter. Diese höchst anschauliche Interpretation der Entwicklung sensueller Bindungen zwischen einer vom Ehemann entfremdeten Mutter und ihren Söhnen aus dem Bergarbeitermilieu nahm Bens Denken völlig in Besitz. Besonders fesselte ihn die Geschichte Paul Morels, des zweiten Sohnes dieser Mutter, der unfähig war, sich der Liebe einer Frau, außer der seiner Mutter, hinzugeben. Diese Fixierung war das stärkste Element in Pauls Leben, doch während Leidenschaft und Pflichtgefühl ihn an die Mutter fesselten, unterhielt er eine rein geistige Beziehung zu einer Frau namens Miriam und fühlte sich fortan zwischen beiden Frauen hin- und hergerissen. Miriams religiöse Visionen, die Paul befähigten, dem bedrohlichen Alltag zu entfliehen, erinnerten Ben an Emmas Entschlossenheit, im Angesicht einer erbarmungslosen Realität allein ihren Idealen zu leben. Beide Frauen waren von der Idee des Sich-Opferns durchdrungen, und Paul, der sich von Miriams Vision sowohl angespornt als auch bedrängt fühlte, führte einen verzweifelten Kampf zwischen Haß und Liebe zu dieser Frau und allem, was sie verkörperte. Seine Mutter, der es nie leicht gefallen war, die Liebschaften ihrer Söhne zu akzeptieren, sah sich von dieser Frau am meisten bedroht. Sie konnte sie weder beherrschen noch ihrem Sohn das bieten, war Miriam ihm bot. Paul war sich der Hilflosigkeit seiner Mutter völlig bewußt, so daß sich sein Groll immer stärker gegen Miriam richtete. Ben identifizierte sich mit der Eifersucht der Mutter und den Schuldgefühlen des Sohnes, wie sie in folgenden Auszügen des Buches zum Ausdruck kommen:

„'Sie triumphiert, sie triumphiert, je mehr sie ihn mir entzieht', schrie die Stimme in Mrs. Morels Herzen, nachdem Paul aus dem Haus war, 'sie ist anders als alle normalen Frauen, sie beraubt mich um meinen Anteil, sie will ihn ganz für sich. Sie will ihn aussaugen und völlig vereinnahmen, bis nichts mehr übrig ist, nicht einmal für ihn selbst. Er wird nie auf eigenen Füßen stehen – sie wird ihn verschlingen.' So saß sie da und kämpfte und brütete grimmige Gedanken.

Und er, heimkehrend von seinen Ausflügen mit Miriam, war gezeichnet von wilder Pein. ... Unheimlich, furchterregend war dies alles. Warum war er so gespalten, so verwirrt, so gelähmt. Und seine Mutter, warum saß sie nur noch herum? Nur, um zu leiden? ... Warum haßte er Miriam beim Gedanken an seine Mutter, warum erregte sie grausamste Gefühle in ihm? Wenn sie es war, die seine Mutter peinigte, dann mußte er sie hassen – und es fiel ihm nicht schwer. Warum beraubte sie ihn seiner Selbstgewißheit, machte ihn zu einem beschränkten Etwas, das dem Einbruch der Nacht und des Alls in sein Innerstes nichts entgegenzusetzen hatte? Wie er sie haßte! Und danach, was für eine Aufwallung von Zärtlichkeit und Ergebenheit!

Wiederum entschloß er sich plötzlich, nach Hause zu rennen. ...

'Warum liebst du sie nicht, Mutter?', schrie er in heller Verzweiflung.

'Ich weiß es nicht, mein Junge', erwiderte sie kläglich, 'ich habe es so oft versucht, immer und immer wieder – ich kann es nicht!'

Freudlos und ohne Hoffnung sah er sich zwischen die beiden gestellt."

Eine weitere Frau, Clara, erregte seine sexuelle Begierde. Sie und auch andere Frauen und Situationen des Romans standen für Ben stellvertretend für seine Erfahrungen. Solange seine Mutter in Chikago gelebt hatte, fern von *Mother Earth*, dem Zentrum seines politischen und sexuellen Lebens, konnte er diese Konflikte umgehen. Aber da Ida nun in New York – und sogar unter dem gleichen Dach mit ihm und seiner einflußreichen Geliebten – wohnte, fühlte er sich der Situation und erst recht der bestürzenden Botschaft des Romans nicht mehr gewachsen.

Dieser löste das Problem der Rivalität, indem er seinen Helden zum Opfer der Mutterliebe machte. Paul Morel hatte schließlich erkannt, daß, solange seine kränkelnde Mutter lebte, er zu keiner anderen Liebe, zu keinem vollen Genuß des Daseins fähig sein würde. Und noch an ihrem Sterbebett war er der an die Mutter gekettete Jüngling. Ben empfand die Geschichte als erhebend, im Gegensatz zu vielen Lesern, die von dem Pathos der Mutter-Sohn-Beziehung eher betroffen waren. Die Botschaft des Buches schien ihm so klar, als ob sie an ihn gerichtet wäre. Emma erinnerte sich, daß „das Büro, unsere Arbeit und unser Leben wie ausgelöscht waren. (Ben) dachte an nichts anderes als an die Geschichte und seine Mutter und fing an, sich einzubilden, daß ich – und alle anderen – sie schlecht behandelten. Er beschloß, sie wegzubringen; er wollte alles aufgeben und nur für seine Mutter leben."

Als Ben erkannte, wie weit er sich bereits von seinen Pflichten entfernt hatte, beschloß er, „sich selbst vom Büro zu befreien". Keiner ahnte damals, daß er neu verliebt war. Anna Martindale, eine hochgewachsene, blonde Frau, hatte eines Tages den Buchladen aufgesucht, um sich mit anarchistischer Literatur einzudecken. Emma war zu dieser Zeit mit einer Überarbeitung ihres Vortrags über „Freie Liebe" beschäftigt, und Ben sah sich jetzt ihrem Zorn ausgesetzt, der sich in einer einundzwanzig Seiten langen Attacke entlud:

„Mein liebster Hobo,

ich habe nichts getrunken, und deshalb brauchst du dir auch nicht einzureden, daß diese Zeilen das Ergebnis meiner Trinkfreudigkeit wären.

Ich schreibe nur deshalb, weil es mir unmöglich ist, mit dir zu reden. Du bist so heftig, so ungeduldig, so hart und bekommst alles sofort in die falsche Kehle. Und aus purer Verzweiflung und Hoffnungslosigkeit verliere auch ich die Nerven und werde ungehalten. Das ist es, weshalb ich es vorziehe, dir zu schreiben.

Deine Ankündigung, dich deiner Pflichten im Büro zu entledigen, hat mich nicht überrascht. Ich habe schon seit Wochen damit gerechnet, allerdings nicht aus dem Grund, den du heute morgen angeführt hast: deine angebliche Unzufriedenheit.

Da gibt es noch andere Gründe.

Neulich sagtest du: 'Wie seltsam, daß die Menschen sich immer weiter voneinander entfernen.' Vielleicht ist dir das nur so entschlüpft. Es ist aber die Wahrheit. Du hast dich mir entzogen. *Ja, liebster Hobo, du bist mir entglitten.*

Glaub jetzt bitte nicht, daß ich zu jammern beginne oder, wie du kürzlich meintest: zu 'winseln'. Das tu ich nun wirklich nicht, mein Hobo. Ich weiß, daß sich Liebe niemals erzwingen läßt, und es ist auch keiner dafür verantwortlich, wenn die Liebe ihm flieht oder er die Liebe flieht.

Doch als denkendes Wesen habe ich nach einem Grund für deine veränderte Haltung gesucht und bin zu dem Schluß gekommen, daß deine gesteigerte Hingabe an deine Mutter die Ursache ist, weshalb deine Liebe zu mir sich erschöpft hat.

Bitte, bitte, Hobo-Schätzchen, geh mal ein bißchen in dich, ehe du behauptest, ich wäre eifersüchtig. …

Jeder von uns wundert sich über deine reichlich anomale Fixierung, die alles bisherige übersteigt und dein Urteilsvermögen über Sachen, die mit deiner Mutter zusammenhängen, trübt.

Im übrigen ist es mir längst klar geworden, daß sich hinter deiner Besessenheit noch andere Dinge verbergen …, die … unter anderem für deine Trink- und Rauchgewohnheiten verantwortlich sind.

Es ist das Nachlassen deiner Sexualität, deiner physischen Potenz – das ist es, Liebster. Je mehr das der Fall ist, desto stärker kommt das Kindliche in dir zum Durchbruch, das Kind in dir, das sich nach dem Schoß seiner Mutter sehnt. … Nein, nein, deine Mutterliebe war ja gar nicht so überwältigend, solange deine Sexualität dich noch auf Trab hielt und der Mann in dir nach Frauenliebe und weiblicher Gesellschaft Ausschau hielt. Und es ist noch nicht einmal die Krankheit deiner Mutter, denn kränklich war sie schon immer.

Es ist das Kind und nichts anderes, das in seiner Verlassenheit nach Anteilnahme und Bestätigung sucht.

Keine andere Mutter dieses altmodischen Typs könnte dir mehr geben, als deine Mutter dir gibt. Du bist ihre Welt, ihre Religion, ihr ein und alles. Sie ist von so altmodischer Art, daß sie noch nicht einmal für die Nöte ihrer Umwelt Interesse zeigt. Da ihr die Welt des Geschriebenen verschlossen ist, hat sie nur dich allein. Hätte ich dir dies alles gegeben, was sie dir gibt, wärst du nie von mir losgekommen. Selbst wenn ich es gekonnt hätte, würde ich es nie getan haben, denn für mich ist diese altmodische Mütterlichkeit das Schrecklichste, was einer Frau zugemutet wird; es macht sie so unglaublich hilflos und abhängig, so egozentrisch und unsozial, daß es mich mit absolutem Horror erfüllt. …

Nennst du das unser gemeinsames Zuhause, das du mit so altmodischen Vorstellungen belastet? …

Die einzige gute Zeit, die wir miteinander verbracht haben, waren unsere Reisen – und das war keine schlechte Sache. Zwar hatten wir unsere Schwierigkeiten und gehässigen Augenblicke, aber das ist nur natürlich bei zwei Menschen. Aber wir hatten unsere Arbeit und unser Vergnügen. …

Es stimmt schon, daß ich völlig ungeeignet bin, das Kind in dir aufzupäppeln, obwohl ich, weiß Gott, alles getan habe, was deine Mutter auch tut.

Ich fürchte, ich habe sogar mehr getan. Ich habe meine Freunde vor den Kopf gestoßen, habe mich meinen Genossen widersetzt und mich um meiner Liebe willen mit der ganzen Welt zerstritten. ...

Und ich habe etwas vollbracht, was sie nicht konnte: Ich habe dich für ein Ideal begeistert, dich mit dem Verlangen erfüllt, große Dinge zu tun. Und wenn ich zuweilen streng mit dir war, so nur deshalb, weil ich nicht wollte, daß du billigen Sensationen zum Opfer fällst. ...

Das ist mir gelungen, und ich brauche mich nicht zu beklagen.

Lieber Hobo, was immer du im Sinn hast, ob du fortgehen willst oder nicht – meine Gefühle, mein Interesse, meine leidenschaftliche Liebe werden dich stets begleiten. Ich möchte, daß du dir dessen bewußt bist, mein Hobo.

Mit innigsten Wünschen,
deine Mommy"

Als Emma diesen Brief schrieb, waren die Spannungen zwischen den Mitgliedern des Haushalts bereits unerträglich geworden. Es war ja durchaus richtig, wenn sie jetzt sagte, daß Sascha von Anfang an dagegen gewesen war, Ben und seine Mutter in die Wohngemeinschaft aufzunehmen. Die Auseinandersetzungen häuften sich und wurden heftiger; für Emma war das Maß voll.

„Der Bruch war nun unvermeidlich. Ben trug wieder einmal seine alten Beschwerden wegen der Mutter vor. Ich hörte ihm eine Weile zu, und dann schnappte etwas in mir ein. Plötzlich hatte ich den Wunsch, unserer Beziehung ein Ende zu setzen und irgendetwas zu tun, was jedem weiteren Gedanken und jede Erinnerung an diese Kreatur, die mich all die Jahre besessen hatte, für immer verbannen würde. In blinder Wut ergriff ich den nächstbesten Stuhl und schleuderte ihn auf Ben. Das Ding wirbelte durch den Raum und fiel krachend vor seinen Füßen zu Boden.

Ben tat einen Schritt in meine Richtung, dann hielt er inne und starrte mich verwundert und erschrocken an.

'Genug!', schrie ich, außer mir vor Zorn und Schmerz, 'ich habe genug von dir und deiner Mutter. Geh jetzt und nimm sie mit – heute noch, in dieser Stunde!'

Ben ging ohne ein weiteres Wort hinaus."

172

VIII.
NICHTS IST UNWIDERRUFLICH

Emma plante zum Jahreswechsel ein großartiges Fest, das ihr helfen sollte, „dem alten Jahr mit seinen Nöten und Schmerzen einen gewaltigen Tritt zu versetzen und das neue fröhlich zu begrüßen, ganz gleich, was es auch bringen würde". Sie war fest entschlossen, sich von ihrer Sehnsucht nach Ben und dem Verlangen nach einer gemeinsamen Geburtstagsfeier nicht unterkriegen zu lassen. Und der Sylvesterabend 1913 schien ihr die willkommene Gelegenheit für eine längst fällige Party, um endlich wieder Leben ins Haus zu bringen. Aber ihre zahlreichen Freunde, „Dichter, Schriftsteller, Rebellen und Bohemiens der verschiedensten Couleur", konnten, trotz heißer Gespräche über „Philosophie, Gesellschaftstheorien, Kunst und Sex", nicht die Leere ausfüllen, die Ben in ihrem Leben hinterlassen hatte. Während des ganzen Abends fühlte sich die vierundvierzigjährige Emma „allein und unaussprechlich traurig".

Es waren nun schon mehrere Monate vergangen, seit Ben und seine Mutter das Haus verlassen hatten. Zunächst hatten die beiden eine kleine Wohnung in New York gemietet, doch schon bald kehrten sie nach Chikago zurück, wo Ben noch einmal sein Glück als Arzt versuchen wollte. Bevor er sich Mitte Februar endgültig von Emma und New York trennte, machte er seinem Ärger und seinen Minderwertigkeitsgefühlen noch einmal Luft.

„146 Lenox Avenue

Mommy,

du schreibst mir ständig lange Briefe – und ich frage dich: 'Was willst du mir eigentlich sagen?' Nun, ich habe dir etliches zu sagen. Erstens, ich habe mich entschlossen, New York zu verlassen – *endgültig und für immer.* Mutter will schon Donnerstag nach Chikago zurück, und ich werde die Möbel nach Chikago aufgeben. …

Heute habe ich meinem Bruder geschrieben, daß er mir nun für eine Weile die Sorge um Mutter abnehmen muß.

Ich will eine Zeit lang weder für Mutter noch für irgendjemand anderen die Verantwortung übernehmen. Selbst, wenn Mutter ins Armenhaus gehen müßte.

Auch ich werde am Donnerstag New York hinter mir lassen. Wahrscheinlich gehe ich nach Michigan und versuche, in den Wäldern Ruhe zu finden. Ich muß endlich einmal Ruhe vor der Welt haben.

Ich habe keinerlei Pläne, keine Hoffnung, keinen Ehrgeiz und kein Schätzchen, das nach mir ruft oder mich braucht.

Ich will weg von Mutter, weg von der Arbeit, weg von allem. Wenn ich es nicht aushalte, komme ich zurückgekrochen und bitte um Verzeihung. Vielleicht werde ich auch trampen – ich weiß es noch nicht. Ich glaube, wenn ich erst einmal die Lasten und Verantwortlichkeiten los bin, werde ich mich wieder frei fühlen.

Ich bin jetzt fünfunddreißig Jahre alt und habe rein nichts – ich bin nur der Hausmeister oder der Clown. Für die Bewegung bin ich weniger als ein Nichts, und ich kenne niemanden, der mich ernst nimmt. Das großzügigste Lob, das sie, deine Genossen, mir spenden, ist, daß ich Literatur verkaufen kann. Kurz: du bist eine Wucht, Berkman ist eine Kraft, und Reitman ist ein Witz.

Ich werde innerhalb von drei Monaten oder schon früher vergessen sein. Ich bin absolut unbedeutend. Meine Aufgabe war es, euch dienlich zu sein, und ich habe dir und der Bewegung geholfen, so gut ich es konnte. Ich habe nur noch für die Bewegung gedacht; all meine Ideen und Einfälle galten ihr bzw. euch. Es war ein freiwilliger Dienst, und ich habe ihn gern getan. Ich *bedaure nichts*.

Nun ist alles vorbei. Du Unglückliche hast mir eine höchst witzige, alberne Diagnose gestellt, indem du annahmst, all diese Schwierigkeiten hingen mit meiner Mutter zusammen. Nein, nein, da mußt du schon noch einmal raten. Ich bin überhaupt nicht stolz, ich kenne mich sehr gut. Ich bin unwissend und oberflächlich. In Wirklichkeit mach' ich mir gar keine Gedanken. Ich bin ein Feigling und fürchte mich vor dem Tod und dem Gefängnis – ja, mehr bin ich wohl nicht. Aber du mußt mir meine *freie Meinung* lassen.

Immer wieder, wenn ich mir um deine Sicherheit oder unsere Veranstaltungen Sorgen gemacht habe, hast du mich einen Feigling genannt, hast mich mit Spott überschüttet, weil ich dir angeblich Philadelphia und San Diego vermiest habe, ich aber glaubte, der Polizei eins auswischen zu müssen. Du hast mich der Freude beraubt, *sie auf die Knie zu zwingen*. Als ich auf dem Rückweg von Paterson [Streik der Seidenarbeiter von New Jersey] ein aufheiterndes Wort von dir brauchte, habt ihr, du und Berkman, mich wie einen gemeinen Schuft behandelt, und du hast dich über meine unverbesserliche *Feigheit* aufgeregt.

Am 1. Januar [Bens vorangegangener Geburtstag] bin ich von einem fürchterlichen Schmerz aufgewacht; in meinem After hatte sich ein riesiger Abszeß gebildet, der später aufplatzte. Aber wenn ich dir so etwas erzähle oder über meine Magenschmerzen oder meine Raucherbeschwerden rede, verhöhnst du mich und nennst mich feige, anstatt mir zu helfen.

Und stets hältst du mir vor, wieviel du für mich aufgegeben hast und wie sehr ich dir das Blut aus den Adern ziehe … und so weiter und so fort. Einmal muß ich damit ein Ende machen und nun ist es so weit.

Ich bin davon überzeugt, daß eure Veranstaltungen auch weiterhin erfolgreich sein werden, und es euch wenig Mühe kostet, mich zu ersetzen. Lioness kann alle meine Pflichten übernehmen (und wenn nicht, was macht's), das bißchen Literatur, das ich verkauft habe, ist nicht der Rede wert.

Es ist egal, was passiert. Jedenfalls gehe ich weg. Wenn ich meiner Mutter kein Geld mehr schicken kann, muß sie sich selbst weiterhelfen.

Ansonsten gibt es nicht viel zu sagen. Du begreifst nicht, und ich begreife nicht. Was macht das schon.

Falls ich ohne dich nicht mehr leben kann, werde ich dich bitten, mich zurückzuholen.

Aber überlaß *das* getrost der Zukunft.

Es ist nicht nötig, daß du mir schreibst – ich weiß ohnehin, daß du immer recht hast, zumindest kann ich mich nicht erinnern, daß du jemals zugegeben hättest, daß du im Unrecht oder ungerecht oder herzlos gewesen bist – nicht, solange ich mit dir zusammen war."

Hobo"

Emma grämte sich über diesen Brief und antwortete Ben sofort:

„So sehr wünsche ich mir, du würdest wenigstens dies mit auf den Weg nehmen: daß unser Zusammenleben mich schrecklich traurig gemacht hat, traurig deshalb, weil meine Liebe zu dir so vollständig versagt hat. Vielleicht ist es mir nicht gegeben, Gemeinsamkeit, Harmonie und Einmütigkeit zu erwecken. Vielleicht bin ich nur dazu da, Zwietracht zu schüren. Ich weiß selbst nicht, was es ist. Ich weiß nur, daß ich in meiner Liebe zu dir versagt habe. Wäre es nicht so, würdest du verstanden, gewußt haben und keine Macht der Welt hätte uns trennen können. Es tut mir leid, wie gesagt, und ich hoffe, du kannst soviel von unserer Liebe retten, daß du gern und nicht mit schmerzlicher Bitterkeit ihrer gedenkst.

E."

Auch Emmas nächster Brief an Ben war voller Bedauern. Sie meinte, die Ereignisse von San Diego hätten in Ben eine Angst ausgelöst, die nur durch ein konventionelles Leben, abseits der anarchistischen Bewegung, abgebaut werden könnte.

„Ich fürchte, liebstes Herz, daß auch du noch zu sehr ein Sklave der alten Welt bist und deshalb zu leicht in den Kämpfen um eine neue unterliegst. Die alte ist freilich viel angenehmer, wärmer, komfortabler. Sie erfordert weniger Anstrengung und verursacht weniger Pein. Ich tadle niemanden, der sie den dornigen Pfaden der neuen vorzieht. Nur, ich selbst würde lieber in der neuen als der alten den Tod finden. Ich habe sie längst hinter mir gelassen, und für mich gibt es keinen Weg mehr zurück. ...

Ich liebe dich, liebster Hobo, doch du brauchst etwas Neues in deinem Leben. Ich wünschte, ich wäre diejenige, die es dir geben kann. Ich bin es nicht, und ich weiß dies.

In Treue
deine Mommy"

Ben vernahm Reue und Liebe aus Emmas Ton und begann zu hoffen, daß „Mommy" ihn zurückholen würde, denn seit ihrer Trennung war es ihm nicht gut gegangen. Als Arzt zu praktizieren, entsprach nicht mehr seinem Interesse, und so brachte er auch nicht die Energien auf, so eisern zu arbeiten, wie er es seinerzeit für *Mother Earth* getan hatte.

„Dein lieber Brief heute morgen war die erste warme Brise, seit ich vor langer, langer Zeit N. Y. verlassen habe. ... Nun will es mir scheinen, als würde ich ein ganz schwaches Anzeichen entdecken, daß Hobo sein Leben möglicherweise doch nicht in Einsamkeit und Verzweiflung zubringen muß. Dein Geist war zu sehr beschäftigt, ich befand mich in völliger Muße – tausendmal habe ich über das nachgedacht, was war und was ist, und, mein Gott, wie hast du mir gefehlt, wie sehr, da du ein Teil meines Lebens bist und *Mother Earth* mir im Blut liegt. Ich hatte ja keine Ahnung ... In jeder Sekunde hältst du meinen Verstand besetzt, jeder Gedanke ist von dir und für dich. ... Meine frühere Ausbildung und Arbeit waren nichts als eine Vorbereitung für dich und unser Werk.

Ich kann mir keine Arbeit und kein Leben ohne dich denken und vorstellen. Du, meine Erstgeborene, ich habe bisher nicht gewußt, wie völlig abhängig ich von dir bin."

Der reuige Ben schien sogar einer Ehe mit Emma nicht abgeneigt („Ich werde immer mit dir verheiratet bleiben."). Er bat sie, ihn zurückzuholen und scheute sich nicht, seine Verwundbarkeit einzugestehen.

„Zehn Tage in Chikago haben mich geheilt. Ich möchte zu Mommy und meiner Arbeit für *Mother Earth* zurückkehren. ... Ach, die sechs wundervollen Jahre mit dir haben mich für meine konservative Umgebung untauglich gemacht. Mommys Liebe und Arbeit sollen mich ganz in Besitz nehmen, und der Rest der Welt kann zum Teufel gehen. Ich habe alles noch eimal reiflich durchdacht und bin jetzt fest *überzeugt*, daß es mir *unmöglich* ist, ohne dich zu leben und zu arbeiten.

Warum, zum Teufel, schere ich mich noch um Erfolg und Geschäfte. ... Wozu brauche ich Geld? Für meine Mutter? Das kommt nicht mehr in Frage. Oder soll ich um ihretwillen meine Seele verkaufen? ...

Nein, Baby, ich möchte zu dir zurück. Ich hasse die Geschäftemacherei und die ärztliche Praxis. ... Ohne meine religiösen Neigungen bin ich der *konservativen* Welt völlig entfremdet und kann auch *nicht mehr zurück*. Niemals, und du weißt es. Ich bin überzeugt, daß es sogar Berkman leichter fallen würde, unter Konservativen oder Geschäftsleuten zu leben, als mir. ...

Ich bin mir jetzt darüber klar, daß ich für immer mit dir und *Mother Earth* verheiratet bin.

Baby, liebst du mich? Ich möchte mit *dir* leben und arbeiten und sterben.

Du bist meine Religion. *Du bist alles, was ich habe.* Seit ich dich kenne, habe ich nirgendwo anders Sex und Begierde erfahren. Wie steht es mit unserer Tournee? Ich möchte mit den Vorbereitungen beginnen. ...

Trotz aller Widersprüche bin ich mir sicher, daß es nur eine einzige Frau auf dieser Welt gibt. ... Oh, Baby, mein Schatz, begehre mich, liebe mich,

Hobo."

Bens Gesinnungswandel und sein Wunsch, unverzüglich zu ihr zurückzukehren, kamen für Emma überraschend. Sie mußte zugeben, daß auch sie „einer tödlichen Trägheit" erlegen war, äußerte jedoch ihre Bedenken: „Ich liebe dich, mein teuerstes Schätzchen, aber das scheint mir nicht genug zu sein."

Immerhin reichte ihr neugewonnenes Vertrauen aus, um über ihre Schwierigkeiten sprechen zu können. Emma hatte Ben einen Brief geschrieben, den er als liebevoll, aber seltsam bezeichnete. Sie hatte ihn ihrer unvergänglichen Liebe versichert, gleichzeitig jedoch Vorhaltungen wegen seiner Arbeitsmoral in den Monaten vor seinem Weggang gemacht. Sie sah darin einen Hinweis auf sein schwindendes Vertrauen in die Sache. Ben konterte mit einer Kritik an der „Schwermut der anarchistischen politicos" und einer Selbstverteidigung:

„Ich kann dir keine Erklärung dafür geben. Nur dies, ich konnte mich über das neue Zuhause nie richtig freuen. Mutter war eine ständige Quelle des Unbehagens und des *Unglücklichseins*. Ich konnte die Dinge einfach nicht mehr in den Griff kriegen, Herzchen, und du willst das nicht einsehen. Du hast mir nicht besonders viel Aufmerksamkeit zukommen lassen oder soll ich sagen: meine Bedürfnisse nicht erkannt. Das ist doch jetzt alles egal. Deine Arbeit ist meine Arbeit, und die Schwierigkeiten mit *Mother Earth*, all die Schulden, sind die meinen. Du bist die große Kraft in meinem Leben und die einzige Liebe. Und ich bin mir sicher, sogar mehr als sicher, daß ich mit dir auf Tour gehen will, wenn du magst. Sascha würde mich überhaupt nicht stören, was soll's. Auch wenn ich es dir nicht gesagt habe, den anderen hab' ich's gesagt: Ich glaube nicht, daß mir in der 74 [West 119. Straße] die Möglichkeiten, mich zu entfalten, wie ich es normalerweise gekonnt hätte, gegeben waren. Es scheint mir so, als ob das Haus selbst eine ganze Menge Düsterkeit und Irritation ausstrahlt. Ich kann gar nicht sagen, wieviel Sorgen und Schmerzen es mich gekostet hat, gewisse Dinge zu tun. ... Du und Sascha, ihr scheint das nie richtig begriffen zu haben, und ich fürchte, ihr werdet auch nicht begreifen, wie sehr ihr die 74 daran hindert, eine Wohngemeinschaft zu sein, in der es sich leben läßt.

Du sagst, du würdest erst dann mit mir auf Tour gehen, wenn du dir sicher bist, daß ich mich geändert habe. Was soll ich dazu sagen, Liebste? Ich möchte so gern mit dir auf Tour sein. Ich kann mir gar keine schönere Arbeit und kein größeres Glück vorstellen.

Ach, Liebling, das *Büro*, das liebe ich wirklich – ich bin es keineswegs leid. Arbeiten und planen, Ideen haben, das ist mein Metier. Daß Sascha – und auch du – an mir herumkritisiert und mir den Wind aus den Segeln nimmt, ist mein größter Kummer.

Aber was macht das schon. Ich liebe dich mehr als mein Leben, mehr als alles andere, und ich möchte bei dir sein.

Ich werde mich nicht in Chikago niederlassen, ganz gleich, was du zu tun beschließt. ... Du bist ein so wundervolles Geschöpf und eine viel zu bedeutende Macht in meinem Leben, als daß ich dich ohne Kampf aufgeben würde, obschon, manchmal denke ich, ohne mich kämst du vielleicht besser zurecht und hättest mehr Möglichkeiten, dich zu entfalten. Wer weiß, wer kann das voraussehen.

Heute abend will ich mir Thurston Browns Vorlesung über die „Kunst der Liebe" anhören. Vielleicht kann ich etwas erfahren, was mich zu einem besseren Liebhaber macht. Es ist mir schon klar, daß *du* mit mir nicht zufrieden warst.

Baby, blauäugiges, ich liebe dich, ich möchte die Berge hinaufsteigen und mich in Sicherheit wissen. Ich möchte süßes Vergessen im lebensspendenden Schatzkästlein finden. ... Ich kann es kaum erwarten, zu dir zu kommen. Ich sehne mich allein nach dir. Mit all meiner Liebe

Hobo."

Emma freute sich, daß Ben zu ihr zurückkehren wollte, war aber zu sehr mit der Fertigstellung ihres Buches über die soziale Bedeutung des modernen Dramas beschäftigt, um auf seinen Brief näher einzugehen. Einen Verleger für dieses Buch hatte Ben ihr seinerzeit schon besorgt. Erst als sie mit der Arbeit fast fertig war, schrieb sie ihm:

„Ich bin jetzt bei den letzten Federstrichen meines Buches. Wenn, was mit Blut geschrieben ist, die Qualität eines Werkes bestimmt, müßte dies gut werden. Mein Gott, welche Qualen ich durchgestanden habe, welche Zweifel und gräßlichen Konflikte ... Wenn's nur endlich fertig wäre, aber ich habe immer noch drei schreckliche Wochen vor mir. Vielleicht geht es mir besser, wenn ich die ganze Last des Schreibens vom Buckel habe. Jedenfalls danke ich dir. ... Hobo, sechs Jahre mit dir in meinem Blut und meinem Geist haben mir viel von meiner Unabhängigkeit genommen. ... Hobo, mein Hobo, gib mir meinen Glauben zurück, ohne den ich nicht leben kann. Sechs seltsam erschreckende und faszinierende Jahre. Hobo! Hobo!

Mommy"

Ihre Sehnsucht nach Ben hatte auch ökonomische Gründe: sie brauchte seine Hilfe. Sie war es satt, sich um die Finanzen zu kümmern, und sie war auf seine Tüchtigkeit als Literaturverkäufer und Agent angewiesen, auf sein Talent, das Publikum heranzuziehen. „Arbeit, Arbeit und nochmals Arbeit. Oh, Hobo, warum hast du mich mit all diesen Aufgaben im Stich gelassen? Niemand auf der Welt ist mir eine so große Hilfe gewesen wie du. Hobo ist grausam, aber trotzdem liebe ich ihn, und die M und das TB lieben ihn noch viel mehr."

So sehr sie auch zögerte, ihn zurückzuholen, Ben wurde nicht müde, ihr seine Bereitschaft zu versichern, auch wenn er zunächst über ihre ablehnende Haltung schockiert war.

„Meine wunderbare Geliebte,

reichlich komisch, daß ich dich anflehen muß: 'Mommy, hol mich zurück', und daß du mir erklären willst, was für mich am besten ist – nämlich nicht zurückzukehren.

Dein Brief vom Freitag hat mich fast umgebracht. Freud würde dies als psychisches Trauma bezeichnen. Da liegt er nun, der Brief, diese Hiobsbotschaft, auf meinem Bücherschränkchen und läßt mich erschaudern.

Stets töten die Menschen das, was sie lieben. ... Ich fühl' mich einsam, allein. Wirklich, ich habe keinen einzigen Freund hier. ... Ich habe mich von der Welt und allen Aktivitäten zurückgezogen, und ich sitze und denke über alles nach, was gewesen ist.

Die letzten sechs Jahre kann mir niemand wegnehmen – weder die Lieblichkeit der Berge noch die Süße des Schatzkästleins. Du wirst für immer meine Mommy und meine Geliebte bleiben.

Ich weiß ja, daß du mich rufen wirst, wenn immer du mich begehrst. Und das, daran glaube ich, wird sein, wenn jede Faser deines Körpers nach mir verlangt. Ich werde hier ruhig weiterarbeiten, stets bereit, deinem Ruf zu folgen – sei es in einer Woche oder in einem Jahr. ...“

Als sich der Tag ihrer ersten Begegnung zum sechsten Mal jährte, faßten die beiden den Plan, sich in Chikago zu treffen, doch politische Ereignisse zwangen sie, ihr Vorhaben zu verschieben.

Frank Tannenbaum, ein junger, bescheidener Genosse und zeitweiliger Mitarbeiter von *Mother Earth*, hatte schon mehrmals mit den Arbeitslosen vor den Kirchen Manhattans für Unterkunft und Brot demonstriert. Am 4. März 1914 nun alarmierte der Pfarrer der St. Alphonsuskirche die Polizei. Fast zweihundert Demonstranten, unter ihnen Tannenbaum und Berkman, wurden verhaftet. Berkman und die meisten der anderen wurden bald wieder freigelassen, während Tannenbaum zu einem Jahr Haft und fünfhundert Dollar Geldstrafe verurteilt wurde. Emma empfand dies als persönliche Herausforderung, auch war sie auf die IWW und die sozialistische Linke wütend, denen sie mangelhafte Unterstützung von Tannenbaum und seiner Taktik der „direkten Aktion“ vorwarf. Sie fragte sich, welche gewalttätigen Auswirkungen dieses Urteil haben würde, besonders in Anbetracht der bevorstehenden Konferenz der Arbeitslosen, für die auch Demonstrationen geplant waren. Inmitten dieser Unruhen erschien ihr die Beziehung zu Ben, trotz der Turbulenzen, wie eine friedliche Oase in einer feindseligen Welt.

„Was mir wegen der für Samstag angesetzten Kundgebung am Union Square die größten Sorgen bereitet, ist die Vorstellung, wie alleingelassen wir Anarchisten doch sind. Die Kundgebung selbst könnte friedlich verlaufen, aber jeder Versuch einer Demonstration in der 5. Avenue wird in Blut erstickt werden – davon bin ich überzeugt. Und der einzige, der dafür bezahlen muß, wird Alex sein. ... Wenn ich nur nicht diese Ängste hätte! Ich wäre so glücklich, New York hinter mir zu lassen. Mit der tiefsten Liebe im Herzen komme ich zu dir, mein Liebling, und mit großem Hunger auf deine Liebe und Hingabe. Ich freue mich auf unser Wiedersehen, wie auf ein neues Leben. Mein einziges Schätzchen auf dieser Welt, ich liebe dich. ...

Die uns zur Verfügung stehende Zeit ist sehr knapp, aber so ist das nun einmal. Viel schlimmer ist, daß wir auch von unseren eigenen Leuten scharf angegriffen werden. ... Elisabeth Gurley ist sehr krank; sie läuft Gefahr, ihre Stimme zu verlieren. Ich habe etwas Geld für sie gesammelt und werde sie auch besuchen.

Wenn ich nur daran denke, wie entsetzlich gleichgültig die Radikalen denen gegenüber sind, die sich abschufteten, schwindet mein Glaube dahin."

Emma fuhr fort, Ben über Flynns Schwierigkeiten mit den IWW zu berichten. Falls diese sich im Paterson-Streik gegen sie wenden würden, hatte Flynn einmal bemerkt, müßte sie aufgeben, es sei denn, sie hätte die Unterstützung „eines Menschen wie Ben". Die hoffnungslose Situation der Bewegung und die unheilverkündenden Kriegsvorbereitungen in Europa bestärkten sowohl Emmas Gefühl der Vereinsamung als auch ihr Verlangen nach einer festen Beziehung zu Ben. Doch sie konnte sich noch nicht von dem Schmerz und Ärger der vergangenen Monate lösen:

„Hobo, mein Hobo, ich liebe dich und habe keine Sekunde lang aufgehört, dich zu lieben. Aber dein Weggehen hat mir einen fürchterlichen Schlag versetzt, es hat mich zutiefst verletzt. Hätte ich nicht schon im letzten Herbst seit deiner Rückkehr nach New York so schrecklich gelitten, wäre ich vielleicht besser mit dem Abschiedsschmerz fertig geworden. Aber ich habe zu viel erleiden müssen, mehr, als du ahnen kannst. ...

Ich bin überzeugt, Liebster, wärest du an meiner Stelle gewesen, du hättest dies alles nicht durchgestanden. ... Und als du dann auch noch weggingst und mich mit all den Qualen und Lasten allein ließest, empörte sich alles in mir gegen dich, gegen die Tatsache, daß du dich mir versagt hast, als ich dich am meisten brauchte. Und das ist es, weshalb ich dich nicht mehr zu sehen oder mit dir zu arbeiten wünschte, dich nicht zurückrufen würde, wenn ich nur die Kraft dazu hätte, wenn ich dich nur nicht so liebte.

Aber ich liebe dich, Hobo, ich liebe dich mit einer Kraft und Hingabe, die keine Grenzen kennt, die mich krank macht, wenn ich nicht bei dir bin – krank macht aus Mangel an Licht und Wärme, aus Mangel an Lebensfreude.

Du bist drei Wochen fort, aber für mich sind es Monate gewesen, drei schreckliche Monate. Besonders die Nächte, so schlaflos, so ruhelos und zum Wahnsinnigwerden. Ich darf gar nicht darüber nachdenken, wie fürchterlich sie waren.

Ich habe gründlich nachgedacht, lieber Hobo; und ob ich nur eine Ertrinkende bin, die nach dem Strohhalm greift, oder ob unsere Liebe noch wirklich lebendig ist – ich will ihr eine Chance geben, noch einmal eine Chance. Natürlich weiß ich, daß das in New York unter den jetzigen Bedingungen nicht möglich ist. Deshalb werde ich allein sein, wenn du zu mir kommst – niemand wird da sein, der uns stören könnte.

Ich werde eine eigene, kleine Wohnung nehmen, denn ich halte die verschiedenen Temperamente hier nicht mehr aus. Und dir wird es leichter fallen, du selbst zu sein.

Wenn es soweit ist, wollen wir zusammen auf Tour gehen, denn schließlich waren die Reisen ja unsere glücklichste Zeit. ... Wenn du mich wirklich liebst und wieder mit mir arbeiten willst, kannst du bereits mit den Vorbereitungen für die Veranstaltungen in Chikago beginnen. Der erste Vortrag soll, wie gestern abend beschlossen, am Dienstag, dem 7. April, stattfinden. Hobo, mein Einziger, ich liebe dich, ich will dich, ich komme zu dir.

Oh, mein Hobo, wenn du nur gut zu mir bist, wenn du nur Mommys große Sehnsucht verstehst. …"

Mühsam kämpfte sich Emma durch den kalten Monat März. Ihre Veranstaltungen waren schlecht besucht, was sie als Beweis sah, daß sie Bens Hilfe benötigte. Sie haßte es, in großen Sälen vor nur wenigen Leuten zu sprechen, aber noch mehr das späte nächtliche Heimkommen in die 74, wo sie „zitternd vor Kälte, allein und hungrig am Küchentisch saß, um einen Imbiß zu nehmen, während die anderen längst schliefen".

Ben machte sich voller Eifer an die Vorbereitungen für die geplante Tournee, während Emma und Sascha gemeinsam Korrektur lasen, damit das Dramenbuch erscheinen konnte. Leicht verzweifelt schrieb sie: „Alex ist so langsam und so pedantisch, er diskutiert jeden einzelnen Satz. Am liebsten möchte ich das ganze verdammte Zeug ins Feuer schmeißen." Sie war froh, endlich wegfahren zu können.

Sorge machte ihr noch die für Samstag angesetzte Demonstration der Arbeitslosen. Würde die Polizei eingreifen? „Keinesfalls möchte ich, daß sich irgendetwas unserer Liebe und Arbeit in den Weg stellt, aber Mommy ist eine Kämpferin und wenn sie das Horn blasen hört, gibt es für sie kein Halten." Das war Ben längst klar geworden. Er ließ Emma wissen: „Ich möchte, daß du stets groß und tapfer und frei bist. Ich liebe dich, und nichts ist mir wichtiger, als daß du allezeit deinen natürlichen Impulsen folgen kannst."

Solche Worte waren Balsam für Emmas Seele, und sie konnte es kaum erwarten, ihn „in wilder und leidenschaftlicher Hingabe" in den Armen zu halten.

„Ist es wirklich wahr, daß ich in Glück und Liebe mit Hobo vereint sein werde? Manchmal wage ich es nicht zu hoffen. Was aber, wenn es anders kommt, wenn Hobo & ich nicht glücklich sein werden? Oh, liebster, einziger Junge, wir *müssen*, wir müssen zu unserem Glück finden. Es wäre zu schrecklich, wenn es uns nicht gelänge. Es darf nicht sein, bitte, Liebling. …

Guten Morgen, Hobo, mein Schatz. Das TB war so aufsässig, daß Mommy etwas getan hat, was nicht nett von ihr war – nur Hobo kann ihm diese Freude geben. Noch sechs Tage! …

Bald werde ich meinen schönen Geliebten sehen, den breiten Hut und den Stock, ganz so, wie ich ihm vor sechs Jahren begegnet bin. Bald wird er meine Seele in Flammen setzen, wie er es vor sechs Jahren tat. Bald wird er sagen: 'Hab' ich dir wehgetan?' Oh, Hobo, du bist so sehr zu einem Teil von mir geworden, daß ich nichts anderes mehr denken kann als: 'Hobo wird dies tun, und Hobo wird das tun, und Hobo wird sich um alles kümmern.' Du weißt gar nicht, was für eine Erlösung es für mich ist, auf deine baldige Mitarbeit zählen zu können."

Viele Jahre später umschrieb Emma in ihrer Autobiographie die Entscheidung, wieder mit Ben zusammenzuleben, mit dem russischen Sprichwort: *Wenn du trinkst, stirbst du; wenn du nicht trinkst, stirbst du auch. Also trink und stirb.* „Von Ben entfernt sein, hieß schlaflose Nächte, ruhelose

Tage und krankmachende Sehnsucht. Mit ihm zusammensein, hieß Auseinandersetzungen und Streit, bedeutete täglich die Verleugnung meines Stolzes. Aber es bedeutete auch Ekstase und neue Kraft für meine Arbeit. Ich würde Ben wiederhaben und mit ihm auf Reisen gehen, beschloß ich. Auch wenn der Preis hoch war, ich würde ihn zahlen; und ich würde trinken und nochmals trinken …‘“

So seltsam es klingen mag, der Höhepunkt ihres Aufenthalts in Chikago war nicht ihre Versöhnung mit Ben, auch wenn ihre Erwartungen sich durchaus erfüllten, sondern das Zusammentreffen mit Margaret Anderson und Harriet Dean, den Herausgeberinnen der Zeitschrift *The Little Review* – „offen für alle neuen Formen der Kunst und … frei von süßlicher Sentimentalität. Voll furchtloser Kritik konventioneller Daseinsnormen.“ Emma hatte bei Margaret Anderson angefragt, ob sie die Redaktion der Zeitschrift während ihres Aufenthalts in Chikago aufsuchen dürfe. Bei ihrem ersten Zusammentreffen überredete Margaret Anderson Emma, ihr Hotelzimmer aufzugeben und in ihre geräumige und ruhig gelegene Wohnung mit Blick auf den Michigansee überzuwechseln. Anderson gibt in ihrer Autobiographie *My Thirty Years' War* einen detaillierten Bericht über diese Begegnung:

„Sie bedankte sich herzlich, erklärte mir aber, daß sie niemals Familien besuchen würde, da sie sich nicht einmal für ein paar Tage an das bürgerliche Leben anpassen könne. Ich erwiderte, daß wir nicht eigentlich bürgerlich seien – vielleicht sogar geistesverwandt; auch wir besäßen keine Möbel. Es schien mir so, als wollte sie das nicht glauben. Aber sie wollte es sehen. …

Emma Goldman überraschte mich, sie war viel menschlicher als sie auf dem Podium wirkte. Bei ihren Vorlesungen war sie so ernst wie die unergründliche russische Seele selbst. Als Privatperson war sie munter, gesellig und feinfühlig. Ihr Englisch war von jenem eigentümlichen Idiom geprägt, wie es für russische Juden so typisch ist – es war voller Platitüden, und ich fand es faszinierend. Ihre Augen waren von einem klaren, kräftigen Blau, das beim Sprechen eher noch dunkler wurde. …

Ich machte mich auf den Weg zum Lexington-Hotel, um sie und ihr Gepäck abzuholen (ich muß gestehen, es war sehr umfangreich). Während wir vor dem Hotel standen und auf den Bus warteten, fiel ein Arbeiter von seinem Lastkarren, den er selbst gelenkt hatte. Er kam unter die Pferdehufe und versuchte, schrecklich schreiend, sich zu befreien. Es war bemerkenswert, wie EG sofort die Situation erfaßte – ein Aufschrei, und schon griff sie zu, noch bevor sich irgendeiner der Umstehenden in Bewegung gesetzt hatte. Sie zog den Mann unter den Pferden hervor und während sie ihm Erste Hilfe leistete, war ihr Gesichtsausdruck so grimmig, daß ich fürchtete, sie würde ihm eine runterhauen, sobald sie ihn wieder zu Bewußtsein gebracht hatte. Später erfuhr ich jedoch, daß sie jedesmal, wenn sie gefordert wird, so grimmig dreinzublicken pflegt. Wenn ich auf der Straße einem Bettler begegne, gehe ich ihm aus dem Weg; anders Emma. Sie macht ein Gesicht, als ob sie das Universum zerschmettern wollte. …

Nachdem wir Zuhause einen Imbiß eingenommen hatten (gekrönt durch einen Super-Kaffee von EG), spazierten wir zum Strand. Es wurde schon dunkel und außer uns war niemand mehr unterwegs. Mit tiefer, rauher Stimme sang EG Volkslieder aus ihrer russischen Heimat. Wir waren zutiefst bewegt.

Aber bald konnte die große Anarchistin ihre Begeisterung nicht mehr bremsen und telefonierte Reitman und ein paar andere 'Genossen' herbei. 'Es ist göttlich hier', schrie sie in den Hörer. Sie kamen und fanden es in der Tat göttlich.

'Du siehst so jung aus, Emma', riefen sie und erstürmten die Wohnung. Ich war froh, daß ich keine Möbel hatte. ...“

Emma war ungeheuer davon angetan, daß die beiden Freundinnen „die Fesseln ihrer mittelständischen Herkunft abgeschüttelt und jenseits aller Familienbande und bürgerlichen Tradition“ in einer lesbischen Beziehung „Befreiung gefunden hatten“. Sie fühlte sich in diesem femininen, avantgardistischen Milieu der zwei Frauen sofort heimisch. Möglicherweise wollte sie auch ihre Unabhängigkeit von Ben hervorkehren. Er jedenfalls sah sich von dieser Gruppe „halbverrückter Dichterinnen“, die von der Armut und dem Elend dieser Erde unberührt lebten, bedroht.

Margaret Anderson ist in ihrer engagierten Kritik über Emmas Chikagoer Vorlesungen der Wahrheit sehr nahe gekommen: „Was an Emma Goldman so irritierend wirkt, ist die Tatsache, daß sie sich ihren Zuhörern so unentbehrlich macht; es ist fast immer eine Tragödie, wenn sie das Podium verläßt. Wo Emma Goldman sich zeigt, scheint das Leben eine intensivere Qualität anzunehmen. Sie hat etwas Gigantisches, auch wenn bisher keiner eine Erklärung dafür gefunden hat. Vielleicht ist es – wie in der Wissenschaft –, weil für Emma nichts unwiderruflich ist.“

IX.
GEBURTENKONTROLLE
UND "BLUT–UND–EISEN–MILITARISMUS"

Vortragsreise 1914. Ben war wieder dabei und setzte alle seine Fähigkeiten für das Gelingen der Veranstaltungen ein. In allen Städten – Chikago, Madison, Minneapolis, Denver, Salt Lake City – bezog sich Emma bei ihren Vorlesungen auf die Thematik ihres jüngst veröffentlichten Dramenbuches. Aber sie scheute sich auch nicht, ihre Stimme gegen den wachsenden Militarismus, den der in Europa drohende Krieg ausgelöst hatte, zu erheben, noch verschwieg sie die blutigen Verbrechen an den in Ludlow, Colorado, streikenden Bergarbeitern (obgleich deren Gewerkschaft es sich verbat, mit ihr oder dem Anarchismus in Verbindung gebracht zu werden). Der rote Faden, der gleichsam all ihre Vorträge durchzog, war der Ruf nach Liebe und Freiheit und das Beharren auf der Vorstellung, daß die Erfüllung der persönlichen Bedürfnisse jedes einzelnen für das Allgemeinwohl genau so wichtig sei wie jede noch so nutzbringende Errungenschaft auf rein politischer Ebene. Um dem Risiko einer Festnahme zu entgehen, verzichtete Emma diesmal darauf, die Fragen der Geburtenkontrolle und freien Liebe direkt anzusprechen; sie hielt es für zweckmäßiger, die diesbezüglichen Aussagen gängiger Bühnenstücke zu interpretieren. Aus Noras Entschluß, die Tür ihres „Puppenhauses" hinter sich zuzuschlagen, zog Emma die Lehre, daß „nur Unabhängigkeit und Gemeinsamkeit eine echte Bindung zwischen Mann und Frau ermöglichen, die offen ist, ohne Lüge, ohne Scham und frei von der Sklaverei der Pflichten". Über das Drama *Maternité* von Brieux, das sich mit dem Elend der in Armut hineingeborenen Kinder befaßt, diskutierte sie. Es bestärkte sie in der „Forderung, daß den Frauen alle Mittel in die Hand gegeben werden müssen, um die Geburt unerwünschter und ungeliebter Kinder zu verhindern. Jede Frau muß ferner so stark und so frei sei, um sowohl den Vater ihrer Kinder als auch die Anzahl der Kinder selbst bestimmen zu können. Dies ist die einzige Art von Mutterschaft, die sich auf Dauer bewähren kann."
  Emmas erneutes Engagement für die Geburtenkontrolle wurde auch durch die Verbindung mit Margaret Sanger, der Herausgeberin von *The Woman Rebel* ausgelöst. Die Postbehörden hatten sich geweigert, diese

Zeitschrift an die Abonnenten auszuliefern, weil sie die Informationen zur Geburtenkontrolle als „obszön" verurteilten. Daraufhin hatte sich Emma bereit erklärt, sie nicht nur bei ihren Vorträgen in den verschiedenen Orten zum Verkauf anzubieten, sondern auch, allen Restriktionen zum Trotz, die ihr bekannten Literaturagenturen mit dem Vertrieb zu beauftragen. Am 26. Mai 1914 teilte sie Margaret in einem Brief aus Los Angeles mit: „Keine meiner Vorlesungen zieht so viele Menschen an, wie die über Geburtenkontrolle, und genau so ist es mit *Woman Rebel*; dieses Magazin verkauft sich besser als alles, was wir sonst noch anbieten."

Doch obwohl Millionen von Frauen und Männern im ganzen Lande auf klare Informationen zur Schwangerschaftsverhütung begierig waren – und das nicht nur aus Gründen der freien Liebe, sondern eher wegen des wirtschaftlichen Überlebens –, stellten sich viele andere auf die Seite der Regierung, die diese Bewegung mit allen Mitteln unterdrückte. Auch Emma konnte dies bestätigen:

„Es wird dich sicherlich amüsieren zu erfahren, daß viele Frauen über dein Blatt empört sind, natürlich in der Hauptsache die, deren Emanzipation nur auf dem Papier besteht und nicht in der Realität. Ich bin hier sehr damit beschäftigt, all die Fragen zu beantworten, die deine 'schamlose' Methode betreffen. Sie wollen es mir nicht abnehmen, wenn ich ihnen sage, daß du eine kleine, zartbesaitete, kultivierte Frau bist, zuweilen sogar schreckhaft, aber trotzdem an den Unternehmungsgeist und den Wagemut der Frauen beim Kampf um die Freiheit glaubst."

Beide Frauen standen in engem brieflichen Kontakt und teilten ihre Sorgen und Hoffnungen. Aus Denver schrieb Emma an Margaret über die Zechenstadt Ludlow, Colorado, wo sie keine Vorträge halten durfte und in der bei einer heimtückischen Attacke von Gewerkschaftsgegnern zweiundzwanzig Menschen umgebracht worden waren, folgende Zeilen:

„Wir leben zweifellos in großartigen Zeiten. Der Widerstand der streikenden Zechenarbeiter und die Solidarität, die sich sogar auf Teile der konservativen Gewerkschaften erstreckte, ist die herrlichste Sache, die diesem Land je widerfahren ist. Natürlich sind die Arbeiter erneut hintergangen worden, da man den Truppen erlaubte, in den Streik einzugreifen, und das ist allemal das Ende eines Streiks. Aber zumindest ist ein Anfang gemacht, und es hat sich gezeigt, daß die Arbeiter sich nur dann Respekt verschaffen können, wenn sie zu kämpfen bereit sind. Was die Sabotage betrifft, würde es deinem Herzen eine Wonne sein zu sehen, was alles zerstört worden ist. Ja, wir leben in großartigen Zeiten."

Aus San Francisco schrieb sie ihr:

„Über mich selbst gibt es nicht viel zu berichten. Unsere Veranstaltungen waren im großen und ganzen ziemlich entmutigend, obschon die letzten Vorträge ein wenig besser liefen. Ich werde hier noch drei Wochen bleiben und den Dramen-Kurs fortsetzen, und da wir einen zentral gelegenen Raum mieten konnten, rechnen wir mit etwas mehr Erfolg. Sicher ist, daß das Land unter den Folgen der Arbeitslosigkeit des letzten Winters leidet und die radikale Bewegung sich in einer Art geistiger Apathie befindet.

Und das gilt für all ihre Gruppierungen. Die meisten Mitglieder der IWW und auch andere – einschließlich der Anarchisten – haben nicht einmal den Mumm, eine Fliege zu erschlagen, von wirklichem Widerstand gegen die wachsenden reaktionären Bestrebungen, die unser Land verseuchen, kann überhaupt keine Rede sein. Möglich, daß dies die Ruhe vor dem Sturm ist – ich kann nur hoffen. Für mich ist es die Hölle, mit einer derartigen Situation konfrontiert zu sein. Aber wir müssen weitermachen – bis zum bitteren Ende.

Viele liebe Grüße, Emma."

Ben verfolgte die heftigen Diskussionen über das Für und Wider von Geburtenkontrolle mit steigendem Interesse. Er war ein aufmerksamer Zuhörer von Emmas Vorträgen, hörte sich aber auch die Argumente der Gegner an, die von dem Segen sprachen, den ein eigenes Kind auch der ärmsten Familie bringt. Eines Tages überraschte er Emma wieder mit dem Wunsch nach einem gemeinsamen Zuhause und gemeinsamen Kindern. Emma, inzwischen fünfundvierzig Jahre alt, machte ihm unmißverständlich klar, daß sie kein Kind haben wollte. Im übrigen, argumentierte sie, hätte Ben ja bereits ein Kind, das von ihm allerdings seit seiner Scheidung systematisch vernachlässigt worden sei. Doch Ben wollte nicht zu seiner ehemaligen Frau und dem Kind, das er ja kaum kannte, zurück und weigerte sich, Emmas Entscheidung zu akzeptieren. Als sie nach der Vortragsreise wieder in New York bzw. Chikago zurückkehrten, bekräftigte Ben noch einmal sein Verlangen nach häuslicher Geborgenheit:

„Wenn ich kein gemeinsames Zuhause mit dir haben kann, möchte ich bei meiner Mutter bleiben. ... Mein ganzes Leben lang habe ich Seite an Seite mit ihr verbracht und will das jetzt auch nicht mehr ändern. ... Am liebsten wäre ich ja mit dir zusammen, aber wenn du nicht willst, gehe ich zu meiner Mutter. ...

Es tut mir leid, daß ich dir so wenig zu geben vermag. Wenn ich versuche, mir ein Zuhause vorzustellen, ein wirkliches Zuhause, das du mir nicht geben willst, blutet mir das Herz. Was jeder Mensch braucht, ist ein eigenes Heim. Das ist so, auch wenn du es nicht wahrhaben willst. Ich fühle mich voller Leben, aber bei dir bin ich mir nicht sicher. Oh, meine Geliebte, ich kenne dich viel besser, als du glaubst. Und oft habe ich den Eindruck, daß du entweder dich selbst oder mich belügst."

All die Jahre hatten nichts daran geändert, daß Ben und Sascha nicht miteinander auskamen. Das sorgte immer wieder für Konflikte auch in Bens Beziehung zu Emma. Sie war eifrig bemüht, das Team zusammenzuhalten, aber der Kampf zwischen den Männern, so schrieb sie Ben, würde sie manchmal

„in den Wahnsinn treiben. ... Ich kann Alex ebensowenig vor die Tür setzen, wie du deine Mutter.

Seit 24 Jahren habe ich mein Leben – jeden Kummer, jede Sorge und die Hölle selbst – mit ihm geteilt. Daß ich nun ständig aufgefordert werde, mich zwischen dir und ihm zu entscheiden, grenzt ans Unerträgliche. Aber offensichtlich ist dir das so wenig ins Bewußtsein gedrungen wie

Alex. ... Bitte, liebes Herz, versteh mich richtig: ich versuche nicht, B vor dir zu rechtfertigen. Ich weiß, daß das Vorurteil ihm gegenüber durch seine Vorurteile dir gegenüber geweckt worden ist. Ich weiß, wie unvernünftig Alex ist und welche Schnitzer er sich leistet. Aber sobald du sagst, daß du Alex aus *Mother Earth* hinausboxen würdest, wenn du das Recht dazu hättest, zeigt das nur, wie blind du für die Tatsache bist, daß von allen Leuten, die wir kennen, keiner für diese Position geeigneter ist als er. Und es gibt auch niemanden, mit dem ich so vieles gemeinsam habe. ...

Hobo, mein Hobo, ich wollte, ich könnte dir klarmachen, wie sehr mir diese ganze Angelegenheit zusetzt, insbesondere mein Versagen, dich und Alex nicht einander nähergebracht zu haben. So ist das Schicksal. Unser Geschmack in bezug auf Freunde und Verwandte ist eben keineswegs derselbe."

Während der Vortragsreise hatte Sascha die alleinige Verantwortung für die Zeitschrift getragen, und Emma mußte nun feststellen, daß er die Finanzen völlig vernachlässigt und sich nur noch um die Belange der antimilitaristischen Liga und seine eigenen politischen Aufgaben gekümmert hatte. Freilich wußte sie um die Notwendigkeit, eine Organisation aufzubauen, die sich gegen den wachsenden Militarismus und den Eintritt der USA in den Weltkrieg wandte, aber *Mother Earth* war ihr zu wichtig, um einfach beiseite geschoben zu werden. Sie wollte erreichen, daß sich Ben und Alex gemeinsam um „ihr Baby" kümmerten. Noch einmal verglich sie ihre Verantwortung für die Zeitschrift mit derjenigen Bens für seine Mutter:

„Hobo möchte also, daß ich *Mother Earth* und N. Y. einfach aufgebe. Ich fürchte, mein Lieber, diese Bitte kann ich dir nicht erfüllen. Auch du kannst deine Mutter nicht im Stich lassen.

Ich habe in dieser Stadt viel durchgemacht, fast ein Vierteljahrhundert hier gelebt, und ich kann das alles nicht rückgängig machen – selbst wenn ich wollte. Was die Zeitschrift betrifft, du hältst dich für gut beraten, sie ihrem Schicksal zu überlassen? Willst du deine Liebe zu ihr aufkündigen? Was für ein seltsamer Hobo du bist.

Und Alex – je weniger ich dazu sage desto besser. Aber zumindest in einer Hinsicht irrst du: wenn er so wie du über *Mother Earth* dächte, nämlich sie als meine Angelegenheit betrachtete, hätte er sich in den letzten fünfeinhalb Monaten anders für sie eingesetzt. Er ist so mit ihr umgesprungen, als ob sie ihm gehörte.

Liebes Herz, der Himmel weiß, daß ich von Eigentum überhaupt nichts halte, aber ich habe *Mother Earth* zum Leben verholfen und ernähre sie seither mit meinem Blut.

Das verstehst du doch auch, Hobo. Ein Mann ist sich niemals seiner Vaterschaft sicher, aber eine Frau braucht nicht zu fragen. Das ist ihre Entschädigung für die vielen Beschränkungen, die die Natur ihr auferlegt."

Was Emma damit sagen wollte, war klar. Ihr Familiensinn beschränkte sich auf ihr Werk, ihr Wunschkind war *Mother Earth*. Und notfalls war sie bereit, als alleinstehende Mutter zu leben. Jedenfalls war dies kein Zeitpunkt, um mit Ben über ein Kind aus Fleisch und Blut zu reden.

Aber um Bens willen, der mit Sascha nicht auskommen konnte, nun immer auf Reisen gehen, war nicht, was sie wollte. Sie griff daher die Idee einer eigenen Wohnung wieder auf. Zunächst riet ihr Ben zu diesem Schritt, meldete jedoch ein paar Tage später Bedenken an.

„Nach meiner Meinung solltest du dir die Idee aus dem Kopf schlagen. ... Was soll aus deiner Familie – Sascha, Becky, Lioness und den anderen – werden? Wie sollen sie ohne dich zurechtkommen? Und was wird aus dem anarchistischen Zentrum? Darauf können wir doch keinesfalls verzichten. Auch ein Berater wie Sascha ist unentbehrlich. In dieser Hinsicht ist er von großem Nutzen. ... Was soll aus dir selbst werden? Du bist ein geselliges Wesen, du brauchst ein geräumiges Zuhause, einen Ort, wo du deine Freunde empfangen kannst.

Und was hast du mit mir im Sinn? (Ich gebe zu, ich bin nicht besonders scharf auf New York.) ... In der Tat, du bist wirklich der Boß, und jeder ist von dir abhängig. Du mußt die Entscheidungen fällen.

Ich werde dich weiterhin lieben und mit dir arbeiten, ganz gleich, was du vorhast. Du weißt, was ich über Sascha & *Mother Earth* denke. Ich glaube nicht, daß er und ich jemals wieder zusammenarbeiten sollten.

Aber ich mache mir keine Sorgen und hoffe das gleiche von dir. Denk über alles in Ruhe nach und entscheide dich dann."

Doch Emma hatte sich bereits entschieden:

„14. September [1914]

Liebster, es ist viel leichter, Fragen zu stellen, als sie zu beantworten. Was glaubst du, was ich in der Zeit bis zum 20. Oktober noch alles tun soll [am 20. Oktober sollte Ben, wie ausgemacht, nach New York zurückkommen]? Ich muß meine Vorträge vorbereiten, mich um eine Menge anderer Dinge kümmern – wie soll ich da noch meine 'Familie', wie du es nennst, reorganisieren?

Übrigens ist Lioness in der Tat deine Familie. Du hast sie in mein Leben gebracht – mit deiner Mutter ist es nicht anders. Und wir können diese Mitglieder nicht so ohne weiteres wegschicken, das weißt du selbst.

Ich muß das Nächstliegende tun, nämlich das Haus loswerden, das ohnehin eine kostspielige Angelegenheit ist und mir nichts als Kummer gebracht hat. Das und nichts anderes werde ich tun. Und dann die Sache mit dem anarchistischen Zentrum usw. Ich kann schließlich nicht die ganze Welt revolutionieren, Liebster.

Du fragst mich, was ich mit dir im Sinn habe. Dich lieben, natürlich. Aber ich kann nicht mein Leben lang herumreisen, nur weil du nicht bereit bist, mit Sascha zu arbeiten. Und ich kann deswegen auch nicht *Mother Earth* aufgeben. Hobo, das ist wirklich ein bißchen viel verlangt.

Du meinst, ich soll mir keine Sorgen machen. Mach du dir keine, sonst wirst du noch ganz mager. Außerdem habe ich breite Schultern und kann für zwei sorgen. ...

Mit tausend Grüßen
Mommy"

Für Emma war es eine beschlossene Sache, das gemeinsam bewohnte Haus aufzugeben: „Ich habe es satt, Schmarotzer zu füttern, und ich will auch nicht mehr mit anderen Leuten zusammenwohnen. Ich weiß, daß du mich auslachen und mir entgegenhalten wirst, ich hätte doch eine gesellige Natur usw. usw. Doch gerade jetzt habe ich ein dringendes Bedürfnis nach einem Fleckchen, das nur mir gehört."

Es stellte sich heraus, daß die Auflösung der Wohngemeinschaft auch von Sascha und Fitzi begrüßt wurde. Fitzi, einst die Geliebte Bens, war inzwischen zu einer unentbehrlichen Mitarbeiterin bei *Mother Earth* geworden und für kurze Zeit auch Saschas große Liebe gewesen. Sie war zurückhaltend, selbstkritisch und immer da, wo sie gebraucht wurde. Sie erledigte die Post, machte Öffentlichkcitsarbeit und schlichtete Meinungsverschiedenheiten innerhalb der Gruppe. Zuweilen bezeichnete man sie als „Emmas Frau", obgleich die gegenseitige Zuneigung von Strähnen der Eifersucht durchzogen war. Auch Fitzi hatte es satt, noch länger den ständigen Querelen in der Wohngemeinschaft ausgesetzt zu sein und beschloß, zusammen mit Sascha und seiner langjährigen Freundin Becky die Gruppe zu verlassen.

Emma, deren beherrschendes Wesen und zeitweilige Eifersüchteleien auf Saschas wachsenden Unwillen gestoßen waren, fing an, über ihre Fehler nachzudenken und war dann bereit, Sascha mehr Bewegungsfreiheit zuzugestehen. Er und Fitzi begannen, eine Vortragsreise in den Westen zu planen, auf der sie über Ludlow und die antimilitaristische Liga sprechen wollten.

Die Herausgabe der Zeitschrift übernahmen Max Baginski und Saxe Commins, während Emma und Ben in den nächsten Monaten zu einer weiteren Tournee aufbrechen wollten.

Nachdem nun die *Mother Earth*-Angelegenheit zumindest fürs erste geregelt war, konnte sich Emmas und Bens Briefwechsel wieder politischen Fragen zuwenden. Ben, der inzwischen zu einer neuen Einschätzung des Problems der politischen Gewalt gekommen war, versuchte, Emmas Meinung hierzu unter dem Aspekt des allseitigen Kriegsgeschreis und der Bildung neuer radikaler Gruppen überall im Land herauszufinden. Es gab zahllose Sabotageakte und Sprengstoffanschläge. Als sich die beiden bereits im Westen befanden, explodierte in ihrem Haus in der Lexington Avenue eine Bombe. Es hieß, die Explosion wäre von vier Anarchisten ausgelöst worden, die gerade dabei waren, eine Bombe zu basteln, die als Vergeltung für das Massaker in Ludlow für das Rockefeller-Anwesen in Tarrytown, New York, gedacht war. Während sich die meisten Mitglieder der IWW von diesem Vorhaben distanzierten, bekundeten Emma und Ben den Teilnehmern des Begräbniszuges, der von Sascha und Becky angeführt wurde, telegraphisch ihre Solidarität. Sie bezeichneten die Verunglückten als „Opfer des kapitalistischen Systems" und „Märtyrer der Arbeiterschaft". Ben gegenüber ließ sich Emma nur zögernd auf eine Diskussion über die Frage der Gewalt ein.

„Ich glaube, daß Gewalt etwas Unvermeidliches ist – was immer Jesus dazu gesagt haben mag. Aber sie ist nicht per se ein Bestandteil des Anarchismus. Es sind vielmehr die Verhältnisse, die das Individuum oder die Massen dazu bringen. Und ob ich nun selber Gewalt anwende oder nicht, niemals würde ich ein Individuum verurteilen, das sich in seinem Kampf der Gewalt bedient. Mein Platz ist an der Seite der gesellschaftlich Geächteten. Heutzutage glaube ich an das Recht der Arbeiter auf Widerstand, sei es in Colorado, Butte oder anderswo.

Aber mit einem marxistischen Einfluß hat das nichts zu tun. Es ist zum ersten Sache meines revolutionären Temperaments und zweitens meine feste Überzeugung, daß, wer sich die Freiheit nicht mutig erkämpft, sie nie haben wird."

Dann begann Emma, ein paar Beispiele willkürlicher Gewalt anzuführen, die sie mißbilligte, weil „es unverzeihlich ist, das Leben Unschuldiger zu gefährden". Sie räumte auch ein, daß etliche Leitartikel in *Mother Earth* und andere Veröffentlichungen zum Thema Gewalt „dumm" oder „aufgebläht" seien, daß sie als Herausgeberin aber nicht die Rolle eines „Bosses oder Diktators" übernehmen wolle, der sich anmaßt, bestimmte Äußerungen zu akzeptieren oder zu verbieten.

Ben empfand ihre Erwiderung auf seine Überlegungen als persönliche Kränkung:

„Zur Frage der Gewalt: Du verschwendest vier volle Seiten, um mir wieder einmal Dinge zu erklären, die ich schon hundertmal aus deinem Mund vernommen haben. Glaubst du, ich hätte es darauf angelegt, dich zu ändern? Oder irgend jemanden zu verurteilen? Nein. Selbst wenn unsere Jungs hundert Frauen oder Kinder töteten, wäre das für mich kein Grund, darin die richtige Linie zu sehen. Ich bin nach wie vor davon überzeugt, daß es wichtig ist, die sozialen Verhältnisse zu verändern. Um es kurz zu machen: ich bin an dem Punkt angelangt, wo ich mich in dieser Frage mit Tolstoi und Ferrer identifiziere. Bin ich deshalb ein schlechterer Anarchist?

Sicher, ich habe vielleicht vierzigmal meine Meinung geändert. Aber was beweist das schon? Ich möchte zu keiner Gruppe gehören, die sich als Meister des Bombenlegens aufspielt. Diese Brüder sind für mich schlechthin Terroristen. Und ich will niemanden so einschüchtern, daß er sich vor mir fürchtet. Ich will die Chance haben zu beweisen, daß unsere Ideen stimmen und der ganzen Welt helfen können.

Mit Gewalt hat, soweit ich es beurteilen kann, noch keiner eine Wahrheit bewiesen. ... Da ich mich öffentlich aller Gewalt widersetze, wie kann ich sie im Grunde meines Herzens tolerieren? ... Ich liebe dich ja, mein Verstand und mein Herz beschäftigen sich einzig und allein mit deinen Aktivitäten. Ich will ja mit dir arbeiten, aber ich will nicht lügen und für Dinge einstehen müssen, an die ich nicht glaube. ... Vielleicht bin ich zu spät in die anarchistische Bewegung hineingekommen."

Mag sein, daß es in Bens Absicht lag, Emma zu attackieren und sich von ihr zu lösen, indem er in seine Briefe einen untergründigen Antisemitismus – verbunden mit häufigen Anspielungen auf die Lehren Jesu – einfließen ließ. Er behauptete, das jüdische Publikum wäre an nichts anderem interessiert als an der Verbesserung seiner eigenen Existenzbedingungen.

„Und der Rest der Welt kann zum Teufel gehen. Im übrigen sind die Juden ihrer Religion, ihren Sitten und Gebräuchen verhaftet. Sozialisten, IWWler, Anarchisten, Juden – sie alle wollen sich niemals mit Amerikanern und Iren zusammentun. Genauso die Arbeiter und die jüdischen Gewerkschaften. Ich bin der Meinung, wir sollten antijüdische Propaganda oder sonst irgendetwas machen, um diese rassistische Gesinnung zu durchbrechen. Ich könnte einen großartigen Vortrag halten, speziell für Juden."

Emma antwortete:

„Hobo, du bist ja ein echter Antisemit – oder? Ich fürchte, ich kann deinen Standpunkt in dieser Frage nicht übernehmen. Siehst du nicht ein, daß du überhaupt nichts über die Juden weißt? Du hast doch selbst gesagt, daß du mit ihnen nicht in Berührung gekommen bist, bevor du mich kennenlerntest. Du bist wirklich nicht in der Lage, sie zu beurteilen. Aber wenn das, was du glaubst, wirklich wahr wäre, würde ich nicht wagen, sie zu verdammen, denn sie sind ständigen Verfolgungen ausgesetzt und verdanken ihr Überleben allein der Tatsache, daß sie zusammenhalten."

Emma glaubte, daß ihre Loyalität gegenüber dem eigenen Volk ihr die Freiheit verschaffte, ihre jüdischen Mitbürger hin und wieder zu kritisieren. Deshalb veranstaltete sie gerade am heiligsten aller jüdischen Feiertage, dem Jom Kippur, Versammlungen, um ihre Stimme gegen die Bildung eines jüdischen Staates zu erheben. Ihrer Meinung nach hatte sich der besondere Charakter der Juden aufgrund einer gemeinsamen Vorstellung entwickelt und nicht, weil sie eine Nation waren. „In Ermangelung eines eigenen Staatswesens konnten sie schließlich ihre kosmopolitische Urteilskraft entfalten, kristallieren und idealisieren ..., indem sie auf den großen Augenblick hinarbeiten, in dem die Erde zur Heimat aller Menschen, unabhängig von Herkunft und Rasse, wird."

Auch wenn Ben selbst auf sein Geburtsrecht als Jude verzichtet hatte, waren es doch die jüdischen Elemente, die eine so starke Anziehungskraft auf Emma ausübten: seine dunklen Haare und dunklen Augen und das, was sie als seine heftige Emotionalität bezeichnete. Für ihre neue Vortragsreise bereitete sie einen Vortrag zu dem Thema *Der Zar und „meine" Juden* vor (eine deutliche Absage an den jüdischen Nationalismus und jegliche Hoffnung auf Privilege oder Schutz innerhalb staatlicher Strukturen); sie nahm dabei nichts von ihrer Kritik an Bens Voreingenommenheit zurück.

Emma hatte inzwischen eine kleine Wohnung gefunden, aber der Umzug brachte sie ziemlich aus dem Gleichgewicht:

„Ben, mein Ben, es gibt immer wieder Tage, an denen ich nur noch voll Bitterkeit an dich denke, denn in den anstrengendsten Phasen meines Lebens bist du jedesmal weit weg von mir. Zu dir ist das Schicksal immer gut und erspart dir den Kampf und den Ärger.

Aber dann wieder bricht meine Liebe wie glänzendes Sonnenlicht nach einem Gewitter durch die Wolken und umhüllt dich mit Wärme und Zuneigung, und ich bin froh, daß wenigstens du von dem Elend, der lähmenden täglichen Routine, von Tellern und Tassen, Büchern und Kisten verschont bleibt, selbst wenn mir dies alles die Luft nimmt. Zumindest weiß ich dann, daß ich dich trotz deiner Kälte, deiner Gleichgültigkeit und Selbstsucht zutiefst und ergeben und leidenschaftlich liebe.

Das ist sicher nur eine von vielen Enttäuschungen in meinem Leben, aber mit der Aufgabe des Hauses fühle ich mich dem Frieden ein Stück näher, und auch die anderen Dinge werden sich allmählich regeln. Vielleicht werde ich bald, irgendwann, für ein Jahr lang Ruhe haben und mich ganz der Zeitschrift widmen. Ich habe die Vorträge, die Versammlungen, die wahnsinnige Hetze so satt. Ich brauche Ruhe, ich brauche Zeit, um zu lesen, um nachzudenken und zu lieben. Inzwischen haben wir auch ein schönes, großes, helles Büro – das beste, das wir je hatten. Und ich werde einen herrlichen, sonnigen Raum mit einer kleinen, putzigen Küche haben. Wenn ich nur noch ein Bad dazu hätte, dann wäre der Traum perfekt. Aber man kann nicht alles haben. ... Baby, diese Nacht ist meine letzte Nacht in diesem Haus, das von Anfang an verflucht war. Ich kann mich an keinen Ort erinnern, wo soviel Schwierigkeiten und Sorgen in ein einz'es Jahr hineingepackt waren. Ich bin froh, daß ich es hinter mir habe und voller Erwartung auf das Glück und den Frieden in meinem neuen Zuhause. Sicher werde ich dann wieder ausgeglichener sein und Hobo wird wissen – ich liebe ihn."

In einem weiteren Brief fuhr Emma fort:

„Das Leben ist ein ewiges Karussell, nur daß es selten fröhlich ist. Als ich vor vielen Jahren nach New York kam, wohnte ich in einem möblierten Zimmer. Nun bin ich wieder bei diesem Ausgangspunkt angelangt. ... Hobo, mein Hobo, ich liebe dich, aber ich habe die Welt, die Menschen und mich selbst satt. Bald werde ich wieder fröhlicher sein, hab Geduld mit mir, Lieber. ..."

Sie hatten sich bereits mehrere Wochen nicht gesehen und versicherten sich schriftlich ihrer gegenseitigen Treue. Obwohl Ben wußte, daß ihm kein männlicher Rivale drohte, machte ihm die Tatsache, daß Emma sich nun zu anderen Frauen hingezogen fühlte, nicht wenig eifersüchtig. Nachdem sie im September von Almeda Sperry besucht worden war, schrieb Ben ihr: „Baby, ich liebe dich und gehöre dir ganz allein. Ich hoffe, du hast viel Freude an Sperrys Besuch, aber ich möchte auch sicher sein, daß du keinerlei *Techniken* entwickelst, die meine Liebe überflüssig machen."

Und als dann auch noch Margaret Anderson zu Besuch kam, glaubte Emma, ihrem Geliebten beteuern zu müssen, daß sie immer noch heterosexuell sei.

„Ja, Margaret wird kommen, und ich freue mich darüber. Aber ich habe nichts dergleichen im Sinn. Ich liebe deinen höllischen Sex. Die meisten der Männer, die ich gegen dich austauschen würde, sind zu sehr auf ihre eigenen Frauen fixiert – Roe, Middleton etc., etc. So muß ich also bei dir bleiben, notgedrungen. ... Ich weiß nicht, warum ich dich liebe, aber ich weiß, wie sehr ich dich liebe, Hobo, Geliebter, mein alles.   Mommy"

Eingedenk der Komplexität ihrer Beziehungen verwundert es nicht, daß Emma nun auch Themen wie „Mißverständnisse der freien Liebe" in ihre Vortragsreihe aufnahm, Themen, die sowohl etwas mit ihrer eigenen Erfahrung zu tun hatten als auch eine Antwort an die Sozialisten darstellten, die Emma und auch die freie Liebe heftig kritisierten. Emma sprach von den verschiedensten Formen der Liebe: den freien, ehrlichen sexuellen Beziehungen außerhalb der Schranken von Monogamie und Ehe und der heimlichen, ungesetzlichen und wahllosen Promiskuität. Sie unterschied zwischen guten und schlechten Formen nichtmonogamer Beziehungen. Die guten bedeuteten zugleich eine spirituelle Einheit zweier Liebender, die schlechten lediglich eine physische Vereinigung. Emma versuchte damit auch den Gerüchten zu begegnen, die sie zu einer gefährlichen Verfechterin der freien Liebe machen wollten – ohne Sinn für moralische Qualitäten und nur darauf aus, das soziale Gefüge zu zerstören. Ganz entschieden vertrat sie die Ansicht, daß persönliche Stabilität niemals das Produkt auferzwungener, gesellschaftlicher Normen oder Gesetze sei, sondern sich auf Verantwortungsbewußtsein und wahre Liebe gründe.

Zusammen mit Ben hielt sie in Chikago Vorlesungen über den Krieg und das moderne Drama, ebenso in Grand Rapids, Detroit, Ann Arbor, Peoria und St. Louis. Wiederum führte Emma den Erfolg dieser Vortragsreise auf „das unschätzbare Organisations- und Managertalent ihres Mitarbeiters Ben Reitman" zurück.

Ohne ihn setzte sie in New York ihre Diskussionen über den antimilitaristischen Kampf und die freie Liebe fort. Und das zu einem Zeitpunkt, als die Vereinigten Staaten ihren Eintritt in den Krieg vorbereiteten und die Repressionen immer spürbarer wurden. Sozialisten und Anarchisten sahen sich einer wachsenden Isolation ausgesetzt. Emma war überzeugt, daß ihr Werk die Genossen ermutigen würde, „da sich bereits die Verzweiflung in den Reihen der Radikalen" breitgemacht hatte.

In der Stille der eigenen Wohnung konnte sich Emma ganz auf das Schreiben konzentrieren. Sie, die jahrelang Gastgeberin bei allen möglichen Festlichkeiten gewesen war, genoß es, jetzt sogar das Weihnachtsfest auswärts bei ihrer Nichte Stella zu verbringen, nachdem sie bis 4 Uhr morgens getanzt hatte. An Ben schrieb sie: „Ich kann nicht behaupten, daß es mir nicht behagen würde; denn all die Belastungen und Sorgen für eine große Familie, die ich jahrelang zu tragen hatte, haben mir die Hausarbeit sehr verhaßt gemacht. Ich genieße meine sturmfreie Bude, ihre Ruhe, ihren Frieden. … Es ist keine einzige lästige Person im Haus, die mir auf die Nerven geht und meine Energien anzapft. Ein wundervolles Gefühl."

Die Behaglichkeit wurde jedoch durch ihre Sehnsucht nach Ben stark beeinträchtigt:

„Nun gut, Lieber, ich werde nicht sagen: 'Wenn du mich liebst, dann, bitte, komm nach N. Y.'

Ich meine vielmehr, daß du dich von dem leiten lassen solltest, was in deinem Leben der stärkste Impuls ist. Und falls dies deine Liebe zu mir ist und dein Interesse an der Arbeit, dann – und warum auch nicht – wirst du natürlich nach N. Y. kommen. Als guter Jünger Jesu solltest du wissen, daß ein Mensch an seinen Taten zu erkennen ist. ... Und ich hab' dir ja schon mal geschrieben, daß – falls meine Existenz davon abhängt, dich bei mir zu haben, ich jedoch weiß, daß du nicht gern kommst – ich lieber allein bleibe, als mit deiner Liebe, deinem Sex, deiner Zuneigung ein unlauteres Spiel zu treiben. Baby, das bringe ich einfach nicht fertig. Du mußt tun, was dein Herz dir befiehlt, sonst würde ich keine Freude mehr an dir haben."

Als sein Geburtstag nahte, der 36., verfiel Ben, wie schon im vergangenen Jahr, ins Grübeln; er fühlte sich alt und zweifelte daran, daß es das Richtige für ihn sei, als Emmas Manager zu arbeiten. Sie tröstete ihn:

„Du sprichst vom Altwerden – das finde ich sehr lustig; sechsunddreißig Jahre! Das ist die beste Zeit im Leben eines Mannes und besonders in so einem Leben, wie wir es geführt haben. Hobo, Hobo, es gibt überhaupt keinen anderen Mann in Amerika, der in 36 Jahren so weit herumgekommen ist wie du. Aber, natürlich, du bist ein Puritaner, mein Lieber. ... Ein glückliches neues Jahr, mein Schätzchen! Mögest du viel Freude finden und Frieden und Entschlußkraft und deine unbekümmerte Jugendlichkeit, deine ungebändigte Vorstellungskraft zurückgewinnen und dich erneut in Mommy verlieben."

Wieder verbrachte Ben seinen Geburtstag bei seiner Mutter, die – wie Emma es sah – „ihm alles ersetzte: Frau, Kinder und ein eigenes Heim". Doch Ben war klar geworden, daß er sich nach einer richtigen Familie sehnte. Bei seiner Ankunft in New York überkam ihn eine fast kaltblütige Entschlossenheit, sich hier und jetzt nach einer Frau umzusehen, die ihm seine Wünsche erfüllen würde.

So suchte er nach einer Gelegenheit, jener schlanken, blonden Engländerin zu begegnen, die im letzten Winter im Büro von *Mother Earth* seine besondere Aufmerksamkeit erregt hatte. Tatsächlich traf er sie auf einer Veranstaltung und versuchte, ihr näherzukommen. In seiner unveröffentlichten Autobiographie *Following the Monkey* schildert er die frühen Phasen dieser Liebesgeschichte:

„Nach den Veranstaltungen nutzte ich die Gelegenheit, sie nach Hause zu bringen, wobei wir uns ins obere Stockwerk des Busses verzogen; ab und zu spazierten wir auch durch den Central Park. Ich war ganz verrückt auf Miss Martindale, und zum ersten Mal in meinem Leben wünschte ich mir, eine Frau zu nehmen und ein Heim und Kinder zu haben. Wir hatten eine ziemlich seltsame Zeit des Verliebtseins. Ich lebte und arbeitete immer noch mit Emma Goldman zusammen. Mein Selbstbewußtsein wuchs und mein Verhalten ihr und den anderen Anarchisten gegenüber war sehr gereizt. Ständig hatte ich an der Propaganda etwas auszusetzen oder kritisierte meine Mitmenschen."

Während Ben sich um Anna Martindale bemühte, blieb er Emmas Liebhaber und organisierte weiterhin ihre Veranstaltungen, die sich von Albany über Boston bis an die Westküste erstreckten. Noch immer war es ihr vorrangiges Anliegen, die Zusammenhänge von persönlichem und politischem Leben aufzuzeigen. Die Themen ihrer Vorträge waren: Anarchismus und Literatur; Nietzsche – intellektuelles Sturmzentrum des Großen Krieges; Der Feminismus, eine Kritik des Kampfes der Frauen für Stimmrecht und „Freiheit"; Die Begrenzung der Kinderzahl; Der intermediäre Sex: eine Diskussion über Homosexualität; Der Mensch – Monogamist oder Polygamist?

Im weiteren Verlauf ihrer Vortragsreise sprach sie sogar über *Eifersucht, ihre Ursachen und mögliche Heilung*, ohne sich dabei der Bedeutung von Bens Affäre mit Ann bewußt zu sein. Die Eifersucht, die sie selbst verspürte, versuchte sie im Namen der freien Liebe zu bekämpfen. Die Gewißheit, daß ihr eigener Kampf Teil eines allgemeinen Kampfes war, verlieh ihren Worten eine große Lebendigkeit.

Im Januar 1915 wurde William Sanger, der Mann von Margaret, unter der Beschuldigung, einem Besucher ein Exemplar von Margarets Streitschrift *Family Limitation* gegeben zu haben, verhaftet. *Mother Earth* verurteilte dieses Vorgehen der Behörden als einen unerhörten Fall von Zensur.

Zehn Jahre nach Gründung ihrer Zeitschrift beschloß Emma, die Frage der Geburtenkontrolle in den Themenkreis ihrer Veröffentlichungen aufzunehmen. Aus Furcht von gesetzlichen Maßnahmen hatten die Mitarbeiter es bisher abgelehnt, Margaret Sangers Handbuch *Limitation of Offspring* in ihren Vertrieb aufzunehmen, obwohl die Streitschriften *What Every Mother Should Know* und *What Every Girl Should Know* denjenigen Lesern zugesandt wurden, die ihr ausdrückliches Interesse an einschlägiger Literatur zur Geburtenkontrolle bekundet hatten. Trotzdem warf Margaret Sanger der *Mother Earth*–Redaktion mangelnde Unterstützung vor. Sie schrieb einen wütenden Breif an die Herausgeber, der im April 1915 veröffentlicht wurde:

„Ich kann meine bittere Enttäuschung über die Tatsache, daß *Mother Earth* auf das unglaublich despotische Verhalten der Postbehörden bezüglich *Woman Rebel* mit Schweigen reagiert hat, nicht verhehlen. Von der kapitalistischen Presse erwarte ich nicht, daß sie sich zu diesem ’delikaten Gegenstand’ äußert, aber von einer radikalen Zeitung hätte ich mir doch eine gewisse Solidarität und Unterstützung erhofft.

Da mir im August die Anklageschriften zugestellt wurden und sich seit März drei Fälle von Beschlagnahmungen ereignet haben – aber kein einziges Wort in irgendeiner Zeitung seit November –, fühle ich mich in einem Kampf, der die Arbeiter und uns alle angeht, völlig im Stich gelassen."

Durch diese schroffe Behauptung, im Kampf für die Geburtenkontrolle „allein" dazustehen, sah sich Emma angegriffen, mit Recht, weil sie zu diesem Thema schon lange vor Sanger öffentlich Stellung genommen hatte.

„Während dieser ganzen Zeit [in der Sanger sich im Stich gelassen fühlte] haben wir *Woman Rebel* nach besten Kräften gefördert und das Gerichtsverfahren der Herausgeberin vor Tausenden von Menschen in allen Teilen des Landes zur Diskussion gestellt. Vor diesem Hintergrund erscheint es uns als äußerst unfair, wenn unsere Genossin *Mother Earth* der Gleichgültigkeit bezichtigt. Dennoch ist es nur zu menschlich, daß sich jemand bei der Verteidigung einer unpopulären Sache in seinem ersten großen Kampf gegen die herrschenden Mächte vernachlässigt fühlt.

Wir haben Verständnis für unsere Genossin und versichern ihr, daß *Mother Earth* und alle, die mit ihr in Verbindung stehen, niemals zögern werden, noch je gezögert haben, unserer tapferen Freundin Margaret H. Sanger jede erdenkliche Hilfe zukommen zu lassen.«

Dieser Briefwechsel reflektiert die wachsenden Spannungen in den Reihen der *Free Motherhood*–Bewegung. Nach und nach brach Margaret Sanger ihre Verbindungen zu den ursprünglichen und linksorientierten Förderern dieser Bewegung ab und wandte sich einem gemäßigteren Publikum zu. Sie verschob den Schwerpunkt ihrer Aufklärungsbroschüren mehr und mehr in eine Richtung, die den Interessen der auf ökonomischen und sozialen Kampf eingeschworenen Arbeiterschaft, der Sozialisten und Anarchisten widersprach.

Sangers Verständnis von Geburtenkontrolle war eingleisig und pragmatisch. Um das angestrebte Ziel zu erreichen, war sie durchaus zu Kompromissen bereit. Emma hingegen, die bestrebt war, die fundamentalen Strukturen zwischenmenschlicher Beziehungen zu verbessern, erblickte in der Geburtenkontrolle nur einen Aspekt des umfassenderen Problems der Freiheit und Liebe. Sie, die alles oder nichts forderte, wäre nie bereit gewesen, wissentlich einem Kompromiß zustimmen. Das Verhältnis der beiden Frauen zueinander war auch typisch für das zu anderen Frauen in Emmas Leben. Zunächst stand sie Margaret mit Rat und Tat zur Seite, bis diese anfing, eine eigenständige Bewegung zu gründen, die den Stempel ihrer persönlichen politischen Einstellung trug, wodurch es zu Konkurrenzdenken und Feindseligkeiten kam. So sehr Emma bereit war, sich für andere einzusetzen, so erwartete sie doch Dankbarkeit – und in diesem Fall die öffentliche Anerkennung ihrer avantgardistischen Rolle im Kampf um die Durchsetzung der Geburtenkontrolle.

Noch fuhr sie fort, die Diskussion auf ihre eigene Weise in Gang zu halten, sprach über »Die Begrenzung der Kinderzahl«, rezensierte das neueste Werk von Dr. William Robinson, um so die Aufmerksamkeit auf die Entwicklung der Protestbewegung und die obskuren Zensurmaßnahmen der Postbehörden zu lenken, die Robinson gezwungen hatten, jene Seiten seines Buches unbedruckt zu lassen, auf denen er kontrazeptive »Heilmittel« beschreiben wollte. Vermutlich mit seiner Hilfe verfaßten Ben und Emma ein vier Seiten starkes Pamphlet mit dem Titel: *Why and How the Poor Should Not Have Many Children*, das detaillierte Informationen über verschiedene Verhütungsmittel enthielt: »Obgleich der normale Mensch ein Bedürfnis nach Liebe und Kindern hat, ist die heutige Gesellschaft ein schlechter Ort für die in die Armut hineingeborenen Kinder, die nicht nur ihren Müttern und Familien zur Last fallen, sondern auch noch das Überangebot an Arbeitskräften steigern, die Löhne drücken und eine Bedrohung für das Wohlergehen der Arbeiterklasse darstellen. ... Wenn ihr der

Meinung seid, daß diese Informationen zur Empfängnisverhütung den arbeitenden Frauen und Männern eine Hilfe sind, solltet ihr sie weiterverbreiten."

Emma Goldman und Ben Reitman gehörten mit zu den ersten Radikalen in den Vereinigten Staaten, die bereit waren, im Dienste der Bewegung zur Geburtenkontrolle persönliche Risiken auf sich zu nehmen. Ihr Kampf richtete sich nicht nur gegen die konservative Rechte, sondern auch gegen die katholischen Sozialisten. In Paterson, New Jersey, organisierte Ben Veranstaltungen gegen die Morallehren des Evangelisten Bill Sunday. Auch Anna Martindale setzte sich für die Veranstaltungen in Paterson und ähnliche Vorhaben in Philadelphia ein. Emma und Ben fanden Gefallen an diesen Auseinandersetzungen, die es ihnen ermöglichten, in einer knisternden politischen Atmosphäre hochbrisante Fragen zur Diskussion zu stellen. Zweifellos wurde Bens Vergnügen an der Sache auch durch die Anwesenheit der attraktiven Anna gesteigert. Er bezeichnete diese Tournee als die gelungenste seiner insgesamt neun Vortragsreisen:

„Vier wunderschöne Monate in New York, überfüllte Säle fast jeden Abend; sechs großartige Wochen in Chikago; ein köstlicher Monat in Los Angeles; ein gelungener Monat in San Francisco und äußerst interessante Wochen in Minneapolis, Cleveland, Pittsburgh, Denver, Portland und Seattle. ... Oh tapfere Margaret Sanger! Du kannst glücklich sein, selbst wenn sie dich hängen oder lebenslänglich einsperren. Dein Pamphlet hat seinen Weg in fast jeden Weiler und jedes amerikanische Dorf gefunden, denn Dutzende von Männern und Frauen haben es immer wieder nachgedruckt und über das ganze Land verteilt. Selbst Anthony Comstock [der für die Verhaftung William Sangers verantwortliche Mann] kann diese gewaltige Bewegung nicht aufhalten, obwohl ihm alle Macht der Regierung oder der Hölle zur Seite steht. ... Nun ist die Reise zu Ende. Ich gehe zurück nach Chikago, um ein Buch zu schreiben: *Safety First in Sex.*"

In seiner Begeisterung schien es Ben nichts auszumachen, daß Emma ohne ihn nach San Diego ging und dort Vorträge hielt. Zusammen mit seiner Mutter besuchte er, sozusagen inkognito, diese Veranstaltungen. Sein Kommentar: „Der Kampf um die Redefreiheit in San Diego ... wurde ohne mein Zutun und ohne meine Unterstützung gewonnen." Doch Emma war froh, daß er noch einmal in diese Stadt zurückgekehrt war: „Auf diese Weise löste sich in ihm die lähmende Spannung, unter der er drei Jahre lang gelitten hatte. ... Meinen Sieg verdanke ich in erster Linie jenen Genossen, die vor drei Jahren Tod und Folter auf sich nahmen – Joseph Mikolasek, der in dem Kampf ermordet wurde, Hunderte von IWW-Mitgliedern, anderen Opfern und Ben, die geschlagen, ins Gefängnis geworfen oder aus der Stadt verbannt wurden." Ihr Erfolg und die Konzentrierung auf die Kernfragen ihres politischen und persönlichen Lebens verliehen ihren Reden eine nahezu visionäre Kraft und den entscheidenden Elan.

Trotz dieser erfolgreich verlaufenen Vortragsreise zeigte sich Emma sprunghaft. Im September, anläßlich ihrer alljährlichen Trennung, kam es zwischen ihr und Ben zu einem Streit, nachdem sie einen lebhaften Flirt mit Leon Malmed gehabt hatte. Wieder einmal ging es um die Frage der „Variante" ihres sexuellen Verhaltens. Offensichtlich war es Emmas Ehrlichkeit, die seine Eifersucht zum Gären gebracht hatte. Voll Verstimmung wies er auf den großen Kreis ihrer Freunde und Bewunderer hin, besorgt, ein anderer könnte seinen Platz in ihrem Leben einnehmen. Sie schrieb ihm:

„Mein lieber Hobo, wenn du auch nur einen Funken echter Liebe zu mir empfändest, würdest du aufhören, mich mit meiner 'Variante' und meinen vielen Freunden, die ich habe und auch wirklich brauche, zu quälen. Ich kann das nicht mehr länger ertragen, und ich möchte nicht mit dir streiten. Das macht mich einfach krank. Und das schon seit sieben Jahren. Immer, wenn ich nicht das geringste Interesse an irgendeinem Mann, einer Frau oder einem Kind habe, quälst du mich, mein Herz.

Was soll das? Selbst wenn ich tatsächlich all die Liebhaber gehabt hätte, die du dir einbildest, solltest du mir dasselbe Recht zugestehen wie ich dir. Meinst du nicht auch, Liebling? ...

Wenn du nur einmal in deinem Leben das praktiziertest, was du predigst, würdest du vielleicht begreifen. Aber, um dich zu zitieren: Der Mensch ist, wie er ist. ...

Mein Hobo, alle Weisheit auf Erden hat es noch nicht vermocht, Gefühle zu erklären. Berühmtere Männer und Frauen als du und ich haben sich um eine Antwort bemüht und keine gefunden. Welche Hoffnung können wir da noch haben?

Wenn die so unverzichtbare Kameradschaft und echte Gemeinsamkeit, wenn all die kreativen Dinge im Leben, wenn Freundschaft und Güte ihren Ursprung im Sex haben, dann wäre ich der größte Polygamist, den es je gegeben hat, denn ich brauche dies alles und noch viel mehr. Aber wenn Liebe, jene tiefe, umfassende, allesverstehende und allesverzeihende Leidenschaft, der höchste, erhabendste Ausdruck von Sexualität ist, dann bin ich der gläubigste Monogamist – und das seit 1908. Es war auch nicht unsere gemeinsame Arbeit, die mich so stark an dich gebunden hat. Es war die Liebe, mein Hobo, meine wilde, urtümliche Leidenschaft, meine tiefe Zuneigung und Hingabe an dich allein und nichts anderes. ...

Du mußt mir vertrauen, weil Vertrauen, Glaube und Zuversicht für die Liebe so nötig sind wie Sonnenschein und Regen für die Rose. Bitte, hör auf, an ihren Blütenblättern zu ziehen und zu zerren. Glaubst du, eine Pflanze hätte keine Nerven, nur weil wir ihre Zuckungen nicht bemerken? Du würdest mir doch bestimmt nicht ins Fleisch schneiden, nur um mein Blut fließen zu sehen. Warum durchbohrst du meine Seele? Ich liebe dich, und das ist alles, was ich weiß. ...

Hobo, mein Einziger, mein Geliebter, ich kann Streitereien auf den Tod nicht ausstehen. Bitte, laß mich dich auf meine Art lieben. Das ist die einzige Art, die mir möglich ist. Glaubst du denn, ich wäre mit dir ganz einverstanden? Ich weiß nur, daß du nicht anders kannst, und ich nehme dich, wie du bist, ohne dich bis ins Detail zu analysieren. Laß uns den Operationssaal und den Seziertisch verlassen, laß uns in das strahlende Glück und die Begeisterung unserer Liebe eintauchen."

Schon nach kurzer Zeit gingen die beiden wieder auf Reisen; sie hatten beschlossen, „über den vergangenen Monat nicht mehr zu reden".

Die Nachricht vom Tode Peggy Sangers, einer Tochter von Margaret, traf sie unvermittelt. Um Margaret aus ihrer Verzweiflung zu reißen, die sich die bittersten Vorwürfe machte, weil sie so wenig zu Hause gewesen war, schrieb Emma ihr ziemlich burschikos: „Ich teile zutiefst deinen Schmerz, aber ich weiß auch, daß du es dir selbst und der Arbeit, die vor dir liegt, schuldig bist, deine Kräfte zu sammeln. Schließlich, Liebste, kann man jetzt nichts mehr ändern – es ist aus und vorbei. Du aber brauchst deine Energien und wenn du dich nicht in den Griff bekommst, wirst du das Wenige, das dir geblieben ist, auch noch verlieren, ohne das Unerbittliche geändert zu haben."

Der Termin der Gerichtsverhandlung rückte näher. Es war Emma zu Ohren gekommen, daß viele von Margarets Freunden, vor allem ihr Anwalt Theodore Schroeder, sie bedrängten, sich für schuldig zu erklären, um das Gericht milder zu stimmen. Margaret, in ihrer unglücklichen Gemütsverfassung, fühlte sich unter Druck gesetzt und dachte mit Schrecken an die Konsequenzen, die eine langjährige Haftstrafe für ihre anderen Kinder haben würde. Emma, der schon immer Grundsätze wichtiger waren als zweckdienliches Handeln im eigenen Interesse, beschwor Margaret, ihre Position zu verteidigen und ihre Überzeugung aufrechtzuerhalten, daß Geburtenkontrolle nichts mit Obszönität und Pornographie zu tun habe. Sie schrieb ihr aus St. Louis: „Das wäre zu schlimm. Der Bewegung den Todesstoß zu versetzen, der du in ihren fünfzig Jahren ein gutes Stück vorangeholfen hast. Ich hoffe doch, daß du so etwas nicht tust und so tapfer bleibst, wie du es bisher warst. ... Du hast überall Freunde im Land und kannst alles bekommen, was du für deinen Kampf nötig hast. Du hast soviel Interesse geweckt, wie niemand zuvor. Überleg doch mal, was du verlierst, wenn du dich für schuldig erklärst. Tu es nicht."

Emma bedrängte sie, keine Erklärung abzugeben, bevor sie nicht miteinander gesprochen hätten und schlug ihr ein Treffen in Lakewood, New Jersey, vor. „Es kann uns beiden nur nützen, und ich werde dir helfen, dich selbst wiederzufinden."

Aus Columbus, Ohio, schrieb sie ihr, daß ihre Veranstaltungen in Indianapolis spärlich besucht, aber das Interesse an Geburtenkontrolle immens gewesen wäre. Sie schickte ihr das Geld, das sie für den Prozeß gesammelt hatte, und die Adressen von neuen Abonnenten für ihre Zeitschrift *The Woman Rebel*. „Ich wünschte mir, ich wäre reich genug, um dich und die Kinder zu mir nach Lakewood zu holen. Möchtest du nicht wenigstens mit ihnen zu einem Weihnachtsschmaus zu mir kommen?"

Margarets Termin wurde auf den 4. Januar verschoben, und Emma, die nun sicher war, Margaret vorher noch zu sehen, bedrängte sie nicht mehr mit Durchhalteappellen und sammelte weiter eifrig bei allen Veranstaltungen Geld für das Gerichtsverfahren. Dazu hatte sie erklärt: „Ich weiß, es ist nicht genug, wenn ich dich lediglich meiner Solidarität versichere, nicht in unserem materialistischen Zeitalter, in dem die Geldfrage uns allen zu schaffen macht."

Schließlich faßte Margaret den Entschluß, „auf nicht-schuldig zu plädieren, um die Frage der Empfängnisverhütung und Geburtenkontrolle deutlich von der Sphäre der Pornographie, dem Abschaum aus Schlamm und Schmutz, zu trennen, der sie nach dem Willen des Gesetzgebers und gemäß der Anweisung des jüngst verstorbenen Anthony Comstock zugeordnet werden sollte, was auch jetzt noch das Ziel aller reaktionären Kräfte ist".

Erfreut über die Haltung von Margaret, würdigte Emma in *Mother Earth*: „Was unsere Leser noch nicht wissen, ist, daß Margaret Sanger im letzten Jahr unzählige Schicksalsschläge erlitten hat. ... Ein Gerichtsverfahren unter derartigen Bedingungen durchzustehen, erfordert ein ungewöhnliches Maß an Kraft. ... In dieser schweren Situation braucht sie die moralische und materielle Unterstützung aller Rebellen."

Am 17. Januar 1916 berichtete die *New York Times* unter der Schlagzeile *Teddy Roosevelt irrt, behauptet Anarchistin – Emma Goldman besteht auf Recht des Kindes, nicht geboren zu werden* von einer Rede Emmas und zitierte ihre Erklärung: „Wenn jeder dem Gebot der Bibel und Teddy Roosevelts, fruchtbar zu sein und sich zu vermehren, folgte, würde jede Mietskaserne infolge der maßlos anwachsenden Kinderzahl zu einem Irrenhaus."

Nach Beendigung ihrer Reise hielt Emma insgesamt acht Vorträge zum Thema Geburtenkontrolle in New York, bevor sie am 11. Februar 1916 verhaftet wurde. Die *New York Times* zeigte keinerlei Interesse, zu diesem für die zunehmend repressive Gesinnung im Land so symptomatischen Ereignis Stellung zu beziehen. Statt dessen machte sie sich zum Sprachrohr der Kriegstreiber und des Gemetzels in Europa. Schließlich brachte sie folgenden Kommentar:

„Emma Goldman verhaftet

... angeklagt wegen öffentlicher Äußerungen zu einer medizinischen Frage im Widerspruch zu § 1142 des Strafgesetzbuches. ...

Dr. B. Reitman ... berichtete, daß, obwohl Miss Goldman in ihrer Wohnung hätte verhaftet werden können, die Polizei darauf wartete, bis sich annähernd tausend Menschen vor dem Gebäude, in dem sie sprechen wollte, versammelt hatten. Als Miss Goldman erschien, wurde ihr nicht erlaubt, den Saal zu betreten. Ungefähr fünfhundert Anhänger folgten ihr, jubelten ihr zu und pfiffen die Polizei aus."

Ihre Verhaftung, die sie in *Mother Earth* schilderte, war von einer Durchsuchung begleitet, die „auf höchst vulgäre Weise in Anwesenheit zweier Polizisten von einer grimmig dreinschauenden Matrone vorgenommen wurde, ein Vorgang, der den rüdesten Verbrecher empört haben würde". Bei einem ersten Verhör am 28. Februar verzichtete Emma auf einen Anwalt und beantragte die Einstellung des Verfahrens, was abgelehnt wurde. Das bestärkte sie zwar in ihrem Entschluß, bis zum Ende „für das Recht der Massen, insbesondere der Frauen, auf freie Entscheidung für oder gegen ein Kind in einem System, das auf Erniedrigung und Demütigung, wenn nicht sogar Zerstörung, allen Lebens beruht", zu kämpfen, machte ihr jedoch klar, „mehr als je zuvor, daß [ihr] Kampf in erster Linie der Durchsetzung von Rede- und Pressefreiheit im Interesse der großen sozialen Fragen unserer Zeit" dienen müsse.

Zur gleichen Zeit wurde Margaret Sangers Verfahren niedergeschlagen. Sie war darüber froh und verteidigte sich mit dem Argument, daß ein Gefängnisaufenthalt letzten Endes nicht der richtige Weg sei, um eine Gesetzesänderung zu erreichen. Schon ihr Mann hätte sich seinerzeit fürs Gefängnis entschieden – die Gesetze jedoch wären geblieben. Sie hob hervor, daß die Niederschlagung ihres Verfahrens als Präzedenzfall zu sehen sei und der Sache vermutlich mehr diene, als ein Freispruch es vermocht hätte. Sie beschwor alle Bürger, die sich bereits der Bewegung der Geburtenkontrolle angeschlossen hatten, ihr gemeinsames Werk „ohne Ausflüchte" fortzusetzen.

Trotz der so klaren Worte kam es aufgrund des Wirbels, den Emmas Verhaftung in der Öffentlichkeit erregte, zu ernsten Rivalitäten zwischen den beiden Frauen. Emma fühlte sich erneut von Margarets Behauptung, daß die Frage der Geburtenkontrolle allein durch ihre Initiative in das Bewußtsein der Öffentlichkeit gedrungen sei, zutiefst gekränkt und schrieb ihrer Freundin Ellen Kennan, daß sie, Emma, es gewesen sei, die „als erste dafür agitiert hatte, lange bevor die Sangers daran dachten", und daß „sie die Informationen per Flugblatt verbreitet" hatte, „bevor Mrs. Sanger ihr eigenes Pamphlet herausgab". William Sanger schickte Emma einen wütenden, handgeschriebenen Brief zu dieser Angelegenheit: „Um auf die anfängliche Feststellung zurückzukommen; es ist zweifellos Margarets Werk, das sich deutlich durch seinen revolutionären Charakter auszeichnet. ... Meines Wissens war sie die erste, die die gesetzlichen Bestimmungen attackierte, *was langjährige Gefängnisstrafen nach sich ziehen kann.* Deine Haftstrafen hingegen gründen sich allein auf schlechtes Benehmen und unsittlichen Lebenswandel."

Emma dachte nicht daran, auf dieses Schreiben zu antworten, und setzte den Kampf um Geburtenkontrolle auf ihre Weise fort. Sie versicherte den Lesern ihrer Zeitschrift: „Sie können mich verhaften, sie können mich verurteilen und ins Gefängnis werfen, aber niemals werde ich schweigen; ich werde mich niemals den Behörden fügen oder unterwerfen, noch mit einem System Frieden schließen, das die Frauen zu bloßen Gebärmaschinen degradiert und sich an unschuldigen Opfern mästet [Kinder, die als Arbeiter ausgebeutet werden]. Jetzt und hier sage ich diesem System den Kampf an und werde nicht ruhen, bis der Weg frei ist zu einer selbstgewählten Mutterschaft und einer gesunden, fröhlichen und glücklichen Kindheit."

Zwischen die Wahl gestellt, eine Geldstrafe von hundert Dollar zu zahlen oder für fünfzehn Tage ins Queens County Gefängnis zu gehen, entschied sich Emma für das „Arbeitshaus". Für ihre mutige Aussage, daß „Frauen keineswegs immer den Mund halten und ihren Schoß öffnen müs-

sen", ging sie hinter Gitter. Sie entschloß sich, wie so oft, für den symbolischen Akt des Widerstandes; außerdem, so schrieb sie einer Freundin, würde ihr die Zeit im Gefängnis die Gelegenheit zur Einhaltung einer Diät geben.

Sie bedauerte lediglich, daß es im Gefängnis kein Schwedisches Turnen
(eine besondere Art von Körperschulung, u. a. gegen Haltungsschäden; d.
Übs.) gab. In seiner typischen Art bemerkte Ben, daß die „blaue Gefäng-
nisuniform sie recht gut kleidet". Aber er machte sich Sorgen um ihre Ernährung und äußerte in einem Brief an Ellen Kennan: „Ich habe deine liebevolle Spende dazu benutzt, um ein paar Eier, etwas Fisch und auch noch
Matzen zu kaufen. Ich wollte es ihr bringen, aber sie ließen mich nicht herein. Kannst du dir das vorstellen? Unserer Emma wird es nicht gestattet,
ein bißchen von dem zu bekommen, was sie so gern mag. Statt dessen
zwingt man ihr diesen miserablen Gefängnisfraß auf, der ihr absolut nicht
bekommt."

An Margaret Anderson schrieb sie über ihre Strafe: „Oh, ich bedaure es
überhaupt nicht, verurteilt worden zu sein. In Wirklichkeit bin ich darüber
froh. Ich mußte einmal zu diesen Parias gehen, dem Bodensatz aller Ab-
scheulichkeiten. Es wäre nur gut, wenn jeder Rebellierende für eine Weile
ins Gefängnis gesteckt würde, das könnte seinen Haß auf die Verhältnisse,
die Gefängnisse erst möglich machen, so richtig anfeuern. Ich bin wirklich
froh."

Ben nahm „alle Ängste und Nöte" auf sich und organisierte weitere Veranstaltungen. Er hatte jetzt eine eigene Wohnung und arbeitete sehr zuver-
lässig. Während Emma im Gefängnis war, veranstaltete er im Harlemer
Masonic Temple eine Protestkundgebung gegen Emmas Verurteilung. Er
forderte alle Anwesenden auf, ihm bei der Verteilung eines Flugblattes behilflich zu sein, das Informationen über sämtliche Methoden der Empfängnisverhütung enthielt. Schon nach wenigen Tagen wurde er direkt aus dem
Mother Earth–Büro heraus verhaftet und schließlich gegen eine Kaution
von fünfhundert Dollar mit der Auflage, sich am 8. Mai dem Gericht zu
stellen, freigelassen. Stolz auf seine Verhaftung, schrieb er unter der Überschrift *Geschnappt*: „Falls die Behörden meinen, daß wir uns wie Lämmer
zum Schlachter führen lassen, befinden sie sich im Irrtum. Wir sind von der
Notwendigkeit der Geburtenkontrolle überzeugt, ja, so sehr, daß wir dafür das Gefängnis und, falls nötig, sogar den Galgen in Kauf nehmen." Mit
dieser Einstellung traf ihn die Verurteilung zu einer sechzigtägigen Haftstrafe im Arbeitshaus nicht besonders.

Ehe es dazu kam, hatte Ben zur Feier von Emmas Entlassung eine Veranstaltung in der Carnegie Hall arrangiert, an der viele bekannte Persönlichkeiten teilnahmen. Geburtenkontrolle war nicht länger ein bloß theo-
retisches Problem; sie wurde ein wichtiger Bestandteil des sozialen Kampfes, den es eher durch Taten als durch Worte voranzutreiben galt. Alle Redner betonten diesen Punkt. Vier prominente Frauen aus San Francisco hatten sogar eine Erklärung geschickt, in der sie ihre Bereitschaft bekundeten, Flugblätter zu verteilen und, wenn nötig, aus Solidarität mit Emma

und Ben ins Gefängnis zu gehen. Max Eastman hingegen, der Herausgeber der Zeitschrift *The Masses* (das sozialistische Gegenstück zu *Mother Earth*), weigerte sich, den Vorsitz dieser Veranstaltung zu übernehmen, wenn es Ben Reitmann gestattet würde zu reden. Eastman, der in sozialistischen Kreisen großes Ansehen genoß, war einer der vielen, der seine persönliche Abneigung gegen Ben nicht überwinden konnte. Er sah in Ben einen „fleischig-weißen Doktor von wächsernem Aussehen, der es bereits für radikal hält, wenn er die Leute durch plumpe Anspielungen auf ihre Sexualität schockiert". Für Emma war dieser Vorfall ein weiterer Beweis für die Kleinkariertheit der Sozialisten in Amerika. Unermüdlich fuhr sie fort, Ben zu unterstützen und arrangierte, wie er es für sie getan hatte, eine Protestkundgebung auf dem Union Square. Viele Leute kamen und bewiesen damit, daß sie in Ben nicht nur Emmas Manager sahen, sondern eine „Art Vorkämpfer für die soziale Revolution".

Im Gefängnis genoß Ben zunächst den Schock, den er auslöste, sobald er sich den Mithäftlingen als „Arzt und Dichter" zu erkennen gab, oder auch später, als er beim Kohleschaufeln schneller als die anderen Männer war, die sich auf ihre, durch lebenslange körperliche Arbeit erworbene Kraft etwas einbildeten. Anders als für Emma war Gefängnisarbeit für ihn nicht nur ein notwendiges Übel; er begrüßte es, in der frischen Luft wieder einmal hart anpacken zu können. In seiner Autobiographie schildert er folgende Begebenheit: Eines Tages besuchte ihn eine Dame der Gesellschaft und bot ihm an, ein Gnadengesuch für ihn einzureichen. „Nein, machen Sie sich wegen mir keine Mühe, ich bin sehr glücklich hier, ich kann mich hier einmal richtig ausruhen, und das hatte ich schon lange nötig. Sie können sich gar nicht vorstellen, wie gut es mir tut, wieder einmal körperlich zu arbeiten. Im übrigen habe ich eine Menge Zeit zum Lesen. Seitdem ich hier bin, lese ich durchschnittlich zwei Bücher am Tag. Ich möchte hier nicht raus." Als er gefragt wurde, ob es irgendetwas gäbe, was er sich wünschte, sagte er: „Ja, besorgen Sie mir ein paar Bälle für die Turnhalle und ein paar Schläger für die Jungs und dann noch eine schöne große Apfeltorte – das ist alles, was ich brauche." Als die Torte eintraf und man ihm erklärte, daß er sie nicht haben dürfe, weil dies den anderen Häftlingen gegenüber ungerecht sei, bat er darum, die Torte küssen zu dürfen. Der Aufseher gestattete dies unter der Voraussetzung, daß er seine Zunge nicht hineinstecken würde. „Also gab ich der Apfeltorte einen ganz keuschen Kuß."

So sehr sich Ben auch über das Gefängnisessen beklagte, für Emma stand fest, daß es seiner Figur nur nützen und er bei seiner Entlassung noch ansehnlicher als zuvor sein würde. Wenn es regnete und Ben nicht hinaus konnte, wurden ihm die Schrecken des Gefängnisdaseins sehr bewußt: die ständige Überwachung, die Isolation, das Verlangen nach Frauen und Liebe. Zuweilen identifizierte er sich mit dem Leiden Christi. Dieser Gedanke spornte ihn an, trotz aller Versuchungen der Revolution zu dienen und sich nicht in den Widersprüchen von Promiskuität, Politik und Familie zu verlieren. Sein Gedicht *Rache*, das 1916 in der Juli-Ausgabe von

Mother Earth erschien, ist ein lebhafter Ausdruck seines Wunsches, ein Märtyrer zu sein:

> Let not my love for love or desire for life or
> duty toward Mother hold me.
> Let me be thine avenging sword, Oh God of
> Liberty!

Über seinen Aufenthalt im Gefängnis schrieb Ben später ein Buch *Prison Memoirs of an Anarchist*, das sehr populär wurde.

Emma, die sich mit gemischten Gefühlen auf ihre nächste Reise vorbereitete, stellte fest, daß Bens Briefe eine Heiterkeit ausstrahlten, die sie nie zuvor an ihm erlebt hatte. Acht Jahre lang waren sie zusammen gereist, und sie fragte sich, wie sie „ohne Bens elementare Aktivität" zurechtkommen und die Mühen des Kampfes ohne den Trost seiner Liebe, ja, seiner bloßen Gegenwart durchstehen würde.

Aus Denver schrieb sie ihm: „Hobo, Liebster, glaubst du, daß Mommy es schafft, um sieben Uhr ganz allein aufzustehen? Dabei bin ich erst um eins ins Bett gekommen. Ist das nicht toll? Und was glaubst du, ist mein Morgengebet? Hobo, ich liebe dich und bin froh, daß ich dich bald wieder bei mir haben werde." Besonders machte ihr die Zusammenarbeit mit der Presse Schwierigkeiten:

„Eines ist sicher, Hobo, wenn der Erfolg meiner Arbeit von den Zeitungen abhinge, müßte ich den Job aufgeben. Ich habe das Gefühl, mich ständig zu prostituieren; es ist mir zuwider. Tatsächlich habe ich in all den Jahren diese Arbeit nicht machen müssen und will es auch jetzt nicht. Hobo ist dafür geschaffen, er ist der geborene Manager. Eigentlich ist er ja geboren, um Mommy zu lieben; aber manchmal ist er eben ein schlechter Liebhaber, fast so schlecht wie ich, wenn ich die Zeitungsleute um einen Gefallen bitten muß."

In Kalifornien mußte Emma ihre ganze Aufmerksamkeit auf die augenblickliche politische Situation richten und sprach daher in Los Angeles über die Kriegsbereitschaft der Vereinigten Staaten. Und das am Tage der Preparedness-Parade. Auch in San Francisco, wo Sascha und Fitzi lebten und ihre Arbeiterzeitung *The Blast* herausgaben, war eine Vorlesung zu diesem Thema für den 20. Juli geplant. Es stellte sich jedoch heraus, daß an diesem Tag bereits eine Anti-Preparedness-Kundgebung stattfinden sollte, was Emma bewog, ihren Vortrag auf den 22. Juli zu verschieben. Am 21. Juli explodierte während der Preparedness Day Parade eine Bombe; es gab Tote und Verwundete. Sofort geriet jeder, der etwas mit der Gegenkampagne zu tun hatte, in Verdacht. Allein die Tatsache, daß Emma ihren Vortrag verschoben hatte, rettete sie und alle anderen, die mit ihrer Veranstaltung zu tun hatten, davor, für die Bombe verantwortlich gemacht zu werden. Vier Gewerkschafter und eine Frau wurden verhaftet: Tom Mooney und seine Frau Rena, Warren Billings, Edward Nolan und Israel Weinberg. Am Tag nach der Explosion besuchten nur fünfzig Zuhörer die Veranstaltung, vorwiegend Detektive. In ihrer Autobiographie rekapituliert Emma jenen denkwürdigen Abend: „Die Atmosphäre war gespannt;

anscheinend waren alle, aus Angst vor einer weiteren Bombe, nervös." Ihr Vortrag befaßte sich „mit dem tragischen Nachmittag, der überzeugender als alle theoretischen Abhandlungen bewiesen hatte, daß Gewalt nur Gewalt hervorruft". Vorausschauend wies sie darauf hin, daß derartige Bombenanschläge unweigerlich zu einer „Schreckensherrschaft der Behörden" führen würden. Der Regierung ging es allein um die Kriegsbereitschaft der Massen, und es war klar, daß sie gegen jeden vorgehen würde, der seine Stimme dagegen erhob.

So war die Lage, als Ben in San Francisco eintraf. Kaum jemand noch besuchte Emmas Vorträge. Ben, der es nicht ertragen konnte, wenn in einem riesigen Saal nur ein paar Leute saßen, bedrängte Emma, die Tournee abzubrechen und nach Hause zu fahren. Emma lehnte energisch ab und machte sich nach Portland auf, der nächsten Station ihrer Reise; Ben begleitete sie. Sascha und Fitzi, die sich in ihrer Zeitschrift für die inhaftierten Gewerkschafter eingesetzt hatten, wurden von der Polizei scharf verhört, und man drohte ihnen mit Verhaftung, wenn sie ihre Aktivitäten nicht einstellten; bei der gleichzeitig erfolgten Durchsuchung der Redaktionsräume von *The Blast* war neben anderem auch die Abonnentenliste von *Mother Earth* für Kalifornien beschlagnahmt worden.

Je repressiver das politische Klima wurde, desto stärker wuchs Bens Wunsch, nach Hause zu entfliehen, um, wie er sagte, „seine Gedanken zu ordnen und wieder zu sich selbst zu finden". Er wollte schreiben und nicht weiter den „Bürojungen" spielen, der Pakete schleppen und Bücher verkaufen mußte. Er beklagte sich, daß Emma zu Sascha viel aufrichtiger und respektvoller sei, ihm aber niemals seine wirklichen Wünsche erfüllt hätte, am wenigsten seinen Wunsch nach einem Kind. Dies hätte ihn in tiefe Depressionen gestürzt und zu dem Entschluß gebracht, mit Anna Martindale eine Familie zu gründen. Er hätte bisher nicht den Mut gehabt, ihr seine Beziehung zu Anna, mit der er zeitweise in ihrer New Yorker Wohnung zusammengelebt hätte, zu gestehen. Emma sah in diesem Geständnis eine Erklärung für Bens Ausgeglichen-, ja Heiterkeit im letzten Jahr.

In seiner Autobiographie führt Ben seinen Gefühlsumschwung auf das Verlangen zurück, mit Anna ein Kind zu haben:

„Zu dieser Zeit befand ich mich in einer psychischen Verfassung, die es mir unmöglich machte, noch länger in der anarchistischen Bewegung zu arbeiten. Eine ganze Anzahl von Gründen war dabei im Spiel.

Wann endet eine Liebe? Wann verliert ein Mensch das Interesse an seiner Arbeit, seiner Religion?

Als in New York die Prozesse gegen die Geburtenkontrolle anliefen, stand Anna mir zur Seite, und während der sechzig Tage meines Gefangenendaseins halfen mir ihre Briefe und ihre Liebe, diese Zeit zu durchstehen. Als ich dann im Juli 1916 aus der Haftanstalt in Long Island entlassen wurde, beschloß ich, mein Leben so bald wie möglich mit dem ihren zu verbinden. Dazu mußte ich meine Propagandatätigkeit aufgeben und stattdessen wieder als Arzt arbeiten. Nur so war es uns möglich, ein eigenes Heim und ein gemeinsames Leben zu begründen."

Auch über seine Minderwertigkeitsgefühle schrieb er:

„Ein weiterer schwerwiegender Faktor für meine Entfremdung von der anarchistischen Bewegung war ein gewisser Minderwertigkeitskomplex bei mir. Ich war noch gar nicht sehr lange in der Bewegung, als mir klar wurde, daß Leute wie Berkman, Havel, Baginski, Abbott und viele andere mir in intellektueller Hinsicht ganz unbestritten überlegen waren. Zu Anfang war das noch kein Problem. Dann begann ich in ihren Augen zu einer Kuriosität, zum dummen Jungen, Hausmeister und Clown, kurz: zu einem notwendigen Übel zu werden. Sobald ich aber ein eigenes Bewußtsein zu entwickeln begann, einen schwachen Funken von Intelligenz zeigte, meinen Einfluß festigte und eine eigene Machtstellung begründete, bemerkte ich oder glaubte, eine wachsende Feindseligkeit von seiten einiger Genossen zu erkennen.

Ich entwickelte eine ausgesprochene Abneigung Berkman gegenüber. Als ich sah, daß sich Emma immer stärker auf ihn bezog, die Propaganda der Arbeiterschaft, der Free-Speech- und Geburtenkontroll-Bewegung wie auch der antimilitaristischen Gruppen immer erstaunlichere Ausmaße annahm, wurde ich ziemlich eifersüchtig auf ihn. Für Emma Goldman und ihn war es klar, daß ihr Schicksal nicht mehr aufzuhalten war und sie entweder ermordet oder zumindest ins Gefängnis gesteckt würden. Es stand ganz außer Frage, daß die drohenden Gefahren, deren wir uns alle bewußt waren, die beiden immer näher zusammenführten und Emma sich mir immer mehr entzog.“

In der Tat stützte sich Emma in zunehmendem Maße auf Sascha, insbesondere dann, wenn Ben sie im Stich ließ. Obwohl sie um sein Doppelspiel in Sachen Sex und Liebe wußte, es Zeiten gegeben hatte, in denen sie am liebsten die Augen geschlossen hätte, um nicht alles zu sehen und zu hören, traf seine Entscheidung sie unvorbereitet. Und es handelte sich nicht um ein flüchtiges Verlangen ihres launischen Jungen nach außerhäuslichen Liebesabenteuern. Sein tiefverwurzelter Wunsch nach einer eigenen Familie war eine klare Absage an ihre Bestrebungen, ihr Dasein anarchistischen Prinzipien unterzuordnen – und nicht weniger an die siebenundvierzigjährige Emma selbst.

Bens Verrat, seine Unehrlichkeit ließen Emma erstarren. In ihrer Autobiographie bezeichnete sie diesen Verlauf der Ereignisse als „absurd und grotesk“ und schrieb: „Ich fühlte mich unsagbar matt und hatte nur noch den einen Wunsch, irgendwohin zu entfliehen, um meine persönlichen Niederlagen zu vergessen. Sogar den grausamen Drang, für ein Ideal zu kämpfen, wollte ich nicht mehr spüren.“

Um sich eine Atempause zu verschaffen, wollte sich Emma im Sommer für vier Wochen nach Provincetown zu ihrer Nichte Stella zurückziehen. Aber selbst dort stand das Thema Kinderkriegen auf der Tagesordnung: am 15. Februar 1916 hatte Stella ihren Sohn Ian zur Welt gebracht, dem man eine Ähnlichkeit mit Emmas in frühester Kindheit verstorbenem Bruder nachsagte. Hier wurde sie Zeugin sowohl der Freude am neugeborenen Leben, als auch der ständigen Anforderungen, die ein Baby an seine

Mutter stellt. Emma war ihrer Nichte aufs innigste verbunden und hatte mit ihr schon des öfteren brieflich die Frage erörtert, inwieweit die einseitige Inanspruchnahme durch Kinder im Leben einer Mutter deren geistige und physische Stagnation bewirkt und ihre Überzeugung geäußert, daß „Familie und Heim, selbst unter günstigsten Voraussetzungen, die Persönlichkeit, den Mann, die Frau und vor allem das Kind selbst, zugrunde richten". Trotzdem fühlte sich Emma durch die neuen Erfahrungen bereichert und hoffte, soviel Kraft daraus zu schöpfen, daß sie den Schlag, den Ben ihr versetzt hatte, verkraften würde.

Zunächst bat sie Max Baginski, nach Provincetown zu kommen. Mit seiner Hilfe und im Kreise des Theatervolks, der Intellektuellen, Schriftsteller und politischen Aktivisten von Provincetown, die ihr Bewunderung und Achtung entgegenbrachten, schöpfte sie neuen Mut und richtete ihr angeschlagenes Selbstbewußtsein wieder auf. Während der ganzen Zeit attackierte Sascha sie mit Briefen und Telegrammen, um ihr klarzumachen, daß es notwendig sei, die Ferien abzubrechen und die Arbeit für die Beschuldigten des Anschlags bei der Preparedness Day Parade wieder aufzunehmen. Sascha zog alle Register, um Emmas Schuldgefühle und Pflichtbewußtsein anzustacheln, hielt ihr vor, daß es um das Leben der Beschuldigten ginge. Wie konnte sie da Ferien machen und sich der Muße hingeben? Emma war verärgert über diesen Eingriff in ihren hartverdienten Urlaub und zögerte, bis sie die Nachricht erhielt, daß einer der Angeklagten überführt und zu lebenslanger Haft verurteilt worden sei. Sie reagierte schnell; schob ihre Enttäuschung weit von sich und schloß sich dem Kampf gegen das Kriegsfieber an, indem sie alle Vorkehrungen für eine weitere Vortragsreise mit Ben traf.

Die Tour sollte sich über drei Monate hinweg zwischen New York und Chikago erstrecken. Als Themen waren Kriegsbereitschaft und Geburtenkontrolle vorgesehen. Obwohl Emma das letztere für weniger provokativ hielt als das des Rüstungswahnsinns, verweigerten die Behörden ihre Zustimmung. Weil sie und Ben Anarchisten waren und auch zum Problem der sexuellen Unterdrückung Stellung nahmen, waren sie das bevorzugte Ziel einer neuen Welle des Widerstands gegen eine freie Geburtenregelung.

In Cleveland hatte Emma seit langem schon die Unterstützung des liberalen Bürgermeisters Tom Johnson gefunden. Um so mehr war sie schockiert, als Ben, der mit besonderem Eifer ans Werk ging, um Emma zu zeigen, daß seine neue Beziehung keine Aufkündigung seiner Loyalität der Sache gegenüber bedeutete, während einer Veranstaltung verhaftet wurde, kurz nachdem er das Publikum zur freiwilligen Mitarbeit bei der Verteilung von Broschüren zur Geburtenkontrolle aufgefordert hatte. Eine Schar von hundert Menschen, jeder mit der verbotenen Broschüre in der Hand, begleitete ihn zum Gefängnis – doch nur ihm wurde der Prozeß gemacht. Dieses öffentliche Engagement für den Verhafteten ermutigte die lokalen Anhänger der Geburtenkontroll-Bewegung und der Free-Speech-Liga zu einem gemeinsamen Kampf für seine Freilassung. Gegen eine

Kaution von tausend Dollar wurde ihm Haftverschonung gewährt und der Prozeßtermin für den folgenden Monat festgelegt.

Während einer Veranstaltung in Rochester ereilte Ben gleich noch einmal ein ähnliches Schicksal. Dort wurde er festgenommen, weil er ein Exemplar von Dr. William Robinsons *Family Limitation* und Margaret Sangers Broschüre *What Every Woman Should Know* verkauft hatte, beides Veröffentlichungen, die bereits im Buchhandel frei erhältlich waren und durch die Post zugestellt wurden. Auf der Polizeiwache wurde er mit der erfundenen Behauptung konfrontiert, in Robinsons Broschüre ein Flugblatt mit detaillierten Informationen zur Empfängnisverhütung eingelegt zu haben. Ben war außer sich vor Zorn und erklärte, daß derartige zwielichtige Praktiken gegen seine Prinzipien als anarchistischer Propagandist verstießen. Auch Emma versuchte, den Beweis zu erbringen, daß Reitman sich niemals solcher Machenschaften bedienen würde.

Im Oktober wurde auch Emma wegen einer Rede über Geburtenkontrolle zusammen mit anderen bekannten Persönlichkeiten der Protestbewegung in New York verhaftet und erst gegen eine Bürgschaft von tausend Dollar wieder auf freien Fuß gesetzt. Im gleichen Monat wurde auch Margarete Sanger festgenommen. Sie war bei der Verteilung von Informationsmaterial in der Sanger-Klinik an einen weiblichen Polizeispitzel geraten, eine Frau, die sich als Mutter von vier Kindern ausgegeben hatte.

Inzwischen wuchs die Kluft zwischen den zwei Fraktionen der Geburtenkontroll–Bewegung; eine angeführt von Goldman/Reitman, die andere von Sanger. Obwohl sie auf breitester Ebene noch zusammenarbeiteten, würdigten sie sich gegenseitig in ihren Veröffentlichungen und Reden kaum eines Wortes. Sichtlich verletzt, bezichtigte Emma ihre Konkurrentin der Kurzsichtigkeit:

„Es ist tragisch, aber nichtsdestoweniger erwiesen, daß Sanger noch nicht einmal soviel innere Größe zeigt, um die Verdienste derer anzuerkennen, die ihr den Weg bereitet haben. Darüberhinaus hat sie es offensichtlich darauf angelegt, das Interesse der wohlhabenden Bürger auf sich zu lenken – natürlich verbietet es sich dann von selbst, den Namen Emma Goldmans zu erwähnen. Es ist erbärmlich, sich so kleinkariert zu geben. Aber wen stört's? Jeder von uns muß zu seinen Taten stehen, und letzten Endes fügt sie sich selbst mehr Schaden zu, als sie uns je anhaben könnte."

Als es schließlich zum offenen Bruch zwischen Sanger und der traditionellen Arbeiterklasse und der sozialistischen Linken kam, erschien in *The Masses* eine Würdigung Emma Goldmans als der Frau, die sich landesweit die meisten Verdienste im Kampf um die Geburtenkontrolle erworben hatte.

Ben trat in New York als Zeuge in Emmas Verfahren gegen die Geburtenkontrolle auf. Kurzfristig erreichte ihn eine Ladung zu seinem eigenen, offensichtlich vorgezogenen Termin in Cleveland am nächsten Tag. Er telegraphierte seinem Anwalt und den Bürgen, eine Vertagung zu erwirken. Doch der Richter sah in seinem Nichterscheinen eine Mißachtung des Gerichts, erklärte die Bürgschaft für verwirkt und erließ einen Haftbefehl.

Ben nahm den nächsten Zug nach Cleveland. Der Richter erklärte sich „gnädigerweise" bereit, von der Anklage wegen Mißachtung des Gerichts Abstand zu nehmen und nur über die Geburtenkontrollsache zu verhandeln. Der Vertreter der Anklage denunzierte Ben „als einen Anarchisten, der in unsere vorbildliche Stadt kommt, um die Gesetze zu verletzen. ... Wenn wir ihm erlauben, das Gesetz gegen die Geburtenkontrolle zu brechen, setzen wir unser Eigentum und unsere Frauen und Töchter einer Gefährdung ... [durch die] schmutzige, unflätige und stinkende Literatur zur Geburtenkontrolle aus." Ben erhielt keine Gelegenheit, sich zu äußern. Die Beratung der Geschworenen dauerte dreizehn Stunden; das Urteil lautete auf schuldig. Daraufhin ließ Ben den Richter wissen, daß „ungeachtet dessen, was er oder irgendwelche Geschworenen meinen, die Propaganda für Geburtenkontrolle fortgesetzt wird und daß, solange es Gesetze gibt, die sich gegen das Recht der Menschen auf Informationen oder auf ein freies, harmonisches Dasein richten, er und andere solche Gesetze bekämpfen und alle Konsequenzen auf sich nehmen werden". Er wurde „im Rahmen des Gesetzes zu sechs Monaten Arbeitshaus und tausend Dollar Strafe plus Gerichtskosten verurteilt. Dies hätte eine ersatzweise Haft von mehr als fünf Jahren bedeutet, da die Bestimmungen in Cleveland lediglich 60 Cents pro Tag für die Absitzung der Geldstrafe in Anrechnung bringen. Wenige Stunden später erklärten sich einige italienische Genossen bereit, für meine Bürgschaft aufzukommen."

Gegen Hinterlegung einer Kaution von 2.500 Dollar wurde Ben, vorbehaltlich einer Berufung, entlassen. Die Gerichtsverhandlung in Cleveland kam gerade noch so rechtzeitig zum Abschluß, daß Ben nach Rochester fahren konnte, um sich dem dortigen Verfahren zu stellen.

In Rochester verlief der Prozeß ganz anders. Der Richter sah es als eine Absurdität an, jemanden wegen des Vertriebs von Literatur, die bereits im Buchhandel war, zu verhaften. Ben leugnete nicht, bereits in der Vergangenheit Informationen zur Geburtenkontrolle verteilt zu haben und betonte ein weiteres Mal, daß er ein derartiges Gesetz, das er als ungerecht empfinde, immer mißachten würde. „Das Gericht zog sich gerade auf eine Zigarettenlänge zur Beratung zurück. Der Spruch lautete unschuldig, was mit stürmischem Beifall von den Zuhörern quittiert wurde", erinnert sich Ben später in seinen Memoiren.

Wie Emma uns berichtet, verließ er den Gerichtssaal „ein wenig blasser als zuvor, ansonsten jedoch vergnügt und optimistisch wie eh und je".

Im Frühjahr 1917 kam es zu ersten Kriegsdienstverweigerungen. Emma befaßte sich mit dem Gedanken, trotz des „Blut- und Eisenmilitarismus", der das Land überzog, eine weitere Vortragsreise zu starten.

X.
DAS JAHR 1917
SELBST HEUTE NOCH IST ES EINE QUAL,
DARÜBER ZU SCHREIBEN

Noch 1930, während der Niederschrift ihrer Biographie, bemerkte Emma
über das Jahr 1917, dem entscheidendsten in ihrem Leben, seit sie amerikanische Staatsbürgerin geworden war: „... selbst heute noch ist es eine
Qual, darüber zu schreiben." „Alles ist so ungewiß", vertraute sie am 20.
März Agnes Inglis an. Nicht nur ihre Aktivitäten hatten eine andere Richtung genommen: weg von der Geburtenkontrolle und hin zum Widerstand
gegen die Kriegsdienstverpflichtung. Auch in ihren Wünschen fühlte sie
sich hin- und hergerissen; einerseits zog es sie an die Seite der russischen
Revolutionäre in ihrer Heimat, andererseits glaubte sie, in Amerika den
Kampf gegen die wachsende Unterdrückung und Intoleranz voranzutreiben
zu müssen. Denn die Situation in den Vereinigten Staaten zur Zeit des Ein-
tritts in den Ersten Weltkrieg war so, daß alles, was nicht den Normen des
Systems entsprach, der heftigsten Verfolgung ausgesetzt war.

Doch sie blieb – zum einen, weil sie dem Kriegsfieber in den Vereinigten Staaten etwas entgegensetzen wollte, zum anderen, weil sie ohnehin,
wie viele andere, die schon versucht hatten, nach Rußland zurückzukehren, in England hängengeblieben wäre: die Alliierten, einschließlich der
Russen, wünschten es nicht, daß revolutionäre Kriegsgegner sich nach
Rußland absetzten. Auch fühlte sie sich Ben gegenüber verpflichtet, dem
im Mai ein weiterer Prozeß bevorstand. Sie schwor sogar, nicht auf Vortragsreise zu gehen, falls er zu einer Haftstrafe verurteilt würde.

Noch war Ben den Grundsätzen treu, die sein und Emmas Leben all diese Jahre hindurch bestimmt hatten. Er schrieb einen Artikel für *Mother
Earth* zu der Frage: „Warum am Krieg teilnehmen? Weigert euch, zu töten
oder getötet zu werden", der sich auf so dramatische Weise gegen die
Kriegstreiberei wandte, daß viele Leute meinten, er wäre aus Emmas Feder, obwohl sie ihn selbst für geschmacklos und literarisch aufgemotzt
hielt.

Kaum hatte Ben jedoch die Nachricht von der Vertagung seines Verfahrens auf den Oktober in Händen, faßte er den Plan, New York so schnell

wie möglich zu verlassen, ja, er liebäugelte damit, nach Kalifornien zu gehen, eventuell sogar mit seiner Mutter.

Im Juni begann Emma in New York mit dem Aufbau einer neuen Organisation, der *Liga gegen die Wehrpflicht*. Sie war dabei so erfolgreich, daß bereits zwei Wochen nach der Gründung achttausend Menschen ihre Entschlossenheit bekundet hatten, sich nicht für den Kriegsdienst registrieren zu lassen.

Emma war von dieser Massenbewegung fasziniert, und ihre Reden klangen, „als ob sie von einem göttlichen Feuer erfüllt wäre". Und endlich konnte sie auch wieder mit Sascha in derselben Stadt zusammenarbeiten. Als Organisator der Antimilitaristischen Liga war er zu einem leichten Ziel für Angriffe von seiten der Regierung geworden, die nach Gründen suchte, so viele Anarchisten wie nur irgend möglich in das Bombenattentat vom 22. Juli 1916 hineinzuziehen. Er und Fitzi hatten daher San Francisco verlassen und waren nach New York zurückgekehrt.

Über sein Zusammentreffen mit Emma auf den ersten Veranstaltungen der Kriegsdienstverweigerer lesen wir in Bens Autobiographie:

„In den Jahren 1916 und '17 war es für einen Mann eine äußerst gefährliche Sache, sich als Anarchist, Antimilitarist oder aktives Mitglied der IWW zu bekennen oder auch nur mit anarchistischen Gruppen in Verbindung zu stehen. Wie ich schon vorher gesagt habe, und ich betone es noch einmal, mußten wir von der *Mother Earth*–Gruppe mit ziemlicher Sicherheit damit rechnen, daß das Gefängnis, wenn nicht gar der Galgen, unser Schicksal sein würde. Viele der Anarchisten oder Radikalen gingen in den Untergrund. Einige fanden Sicherheit in der Armee, andere heirateten oder gingen nach Mexiko, wieder andere wechselten ihren Namen und ihre Nationalität. Anders Emma und Berkman. Sie zeigten sich noch revolutionärer, noch leidenschaftlicher, noch kompromißloser."

Ben war überzeugt, daß er – wäre er sich über seine Einstellung zum Krieg so sicher gewesen wie zur Frage der Geburtenkontrolle oder zur Redefreiheit – dieselben Konsequenzen auf sich genommen hätte wie Sascha und Emma. Aber er war, trotz seiner Aktivitäten zu Beginn der Kampagne, nun zu einer anderen Auffassung gekommen: „Falls mein Bruder, mein Mitbürger bereit ist, für sein Land zu leben und zu sterben, ganz gleich, ob Kriege gerechtfertigt sind oder nicht und ob Soldat zu sein, eine gute oder schlechte Sache ist, ist mein Platz an seiner Seite." Ben versuchte sogar, sich im Sanitätskorps anmustern zu lassen, scheiterte jedoch an seiner anarchistischen Vergangenheit. Er fühlte sich zu größeren Dingen als der Propaganda für den Anarchismus berufen:

„Die anarchistische Bewegung war für mich zu eintönig geworden. Zehn Jahre lang war ich bei allen großen Veranstaltungen dabei. Zu Beginn meiner Tätigkeit, als die Szene sich ständig wandelte, war ich dauernd in Aktion. Im Laufe der Zeit arbeitete ich mich ein und gewann Routine – für einen temperamentvollen Menschen wie mich war das ziemlich tödlich. ... Während ich mich mühsam abrackerte, mit der Aufregung zum Frühstück, der Polizei zum Mittagessen und dem Aufruhr zum Nachtmahl, verschoben sich meine Aufgabenbereiche. Schließlich wurde ich zum Packesel inmitten der Gefechte. ...

Ich fing an, von einem Zuhause mit meiner Mutter, meiner Frau und dem Baby und einer gutgehenden Arztpraxis zu träumen. Ich hatte Visionen, in denen ich mich als Lehrer an einer medizinischen Akademie, als Reformer und aktiver Arbeiter im Dienst der Kirche sah. All das trug zu meiner wachsenden Unzufriedenheit mit der anarchistischen Bewegung in den Jahren 1916/17 bei."

Während Emmas Aktivitäten mit immer größeren Risiken verbunden waren, bewegte sich Ben auf ein überschaubares Dasein in Sicherheit zu. Die Distanz zwischen ihnen wurde zudem noch durch die Tatsache vertieft, daß die Regierung zwar in Emma eine Gefährdung im Sinne „fremdstaatlicher Infiltration" erkannte, in Ben aber nicht, wodurch sie vermehrten politischen Angriffen ausgesetzt war.

Als der 5. Juni 1917 nahte, der Tag der Erfassung der Wehrdienstpflichtigen, fanden überall im Lande Protestkundgebungen statt. Schlagzeilen wie:

IN BUTTE SCHÜSSE GEFALLEN
ANTIKRIEGSDEMONSTRATIONEN DURCH TRUPPEN
AUSEINANDERGETRIEBEN
TRUPPEN IM EINSATZ GEGEN AUFRÜHRERISCHE
KRIEGSDIENSTVERWEIGERER

zierten die Zeitungen. Die Post versuchte, den Vetrieb der *Mother Earth*–Sonderausgabe "In Memoriam: amerikanische Demokratie" zu verhindern, aber zwanzigtausend Exemplare waren bereits im Umlauf. Viele Zeitungen druckten ganze Passagen, manche sogar den gesamten Text des Anti-Kriegsdienst-Manifestes ab, welches mit folgendem Statement begann: „Vom 5. Juni an wird der Moloch Militarismus von seinem pompösen Thron aus der Opfer harren, die seinen unersättlichen Appetit stillen sollen."

Bei vorangegangenen Veranstaltungen zum Thema Kriegsdienstverweigerung, die alle gut besucht waren, hatte die Polizei keine Verhaftungen vorgenommen. Die Zeitungen berichteten, daß Emma sehr bemüht war, eine Festnahme zu vermeiden:

„'Geben Sie den von der Einberufung betroffenen Männern den Rat, die Aufforderung zu ignorieren?', wurde sie gefragt. 'Nein, das machen wir nicht. Aber wir erklären ihnen, um was es geht und überlassen ihnen die Entscheidung. Diejenigen, die verweigern, haben unsere volle Unterstützung; wir informieren sie über ihre gesetzlich verankerten Rechte, damit sie entsprechend handeln können.'"

Bei allen Veranstaltungen waren Vertreter der Regierung anwesend, die die Reden mitstenographierten. Leicht irritiert bemerkte der Verfasser eines Berichts über eine Veranstaltung zum 5. Juni, daß die Redner jeden Hinweis auf die Registrierung vermieden: „Und dann erschien Emma Goldman. Selbst die anwesenden Vertreter der Behörden erwarteten, daß sie etwas zu den Erfassungsmaßnahmen sagen würde. Stattdessen sprach sie über ihre Kindheit in Rußland und daß sie schon als Neunjährige den Militarismus gehaßt hätte. ... Wie alle anderen, unterzog sie ihn am Ende ihrer Ausführungen einer heftigen Kritik."

Doch die Regierung war darauf aus, Emma zu verhaften. Und als bei einer weiteren Protestversammlung dreißig junge Männer festgenommen wurden, weil sie nicht im Besitz einer Registrierungskarte waren, und Emma dieses Vorgehen mit den Zuständen im alten Rußland verglich, erklärte der Polizeipräsident in einem Wutanfall: „Ich werde dieses Goldman-Weib verhaften, wenn noch mehr solche Treffen stattfinden." Emma, die an diesem Abend in Hochform war, deren beißender Kritik nichts entging, erklärte: „Der Staat veranstaltet eine Volkszählung, um Männer zum Militär einzuberufen, die dann auf die arbeitende Bevölkerung schießen sollen."

Am Tag der Anti–Kriegsdienst–Kundgebung in der Forwarts Hall in Manhattan erhielt Emma einen Telefonanruf, der sie vor einem geplanten Mordanschlag warnte. Obschon sie scherzhaft darauf hinwies, daß sie vorhabe, „entsetzlich alt" zu werden, machte sie vorsichtshalber ihr Testament. Die Forwarts Hall war bis auf den letzten Platz besetzt, nicht zuletzt mit soviel Uniformierten, daß man glauben konnte, die gesamte Belegschaft des New Yorker Polizeipräsidiums sei anwesend. Nach Schluß der Veranstaltung wurden hunderte von Zuhörern festgenommen, so daß Emma beschloß, sich in Zukunft auf gedruckte Appelle zu beschränken, um zu vermeiden, daß ihre Veranstaltungen zur Falle für potentielle Kriegsdienstverweigerer würden.

Am 15. Juni 1917, während Emma mit der Fertigstellung eines neuen Rundschreibens beschäftigt war, erschien United States Marshal Thomas McCarthy mit zwölf Beamten im Büro und verkündete, daß sowohl Goldman als auch Berkman verhaftet seien. Anstelle eines Haftbefehls legte er ein Exemplar der Juni–Ausgabe von *Mother Earth* vor, von der er behauptete, daß sie genügend Material enthielte, um Emma und Sascha für Jahre hinter Gitter zu bringen. Bevor Emma ging, zog sie ihr „purpurrotes, königliches Kleid" an und steckte James Joyces *Portrait of the Artist as a Young Man* ein. Emmas und Saschas Rechtsanwalt Harry Weinberger bestand auf einer sofortigen Verlesung der Anklageschrift und auf Entlassung gegen Kaution, aber die Verhaftung hatte absichtlich am späten Nachmittag nach Büroschluß stattgefunden; die beiden mußten die Nacht im Gefängnis verbringen.

Am nächsten Tag erfolgte eine formale Anklage wegen „Verschwörung gegen die Einberufung"; die Kaution wurde für jeden auf fünfundzwanzigtausend Dollar festgesetzt. Während Emma und Sascha für einige Tage in Einzelhaft saßen, filzten die New Yorker Abteilung des Justizministeriums im Verein mit der Polizei das Büro von *Mother Earth* und *Blast* und beschlagnahmten alles, was nicht niet- und nagelfest war: Abonnentenlisten, Scheckhefte, Briefordner, Buchmanuskripte. Diese Aktion war Teil einer Serie von Überfällen, die zu dieser Zeit im ganzen Lande auf radikale Blätter stattfanden. Dennoch hielt Emma an ihrem Optimismus fest. Aus dem

Gefängnis schrieb sie an Agnes Inglis, einer Freundin aus Ann Arbor, die angeboten hatte, ihr Haus für Emma mit einer Hypothek zu beleihen:

„Du siehst, meine Liebe, die Vertreter der Justiz haben es bis heute nicht begriffen, daß sich unsere Ideale nicht unterdrücken lassen, noch die Wahrheit zum Schweigen gebracht werden kann. Also ertönen die Stimmen aus dem Gefängnis noch lauter als die Stimmen draußen. ... Und was B. betrifft: mir hat das einen schrecklichen Schlag versetzt. Zwar war ich immer der Meinung, daß jeder, wie schmerzlich es auch für den anderen ist, die Freiheit haben muß, seinen eigenen Weg zu gehen; aber daß er ging, als er dringend gebraucht wurde, dafür gibt es keine Entschuldigung."

Der „schreckliche Schlag" bestand darin, daß Ben nach Chikago zurückgekehrt war, um bei der nunmehr schwangeren Anna zu sein. Zu dieser Zeit, als Emma den ganzen Haß der Behörden auf sich gerichtet sah, wirkte sich Bens Abwesenheit auf ihre Stimmung verheerend aus. Und die Tatsache, daß Ben und Anna ein Kind erwarteten, machte die Trennung um so endgültiger.

Um ihrer Ablehnung der unmenschlichen Maschinerie der Justiz Ausdruck zu verleihen, beschlossen Emma und Sascha, sich selbst vor Gericht zu vertreten und auf einen Anwalt zu verzichten. Zunächst hatten sie sogar erwogen, die Verhandlung durch Schweigen zu boykottieren. Dann aber, nach gründlichen Beratungen mit Freunden und Genossen (unter ihnen John Reed, Frank Harris, Max Eastman und Gilbert Roe), kamen sie zu der Überzeugung, daß ein offenes Bekenntnis ihrer Ablehnung des Kriegsdienstes weitaus wirksamer und auch besser geeignet sei, Falschinterpretationen zuvorzukommen.

Mit Blumen und Geschenken wurde Emma an ihrem achtundvierzigsten Geburtstag von Freunden im Gerichtssaal begrüßt. Sie stellte sogleich einen Antrag auf Vertagung, weil Saschas schmerzhafte Beinverletzung, die er sich bei einem Sturz zugezogen hatte, immer noch nicht verheilt war. Der Antrag wurde abgelehnt. Nunmehr entschlossen, aktiv an dem Verfahren teilzunehmen, nahmen Sascha und Emma die Geschworenen buchstäblich ins Kreuzverhör, aber keiner dieser Herren zeigte sich auch nur ansatzweise zu einem wirklich offenen Gespräch über soziale, politische oder religiöse Fragen bereit.

Am 2. Juli eröffnete der Staatsanwalt seine Anklage mit der Ausführung, daß die beiden des Widerstands gegen die Einberufungsmaßnahmen bezichtigt würden. Emma, weil sie anläßlich der Anti–Kriegs–Kundgebung am 18. Mai im Harlemer River Casino öffentlich zur Gewalt und Berkman, weil er anwesende Teilnehmer zur Verweigerung ihrer Registrierung aufgerufen hätte. Außerdem wurde ihnen unterstellt, für die deutsche Regierung Agentendienste geleistet zu haben.

Im Zeugenstand schilderte Emma die Vorgänge um ihre Verhaftung und gab zu bedenken, ob die Polizei wohl auch die Büros der Firmen Morgan oder Rockefeller ohne richterlichen Durchsuchungsbefehl betreten würde. Sich selbst verglich Emma mit einer Studentin der Sozialwissenschaften, deren Anliegen es sei, soziales Unrecht zu diagnostizieren. Sie und Sascha wiesen die Anschuldigung des Staatsanwalts, den Männern geraten zu haben, sich nicht registrieren zu lassen, zurück, und der Staatsanwalt konnte den Beweis nicht erbringen. Auch die Sache mit der Agententätigkeit für die deutsche Regierung klärte sich auf. Die dreitausend Dollar, die Emma einige Tage vor ihrer Verhaftung auf einer Bank eingezahlt hatte, entpuppten sich als Spende von James Hallbeck, einem Genossen und Weinbauern aus Kalifornien. Zu den Notizen eines Stenographen, die angeblich eine wörtliche Wiedergabe ihrer Rede im Harlem River Casino darstellten, bemerkte sie, daß sie niemals die Worte „Wir glauben an die Gewalt, und wir werden Gewalt anwenden" gebraucht hätte. Sie, Emma, verstünde sich als Verweigerin aus Gewissensgründen, die sich verpflichtet fühle, die Geschworenen an die historischen Wurzeln der bürgerlichen Freiheiten zu erinnern: „Was auch immer diese Freiheiten für Sie beinhalten, diejenigen, die einst das verfassungsmäßige Recht auf Redefreiheit durchgesetzt haben, befanden sich außerhalb der Gesetze ... sie waren die Anarchisten ihrer Zeit."

Als Zeugen wurden einflußreiche Sympathisanten vernommen, unter ihnen John Reed und Lincoln Steffens, die bestätigten, daß weder Emma noch Sascha Befürworter der Gewalt seien. Sascha verhielt sich während der Verhandlung nicht ganz so gelassen wie Emma, zuweilen schrie er sogar die Richter an, wenn sie ihn bei seinen Ausführungen unterbrachen.

Der Staatsanwalt, grau und farblos, hatte ein einziges Mal versucht, rednerische Höhen zu erklimmen: „Glauben Sie, daß diese Frau, so, wie sie vor Ihnen steht, die richtige Emma Goldman ist", eiferte er, „diese wohlerzogene, liebenswürdige Dame mit dem freundlichen Lächeln? Nein! Die richtige Emma Goldman kann man nur auf dem Rednerpodium erleben. Da ist sie in ihrem Element und zeigt ihr wahres Gesicht. Dort entflammt sie die Jugend und treibt sie zu Gewalttaten. Wenn Sie Emma Goldman bei ihren Veranstaltungen sehen könnten, dann würden Sie erkennen, daß sie eine Gefahr für unsere freiheitlich demokratische Grundordnung ist."

Nachdem der Richter die Geschworenen belehrt und sein Bedauern darüber zum Ausdruck gebracht hatte, daß die Angeklagten ihre bemerkenswerten Fähigkeiten statt zum Wohle des Staates gegen diesen einsetzten, zogen diese sich zur Beratung zurück. Nach nur neununddreißig Minuten erschienen sie wieder im Saal und verkündeten ihren Entschluß: schuldig. Es war der 9. Juli 1917. Mit der Begründung, daß Emma Goldman möglicherweise „die mächtigste Frau ihrer Zeit" sei, wurde sie zur Höchststrafe von zwei Jahren Gefängnis und zur Zahlung von zehntausend Dollar verurteilt. Sascha erhielt die gleiche Strafe. Beide protestierten energisch gegen das Urteil und prangerten den Richter, der sie wie die „schändlichsten Verbrecher" behandelt hatte, mit unmißverständlichen Worten an.

Der Antrag, den Strafantritt um zwei Tage zu verschieben, wurde abgelehnt.

Unverzüglich mußten sie ihre Strafe antreten: Emma brachte man ins Gefängnis nach Jefferson City, während Sascha nach Atlanta befördert wurde. Bange Gedanken an Fitzi und Ben erfüllten Emma, während sie sich dem „berauschenden Gefühl hingeben konnte, treu zu ihren Idealen gestanden zu haben. ... Alles andere ist nebensächlich."

Im Gefängnis steckte man sie wieder in die Nähstube:

„Friedrich Nietzsche hat doch nicht so unrecht, wenn er das Leben als ewigen Kreislauf bezeichnet. Es ist wirklich nichts anderes. Vor zweiunddreißig Jahren, als ich voller Begeisterung nach Amerika kam, habe ich gleich eine Kostprobe von der hier herrschenden Freiheit und den Chancen für alle erhalten: In einer Kleiderfabrik habe ich bei einer täglichen Arbeitszeit von zehn Stunden 2.50 Dollar in der Woche verdient. Im Gefängnis von Jefferson erfuhr ich gleich am Morgen nach einer anstrengenden Reise die Segnungen der demokratischen Bekleidungsindustrie – mit einem kleinen Unterschied: Das Gehalt hatte sich auf drei Mahlzeiten pro Tag und eine Unterkunft in der Zelle reduziert. Der Fortschritt schreitet unmerklich voran."

In New York arbeitete Fitzi an der Herausgabe der Juli–Nummer von *Mother Earth*. Sie enthielt Emmas und Saschas Reden vor Gericht und eine Analyse der Verhandlung sowie einen Artikel mit der Überschrift „Wie ein junger Mann mit der Herausforderung der Wehrdiensterfassung zurechtkommt". Ihre Leser erreichte diese Nummer jedoch nicht, da die Post, auf Anweisung aus Washington, die Zeitschrift nicht auslieferte. Das gleiche Schicksal ereilte die August–Ausgabe von *The Masses*. Im Juli erhielt Emma Besuch von Ben, der einen ungehaltenen, jedoch höflichen Brief an den Vorstand der Post in dieser Angelegenheit geschrieben hatte.

Der Eintritt der Vereinigten Staaten in den Weltkrieg höhlte langsam, aber merklich die bürgerlichen Freiheiten aus. Selbst ehemals progressive und liberale Elemente waren immer mehr bereit, die Kriegsanstrengungen auf unkritische Weise zu unterstützen und ihr eigenes Verhalten mit dem nationalen Notstand zu rechtfertigen. Von den Briefen, die Emma aus dem Gefängnis schrieb, wurden Kopien für das Kriegsministerium gefertigt. Das betraf sogar die Korrespondenz mit ihrem Anwalt Harry Weinberger, der sich bemühte, einen der Richter der Obersten US–Justizbehörde für eine Berufung des über Emma verhängten Urteils zu gewinnen.

Endlich war es so weit. Am 20. Juli unterzeichnete Richter Louis D. Brandeis eine Anordnung, nach der Berkman und Goldman gegen Hinterlegung einer Kaution von je fünfundzwanzigtausend Dollar bis zur Entscheidung über ihre Berufung auf freien Fuß gesetzt werden sollten. Beide wurden zunächst in die New Yorker Tombs gebracht, von wo aus die Entlassung erfolgen sollte. Für die Bereitstellung von Emmas Kaution war schon gesorgt, aber Saschas Weg in die Freiheit schien plötzlich durch unerwartete Hindernisse blockiert. Als Emma im späten Juli von Weinberger, Fitzi und Stella in die Arme geschlossen wurde, erfuhr sie, daß Sascha im Zusammenhang mit dem Fall Mooney des Mordes angeklagt worden war.

Die Genossen waren sich darüber einig, daß Sascha unter diesen Bedingungen in den Tombs sicherer untergebracht war, denn es war gar nicht ungewöhnlich, daß gerichtlich Verfolgte, die von den Vertretern eines anderen amerikanischen Staates gesucht wurden, durch Kidnapping in die Hände der anklagenden Behörde gelangten. Eingedenk ähnlicher Fälle, wie z. B. der der NcNamara–Brüder oder der von Haywood, Moyer und Pettibone, entschied sich Weinberger dafür, vorerst keine juristischen Schritte für eine Freilassung Berkmans zu unternehmen. Vorsichtshalber beschlossen sie, die Kaution nicht vor dem 10. Dezember 1917 bereitzustellen.

Der Bundesbevollmächtigte Caffey befürchtete, daß eine Auslieferung Berkmans an Kalifornien noch ein anderes Problem nach sich ziehen würde. Er versuchte, dies in einem Brief an den Distriktbevollmächtigten von San Francisco, Fickert, zu erklären:

„Die Situation würde sich im Fall einer Auslieferung Berkmans an Kalifornien erheblich komplizieren. Falls der Oberste Gerichtshof seinen Urteilsspruch revidieren und eine Wiederaufnahme des Verfahrens anordnen müßte, bestünde er wahrscheinlich auf einer sofortigen Vorführung Berkmans zusammen mit Goldman. So, wie die Dinge liegen, wäre es höchst unpassend, wenn er gezwungen wäre, den Prozeß gegen die eine Angeklagte (Goldman) in Abwesenheit des anderen Angeklagten (Berkman) aufzurollen, da beide gleicherweise in den Fall verwickelt sind."

Zweifellos trug der landesweite Protest erheblich dazu bei, daß Washington seinen Druck gegen das Begehren des Distriktbevollmächtigten in San Francisco verstärkte. Als schließlich eine Delegation von einhundert Arbeiterführern, stellvertretend für eine ganze Million Werktätiger, in das Amtsgebäude des New Yorker Gouverneurs Whitman marschierte und ihm zu verstehen gab, daß Sascha keinesfalls allein stünde, fühlte sich sogar Präsident Wilson von diesem Auftritt so stark beeindruckt, daß er einen Ausschuß einberief, der die Rechte der Bundesbehörden gegen das Auslieferungsverlangen Kaliforniens untersuchen sollte.

Emma nutzte die kurze Zeit ihrer Freiheit, um die Einberufungsmaßnahmen zu geißeln. Sie holte zunächst ein paar Leute zusammen, die die Öffentlichkeitsarbeit organisierten. Danach lud sie die Arbeiterführer der jüdischen Gewerkschaften ein und hielt eine große Versammlung ab, zu der einflußreiche Männer und Frauen aus der Welt der Arbeit und der Kunst kamen. U. S. Marshal McCarthy war über Emmas Aktivitäten äußerst ungehalten und versuchte, ihren Auftritten in New York einen Riegel vorzuschieben. Anläßlich einer größeren Veranstaltung erschien Emma mit einem Maulkorb auf dem Rednerpult; das Publikum kugelte sich förmlich vor Lachen. Auch überwachte McCarthy Emmas Besuche bei Sascha und bemerkte gelegentlich, daß sie und Sascha ihm eines Tages dankbar sein würden, weil er sie beide rechtzeitig vor der Verabschiedung des Spionagegesetzes verhaftet hätte: „Jetzt sind's nur zwei Jahre, später würden Sie zwanzig kriegen. Sie müssen zugeben, daß ich wie ein Freund gehandelt habe."

Harry Weinberger unterhielt eine äußerst rege Korrespondenz mit dem Washington Committee on Public Information, dem er seine Beschwerden über McCarthy vorbrachte. Dieser hatte Emma wiederholt bedroht und ihr das Recht abgesprochen, öffentliche Vorträge über Dramen und Literatur zu halten sowie Spendenaufrufe zugunsten von Saschas und Mooneys Gerichtsverfahren zu veranstalten. Weinbergers Aktivitäten führten schließlich dazu, daß McCarthy ein vertrauliches Schreiben vom US–Justizministerium erhielt. Befragt, wie er sein Verhalten gegenüber Emma Goldman zu rechtfertigen gedenke, erwiderte McCarthy, er könne in Emma Goldmans Reden nichts anderes als „aufrührerische Äußerungen" erkennen und fühle sich deshalb befugt, sie daran zu hindern. Er wies auf ihre außergewöhnliche Ausstrahlungskraft hin. Stünde es in seiner Macht, so sagte er, wären die beiden Anarchisten schon früher festgenommen worden. Goldmans hetzerische Reden hätte er schon immer als kriminell angesehen. Der Justizminister hielt es für nötig, ihn vor weiteren Eingriffen in ihr Recht auf freie Meinungsäußerung zu warnen: „Hiermit unterrichte ich Sie in schriftlicher Form, sich fortan zurückzuhalten, irgendeinen Redner auf öffentlichen Versammlungen am Sprechen zu hindern oder die Vorsitzenden derartiger Veranstaltungen zu irgendwelchen Ankündigungen nach Ihrem Diktat zu veranlassen, deren Nichterfüllung das Ende der Veranstaltung bedeuten müßte."

In Anbetracht der öffentlichen Proteste kam es zwischen den Regierungsmitgliedern zu Meinungsverschiedenheiten über die Legalität und Ratsamkeit eines über Goldman verhängten Redeverbots. Dieselbe Schwierigkeit bestand wegen der Frage von Berkmans Auslieferung.

Selbst Reitman war einer nochmaligen Verfolgung ausgesetzt. Die Behörden suchten einen Mann namens Jean Crones, der im Verdacht stand, auf einem Bankett in Chikago zu Ehren des Erzbischofs Mundelein die Suppe vergiftet zu haben, um auf diese Weise gegen die Religion zu protestieren. In Reitman glaubte sie einen potentiellen Informanten zu haben. Da bekannt war, daß Ben zu Captain Herman Schuettler ein freundschaftliches Verhältnis hatte, versuchte Captain Evans vom Kriegsministerium auf diesem Wege, etwas aus Ben herauszuholen. Er überredete Schuettler, mit Ben ein geheimes Treffen in New York zu arrangieren und ihn zu einer Aussage über Jean Crones zu bewegen. Aus Bens Autobiographie geht hervor, daß er Schuettler direkt abgewiesen hat. Er hat ihm erklärt, daß er ihm in dieser Angelegenheit nicht dienen könne und im übrigen wünsche, sich den „Respekt Emma Goldmans und seiner Genossen, mit denen er zehn Jahre zusammengearbeitet habe, zu erhalten. Lieber wolle er ins Gefängnis gehen oder sterben, als zum Verräter werden." Captain Evans lud die beiden zu einem weiteren Treffen ein, auf dem er Ben nötigen wollte, ihm als ständiger Informant zu dienen. Ben weigerte sich. In einem Brief an Schuettler verwies er auf seine Ideale und lehnte es ab, auf irgendwelche Angebote, selbst bei Niederschlagung des ihm noch immer drohenden Verfahrens wegen seiner Aktivitäten bei der Geburtenkontrolle, einzugehen. Schon der Gedanke, die Menschen und die Sache zu verraten, für die er „die zehn besten Jahre" seines Lebens hingegeben hatte, versetzte ihn in „tiefe Melancholie". Er wollte „mit sauberen Händen und reinem Herzen" zu seiner Tätigkeit als Arzt zurückkehren und war überzeugt, daß seine Arbeit für die Geburtenkontrolle kein Verbrechen gewesen war. Er schrieb: „Falls Ohio mich einsperren will, bin ich bereit", dankte Schuettler für seine Güte und Menschlichkeit, die er ihm stets in allen gemeinsamen Angelegenheiten erwiesen habe, und endete seinen Brief mit dem Gruß: „Ich bleibe der Ihre – für eine bessere Welt."

In dieser Atmosphäre der Unterdrückung setzte Ben seine Arbeit mit Emma fort, wenn auch sein Eifer nicht mehr derselbe war wie früher. Sie war so aktiv wie eh und je. Nur ihre Briefe konnte sie wegen der verstärkten Überwachung durch die Post nicht mehr direkt an ihre Freunde und Genossen senden. Sie adressierte sie an unverdächtige Bekannte, die sie an den eigentlichen Empfänger weiterleiteten.

Saschas Fall war inzwischen so populär geworden, daß sogar in Rußland Demonstrationen für seine Freilassung stattfanden. Die Kronstädter Matrosen forderten, daß der amerikanische Botschafter in Rußland, David Rowland Francis, verhaftet und als Geisel festgehalten werden sollte, bis Sascha und die anderen Angeklagten von San Francisco freigelassen würden. In den Staaten selbst hatte sich der Druck gegen den Distriktbevollmächtigten Charles Fickert im Laufe des Herbstes derartig verstärkt, daß Berkman am 14. November 1917 aufgrund der Habeaskorpusakte freigelassen wurde. Er und Emma konnten nun ihren Kampf gegen die soeben verabschiedeten Spionagegesetze, die den Widerstand gegen den Krieg und die Wehrpflicht immer riskanter machten, mit vereinten Kräften fortsetzen.

Nach dem Verbot von *Mother Earth* wurden im Dezember 1917 nun auch das von Fitzi, Ben und Stella im Untergrund hergestellte *Mother Earth Bulletin* und alle noch vorhandenen Gelder beschlagnahmt. Eine ganze Reihe weiterer radikaler Blätter, auch Margaret Andersons *Little Review*, fiel dem Spionagegesetz zum Opfer. Viele der früheren Mitarbeiter waren entweder in Haft oder hatten sich abgesetzt. Von der Obersten Postbehörde erging folgende Anweisung an alle ihr unterstellten Ämter: „Diesem Rundschreiben der stinkenden Mother–Earth–Leute sollte jede weitere Genehmigung eines Vertriebs durch die Post entzogen werden."

Anlaß dazu war ein Bericht im *Mother Earth Bulletin* über die mysteriöse Hinrichtung von dreizehn „Negersoldaten" auf einem Truppenübungsplatz in Texas. „Mit keiner Zeile, keinem einzigen Wort wurde die Öffentlichkeit über dieses Verfahren und seine Hintergründe unterrichtet, bis schließlich dreizehn Körper todesstarr an den Seilen hingen – und 41 andere sich in lebenslänglicher Haft befanden. ... Es ist das erste Mal seit dem Mexikanischen Krieg von 1848, daß die Presse den Mantel des Schweigens über eine solche Affäre gebreitet hat. Nicht einmal dieser schreckliche Bürgerkrieg hat ein derartiges Entsetzen hervorgerufen."

Der Militärische Geheimdienst, der in jeder Opposition innerhalb der Streitkräfte das Werk radikaler Gruppen sah, deren Ziel es war, die Armee von innen aufzuspalten, reagierte empfindlich auf diese Berichterstattung. Emma Goldman wurde beschuldigt, „selbst drei oder vier Streifbandsendungen aufrührerischer Blätter in Militärlager und Garnisonen eingeschmuggelt zu haben, um die Soldaten gegen die Regierung aufzustacheln". Laut Aussage eines in Emmas Gruppe eingeschleusten Spitzels hätte sie selbst geäußert, daß Roger Baldwin über „eine Wehrdienstverweigerer–Organisation" verfüge, welche „… in aller Stille und unbehelligt zehntausend junge Männer aus allen Teilen des Landes durch seine Beauftragten zu Verweigerern ausbildet".

Man sprach sogar von undichten Stellen in den Reihen der Regierungsmitglieder, aus denen für Emma Informationen über geplante Durchsuchungsaktionen durchsickerten, so daß sie in der Lage war, ihre Unterlagen rechtzeitig in Sicherheit zu bringen. Aber die bei weitem abenteuerlichste Verdächtigung bezog sich auf eine ihr angedichtete geheime Aktivität; man sagte ihr nach, daß sie „ein auf die fünf wichtigsten Städte ausgedehntes Komitee" ins Leben gerufen habe mit dem Ziel, „im geeigneten Augenblick den amerikanischen Präsidenten, Staatsanwälte und prominente Politiker zu ermorden. … Diese Organisation trägt den Namen *Die Guillotine*." Selbst wenn auf höchster Geheimdienstebene derartige Attentatspläne für unwahrscheinlich gehalten wurden, waren die Gerüchte für die wachsende Psychose der Regierung geradezu symptomatisch und bildeten den Hintergrund für ihre verzweifelten Versuche, Emma im Interesse der nationalen Sicherheit unschädlich zu machen. So wundert es nicht, daß dem Stabschef dringend nahegelegt wurde, sie zu verhaften und für die Dauer des Krieges hinter Gitter zu bringen.

Der Bericht eines Polizeispitzels über seine Teilnahme an einer Tanzveranstaltung bei Isadora Duncan, die er als enge Freundin Emmas bezeichnete, bezeugt auf anschauliche Weise die außergewöhnlich intensive Beschattung, der sie während dieser Zeit ausgesetzt war. Er beschreibt, wie Duncan in einem roten Kostüm zu den Klängen der Marseillaise einen Tanz aufführt. Fast alle, die zum Bekanntenkreis von Emma und Ben gehörten, wurden erkennungsdienstlich behandelt und verdächtigt.

In bezug auf Reitman hatte der Geheimdienst seine Meinung offensichtlich geändert. Der Bericht eines Spitzels handelt von einer „anarchistisch–intellektuellen Organisation radikaler Elemente" – gemeint ist Bens sogenannter *Dill Pickle Club* in Chikago. Er beschreibt ihn als eine ungewöhnliche Gruppe, in der jeder, egal ob Hobo–Poet oder intellektueller Bohemien, ungehindert reden könne, als ein offenes, avantgardistisches Forum, über dessen Eingangstür in der Tooker Alley eine Tafel angebracht war mit der Aufforderung: „Tritt ein und laß deine Würde draußen." Über Ben selbst schreibt der Agent:

„Im Augenblick fungiert er als Vorsitzender unserer Versammlungen. Er gibt sich in diesen Tagen äußerst gemäßigt. Seine und Martindales gemeinsame Wohnung befindet sich am 25 East Walton Place. Ich bin mir nicht ganz sicher, ob die beiden verheiratet sind. Am letzten Sonntag war ich bei ihnen zum Tee eingeladen und wurde großartig bewirtet. Reitman, von Beruf Mediziner, hat sich eine Arztpraxis im Bush Temple eingerichtet. Offensichtlich ist er bestrebt, sich gesellschaftlich zu etablieren und ein guter Bürger zu werden."

Bens Leben schien immer mehr von konservativen Einflüssen geprägt zu sein. Ein Brief Saschas, worin dieser ihn als „Vogel Strauß" bezeichnete und sich sowohl Bens Hilfsangebote als auch Sympathiebezeugungen verbat, trieb ihn noch mehr in diese Ecke. Sascha hatte ihm geschrieben: „In deiner Art, die Dinge zu sehen, ist etwas, das mich regelrecht anwidert. Ich habe nichts übrig für derartig krankhafte Sentimentalitäten." Sascha wollte nicht zum „Narren" gemacht werden; er wehrte sich dagegen, wenn Ben versuchte, ihn damit zu trösten, daß alles doch wieder gut werden und auch Mooney bestimmt nicht gehängt würde. Er unterschied zwischen zwei Arten von Optimismus: entweder wäre man fähig, „den Dingen ins Gesicht zu sehen" und sich auch „von der schrecklichsten Wahrheit nicht entmutigen zu lassen", oder benehme sich wie der „Vogel Strauß", der „sich selbst betrügt, indem er den Kopf in den Sand steckt und vorgibt, nichts zu sehen". Er prophezeite, daß Mooney sehr wohl gehängt und er selbst zum Tode verurteilt würde, daß Billings und Weinberg lebenslängliche Freiheitsstrafen bekämen – und dies alles aus taktischen Gründen, um „die Gewerkschaften einzuschüchtern und ihren Einfluß in ihrer mächtigen Hochburg San Francisco zu stoppen". Ein wirklicher Revolutionär, so betont er noch einmal, rechne mit derartigen Dingen und sähe keinen Grund, deshalb „zu weinen oder zu winseln. Wer aber nicht bereit ist, diese Konsequenzen als Revolutionär auf sich zu nehmen, sollte sich aus der Gefahrenzone – der Bewegung – heraushalten. Der Kampf um jeden Zentimeter ist die Hoffnung aller einsichtigen Menschen, selbst wenn einige von ihnen dafür mit dem Leben bezahlen müssen."

Daß Sascha ihn als politischen Dummkopf hinstellte, war für Ben äußerst schmerzhaft – wenn auch nicht neu. War nicht er einer der eifrigsten Aktivisten gewesen? Hatte nicht er darauf hingewiesen, daß es „hirnverbrannt" sei, „sich den Kriegsgelüsten im Lande zu widersetzen?" Er hatte gewußt, daß sie dieses Thema ausklammern mußten, weil „sie es sich nicht leisten konnten, in Schwierigkeiten zu geraten".

Sein Einsatz und seine Begeisterung für das *Bulletin* hatten die wachsende politische und persönliche Entfremdung von Emma nicht aufhalten können. In ihrer Autobiographie finden wir folgende Bemerkung: „Unser gespanntes Verhältnis ließ sich nicht mehr aufrechterhalten. Eines Tages brach der Sturm los, und Ben ging. Gut so. Gleichgültig und tränenlos sank ich in einen Stuhl. Fitzi war bei mir und streichelte mir behutsam das Haar."

Bevor das Berufungsverfahren beim Obersten Gerichtshof begann, unternahm Emma in Windeseile eine letzte Vortragsreise. Ihr Thema war diesmal die Russische Revolution, und sie versuchte, die Sympathien der Öffentlichkeit für die Bolschewisten, die im Oktober 1917 die Macht übernommen hatten, zu gewinnen.

Zum Jahreswechsel arrangierten sie und Sascha ein rauschendes Fest – vierzig oder fünfzig Freunde kamen. Emma bezeichnete die Party als „die große Fresserei des Jahres. ... Das Leben war voller Verheißung und jede Stunde der Freiheit kostbar. Atlanta und Jefferson lagen in weiter Ferne." Noch einmal verschickte sie Neujahrsgrüße, die ein beredtes Zeugnis von ihrem Wissen um die Zusammenhänge von persönlichem und politischem Dasein in solch schrecklichen Zeiten abgeben: „Jeder Wunsch für ein rein persönliches Wohlergehen inmitten dieses weltweiten Wahnwitzes erscheint mir so nichtssagend, daß ich mich nicht aufraffen kann, andere Dinge zu wünschen, als daß die Menschheit wieder zur Vernunft kommt. Ich glaube, nur das kann uns wieder froh machen."

1 – Emma Goldman, 1886

2 – Emma Goldman, 1892

3 – Taube Goldman

4 – Abraham Goldman

5 – Emma Goldman um 1900

6 – Alexander Berkman, 1892

7 – Johann Most, 1890

8 – Hippolyte Havel, 1899

9 – Edward Brady, 1890

10 – Ben Reitman bei einem Bankett für Hobos, 1907

11 – Ben Reitman während einer Veranstaltung
für die Geburtenkontrolle, 1912

12 – Emma Goldman als Rednerin, 1917

13 – Emma Goldman und Alexander Berkman, 1917

14 – Almeda Sperry, 1917

15 – Senja Fleshine, um 1917

16 – Margaret Sanger, um 1918

17 – Leon Malmed, 1915

18 – Emma Goldman

19 – Emma Goldman

20 – Pat Quinlan, Carlo Tresca, Elisabeth Gurley Flynn, Adolph Lessing, Bill Haywood
während eines Streiks der IWW–Weber, New Jersey, 1913

21 – Kate Richards O'Hare, 1918   22 – Stella Ballantine

23 – Emma Goldman während der Beisetzung Kropotkins, 1921

24 – Alexander Berkman und Genossen des Kropotkin–Komitees, 1921

25 – Arthur Swenson, 1922

26 – Ben Reitman

27 – Margaret Eleanor Fitzgerald und Alexander Berkman, 1925

28 – M. Lowensohn, A. Berkman, E. Eckstein, M. Steimer, 1927

29 – Agnes Smedley, 1929

30 – Voltairine de Cleyre

31 – Harry Weinberger und Emma Goldman, um 1928

32 – Emma Goldman, Harry Weinberger,
Kaplan und Freund

33 – Modest Stein, Emma Goldman, Alexander Berkman, Mollie Steimer, 1929

34 – Modest Stein und Alexander Berkman, 1928

35 – Alexander Berkman, Mollie Steimer, ein unbekannter Freund und Modest Stein, 1936

36 – Rudolf Rocker

37 – Millie Rocker

38 – Nestor Machno und Alexander Berkman, um 1936

39 – Emma Goldman, 1938

40 – Ben Reitman, um 1939

41 – Emma Goldman mit Genossen der CNT–FAI, 1938

XI.
DIE LETZTE SEITE
EINES STÜRMISCHEN KAPITELS
1918 – 1919

Nur wenige Tage nach Jahresbeginn, als Emma gerade den Mittelwesten bereiste und die Erfolge ihres jüngsten Vorbilds, der Bolschewiki, pries, lehnte der Oberste Gerichtshof die Berufung im Fall Goldman/Berkman ab; Emma sollte ihre Strafe am 5. Februar antreten. Ihren letzten Monat in Freiheit verbrachte sie bei Freunden, organisierte die *Liga für die Amnestie politischer Gefangener* und überarbeitete ihre Broschüre *Die Wahrheit über die Bolschewiki*. Sie bat ihre Freunde, sich um ihr „Kind der Liebe, das *Mother Earth Bulletin* zu kümmern. … Ich weiß, ihr werdet es zärtlich betreuen, so daß ich es größer, stärker und lesenswerter vorfinde, wenn ich aus Jefferson zurückkomme." Dann traten Emma und Sascha ihre zweijährigen Haftstrafen an. Sie wurden unter schärfsten Sicherheitsvorkehrungen nach Jefferson City und Atlanta zurückgebracht. Als das Gefängnistor sich hinter Emma und einer Zeit relativer politischer Freiheit schloß, tröstete sie sich mit dem Gedanken, die stabilen Gitter einer Gefängniszelle könnten sie vielleicht vor der wiederauftauchenden Sehnsucht nach Ben schützen.

Ben hatte Emma kurz in New York getroffen und war bei der Urteilsverkündung zugegen. Auf der Fahrt nach Hause war ihm eigentümlich feierlich zumute.

„Mit Freude, aber auch mit Trauer dachte ich über die Vergangenheit und die Zukunft nach.

Emma Goldman war in Jefferson City im Gefängnis. Die Löwin war in New York und versuchte, die verstreuten Reste der anarchistischen und antimilitaristischen Propaganda und der Agitation für Geburtenkontrolle zusammenzuhalten. Amerika war in den Fängen eines schrecklichen Krieges. …

Meine Mutter, eine liebende Frau, ein treuer Bruder und ein großes Auto erwarteten mich, und ich war auf dem Wege zu meinem ersten wirklichen Heim in Chikago."

Ben war so sehr damit beschäftigt, seine Arztpraxis in Chikago aufzubauen und vor der Geburt seines Kindes ein Heim einzurichten, daß er sich nicht die Zeit nahm, Emma so oft zu besuchen, wie sie es gern gehabt hätte. Aber trotz seines neuen Lebens konnte er es nicht lassen, sich in seinen Briefen als ihren Geliebten und Manager zu bezeichnen. Emma erschienen die Wochen ohne Ben endlos. Ihr alter Freund Benny Capes, ein Anarchist aus St. Louis, den sie liebevoll „Kleiner Ben" nannte, besuchte sie sehr oft. Aber, wie sie später in ihrer Autobiographie schrieb, steigerten seine Besuche nur ihre Enttäuschung über den „Großen Ben".

„Der Kummer, den er mir bereitet hatte, besonders im Laufe der letzten zwei Jahre unseres Zusammenlebens, hatte mein Vertrauen in ihn untergraben und mich mit Bitterkeit erfüllt. Ich hatte nach seiner letzten Abreise von New York beschlossen, das Band zu zerreißen, das mich so lange gefesselt hatte. Zwei Jahre im Gefängnis würden mir, so hoffte ich, dabei helfen. Doch Ben schrieb weiter so, als wäre nichts geschehen. Seine Briefe, die die Versicherung seiner Liebe beschworen, waren wie feurige Kohlen. Ich konnte ihm nicht mehr glauben, aber ich wollte es immer noch. Seine Bitte, mich besuchen zu dürfen, schlug ich ab. Ich wollte ihn sogar bitten, nicht mehr zu schreiben, aber ihm drohte selbst ein Haftstrafe, zu der er während unserer gemeinsamen Zeit verurteilt worden war, und das verband ihn noch mit mir. Seine bevorstehende Vaterschaft war zusätzlicher Zündstoff für meine gefühlsmäßige Anspannung. Die detaillierte Beschreibung seiner diesbezüglichen Gefühle, sein Entzücken über die Kleidchen und Hemdchen des zu erwartenden Kindes gestatteten mir einen flüchtigen Blick in einen unvermuteten Bereich von Bens Charakter. Ob es nun das Scheitern meiner eigenen Mutterschaft war oder der Schmerz darüber, daß eine andere Ben das gab, was ich ihm nicht hatte geben können – seine überschwenglichen Worte verstärkten meine Abneigung gegen ihn und alle, die mit ihm zu tun hatten."

Nach einigen Wochen stattete ihr Ben schließlich einen feierlichen Besuch ab:

„Es war seltsam, meine kleine, blauäugige Mommy in Gefängniskleidung zu sehen, den Schmerz erzwungener Abgeschlossenheit und der Zwangsarbeit in ihr Gesicht geschrieben. Wir konnten nicht sagen, was wir dachten; feindliche Augen beobachteten uns. Wir waren uns bewußt, daß ich 'sie und die Sache im Stich gelassen hatte'. Es war ein schmerzlicher Besuch. Ich tröstete mich auf eine billige Art – ich kaufte ihr für ein paar Dollar Lebensmittel.

Es gab nichts, was ich ihr oder was sie mir hätte mitteilen können. Ich stand wie ein Verräter vor dem Beichtvater, konnte aber nicht beichten. Als ich sie ansah, entdeckte ich nichts von den Vorwürfen, die ich mir selbst machte. Als sie wieder abgeführt wurde, zerbrach mir das Herz. Mir war klar, daß auch ich im Gefängnis wäre, hätte ich meine Pflicht getan. Aber ich war einen anderen Weg gegangen, war dem Wunsch des Durchschnittsmannes nach einem Zuhause, einer Frau und einem Kind erlegen."

Ben nannte seinen Sohn Brutus. Wie Brutus Cäsar verraten hatte, so meinte er, Emma verraten zu haben, als er sich für Ehe und Familie entschloß. Zusammen mit der Geburtsanzeige erhielt Emma die Nachricht, daß das Appellationsgericht von Ohio Bens Verurteilung bestätigt hatte. Noch im selben Monat mußte er Frau und Kind verlassen, seine Arztpraxis schließen und für sechs Monate ins Gefängnis gehen.

Ben schrieb aus dem Gefängnis an seinen neugeborenen Sohn. Brutus sollte wissen, daß er ein Wunschkind war, obwohl sein Vater Geburtenkontrolle für notwendig hielt. Er schrieb in elegischen Tönen, wie aus einem Grab:

„Mein Junge, ich bin froh, daß du auf der Welt bist. Ich wollte dich. Deine Mutter und ich erhofften und planten dich – du bist *willkommen*. ... Dein Vater liebte das Leben und lebte das Leben. Hoffentlich wirst du so viel von der Welt sehen und genießen wie ich. Ich hoffe, du wirst Männer und Frauen lieben und so viel Freude am Lieben haben wie ich und noch mehr. ... Dein Vater liebte die Menschen und wollte, daß sie glücklich und frei sind und es ihnen gut geht. Er tat das nach seiner Erkenntnis Beste, um eine Welt aufzubauen, in der kein Kind Elend, Armut, Tyrannei, Kriege und Unwissenheit erleiden muß. ...

Kleiner Ben, ... ich hoffe, du wirst ... besonders die Armen, die Landstreicher, die Kriminellen und die Außenseiter der Gesellschaft lieben – Menschen, denen dein Vater fast sein ganzes Leben gewidmet hat.

Oh, mein Junge, ich bin froh, daß es dich gibt. Ich hoffe, du wirst deine Mutter so trösten, wie du mich tröstest, und der Menschheit dienen und ein großartiges, reiches, freies, selbstloses Leben führen – das ist das Gebet deines Vaters.

Dein dich liebender Vater
Ben L. Reitman"

Im Gefängnis fühlte sich der neue Vater von seinen anarchistischen Freunden im Stich gelassen. Warum hatten sie nicht genug Geld gesammelt, um ihn freizukaufen, so wie er es für viele andere getan hatte? Als Emma von Bens Lage hörte, erkundigte sie sich in einem Brief an Agnes Inglis über ihn: „Was ist mit Ben. Ich möchte unbedingt wissen, wie seine Lage ist. ... Bitte, sag ihm, er braucht nicht zu fürchten, daß ich ihn jemals im Stich lasse. Bitte, besuch ihn, das würde mich sehr beruhigen."

Emma schrieb auch an ihre Nichte Stella mit der Bitte, sich um Ben zu kümmern und ihn, Anna und das Baby zu besuchen.

„Du denkst sicher, ich nehme Bens Strafe allzu tragisch. Aber Liebling, das stimmt ganz und gar nicht. Ich will bloß mit einem stürmischen Kapitel zu Ende kommen. Ben ist im Gefängnis, weil er mir bei meiner Arbeit geholfen hat; daher bin ich verantwortlich. Wenn er frei ist und daheim bei seiner Familie, wird die letzte Seite gelesen sein. ... Vermutlich denkst du, wie die meisten meiner Lieben, daß ich dem wahren Ben gegenüber blind war. Ich wünschte, ich wär's gewesen. Das hätte mir viel Schmerz erspart. Aber, meine Liebe, *ich sah*. Und der Schmerz kam nicht von dem, was ich sah. ... Niemand kann dich so sehr verletzten, wie du dich selbst. Aber wer würde schon vermeiden, sich durch eine reiche und intensive Erfahrung zu verletzen?"

Stella folgte Emmas Wunsch, besuchte Ben und schrieb dann mit leichtem Abscheu an Sascha: „Sein ganzes Interesse war auf sich selbst und seine Mutter gerichtet, kaum eine Frage nach unserem lieben Mädchen, nur ganz flüchtig." Emma, die davon nichts wußte, beschloß, Ben und seine Familie nach ihrer Freilassung zu besuchen. Das würde zwar schmerzlich sein, aber sie mußte sehen, wie Ben jetzt lebte:

„… warum Schmerz fürchten? Leben wir nicht durch unsere Fähigkeit, Schmerz zu ertragen? Wir entstammen einer Rasse, die nichts als Schmerz gekannt und doch überlebt hat. So werde auch ich überleben. Ich hoffe, daß ich Ben nach diesem Besuch besser verstehe. Ich will jedenfalls nie bitter oder gleichgültig werden. Schließlich kann man nicht zehn Jahre gemeinsamen Kampfes einfach aus seinem Leben streichen. Wenn ich überhaupt in Chikago Station mache, dann, weil ich nicht weiß, wie mein Leben nach der Entlassung weitergehen wird. Sollte das Unvermeidliche [Deportation] geschehen, würde ich mich höchst elend fühlen, wegzugehen, ohne B. noch einmal gesehen zu haben."

Briefe, voller Gedanken über Ben, zeigen, wieviel Zeit Emma im Gefängnis damit verbrachte, über die Vergangenheit nachzugrübeln. Aber ihr Unbehagen war nicht nur emotionaler Art. Durch die stundenlangen Näharbeiten litt sie unter schon chronischen Nackenschmerzen. „Über mich gibt es nichts Neues zu berichten. An manchen Tagen habe ich relativ wenig Schmerzen, an anderen ist es scheußlich. Aber man muß es nehmen, wie es kommt. Zum Glück kann ich abends und am Wochenende die Arbeit vergessen und in meinen Büchern leben, in den Erinnerungen an die Vergangenheit und in der Hoffnung auf die Zukunft."

Aber die Zeit bis zur Entlassung war noch lang, und die Haftbedingungen zeitweise unerträglich. Emma bat ihre Freunde um Lebensmittel, Strümpfe und Nachthemden – Bitten, die sie offenbar komisch fanden. „Ich kann dich lächeln sehen über meine Bitte nach so vielen fraulichen Dingen", antwortete sie, „aber ich war ja immer fraulicher, als für eine Revolutionärin gut ist." Eugene O'Neill schickte ihr einen Band seiner Stücke.

Ben wurde im Gefängnis besser behandelt als Emma, weil die Geburtenkontrolle, für die er gekämpft hatte, kein so heikles Thema war wie die Wehrpflicht, gegen die Emma agitiert hatte. Ein Stadtrat von Chikago und einige Journalisten, die die Haftanstalten in Amerika besuchten, besichtigten auch die Besserungsanstalt in Warrensville und baten um gute Behandlung Bens. Er durfte sogar mit Anna und Brutus im Gefängnisgarten essen. Auch durfte er Visiten in der städtischen Tuberkuloseklinik machen und auf seinem Spezialgebiet, der Syphilisbehandlung, praktizieren.

Einige Wärter und ein katholischer Priester protestierten erfolgreich gegen Bens Privilegien, aber er lebte trotzdem nicht wie ein gewöhnlicher Häftling. Er erhielt den Auftrag, den Drogensüchtigen im Gefängnis zu helfen, „von der Gewohnheit abzulassen", aber er behandelte sie nicht nur, er half auch, die Drogenringe im Gefängnis zu zerschlagen.

Ben war zwar froh, während seiner Haft nützlich arbeiten zu können, das hinderte ihn aber nicht, Emma um Geld für die Bezahlung seiner Strafe zu bitten, damit er nicht länger als sechs Monate in Haft bleiben müßte. Als ein Teil der Summe gesammelt war, senkte ein Richter Bens Strafe wegen guter Führung und wachsenden öffentlichen Drucks für seine Freilassung auf die Hälfte. Emma setzte ihre Sammelaktion fort, ohne zu ahnen, daß sie jetzt unnötig war; Ben hatte ihr nichts davon geschrieben. Stattdessen schrieb er ihr einen langen Brief über seinen Sohn, seine Mutter und seine Frau. Als Emma schließlich von Bens Strafminderung erfuhr, war sie über sein Verhalten irritiert und wütend. Es fiel ihr schwer, ihm zu schreiben, zumal er auch den fatalen Fehler begangen hatte, sich nicht bei ihr für ihre Hilfe zu bedanken. Emmas erneute Enttäuschung über Ben brachte sie wieder in „emotionale Abhängigkeit zu Ben", obwohl sie gehofft hatte, sich durch ihre Sammelaktion von ihm zu befreien.

Nach seiner Entlassung praktizierte Ben als Arzt und konzentrierte sich auf sein Familienleben. In seinen Briefen an Emma prahlte er mit seinen Erfolgen – Arbeit für das Gesundheitsamt, in einer Klinik und für das Hobo–College – und bedrängte sie mit der Bitte, sie im Gefängnis besuchen zu dürfen. Aber erst als er über Magenbeschwerden klagte, konnte er Emmas Mitleid so weit erregen, daß sie seinen Brief beantwortete. In dieser Antwort distanzierte sie sich noch mehr von ihm, indem sie feststellte, er sei nie revolutionär, sondern nur reformistisch gewesen: „Du bist von Natur aus reformistisch, lieber Ben. Deine revolutionäre Phase war wie ein Fieber, es dauerte zehn Jahre und hinterließ, wie manche Fieberanfälle, eine Leere. Daher überrascht es mich nicht, daß du wieder da bist, wo du vor zehn Jahren angefangen hast, nämlich bei der Reform. Aber verteidige dein Verhalten um Himmels willen nicht mit dem Pathos eines Moralpredigers, das wäre absolut lächerlich." Ein Besuch von ihm könne ihr im Gefängnis wirklich nicht helfen. Nur „die Welt draußen" könne sie wieder „aufrichten, der heroische Kampf der Bolschewiki gegen organisierte Dummheit und Brutalität". Außerdem fand Emma es ziemlich hochtrabend, wie Ben seine Frau und die Mutterschaft in allgemeinen pries. Anna war eben eine Mutter, die ihren Sohn liebte. „Na und?"

Emma war nicht nur von Ben enttäuscht. Es gab schon Anzeichen dafür, daß die von ihr idealisierten Bolschewiki nicht hielten, was sie versprochen hatten. Katharina Breschkowskaja, bekannt als Babuschka der Russischen Revolution, die mit ihren „fünfzig Jahren anarchistischer revolutionärer Arbeit dem Oktober–Aufstand den Weg bereitet hatte", war inzwischen verbittert gegen Emmas neue große Hoffnung, die bolschewistische Revolution, angetreten. Da Emma der Meinung war, daß die Kritik der Breschkowskaja nur der Regierung der Vereinigten Staaten und Weißrußland in die Hände arbeite, schmuggelte sie über Stella Briefe aus dem Gefängnis, in denen sie Babuschka anflehte, ihre Position und deren Wirkung auf ein Land, das dem russischen Traum sowieso schon feindlich gegenüberstand, noch einmal zu überdenken.

In der Zwischenzeit wandte Emma ihre Aufmerksamkeit jüngeren Rebellen in den Vereinigten Staaten zu, wie Mollie Steimer, der jungen, kompromißlosen, anarchistischen Gefährtin des Fotografen Senja Fleshine, der das Layout für *Mother Earth* gemacht hatte. Mollie war verhaftet worden, weil sie Flugblätter gegen die US–Intervention in Rußland verteilt hatte.

Die Repression in den Vereinigten Staaten hatte noch nie dagewesene Ausmaße angenommen. Unter Berufung auf das neue Spionagegesetz, das aufrührerische Äußerungen zur Schwächung der Kriegsanstrengungen sehr frei auslegte, wurden vor allem ausländische Antimilitaristen und Radikale zu Tausenden verhaftet. Zu denen, die die längsten Haftstrafen erhielten, gehörten Bill Haywood, Eugene Debs, der Führer der Sozialistischen Partei, und Kate Richards O'Hare, die bekannte Aktivistin und Reformerin der Sozialistischen Partei. Die Postzensur wurde ebenfalls verschärft. Peter Kropotkins Broschüre *Anarchistische Moral* wurde von der Postbeförderung ausgeschlossen, weil der Postminister der Meinung war, es könne „die Kriegsführung beeinträchtigen", wenn man sich „mit solchen Utopien beschäftigte". Zu den gefährlichsten Schriften zählte der Appell *Gerechtigkeit für Neger* der Wobblies (IWW), in dem darauf hingewiesen wurde, daß „farbige Soldaten verpflichtet sind, in Übersee 'für die Demokratie zu kämpfen', während in den USA einundneunzig von ihnen gelyncht wurden". Auch Voltairine de Cleyres posthum veröffentlichter Aufsatzband, der einen Artikel über Emma Goldman und einen über sexuelle Sklaverei enthielt, wurde von der Postbeförderung ausgeschlossen. Vor allem die Verbindung von sexueller Freiheit und antimilitaristischer Einstellung provozierte eine fast hysterische Reaktion des Postministers: „Für sie war Emma Goldman eine Prophetin des Lichts – eine der Auserwählten aller Zeiten. Gott, so kann man hinzufügen, hat keinen guten Ruf bei diesem irregeführten Wesen. Das Buch ist gefährlich, nicht ohne den Keim einer grundlegenden Wahrheit, aber zutiefst pervertiert und tadelnswert und schließlich gibt es heute andere, wichtigere Dinge auf der Welt."

Nicht nur wurden Veröffentlichungen, die Emmas Beitrag zur Veränderung der Gesellschaft betonten, von der Postbeförderung ausgeschlossen, auch alle ihre Freunde und Verwandten wurden observiert, ebenso Genossen im ganzen Land, die sie bewirtet oder bei der Organisierung ihrer Reisen geholfen hatten.

Seltsamerweise blieb Fitzi, eine von Emmas engsten Vertrauten, von all den Maßnahmen der Bundesbehörden relativ verschont. Obwohl seinerzeit in San Francisco verhaftet, war sie jetzt wieder frei und konnte politisch arbeiten. Fitzi, die viel für die Organisation im Untergrund tat und überall Kontakte zu Anarchisten hatte, war für den militärischen Geheimdienst in Freiheit nützlicher als im Gefängnis, solange er ihre Aufenthaltsorte und die Leute, mit denen sie in Verbindung stand, observieren konnte. Man beschloß, „sie als Köder zum Fangen der anderen Führer zu benutzen".

Emmas und Saschas Briefe wurden abgefangen, gelesen und konfisziert wegen der darin enthaltenen diversen Decknamen, die sie benutzten. Aber trotzdem wuchsen die Organisationen, die Emma, Sascha und die anderen Opfer der neuen Repression unterstützten. Die Liga für die Amnestie politischer Gefangener war mit aktiven Gruppen in Rochester, Detroit, Chikago, Cleveland, Ann Arbor, San Francisco, St. Louis, Los Angeles und New York vertreten und hoffte auf internationale Unterstützung.

Der Kontakt mit den Sympathisanten wurde unter anderem durch ein vervielfältigtes Rundschreiben hergestellt, das Stella verschickte. Da die Zeitschriften *Mother Earth* und *Mother Earth Bulletin* von der Postbeförderung ausgeschlossen waren, gab Stella ein neues Blatt heraus und betitelte es *Instead of a Magazine*.

Es informierte die Leser auch darüber, welche der früheren Veröffentlichungen des *Mother Earth*–Büros von der Post als „nicht beförderbar" eingestuft worden waren. In der Ausgabe vom 29. Juni 1918 schrieb Stella über ihre sechs Besuche bei Emma im Gefängnis:

„Ein Verwalter brachte sie durch eine Eisentür herein, und wir saßen auf einer Couch im Büro der Aufseherin; an zwei Tagen saß die Aufseherin bei uns, und am letzten Tag, einem Sonntag, beobachtete uns ein Wächter. Zuerst konnte ich kaum sprechen. Unsere liebe Emma sah aus wie immer, sie strahlte mich an und ihr hübsches Gesicht war gerötet. Ich fühlte mich wie im Traum, die Welt war durcheinandergeraten – und gleich würde ich aufwachen.

Wir sprachen über vieles, meist über ihre geliebten Genossen und Freunde draußen, die Weltlage und ihre Zukunftspläne. Sie wollte nicht über die Unannehmlichkeiten des Gefängnislebens reden. Sie erzählte von den wenigen Privilegien, die sie genießt, z. B. daß sie ihr Essen von draußen bekommen darf und daß ihr alle Bücher, Papiere und Briefe ausgehändigt werden. ... Man darf sie nicht als 'politische Gefangene' bezeichnen, weil es die in diesem Land offiziell nicht gibt.

Ich wollte ihre Augen sehen und bat sie, ihre Brille abzunehmen. Sie hat viele neue Krähenfüße und sieht traurig und müde aus. ... Es gibt anscheinend keine Abwechslung von der Schneiderarbeit, denn Nähen ist die einzige Beschäftigung für weibliche Gefangene. ...

Sie erzählte mir, daß sie, wenn der Arbeitstag zu Ende sei, vergesse, im Gefängnis zu sein. Sie wende sich ihren Büchern zu, lese die Zeitungen und halte mit der Außenwelt Zwiesprache.

Sie läßt euch alle grüßen und freut sich auf den Tag der Freilassung, wenn sie wieder bei euch sein und ihre Meinung sagen kann. Bis dahin, Emma, denken wir an dich in der Dunkelheit – wir stehen zu dir."

Harry Weinberger versuchte zu erreichen, daß Emma als Serviererin oder Krankenpflegerin arbeiten könne, was sie wohl weniger anstrengen würde, „weil sie mit ihren fünfzig Jahren mitten in den Wechseljahren war und ihre Augen inzwischen so schlecht waren, daß sie mit tief gebeugtem Rücken über den Jacken saß, die sie nähen mußte".

Stellas Berichte über Berkman waren noch düsterer. Er durfte weder sein Essen noch Zeitschriften oder Bücher von draußen erhalten. „Die Gefängnisleitung quält ihn noch zusätzlich, indem sie ihm das Paket zeigt und die Sachen dann wegschließt." Sascha litt wieder unter Magenbeschwerden, versicherte aber seinen Genossen, er könne seine Zeit leicht absitzen, weil seine Lebensweise „über den Magen erhaben" sei.

Selbst im Gefängnis blieben Emma und Sascha nicht von dem Verfolgungswahn vor „fremden Agitatoren" aus dem Ausland verschont. Der Weltkrieg hatte die antideutschen Ressentiments in den Vereinigten Staaten so weit angeheizt, daß jeder, der Verbindungen nach Deutschland hatte, verdächtig war. Russische Immigranten, die mit den Bolschewiki sympathisierten, waren genauso verdächtig. Am 18. Januar 1919 starb ihr früherer Ehemann Jacob Kerschner, und nun versuchte die Regierung verstärkt, Emma auszuweisen, da sie nun nicht mehr aufgrund ihrer Ehe mit einem Amerikaner die amerikanische Staatsbürgerschaft beanspruchen konnte. Justizminister A. Mitchell Palmer suchte eifrig nach Beweisen, um das Einwanderungsgesetz vom 5. Februar 1917 auf Emma anwenden zu können. Dieses Gesetz gab der Regierung die rechtliche Handhabe, Ausländer, die Anarchisten oder in irgendeiner Weise politisch radikal waren, zu deportieren oder zu verbannen.

Bestens informiert über Emmas Denken und Handeln, da sie ja ihren gesamten Schriftwechsel kontrollierte, forderte die Gefängnisleitung, daß „etwas getan werden muß, und zwar schnell". Auch Emmas trauriger Brief, als ihr Neffe David Hochstein, den sie sehr liebte und als Geiger gefördert hatte, im Krieg starb, und ihr Jubel über die Amnestie von 113 Kriegsdienstverweigerern waren der Gefängnisverwaltung und dem Justizminister bekannt.

Berkman kam in Einzelhaft, als er gegen den Tod eines schwarzen Gefangenen protestierte, den ein Wächter von hinten erschossen hatte. Seine Post wurde ihm nicht ausgehändigt, und, was die grausamste Strafe war, er durfte mit niemandem reden.

Anders als Sascha hatte Emma im Gefängnis Kontakt zu Mithäftlingen, besonders zu Kate Richards O'Hare, die wegen ihrer Aktivitäten gegen den Krieg nach dem Spionagegesetz verurteilt worden war. Emma schrieb ihren Freunden, daß die Unterschiede zwischen Anarchismus und Sozialismus im Gefängnis verblassen würden. „Glaubt nur nicht, daß wir in 'ismen' konkurrieren; wir konkurrieren nur im Füttern hungriger Spatzen." Die Freundschaft zwischen O'Hare und Goldman machte die Härte des Gefängnislebens erträglich, und Kates Ausgeglichenheit schwächte Emmas zeitweise Depressionen ab. Kate arbeite mit den anderen Frauen gut zusammen, meinte Emma, weil sie „keine jüdische Seele hat, die der Unterwerfung widersteht. ... O'Hare ist optimistisch, was EG mit ihrer jüdischen Herkunft nicht gelingt." Auch später schrieben beide Frauen mit Zuneigung und Wertschätzung über die Zeit, die sie gemeinsam im Gefängnis verbracht hatten. Kate bezeichnete Emma als ihre „treue Genossin und kosmische Mutter" von „leidenschaftlich mütterlicher Natur". Das war es auch, was den anderen Frauen an Emma gefiel, und „nicht ihre anarchistische Einstellung". Kate bemerkte, daß sie später, nach der Entlassung, „Emmas Platz in ihren Herzen nicht ausfüllen konnte".

Aber auch diese Freundschaft konnte nicht den Schmerz darüber beseitigen, von Freunden und sinnvoller Arbeit abgeschnitten zu sein. Emma beneidete ihren Freund W. S. van Valkenburgh, den Journalisten, der in einer kleinen Stadt ein ruhiges Leben führte und sich dabei sehr wohl fühlte. Sie verglich sich mit einer wilden Blume, die nie in einem Gewächshaus gedeihen könnte. „Ich bin ein Kind der freien Natur, einer heftigen, wilden, stürmischen Welt", schrieb sie ihrem Freund Van. „Ich kann wirklich sagen, ich bin nur im physischen Sinne hier. Mein Leben und meine Träume galten der Welt als ganzer – den Ereignissen in Rußland, Deutschland, Ungarn." Gut informiert durch radikale Blätter, behauptete sie, die Ereignisse, die jetzt die Welt insgesamt verändern, mit größerer Leidenschaft zu erleben, als ihr dies draußen möglich wäre.

Im Staatsgefängnis von Missouri feierte sie ihren fünfzigsten Geburtstag. Eine Flut von Blumen und Telegrammen erreichte sie, darunter eins von Ben und seinen Freunden: „An diesem deinen Geburtstag in der Stadt, wo du gearbeitet und gekämpft und die meisten Freunde hast, senden wir dir Grüße und entbieten dir unser Vertrauen und unsere Verehrung. Hoffentlich hält das nächste halbe Jahrhundert größere Möglichkeiten zu arbeiten und sich durchzusetzen bereit. Zuversichtlich, daß das kommende Jahr dich in Freiheit sehen wird."

Einen ganzen Monat lang hatte Ben versucht, Emma eine Besuchserlaubnis abzuringen, aber sie war hart geblieben. Daß er sie und die Sache im Stich gelassen hatte, während sie inhaftiert war, konnte sie ihm nicht verzeihen. Und die Rücknahme seiner antimilitaristischen und Antikriegsposition „hat mich fast umgebracht. Das hat mir den Boden unter den Füßen weggerissen." Sie wollte geheilt aus dem Gefängnis kommen, und ein Treffen mit Ben würde nur die alte Wunde wieder aufreißen. Sie bat ihn inständig, nicht mehr auf einem Besuch zu bestehen – „das tut nur weh".

Ihre neue politische Hoffnung war die Russische Revolution. An ihre Freundin Ellen Kennan schrieb sie: „Ich habe mich dem roten Leuchten am sozialen Horizont zugewandt; schließlich ist das die einzig wahre und lohnende Liebe." Sogar ihrem alten Genossen Leon Malmed, der sie 1915 auf ihrer Reise zur Westküste begleitet hatte und sie jetzt mit Liebeserklärungen, Delikatessen und Leckereien überhäufte, schrieb sie: „Liebster Junge, gibt es eine größere Liebe als die, die zwei Menschen in einem großen Ideal verbindet? Und unsere tut das doch oder nicht?" Sie hatte der „persönlichen Liebe" abgeschworen und war entschlossen, sich in dieser schweren Zeit mit Leib und Seele für die Sache zu engagieren:

„Sie hat mir viel Schmerz und wenig Freude gebracht. Ich kam immer mehr zu dem Schluß, daß eine persönliche Liebe nichts für einen ist, der sich einem Ideal widmet. Irgendwie ist das, wie zwei Göttern dienen. Natürlich sehnt man sich nach einer persönlichen Liebe, nach einem richtigen Heim und dem Wohlbehagen, das aus tiefer Zuneigung und Hingabe entsteht, so wie deiner zum Beispiel. Aber kein Mann wäre damit zufrieden, sich ganz zu geben und dafür nur einen kleinen Teil der Frau zu erhalten, die er liebt. Und wie soll sie alles geben, wenn sie sich zu der unpersönlichen, universalen Liebe hingezogen fühlt? Sie kann nicht erwarten, beide zu bekommen, den Mann und das Universum. Und so muß sie dem einen um des anderen willen entsagen. Wenn man jung ist, kommt man noch leicht ohne persönliche Liebe aus. Aber mit den Jahren findet man es ziemlich kalt und einsam im Universum. Aber trotzdem: nein, es kann für mich kein persönliches Leben geben."

Auch Sascha gelang es, die Gefängniszeit mit Idealen zu überleben. Er schrieb an Fitzi: „Die letztendliche Bestimmung sind 1 Meter 80 Erde, aber ich möchte lieber als Opfer meines Glaubens sterben, als von eitler Selbsterhöhung im Ehrgeiz betrogen zu leben. Das ist Ansichtssache. Ich glaube nicht, daß wir 'unseren Teil abbekommen', außer in praktischer Hinsicht."

Während Emma im Herbst 1919 ihren letzten Monat verbüßte, lag schon ein neuer Haftbefehl gegen sie vor, der sich auf das Einwanderungsgesetz von 1917 und das Anti-Anarchisten-Gesetz vom 16. Oktober 1918 stützte.

Berkman wurde noch im Gefängnis verhört. Er lehnte jedes Gericht, das die „Gesinnung" eines Menschen feststellen wollte, als Angriff auf sein Gewissen ab und verweigerte seine Teilnahme an dem Verfahren. Auch Emma wies es von sich, Fragen über ihre Vergangenheit, ihre Gesinnung und politische Aktivitäten zu beantworten und verglich die Vorgehensweise mit der „spanischen Inquisition oder den bis in die jüngste Zeit im zaristischen Rußland wirksamen brutalen Verhörmethoden". „Heute werden sogenannte Ausländer deportiert, morgen werden gebürtige Amerikaner verbannt." Eine derart harte Repression entspringe „dem Geist einer unverantwortlichen Hysterie, dem Ergebnis eines schrecklichen Krieges und den schlimmen Tendenzen von Bigotterie, Verfolgung und Gewalt, die das Nachspiel von fünf Jahren Blutvergießen sind."

Bis zur Entscheidung über ihre Deportation wurden Emma und Sascha gegen eine Kaution von 15.000 Dollar freigelassen. Sofort nahmen sie ihre Arbeit wieder auf, hielten Vorträge und öffentliche Reden. Über ihre Aktivitäten wurde der Geheimdienst bestens unterrichtet, und zwar durch eine junge Frau namens Marion Barling, die unter dem Decknamen Margaret M. Scully als Emmas Sekretärin arbeitete, und regelmäßig Berichte über die subversive Arbeit „dieser verdammten Juden" ablieferte.

Wenn sich Emma nicht der Politik widmete, verbrachte sie ihre Zeit bei Stella und ihrem Mann, dem Schauspieler Teddy Ballantine. Liebevoll betreute sie den inzwischen dreijährigen Ian, wenn ihre Nichte arbeitete. Ben besuchte sie hier in Bearsville, war aber, wie immer, ruhelos und konnte nicht lange genug bleiben, um ein vertrautes Verhältnis wiederherzustellen. Emma schrieb an Agnes Inglis:

„Das Tragische ist, Ben merkt gar nicht, daß sich nichts ändern kann, solange wir uns immer und überall nur mit uns selbst beschäftigen. Nein, es ist nicht eine bestimmte Stadt, die uns relativen Frieden gibt, sondern was wir der Stadt geben oder was wir arbeiten. Ben hat das nie gelernt, er hastet hin und her, findet nirgends Frieden und läßt auch keinen anderen zur Ruhe kommen. Es war eine schlimme Zeit, aber jetzt ist es vorbei.... Man kann die Düsternis des Lebens nur ertragen, wenn man sich in die Arbeit vergräbt."

In der Tat konzentrierte sich Emma darauf, gegen die Haftbedingungen, Deportationen und eklatanten Übergriffe auf die Redefreiheit zu agitieren. Gemeinsam mit Sascha plante sie eine „Thanksgiving"–Vortragsreise bis nach Detroit und Chikago. Überall wurden Banketts zu ihren Ehren gegeben. Doch angesichts der von der Regierung fieberhaft betriebenen Deportationen mischte sich den Feiern eine Vorahnung drohenden Unheils bei. Auch daß Mollie Steimer auf Ellis Island in den Hungerstreik getreten war, gab den üppigen Festessen eine düstere Note. Und da keiner wußte, wie lange Emma und Sascha noch in den Vereinigten Staaten bleiben durften, wurden die Reden zu Würdigungen ihres Lebens und ihrer Zeit.

Am 29. November 1919 erhielten Emma und Sascha die Nachricht von der Unterzeichnung ihrer Deportationsbefehle. Harry Weinberger legte Berufung ein und begründete sie in Emmas Fall damit, daß sie keine Ausländerin sei und daher nicht nach dem Anti–Anarchisten–Gesetz deportiert werden könne. Er führte aus, daß Emma ihre Staatsbürgerschaft vor langer Zeit durch ihren Ehemann Jacob Kerschner erhalten hatte. J. Edgar Hoover, Assistent von Justizminister Palmer und als solcher an der schnellen Verbannung von Emma und Sascha interessiert, schrieb in einem Memorandum: „Emma Goldman und Alexander Berkman gehören zweifellos zu den gefährlichsten Anarchisten in diesem Land und werden beträchtlichen Schaden anrichten, wenn man sie wieder in die Gesellschaft zurückkehren läßt." Die Regierung fand heraus, daß Kerschner, der in Chikago unter dem Decknamen Jake Lewis gelebt hatte, vor zehn Jahren die Staatsbürgerschaft mit der Begründung entzogen worden war, daß er sie vor seinem einundzwanzigsten Lebensjahr, also illegal, erworben hätte. Sie diskreditierte Kerschner zusätzlich durch die Enthüllung, daß er im Juni 1894 wegen schweren Diebstahls verurteilt worden war. Er hatte sich damals für schuldig bekannt, 680 Dollar unterschlagen zu haben, und bis September 1985 im Gefängnis gesessen. Außerdem führte die Regierung an, daß Emmas Ehe mit Kerschner nicht von einem ordinierten Rabbi vollzogen worden war, sondern von einem „Shokhet", einem Gelehrten, der vor allem das Ritual der Tierschlachtung vollzieht und nur gelegentlich Eheschließungen vornimmt. Auf dieser formalen Grundlage wollte die Regierung Emmas Ehe für ungültig erklären. Der Gerichtstermin war auf den 8. Dezember 1919 anberaumt.

In dieser bedrohlichen Zeit erklärte Ben bei einem Abschiedsessen in Chikago, er sei nun, trotz der zehn wundervollen Jahre als Emmas Mitarbeiter, mit dem Anarchismus fertig: „Emma kam vor Jahren in mein Leben und entführte mich aus der alten Welt. Ich ließ meine alten Ideale fallen. Ich ließ Jesus Christus fallen. Aber heute danke ich Gott, daß ich den rechten Weg gefunden habe – und ich habe ihn gefunden, als ich zu Jesus zurückkehrte."

Bens Erklärung machte Emma rasend und bestärkte sie in ihrem Entschluß, in Treue und Liebe zu Sascha zu halten, dessen Lage nicht günstig war, da er nie Bürger der Vereinigten Staaten geworden war.

Nachdem im Dezember ihr Antrag auf Anerkennung der Staatsbürgerschaft abgelehnt worden war, beschloß Emma, das Land mit Sascha zu verlassen und an den revolutionären Ereignissen in Rußland teilzunehmen; sie hoffte, in ihrem Heimatland fruchtbareren Boden für ihre Ideale zu finden.

Aus Ellis Island schrieb Emma einen Abschiedsbrief an Ben:

„Man lebt nicht, so wie ich, 34 Jahre in einem Land und verläßt es leichten Herzens. Hier bin ich, in geistiger Hinsicht, geboren. Alles, was ich weiß, lernte ich hier. In diesem Land habe ich all die Unruhe an Körper und Geist, all die Liebe und all den Haß erfahren, die einem intensiv lebenden Menschen begegnen. Hier erlebte ich all meine Träume, Hoffnungen, Ziele, all das Weh und Ach, all die Freude und Verzückung. Ja, es ist schrecklich hart zu gehen. Aber ich bin stolz. ... Die verrückte Eile, mit der wir aus dem Land geschafft werden, zeigt mir am deutlichsten, daß ich der Sache der Menschheit gedient habe, daß ich nicht unschlüssig oder kompromißbereit war. Ich bin wirklich stolz auf meine Verdienste. Und außerdem glaube ich, daß meine Arbeit für die amerikanische Revolution weitergehen kann, egal wo ich bin. Die Zukunft dieses Landes beschäftigt mich sehr. Ich habe die Saat aussäen helfen und hoffe sehr, daß sie wächst und gedeiht, auch wenn ich zu weit weg bin, um bei der Ernte zu helfen. ...

Ich war froh, daß ich in Chikago war und dich wiedergesehen habe, liebster Hobo. Vorher war mir nicht klar, wie sehr wir uns auseinandergelebt haben. Aber, das ist nun in Ordnung. Nichts, was du getan hast, seit du mich verlassen hast, und nichts, was du noch tun wirst, kann die zehn wunderbaren Jahre mit dir auslöschen. Wenn es wahr ist, daß Leidensfähigkeit der größte Beweis der Liebe ist, dann habe ich dich sehr geliebt, mein Hobo. Aber ich habe nicht nur Schmerzen ertragen, sondern bin auch mit wahrer Freude, mit Verzückung, mit allem, was das Leben erfüllt & reich & lebenswert macht, belohnt worden. Ich verdanke dir wirklich viel. In unseren gemeinsamen Jahren habe ich meine beste und wertvollste Arbeit geleistet. Meine beiden Bücher, die Existenz von *Mother Earth* in all den Jahren – das verdanke ich dir, deiner Hingabe, deiner unermüdlichen Arbeit, deiner ungeheuren Energie. Wenn ich dir auch viel Kummer, viel herzzerbrechendes Elend anlasten muß, was soll's? Nichts im Leben kann man ohne Schmerzen erreichen. Ich hoffe nur, daß auch ich dir etwas gegeben habe, das den Preis wert war, den du für deine Liebe gezahlt hast. Dann wäre ich stolz und froh.

Ich weiß, daß du jetzt nicht glücklich bist, du bist zu unruhig, um glücklich und zufrieden zu sein. Du wirst noch viele Veränderungen erleben. Aber ich hoffe, daß der liebe, süße, kleine Brutus viel Schönes in dein Leben bringt, daß er so faszinierend wie sein Vater wird, aber mit tieferer sozialer Verantwortung für ein großes Ideal. Ich liebe Brutus, als wäre er mein eigenes Kind. Sag ihm das, wenn er alt genug ist, um es zu verstehen.

Sag Anna, es tut mir leid, daß wir nicht öfter zusammen waren, um uns besser kennenzulernen. Sie ist bei meinem letzten Besuch anscheinend etwas mehr aufgetaut. Vielleicht sehen wir uns eines Tages in nicht allzu ferner Zukunft im freien Rußland wieder – oder woanders, wo Menschen aufgehört haben zu hassen und angefangen haben zu lieben. Jedenfalls bleibst du, liebster Hobo, für alle Zeit in meinem Leben."

Unbezähmbar, wenn es um die Förderung der anarchistischen Sache ging, äußerte Emma als letzte Bitte, Ben möge die Arbeit, die er für sie gemacht hatte, fortsetzen: „Lieber, wirb weiter für meine Essays & Gefängnisbroschüren. Wir arbeiten jetzt an einer Broschüre über Deportation, die auch bald veröffentlicht wird. Ich möchte, daß du dafür wirbst, um die Erinnerung an mich wachzuhalten."

Alle Briefe, die sie in den letzten Tagen auf Ellis Island – „das schlimmste Kaff, in dem ich je war" – an Freunde und Genossen schrieb, hatten denselben Inhalt: Trauer über den Abschied, Dank für alle Unterstützung und eine Erklärung über ihre Hoffnungen für Rußland und die zweite Revolution, die sich in Amerika anbahnte. An W. S. van Valkenburgh schrieb sie: „In meinem ganzen Leben habe ich mich nicht friedlicher gefühlt. Wahrscheinlich, weil mein Glaube an die Zukunft Amerikas jetzt tiefer ist als je zuvor in den letzten 30 Jahren. Und ich glaube auch, daß ich eine Rolle in der amerikanischen Revolution spielen werde. Oh, ich weiß, du denkst, ich sei naiv. Schon möglich. Aber denk daran, auch die russischen Vorkämpfer und Rebellen hat man einmal für naiv gehalten. Und jetzt sind sie das glühende Symbol für die ganze Welt."

Fitzi geriet bei der Vorstellung, Emma und Sascha zu verlieren, in Panik. Nach Angaben von J. Edgar Hoover versuchte sie sogar „mit aller Gewalt, mit ihnen zusammen deportiert zu werden". Die beiden Frauen, die in den letzten zehn Jahren zusammengearbeitet hatten, waren sich nie so nahe gewesen wie jetzt; Fitzi, ehemalige Geliebte und Vertraute von Ben und Sascha, hatte in der anarchistischen Bewegung ihre Identität gefunden. Ihre frühere Distanz zu Emma, die auf Gegenseitigkeit beruhte, hatte diese so zu erklären versucht:

„Meine liebste Fitzi,

auch ich finde es schmerzlich und tragisch, daß wir uns immer noch so fern sind, obwohl tausend Bande uns vereinen. Manchmal glaube ich, eine grausame Macht will uns um jeden Preis trennen. Denk darüber nach. Seit du zu uns kamst, wurden wir daran gehindert, uns einander näherzukommen. Zuerst war es der schrecklich bittere und grausame Kampf, den ich mit Ben und seiner unmöglichen Mutter durchmachte. ... Auch Sascha war sehr anstrengend mit seiner Besessenheit für B[ecky] E[delson]. Es gab hundert Dinge, die meine Kraft verschlangen und mir Leib und Seele zerrissen.

Als ich dich 1916 in der ersten Woche jenes denkwürdigen Monats in San Francisco wiedersah, wollte ich dir so vieles sagen. Aber du schienst sehr zurückhaltend – völlig beschäftigt mit *The Blast*, deinem Heim und deinen Freunden, was mich freute. Eine [Mauer] stand zwischen uns, sogar zwischen B und mir. Ich war furchtbar unglücklich und einsam. Dann brach die Katastrophe vom Juli 1916 über uns herein und fegte alle persönlichen Interessen beiseite. Und seitdem war unser Leben so angespannt, so entnervend, so chaotisch. Wie sollte man da eine gleichgesinnte Seele suchen und finden?

Mir scheint, du bist mir wirklich erst richtig nahegekommen, seit wir wieder aus dem Gefängnis sind und seit auch du schrecklich verstört und unglücklich warst. Kummer bringt die Menschen oft näher als Freude. Täglich nahm ich mir vor, dich den Strapazen mit Sascha, deiner anstrengenden Arbeit und den vielen Dingen, die dich beschäftigen, zu entreißen. Ich wollte dich ganz für mich haben, damit wir uns richtig kennenlernen können. ...

Gute Nacht, liebste Fitz. Ich mag dich sehr. Hoffentlich habe ich eines Tages Gelegenheit, dir meine Liebe zu beweisen. Bis dahin möchte ich, daß du an sie glaubst. Ich weiß, du magst mich wenigstens ein bißchen, und ich hoffe, daß der Tag kommt, an dem du mich, unbelastet von täglichen Widrigkeiten, mehr lieben wirst. Ich sehne mich sehr nach deiner Freundschaft und Liebe.

Ich umarme und küsse dich zärtlich.

Deine EG

... Ich sollte mich inzwischen an die [Einsamkeit] gewöhnt haben. Ich war sehr, sehr einsam, seit der dumme Ben zerstörte, was er liebte. Das Leben ist seltsam und doch sehr faszinierend.

Gute Nacht, Liebste
EG"

An ihre Freunde schrieben Sascha und Emma folgenden Rundbrief:

„Heute nachmittag wurden wir aufgefordert, uns fertigzumachen, da wir jeden Moment eingeschifft werden können. Dies ist also unsere letzte Chance auf amerikanischem Boden, euch zu schreiben. Euch, liebe, treue Freunde, wollen wir einen Abschiedsgruß schicken.

Seid nicht traurig über unsere erzwungene Abfahrt. Freut euch lieber mit uns, daß unsere gemeinsamen Feinde aus Angst und Dummheit zu dieser wahnsinnigen Maßnahme gegriffen haben. Diese Maßnahme muß letzten Endes zum Sturz dieser Wahnsinnigen selbst führen. Denn jetzt wird das amerikanische Volk klarer, als es dreißig Jahre unermüdlicher Arbeit vermocht haben, sehen, daß in Amerika die Freiheit verkauft, die Gerechtigkeit vergewaltigt und das Leben gemein und häßlich gemacht worden sind. ...

Wir gehen in der sicheren Überzeugung, daß Amerika sich nicht nur von geheuchelten, papiernen Garantien, sondern auch grundlegend in seinem wirtschaftlichen, sozialen und geistigen Leben befreien wird.

Liebe Freunde, es ist eine alte Binsenwahrheit, die sicher die meisten von euch erfahren haben: Wer die Höhen der Überzeugung erklommen hat, wird oft in die Tiefen des Zweifels geschleudert. Wir haben die Ekstase des einen und die Qual des anderen kennengelernt. Wenn wir jetzt nicht völlig verzweifelt sind, dann wegen der grenzenlosen Treue und Liebe unserer Freunde. Das ist die Kraft, die uns aufrechthält. Nur wenige Kämpfer für die Freiheit haben so wundervolle Genossen gehabt. Wenn wir zu den Meistgehaßten, –geschmähten und –verfolgten gehören, so doch auch zu den Meistgeliebten. Kann man sich ein größeres Lob seiner Integrität wünschen?

Wir versichern euch, daß die Trennung unsere Dankbarkeit für eure Loyalität nicht beeinflussen wird – sie kann sie nur steigern. Wir leben in einer anstrengenden, aber wunderbaren Zeit. Klare Köpfe und tapfere Herzen waren nie notwendiger als jetzt. Es gibt wichtige Arbeit zu tun. Wir hoffen, ihr werdet alle euer Bestes für den großen Kampf geben, den letzten Kampf zwischen Freiheit und Sklaverei, zwischen Wohlergehen und Armut, zwischen Schönheit und Häßlichkeit."

In den frühen Morgenstunden des 21. Dezember 1919, einem der kältesten Tage des Jahres, wurden Emma, Sascha und die anderen 247 Verbannten auf ein kaum noch seetüchtiges Kriegsschiff, die *Buford*, verfrachtet. Zweihundertfünfzig Soldaten, jeder mit einem Gewehr und zwei Pistolen bewaffnet, bewachten sie. Weil die Abfahrtszeit geheimgehalten wurde, konnten keine Freunde zum Abschied kommen und warme Kleidung und Nahrungsmittel bringen. Sascha, mit grauen Kniehosen in militärischem Schnitt und wehendem Halstuch, sah einem Kosaken nicht unähnlich. Emma, die mit ihren Freundinnen Ethel Bernstein und Dora Lipkin an der Reeling stand, drückte die Schreibmaschine als ihr kostbarstes Gut an sich. Regierungsbeamte überwachten die Abfahrt des Schiffes, dieser „roten Arche", unter ihnen auch J. Edgar Hoover. Es heißt, Emma habe ihm als letzten Akt des Widerstandes eine lange Nase gemacht.

Von der *Buford* schrieb Emma traurig an ihre Nichte Stella, sie habe immer von einer Seereise geträumt, aber nun sei ein Schiff zum Gefängnis für sie geworden. Fest glaubte sie daran, daß diese Reise „die letzte Seite eines stürmischen Kapitels" sei.

XII.
MÜTTERCHEN RUSSLAND

Achtundzwanzig Tage lang widerstanden die 249 Gefangenen auf der *Buford* der Mühsal ihrer Reise, indem sie den Mangel an Nahrung, Sonne und Freiheit ignorierten und die Vision des jetzt freien Rußland heraufbeschworen.

Die *Buford* machte im finnischen Hafen Hanko fest. Die Deportierten wurden mit dem Zug nach Terioki an der finnisch-russischen Grenze gebracht. Jenseits der Grenze wurden sie von einem Rätekomitee wie lang vermißte Brüder und Schwestern begrüßt und dann in verschiedene Dörfer gebracht, wo sie ebenfalls begeistert empfangen wurden. Emma war tief bewegt von dieser Herzlichkeit, die sich so sehr von dem Haß und der Bürokratie bei der Abfahrt aus den Vereinigten Staaten unterschied. Wie im Traum befand sie sich plötzlich auf einem Podium. „Ich konnte nur stammeln, daß ich, wie auch meine Genossen, nicht nach Rußland gekommen war, um zu lehren: Ich wollte lernen, Halt und Hoffnung finden, mein Leben auf dem Altar der Revolution opfern."

In Petrograd wurden sie und Sascha in einem Hotel untergebracht, das um einiges komfortabler war als die Unterkünfte ihrer Mitreisenden. Es kam Emma seltsam vor, in das jetzt so veränderte St. Petersburg ihrer Jugend zurückzukehren. Ohne Argwohn genossen sie die Sympathie, die ihnen entgegengebracht wurde, und sonnten sich im Geist der Revolution. In einem Telegramm teilten sie ihren Freunden in Amerika ihre freudige Erregung darüber mit, bei einer welthistorischen Revolution zugegen zu sein. Aber ihr Telegramm wurde vom Außenministerium abgefangen und hat vielleicht nie ihre Freunde zu Hause erreicht:

„An sowjetischer Grenze und in Petrograd weinend mit ungeheurer Begeisterung empfangen. Genießen Gastfreundschaft in Petrograd. Deportierte dürfen arbeiten, wo sie wollen. Menschen frieren und hungern, aber Stimmung und Engagement wunderbar. Fahren später nach Moskau.

Emma Goldman
Alexander Berkman"

Emma, frei von amerikanischer Überwachung und im Land ihrer Träume, konnte ihre Freude kaum bändigen. Glücklich machte es sie auch, die

Genossen zu treffen, die vor ihr die Vereinigten Staten verlassen hatten, um der Revolution zu dienen – besonders ihren alten Freund Bill Schatoff; er war bereits 1917 nach Rußland zurückgekehrt.

Emma war froh, Schatoff zu treffen, der ihr seinerzeit Blumen ins Gefängnis hatte schicken lassen. Sie fand ihn verändert; er, jetzt Militärkommissar von Petrograd, sprach sehr wenig und wollte es offensichtlich Emma überlassen, sich eine eigene Meinung über dies vom Krieg zerrissene Land, das ums Überleben kämpfte, zu bilden. Aber Emma, die er „dieselbe alte hartnäckige Pest" nannte, drängte ihn weit genug, um festzustellen, wie sehr er unter den allgemeinen Beschränkungen litt, besonders seit er in Ungnade gefallen war und sich nicht mehr frei bewegen konnte. Er war sicher, Emma werde eines Tages sein Unbehagen über das Rußland ihrer Träume teilen.

Aber Emma war gewillt, ihre ganze Kraft in Rußland einzusetzen, um es zum Fanal einer weltweiten Revolution zu machen. Vielleicht gab es Probleme, aber sie hatte nie behauptet, daß eine revolutionäre Veränderung sofort perfekte Ergebnisse zeigen würde. Auch tobte an der polnischen Grenze der Krieg und die Weißrussen hatten die Hoffnung nicht aufgegeben, die Revolution zerschlagen zu können. Die Armut, der Mangel an allem, die massive Herausforderung, das Volk zu kleiden, zu ernähren und auszubilden – all das war offensichtlich. Emma fühlte sich im Bündnis mit den Anarchisten, die geholfen hatten, die Revolution zum Sieg zu führen. Zwar waren jetzt die Bolschewiki an der Macht, aber sie meinte, daß die bolschewistische Führung sich anarchistischer Taktiken und Prinzipien bediene.

Um sich selbst ein Bild machen zu können, ging Emma viel in der Stadt umher. Sie fand leicht Zugang zu den Menschen, weil sie Russisch sprach; auch hatte sie Kontakt mit vielen Radikalen aus anderen Teilen der Welt, die nach Rußland gekommen waren, um beim Aufbau des Landes zu helfen. Überall traf sie auf Leid und Unzufriedenheit. Die Widersprüche wuchsen. Sorin, Sinowjew und sogar ihr alter amerikanischer Genosse John Reed sahen das herrschende Elend als vorübergehende Phase in einem großen, vorwärtsgerichteten Kampf. Sie traf Alexandra Kollontai, die große kommunistische Theoretikerin, die, wie sie, offen über sexuelle Freiheit geschrieben hatte. Aber auch bei ihr fand sie kein Gehör auf ihrer Suche nach einem Ausweg aus dem Elend des russischen Volkes. Kollontai tat ihre Beobachtungen als „einige häßliche, graue Flecken" ab. Emma erkannte, daß einige bekannte Anarchisten, die beim Sieg der Revolution eine entscheidende Rolle gespielt hatten, nun diskriminiert wurden, schlechte Wohnungen und knappe Lebensmittelrationen erhielten, in entlegenen, kalten Regionen des Landes arbeiten mußten und sogar inhaftiert waren. Besonders die schlechte Behandlung von Angelika Balabanoff, der leidenschaftlichen Revolutionärin, überzeugte sie davon, Lenin mit der Information über diese Zustände, von denen er, wie sie hoffte, nichts wußte, herausfordern zu müssen.

Emma verfaßte für Lenin ein Memorandum über die, wie sie sagte,

„hervorstechendsten Widersprüche im sowjetischen Leben". Sascha begleitete Emma in den Kreml, wo sie Lenin in einem peinlich ordentlichen Büro trafen. Lenin war sehr daran interessiert, etwas über die Lage in den Vereinigten Staaten, die Arbeiterbewegung, die IWW und die Gerichtsverfahren zu hören. Er äußerte sein Bedauern darüber, daß die beiden nicht in Amerika bleiben durften, wo sie viel zur Förderung der Revolution hätten tun können. Als Sascha plötzlich ins Englische verfiel, unterbrach ihn Lenin sofort, da er Englisch nicht verstand. Daher wiederholte Sascha seine Frage auf Russisch, weshalb in sowjetischen Gefängnissen Anarchisten säßen. Lenin erwiderte, nur Banditen säßen im Gefängnis und keiner von ihnen sei Anarchist. Auf Emmas Einwand, diese Menschen seien ihrer Redefreiheit beraubt, reagierte Lenin mit der Festellung, es sei ein bürgerliches Relikt, großen Wert auf Redefreiheit zu legen, denn sie sei nicht so entscheidend wie wirtschaftliches Wohlergehen. Sascha überreichte Lenin die Resolutionen einer jüngst abgehaltenen anarchistischen Konferenz und betonte, die Anarchisten hinter Gitter seien keine Banditen. Obwohl Lenin die Resolutionen mit dem zurückhaltenden Versprechen annahm, sie sorgfältig zu prüfen und eine Entscheidung zu treffen, forderte er beide in herablassendem Tone zur Aufnahme einer sinnvollen Arbeit beim Aufbau der Revolution auf, damit sie „ihr revolutionäres Gleichgewicht wiederfinden". Emma griff diesen Vorschlag Lenins auf und schlug vor, eine Gesellschaft der Russischen Freunde der Amerikanischen Freiheit zur Unterstützung der revolutionären Bewegung in den Vereinigten Staaten zu gründen. Lenin begrüßte diese Idee und forderte sie auf, der Dritten Internationale einen entsprechenden schriftlichen Vorschlag zu unterbreiten. Davor schreckte Emma zurück, aber bevor sie ihre Bedenken äußern konnte, hatte Lenin sie schon händeschüttelnd verabschiedet.

Verwirrt von diesem Besuch suchten die beiden Peter Kropotkin in Dmitrow auf. Kropotkin ging es gesundheitlich schlecht, auch lebte er in ärmlichen Verhältnissen, weil er beschlossen hatte, weder Geld noch Privilegien von den Bolschewiki anzunehmen. Er wußte, daß sie die Anarchisten, die gekämpft hatten, um sie an die Macht zu bringen, verrieten und fallenließen. Kropotkin riet Emma und Sascha davon ab, eine Organisation zu schaffen, die sie an die Partei binden würde, und schlug stattdessen vor, sie sollten sich eine Arbeit suchen, die für das Volk unmittelbar von Nutzen sei.

In Petrograd gelang es ihnen, bei dem Empfangskomitee für amerikanische Deportierte Arbeit zu finden, aber weitere amerikanische Deportierte kamen nie an. Auf Emmas Vorschlag begann man, die Gebäude, die für die Deportierten vorbereitet worden waren, in ein Erholungsheim für Arbeiter umzubauen. Aber auch diese Arbeit kam fast völig zum Stillstand, als die dienstverpflichteten Arbeiter bemerkten, daß sie in Arbeiter erster und zweiter Klasse unterteilt waren und unterschiedlich behandelt wurden, was Verpflegung, Unterkunft und Arbeitspausen betraf. Als die Erholungsheime dann endlich eingeweiht wurden, prophezeite Emma traurig, sie würden niemals andere als in der Partei gut angesehene Arbeiter beherbergen.

Als nächstes versuchte Sascha, die trübseligen örtlichen Suppenküchen zu leistungsfähigen kleinen Restaurants umzuorganisieren. Aber trotz seines Einsatzes und des offensichtlichen Bedarfs wurde das Projekt von den Mühlen der sowjetischen Bürokratie zermalmt. Zur selben Zeit beschloß Emma, ihre Fähigkeiten als Krankenschwester zu nutzen, und meldete sich zur freiwilligen Arbeit in einem Krankenhaus an der Front. Ihr Angebot wurde zunächst begeistert aufgenommen, aber als sie dann in das Krankenhaus fahren wollte, tauchte der Arzt, der sie dorthin begleiten sollte, nie auf. Reichlich frustriert folgten Emma und Sascha dem Vorschlag eines Freundes, zur Unterstützung des Revolutionsmuseums eine Reise in die verschiedenen Regionen Rußlands zu unternehmen, um die Geschichten vom Kampf und Leiden beim Vorantreiben der Revolution zu sammeln und zu dokumentieren.

Am 30. Juni 1920, nur sieben Monate nach ihrer Ankunft in Rußland, brachen Emma und Sascha in einem renovierten Eisenbahnwaggon mit einem kleinen Mitarbeiterstab auf, um ihre Suche zu beginnen. Sie hofften, ihre Arbeit werde den Heroismus der Revolution lebendig erhalten.

Aber wo sie auch hinkamen, begegnete ihnen zunächst Feindschaft. Sie konnten das allgemeine Mißtrauen Vertretern der Bolschewiki gegenüber nur durchbrechen, indem sie versicherten, sie seien Amerikaner, die etwas von dem heldenhaften Kampf erfahren wollten, der die Revolution möglich gemacht hatte, und das Museum der Revolution werde ein Vorbild für die ganze Welt sein. Allmählich wurden die Leute zugänglicher. Sie erzählten von der alten Zeit großer Prinzipien und der folgenden Enttäuschung, der Armut und dem Gefühl der Machtlosigkeit der kommunistischen Partei und ihrer Polizei, der Tscheka, gegenüber. In diesem Zusammenhang erfuhren Emma und Sascha von den schrecklichen Zuständen in den Gefängnissen, von der Diskriminierung der Intellektuellen, vom wachsenden Antisemitismus und vom Hunger der Kinder der Revolution. Bei ihrer alptraumhaften Reise durch das Fegefeuer des nachrevolutionären Rußland stießen sie auf frühe Pamphlete, persönliche Notizen, Tagebücher und andere Materialien, die die Hoffnungen der Menschen erkennen ließen. Mit missionarischem Eifer reisten sie von Ort zu Ort.

Nestor Machno, Führer einer Bauernarmee in der Ukraine, der gegen Konterrevolutionäre gekämpft und die Horden General Denikins vertrieben hatte, versuchte, über seine Frau Gallina Kontakt mit Emma und Sascha aufzunehmen. Er hatte sich geweigert, seine Armee dem Oberkommando Trotzkis zu unterstellen, und war zum Banditen erklärt worden. Aber Emma wollte sich nicht in eine direkte Konfrontation mit den Bolschewiki begeben. Obwohl sie sich politisch und rational von dem Regime immer mehr entfernte, konnte sie ihre emotionale Bindung an den bolschewistischen Traum und die Menschen, die an ihn glaubten und die sie immer noch zu verstehen bemüht war, nicht aufgeben.

Nach dem Ende der Reise verbrachten Emma und Sascha einige Zeit im Hotel International in Petrograd, bevor sie einen Abstecher nach Archangelsk unternahmen. Das Thermometer zeigte fünfzig Grad unter Null, als sie dort ankamen. Aber der relative Optimismus der Leute, mit denen sie zusammentrafen, Nonnen, Mönche und frühere Offiziere, und die vielen Geselligkeiten ließen sie diese Kälte gut ertragen. Doch schon allzubald mußten Emma und Sascha diese Oase der Zufriedenheit verlassen. Von Schneestürmen aufgehalten, verbrachten sie ein elendes Weihnachten, fünfzig Meilen von Petrograd entfernt.

In die Stadt zurückgekehrt, mußten sie feststellen, daß man ihren Plänen, weiter für das Revolutionsmuseum zu arbeiten, durch die Bildung der neuen Kommission *Ispart* zuvorgekommen war, die Daten zur Geschichte der kommunistischen Partei sammeln sollte. Emmas und Saschas Arbeit wurde nicht mehr für notwendig gehalten. Diese Willkür erboste alle, die für das Revolutionsmuseum gearbeitet hatten, selbst Sinowjew schrieb einen Protestbrief, der jedoch wirkungslos blieb.

Sie erfuhren, daß Kropotkin im Sterben lag und wollten ihn noch einmal besuchen. Bedingt durch gestörte Telefonverbindungen, unregelmäßige Abfahrten der Züge und schlechtes Wetter kam Emma erst frühmorgens am 8. Februar an – zu spät, Kropotkin war eine Stunde vorher gestorben. Sie und Sascha halfen, die Überführung des Leichnams nach Moskau vorzubereiten. Vorher hatte Sascha noch eine Kommission für die Beerdigung Peter Kropotkins gegründet und eine förmliche Eingabe an Lenin angeregt, die in Moskau inhaftierten Anarchisten für die Dauer der Beerdigung freizulassen. Für den Fall der Ablehnung drohte er, die Kränze der kommunistischen Organisationen und der Sowjets würden von Kropotkins Sarg entfernt.

Schließlich wurden ganze sieben Gefangene freigelassen, die den Trauerzug anführten und den Sarg trugen. Unzählige Trauernde aus allen Schichten und Berufen kamen mit rot–schwarzen Armbinden, um ihrem geliebten Kropotkin das letzte Geleit zu geben. Spontane Reden wurden gehalten, und sogar Emma fand sich auf dem Podium wieder. Später beschlossen sie und Sascha, nicht mehr um ihre Arbeit beim Revolutionsmuseum zu kämpfen, sondern sich dem Aufbau einer Gedenkstätte für Kropotkin zu widmen.

Aber als sie Ende Februar nach Petrograd zurückkamen, fanden sie die Stadt durch einen großen Streik gelähmt vor. Die Arbeiter hatten die drückende Last der Armut und den Brennstoffmangel angesichts der Kälte des langen Winters nicht mehr ertragen können und rebellierten. Sie waren überzeugt, daß die notwendigen Mittel und Gelder von den privilegierten Klassen, die es immer noch gab, gehortet wurden. Die bolschewistische Regierung, vom Krieg und den Blockaden der Lebensmittel und Versorgungsgüter geplagt, sah in dem Streik den völligen Verrat der Revolution und befahl den Arbeitern, wieder in ihre Fabriken zu gehen. Die Arbeiter jedoch gaben nicht nach, der Streik dehnte sich aus, und die Gefängnisse füllten sich. Als es schien, daß die Arbeiter ausgehungert werden könnten, schlossen sich die Matrosen von Kronstadt dem Protest an. Sie faßten eine Resolution ab, in der sie freie und geheime Wahlen forderten, ferner Rede- und Pressefreiheit für Arbeiter und Bauern und alle anarchistischen und linkssozialistischen Gruppen, Versammlungs- und Koalitionsfreiheit aller Gewerkschaften und Bauernorganisationen, die Freilassung aller politischen Gefangenen, die sozialistischen Parteien angehörten, die Abschaffung der politischen Büros der Kommunisten, der kommunistischen Spezialabteilungen in allen Formationen der Roten Armee und der kommunistischen Betriebsschutzgruppen, die volle Verfügungsgewalt der Bauern über ihr Land, auch das Recht, eigenes Vieh zu halten, und die Zulassung der individuellen Handwerks– und Gewerbearbeit.

Lenin und Trotzki gerieten in Panik und unterzeichneten einen Erlaß, wonach die Kronstädter Matrosen gegen die Sowjetregierung gemeutert hätten und „Werkzeuge ehemaliger zaristischer Generäle" seien, „die gemeinsam mit sozialrevolutionären Verrätern eine konterrevolutionäre Verschwörung gegen die proletarische Republik bildeten". Die Situation eskalierte, über die ganze Provinz Petrograd wurde Kriegsrecht verhängt, niemand durfte mehr die Stadt verlassen. Sascha und Emma konnten nicht länger schweigen. Am 5. März überbrachten sie Sinowjew, Rat für Arbeit und Verteidigung in Petrograd, folgende Erklärung:

„Jetzt zu schweigen, ist unmöglich, ja kriminell. Die jüngsten Ereignisse zwingen uns Anarchisten zum Reden und zur Stellungnahme. Es gärt unter den Arbeitern und Matrosen. Die Gründe dafür verdienen eine ernsthafte Prüfung. Die Arbeiter und Matrosen sind unzufrieden. Sie leiden unter Kälte und Hunger. Gelegenheit zur Diskussion und zur Kritik wird ihnen nicht gegeben. Deshalb gehen sie auf die Straße. ...

Und was noch wichtiger ist: jede Gewaltanwendung der Regierung gegen die Arbeiter und Matrosen wird die ganze internationale Bewegung demoralisieren und ihr unermeßlichen Schaden zufügen.

Genossen Bolschewiki, besinnt euch, bevor es zu spät ist. Spielt nicht mit dem Feuer. Ihr seid im Begriff, einen Schritt zu tun, der nicht wieder gutzumachen ist. Wir unterbreiten euch folgenden Vorschlag: Laßt eine Kommission aus fünf Leuten, darunter zwei Anarchisten, wählen, um den Konflikt mit friedlichen Mitteln zu schlichten. Unter den gegebenen Umständen ist dies die beste Lösung. Sie wird für die ganze internationale revolutionäre Bewegung von großer Tragweite sein.

EG, AB, Perkus, Petrowski"

Das Schreiben blieb unbeantwortet, aber am nächsten Tag fragte der Petrograder Sowjet bei dem Revolutionären Komitee telegraphisch an, ob eine Delegation aus Partei– und Nichtparteimitgliedern Kronstadt besuchen dürfe. Inzwischen hatte sich soviel Mißtrauen entwickelt, daß die belagerten Matrosen diese Versöhnungsgeste ablehnten. Die Zeit war abgelaufen. Tscheka und Armee erhielten den Befehl zum Angriff. Vom 7. bis zum 17. März 1921 dröhnte das Geschützfeuer Tag und Nacht; Zehntausende von Matrosen und Soldaten wurden ermordet.

Nun stand einer endgültigen, allumfassenden Machtergreifung Lenins nichts mehr im Wege. In seiner Neuen Ökonomischen Politik, NEP, erklärte er zum Kronstädter Aufstand:

„Das Frühjahr 1921 brachte – hauptsächlich infolge der Mißernte und des Viehsterbens – eine extreme Verschärfung in der Lage der Bauernschaft, die infolge des Krieges und der Blockade ohnehin außerordentlich schwierig war. Die Folge der Verschärfung waren politische Schwankungen, die, allgemein gesprochen, der innersten 'Natur' des Kleinproduzenten entsprechen. Der krasseste Ausdruck dieser Schwankungen war die Meuterei in Kronstadt.

Am kennzeichnendsten an den Kronstädter Ereignissen sind gerade die Schwankungen des kleinbürgerlichen Elements. Etwas Festgeformtes, Klares, Bestimmtes gibt es kaum. Nebelhafte Losungen wie 'Freiheit', 'freier Handel', 'Befreiung vom Joch', 'Sowjets ohne Bolschewiki' oder Neuwahl der Sowjets oder Erlösung von der 'Parteidiktatur' und so weiter und so fort. Sowohl die Menschewiki als auch die Sozialrevolutionäre verkünden, die Kronstädter Bewegung sei 'ihre' Bewegung. ... Die Großbanken, alle Kräfte des Finanzkapitals veranstalten Sammlungen zur Unterstützung von Kronstadt. ...

Die Ereignisse im Frühjahr 1921 haben wieder einmal die Rolle der Sozialrevolutionäre und Menschewiki gezeigt: Sie helfen dem schwankenden kleinbürgerlichen Element, sich von den Bolschewiki abzukehren und eine 'Verschiebung der Macht' zugunsten der Kapitalisten und Gutsbesitzer zu bewerkstelligen. ...

Wir sind von der Bourgeoisie in der ganzen Welt umringt, die auf jeden Augenblick des Schwankens lauert, um 'ihre Leute' wieder herzuschicken, um die Gutsbesitzer und Bourgeois wieder einzusetzen. Die Menschewiki und Sozialrevolutionäre, die offenen sowohl wie die als 'Parteilose' verkappten, werden wir im Gefängnis halten ... oder nach Berlin zu Martow schicken, damit sie alle Herrlichkeiten der reinen Demokratie frei genießen können."

Als alles vorbei war, wurde Emma von der Stille, die über diese „blutgetränkte Stadt" hereingebrochen war, verfolgt. Zum erstenmal dachte sie daran, aus Sowjetrußland zu fliehen und der Welt von den Grausamkeiten zu berichten, die sie in ihrem Heimatland erlebt hatte. Vielleicht würde die internationale Entrüstung den Entwicklungsgang des nachrevolutionären Rußland verändern.

Auch Sascha war dafür, abzureisen. Während er einen Fluchtplan entwarf, erfuhren sie, daß im Dezember in Berlin ein anarchistischer Kongreß stattfinden sollte. Sie nutzten die Gelegenheit, beantragten eine offizielle Teilnahmeerlaubnis und bereiteten ihre Abfahrt vor.

Während sie darauf warteten, „nach Berlin verfrachtet" zu werden, gerieten sie mit einigen der eifrigeren Pilger aus den Vereinigten Staaten aneinander. Besonders Bill Haywood fand, daß Emmas Kritik den Rechten in Amerika in die Hände arbeite, er deutete sogar an, sie wolle sich durch ihre lautstarke Kritik an dem Sowjetregime nur die Gunst der Regierung in den Vereinigten Staaten erwerben. Seine Reaktion gibt einen kleinen Vorgeschmack auf die Wut, die Emmas Ansichten in radikalen Kreisen hervorriefen.

Der Gedanke an die Anarchisten in Rußland, die verraten und getötet oder zu einem langsamen Tod durch Hunger gezwungen worden waren, verfolgte sie. Die schreckliche Angst, daß ihre Stimme nie gehört werden und die Gerechtigkeit nie siegen würde, verstärkte ihren Wunsch, die Vergehen des nachrevolutionären Rußland, seine extremen Formen von Repression, seinen Verrat und die Unterdrückung aller Andersdenkenden zu enthüllen.

„Oft kam ich geschunden und übel zugerichtet ins National [Hotel] zurück, meine Illusionen waren allmählich zerschlagen, mein Glaube an die bolschewistische Revolution zerfiel immer mehr. Aber ich ließ nicht locker. Schließlich, so dachte ich, konnte das einfache Volk nicht verstehen, welche ungeheuren Schwierigkeiten die Sowjetregierung zu meistern hatte; die gegen Rußland vereinten imperialistischen Mächte, die vielen Angriffe, die dem Land die Männer, die sonst in der Produktion hätten arbeiten können, raubten, die Blockade, die gnadenlos die Jungen und Schwachen Rußlands hinmordete. Natürlich konnte das Volk diese Dinge nicht verstehen, und ich durfte mich nicht von der Verbitterung, die aus seinem Leben entstand, irreführen lassen. Ich mußte Geduld haben. Ich mußte zur Wurzel der Übel vordringen. ... War dies die Revolution, an die ich mein Leben lang geglaubt, die ich ersehnt und für die ich andere zu interessieren versucht hatte, oder war es eine Karikatur, ein abscheuliches Ungeheuer, das mich verhöhnte und verspottete? ...

Ihre Maske konnte mich nicht länger täuschen, aber mein wahres Problem lag viel tiefer. Es war die Revolution selbst. Ihre Erscheinungsformen waren so vollkommen verschieden von dem, was ich mir als Revolution vorgestellt und propagiert hatte, daß ich nicht mehr wußte, welches die richtige war. Meine alten Werte hatten Schiffbruch erlitten, ich war über Bord gegangen und mußte ertrinken oder schwimmen. Ich konnte nur noch versuchen, den Kopf über Wasser zu halten, und darauf vertrauen, daß die Zeit mich sicher an Land bringen würde.“

Emma schrieb nun auch ihren Freunden über ihre ernüchternden Erfahrungen in Sowjetrußland. Sie fühlte sich wie ein „Kaninchen in der Falle“. Die Probleme waren komplex und Emmas Haltung gespalten. Sie sehnte sich danach, ihrem Gefühl der Isolierung und Verwirrung zu entkommen und ihre frühere Identität, die in den letzten Jahren immer brüchiger geworden war, wenigstens teilweise wiederzuerlangen. In Kiew war ihr ein Mann mit einem Bündel *Mother Earth*-Zeitschriften begegnet. Statt Überraschung und Stolz empfand Emma nur hoffnungslose Sehnsucht nach der Vergangenheit. „Die russische Sintflut hat mein früheres Leben in Amerika überschwemmt, blaß war die Erinnerung, ein Traum ohne Lebensnerv, ich selbst ein bloßer Schatten ohne festen Halt, all meine Werte hatten sich in Rauch aufgelöst. Das plötzliche Auftauchen der Ausgaben von *Mother Earth* rief mir bitter meine sinnlose, ziellose Existenz ins Bewußtsein. Sehnsucht, verzehrende Sehnsucht ergriff mich und drang mir bis ins Mark.“

An die *New York World* schrieb Emma: „Ich wollte, ich hätte eine Zunge aus Feuer. Ich würde in die Herzen des amerikanischen Volkes einbrennen, was für ein Verbrechen gegen dies große Land begangen wird."

Ihrem Anwalt und Freund Harry Weinberger, der sich unermüdlich für ihr Verbleiben in Amerika eingesetzt hatte, teilte sie mit:

„Der einzige Unterschied zwischen Rußland und anderen Ländern ist der, daß in Rußland dieselben Elemente, die die Revolution vorantrieben, auch geholfen haben, sie zu Grabe zu tragen – und dieser Schmerz trifft tiefer als das Reaktionäre in anderen Ländern."

Stella gegenüber faßte sie ihren Gemütszustand so zusammen:

„Die letzten zwei Jahre waren entsetzlich. Aber du mußt nicht denken, daß es mir leicht fällt wegzugehen. Mein Leben lang habe ich mich von dem wundervollen Geist Rußlands genährt, mein Leben lang habe ich mich danach gesehnt, es frei zu sehen. Es dann zusammengebrochen vorzufinden, in die Gosse gestoßen, von allen Seiten angegriffen, in Qualen, die Dantes Inferno weit übertreffen! Vor allem aber bis ins Herz erdolcht von seinen eigenen Freunden. Und dann nicht in der Lage zu sein, auch nur ein klein bißchen zu helfen. Ja, das war am schwersten zu ertragen, denn nie zuvor sehnte ich mich so sehr danach zu helfen, zu Diensten zu sein, dem russischen Volk etwas aus vollem Herzen zu geben. Aber es war unmöglich. Wenn wir gehen, werden wir nichts zurücklassen, und niemand wird das Verlangen kennen, das uns erfaßte, als wir den ersten Schritt auf russischen Boden taten. Ob ich in anderen Ländern von Nutzen sein kann? Ich lasse mich nicht täuschen. Ich weiß nur zu gut, wie sehr ich hier verwurzelt bin. Ich weiß, wie wenig ich jetzt in Amerika tun könnte, wo die Reaktion verrückt spielt. Und doch glaube ich, daß ich dorthin gehöre und nirgends sonst. Aber ich muß andere Gefilde ausprobieren, dem Alptraum entkommen, das gewaltige Panorama Rußlands aus der Ferne betrachten. Das ist nötig, wenn man nicht allzu subjektiv urteilen will."

Ihrer Nichte Stella vertraute Emma an, daß ihr sogar Sascha auf die Nerven ginge mit seiner Fähigkeit, alles „sachlich und nüchtern" zu betrachten. Dennoch, „oftmals, wenn ich denke, ich halte es nicht mehr aus, taucht bedrohlich das Western Penitentiary auf, schwarz wie die Nacht, und alles andere ist vergessen."

In einem Brief an Agnes Inglis verglich Emma ihren zerbrochenen russischen Traum mit ihrem Kampf, von Ben freizukommen, nachdem sie seinen wahren Charakter erkannt hatte:

„Ach, liebstes Mädchen, wie wir doch immer von der wunderbaren Sache träumten, die in Rußland Wirklichkeit geworden war. Aber, wie in jedem Traum, gibt es ein Erwachen, das auch die Stärksten von uns nur schwer ertragen. Man könnte es nicht aushalten, wüßte man nicht, daß andere Träume folgen und daß das Ideal erhalten bleiben muß. Spreche ich in Rätseln? …

Du erinnerst dich, wie ich sagte, daß die sehende Liebe eine tragische Liebe ist. Aber sie ist die einzig lohnende Liebe. Also, wenn wir Rußland lieben, dürfen wir nicht mehr Blinde unter Blinden sein. … Aus den Ruinen, aus allem, was zermalmt und zerbrochen ist, muß neues Leben entstehen. …

Hörst du je was von Ben R? Wenn du ihm schreibst, grüß ihn von mir. Wie es ihm wohl geht?"

Emma hatte tatsächlich oft an Ben gedacht. Auf ihren Brief aus dem „schwimmenden Gefängnis" war sie ohne Antwort geblieben. „Du kannst dir vorstellen, wie mich das bewegt. Für jemand in meinem Alter ist es schwer, sich an ein neues Land zu gewöhnen, selbst unter den besten Bedingungen und in normalen Zeiten. Und Rußland, ausgeblutet von über vier Jahren Krieg, ausgehungert von der unmenschlichen Blockade, ist nicht der Ort, wo man leicht Wurzeln schlagen kann. Aber es wäre alles leichter zu ertragen, würde ich wenigstens etwas von den Lieben hören, die ich zurückgelassen habe."

Was sie nicht wußte, war, daß die Vereinigten Staaten, die sie noch im Exil als Bedrohung ansahen, ihre Post und ihre Aktivitäten kontrollieren ließen.

Der Brief an Ben wurde kopiert und als Teil der „wöchentlichen Lageübersicht" an den Direktor des Militärischen Geheimdienstes geschickt. Ihre ersten begeisterten Äußerungen über die Kunst in der Sowjetunion galten als so wichtig für die nationale Sicherheit, daß sie in die Überwachungsakten aufgenommen wurden. „Unser bisher größtes Vergnügen war der Besuch des Theaters und Studios von Stanislawski, über dessen Arbeit ich oft in meinen Vorträgen gesprochen habe, wie du dich wohl erinnerst. Die Schauspieler sind hervorragend, die Kulissen und Schauplätze ganz wunderbar in ihrer Schlichtheit. Außerdem haben wir einige wundervolle Kunstgalerien gesehen, von denen es gerade in Moskau sehr viele zu geben scheint."

Ohne je eine Antwort zu erhalten, schrieb Emma an Ben noch einmal aus Petrograd am 1. Mai. „Oft denke ich an dich und an das, was früher war. Du hast oft gesagt: 'Das Leben ist seltsam.' Ich merke erst jetzt, wie seltsam es wirklich ist. Man ersehnt und erträumt das, was oft unerreichbar erscheint. Aber wenn man sich seiner Träume bewußt wird, merkt man, wie sehr sich die Realität von den Träumen unterscheidet. Immer verführen und immer entfliehen sie uns."

Zum Geburtstag schrieb Ben ihr einen langen, nostalgischen Brief über die Ironie des Lebens.

„Liebe kleine Mommy:
Wieder haben wir den 27. Juni.
Dein Geburtstag.
Mein Herz sehnt sich nach dir.
Der Kopf überschwemmt von Erinnerungen.
An unsere glücklichen gemeinsamen Jahre.
Besonders an deine Geburtstage.
Erinnerst du dich an den ersten?
Den wir gemeinsam im sonnigen Kalifornien verbrachten.
Erinnerst du dich an die Korallen und die Blumen.
War es an deinem Geburtstag.
Als wir in Bellingham im Gefängnis waren.

Gefängnis, das läßt mich nachdenken.
Es war oder ist vor 5 Jahren.
Wir verbrachten deinen Geburtstag zusammen.
Vor vier Jahren ich in Queens County.
Vor drei Jahren in Kalifornien.
(Und du vor Gericht) in New York.
Vor zweien ich in Warrensville.
Und du in Jefferson City.
Ja, das Leben ist seltsam.
Und wenn ich so über das nachdenk'
Was war und ist, bin ich froh:
Dankbar für die herrlichen Jahre.
In denen wir arbeiteten, spielten und liebten.
Wir unternahmen viel, du hast geschrieben.
Deinen Namen ins Buch der Geschichte (ich half ein bißchen)
Und hast erreicht, daß Tausende dich lieben und verehren.
Es war hier (Chikago, März 1908).
Nun bist du im fernen Rußland.
Verbannt, aber nicht isoliert.
Deportiert, aber nicht Ausgestoßen.
Du wirst zurückkommen.
Amerika ist groß, schön.
Und wenn es deine Nützlichkeit erkennt
Wird es dich wieder willkommen heißen.
Ein erfolgreiches Dr. Geschäft ist sehr gut.
Ein angesehener Gefängnisarzt.
So beliebt bei den Häftlingen wie ich bei den Außenseitern der Gesellschaft war.
Eine Art drittklassiger Politiker …
Rede noch viel in Sälen und auf Straßen.
Vortrag im Theologischen Seminar und bei der Barkeeper–Gewerkschaft.
Wurde beim Bankett des Presseclubs im Sherman Hotel verhaftet.
Weil ich einen Viertelliter im Flachmann hatte.
Fall ohne Verhandlung eingestellt, da ich 'respektabel' bin.
Viele unserer alten Freunde waren bei uns zu Besuch.
Alle Genossen, die nicht im Gefängnis sind, offensichtlich wohlhabend.
Familienleben anscheinend erfolgreich.
Brutus groß, glücklich und ein Freudenspender.
Anna gesund, liebenswürdig und treu ergeben.
Mutter krank, freudlos, will Kalifornien.
Hobo 'er wird irgendwie durchkommen'.
Willie nicht ganz untätig.
Aber immer sehnt er sich nach Miss TB …
Sind die Bolschewiki gute Liebhaber? …
Eines Tages sehen wir uns."

Im Laufe des Jahres versuchte Ben, ein Visum zu bekommen, aber der Antrag wurde abgelehnt, weil „Reitman früher ein enger Gefährte Emma Goldmans war". Die Ablehnung war von J. Edgar Hoover unterzeichnet. Nun versuchte Ben, mit Hilfe des jüdischen Dill Pickle Clubs in Chikago einen Fonds zur Unterstützung für die von den Bolschewiki inhaftierten Anarchisten zu organisieren.

Als Emma Rußland verließ, empfand sie dies als „tragisches Ende einer großen Liebe, an die man sich noch klammert, wenn sie schon lange vorbei ist"; „ihr „strahlender Traum" und ihr „brennender Glaube" waren zerbrochen. Kaum konnte sie das Schluchzen zurückhalten, als sie am 1. Dezember 1921 mit dem Zug Moskau verließ.

Ihren Glauben an ihr großes Ideal, den Anarchismus, hatte sie nicht verloren. In ihren späteren Schriften erklärte sie die Überreste von Bürgerrechten in der Sowjetunion damit, daß es dort vorher eine unabhängige anarchistische Bewegung gegeben hatte. Ihr Fazit aus der Russischen Revolution war, daß eine Revolution scheitern muß, wenn Wege und Ziel nicht identisch sind.

„[Die Revolution] ist der Bote *neuer Werte*, die zur Veränderung der Beziehungen zwischen den Menschen untereinander und zwischen Mensch und Gesellschaft führen. Sie ist nicht bloß ein Reformer, der einige soziale Mißstände behebt; nicht bloß Veränderer von Verhaltensweisen und Institutionen; nicht nur Umverteiler sozialen Wohlstands. Sie ist all dies, aber noch mehr, viel mehr. Sie ist, vor allen Dingen, *Umgestalter der Werte*, Träger 'neuer' Werte. Sie ist der große *Lehrer der neuen Ethik* und gibt dem Menschen eine neue Vorstellung vom Leben und seinen Erscheinungsformen in den sozialen Beziehungen. ... Sie ist der geistige und seelische Erneuerer. ...

Revolution... bedeutet nicht nur 'äußere' Veränderung, sondern 'innere', grundlegende Veränderung. ...

Die Revolution ist der Spiegel der Zukunft; sie ist das Kind, das der Mensch von Morgen werden soll."

Die Nachricht von Emmas Abreise aus Rußland versetzte Hoover und den Militärischen Geheimdienst, das Justizministerium und die Einwanderungs- und Einbürgerungsbehörde in helle Aufregung. Fotos von ihr wurden an alle Einwanderungsbeamten im Land verteilt für den Fall, daß sie heiraten sollte und dann einzureisen versuchte. Ein Gerücht, nach dem Trotzki und Lenin Emma fürchteten, „weil sie ihnen zu gescheit ist und die derzeitige Regierung durch ihren Einfluß stürzen könnte", führte zur verstärkten Überwachung Emmas durch die Vereinigten Staaten. Die Geheimdienstkommission berichtete dem Außenminister über die Abreise Berkmans, Goldmans und ihres Freundes Alexander Shapiro:

„Die genannten Personen kamen am 5. Dezember aus Moskau in Riga an und begaben sich direkt zum Gebäude des bolschewistischen Konsulats, wo sie praktisch während ihres gesamten Aufenthalts in Riga blieben.

Am 22. Dezember nahmen sie den Nachmittagszug nach Reval, wurden aber nach einigen Stationen von Agenten des lettischen Geheimdienstes aus dem Zug geholt und nach Riga zurückgebracht, wo sie bis gestern [30. Dezember] inhaftiert waren. Gestern wurden sie wieder freigelassen. Sie werden natürlich beobachtet, und ich werde voraussichtlich ohne Schwierigkeit über ihren Aufenthalt informiert bleiben können.

Der lettische Geheimdienst holte sie offenbar aus dem Zug mit dem Ziel, Gelegenheit zum Durchsuchen des Gepäcks und der persönlichen Gegenstände zu haben und ihre Papiere und Dokumente zu überprüfen, was während ihrer Unterbringung im bolschewistischen Konsulat nicht möglich war.

Alle Papiere und Dokumente, die im Besitz der drei Personen waren, kamen mir für einige Stunden in die Hände. In dieser kurzen Zeit wurde alles getan, um Kopien von denjenigen Papieren anzufertigen, die für das Ministerium von Interesse sein könnten. Diese Papiere und Dokumente belegen eindeutig, daß Goldman, Berkman und Shapiro auf dem Weg nach Berlin waren, um an dem internationalen Anarchistenkongreß am 25. Dezember teilzunehmen."

Emma und Sascha hatten Weihnachten wieder einmal im Gefängnis verbracht, diesmal in Lettland. Schließlich gewährte ihnen Schweden einen Monat Asyl, während die Deutschen ihren Einreiseantrag noch bearbeiteten. Alle Briefe Emmas aus Riga wurden abgefangen, auszugsweise kopiert und an den US–Außenminister geschickt, einschließlich ihrer Anweisungen, wie und an wen man Briefe schicken solle. Berkman berichtete in seinen später beschlagnahmten Tagebuchnotizen über seine Gefühle in dieser Zerreißprobe:

„21. Dezember... Genau heute vor zwei Jahren wurden wir an Bord der *Buford* gebracht. Es war Mitternacht, 20./21. Dezember 1919, als wir aufgerufen wurden, und um 7.05 Uhr sind wir dann am 21. Dezember an Bord gegangen. Genau zwei Jahre! Wieviel Freud und Leid erfüllte diese letzten zwei Jahre, meist aber Kummer, Enttäuschung und Ernüchterung. Wirklich schrecklich, wenn ich es mir genau überlege. Die Begeisterung jener Tage bei dem Gedanken, bald im gelobten Land zu sein! Wo ist sie hin? ... Wo werden wir dieses Weihnachten sein? Und wo Neujahr? Mir scheint, wir lassen uns treiben und landen schließlich dort, wo wir doch nicht bleiben können."

XIII.
IN ALLE WINDE ZERSTREUT

Am 2. Januar 1922 gingen Emma und Sascha an Bord eines Dampfers, der sie von Reval nach Stockholm brachte. Die Konsulate der Vereinigten Staaten in allen europäischen Ländern wurden über die beiden informiert, da man annahm, sie wollten in die Vereinigten Staaten zurückkehren. Die US–Regierung versuchte auch, ihre Verbündeten anzuhalten, den beiden Verbannten die Einreise zu verweigern.

Syndikalistische Freunde bereiteten Emma und Sascha bei ihrer Ankunft in Stockholm einen herzlichen Empfang. Sie sorgten für Unterkunft, Verpflegung, Gesellschaft und Schutz vor neugierigen Reportern, die, so befürchtete Emma, ihre Äußerungen über die Sowjetunion verdrehen und tendenziös berichten würden.

Bald hatten Emma und Sascha mehrere Artikel fertig und ließen sich von der wohlwollenden lokalen Presse interviewen. Zu dieser Zeit akzeptierte Emma widerstrebend das Angebot, eine Artikelserie über ihre Erlebnisse in Rußland für die *New York World* zu schreiben, denn sie wollte ihre Ansichten vor allem in den Vereinigten Staaten bekanntmachen, und die dortigen Arbeiter– und Gewerkschaftsblätter hatten ihre Artikel bereits abgelehnt – und ihr Geld wurde knapp. Sascha hielt es für einen Fehler, in einer kapitalistischen Zeitung gegen die Bolschewiki zu schreiben, und zeigte offen seine Mißbilligung. Wie zu erwarten, wurden Emmas Äußerungen von ihren alten Genossen nicht gut aufgenommen. Bill Haywood nannte die Artikel

„hinterlistig, böswillig, aber sehr passend für den beabsichtigten Zweck. Emma will in die Vereinigten Staaten zurückkehren, wo sie früher bei einem Publikum von Analphabeten Gehör fand. Das Volk Sowjetrußlands steht weit über dem radikalsten Ideal, das Fräulein Goldman je hatte. ...

Man muß die Artikel von ihrem Zweck her beurteilen – ein höfliches Klopfen an die Tür der Vereinigten Staaten, die noch verschlossen und versiegelt ist, wie sie seufzend feststellt. Sie zeigt keine Abneigung gegen die Vereinigten Staaten, obwohl sie früher behauptet hat, dies Land hätte ihr die Heimat und das Herz geraubt, aber sie ist wütend über Sowjetrußland, das ihr Arbeit, Wohnung und einen Lebensunterhalt bot. Ist ihre Haltung zur Sowjetregierung nicht mehr als bloße Undankbarkeit?"

Er ging so weit, ihre geänderte Meinung zum Teil darauf zurückzuführen, daß sie eine Frau war:

„… wenn eine Frau fällt, gibt es keine Grenze, die sie nicht überschreiten kann. Zweifellos werden noch ähnliche Artikel aus ihrer Feder fließen, jenem Werkzeug, mit dem sie die verschlossenen Türen öffnen will, obwohl alles, was sie schreibt, sie bei früheren Freunden in Mißkredit bringen wird, da sie wissen, daß Emma in Rußland willkommen geheißen wurde und von der Sowjetregierung einen einflußreichen Posten erhielt. … Nicht ihre Freunde haben sie unmöglich gemacht; sie hat ihren Untergang selbst besiegelt."

Emma litt unter diesen Reaktionen, aber um ihrer selbst willen sah sie keine Möglichkeit, über das, was sie in Rußland gesehen und erlebt hatte, zu schweigen. Ein wenig wurde ihr diese schwere Zeit leichter, als sie Arthur Swenson traf, einen zwanzig Jahre jüngeren schwedischen Anarchisten, „die einzige tröstliche Erinnerung an [ihren] trübseligen Aufenthalt in Stockholm". Sie nannte ihn ihren „Sonnenstrahl".

Emmas Aufenthaltsgenehmigung lief ab und sie wußte nicht, wohin. Swenson und sie versuchten, als blinde Passagiere auf einem Schiff nach Dänemark zu gelangen, wurden jedoch entdeckt. Man glaubte ihre rührselige Geschichte von einem armen Liebespaar und ließ sie laufen. Schließlich erhielt Emma ein deutsches Visum und reiste nach Berlin zu ihren Freunden Millie und Rudolf Rocker, die sie 1907 kennengelernt hatte.

Aus Kopenhagen schrieb ihr Arthur Swenson, er wolle nicht nur *bei*, er wolle *wie* sie sein, was für ihn soviel wie „gut" bedeute:

„Ich möchte arbeiten, arbeiten für deine großen Ideale, weil sie auch meine sind. Oh, ich möchte mein Leben dem Wohl der Menschheit widmen. Bevor ich dich traf, habe ich nicht gelebt. Ich habe an jedem Menschen gezweifelt und fast alles verurteilt. Jetzt scheint die Sonne hell und strahlend, und ich weiß, daß die Menschheit gut und nicht böse ist. Oh, Emma, mach mich gut, ich möchte in jeder Beziehung gut sein! Oh, ich liebe dich so sehr, meine Liebe zu dir kennt keine Grenzen. Emma, mein Liebling!"

Trotz seiner Überschwenglichkeit konnte Emma nicht recht glauben, daß „ihr Kind", wie sie ihn auch nannte, an jemand ihres Alters erotisch interessiert bleiben könnte. Sie wußte, daß er sie bewunderte, aber sie wollte vor allem, daß er sie körperlich anziehend fand. Auf ihre Frage, ob er nicht junge Frauen attraktiver fände, antwortete er: „Du sprichst von all den jungen, attraktiven Mädchen in Berlin. Ach, hier gibt es auch eine ganze Menge, aber meine Liebe gehört dir und nur dir. … Meine Emma ist die jüngste und attraktivste von allen. Und, bei Gott, ich liebe sie!"

Swenson erhielt ein Reisevisum und zögerte nicht, Emma um Geld für die Fahrkarte zu bitten, obwohl seine finanzielle Abhängigkeit ihn irritierte. Er wollte, daß Emma ihm half, seine Lebensaufgabe zu finden, und lehnte es ab, „wie ein Baby ausgehalten und ernährt zu werden, ohne Möglichkeit, daß ich selbst etwas tue. Anderen geht es nicht so. Sie können immer noch etwas tun, aber ich weiß, verdammt noch mal, nichts, was zu tun sich lohnt."

„Alles, was in mir erhaben und edel und schön ist, gehört dir, meine teuerste, geliebte Emma", schrieb er ihr. „Ich liebe dich, wie nur ein Mann eine Frau lieben kann. Und ich liebe die großartigste Frau auf Erden." Aber als er schließlich nach Berlin kam, merkte Emma sofort, daß seine Leidenschaft abgekühlt war. Trotzdem blieben sie zusammen – Emma hoffte, sein Herz neu entfachen zu können, und Arthur wußte nicht, wohin er gehen sollte, auch hatte er nicht den Mut, sein Idol zu verlassen. Emma beschrieb später das Leben mit Swenson als „acht Monate Fegefeuer".

„Aus Einsamkeit und dem Verlangen nach Zärtlichkeit klammerte ich mich an den Jungen. Er bewunderte mich als Rebellin und Kämpferin; als Freundin und Gefährtin hatte ich seinen Geist erweckt, ihm eine neue Welt der Ideen, Bücher, Musik und Kunst eröffnet. Er wolle sich nicht von mir trennen, sagte er, er brauche die Freundschaft und das Verständnis, das er in unserer Beziehung gefunden hätte. Doch den Altersunterschied, den immer gegenwärtigen Altersunterschied von vierundzwanzig Jahren, den könne er nicht vergessen."

Emma war ständig in Unruhe und konnte nicht arbeiten. Um ihrer Lethargie zu entgehen, schrieb sie endlose Briefe, so auch an Leon Malmed, der ihr seinerzeit Avancen gemacht hatte; sie versuchte, so das Gefühl, abgelehnt zu werden, überwinden zu können. Auch die häufigen Anträge auf Visumsverlängerung zerrten an ihren Nerven. Bei Sascha und ihrer Nichte Stella, die zu Besuch gekommen war, fand sie kein Verständnis für ihre Besessenheit. Stella hatte Emma immer auf ein Podest gestellt und „konnte es nicht ertragen, daß [Emma] ein Mensch wie jeder andere war".

Erst als Arthur ans Meer fuhr, um sie mit Stella und Ian allein zu lassen, kam Emma mit dem Schreiben voran und begann im Frühjahr 1922 mit ihrem Buch über Rußland, was ihre Aufmerksamkeit eine Zeitlang von ihrer besessenen und unglücklichen Liebe ablenkte.

Aber kaum war Swenson wieder da, verliebte er sich in die junge Sekretärin, die Emma beim Tippen ihres Buchmanuskripts half. Emma schrieb: „Die beiden jungen Leute hatten sich ineinander verliebt und stritten sich, um meine Aufmerksamkeit von ihren wahren Gefühlen abzulenken. Sie hatten einfach nicht den Mut zu reden und hatten wahrscheinlich Angst, mich zu verletzen. Als ob ihre Offenheit verletzender hätte sein können als meine Erkenntnis, daß ihre vorgetäuschte Gleichgültigkeit nur ein Schutzschild war! Im stillen hatte ich immer noch gehofft, meine Liebe würde seine Zuneigung, die während unserer Monate in Stockholm so reich und überschwenglich gewesen war, wieder entfachen."

Emma forderte die beiden auf, sich eine andere Wohnung zu suchen, bemühte sich jedoch, die Freundschaft zu ihnen getrennt aufrechtzuerhalten. Schon bald merkte sie, daß sie mit einer platonischen Beziehung zu Arthur nicht zurechtkam.

„Lieber, lieber Arthur,

wenn das Leben von einer Operation abhängt, ist es leichtsinnig, den schmerzhaften Vorgang aufzuschieben. Die Krankheit verschlimmert sich dann nur und bringt einen an den Rand des Todes.

Seit Monaten ist mir absolut klar, daß mein geistiges und seelisches Gleichgewicht und mein ganzes Leben von unserer Trennung abhängt. Aber ich habe die schmerzhafte Operation immer wieder hinausgezögert, bis ich es nicht mehr ertragen konnte.

Ich weiß nicht, ob du den Konflikt verstanden hast, der mich zermürbt und seit deiner Ankunft in Berlin täglich quält. … In all diesen schmerzlichen Monaten, ja, schon in den ersten Tagen nach deiner Ankunft, war ich sicher, daß du mich nach der einmonatigen Trennung nicht mehr geliebt hast. Oft frage ich mich zweifelnd, ob du mich überhaupt je wirklich geliebt hast, ob du dich nicht selbst getäuscht hast. Und doch klammerte ich mich an den Gedanken, so etwas Grausames könnte nicht passieren. …

Dann, nach den ersten furchtbaren Monaten in dieser Wohnung und bei Stellas Besuch – dein grausames Verschwinden bis jetzt –, mußte ich erkennen, daß es sinnlos ist, das Unmögliche zu erhoffen. Immer noch klammerte ich mich fest, ich dachte, der Junge kann doch nichts dafür, daß er dich nicht mehr liebt, wenigstens seine Freundschaft wird sich irgendwie zeigen, sie wird dir mit Zärtlichkeit und Verständnis helfen, das Chaos in dir zu überwinden. Aber auch das geschah nicht. Die elementare Kraft, aus der Liebe entsteht und die in dir abgestorben ist, hat auch deine gesamte Haltung zu mir beeinflußt. Deine Freundschaft und Kameradschaft schwanden, du wurdest gleichgültig, distanziert, kalt und oft sogar brutal. In all diesen Monaten warst du in meiner Nähe und mir doch völlig fremd. Du hast öfter gesagt: 'Ich bin ein Feigling!' Und hast gemeint, du wärst längst gegangen, hättest du die Kraft dazu aufgebracht. Du bist unnachgiebig geworden, so gleichgültig mir gegenüber, daß es grausam war.

Denk nur nicht, ich werfe dir das vor, mein Arthur. Ich verstehe das, auch wenn mein Herz sich nicht dem Urteil meines Verstandes unterwirft. Du bist dreißig und ich bin zweiundfünfzig. Vom Standpunkt des Normalen ist es natürlich, daß deine Liebe zu mir erstarb. Es ist ein Wunder, daß sie jemals entstanden ist. Wie kann es also dein Fehler sein? Jahrhundertealte Tradition hat die grausame Ungerechtigkeit geschaffen, die dem Mann das Recht gibt, eine viel jüngere Frau zu begehren, und der Frau dieses Recht verweigert. Täglich sieht man klapprige Männer von über 52 mit Mädchen von zwanzig, und es stimmt nicht, daß diese Mädchen nur des Geldes wegen bei solchen Männern sind. Ich kenne mehrere Fälle von zwanzigjährigen Mädchen, die Männern von sechzig leidenschaftlich zugetan waren. Keiner fand das ungewöhnlich. Aber die fortschrittlichsten Menschen können sich nicht mit dem Gedanken anfreunden, daß ein Mann von dreißig eine viel ältere Frau liebt. Du konntest es sicher nicht. …

Zuerst habe ich die Belastung hingenommen, weil ich das Unvermeidliche nicht akzeptieren wollte. Dann habe ich sie hingenommen, weil ich dachte, ich helfe dir, feinsinniger, freier und verständnisvoller zu werden.

Vor allem, weil ich dachte, ich könnte dir zu einem Lebensziel verhelfen, zu einem starken, glühenden Ideal. … Was für einen Zweck hat mein ganzer Kampf jedoch noch, wozu die schlaflosen Nächte und die qualvollen Tage? Warum soll ich meine Liebe ständig durch unfreundliche Blicke und Worte tödlich verletzen lassen? *Daher muß ich dich bitten, zu gehen.* …

Denn wenn ich noch länger warte, wirst du noch härter, und meine arme Liebe wird zermalmt. Das will ich nicht. Ich möchte die Erinnerung an drei herrliche Monate voller Schönheit und Wärme bewahren.

Ich bleibe deine Freundin, an die du dich immer wenden kannst. Ich werde dich nie enttäuschen.

Immer in Treue Emma"

Emma steckte diesen Brief in eine Schublade und schickte ihn erst nach Wochen ab, nachdem sie mit Arthur ein Beethoven–Konzert besucht hatte, das sie, entgegen ihren Erwartungen, einander nicht näher gebracht hatte. Jetzt erst fühlte sie sich ruhiger und konnte sich der schwierigen Aufgabe widmen, über Rußland zu schreiben; Sascha war wie selbstverständlich zur Stelle und half ihr bei der Redaktion des Buches. Er überließ ihr seine Notizen, aber es kam ihm irgendwie vor, als hätte er ihr aus Verehrung und um eine gewisse Mißlichkeit in ihrer Freundschaft zu überwinden das „Fleisch" für sein eigenes Buch über Rußland gegeben.

Aus Amerika erhielt Emma die Nachricht, daß sich Stellas Augenleiden rapide verschlimmerte und sie zu erblinden drohte. Sie machte einen guten Augenarzt ausfindig und fuhr mit Stella, die inzwischen wieder bei ihr war, nach Liebenstein in Thüringen. Dort erhielt Emma Besuch von vielen alten Freunden aus Amerika und Europa: Fitzi und Paula, die auch bei *Mother Earth* mitgearbeitet hatte, ferner Ellen Kennan aus Denver, Henry Alsberg, ein amerikanischer Journalist, mit dem Emma sich in der Sowjetunion angefreundet hatte, Rudolf und Millie Rocker, die amerikanische Schriftstellerin Agnes Smedley und ihr indischer Liebhaber Chatto [Virendranath Chattopadhyaya, der damals in Berlin lebende indische Revolutionär] sowie einige Genossen aus England – alle versammelten sich am „Hof von Königin Emma".

Diese und viele andere alte Freunde hielten zu Emma, aber sie stieß auch auf eine Welle wütender Kritik von den Linken.

Unter den radikalen Gruppen nahm die Bereitschaft zu, die Sowjetunion zu unterstützen. Als Emmas Buch über Rußland schließlich erschien, wurde sie heftig angegriffen. Ihr Verleger hatte den ursprünglichen Titel *Meine zwei Jahre in Rußland* eigenmächtig in *Meine Enttäuschung in Rußland* geändert und das Buch ohne die letzten zwölf Kapitel und ihr Nachwort, die er angeblich nicht erhalten hatte, herausgebracht. Das Buch war unvollständig und mußte den Leser zu der Ansicht verleiten, daß Emma von der Revolution enttäuscht worden war und nicht von den pseudorevolutionären Methoden des kommunistischen Staates. Als der Verleger schließlich zustimmte, ihr Nachwort separat zu veröffentlichen, betitelte er die Schrift *Meine weitere Enttäuschung mit Rußland*, was ebenfalls über ihre Sympathien und ihr Verständnis für die Ursachen und die ursprünglichen Ziele der Russischen Revolution hinwegtäuschte. William Z. Foster, ein führender amerikanischer Kommunist, verstieg sich zu der Behauptung, „in Moskau wüßte jeder, daß Emma Goldman vom amerikanischen Geheimdienst Unterstützung erhielt". Bill Haywood, der seine Fehde mit Emma pflegte, schrieb: „Emma Goldman bekam nicht die angenehmen Jobs, die sie suchte. Darum schrieb sie gegen die Diktatur des Proletariats". Und die Arbeiterführerin Rose Pastor Stokes, einst Emmas Freundin, schlug vor, Emma symbolisch zu verbrennen.

Trotz all dieser Anfeindungen und persönlichen Diffamierungen fuhr Emma fort, Vorträge zu halten und zu schreiben. Viele ihrer Genossen glaubten, sie verurteile dieses welthistorische Ereignis vorschnell und mahnten sie zur Geduld. Aber Emma bekämpfte ihre „Gleichgültigkeit" und „Blindheit" und versuchte, sie davon zu überzeugen, daß auch sie gegen die schockierende Brutalität des neuen Regimes protestieren müßten. Ihrer Meinung nach verschlimmerte sich die Lage in Rußland ständig, die Greueltaten nahmen zu. Sogar Mollie Steimer und Senya Fleshine, die vor Jahren in den Vereinigten Staaten wegen ihrer Agitation gegen die US–Intervention in Rußland verhaftet und später dorthin deportiert worden waren, hatten die Sowjets verfolgt und inhaftiert, weil sie Geld für einen Lebensmittelfonds der anarchistischen Gefangenen zu sammeln versuchten. Schließlich wurden sie, mittellos und in schlechtem gesundheitlichen Zustand, nach Berlin abgeschoben.

Emmas Meinung über die Sowjetunion machte ihre Lage im Exil noch schwieriger. In einem Brief, den das Außenministerium abfing, beschrieb sie die Hoffnungslosigkeit, im Exil zu leben: „Mir ist klar geworden, daß es keine größere Strafe für einen aktiven Geist gibt, als aus seinem Wirkungskreis gerissen zu sein." Schließlich mußte sie Deutschland verlassen. An ihren alten Freund Max Nettlau schrieb sie über ihre Befürchtungen: „Ich denke oft, wir Revolutionäre sind wie das kapitalistische System: wir rauben Männern und Frauen das Beste, was in ihnen ist, und schauen dann seelenruhig zu, wie sie ihre letzten Tage in Elend und Einsamkeit fristen. … Der Anarchismus muß in unseren Beziehungen zueinander jetzt gelebt werden, nicht in der Zukunft."

Emma beschloß, nach England zu gehen. Um ein Visum zu erhalten, mußte sie nachweisen, daß sie dort Leute kannte, die sie finanziell unterstützen konnten. Mit Hilfe von Freunden und Freundesfreunden erstellte sie eine Liste von Geldgebern und reiste im Sommer 1924 über Holland und Frankreich nach England.

Über ihren Aufenthalt in Paris teilte sie Max Nettlau mit: „Dreißig Jahre lang habe ich für die Zukunft gearbeitet und mir kaum je erlaubt, den Augenblick zu genießen. Dann wurde alles ausgelöscht, mit Stumpf und Stiel. Umhergeworfen von den fürchterlichen Gezeiten, finde ich es jetzt unmöglich, Pläne zu machen oder Handlungsrichtlinien auszuarbeiten. Das erklärt vielleicht, warum ich Paris so intensiv empfinde, viel mehr als vor 17 Jahren, als ich soviel jünger war."

An Roger Baldwin schrieb Emma, in Paris habe sie sich zum erstenmal nach sieben Jahren wohl gefühlt, endlich habe sie wieder frei atmen und sich frei bewegen können. Sie schickte sogar eine Postkarte an Ben und versprach, mehr zu schreiben, „wenn ich irgendwo zwischen Himmel und Hölle eine Bleibe finde". Ihrer alten Freundin Agnes Inglis gestand sie, sie fühle sich fünfzehn Jahre jünger. Aber sie wußte, für alle anderen war sie schon eine alternde Frau. Kurz vor ihrem sechsundfünfzigsten Geburtstag schrieb sie an Minna Lowensohn, eine Freundin in New York: „Sicher bin ich im Herzen jung, aber das ist bei einer Frau ein großes Unglück. Solchen Luxus dürfen sich nur Männer erlauben. Die Hunde haben Glück, ihnen ist alles erlaubt, kein Wunder, daß sie sich für überlegen halten. Und was schlimmer ist, sie sind es auch – in ihren Erfolgen und ihren Rechten, das Leben bis zum letzten Tropfen auszuschöpfen. Aber genug von all der 'Herrlichkeit'."

An van Valkenburgh schrieb Emma: „Mein Problem ist nicht, daß ich arm bin oder daß ich älter werde, sondern daß ich mich seelisch nicht auf mein Alter einstellen kann. Nichts ist schrecklicher für eine Frau, als wenn sie viele Jahre auf dem Buckel hat und doch im Herzen jung geblieben ist. Das ist geradezu ein Verbrechen in unserer Gesellschaft."

Im Zusammenhang mit den Arbeiten über das Thema *Frauen und ihre Kreativität* heißt es in einem Brief an Max Nettlau: „Die Gegner der Frau als kreativem Faktor leugnen nicht, daß sie zu allen Zeiten die 'Schöpfer' inspiriert hat. Sie bestreiten auch nicht ihren Mut und ihren Heroismus. Aber sie leugnen, daß die Frau schöpferische Arbeit von bleibendem Wert hervorbringen kann. Gewöhnlich wird argumentiert, daß es keinen weiblichen Newton, Shakespeare, Goethe, Beethoven usw. gibt. Die gibt es wirklich nicht. Aber darum sind die Newtons noch lange kein Beweis für die überlegene kreative Fähigkeit des Mannes. Sie sind sehr seltene Köpfe, auch unter Männern ganz einzigartig.

Was ich zeigen möchte, ist, daß es kreative Frauen gibt, deren Arbeit die gleiche Qualität besitzt wie die der Männer ihrer Zeit. Ich bestreite nicht, daß Kochen und Haushaltsführung genauso eine Kunst ist wie Malen. Darum muß ich herausfinden, ob Frauen das Leben durch Erfindungen, die die Schinderei im Haushalt verminderten, angenehmer und leichter gemacht haben. Ob Frauen in der Kochkunst den großen Küchenchefs vergleichbar sind, die Kochen zu einer Kunst machen. Ich will jedenfalls alle Phasen der kreativen Bemühungen der Frau untersuchen."

Sie hatte erkannt, daß sie als Frau, die die Gesetze und Konventionen herausgefordert hatte, anderen Frauen, die sich durchzusetzen wagten, einerseits als Leitbild dienen und andererseits auch von ihnen lernen konnte. Von den Frauen in Amerika erwartete sie eine zukunftsweisende Rolle:

„Die neue amerikanische Jugend macht schon jetzt Geschichte im sozialen Kampf, in der Frauenemanzipation und ihrer Haltung zum Kind und zur Erziehung. Vor allem sind die kreativen Kräfte, die sich heute in Amerika äußern, höchst ermutigend. So zum Beispiel die denkende Frau Amerikas. Was für ein kraftvoller, aufgeweckter und bedeutsamer Typ! Ihre

Freiheit von Angst und Heuchelei, ihre Liebe zum Leben und zur Schönheit, ihr tiefes Interesse am sozialen Kampf – weit mehr als am Wahlrecht –, diese so ganz andere Auffassung vom Frausein, all das macht die amerikanischen Frauen zu hervorragenden Persönlichkeiten."

Bald war klar, daß sich für ihre Forschungen über die Kreativität von Frauen, die sie am Britischen Museum betrieb, kein Verleger interessierte, so daß aus dieser Arbeit kein Geld zu ziehen war. Aber Emma mußte dringend einen Weg finden, ihren Lebensunterhalt zu bestreiten. Mit begrenztem Erfolg versuchte sie, Artikel zu verkaufen. Jedoch nur Interviews mit Künstlerinnen erregten das Interesse der Verleger, und auch das war keine feste Zusage.

In dieser wirtschaftlich unsicheren Lage versuchte Emma, in ihrer Arbeit die Bedeutung ihrer eigenen Lebenserfahrungen zu ergründen. Ihr 1924 geschriebener Aufsatz *Amerika im Vergleich* deutet an, daß „der Fluch", der seit 1917 über ihrem Leben lag, sie vollkommen verändert hatte.

„Als Kind wurde mir beigebracht, daß Menschen von widerstrebenden Impulsen erfüllt sind: dem des Guten und dem des Bösen. Und wer stark genug ist, das 'Böse' zu überwinden, der ist gut. In dieser Auffassung waren die frommen und gläubigen Menschen gut und wurden dafür belohnt, wenn nicht auf Erden, dann sicher im Himmel. Die anderen waren schlecht und sollten hart bestraft werden.

Später erkannte ich, daß die Impulse, die den einzelnen ebenso wie die Massen bewegen, nicht so einfach und leicht zu bestimmen sind, wie meine wohlmeinenden Eltern und Lehrer mir hatten weismachen wollen. Ich habe festgestellt, daß es keine gerade und klar markierte Linie zwischen Gut und Böse gibt. Beides ist miteinander verwoben, überschneidet sich, überkreuzt sich und ist häufig nicht voneinander zu unterscheiden. Sicher kann der bloße 'freie Wille' weder Gut noch Böse wählen. Ich habe festgestellt, daß Gut und Böse Begriffe für menschliches Handeln sind, die von verschiedenen Kräften außerhalb des Menschen bestimmt werden. Ihre Bedeutung und ihr Inhalt verschieben und entwickeln sich entsprechend dem ständigen Wandel der sozialen und sittlichen Werte zu verschiedenen Zeiten des menschlichen Lebens.

Das wichtigste, was das Leben mich gelehrt hat, ist die Relativität der Dinge. Jede Institution, und mag sie noch so schlecht sein, kann noch schlechter werden. Andererseits kann das Gute im Menschen und in der Gesellschaft noch besser werden. Das sind die Gesetze von Evolution und Wachstum, ohne die das Leben vergehen und die Gesellschaft aussterben würde."

Emmas Forschungen im Britischen Museum galten nun den russischen Dramatikern. Aber wenn sie das Stöbern in Archiven und die Rekonstruktion von Lebensgeschichten auch spannend fand – sie konnte davon nicht die Miete bezahlen. Zwischendurch spielte sie sogar mit dem Gedanken, einen Salon für Haarwäsche, Gesichts– und Kopfhautmassage zu eröffnen, wie einst in New York.

Zunächst versuchte sie es jedoch weiter mit Artikeln über Frauen und Feminismus, Rußland, das Drama, die Vor- und Nachteile Amerikas sowie über sich selbst. In dem Aufsatz *Über die Gleichheit der Geschlechter* betonte Emma „die Rolle der starken, klugen, alten Jungfer... bei der Schaffung der Neuen Frau". Die unverheiratete Frau habe „die Zeit und die Energie, die Probleme, von denen Frauen betroffen sind, genau zu untersuchen. ... Diese kinderlosen Frauen konnten mit der Zeit auch an ihrer eigenen Person beweisen, daß Frauen noch andere Fähigkeiten und Ziele haben als nur die durch Reproduktion und Handarbeit verkörperten." In ihren Schriften über die Frauen verteidigte Emma darüberhinaus die Homosexualität und wandte sich gegen die Behauptung, daß Louise Michel, die große französische Revolutionärin, lesbisch war. Michel, so stellte Emma klar, war „eine der wahrhaft großen Heiligen, vollkommen unbeirrt von persönlichen Gefühlen und Sehnsüchten".

Wie anders Emma! Sascha gestand sie, wie dringend sie der Liebe bedurfte, besonders jetzt, wo sie fühlte, wie sie älter wurde:

„Wir alle brauchen Liebe und Zuneigung und Verständnis, und eine Frau braucht ein ganzes Stückchen mehr davon, wenn sie älter wird. Das ist sicher die Hauptursache meines Elends, seit ich A[merika] verlassen habe. Denn seitdem hatte ich niemanden und lernte niemanden kennen, den es auch nur einen Dreck gekümmert hätte, was ich mache und was aus mir wird. Ich spreche natürlich nicht von unserer Freundschaft, lieber Sascha, das ist etwas anderes. Aber ich meine dasselbe wie du, nämlich jemanden, der einem persönlich nahesteht, der Interesse und Zuneigung zeigt und dem wirklich etwas an einem liegt. Ich glaube, für eine, die in ihrem Leben soviel gegeben hat, ist es doppelt tragisch, niemanden zu haben und wirklich ganz allein zu sein. Oh, ich weiß, ich habe die Kinder zu Haus und ein paar liebe Genossen in A. Aber das meine ich nicht. Ich verzehre mich in der Sehnsucht nach Liebe und Zuneigung für einen Menschen, der mir gehört. Ich kenne die Qual der Einsamkeit und des Verlangens. Darum stimme ich dir völlig zu, daß sowohl Männer als auch Frauen jemanden brauchen, dem wirklich etwas an dem anderen liegt. Eine Frau braucht das nötiger und hat dennoch die größten Schwierigkeiten, von einem gewissen Alter an jemand kennenzulernen. Das ist ihre Tragödie."

Als Ellen Kennan Emma schrieb, wie liebevoll Ben Reitman in den Vereinigten Staaten von ihr gesprochen hatte, antwortete Emma:

„Ich wünschte nur, er hätte seine Gefühle in dem entscheidensten Augenblick meines Lebens gezeigt. Es wäre so viel leichter gewesen, die zwei Jahre im Gefängnis von Missouri zu ertragen. Sogar die entsetzliche Enttäuschung in Rußland wäre leichter zu ertragen gewesen. Denn ich wäre um die Erkenntnis reicher gewesen, daß ich mich auf Ben verlassen kann und daß ihm wirklich etwas an mir liegt. Ben war meine Große Leidenschaft. Mein Leben wäre nicht ganz so trostlos, hätte er mich nicht im Stich gelassen. ... Die zehn Jahre unserer gemeinsamen Arbeit und Reisen werde ich immer als die reizvollsten und lohnendsten meines Lebens sehen."

Niemand war je an Bens Stelle getreten, und Emma fühlte zunehmend die Last der Enttäuschungen. Sie versuchte, sich auf das Überleben im Exil zu konzentrieren; ihre Erinnerungen sollten ihr dabei helfen. In einem Brief an Frank Harris dachte sie an ihren ersten Streit mit Kropotkin zurück, als dieser kritisierte, daß eine anarchistische Zeitschrift in San Francisco zuviel Gewicht auf die sexuelle Gleichberechtigung der Frauen lege:

„Peter Kropotkin war sehr dagegen. ... Er betonte, die Frau könne ihr sexuelles Leben selbst bestimmen, wenn sie gebildet und politisch aufgeklärt sei. Aber ich verteidigte entschieden die Notwendigkeit von sexueller Propaganda und Aufklärung neben der sonstigen Agitation. In dieser Debatte regte sich Peter schrecklich auf und denunzierte uns als 'Ketzer'. Weißt du, damals war ich 24 Jahre jünger und Kropotkin war etwa 58. Ich sagte: 'Lieber Peter, wenn ich in deinem Alter bin, ist die Frage der Sexualität für mich vielleicht erledigt; aber jetzt ist sie ein sehr beherrschender Faktor. Ich verlange, daß sich jeder in einer Liebesbeziehung ebenso frei ausdrücken kann wie in jedem anderen Lebensbereich.' Peter hielt plötzlich inne, sah mich einen Augenblick lang an und brach dann in schallendes Gelächter aus. Mit einem höchst gnädigen Lächeln sagte er: 'Was bin ich doch für ein Narr. Ich habe vergessen, daß die Jugend nicht abwägen kann, was in der Propaganda brauchbar ist und was nicht.'"

Jetzt war sie fast so alt wie Kropotkin damals und in ihr Gesicht hatten sich Spuren der Enttäuschung und Verbitterung eingegraben. Sie schrieb an ihre alte Freundin Kate Richards O'Hare:

„Ich wünschte, ich könnte sagen, daß ich so jugendlich aussehe wie du. Wenigstens kann ich sagen, ich fühle mich jung. Manchmal aber ist ein junges Herz in einem alten Körper ein großes Unglück, besonders bei einer Frau. Die Welt, ob konservativ oder radikal, beurteilt die Frau nach ihrem Aussehen und nicht nach ihrem Gefühl. Hier ist ein Mann viel besser dran als sie. ...

Diese grausame Ungleichheit kann man nur dadurch überleben, daß man sein Leben einer großen Sache widmet; einer Sache, für die es sich zu leben lohnt."

1925 erhielt Emma einen Brief von Ben, der sie in Tagträume über ihr früheres Leben mit Ben versetzte und den Wunsch weckte, ihre Memoiren zu schreiben, um die alte Zeit wieder auferstehen zu lassen. Nach vier Monaten erst antwortete sie ihm, der auf dem Höhepunkt ihrer Liebe zwei bis drei Briefe pro Tag erhalten hatte. Sie erklärte ihrem „lieben, alten Ben", ihre verspätete Antwort bedeute nicht, daß sie ihn vergessen habe:

„Es ist furchtbar schwer für mich, zerrissene Fäden aufzunehmen und zusammenzuknüpfen. In den letzten acht Jahren ist viel passiert, was uns an verschiedene Ufer geworfen und eine so tiefe Kluft geschaffen hat, daß ich nicht weiß, wie ich dich erreichen soll. Das heißt nicht, daß ich dir etwas nachtrage oder dir aus einem ähnlichen Grund nicht schreibe. Ich fürchte nur, du könntest das, was ich sage, als Verletzung empfinden oder denken, ich will dich unglücklich machen. Das will ich sicher nicht. Aber wie soll ich anfangen?"

Zunächst betonte sie nachdrücklich, daß sie über sein Glück in der Familie und bei der Arbeit froh sei. Und dann:

„Du gehörst zur jüdischen Rasse, wie sehr du dich auch Jesus verschrieben haben magst – und ich kenne keinen Juden, der seßhaft geworden ist, wenn auch sehr viele unangenehm respektabel werden.

Aber was immer aus dir geworden ist, ich werde dich nie anders sehen als im letzten März vor 17 Jahren: lebhaft, gefühlvoll, verantwortungslos, faszinierend und verwirrend zugleich."

Ben war zu der Zeit als Arzt in einem von der Mafia geführten Bordell tätig und hatte die Leitung des Grandville Hotels in Chikago übernommen, „für einen Monat als Zufluchtsstätte für Hobos".

„Wie ich dir oft gesagt habe, lebst du in einer anderen Welt als ich, jetzt vielleicht noch mehr als bei unserer ersten Begegnung. ... Aber ich habe erkannt, daß die Welten anderer viel Wertvolles enthalten können, auch wenn sie nicht wie meine sind. ... Aber wie immer unsere Welten beschaffen sind, wir können ihnen nicht entfliehen, jeder bleibt in seiner eigenen Hölle oder seinem eigenen Himmel – wie man's nimmt. Du neigst mehr dazu, deine Welt als Himmel zu sehen. Ich bin unversöhnlich und unzufrieden geblieben und sehe nichts 'Göttliches' in der Welt. Was soll's, alter Ben, wir bleiben eben an die innersten Tiefen unseres Wesens gekettet. [Es] gibt keinen Grund, warum Leute, die so verschieden sind, wie wir zwei es immer waren, nicht Freunde sein und sich in liebevoller Erinnerung behalten sollten. Du bist jedenfalls so in meiner Erinnerung. Und ich danke den seltsamen Mächten, die es wohl im Leben gibt, dafür, daß sie dich zu mir geführt haben. Nicht um alle Reichtümer in der Welt hätte ich darauf verzichten mögen, dich zu kennen und in meinem Leben zu haben."

Emma schrieb, sie könne ihm ihre Gedanken leichter persönlich mitteilen und drängte ihn, sie in London zu besuchen. „Entschuldige, wenn ich zurückhaltend und kalt erscheine, das will ich nicht. Aber ich kann beim besten Willen nicht aufschreiben, was mir im Kopf herumgeht, und wenn ich noch länger warte, werde ich wahrscheinlich gar nicht mehr schreiben können und deiner falschen Interpretation anheimfallen. Dabei liegt mir sehr viel daran, von dir zu hören."

Sie erinnerte sich an die aufregende Zeit mit Ben und beklagte, wie langsam ihr Leben jetzt dahinfloß. Es gab

„kein Kalifornien, wohin man fahren kann, und keinen Hobo, der Veranstaltungen organisiert. ... In meiner Lage kann man keine Pläne machen, ich lasse mich nur treiben, lebe von einem Tag auf den anderen. Irgendwie interessant, aber nicht gerade sicher für eine alte Dame wie mich.

Ja, viele Leute sprechen freundlich über mich, so wie über eine Tote. Die Toten können vom Lob leben, aber nicht die Lebenden. Und ich brauche dir wohl nicht zu sagen, daß ich sehr lebendig bin, daher sind die 'freundlichen' Dinge, die meine früheren und jetzigen Freunde über mich erzählen, vielleicht nett gemeint, aber... Du siehst, ich bin immer noch die alte Skeptikerin. Ich glaube immer noch nicht an Freundschaften, die sich nur in Worten ausdrücken. Aber was soll's, ich nehme es nicht übel, ich finde es ziemlich komisch, was in den [amerikanischen] Zeitungen steht. Das Lob kann man ebensowenig ernst nehmen wie vorher die Kritik. Man muß lernen, seinen eigenen Weg zu gehen und sich selbst treu zu bleiben.

Lieber Ben, du bist noch genauso verschwenderisch mit deinem Lob wie früher. Ich bin gar nicht großartig. Wenn ich es wäre, hätte ich längst erreicht, daß alle Welt die Dinge erkennt, die ich immer noch für die wichtigsten und einzigen halte, für die es sich zu leben und zu kämpfen lohnt. Ich kenne mich zu gut, um glauben zu können, ich hätte Erfolg gehabt. Daher bin ich auch nicht großartig. Ich meine nicht Erfolg im herkömmlichen Sinn des Wortes, das verstehst du doch, nicht wahr, lieber Ben? ...

Herzlichst
EG"

Ben schien nur auf die Gelegenheit gewartet zu haben, Emma wiederzusehen, und bereitete die Reise nach England vor. Emma bat ihn, die rund fünfhundert Briefe mitzubringen, die sie ihm geschrieben hatte, weil sie daran dachte, ihre Autobiographie zu schreiben. Ben war von dieser Idee sehr angetan, warnte Emma jedoch, nicht, wie in ihrem Buch über Rußland,

„immer alles herunterzumachen, Tritte zu verteilen, zu kritisieren, von allem die schlechteste Seite zu sehen, zu jammern.

Das ist gut, das ist wundervoll, daß du mir wieder deine Aufmerksamkeit schenkst.

Mir gehen so viele Dinge im Kopf herum. Ich habe dir viel zu sagen. Was mich am meisten interessiert, ist natürlich deine Autobiographie – und meine. Deine sämtlichen Briefe, ich habe etwa 500, die Zeitungsausschnitte und alles andere stehen dir zur Verfügung. Hoffentlich kann ich bald mit dir reden. Du hast genug Material nicht nur für zwei, sondern für zehn Bände. ... Dein erstes Buch über Rußland hat nichts an meiner Einstellung zu Rußland geändert. Ich glaube, Rußland hat dir alle nur denkbaren Chancen geboten; man hat sich um dich und Sascha bemüht. ...

Du warst wie immer hart, kritisch, bitter, selbstgewiß, unwillig, dich den Bedürfnissen der Gemeinschaft unterzuordnen (nenne das jetzt nicht Kompromißlosigkeit). Was ich sagen will, ist, daß du und Sascha euren Willen durchsetzen wolltet (und das ist charakteristisch für den *Anti–Geist*), und ihr habt euch geweigert, für Gott, für die Gesellschaft oder für die Menschheit oder wie immer du es nennen willst, zu arbeiten – weil nicht alles euren Weg ging.

Ohne Frage wäre euer Weg vielleicht der beste gewesen. ...

Kleine, blauäugige Mommy, du sollst eine *großartige, glückliche, ehrliche, wunderbare* Autobiographie schreiben. Schreib als weise Philosophin, schreib als Schülerin des Lebens und der sozialen Bewegungen – Freude und viele **gute** Dinge sind dir begegnet, die Götter waren gut zu dir. *Hinterlasse der Welt nicht nur eine schroffe Kritik* und die *Laufbahn einer Agitatorin*. Liebe Mommy, du weißt gar nicht, wie sehr du jammerst und bitter und ungerechtfertigt kritisch bist. Wach auf und sei glücklich.

Erzähl mir, bitte, nicht von der Armut, dem Elend, der Krankheit, der Tyrannei und der Dummheit auf der Welt. Sicher gibt es die – *aber es gibt heute auf der Welt weniger davon als damals, bevor du mit deiner Arbeit angefangen hast.* Weißt du, Mommy, man muß ehrlich und gerecht sein, auch wenn der andere es nicht ist. Aber als ich begriff, daß die Bolschewiki mit Leuten wie dir fertig werden mußten, war ich nicht erstaunt über die Bombardierung Kronstadts, die Gefängnisse und all die schrecklichen Dinge, die sie den *Anti–Geistern* angetan haben, ja, du bist ein typischer Anti–Geist, du bist immer gegen das, was gerade ist. Kannst du nicht Philosoph und Denker sein und das Recht auf Leben und Wohlergehen rechtfertigen, das Recht zu sein. Wie zum Teufel konnten die Bolschewiki leben und gedeihen, wenn sie dir und Köpfen wie dir erlaubt hätten, Macht auszuüben? Ich sage nicht, daß sie wissen, was für die Menschheit am besten ist, aber ich bin noch weniger sicher, daß ein anarchistischer Kopf weiß, was das beste ist. ...

Sei es, wie es will, ich freue mich, daß du die Geschichte von EG schreiben willst, sicher wird sie groß ankommen. Denn nie hat eine andere Frau gelebt, die so viele und so verschiedene Kontakte mit dem pulsierenden, aufregenden Leben hatte wie du. ...‟

Leider mußte Ben seine Reise aufschieben. Es ging seiner Frau Anna nicht gut und seinem Bruder Lew auch nicht. Und das britische Konsulat in Chikago machte Schwierigkeiten bei der Ausstellung eines Passes.

Als Emma auf Bens Brief antwortete, zahlte sie ihm die Warnung vor ihrer Verbitterung heim, indem sie ihn ermahnte, sich vor sensationslüsternen Tendenzen in seinen Schriften zu hüten. Sie erlaubte sich etwas Sarkasmus: „Du versuchst also, ein besseres Buch zu schreiben als Sascha und ich. Ich hoffe wirklich, daß es dir gelingt. Die Welt wäre dann um ein großes Werk reicher. Also schieß los, alter Ben. Ich wünsche dir allen erdenklichen Erfolg.‟

Sie war wütend über Bens Bemerkungen zu ihrem *Anti–Geist*, aber bemüht, Haltung zu bewahren, und fand einige seiner Vorwürfe schließlich fast lustig. Aber sie konnte das Streiten nicht lassen:

„Du hast wohl gedacht, du schreibst eine Predigt für deine Gemeinde, eine richtige Billy Sunday–Predigt, Feuer und Schwefel auf die Häupter von uns armen Sündern. ... Du rügst meinen 'Anti'–Geist, wie du es nennst. Übrigens, wo hast du denn diesen Ausdruck her? Sicher ist der nicht von dir... Warum also diese kleinlichen Anklagen? Glaubst du, Berkman und ich waren seinerzeit eifersüchtig auf deine literarischen Produkte? Wirklich, Ben, es wäre lustig, wenn es nicht so traurig wäre. Daß du dich nicht über kleinlichen Groll erheben kannst!

Stell dir nur vor, ich würde mich in solchen Anschuldigungen ergehen. Ich könnte dir an den Kopf werfen, daß du, obwohl wir zehn Jahre zusammen waren und alles teilten, das Gute und das Schlechte, seit meiner Abreise aus Amerika nicht genug Interesse hattest, um festzustellen, ob ich hungere oder satt bin, ob ich es warm habe, ob ich verzweifelt bin oder mich wohlfühle... Soll ich vielleicht meine Klagen über dein Desinteresse in jedem Brief wiederholen? Natürlich nicht. Ich hätte nie auch nur ein Wort gesagt, und auch jetzt beklage ich mich nicht. Ich erwähne es nur, weil du in jedem Brief wieder deine Klagen vorbringst. ...

Ich kann mich an so viele schöne Dinge in unserem gemeinsamen Leben erinnern, daß keine Zeit für die Bitterkeiten bleibt. Geht es dir nicht auch so, oder erinnerst du dich an nichts Schönes?

Wenn du in deinem Buch dasselbe über mich schreibst wie in deinem letzten Brief, wird es glänzend gehen. Die Kommunisten werden die ganze Auflage aufkaufen. ...

Lieber, lieber Ben, denk bitte nicht, ich bin verletzt oder verärgert, das bin ich nun wirklich nicht. Ich habe nicht das Geringste gegen deine Kritik. Sicher willst du nur mein Bestes, jeder weiß, was für den anderen das Beste ist. Ich wußte es auch mal. Jetzt bin ich mir dessen nicht mehr so sicher. Du scheinst dir sicherer zu sein als je zuvor. Das freut mich für dich... komischer Ben. ...

Auf Wiedersehen, alter Drachen.

Herzlichst
EG"

Ben antwortete: „Liebe Kleine, ich habe dich mit 1000 verschiedenen Leuten streiten und debattieren sehen und weiß, keiner hat dich je untergekriegt. Und ich will das gar nicht erst versuchen."

Als Ben Emma schließlich in England besuchte, wurde ihr Treffen zu einer Katastrophe; jeder hatte im Laufe der Zeit zuviel Widerwillen gegen das neue Leben des anderen entwickelt. Zusätzlich war Emma darüber enttäuscht, daß Ben die alten Liebesbriefe nicht mitgebracht hatte. Als er nach Chikago zurückgekehrt war, schrieb sie: „Jetzt, wo die alte Mommy tot ist, kannst du wohl ehrlicher sein als früher. Ja, dein Besuch war unbefriedigend, vor allem, weil du in zwei Wochen soviel für dein Buch tun wolltest, wie für drei Monate gereicht hätte. Die Kluft, die in acht Jahren entstanden ist, war in zwei Wochen nicht zu überbrücken. Nun, da kann man nichts machen. Vielleicht kommst du eines Tages noch mal nach Europa, bevor ich zu alt und klapprig bin, und vielleicht verstehen wir uns dann besser."

Ihre negative Stimmung verstärkte sich noch durch einen Besuch von Fitzi, mit der sie sich stark identifizierte, wie aus einem Brief an Sascha deutlich hervorgeht:

„Freilich ist der Preis, den wir modernen Frauen und auch Männer für unsere Selbstverwirklichung zahlen, sehr hoch und schmerzlich, aber man muß den Weg weitergehen oder trübsinnig dahinvegetieren. Denn nicht nur die moderne Frau, sondern alle zivilisierten Menschen zahlen einen gewissen Preis für ihr Erwachen. Andererseits ist nicht mal die gewöhnliche Frau sicher, daß sie im Alter ihre Kinder, ihren Mann und ihr Zuhause hat.

Heutzutage ist nichts sicher, vielleicht war es das auch noch nie für diejenigen, die um ihre Existenz kämpfen müssen. In welcher Beziehung geht es also der gewöhnlichen Frau besser als uns? Ich glaube, es geht ihr

schlechter. Denn die moderne Frau ist zwar anspruchsvoller und hat größere und tiefere Bedürfnisse, aber sie ist durch ihr ausgeprägtes Zartgefühl
und ihr größeres Verständnis auch viel reicher. Alles hat seinen Preis, und
wir müssen bereit sein, ihn zu zahlen. Tatsache ist, daß wir keine Wahl haben. Dem ungeheuren Drang nach Freiheit kann keine widerstehen. Was
soll man also machen? ...

Der eigentliche Grund unserer Tragödie, von Frauen insgesamt – von
Agnes Smedley, Ellen Kennan, Fitzi, Kitty Beck [die Selbstmord beging] –,
ist es, älter zu werden, ohne etwas zu haben, was das Leben warm und
schön machen könnte. Ich habe dies nicht so stark empfunden, solange ich
in Amerika war, meine Arbeit hatte und noch an sie glaubte. Aber seit der
Erfahrung in Rußland habe ich meinen Glauben verloren, und da ich sonst
nichts im Leben habe – Mann, Kind, ein Zuhause oder auch nur einen
Beruf, von dem ich leben könnte –, empfinde ich die völlige Leere des Lebens um so stärker. Und darum kann ich Fitzis Leere verstehen. ...

Fitzis Problem, das ihr das Herz zerreißt, ist eben die Tragödie von uns
modernen Frauen. Es ist eine Tatsache, daß uns nur ein sehr kurzer Zeitab-
schnitt von unseren Traditionen trennt, davon nämlich, daß wir geliebt,
umsorgt und beschützt wurden und geborgen waren. ... Die meisten modernen Frauen... fühlen, wenn sie älter werden, allmählich die schreckliche Leere ihres Lebens – das Fehlen des Mannes, den sie lieben und der
sie liebt, das Fehlen der Kameradschaft und Gesellschaft, die aus so einer
Beziehung wachsen, das Fehlen von Heim und Kind. Und vor allem das Fehlen der wirtschaftlichen Sicherheit... Fast jede moderne Frau, die ich kenne oder von der ich gelesen habe, ist in Fitzis Zustand geraten. Alle empfinden ihr Leben als leer und vermissen etwas, auf das sie sich freuen könnten. ...

Die moderne Frau kann nicht im alten Sinne Ehefrau und Mutter sein.
Und ein neuer Weg ist noch nicht gefunden. Ich meine den Weg, Ehefrau,
Mutter, Freundin zu sein und dennoch vollkommen frei zu bleiben. Wer-
den wir ihn je finden?"

Um der Bedrohung zu entgehen, aus England ausgewiesen zu werden,
heiratete Emma auf Anraten ihrer Freunde James Colton, einen fünfund-
sechzigjährigen walisischen Bergarbeiter, der mit ihr befreundet war und
sie lange unterstützt hatte. Wie Emma befürchtet hatte, deutete die Presse
ihre Heirat als Verrat an ihren Prinzipien. Aber das störte sie nicht; als britische Staatsangehörige konnte sie sich nun frei bewegen und sogar dem
naßkalten Winter entfliehen. Auf Einladung von Frank und Nellie Harris
ging sie nach Südfrankreich. Vier Monate lang wohnte und schrieb sie in einem schönen, kleinen Haus namens *Bon Esprit* in St. Tropez – damals
nur ein Fischerdorf –, das die Harris' schließlich mit Unterstützung von
Peggy Guggenheim für Emma kauften. Wenn sie nicht schrieb, arbeitete
Emma im Garten, grub den Boden um, pflanzte Blumen, oder korrespondierte mit Freunden; sie erhielt auch häufig Besuch.

Diese Freunde, unter ihnen Margaret Anderson, Peggy Guggenheim
und ihr Mann Lawrence Vail, Kathleen Millay, ermutigten Emma, ihre

Biographie zu schreiben, sie wollten auch für die notwendige finanzielle Unterstützung sorgen. Emma erklärte sich damit einverstanden, bestand allerdings darauf, Geld nur dann anzunehmen, wenn es ihr ohne jede Bedingung zur Verfügung gestellt würde. Sie bat sich aus, jede Erklärung und jeden Bittbrief zu sehen, die das Büro des Emma Goldman–Memoirenfonds verließen. Dieser Eigensinn hinsichtlich der Sammelaktion für ihr *magnum opus* verärgerte die Mitarbeiter, und Kathleen Millay beschwerte sich bei van Valkenburgh: „Ich will nicht etwas anfangen und dann nicht zu Ende führen. Aber ich habe Howard [Young] nach seinem Gespräch mit Emma in Europa gesagt, sie würde Schwierigkeiten machen und viel verlangen, ohne es überhaupt zu merken. Sie ist auf ihre Art verwöhnt, auch wenn sie ein hartes Leben hatte. Und ich habe sowieso schon zu viel Zeit mit ’verwöhnten’ Leuten verschwendet.“

Um selbst Geld für ihre Biographie zu sammeln, faßte Emma den Plan, nach Kanada zu fahren und dort Vorträge zu halten. Ihr alter Bewunderer Leon Malmed lieh ihr das Geld für die Überfahrt. Bevor sie im Herbst 1926 aufbrach, dankte sie ihm dafür: „Ich habe gerade deinen Brief mit dem Scheck erhalten. ... Wenn wir uns treffen, und ich denke, das sollten wir, kann ich dir besser als in einem Brief zeigen, wieviel es mir bedeutet, daß du mir geholfen hast. In einem Brief kann ich das nicht. Aber du mußt mir glauben, wenn ich sage, du hilfst, mich aus tiefster Verzweiflung zu retten.“

XIV.
GRENZÜBERSCHREITUNGEN

Der Empfang, den Freunde ihr zu Ehren in Montreal gaben, war frostig und schlecht besucht. Wie tat es ihr da gut, daß Leon Malmed Wort hielt und nach Montreal kam. Als er wieder abreisen mußte, schrieb sie ihm:

„... wie kalt es in dieser Stadt ist, seit ich dir zum Abschied zuwinkte. Auch ich hätte alles gegeben, wenn du nur hättest bleiben können, wenn ich eine eigene Wohnung gehabt hätte. Wie gern hätte ich dir gezeigt, was Schönheit und Liebe und eine entflammte Seele vermögen. Aber es hat nicht sollen sein – vielleicht in naher Zukunft. Ich hungere nach Liebe und Hingebung, ich hungere schrecklich... Auch wenn meine Versammlungen alle erfolglos sind, freue ich mich doch, daß ich nach Kanada gekommen bin, denn hier habe ich einen neuen Leon und eine neue Hoffnung auf Leben und Schönheit gefunden. ... Ich nehme dich in meine Arme und drücke dich an mein wild schlagendes Herz, mein neuer, alter, kleiner Junge.

In tiefer Zuneigung

E"

Sie hatte ihn schon früher anziehend gefunden, aber ihre Beziehung zu Ben und seine Ehe hatten beide daran gehindert, ihrem sexuellen Verlangen zu folgen. Nun aber, da Emma sich verzweifelt einsam fühlte und Malmed das Geschäft, das Kleinstadtleben und die Ehe anödeten, forderte sie ihn auf, „einmal in [seinem] Leben leichtsinnig zu sein und [sich] in Gefahr zu begeben."

Bald war Emma vollkommen abhängig von Malmeds Liebe und wartete täglich auf seine Briefe und Anrufe. Sie beschloß, in Montreal eine kleine Wohnung zu nehmen, um mit ihm ein „erhabenes Fest der Liebe", wie sie es nannte, zu feiern. Ihre Beziehung ließ sie vergessen, daß sie „eine Fremde unter Fremden" war, und sie wurde von „einem wilden Verlangen... verzehrt". Sie schrieb Leon über die Hochstimmung, in die sie ein überraschender Anruf von ihm versetzt hatte:

„Ich bin so aufgebracht, ich zittere am ganzen Körper. So unerwartet deine Stimme zu hören, versetzte mich in wilde Erregung und fegte die Depression weg wie ein Gewitter. Ich bin selbst erstaunt über diese neue gewaltige Kraft, die dank deiner Hilfe in mir entfacht ist. In all den Jahren empfand ich die tiefste Zuneigung zu dir als treuer Freund und Genosse. Aber seit ich dich zuletzt gesehen habe, sind all die unterdrückten, elementaren Kräfte in mir losgebrochen. ... Ich drücke dich fest an mein klopfendes Herz.

E"

In dieser Zeit, als Emma über ihre Unfähigkeit, ihre Ideale zu verwirklichen, verzweifelte, als ihre Vorträge schlecht besucht waren und sie mit jedem Tag mehr Schulden hatte, war Malmed „der einzige Stern am dunklen Horizont". Über ihre neue Liebe schrieb sie:

„... wenn ich hierin auch enttäuscht werden sollte, wäre das Leben zu grauenhaft, wäre es mir unmöglich, weiterzuleben. Oh, Leon, Leon, Liebling, enttäusch mich nicht, sag mir, daß du die großartige, wunderbare, geheimnisvolle Macht, die in unser Leben getreten ist, walten lassen wirst. Laß uns diese Macht leben, denn das Leben flieht mit den Jahren. Wir wollen uns dem so seltenen, so wertvollen, so wunderschönen Moment hingeben. Wir wollen die Welt, die Ängste und Zweifel aussperren. Laß uns den Becher bis zum letzten Tropfen leeren. Oh, mein Leon."

Für eine kleine Wohnung zahlte Emma in den letzten zwei Wochen in Montreal 65 Dollar Miete, nur um mit Malmed allein sein zu können. Die Ausgabe rechtfertigte sie damit, daß „nur verschwenderische und verrückte Menschen die Bedeutung und das Geheimnis des Lebens kennen."

In ihren Briefen an Leon sprach sie von sich als Leons „Mädele, sein kleines Mädchen". Sie unterschrieb mit „Dein Mädele, die deine Mutter ist – Schatz, Kumpel und Geliebte zugleich". War sie sein „Mädele", so war er ihr „Kind", ihr „Junge" und ihr „am meisten Geliebter".

„Mein geliebter Junge, wie wundervoll, wenn etwas Frisches, Neues in dein Leben kommt, nachdem du jede Hoffnung aufgegeben hast. Es ist wie ein Frühlingserwachen in mir, nur wunderbarer, weil das Leben mich reif und erfahren gemacht hat. Ja, unsere Liebe soll ein wahres Kunstwerk sein, so faszinierend und bewegend, daß alles andere dahinter zurücktreten muß. Schließlich ist die Liebe in all ihrer Schönheit und Pracht das unvergänglichste und inspirierendste aller Erlebnisse. Mir wird sie über alle Klippen und Schwierigkeiten der Zukunft hinweghelfen. Denn jetzt gibt es jemanden in meinem Leben, dem wirklich etwas an mir liegt, dessen Liebe das Feuer von Zeit und Raum überstanden hat, ja, noch stärker und schöner daraus hervorgegangen ist. Das ist das Wunder, das phantastische Wunder, das mir begegnet ist. Gelobt seien die Sterne oder das Schicksal oder was immer es ist, was mich dir nahegebracht hat.

Mein Leon, ich drücke dich ganz fest an mein klopfendes Herz und überschütte dich mit meiner Liebe.

Deine Mädele
E"

Fast erstickte sie ihn. Wenn Leon ihre Briefe nicht schnell genug beantwortete, zeigte sie ihm ihre ganze Enttäuschung. Ein Tag, an dem sie nichts von ihm hörte, wurde ihr zur Qual. Sie trug sich sogar mit dem Gedanken, die Heimlichtuerei aufzugeben, denn es sei ihr „völlig egal, wer es weiß".

Ben bot ihr an, wieder als ihr Manager zu arbeiten, aber sie lehnte ab: „Leider kann ich dich nicht bitten, mich zu besuchen. Unser Wiedersehen in London hat mich zu sehr verstört, als daß ich die Erfahrung wiederholen möchte. Außerdem, worüber sollten wir reden? Unsere Welten sind mehr denn je getrennt. Ben, wir wollen wirklich nicht sentimental sein. Laß die Toten ruhen. Ich meine das nur gut, weil ich weiß, daß unsere Begegnung dir auch nichts gebracht hat. Warum alte Narben aufreißen?

Sicher erinnere ich mich an unsere Arbeit in Kanada. Ich denke immer voller Hochachtung an deinen hervorragenden Einsatz, als wir zusammen waren. Aber damals hast du an das geglaubt, was du getan hast, und du hast an mich geglaubt. Das ist nun alles vorbei, darum will ich dich lieber nicht in K. wiedersehen...

Sollte das Wunder geschehen und ich in die Staaten kommen, besuche ich dich natürlich – aber wir brauchen nicht damit zu rechnen. Danke für das Angebot, etwas zu tun, was 'mich glücklich macht'. Ich weiß nicht, was das sein kann, sicher nicht Geld.

Leb wohl, alter Herr, wir wollen die Vergangenheit in Ehren halten und uns die Gegenwart nicht verderben.

Herzlichst
E"

Aber als Ben nicht lockerließ, besänftigte sie das: „Danke, mein Lieber, daß du etwas für mich tun willst, aber 'mir ist nicht zu helfen'. Ich brauche wirklich nichts, was man mit Geld kaufen kann. Und nichtkäufliche Dinge gibt es selten im Leben. Es gab sie im Überfluß, als wir uns begegneten. Aber das ist lange her, längst begraben, aber nicht vergessen." Sie bat ihn noch einmal um die Rückgabe ihrer Briefe, damit sie ihre Autobiographie besser schreiben könne. Sie versprach, ihn zu treffen, um die Briefe auszuleihen.

„Ich brauche diese Briefe, um meine Erinnerung an die Ereignisse in den Jahren unserer gemeinsamen Arbeit aufzufrischen. Ich brauche dir nicht zu sagen, daß diese Jahre in meiner Autobiographie eine sehr wichtige Rolle spielen werden. Sie gehören zu den wichtigsten in meinem Leben. Sag mir, Ben, ob ich das Material haben kann. ...

Ich habe in meiner Wohnung Telefon. Soviel ich weiß, sind die Gebühren nach Mitternacht nicht sehr hoch. Von Mitternacht bis Mittag erreichst du mich immer.

Auf Wiedersehen, lieber Ben,
immer herzlichst
EG"

Emma benutzte ihr Telefon selten – es war teuer und wurde abgehört. Auch fielen sie und Ben am Telefon in die alten Mißverständnisse zurück. Einmal weckte Ben sie im Morgengrauen. Sie dachte, er hätte getrunken, und wollte nicht mit ihm reden. Daraufhin schrieb er ihr wehmütige Zeilen:

„Liebste Mommy,
Wo waren wir früher zu dieser Jahreszeit.
New York oder auf Reisen
Wie oft ich mich an die alte Zeit erinnere.
Ja, das war eine großartige Zeit.
Und die Erinnerung an sie wird mir immer heilig sein.
Du hast mich am Telefon mißverstanden.
Ich habe nicht gefeiert.
Ich war nicht weg und habe nichts getrunken...
Ich lebe
Das einfache Leben eines harten Arbeiters.
Das, was ich nicht sagen kann,
Macht mir Sorgen.
Meine Unfähigkeit, dich aufzuheitern.
Oder etwas für dich zu tun.
Das macht mich unglücklich...
Sag mir, was ich mitbringen soll.
Ich habe viele deiner Briefe.
Etwa 500, glaube ich.
Und einige andere Sachen.
Ich bringe alles mit.
Du sollst die Biographie des Jahrhunderts schreiben...
Ich will das Londoner Erlebnis vergessen machen.
Oh, es war so schrecklich
Und Paris mit Sascha war furchtbar...
Das Geschäft geht gut.
Besuche 40 Leute pro Tag.
Die meisten Prostituierte und Gauner.
Versuche, freundlich und hilfreich zu sein.
Der kleinen Familie gehts gut.
Ist freundlich zu mir.
Keine Reden.
Kein 'Hobo College'.
Keine Publicity.
Auf Wiedersehen
Mommy.   Hobo"

Emma versuchte, Ben einen liebevollen Brief zu schreiben, aber die alte
Verbitterung blieb, und sie lehnte seine Bitte ab, mit ihr den Jahreswechsel
zu verbringen.
   „Lieber Ben.
   Ich brauche die Briefe nicht, bis ich nach Europa fahre. ... Komisch, daß
du zu der Zeit [Neujahr] kommen willst. In all unseren gemeinsamen Jahren bist du immer nach Hause geeilt, Mutter besuchen. Nur einmal waren
wir am Neujahrstag zusammen, als ich eine Geburtstagsparty für dich gab.
(Du siehst, ich habe nicht vergessen, daß du am 1. Januar geboren bist.)

Und ungefähr zweimal Weihnachten. Sonst konnte ich dich nie halten. Wirklich seltsam, daß du in diesem Jahr kommen willst. Tut mir leid, alter Herr, aber diesmal kann ich dich nicht einladen, es sei denn, du kommst nach den Feiertagen."

In einem Brief an Leon erklärte Emma ihre Gefühle:

„Sieht Ben ähnlich, nicht die momentane Stimmung des anderen zu berücksichtigen. ... Ich habe nichts dagegen, Ben zu sehen. Ich bin die letzte, die einem, der zu meinem Leben gehörte, schroff begegnete, am wenigsten Ben, der meine Arbeit sicher unterstützt hat, wie er nur konnte. Aber ich will das neue Jahr nicht mit alten, schrecklichen Erinnerungen beginnen. Ich will es mit neuer Hoffnung, neuem Glauben, neuer Kraft anfangen. ... Oh, mein Leon... mein Liebster, mein Kind, mein Genosse, mein Geliebter.

Dein Mädele
E"

Ben fühlte sich von Emma gemieden, aber sie beteuerte, daß sie nur zu sehr damit beschäftigt sei, ihre Vorträge vorzubereiten. Sie dankte ihm für seine Ausdauer und erinnerte ihn nebenbei noch einmal deutlich an ihre letzte Begegnung: „Aber es ist gut zu wissen, daß ich wieder gefragt und geschätzt bin. Manchmal muß man stark sein und allein zurechtkommen – aber es ist teuflisch einsam und kalt, allein zu sein. Das hast du nicht berücksichtigt, als du in London warst. Aber wie solltest du auch? Du warst nie in der schmerzlichen und isolierten Lage eines 'Fremden in einem fremden Land'." Ende Januar 1927 fühlte sich Emma dank der Unterstützung anderer Genossen stark genug, Ben in versöhnlichem Ton zu schreiben: „Die Liebe meiner Genossen hat auf meinen ausgehungerten Geist wie die Sonne auf Eis gewirkt. Sie hat viel Elend, das mich so viele Jahre hindurch verfolgt hat, hinweggeschmolzen." Sie wollte Ben im Frühjahr treffen.

Im Mittelpunkt ihres Lebens stand jetzt Malmed. Wenn sie von ihm getrennt war, stellte sie sich vor, er sei da: „Wenn du nur heut abend hier wärst! Ich würde mit Feuerzungen reden und dir das wunderbarste Lied von Liebe, Leidenschaft und völliger Hingabe singen. ... Mein Liebling ist weit weg, aber mir so nah; fast kann ich dich umarmen und fühlen, wie du mein ganzes Wesen durchdringst. ... Gute Nacht, mein Geliebter."

Verzweifelt versuchte sie, Leon zu überzeugen, daß er Familie, Kleinstadt und Geschäft hinter sich lassen und mit ihr leben müsse. Über ihren gemeinsamen Freund Ben Capes schrieb sie ihm: „Er ist einer der wenigen wirklich großartigen Menschen in unserer Bewegung und einer der ganz wenigen Freunde, die ich habe. Seine Treue ist wundervoll. Ben hätte viel aus sich machen können, wenn er nicht eine Familie am Hals hätte. Schrecklich, was die Familie ihren Mitgliedern antut, saugt ihnen das Mark aus den Knochen..."

Emma beschloß, mindestens bis Mai in Kanada zu bleiben. Nichts Dringendes erwartete sie in Europa, außerdem war sie in Toronto mit größerer

Begeisterung empfangen worden als in Montreal. Sie hielt Vorträge, gab Interviews und fühlte sich allmählich heimisch in Kanada.

Sascha machte sie den Vorschlag, nach Kanada oder vielleicht Mexiko zu kommen und eine Zeitschrift herauszugeben. Er lebte mit der sehr jungen und attraktiven Emmy Eckstein, die er in Berlin kennengelernt hatte, in Nizza und fragte sich verwundert, warum Emma plötzlich in Kanada bleiben wollte, anstatt, wie ursprünglich geplant, nach *Bon Esprit* zurückzukommen und ihre Autobiographie zu schreiben.

Im November 1926 trafen sich Emma und Leon in dem Ferienort Napierville und gaben sich ganz ihren sexuellen Gelüsten hin. Um ihn endgültig für sich zu haben und von seiner Familie loszureißen, schrieb sie dankbar über ein Geschenk und über ihr Liebesleben in Napierville:

„Ich sehne mich so sehr nach dir und brauche dich so sehr, daß ich letzte Nacht träumte, du wärst, beladen mit Paketen, in mein Zimmer gekommen und hättest gesagt: ’Mädele, ich bin für immer zu dir gekommen. Ich gehe nicht nach Albany zurück.’ Ich schrie vor Freude... Ich bin krank vor Sehnsucht nach meinem Kind [der körperlichen Liebe], das in Napierville auf so wunderbare Weise geboren wurde. ... Leon, Leon, die Jahre vergehen, und du hast noch nicht gelebt. Viel Freude und Schönheit erwarten dich... Zögere nicht zu lange, schieb es nicht zu lange auf, lebe leichtsinnig, lebe gefährlich. Nur so lohnt sich das Leben – ich warte.“

Manchmal stellte Emma sich vor, Leon sei ihr wohlhabender Freier. Sie wußte, er hatte Schulden, aber er hatte ihr mit einigen anderen Genossen zusammen eine goldene Armbanduhr gekauft, schenkte ihr Dutzende roter Rosen, fuhr sie in seinem grünen Packard umher und schickte ihr ständig Lebensmittel aus seinem Delikatessenladen. Er gab großzügig, aber doch nicht alles, was sie verlangte: sein Leben in Albany, seine Frau und sein Kind wollte er nicht verlassen.

Sie trafen sich weiterhin in großen Hotels, wo man Emma nicht erkannte, in Städten, wo nicht „die Pest der Prohibition“ herrschte. Leidenschaftliche Briefe erreichten Leon in Albany: „Mein Liebling, wie herrlich wäre das Leben, wenn du mit mir weggehen könntest, weit weg von all deinen Sorgen, von der schrecklichen Gewöhnlichkeit, die deinen empfindsamen Geist quält. Ich würde dir eine neue Welt weben in wunderbaren Farben, tiefen Klängen, glühenden Sonnenaufgängen, ich würde dir in der Liebe und Leidenschaft viel Freude bereiten und eine zärtliche Gespielin sein, deine ausgehungerte Seele würde jubeln wie die Lerche an einem klaren Morgen. ...

1915 schon vertiefte sich die Kluft zwischen Ben und mir. Ich war schrecklich unglücklich und brauchte dringend einen verständnisvollen Menschen. Du warst in der Nähe, du empfingst mich mit offenen Armen. Aber ich sah es nicht oder vielmehr, wollte es nicht sehen. Denn ich wußte lange vorher schon, wie viel dir an mir liegt. Wie seltsam das Leben ist – wie geheimnisvoll die Wege der Liebe... Elf Jahre mußten vergehen, bevor die magische Hand der Liebe mein Herz berührte und zu einer Liebe erweckte, wunderbarer, als ich sie je zuvor erlebt hatte – eine durch Erfahrung gereifte, durch Kummer bereicherte, vom Feuer wiedergeborener Jugend erfüllte Liebe. Man kann sie nicht ergründen, man kann sich nur völlig ihrem Reiz, ihrer Schönheit, ihrem Wunder hingeben. ...

Als ich nach Kanada kam, war in mir völlige Leere. Ich hatte im Privaten, Persönlichen keine Hoffnung mehr und erwartete nicht viel von meinen Vorträgen. Aber dann kamst du und hast alles zum Leben erweckt, wie die Frühlingssonne die Erde durch ihre Küsse zum Blühen bringt – und jetzt kann ich nur noch an unsere Liebe und unsere Zukunft denken. Unsere Zukunft, Leon, vergiß das nicht. Wir müssen sie haben, wir müssen einfach, egal, was geschieht. ... Dann haben wir etwas, für das wir leben und arbeiten können, Leon, mein Schatz, mein großes Wunder, mein wild–zärtlicher Liebhaber. ...

Du kennst nicht die Tiefe meiner Liebe zu dir, die tausend verborgenen Schätze, das Feuer, das dich verschlingen und in wildes Entzücken versetzen wird. Du wirst all dies nie kennenlernen, wenn wir nicht in Schönheit und Freiheit und ohne drückende materielle Sorgen leben. Nur dann wirst du den Reiz einer großen und wunderbaren Liebe erleben – nur dann. ... Ich drücke dich an mich, deinen Kopf an die Rosenknospen, meine Lippen an den Brunnen des Lebens. Ich trinke auf unsere Zukunft, unsere goldene Zukunft.

Dein Mädele"

Emma war verliebt in die Liebe und ins Geliebtwerden. Jeder bemerkte, daß sie voller Energie war und viel jünger erschien:

„Oh, mein Liebling, wie wunderbar ist es, geliebt zu werden und zu lieben. Das Leben erscheint so voller Bedeutung, voll von großen Möglichkeiten. Kein Wunder, daß die Genossen am Bahnhof – sie waren alle da, die Lieben – feststellten, wie viel Schwung E doch hat. Ob sie wissen, wer oder was mir den Schwung gegeben hat? Können sie wissen, daß mir das Elixier des Lebens ins Blut gedrungen ist, mir den Stein vom Herzen genommen und mich wieder jung gemacht hat? Nein, das können sie nicht, keiner kann das, nur mein Schatz, mein Leon. Nur er kennt das Wunder, das uns beiden geschehen ist – unsere Wiedergeburt, unser neuer, wunderbarer Frühling. ...

Oder hat mich mein Leon nur darum 25 Jahre geliebt, weil ich unerreichbar schien? Das passiert manchmal. Aber ich habe keine Angst. Ich werde meinen Jungen mit so viel Liebe umgeben, mit so viel Schönheit, ich werde ihm so heiße Lava ins Blut gießen, ich werde mein Herz so eng um seins schlingen, daß er mich immer lieben muß. ...

Weißt du, mein Leon, ich könnte mich nie in Etappen hingeben. Es gibt nur *alles oder nichts*. Oft brauche ich Tage und Wochen, um in den, den ich liebe, hineinzuwachsen, um die Grenzen, die das Leben und die Konventionen mir auferlegt haben, zu durchbrechen. Wie hätte ich sonst all das Schreckliche in meinem Leben ertragen können?... Aber wenn du bei mir sein willst, *wirklich* bei mir, in völliger Freiheit, und alles hinter dir läßt, dann wirst du die wahre EG sehen, wie sie kaum jemand, ja, vielleicht niemand, gesehen hat."

Obwohl Emma sich nicht für „den Typ von Frau" hielt, „die den Mann beherrschen will", den sie liebt, oder Ansprüche an ihn stellt, befriedigten sie ihre kurzen Begegnungen, die immer von banalen Sorgen umwölkt waren, nicht. Sie kritisierte immer schärfer Malmeds „Sorge um ein Heim, das nie ein Heim war. ... Wir müssen frei von allem und jedem zusammenkommen, wir müssen uns hingeben wie die Vögel und Blumen, in völliger Schönheit und Selbstvergessenheit. Weißt du, Leon, ich ertrage es leichter, dich monatelang nicht zu sehen, als unter den Bedingungen wie letztens."

Sie suchte verzweifelt eine Zuflucht für ihre Treffen, aber als Leon ihr vorschlug, ein kleines Haus in seiner Nähe zu beziehen, damit er sie zwischendurch mal besuchen könne, lehnte sie ab, sie wollte sich nicht „aushalten" lassen.

„Es ist mir unmöglich, herumzusitzen und auf Brocken deiner Liebe zu warten, jedesmal für zwei oder drei Tage oder sogar eine Woche, zu wissen, daß du dann zu deinen Sorgen und Nöten zurückkehrst und ich untätig bleibe und nur auf deinen nächsten Besuch warte. Ich käme mir vor wie die Mehrheit der Ehefrauen und Geliebten, die im Sommer in Ferienorten herumhängen, während ihre Männer schwitzen, um das Geld aufzubringen, das sie dann verpulvern. Ich kann mir nichts Erniedrigenderes und Verletzenderes vorstellen – ich kann das nicht."

Schließlich entschloß sie sich zur Rückkehr nach Europa. An Leon, den sie um eine letzte gemeinsame Woche vor ihrer Abfahrt gebeten, ja bekniet hatte, schrieb sie resigniert: „Es ist zwecklos, den Kopf in den Sand zu stecken, mein Liebling. Du bist gebunden, gefesselt, verwurzelt, und ich habe keine Wurzeln, bin dazu verdammt, mich treiben zu lassen."

Und, nach einer trostlosen Veranstaltung in Winnepeg: „Mein Leon, du glaubst wohl tatsächlich, Versammlungen können die Sehnsucht meines Herzens stillen. Aber weißt du, was es heißt, jeden Abend leere Säle zu ertragen? Was es heißt, wenn die Luft mit Feindschaft geladen ist, wie letzten Sonntag?"

„Weißt du, mein Geliebter, der Abgrund zwischen meinem Leben und meiner Arbeit in New York und dem jetzigen verzweifelten Kampf ist so tief, daß ich jeden Mißerfolg und jedes Unglück noch schmerzlicher empfinde. Ich weine mir das Herz aus dem Leib, weil alles, was mir früher lieb war, zusammengebrochen ist. Es macht mich rasend zu sehen, wie wenig die eigenen Genossen von mir oder meiner Arbeit wissen und wie wenig es sie interessiert. Seit ich hier bin, habe ich mich bewußtlos geweint über die Ironie, daß ich mich mit einer schweren Erkältung zu Versammlungen schleppe, um schließlich vor fünfzig Juden zu reden, die alle ein sicheres, bequemes Leben führen, während ich mehr denn je die Ausgestoßene bin."

Obwohl sie wußte, daß Leon seine Familie nicht verlassen würde, versuchte sie es immer wieder: „Du hast nur die Ketten, die du dir selbst geschmiedet hast. Ein Heim, das keines ist, eine Beziehung, die dir, wie du selbst sagst, nichts gibt, und das Geschäft, materielle Dinge, die dich binden. Wenn deine Liebe so groß ist, warum versuchst du dann nicht auszubrechen? Warum nicht? Aber, mein Junge, man kann nicht immer tun, was man will, darum gibt es keine Antwort auf das Warum."

Die Vortragsreise im März wurde ein voller Erfolg, Emma arbeitete mit der alten Kraft und Energie und verschob ihre Abreise zunächst auf den Herbst. Diverse Gruppen unterstützten sie nun und luden sie zu Vorträgen über das moderne Drama, die Sowjetunion, Frauen und Sexualität ein; viele junge Leute scharten sich um sie. „Ich führe ein verrücktes, hektisches Leben. Ich habe wirklich nicht eine Stunde für mich. Seit ich hier bin, rase ich nur von einer Sache zur nächsten. Ich kann wohl sagen, in meiner ganzen Laufbahn war dein armes Mädele nie so gefragt wie jetzt. Wenn es Geld dafür gäbe, wäre ich bald reich... Leon, mein Schatz, wenn ich nicht so beschäftigt wäre, würde unsere lange Trennung mich rasend machen."

Nach der begeisterten Aufnahme in Edmonton schöpfte Emma Hoffnung, auch wieder in die Vereinigten Staaten einreisen zu können und bat einflußreiche Freunde, sich dafür einzusetzen. Aber die Kampagne scheiterte.

Inzwischen hatte Leons Frau die Briefe, die Emma an sein Ladengeschäft adressiert und die er „leichtsinnig" zu Hause im Schreibtisch liegengelassen hatte, entdeckt. Emma schäumte vor Wut:
„Daß du [die Briefe] für so wertlos halten konntest, sie der Gefahr auszusetzen, daß sie deiner Frau in die Hände fallen, zeigt nur, daß dir meine Lage so völlig gleichgültig ist, daß ich einfach sprachlos bin. ...

Wenn nur ein Körnchen Wahrheit an deiner Achtung für mich ist, muß ich darauf bestehen, daß du mir die Briefe zurückschickst. Ich habe dich wiederholt um frühere Briefe gebeten, die ich, wie du weißt, für einen wichtigen Zweck brauche. Bis jetzt bist du meiner Bitte nicht nachgekommen. Dein Besitzdenken scheint schon krankhaft geworden zu sein. Also gut, wenn's sein muß, klammere dich an diese Briefe. Aber ich bestehe ernsthaft darauf, daß du mir die Briefe aus den letzten Monaten zurückgibst. ... Nie im Leben war ich in eine erbärmliche Eheaffäre verwickelt. Ich will auch mit deiner nichts zu tun haben. Ich könnte aber jeden Moment da hineingeraten, jetzt, wo Mrs. M. den Schlüssel zu deinem Schreibtisch hat. Du bist dir offenbar nicht im klaren darüber, daß auch du nur ein Mensch bist und dir etwas zustoßen könnte. Und dann würde Mrs. M. meinen Namen in den Schmutz ziehen. Ich glaube, das habe ich nicht verdient, Leon. Deine Herzlosigkeit zeigt wirklich verdammt wenig Rücksicht oder Interesse dafür, was mit mir oder meinem Namen geschehen könnte."

Einige Tage später ging es weiter:
„Wenn du denkst, es macht mir Spaß, dich zu beschimpfen, irrst du dich, aber mir erstarrt einfach das Blut in den Adern angesichts deiner kindischen Annahme, daß keiner weiß, was du machst oder wem du Briefe schreibst, und weil du völlig vergißt, daß ich nicht wie du eine 'Privatperson' bin, sondern im öffentlichen Leben stehe. Mit Worten bist du groß, Leon, aber du hast niemals auch nur einen Finger gekrümmt für Dinge, die dir ungelegen kamen. Das ist nicht meine Auffassung von Liebe. Die

Art von Zuneigung, die redet, aber nicht handelt, genügt mir nicht. ...

Die Briefe sind angeblich alles, was du in diesem 'elenden' Leben hast. Aber, Leon, wie kannst du sie wertschätzen, wenn du sie zu Hause aufbewahrst... Ich rege mich weniger über den Skandal auf, obwohl mir speiübel wird, wenn ich nur daran denke, in einen so erbärmlichen Familienstreit verwickelt zu sein. Was mich ärgert, ist, daß du die Briefe zu Hause aufbewahrt hast, offen für genau das, was passiert ist. Du bist naiv und zu sehr mit deinem Betrieb beschäftigt, als daß du merken würdest, was vorgeht. Oh, Leon, ist nichts groß und stark genug, um dich von der eitlen Jagd nach Reichtum abzubringen und dich zu veranlassen, wirklich mit dem Leben und dem Genießen anzufangen, das dir angeblich alles bedeutet? Es ist alles so traurig bei einem, der einmal ein Ideal hatte, immer noch eins zu haben vorgibt... Wir sind keine Kinder mehr, Leon, wir müssen den Tatsachen ins Auge sehen. Und Tatsache ist, daß du lebenslänglich an eine Situation gekettet bist, die ich nicht teilen kann. Und daß ich nicht zulassen kann, daß Hinz und Kunz die tiefsten Geheimnisse meiner Seele in den Dreck ziehen. Auch beim besten Willen könnte ich dir jetzt nicht mehr offen schreiben, was ich fühle. Ich kann dir überhaupt nicht schreiben, solange du meine Briefe weiterhin mit nach Hause nimmst. Denk daran, meine Briefe enthalten die tiefsten und strahlendsten Gefühle, die ich zu geben vermochte, und sie waren nur für dich bestimmt, für niemand sonst."

Zwar scheint Malmed Emma die Briefe nie gegeben zu haben, aber ihre Korrespondenz ging weiter. Emma schickte ihre Briefe an ein Postfach, das Leon eingerichtet hatte; sie endeten jetzt allerdings mit „herzlichen" anstelle von „leidenschaftlichen" Grüßen. Nach und nach verlor die Beziehung ihren Zauber, und Emma wandte sich auch wieder anderen Freundschaften zu. Sie nahm sogar ihre streitlustige Korrespondenz mit Ben auf:

„Wie kommst du nur darauf, daß ich dich in Amerika besuche? Das liegt wohl an deinem christlichen Optimismus, oder? Du wirst mich ganz sicher niemals dort sehen, es sei denn, die politischen Verhältnisse in den Staaten ändern sich radikal. Lieber, alter Ben, du wirst mich also besuchen müssen, denn ich komme sicherlich nie zu dir. ... Du schreibst mir so oft von deinem Zuhause, deiner Religion, deiner Arbeit, deinem Gott, deiner Frau, deiner Liebe und Pflicht, daß ich manchmal denke, dein Leben verläuft vielleicht doch nicht ganz so reibungslos. Allerdings glaube ich immer noch, daß ein reibungsloses und zufriedenes Leben meistens sehr öde und langweilig ist. Hoffentlich ist deins nicht so..."

Wieder einmal wollte Ben Emma besuchen. Beeinflußt durch seine Krankheit (eine leichte Hepatitis), sein Angebot, ihr alle Briefe mitzubringen, und das allmähliche Abbröckeln ihrer Romanze mit Leon, beschloß Emma, seinem Wunsch nachzugeben. An Malmed schrieb sie:

„Schrecklich, wenn man bedenkt, daß ein starker Mann wie Ben, ein Riese, krank ist. Natürlich darf er mich besuchen. ...

Ben R ist seit Freitag bei mir, er fährt heute abend zurück. Du hättest ihn nicht wiedererkannt, körperlich und seelisch völlig gebrochen – ein sehr kranker Mann. Sein Hauptproblem ist, daß er keine Hoffnung hat, gesund zu werden. Den wilden, temperamentvollen Ben so lustlos und träge zu sehen, ist ganz furchtbar. ... Ben hat mir alle meine Briefe mitgebracht und eine vollständige Sammlung von *ME* sowie Zeitungsausschnitte."

Als Leon Emma noch einmal besuchte, wollte sie nicht mit ihm schlafen, weil er die Briefe nicht zurückgegeben hatte. Sie wurden sich immer fremder. Seine ständige Sorge um Geschäft und Familie in Albany stand zwischen ihnen. Auch hatte er einen weiteren Laden aufgemacht und nun noch weniger Zeit für Emma, mit der sicher auch immer schwerer auszukommen war. Sie schrieb ihm über ihre Enttäuschung bei seinen Besuchen:

„Kein Mädchen von achtzehn wartet so auf ihren Geliebten, wie ich auf dich. In meinem Kopf lodern tausend wilde Vorstellungen. Aber in dem Augenblick, in dem du vor mir stehst, erkenne ich, daß dir alles, was du zurückzulassen glaubtest, wie ein Schatten gefolgt ist.

Du redest von nichts anderem als von Albany – und alle meine Phantasien sind dahin. Mein Herz krampft sich zusammen, und ich habe das Gefühl, als würde mich jemand an die Gurgel packen. Ich sage dir das, damit du verstehst, warum ich nicht ausdrücken kann, wonach mein Herz sich so schrecklich sehnt. Mein Leon, ob es immer so bleibt? Mir schaudert bei dem Gedanken, nach Europa zurückzukehren, ohne daß sich das Wunder, das sich in Napierville ankündigte, erfüllt hat."

Ihre Beziehung kühlte zusehends ab. Emma schrieb: „Was du nicht einsehen willst, ist, daß sich deine Haltung zu Napierville seit deinem letzten Besuch geändert hat. Ich denke, da kann man nichts machen. Es ist vorbei, die Intensität, die Blumen, die täglichen Anrufe, die tägliche Begeisterung. Warum gibst du es nicht zu, Leon, und bist ehrlich zu dir und zu mir?"

Sie versuchte, wenigstens ihre Freundschaft zu retten. „Ich kann mich nicht mit bloßen Versicherungen der Zuneigung zufriedengeben. Aber was macht das schon, lieber Leon, wir sind schon so lange und so eng befreundet, daß nichts daran etwas ändern wird. Im übrigen bin ich in meinem Leben so oft enttäuscht worden, daß ich die Enttäuschung über das Erlebnis in Napierville auch werde ertragen können. Jedenfalls war es wunderschön, solange es dauerte."

Auch in ihrem politischen Leben fühlte sie sich erfolglos. Am 23. August 1927 wurden Sacco und Vanzetti nach sieben Jahren Haft – trotz Proteste aus der ganzen Welt – hingerichtet. Emma hatte in Toronto eine Veranstaltung organisiert, Geld für das Komitee zur Verteidigung von Sacco und Vanzetti gesammelt und alle nur möglichen einflußreichen Leute angeschrieben, sich für die Wiederaufnahme des Prozesses einzusetzen. Nach der Hinrichtung dachte sie daran, Saccos Kind Dante zu adoptieren, hätte sie nur „ein kleines Einkommen und wäre der Junge einverstanden".

Deprimiert schrieb sie Malmed: „Ach, lieber Leon, unser Leben ist aus unterschiedlichen Gründen sinnlos geworden. Das sollten wir ehrlich zugeben. Meine Arbeit hier ist mir nie nutzloser, unzulänglicher und dümmer vorgekommen: Drama, Sex, andere idiotische Sachen... Und das, wenn nicht einmal der brutale Mord an zwei unschuldigen Männern die Massen zu echtem Widerstand bringt. ..."

Nunmehr war Emma mehr denn je entschlossen, nach Europa zurückzukehren und ihre Autobiographie zu schreiben. „Ich bin fest entschlossen, nach meiner Vortragsreihe abzufahren", schrieb sie an Malmed. „Die großen Hoffnungen, die ich an die Reise nach Kanada geknüpft hatte, die Pläne, mich hier niederzulassen, das hat sich alles zerschlagen. Jetzt zähle ich die Tage, bis ich zurückfahren und mich begraben lassen kann."

Inzwischen hatte Ben ihr eine Information zukommen lassen, die ihm aus dem Anarchisten–Dezernat der Chikagoer Polizei zugespielt worden war: Die Polizei versuchte allen Ernstes, Berkman den Bombenanschlag auf einen Zug der Amerikanischen Legion* in Frankreich in die Schuhe zu schieben. Statt Bens Bemühungen zu schätzen, war Emma mißtrauisch angesichts seiner anscheinend allzu engen Beziehungen zur Polizei. Ben verteidigte sich damit, daß der Polizeichef ein besserer Freund von ihm sei als Sascha. Emma schrieb neben diese Bemerkung an den Briefrand: „Dumm!"

Wieder einmal bat Ben darum, sie besuchen zu dürfen, „nicht als Publicity–Jäger wie in London, noch als der jammernde und klagende Hobo vom letzten Mai, sondern jetzt in ausgezeichneter Stimmung, bester Gesundheit, selbstsicher, humorvoll, tolerant und zärtlich".

Emma stimmte zu, bestand aber darauf, ihre sexuelle Beziehung nicht wieder aufzunehmen:

„Was ist passiert, hast du etwa Frühlingsgefühle? Verrückter Ben... Ich weiß nicht, ob ich wieder deine alte, blauäugige Mommy sein kann. Oder besser, ich weiß, daß ich es nicht kann. Was vorbei ist, ist vorbei. ...

Aber sicher will ich dir eine zärtliche Freundin sein, 'tolerant und verständnisvoll'. Das will ich immer für dich sein, lieber Ben. *Mehr will ich nicht.* Du sollst auch nicht mit falschen Hoffnungen zu mir kommen. Warte ab, ob wir nicht eine schöne Freundschaft aufbauen können ohne das, was früher war, das Gute wie das Schlechte. Glaubst du, wir können das?"

Ben machte Emma den Hof – vielleicht animiert durch ihre Briefe, die er für ihre Biographie ausgegraben hatte:

„Wenn du diese [Briefe] alle noch einmal durchliest, wirst du erstaunt sein, daß du mich einst geliebt hast. ...

Ich denke täglich an dich. Und ich würde dir täglich schreiben. Aber es scheint, wir können uns nur noch verletzen (nicht helfen).

Seltsam, daß es so kommen mußte... Du fährst vermutlich bald ins sonnige Frakreich. Und fängst mit deinem Buch an. Ich hoffe wirklich, daß du ein großartiges Buch schreibst. ..

Und das Leben kann nie wieder sein, wie es war.

Freundlichst
BLR

---

*Organisation für ehemalige Mitglieder der US–Armee (A.d.Ü.)

Laß mich bitte noch eins sagen: Wenn du mich wirklich treffen willst,
könnte ich fast jederzeit für einen Tag kommen, am liebsten sonntags oder
feiertags."

Ben besuchte sie tatsächlich und wollte mit ihr schlafen. Emma war empört über seine Unverfrorenheit:

„Acht Jahre lang, von dem schrecklichen 1917 bis 1925, hast du dich aus
meinem Leben ferngehalten. Für dich existierte ich nicht mehr, und du
kanntest weder Sorgen, Not noch Leid, so wie ich. Na gut. Dann kamst du
nach London, angeblich, um mich zu besuchen. Ich will mich über diesen
schrecklichen Besuch nicht weiter auslassen... Also gut. Dann ging ich
nach Kanada, und wir kamen uns allmählich wieder ein wenig näher.
Nicht, daß ich die Erinnerung an die letzten zehn Jahre je auslöschen und
die Beziehung, die du selbst 1917 zerbrochen hast, wieder aufnehmen
könnte. Trotzdem waren wir auf dem Weg zu einer Art Freundschaft... Mit
den Wochen und Monaten linderte unser Briefwechsel den Schmerz über
die Vergangenheit (obwohl es dir nie eingefallen ist, mich zu fragen, wie es
mir in einem fremden, unwirtlichen Land erging). Als du mir von deiner
Krankheit schriebst, war mein Herz dir nah, mit all der Zuneigung und
Freundlichkeit, die aus echtem Interesse und wahrer Hingabe entsteht.
Ich hätte alles getan, um dich wieder gesund zu kriegen. Ich war froh über
deinen Besuch. Es tat mir in der Seele weh, dich so krank und erschöpft
und kraftlos zu sehen – wie einen wunderschönen, starken Baum, der
nun zerbrochen ist und abstirbt. Trotzdem mußtest du sogar bei diesem Besuch in letzter Minute deine Ungeduld und Heftigkeit zeigen. Aber das
war egal. Du warst krank, und alles andere war mir egal. Ich war schrecklich besorgt, und als ich schließlich erfuhr, daß es dir besser geht, war ich
ungemein froh. Nun gut.
Dann schriebst du wieder in einem Ton, den ich fast vergessen hatte, und
kündigtest deinen Besuch an. ... Du solltest wissen, daß ich mich auf dein
Kommen freute und hoffte, wir könnten uns als richtige Freunde treffen,
zwei, die viel gemeinsam hatten, die so viele Jahre lang zusammen gekämpft und geträumt hatten, zwei, die das einzig Wertvolle im Leben –
ihre Liebe – verloren hatten, aber wenigstens ihre Freundschaft bewahren wollten. Ich schrieb dir in diesem Sinn. Aber du hast nichts davon verstanden. Du warst farbenblind gegenüber der Schönheit von Freundschaft. Du hast nicht akzeptiert, daß ich dich nicht als Liebhaber empfangen wollte – als hätte es keine schrecklichen zehn Jahre gegeben... Nein,
du konntest es nicht verstehen, du hast es nie verstanden. ...
Hätte ich noch einen Schimmer Hoffnung, daß du mir als Freund begegnen könntest, ohne mehr zu verlangen, als ich geben kann, einfach nur
freundlich und verständnisvoll, würde ich dich sicher noch einmal treffen,
bevor ich T. oder K. ganz verlasse. Aber du hast mir auch den letzten Hoffnungsschimmer geraubt. Was für einen Sinn soll es also haben, wenn wir
uns nochmal sehen?"

Ben antwortete wütend auf Emmas „Lawine von Beschimpfungen":

„Hoffentlich beschreibst du in deiner Autobiographie
Meine Gemeinheit im einzelnen.
Wie sicherlich auch meine extreme Selbstsucht.
Und den kolossalen Geltungsdrang.
Mit welchem Recht fragst du mich, ob ich *meine* Sammlung
von *Mother Earth*
Wieder zurückhaben will.
Wenn du nicht meinst, daß meine zehn Jahre Arbeit für dich.
Mir ein Anrecht auf sie gibt.
Dann gib sie A[lexander] B[erkman]
Ich werde auch ohne sie leben können…
Eines Tages will ich eine wahre Geschichte schreiben.
Über Zehn Jahre mit EG
Dafür werde ich meine Briefe brauchen.
Wenn du sie durch hast, bitte zurückschicken.
Du hast mir Ibsens großartige Botschaft beigebracht.
'Die Sinnlosigkeit des Opferns'
und Lord Douglas'* 'Die Verbitterung eines
enttäuschten Liebenden'
Es ist Weihnachten.
Frieden und Wohlgefallen den Menschen.
      Warten wir ab, was die Zeit uns beiden bringt.

                                                            Ben"

Um ihren Streit freundschaftlich beizulegen, wünschte sie ihm Anfang
1928 alles Gute zum Geburtstag und versicherte, er hätte ein Recht auf seine Bände *Mother Earth* und auf die Briefe:
   „Ben, du wirst meine Briefe in deinem Buch hoffentlich ebensowenig
benutzen wir ich in meinem. Briefe sollten nur als solche und dann auch erst
nach dem Tode ihrer Verfasser veröffentlicht werden. Es ist zwar nicht so,
daß ich mich ihrer zu schämen hätte. Aber Liebesbriefe sind für den Geliebten bestimmt und nicht für Hinz und Kunz. Ich bin mir ganz sicher, daß
du mir den Wunsch erfüllen und *keinen meiner Briefe für deine Story verwenden wirst.* Gute Nacht, alter Ben. Sei nicht so verbittert, auch wenn du
ein enttäuschter Liebhaber bist. Begib dich vor allem nie auf die Ebene
dieses schrecklichen Lord Douglas. Dafür hast du zu viele schöne Züge. …
   Deine Freundin, auch wenn du es nicht merkst,

                                                              E"

Ben versicherte Emma, sie brauche „nichts Böses zu befürchten". Er
werde keinen ihrer Briefe „so" veröffentlichen, daß es [sie] verletzen oder
in Verlegenheit bringen würde". „Schlimmstenfalls", schrieb er, „würde
ich versuchen, ein wenig von deinem Ruhm durchscheinen zu lassen."
   Emma studierte die Hunderte von Briefen, die Ben nach Kanada mitgebracht hatte genau – „die lebendigen Zeugnisse meiner längst vergange-

---

*Gemeint ist vermutlich Lord Alfred Bruce Douglas (1870–1945), Freund von Oscar Wilde, der wegen seiner Beziehung zu Douglas ins Zuchthaus kam. Douglas,
Herausgeber und Poet, konvertierte 1911 zum Katholizismus (A.d.Ü.)

nen Sünden". Zwei volle Wochen verbrachte sie in Toronto mit dem Lesen dieser Briefe.

„Ich bin zu dem Schluß gekommen, daß ich unmöglich einen Außenstehenden meine Briefe abschreiben lassen kann... Das wäre, als risse ich mir die Kleider vom Leib, damit er die wahnsinnigen Ergüsse meines gequälten Geistes sieht, den verzweifelten Kampf um meine Liebe, die alles fesselnde Hingabe, die aus jedem Brief strömt. Ich kann's nicht. Insofern jeder Brief dasselbe wilde Lied von Liebe und Leidenschaft singt, braucht man auch wirklich nicht alle abzuschreiben; außerdem würde das Monate dauern."

Sie bat Ben, fünfundachtzig Briefe mit nach Frankreich nehmen zu dürfen, „Briefe mit Bemerkungen über die Leute, die wir getroffen, und die wichtigsten Kämpfe, die wir ausgefochten haben".

Das Lesen der Briefe hatte einige alte Wunden, für die „es keine Medizin gab", wieder aufgerissen, und Emma schrieb an Ben:

„Wenn ich an solchen Unsinn wie Opfer zwischen Menschen, die durch Liebe miteinander verbunden sind, glaubte, würde ich die Welt urteilen lassen, wer die Opfer gebracht hat. Aber es ist dumm, diesen Ausdruck bei einer Beziehung wie der unsrigen auch nur in den Mund zu nehmen. Wenn du allerdings meinst, du hättest Opfer gebracht, zeigt das nur, daß unsere Liebe und unser Leben dir in den neun Jahren nichts gegeben hat. Das tut mir leid. Wirklich. Bei all deiner Gleichgültigkeit gegenüber meinem Schicksal seit 1917 muß ich doch ehrlich sagen, daß mir die neun Jahre sehr viel gegeben haben. Ich wäre kein Mensch, wäre ich nicht traurig über unsere Mißverständnisse, über deine Verbitterung, über deine übertriebenen Ansprüche und über dein völliges Desinteresse seit meiner Gefängniszeit. Aber mir ist klar, daß zwei solche Extreme wie wir aneinandergeraten mußten, daß schließlich eine Kluft entstehen würde, die immer breiter wird. ... Es ist anscheinend das Schicksal aller komplizierten Menschen, daß sie für ihre Liebe teuer bezahlen müssen. Und ich habe bezahlt. Aber ich muß sagen, daß es mir nicht leid tut. Schade, daß du es bereust."

Emma sah ihrer Rückkehr nach Europa nicht so ganz glücklich entgegen, aber sie wollte unbedingt mit der Niederschrift ihrer Memoiren beginnen, und Toronto bot ihr „absolut keine geistige Anregung". Zu ihrem Abschiedsessen kamen hundert Leute, aber Ben ließ nichts von sich hören. Das ließ sie enttäuscht an Leon schreiben: „Nach 15 Monaten komme ich mir wie ein Prediger in der Wüste vor. Keiner kennt und interessiert sich für meine Arbeit oder meine Bedeutung für die Welt. Das erschüttert mich zutiefst." Und obwohl Leon sie noch einmal besuchte, verglich sie ihn mit Reitman: „Man könnte lachen, wenn es nicht so traurig wäre. Ben Reitman und Leon Malmed reagieren nicht auf den Aufruf, für meine Biographie zu spenden, so groß ist ihre Liebe."

XV.
WIEDERGELEBTES LEBEN

Emma war erleichtert, als sie Anfang 1928 nach Zwischenaufenthalten in London und Paris wieder in *Bon Esprit* eintraf. Die Ruhe in ihrem kleinen Haus, der Garten und die frische Meeresluft taten ihr gut nach dem unruhigen Leben in Kanada. Ihre alten Freunde Sascha, Mollie Steimer und Senja Fleshine empfingen sie begeistert und warteten schon darauf, Ideen und Erinnerungen zu ihrer Autobiographie beizutragen. Sie hatten sich als Exilanten alle in derselben Gegend niedergelassen, nur wenige Stunden voneinander entfernt, und bildeten einen Anarchistenzirkel innerhalb der Gruppe progressiver Literaten, die Südfrankreich zu ihrer Wahlheimat gemacht hatte.

Noch bevor Emma die Koffer auspacken konnte, war sie schon in eine hitzige Diskussion darüber verwickelt, wie weit ihr Liebesleben in ihrem Buch dargestellt werden sollte. Sie beschloß ohne Zögern, die jüngste Romanze mit Leon Malmed zu verschweigen und ihn im übrigen Leon Bass zu nennen. Aber mit Ben war das etwas anderes. Sie hatte zwar zugestimmt, ihren Briefwechsel nicht zu zitieren, hielt es aber doch für wichtig, daß die Leute erfuhren, welche Kämpfe sie in den zehn gemeinsamen Jahren mit Ben durchgemacht hatte. Dagegen meinten Senja und vor allem Mollie, zu viele Einzelheiten über ihre Beziehung zu Ben wie über jede andere Liebesbeziehung würden von der anarchistischen Sache und Emmas Rolle in der Geschichte ablenken.

Emma fand es befremdlich, daß ihre Genossen anscheinend die politische Bedeutung ihres persönlichen Lebens anders einschätzten als sie selbst, ließ sich aber schließlich davon überzeugen, die brisanten Aspekte ihrer Beziehung zu Reitman herunterzuspielen. Sie verließ sich dabei auf Sascha. Er sollte als Redakteur und Berater fungieren und ihren, wie sie selbst wußte, exzessiven Stil zügeln. Wie selbstverständlich ging sie davon aus, daß Sascha ihr in den nächsten Jahren seine redaktionellen Fähigkeiten zur Verfügung stellen werde, dazu verpflichtet durch ihre gemeinsame Geschichte. Sascha war auch bereit dazu, ahnte aber, daß es schwierig werden würde.

Am ersten Abend, den Sascha und Emmy Eckstein in *Bon Esprit* verbrachten, zog Emma in das kleine Gästezimmer, überließ Emmy ihr Bett und machte für Sascha die Couch zurecht, denn er hatte, wie sie wußte, noch aus seiner Gefängniszeit eine Abneigung dagegen, mit irgendwem in einem Bett zu schlafen. Jetzt gab er verlegen zu, daß er diese Neurose überwunden hatte.

Die Stimmung im Haus war nicht gut. Sascha war wütend auf Emma und tadelte ihre „erdrückende Wirkung auf andere Frauen, besonders auf jüngere und unerfahrenere Frauen", die zu seinem Leben gehörten. „Du bist zu stark für sie, und sie merken das, bewußt oder unbewußt, aber jede hat das gespürt, ohne Ausnahme."

Auch Emmy war eifersüchtig auf Saschas Beziehungen zu anderen Frauen. Schon ein Brief an ihn in der Handschrift einer Frau machte sie hysterisch. Sie war dreißig Jahre jünger als Sascha, nicht in der anarchistischen Bewegung, anfällig für hochdramatische Szenen und so bürgerlich, daß ihr unwohl dabei war, mit einem ehemaligen Sträfling zusammenzuleben... Sie war Sascha völlig ergeben, aber jeder Besuch bei Emma brachte ihr Zusammenleben aus dem Gleichgewicht und führte zum Streit.

Sie zogen von St. Cloud nach Paris und schließlich nach Nizza, immer in sicherer Distanz von Emmas überwältigender Gegenwart, um so ihre Beziehung zu schützen. Emmy tippte für Freunde Manuskripte ab, um Geld zu verdienen, und Sascha zog es vor, Emma allein zu besuchen, wenn Emmy gerade viel Arbeit hatte. Wenn Emma Sascha ganz für sich hatte, gab es keine Auseinandersetzungen, denn beide genossen ihre tiefe geistige und politische Kameradschaft, die sie bei keinem anderen gefunden hatten.

Ihre Briefe aus dieser Zeit sind gekennzeichnet von Saschas „Schwanken zwischen Verzweiflung und Verzauberung" und Emmas Weigerung zuzugeben, daß sich hinter ihrer Kritik an Emmy Eifersucht verbarg.

„Wird sich das arme Mädchen nicht einsam und vernachlässigt vorkommen? Außerdem, lieber Sascha, bist du dir offenbar nicht bewußt, wie verwirrt und ungeduldig du bist, wenn du zwischen zwei Mächten stehst. Ich habe noch nie erlebt, daß du dich zwischen zwei Frauen wohl gefühlt hast, auch wenn nur eine deine Geliebte war. Du entwickelst eine Art Schuldbewußtsein gegenüber der einen oder der anderen, das Ergebnis war immer ein Jammer für alle Beteiligten. Natürlich kann es jetzt anders sein, da du dein Zuhause und dein eigenes Leben hast. Ich hoffe es von ganzem Herzen, denn ich möchte nicht der Zankapfel sein, nicht das fünfte Rad am Wagen und dir nicht das geringste Leid zufügen."

Emma hielt Emmy für eine kindliche, apolitische Hypochonderin, unfähig, Saschas innerstes Wesen zu erreichen. Andere, die die junge Frau kannten, meinten, sie habe eine beruhigende Wirkung auf Sascha, was ihm half, quälende Erinnerungen an das Gefängnisleben zu vergessen. Aber Emma konnte Saschas Liebesleben nicht objektiv beurteilen, wie dieser Brief aus Kanada zeigt, in dem Verbitterung ihren erzwungenen Humor überschattet:

„Liebling, du bist ein komischer Vertreter deines Geschlechts. Normalerweise vertraust du Frauen überhaupt nicht, aber kaum sind deine Gefühle erwacht, verlierst du jeden Sinn für Proportionen. Danke Gott, daß ich deine Gefühle nie genügend erregt habe; darum warst du mir gegenüber immer so kritisch, manchmal tat es höllisch weh, aber es war doch hilfreich. Aber Spaß beiseite, du wirst blind, taub und stumm, wenn dich eine Frau interessiert."

Ihre Einsamkeit und die Vorahnung einer öden Zukunft machten Emma das Schreiben über die Vergangenheit zur Qual. „Ich möchte unbedingt so schreiben", ließ sie Sascha wissen, „wie ich spreche: einfach, ungekünstelt und direkt. ... Natürlich muß ich persönliche Erfahrungen mit den Ereignissen verbinden. Ich kann wohl ehrlich sagen, daß ich, seit ich zu unserer Bewegung kam, kein persönliches Leben hatte, das nicht gleichzeitig die Bewegung oder meine Arbeit in ihr widerspiegelte. ... Was das 'Nichts–zu–Verbergen–haben' betrifft, woher weißt du das, alter Knabe? Wir haben alle etwas 'zu verbergen'."

Die Vorarbeit zum eigentlichen Schreiben lähmte sie fast völlig angesichts der Erwartungen, die andere und sie selbst an das Werk stellten. In einem Brief an ihre Freundin Evelyn Scott klagte Emma, wie schwer es für sie sei anzufangen. „Für mich ist die Vorstellung, das Schreiben Spaß macht, einfach eine große Illusion. ... Tatsächlich haben einige der bedeutendsten Autoren im Geiste Todesqualen ausgestanden. Ich bin vielleicht nicht so bedeutend wie sie, aber, bei Gott, ich erleide die gleichen Qualen."

Als sie schließlich im Juli 1928 mit der Arbeit begann, löste sich ihre Beklemmung. In der ersten Zeit beflügelte das Schreiben sie, wie es ihre Reden und Vorträge immer getan hatten. Ben schrieb, ihr Brief an ihn vom Juli „sei der fröhlichste seit Jahren", und Sascha bedauerte, eine Party versäumt zu haben, bei der Emma Kazatzka* getanzt hatte.

Emma wohnte in *Bon Esprit* mit „einem verrückten, amerikanischen Mädchen namens Emily Coleman" zusammen, einer jungen, knabenhaft aussehenden Schriftstellerin, die ihr dabei half, „das Manuskript in Form zu bringen". Besuche von lieben Freunden brachten die nötige Entspannung. Peggy Guggenheim und ihr Mann waren von Emmas gefiltem Fisch**, der Spezialität des Hauses, sehr angetan, und Lawrence schlug scherzhaft vor, Emma solle doch Kochbücher schreiben.

Im Herbst ging es Emma wieder schlecht, sie versank in Grübeleien: „Es ist eine Qual, die Toten aufzuerwecken. Christus hat das angeblich nur einmal getan. Ich tue es jeden Tag. Seit fast einem Jahr."

---

*Kazatka, ein lebhafter jüdischer Tanz, der aus einem Kosakentanz entstand (A.d.Ü.)

**Gefilte Fisch, ein jüdisches Fischgericht aus gedünstetem Fisch mit Matzomehl, zum Servieren in die Fischhaut gefüllt, meist kalt in einer geleeartigen Soße (A.d.Ü.)

Sie mußte sich mit jedem Ereignis eingehend beschäftigen und lange genug bei ihren Gefühlen verweilen, um sie beschreiben zu können. Manchmal fand sie sich direkter mit ihren Gefühlen konfrontiert als damals.

Im Februar 1929 bat Emma Sascha um seine Dienste als mitfühlender, informierter Zuhörer. Manchmal versagten ihre Augen, und ihr wurde nach dem Schreiben oder Lesen schwindlig. Dennoch wehrte sie die Hilfe ihres Neffen Saxe ab. Solange sie noch nicht fertig war, wollte sie keine Kritik hören. An Ben schrieb sie:

„Bis jetzt hat Sascha absolut nichts mit meiner Autobiographie zu tun gehabt. Ich habe ihn auch nicht viel von dem Manuskript lesen lassen. Das hat viele Gründe, vor allem den, daß meine jetzige Arbeit so völlig Teil meiner Selbst ist, daß ich niemandem erlauben kann, sie, wie du sagst, 'zurechtzuschleifen'. ... Die eigene Lebensgeschichte ist zu tief und schmerzhaft persönlich, als daß ich irgendjemandem, besonders einem Mann aus meinem Leben, erlauben könnte, sie 'zurechtzuschleifen'. Die Form muß aus dem Leben selbst entspringen und von der Person geschaffen werden, die das Leben gelebt hat. Das ist zumindest meine Ansicht von der Qualität und dem Stil der eigenen Lebensgeschichte."

Und an Sascha:

„Nicht mal als ich dachte, ich müßte den Weg von Czolgosz gehen, litt ich solche Qualen wie seit letzten Juni. Es ist nicht das Schreiben, sondern daß ich alles noch einmal durchleben muß, was jetzt in Schutt und Asche liegt... Du hast nicht gemerkt, wie elend es mir geht, seit ich mit dem Schreiben angefangen habe... und das soll noch ein Jahr weiter so gehen. Wie kann man da annehmen, daß ich mein Sorgenkind einem anderen zur Überarbeitung überlasse?"

1929 kam Emma in ihrer Autobiographie zu den Ereignissen von 1908 und damit zu ihrem Verhältnis mit Ben. Sie mußte ihn vieles fragen und durchlebte noch einmal all die Frustrationen von damals. Nun war Ben bemüht, Emma zu ermutigen:

„Geliebte und Freundin und Lehrerin,
von ganzen Herzen wünsche ich dir alles Gute.

Du sollst ein großartiges Buch schreiben. Ich denke, trotz all meiner Nachlässigkeit und Schwächen und Brutalität wird mir dein Sinn für Gerechtigkeit und Ehrlichkeit, deine Bereitschaft, andere fair zu behandeln, das Recht auf eine Seite in deinem Buch zugestehen. Wenn ich auch nur einen Pfifferling wert bin, wenn ich je etwas für die Gemeinschaft getan habe, dann, weil du mich geliebt und mit mir gearbeitet hast. Eines Tages sitzen wir vielleicht am Strand und singen 'bis es scheint, daß keiner mehr lebt, außer du und ich'."

Emma fragte Ben auch über seine Kindheit und seine medizinische Ausbildung aus, nicht aber über seine Liebesaffären.

„Ich frage dich nicht nach deinen Affären. Ich weiß alles darüber. Im übrigen sind sie in meiner Geschichte nur von Bedeutung, soweit sie unser Leben beeinflußt haben. Ich müßte noch zwei weitere Bände schreiben, wollte ich alle deine Damen erwähnen. Du wirst dich wahrscheinlich nicht einmal mehr an sie erinnern. ... Bitte, alter Kumpel, schick mir bald das Material. Du hast in meinem Leben eine sehr große Rolle gespielt, ich möchte dich auch dementsprechend würdigen."

Emma war immer noch der Meinung, daß Ben nicht nur in ihrem Leben, sondern auch in der anarchistischen Bewegung eine wichtige Rolle gespielt hatte. Sascha widersprach ihr. Seine Argumente gegen Ben waren

„die *Art und Weise* seiner Aktivität in der Bewegung, sein unkameradschaftliches Verhalten Genossen gegenüber, seine Sensationslust usw. Aber all das bezog sich *nur* auf die Bewegung. Ich war der Meinung, daß er nie zur Bewegung gehörte, und das glaube ich immer noch, und ich denke, die Ereignisse haben mir recht gegeben. Er gehörte nicht dorthin, auch wenn er manche nützliche Arbeit leistete. Hätte er mit dir zusammengelebt und wäre *nicht* in der Bewegung aktiv gewesen, hätte ich ihn völlig anders eingeschätzt."

Emma protestierte:

„Zehn Jahre lang hat Ben sich mir und meiner Arbeit gewidmet wie kein anderer Mann und hat es ermöglicht, daß ich besser und mehr als je zuvor gearbeitet habe. ... Wir wollen doch fair sein, lieber Sasch. Es war Ben, der mir half, Tausende von Dollars zu sammeln, die es uns ermöglichten, von 1908 bis 1917 das zu tun, was wir getan haben, und ein großes Haus zu unterhalten. ...

Zwei Wochen nach dem Beginn unserer Agitationsreise kannte ich Ben in- und auswendig; ich kannte und haßte seine sensationslüsterne Art, sein bombastisches Gehabe, seine Angeberei und seine Promiskuität, der auch der geringste Sinn für Qualität fehlte. Aber darüberhinaus hatte Ben etwas Großmütiges, Primitives, Unbedachtes und Einfaches an sich, das ungeheuer reizvoll war. Hättest du und die anderen Freunde, die um mein Heil besorgt waren, dies erkannt, hättest du Ben nur ein wenig mehr Vertrauen entgegengebracht, statt bei der Universität Auskünfte über sein Diplom einzuholen (was der Junge nie vergessen konnte), kurz, hättest du für sein exotisches Wesen Verständnis gezeigt..., dann wäre Ben nicht abtrünnig geworden. Das Problem mit dir, liebes Herz, wie mit all unseren Genossen, war, daß du im Grunde Puritaner bist. Ihr redet alle nur darüber, wie man dem Ausgestoßenen und Kriminellen helfen muß, aber wenn euch so eine Kreatur begegnet, wendet ihr euch voll Abscheu ab, vertraut ihr nicht und treibt sie bewußt zurück in die Tiefen, aus denen sie kam. Ich war zu lange in der Bewegung, als daß ich nicht wüßte, wie engstirnig und moralistisch sie ist, wie unbarmherzig und verständnislos gegenüber jedem, der anders ist. Es hat mich enttäuscht, denselben Charakterzug bei dir zu finden, Lieber. ...

Natürlich ist es Unsinn zu sagen, die Haltung Männern und Frauen gegenüber, deren Partner jünger ist, sei die gleiche. Daß das nicht stimmt, zeigt sich, wenn man es ausprobiert. Hunderte und Aberhunderte von Männern heiraten jüngere Frauen. Sie haben ihre Freundeskreise, sie werden von aller Welt akzeptiert. Bei Frauen ist das nicht der Fall, nicht eine von einer Million hat über eine längere Zeit eine Liebesbeziehung zu einem jüngeren Mann. Und wenn doch, dann wird sie von ihren besten Freunden verspottet...

Jeder hat Einwände, Ressentiments, ja einen Widerwillen einer Frau gegenüber, die mit einem jüngeren Mann zusammenlebt. Jeder hält sie für eine gottverdammte Närrin. Das ist sie zweifellos auch, aber es steht ihren Freunden nicht zu, sie wie eine solche zu behandeln."

Aber Sascha bestand darauf, daß Ben in der Bewegung fehl am Platze war: „Ben war im Grunde seines Herzens die ganze Zeit Christ und stand innerlich manchmal sogar unbewußt dem wahren Geist unserer Bewegung antagonistisch gegenüber."

Ben selbst schätzte seine Rolle in Emmas Leben und in der anarchistischen Bewegung inzwischen ganz bescheiden ein:

„Du wirst über das wichtigste Jahrzehnt meines Lebens berichten, aber es ist unerheblich, ob du meinen Namen erwähnst oder es mir hoch anrechnest, daß ich Flugblätter verteilt habe. Ich war zwar ein guter Hausmeister, Kartenverteiler und Buchverkäufer und möglicherweise auch ein guter Liebhaber, aber darüberhinaus könntest du kaum etwas Wichtiges über mich sagen, außer daß ich die meiste Zeit, die ich mit dir verbracht habe, glücklich war. ...

Ich freue mich schon auf dein 'Baby', dein Buch, erwartungsvoll wie ein werdender Vater.

In Liebe und Verehrung bin ich

wie immer dein

Ben"

Ben gestand sogar ein, daß Emma nicht *die* Frau in seinem Leben war. „Ich blieb an meine Mutter fixiert. Obwohl sie siebzig ist und ich über fünfzig, sind wir mehr als Mutter und Sohn. Deute das, wie du willst. Jeder Mann sollte wenigstens einer Frau treu sein – ich habe mich für meine Mutter entschieden. ...

Ja, Emma, du bist eine großartige Frau, und du sollst die Belohnungen und das Ansehen genießen, die einem Wesen zustehen, das der Menschheit gedient hat. Du bist jetzt schon die größte Frau unter den Propagandisten, Arbeiterführern und Lehrern, die es je auf der Welt gab, und jetzt wirst du der Welt auch noch eine wahrhaft großartige Autobiographie schenken."

Emma zögerte nicht, Bens Übertreibungen zu kritisieren:

„Mein Gott, was für ein Phantast du bist und wie ähnlich dem *Playboy of the Western World!!** Wirklich, lieber Alter, für einen Juden hast du ziemlich viel von einem Iren an dir. ...

Ich weiß aber, daß ich nicht die 'größte' Propagandistin der Welt bin. Dein Trick, sexuell auf diese Art etwas zu erreichen, zieht bei mir nicht. Und selbstverständlich nimmst du an, daß es in meinem jetzigen Leben die Liebe gibt. In einer Hinsicht ist das wahr. Ich genieße die Liebe und Treue

---

*Anspielung auf Christopher Mahon, die Hauptfigur in John Millington Synges Drama *The Playboy of the Western World*, Erstaufführung 1907 (A.d.Ü.)

meiner Freunde, der alten und einiger neuer. Ansonsten lebe ich in der Liebe der Vergangenheit – ich genieße nicht die Liebe, die du meinst. Zieh also keine falschen Schlüsse."

Ben antwortete mit noch größerem Lob: „Dein letzter Brief hat mir gefallen. Wenn du nicht die größte Frau unter den Arbeiterführern und Rednern der Welt sein willst, na gut. Du bist eine großartige Briefeschreiberin und kannst außerordentlich gut Freude und Schmerz ausdrücken."

„Ich muß so schreiben, wie ich es empfunden habe", erklärte Emma Ben. Beide wußten, wie turbulent ihr Gefühlsleben damals war, aber Ben hoffte, doch gut dabei wegzukommen. Die Erinnerung an seine dramatische Vergangenheit mit Emma gab ihm sein Selbstwertgefühl zurück, daß einen gelinden Schock erlitten hatte, als er im August 1929 bei einer Tramptour feststellen mußte, daß er nicht mehr der junge, kühne Hobo war; stattdessen fühlte er sich „alt, fett und krank".

Als Emma über die Jahre unmittelbar vor ihrer Deportation schrieb, wurde ihr der Schrecken dieser überstürzten Maßnahmen voll bewußt. Sie wurde so sehr von den Qualen jener Jahre gepackt, daß sie den Briefwechsel mit Ben kaum noch aufrechterhalten konnte:

„Es fällt mir jetzt furchtbar schwer, Briefe zu schreiben. Besonders an dich. Wochenlang habe ich den Todeskampf von 1918 durchgemacht und muß die gleiche Belastung aushalten, bis ich mit 1919 fertig bin. Dies sind meine beide Gefängnisjahre, die in mehr als einer Hinsicht ganz grauenvoll waren. Das schlimmste war, von der verrückten Leidenschaft zu dir loszukommen. Da ich jetzt jede Phase dieses Prozesses noch einmal durchlebe, kann ich dir unmöglich unvoreingenommen schreiben."

Schließlich widmete Emma in ihrer Autobiographie der Zeit mit Ben 283 Seiten, angefangen von ihrer ersten Begegnung im Jahre 1908, „als ihr ganzes Wesen von einem Gefühl des Wohlbehagens und der Sicherheit durchflutet war", bis 1919, als sie aus dem Gefängnis entlassen wurde, wo sie „fern von der beunruhigenden Anwesenheit Bens gelebt" hatte. „Oft hat mein Herz nach ihm gerufen, aber ich habe den Schrei unterdrückt." Die Gründe für ihre Trennung faßte sie in typisch hochherziger, aber selbsttäuschender Weise zusammen:

„Gefühlsbetontheit hatte ebenso seine Leidenschaft bestimmt wie sein Leben. Aber wie die entfesselte Natur konnte er mit einer Hand die verschwenderischen Gaben der anderen wieder zerstören. Ich hatte in der Schönheit und Kraft seiner Hingabe geschwelgt, war zurückgeschreckt vor dem ichbezogenen Geltungsbedürfnis und hatte es bekämpft, weil es alle Hindernisse im Herzen der Geliebten mißachtete und vernichtete. In erotischer Hinsicht waren Ben und ich aus demselben Holz, aber in kultureller Hinsicht trennten uns Jahrhunderte.

Für ihn waren soziale Impulse, Mitgefühl mit der Menschheit, Ideen und Ideale nur Launen eines Augenblicks und ebenso wechselhaft. Er war unfähig, grundlegende Wahrheiten zu begreifen, und hatte kein inneres Bedürfnis, sie sich zu eigen zu machen.

Mein Leben war mit dem der ganzen Menschheit verknüpft. Ihr geistiges

Erbe war auch meins, und ihre Werte gingen in meinem Wesen auf. Der ewige Kampf des Menschen war tief in mir verwurzelt. Daher der Abgrund zwischen uns."

Sie konnte sich nicht eingestehen, welche Rolle sie selbst bei seiner Entscheidung, sie zu verlassen, gespielt hatte, wie schwierig es ihre Ansprüche und ihre Kritik jedem machten, eine Beziehung zu ihr aufrechtzuerhalten.

Als Emma die Zeit mit Ben in ihrer Autobiographie fast abgeschlossen hatte, erhielt sie die Nachricht von Annas Tod. Da die Ursache unbekannt war, wurde die Polizei eingeschaltet. Eine Mitschuld Bens ließ sich nicht nachweisen, aber es verbreitete sich das Gerücht, Anna sei an einer Abtreibung gestorben (es war allgemein bekannt, daß Ben illegal Abtreibungen vornahm). Emma reagierte mit angemessenem Mitgefühl. An ihre gemeinsame Freundin Agnes Inglis schrieb sie:

„Du kennst wohl die Tragödie, die Ben durch Annas Tod ereilt hat. Obwohl wir uns sehr fern standen, war ich schockiert, das zu hören. Es kam so plötzlich. Sie war nur eine Woche krank. Bens letztem Brief entnehme ich, daß er schrecklich erschüttert und sehr unglücklich ist. Das ist auch nicht erstaunlich, nachdem er all die Jahre mit Anna zusammengelebt hat. Sie war ein so nachgiebiges Wesen. Ben hat sicher immer seinen Willen durchgesetzt… Es tut mir besonders um das Kind leid, obwohl Ben alle Liebe, die er seiner Tochter vorenthielt, auf den Jungen konzentriert. Das ist bemerkenswert."

Ben fand Trost darin, daß Emma ihn ihrer Liebe und Freundschaft versicherte, und hoffte, sie empfinde keine Genugtuung über sein Leid, wie einige andere Freunde. Seine Trauer um Anna wurde durch sein Schuldgefühl verstärkt, wie er sie zu Lebzeiten behandelt hatte. „Ich habe dich mit Erzählungen, wie wunderbar Anna war, gelangweilt", schrieb er an Emma. „Ich habe sie nie glücklich gemacht und war ihr kein guter Ehemann. Aber ich liebte und brauchte sie so. Jetzt lebt nur die Erinnerung an mein Versäumnis fort und damit wächst mein Schmerz ständig."

Er war tief verstört und klammerte sich an Emma:

„Liebste Mommy.

In diese ereignisreichen Tage.

Dringt oft deine Gegenwart.

Ich habe mir über dich und dein Buch Gedanken gemacht.

Du hast gesehen, was Margarete Anderson über mich geschrieben hat.

'Der wunderliche Dr. Reitman (der gar nicht so schlecht war, wenn man schnellstens alle Vorstellungen davon, wie ein Mensch aussehen und sich verhalten sollte, fallenlassen konnte).' – Du weißt, ich habe Margarete immer gemocht und dachte, sie sei freundlich.

Es war dasselbe mit Harry Kemp. Ich habe ihn gemocht und ihm geholfen, dachte, er wäre mein Freund, aber in seinem Buch *Tramping on Life* nannte er mich einen 'dicken, fetten Trottel'. Bin gespannt, wie du mich nennen wirst."

Harry Kemp, der „Hobo–Dichter" aus Mornington, beleidigte auch Emma. In seinem Buch hatte er von ihr als „einer stämmigen Frau mit dem

Habitus eines Gladiators" gesprochen. „Wenn sie ging, mußte ich an ein
Kriegsschiff denken, das in die Schlacht fuhr. Ihr Gesicht hatte etwas
Merkwürdiges... der eckige Unterkiefer, die Streitlust in ihren Augen, die
mich an Roosevelt erinnerte." Aber er gab zu, daß Emma eine großartige
Frau war. Ben dagegen, den „fetten Trottel", beschrieb er als „so einen
Schwächling, daß ihm großartige Frauen scheinbar zwangsläufig verfallen", und offenbarte damit die Eifersucht und den Widerwillen, den viele
von Emmas Freunden Ben gegenüber empfanden, während andere ihn
ganz einfach ignorierten. Agnes Inglis schrieb, daß Hippolyte Havel in *Anarchismus und andere Essays* Ben nicht erwähnt hatte und fügte hinzu:
„Haben sie Ben alle gehaßt oder was? Ben ist so eine Art Tabu. Aber ein
ungeheurer Typ. ... Ben packt das Leben ganz unten an. Ich würde es zwar
nicht so machen, aber das ist nun mal seine Art und damit basta."

Ben arbeitete intensiv an seinem Buch *The Second Oldest Profession*,
das er, trotz ihrer Proteste, Emma widmen wollte.

„ICH WERDE ES DIR WIDMEN.
Denn du warst die größte Macht in meinem Leben.
Du hast mehr als sonst jemand für meine geistige Entwicklung getan.
Du hast mir die Schönheit und die Möglichkeiten der Freiheit gezeigt.
EMMA: trotz all deiner Grenzen.
Bist du mit Leichtigkeit die größte Frau auf Erden.
Das habe ich in meinem Buch gesagt, ich sag' es der Welt.
Was mein Buch betrifft. – Reg dich nicht auf, lies es erst.
Ich habe das beste Buch über Zuhälter und Prostitution geschrieben, das
es je gab.
Und du und Berkman, ihr werdet das zugeben.
Sei zu mir genauso fair, wie du zu den Anarchisten bist.
Du sagst immer: 'Informier dich erst und fäll danach dein Urteil'.
Laß mich noch etwas weitergehen. Du wirst eine großartige Biographie
schreiben.
Das glaube ich.
Aber mein *Second Oldest Profession* hat sicher eine größere Auflage und
bringt mehr Geld ein als dein neues Buch. ...
Unsterblichkeit ist dir sicher, weil ich dir mein Buch gewidmet habe."

Bens Widmung lautete: „Ich widme dieses Buch Emma Goldman, der
brillantesten und fähigsten Frau, die ich je kannte. Sie lehrte mich, daß
Männer und Frauen erst dann frei sind, wenn sie gelernt haben, nicht auszubeuten oder sich ausbeuten zu lassen."

Gespannt wartete er auf Emmas und Saschas Urteil und schrieb folgenden, makaber anmutenden Begleitbrief:

„... Ich habe die Geschichte der Menschen erzählt
Die mir das Brot mit Tripper bestrichen.
Und den Kaffee mit Syphillis gesüßt.
Und mit ihrem Elend Benzin für mein Auto gekauft haben.
... Sag Sascha, ein Autorenkollege grüßt ihn höflichst.

Gruß Hobo"

Nach Abschluß ihres Buches, das im kommenden Herbst erscheinen sollte, machte Emma zur Genesung von „Senkfuß, geschwollenen Venen und allgemeiner Erschöpfung" eine kurze Reise nach Paris.

Bens Buch kam im Frühjahr heraus und erhielt positive Rezensionen; es verkaufte sich gut und brachte ihm eine gewisse Anerkennung in der Öffentlichkeit ein. Doch angesichts des Gegensatzes zwischen seinem Erfolg und dem Leben der Zuhälter und Prostituierten, die im Mittelpunkt seines Buches standen, war ihm gar nicht wohl. Er hatte nicht erwartet, daß die Veröffentlichung des Buches so komplexe Gefühle in ihm wecken würde, darunter das Gefühl, sich selbst und andere bloßgestellt zu haben. Er schrieb an Emma:

„Ich möchte nur gern meinen Kopf in deinen Schoß legen und weinen. Es macht keinen Spaß, aufzusteigen und etwas zu erreichen und zu besitzen.

Wenn die Hälfte deiner Freunde und Genossen hungert…

Ich habe genug davon, Autor usw. zu sein.

Ich habe mich viel mehr gefreut, als *Anarchism and Other Essays*.

Und *Modern Drama* erschienen.

Bin wohl einer von denen, die sich eignen, die zweite Geige zu spielen.

Oder sich im Ruhm eines anderen zu aalen.

Ich war am besten als dein Manager…

Hoffe, daß es dir gut geht, liebes Herz.

Und daß ich dir eines Tages wieder zu Füßen sitzen kann.

Ich liebe dich

Hobo"

Im Gegensatz zur öffentlichen Meinung schrieb Emma an Agnes Inglis: „Ich halte Bens Buch durchweg nicht für großartig. Das Material ist es schon, aber nicht das Verständnis bei der Behandlung desselben. Ben ist nicht nur unfähig zu schreiben, er kann sich auch nicht genügend in ein Thema vertiefen, um das auszudrücken, was er vorfindet. Er sieht nur die Oberfläche."

Ben wußte nichts von Emmas grundlegender Kritik und schrieb ihr voller Erwartung auf ihr Buch:

„Ich habe in alten Koffern und Kisten gekramt und Aktenordner durchgesehen und Dutzende deiner Briefe, Hunderte von Zeitungsausschnitten und Tausende von Karten und Ankündigungen deiner Veranstaltungen gefunden. …

Du kannst es jetzt nicht mehr gebrauchen. Aber die Biographen (und es wird viele geben) von EG werden mein Material sehr nützlich finden."

Seine Bewunderung für Emma hatte Ben nicht blind dafür gemacht, wie grausam sie sein konnte:

„Es ist unfair, wenn du sagst, ich hätte je meine Meinung über *dich als großartige Frau* geändert… *Du bist immer großartig.* Sogar wenn du *grausam* und *unfair* bist. Eines Tages werde ich über dich schreiben. … Ja, Emma, obwohl du mich nie verstanden hast und mir jedesmal, wenn ich hochkommen wollte, ins Gesicht geschlagen hast und auf die Finger getreten bist. …

Immer wenn ich mich bemüht habe, Freunde oder einen Platz an der Sonne zu finden, hast du mich zermalmt.

Es liegt in deiner Natur, daß du *nur diejenigen*, die dir mit Leib und Seele dienen, lieben kannst. *Ja, das macht dich groß.*

Ja, *blauäugige Mommy...* Ich weiß, meine zehn Jahre als dein Diener und *Liebhaber* garantieren mir nicht nur eine Seite in *Gelebtes Leben*, sondern ein Blatt in der Geschichte."

Als die Autobiographie im Herbst 1931 erschien, war Ben von der Darstellung seiner Beziehung zu Emma zutiefst betroffen:

„*Gelebtes Leben* wird ein mächtiges Buch.

Wenn es auf alle so wirkt wie auf mich.

Du hast gewonnen... Du hast immer gewonnen...

Ich wußte, du würdest als große Frau anerkannt werden.

Dein Buch hat mir den ganzen Bombast, den Mut und das Selbstbewußtsein geraubt. Dabei hatte ich ein halbes Dutzend Vorträge, darunter den Anarchist Memorial.

Aber ich habe mich geschämt, mich bei einer radikalen Versammlung zu zeigen.

(Dein Buch hat einen Mann vom Podium ferngehalten.)

Danke, daß du mir gezeigt hast, was für ein ... ich bin.

Hätte ich nicht *Gelebtes Leben* gelesen, ich hätte es niemals geglaubt.

Ich würde mich über ein signiertes Exemplar deines Buches freuen.

Wenn ich es überlebe, schreibe ich dir vielleicht wieder.

Es mag dir nichts bedeuten, aber laß es mich bitte noch einmal sagen.

Ich habe dir viele Jahre lang meine zärtlichste Liebe, meine treueste Anhänglichkeit, meine besten Kräfte gegeben, ich habe dir einfach das Beste gegeben, was in mir war.

Und jetzt hast du mich zermalmt.

Ben"

Emma antwortete ihm:

„Im Nachwort, das George Bernard Shaw zu Frank Harris' Biographie von ihm schrieb, gibt es eine Passage, die du dir zu Herzen nehmen solltest. Sie lautet:

'Niemand kann ein Porträt von sich selbst richtig beurteilen; und wenn es gut gemalt ist, hat er kein Recht, den Künstler daran zu hindern, es auszustellen. Und wenn der Künstler ein verstorbener Freund von ihm ist, darf er sich nicht einmal weigern, das Porträt vor der Ausstellung aufzupolieren.'

Wenn du das begreifen könntest, würdest du dein Porträt in *Gelebtes Leben* anders einschätzen. Zwar bin ich noch nicht verstorben und du bist noch nicht aufgefordert, 'es aufzupolieren'. Wahrscheinlich wirst du eines Tages den Lack besonders dick auftragen, und ich glaube nicht, daß ich etwas dagegen habe. Denn ich weiß schon seit langem, daß man sich selbst nicht mit den Augen eines anderen sehen kann, nicht einmal mit denen unserer engsten und liebsten Freunde."

Gegenüber Agnes Inglis bemerkte Emma: „Er sagt, ich habe ihm den ganzen Bombast und Egoismus geraubt. Wenn das wahr wäre, würde ich es als große Leistung ansehen, aber ich fürchte, Ben wird so sterben, wie er gelebt hat: Er wird sich von denen mißbraucht fühlen, die ihn am liebsten hatten. Da kann man nichts machen. Vielleicht kann keiner von uns aus seiner Haut." Obwohl Emmas Darstellung von Ben vor allem ihn persönlich verletzt hatte, war er auch um seine Rolle in der Geschichte besorgt und konnte nicht darüber hinwegsehen, daß Emma seiner Meinung nach seinem öffentlichem Image geschadet hatte. Während sie beim Schreiben des Buches Distanz zu ihm gewonnen hatte, fand Ben, daß er ihr nähergekommen war: Er hatte sie beim Schreiben unterstützt, ihr geholfen, wo er nur konnte, und ihr Liebe und Ermutigung entgegengebracht. Nach der Veröffentlichung war er drauf und dran, eine Kampagne gegen ihren Verrat an allem, was sie gemeinsam aufgebaut hatten, in Gang zu setzen. Aber er gab nach und blieb Emma gegenüber loyal. Im Dezember 1931 schrieb er ihr nicht ohne Humor über seine Haltung:

„Meine Liebe Mommy.
Einen Monat lang war ich krank.
Und zutiefst verzweifelt.
Wie du es so oft formuliert hast.
'Du hast mir auf der Brust gesessen und mir die Luft abgedrückt.'
In meinem ganzen Leben war ich nicht so empört, erniedrigt, verbittert, enttäuscht und niedergeschmettert.
Und nie war ich so nah dran, es dir heimzuzahlen.
Und zwar so, daß ich es mein ganzes Leben bereut hätte.
Du hast dein Buch geschrieben, es ist fertig, du 'warst ehrlich'
Und 'dir selbst treu', was wollen wir also mehr.
Ich halte eine ganze Menge Vorträge über dein Buch und werde es bald besprechen.
Und du wirst sehen, *ich bin dir immer noch treu und ergeben...*
Eines Tages, wenn ich stärker und weniger verletzt bin, werde ich Berkman einen Brief über *Gelebtes Leben* schreiben.
Gelebtes Leben hat mich 20 Pfund gekostet, mein dicker Bauch ist weg. Danke."

Einem Rezensenten gegenüber äußerte er:
„Emma Goldman war nicht nur die größte Rednerin Amerikas, sie sprach auch fesselnder als jeder Mann. ...

Sie interessierte die Massen für Literatur, Dramen, Musik, Kunst; Menschen, die vorher nie mit guter Literatur in Berührung gekommen waren. Die hervorragende Figur in *Gelebtes Leben* ist Alexander Berkman, er ist eine kolossale Gestalt. Und wenn etwas in dem Buch unterbewertet ist, dann ist es ihre zärtliche Verehrung und kameradschaftliche Treue zu ihm – eine der schönsten Liebesgeschichten aller Zeiten. Alles, was Emma Goldman über mich gesagt hat, ist wahr."

Mit der Veröffentlichung der Biographie fühlte sich Emma von der Last der Vergangenheit befreit. Sie klagte zwar, sie sei ein „griesgrämiges, altes Haus" geworden, akzeptierte aber ihre reale Situation bereitwilliger als bisher. So schrieb sie an Agnes Inglis: „Es ist uns anscheinend in die Wiege gelegt, unser Leben bis zum Schluß in Sturm und Kampf zu verbringen. Ich komme langsam zu der Ansicht, daß man seinem Schicksal nicht entrinnen kann. Man muß lernen, damit fertig zu werden."

Unter die meist wohlwollenden Besprechungen ihres Buches mischten sich auch einige kritische Stimmen. Laurence Stallings, ein prosowjetischer Dramatiker, gab ihm den neuen Titel *Das unverheiratete Leben von Emma und Co oder Goldman, Goldman 'Über Alles'**." Freda Kirchwey von der Zeitschrift *The Nation* lobte *Gelebtes Leben* und das intensive Gefühl, aus dem heraus es geschrieben war, fügte aber hinzu: „Hierin liegt zweifellos ihre Stärke. Ihre Gefühle sind intensiv und allumfassend, sie zeigt sie ungehemmt in Worten und Taten, ihr Mut ist vollkommen instinktiv. Sie verachtet das rein Verstandesmäßige, das der Zuversicht und dem Handeln im Wege steht. Immer fühlt sie zuerst und denkt später – und weniger."

John Haynes Holmes, einem Pfarrer, der sich ebenfalls in seiner Rezension zu ihrer „starken Gefühlsbetontheit" äußerte, erläuterte sie:

„Ich glaube, Sie irren, wenn Sie betonen, daß 'die an Hysterie grenzende starke Gefühlsbetontheit oft mit mir durchgegangen' ist oder daß mein Buch teilweise durch 'schreiende Gefühlsäußerungen, unkontrollierte Temperamentsaufwallungen, Aufbrausen, Ausbrüche wie bei einem Vulkan' gekennzeichnet ist. Keiner, der mich gut kennt, hat mir je diese Eigenschaften zugeschrieben. Es stimmt zwar, daß ich im Privatleben nicht sehr geduldig bin. Ich verliere oft die Beherrschung wegen scheinbar unbedeutender Sachen, aber die Redensart, daß Kleinigkeiten verheerender auf das Nervensystem wirken als mächtige Hiebe, enthält doch mehr Wahrheit als Fiktion. Tatsache ist, daß ich in wichtigen Dingen ruhig und gelassen geblieben bin. Es mag Ihnen seltsam vorkommen, aber ich war nie so seelenruhig wie in Situationen, wenn ich vor Gericht stand oder eingesperrt war. Ich weiß allerdings, wie wohlwollend Sie meiner Arbeit gegenübergetreten sind und wie aufrichtig Sie ihr Anerkennung zollen. Nichts, was Sie sagen, widerspricht meinem wahren Wesen."

Emma begegnete den Stellungnahmen zu ihrer Autobiographie mit Selbstsicherheit, reagierte gutmütig auf die Kritik an ihrem Privatleben, ihren Liebschaften und ihrem Gefühlsleben, vielleicht weil so viele Rezensenten ihr Buch für ein Meisterwerk hielten. Freunde und Bekannte schrieben begeisterte Briefe und verglichen es mit Rousseaus *Bekenntnissen*.

Aber sie wurde auch wieder ruheloser, nachdem ihre „große Besessenheit" von der Idee, ihre Autobiographie zu schreiben, ein Ende hatte. Ihr Freund Henry Alsberg machte den Vorschlag, ihrem Buch ein Nachwort in Form eines Stellengesuchs anzufügen: „Junge, aktive Person (weiblich) sucht weitere und größere Abenteuer. Erfahrungen im Umgang mit der Polizei. Spezialgebiet: aufsässiger Pöbel."

---

* „Über Alles" im Original deutsch in Anspielung auf das Deutschlandlied (A. d. Ü.)

XVI.
BLINDER GLAUBE

Ende 1931 schrieb Emma, sie sei „sich noch nie so erfolglos vorgekommen". Entgegen ihren allzu hohen Erwartungen eröffnete der Abschluß ihrer Autobiographie keine neuen Perspektiven. Nach der Beschäftigung mit der Vergangenheit war das Leben im Exil nur noch schwerer – ein Leben ohne Zuhause und ohne Basis für politische Aktivität. „Ich hänge vollkommen in der Luft", schrieb sie an eine Freundin. Oft wurden die Vorträge, die sie in England, Amsterdam, Dänemark und Deutschland über ihr Buch hielt, von Kommunisten gesprengt, die sich nur auf Emmas Bericht über ihre Erfahrungen in der Sowjetunion konzentrierten und ihn als gehässigen Angriff auf eine ums Überleben kämpfende Revolution verstanden. Aus Holland wurde sie wegen einer Rede gegen den Aufstieg des Nazismus hinausgeworfen, da die Regierung ihre ohnehin schon brüchigen diplomatischen Beziehungen zu Deutschland nicht noch mehr gefährden wollte. In Deutschland selbst drohte die Polizei, sie könnte vielleicht genauso enden wie ihr europäisches, sozialistisches Pendant Rosa Luxemburg.

Emma wurde von den Linken wie von den Rechten angegriffen und befand sich zunehmend in einer Außenseiterposition. Im Aufstieg des Faschismus und in der Kriegsgefahr entdeckte sie Parallelen zur Mißachtung des Individuums, die sie in Lenins Sowjetunion festgestellt hatte. Die meisten europäischen Linken waren anderer Meinung. Emma fühlte sich in dieser Phase ihres Lebens völlig niedergeschlagen, hilflos, ungeliebt und einsam. In ihren freimütigen Briefen an Sascha äußerte sie immer wieder das Gefühl, fehl am Platz und unausgefüllt zu sein:

„Was mich betrifft, so scheine ich nirgends hinzupassen, ganz unter uns, nicht mal in die eigenen Reihen. Und sicher nicht in andere. Das wäre vielleicht nicht so tragisch, wenn ich nicht immer noch so einen verzehrenden Drang nach Aktivität verspürte. Seit Jahren war ich nicht so aufgewühlt und unruhig. Das habe ich dir ja schon vor einiger Zeit geschrieben. Ich kann und will mich nicht vom Sog der Massen mitreißen lassen..."

Sie unterstützte Sascha, als ihm die Deportation aus Frankreich drohte, indem sie an einflußreiche Freunde schrieb und sie bat, sich für Sascha bei der französischen Regierung einzusetzen. Währenddessen fuhr er selbst mit der Eisenbahn kreuz und quer durchs Land, um der Verhaftung zu entgehen. „Die einzige Möglichkeit, sich frei zu bewegen, ist herumzufahren", klagte er oft.

Emma gab die Hoffnung nicht auf, daß es ihren Freunden in Amerika gelingen würde, ihr ein Visum für eine Vortragsreise in den Staaten zu verschaffen. Sie glaubte immer noch, daß sie nur in Amerika ihr eigentliches Publikum hätte, und die positive Reaktion auf ihre Autobiographie ließ sie an ein Nachgeben der amerikanischen Regierung denken.

Als Ben ihr schrieb, „er flirte mit dem Kommunismus, obwohl", wie er ironisch hinzufügte, „die Kommunisten mich zum Glück nicht mögen", sank er in ihrer Achtung noch tiefer. Ben aber meinte, er könne sie jetzt aus einer neuen Perspektive kritisieren.

„Du wolltest nicht, daß der Kapitalismus zerstört wird. Du wolltest, daß irgendeine Vorstellung in deinem Kopf zur Realität wird, und alles, was nicht EG oder AB war, hast du abgelehnt, egal, wie viele Menschen aus Unwissenheit und Hunger gerettet wurden. Ein paar deiner Genossen, die im Gefängnis litten, bedeuteten dir mehr als hundertmillionen Bauern, die in Freiheit und Schönheit leben."

Emma beantwortete diesen Angriff auf ihre Integrität mit aller Schärfe:

„Ich habe deine Beurteilung der Kräfte, die das menschliche Handeln bestimmen, nie für besonders tiefschürfend gehalten. Trotzdem hätte ich gedacht, daß die zehn Jahre mit mir dir genug von meinem Wesen gegeben haben, um zu verhindern, daß du mir jemals Macht- oder Ruhmgelüste vorwirfst. Aber wie ich sehe, kennst du mein wahres Wesen nicht besser als meine anderen Gegner, die mich nie kennengelernt haben. Wie könntest du sonst auch nur einen Augenblick lang denken, daß meine Position gegen den kolossalen Schwindel, der als Revolution in Rußland durchgeht, aus persönlichem Verdruß und Gereiztheit entstanden sei. Du hättest sicher gewußt, daß ich einen bitteren Kampf durchgemacht habe, bevor ich zu dieser Position kam. Natürlich hast du, wie deine kommunistischen Freunde, das Recht, die Genauigkeit meines Arguments in Frage zu stellen. Aber was haben unsere zehn gemeinsamen Jahre dir gegeben, daß du es wagst, meine Integrität und Aufrichtigkeit in Zweifel zu ziehen? Nichts, wie es scheint. Aber das ist dein Problem, nicht meins, alter Herr."

Bens Ansicht, daß Emma den Kommunisten gegenüber unfair gewesen sei, verfestigte sich durch seine Beobachtung, daß sich die kommunistische Bewegung in den Staaten schnell ausbreitete, wie

„Heuschrecken im August in Kansas. Man sieht sie überall, in jedem Forum. Sie haben Gruppen in Schulen und Gefängnissen und Armenhäusern, und es würde mich nicht überraschen, wenn die Huren und Zuhälter eine Betriebsgruppe aufmachten. Ach, liebe Emma, sei nicht kleinlich und eifersüchtig. Akzeptier das Unvermeidliche. Die Kommunisten werden in Amerika siegen. Natürlich wird es hier ganz anders laufen als in Rußland. Wenn du nur sehen könntest, was der Kommunismus dem amerikanischen Neger gebracht hat. ... Und ich glaube, du irrst, wenn du annimmst, der amerikanische Neger könnte die weißen Arbeiter nicht zu einer erfolgreichen sozialen Revolution führen. Sie sind so großartig rebellisch. ... Und die neue Zeit, die neue Gesellschaft ist gar nicht so weit weg. Wie gesagt, trotz all der Arbeitslosigkeit, Wirtschaftskrise, Bankzusammenbrüche und allem anderen essen und rauchen und denken die Menschen in Amerika und bereiten den Kampf vor. Es gibt in Amerika keine Hoffnungslosigkeit. Es gibt eine Menge Empörung, und die Menschen sind aufgebracht, weil die Radikalen sich nicht einig sind, aber sie kommen sich mit jedem Tag näher."

1932 erschien eine Kritik an der Autobiographie, die aufgrund von Emmas Haltung zu Rußland jeden Aspekt ihrer Persönlichkeit und Politik angriff. Der Autor des Artikels, Marcus Graham, ein anarchistischer Genosse, konzentrierte sich auf Emmas Individualismus in Sowjetrußland, ihren zwanghaften Drang danach, immer im Mittelpunkt der Aktivitäten zu stehen und dadurch deren Scheitern zu garantieren, wenn sie aus einer Laune heraus nicht mehr mitmachen wollte. Neben anderen Vorwürfen deutete er an, daß sogar Sascha verärgert war über die Art, wie Emma in Rußland an politischen Aktivitäten teilgenommen hatte. Grahams Kommentare bohrten noch tiefer, als er behauptete, Emma habe meist bei „Salonliberalen" Unterstützung gefunden. Sie schrieb an Sascha:

„So ein gemeiner, ekelhafter Angriff. Wenn er mein Liebes– oder Privatleben beträfe, wäre er mir völlig gleichgültig. ... Aber er betrifft meine Haltung zu Rußland, zur Bewegung, zur Arbeit, die ich gemacht und mit Blut und Tränen bezahlt habe. Das sollte nicht unwidersprochen bleiben. Es ist eine elende Schande, daß das keiner in Amerika getan hat."

Emma versuchte, ihr Stimmungstief durch einen kurzen Urlaub in Marseille zu überwinden, aber dort wurde ihr noch bewußter, wie sehr sie des Alleinseins müde war. „Ein Mann kann herumziehen, eine Frau nicht, nicht in Frankreich, selbst wenn sie so alt ist wie Methusalem. Außerdem war ich genug allein, lieber Sascha. Es ist kein Vergnügen."

Emmas Isolierung war nicht nur ihrem Exil zuzuschreiben. Sie war immer schwerer zu ertragen. Sascha vertraute ihrer gemeinsamen Freundin Fitzi an, wie elend man sich in Emmas Gegenwart fühlen konnte:

„(Und, aber das bleibt auf jeden Fall unter uns, liebe Fitzi, ich könnte Geld sparen, wenn ich mit Emmy und Emma in St. Tropez wohnen würde, aber – EG schafft eine unmögliche Atmosphäre. Ein kurzer Besuch geht gerade, aber nicht mehr als ein kurzer Besuch. ...

Das liegt an EGs Charakter, meine Liebe, und der wird mit zunehmendem Alter nicht besser. Leider muß ich dir sagen, daß jeder, der eine Woche oder länger da war, dieselben Klagen hatte. EG ist diktatorisch und mischt sich ständig ein, und sie hat eine Art, einem das Leben sauer zu machen, ohne etwas zu sagen, worauf man wenigstens eine grobe und passende Antwort geben könnte. Das macht es noch schlimmer. Und das Schlimmste dabei ist, daß EG selbst es nicht merkt. Sie ist in mancher Hinsicht eine großartige Frau, da gibt es keinen Zweifel. Aber es ist einfach unmöglich, eng mit ihr zusammenzuleben. Schade, aber so ist es. Selbst wenn ich sie allein besuche, halte ich es nicht sehr lange aus. Natürlich macht niemand außer mir sie auf diese Dinge aufmerksam. Als guter Freund tue ich das, obwohl sehr selten. Und dann wird EG einfach wild. Es ist sinnlos. Aber das sage ich alles ganz im Vertrauen, meine Liebe. Denn ich weiß, du wirst es verstehen. Ich würde nicht im Traum daran denken, es irgendeinem anderen zu erzählen.)"

Emma reiste weiterhin durch Europa und hielt Vorträge, aber ihre Energie ließ nach. Die wachsende Repression und der Mangel an tüchtigen Helfern machten die Aussichten für den Anarchismus trübe. Im März 1933, kurz vor einer Vortragsreise durch Deutschland, die aber abgesagt wurde, als Hitler an die Macht kam, schrieb sie an Sascha, sie sei

„es leid, gegen Windmühlenflügel anzurennen... Ja, mein Lieber, wenn es auch schwer ist, es einzugestehen – sogar mir selbst gegenüber –, denke ich allmählich, daß meine Begeisterung oder vielmehr meine Erwartungen enttäuscht worden sind. Es fehlt mir nicht an gesellschaftlichen Verpflichtungen; ich könnte so monatelang leben, ohne einen Pfennig für Lebensmittel ausgeben zu müssen. Aber weiter geht das Interesse nicht. Ich habe all die Leute, die ich schon besucht habe und die angeblich interessiert waren, gründlich satt. Ich sehe keine Anzeichen von wirklicher Unterstützung für das, weswegen ich hierher gekommen bin. Unsere eigenen Leute sind, wie überall, ineffektiv. Außerdem haben wir niemanden, der irgendwelche Fähigkeiten aufweisen kann. Die Gruppen bestehen aus lebenden Kadavern. ...

Du hast recht, liebes Herz, die Massen sind alles andere als vielversprechend. Und trotzdem müssen wir mit unserer Arbeit weitermachen. Wir sind Stimmen in der Wüste, heute mehr als vor vierzig Jahren. Ich meine Stimmen für die Freiheit. Keiner will die Freiheit mehr. Aber mir scheint, gerade wir sollten nicht aufgeben, nur weil zur Zeit alles wie verrückt nach Diktatur schreit. Eines Tages, irgendwann, wenn wir längst tot sind, wird die Freiheit vielleicht wieder ihr stolzes Haupt erheben. Es ist an uns, ihr den Weg zu bahnen. Wie trüb unsere Fackel auch heute scheinen mag – sie ist immer noch die einzige Flamme."

Emmas Pessimismus nahm zu. Ihren Freunden Rudolf und Millie Rokker vertraute sie an, daß ihr Glaube in die Arbeiter allmählich abnehme. „Sie liebkosen ihre Ketten, je tiefer sie sich in ihr Fleisch fressen, desto mehr bewundern sie ihre Herren. ... Es ist entmutigend, aber wir müssen den Tatsachen ins Auge sehen. Wir leben in einer furchtbaren Zeit. Und wir können nicht mehr tun, als zusammenzuhalten." Pläne für eine Vortragsreise in Kanada schienen verfrüht, und es war unwahrscheinlich, daß Emma die Erlaubnis erhielt, in die Staaten einzureisen. Verzweifelt schrieb sie an Millie:

„Vielleicht wäre es das Klügste, dem ganzen Schlamassel zu entfliehen. Was hat es für einen Sinn weiterzumachen, wenn man keine Mittel hat und keine Möglichkeit, etwas zu verdienen, keinen, der einem nahesteht und dem auch nur das Geringste an einem liegt? Und wenn alle Wege versperrt sind? Das frage ich mich jetzt täglich. Vielleicht finde ich bald eine Antwort. Dann werde ich nicht mehr um Erlaubnis betteln müssen, die Arbeit tun zu dürfen, zu der die Genossen unfähig sind. Oder warten, bis man vollkommen klapprig ist und abhängig von öffentlichen Sammlungen, um sich zu ernähren.

Lebwohl, Liebste. Ich bin wahnsinnig deprimiert und so ruhelos, daß ich aus der Haut fahren könnte."

In demselben Ton schrieb sie an Sascha:

„Gestern war der sechste Todestag von Sacco und Vanzetti. Ob wohl jemand ihrer gedacht hat? Vielleicht nicht mal unsere eigenen Genossen. Das menschliche Erinnerungsvermögen ist so schwach. Der Gedanke an die beiden hat mich noch deprimierter gemacht. Ich hatte das Gefühl, ich bin verrückt, wenn ich die Arbeit für unsere Ideen aufrechterhalten will, wo sich doch nichts in der Welt ändert. Was hat das alles für einen Sinn? Wenn ich mich doch wenigstens mit der Welt aussöhnen könnte, wie es sich für eine alte Dame geziemt. Ich verabscheue mich selbst, daß ich in meinem Alter noch von diesem Feuer verzehrt werde. Aber was willst du machen? Keiner kann aus seiner Haut."

Verstärkt wandte sie sich an einflußreiche Leute mit der Bitte, ihr bei der Beschaffung eines Visums für die Vereinigten Staaten und Kanada behilflich zu sein. Schließlich war die Arbeit des Unterstützungskomitees unter der Leitung von Mabel Crouch, einer prominenten Liberalen, von Erfolg gekrönt: Emma erhielt ein auf 90 Tage befristetes Visum.

Emmas Bereitschaft, sich mt den Vereinigten Staaten auszusöhnen, erstreckte sich sogar auf Ben. Er hatte sich für den Brief entschuldigt, in dem er ihre Politik angegriffen hatte: „Mit dem Brief konnte ich den Groll, das Selbstmitleid, die Wahnvorstellung oder wie immer du es nennen willst, loswerden. Seit ich den Brief geschrieben habe, habe ich nie unfreundlich oder bitter über dich gedacht, und, ob du es glaubst oder nicht, keiner außer mir hat je diesen Brief gesehen."

Ben hatte auch den Entwurf für seine Würdigung Emmas, die in seinem Buch über Außenseiter der Gesellschaft und in seiner Autobiographie erscheinen sollte, abgeschlossen:

„Ich glaube, du wirst über meine Behandlung von EG sehr glücklich und erfreut sein. Ich meine, ich habe dich gut genug gekannt und genug geliebt und oft genug gehört, so daß ich dich in all deiner Schönheit und Stärke sehen kann. Deine Vorurteile, deine Grenzen sind alle klein und unbedeutend. Ich will versuchen, dich so ehrlich und umfassend, wie ich nur eben kann, darzustellen. Und du kannst dich darauf verlassen, daß ich der anarchistischen Bewegung gegenüber mehr als fair und gerecht bin. Die Anarchisten hielten mich vielleicht für oberflächlich, für einen Playboy und für nicht–revolutionär, aber ich denke, einige von ihnen waren hervorragend, alle waren sozial eingestellt und die meisten waren ungeheuer interessante Männer und Frauen. ... Ich werde meine Wertschätzung und Treue dir, Emma Goldman, gegenüber zeigen, die du für meine geistige Entwicklung mehr getan hast als sonst jemand auf der Welt."

Ben würdigte nicht nur Emmas politische Arbeit:

„EG war eine wundervolle Frau.
Sie hatte ein schönes, kräftiges Gesicht,
Und blaue Augen, aus denen Stärke und Liebe strahlten.
Regierungen fürchteten sie;
die Lobby haßte sie;
Aber die einfachen Leute liebten sie."

Ben freute sich darauf, daß Emma nach Kanada kommen würde, und ermunterte sie, sich durch nichts davon abhalten zu lassen, „und wenn du schwimmen mußt". Beunruhigt durch ihren letzten Brief, in dem sie festgestellt hatte, daß „die Menschheit in erschreckendem Maße heruntergekommen" sei, hielt er ihr eine Predigt:

„Wenn alle deine Freunde, alle Dienste, die du der Gesellschaft geleistet hast, das Wissen, das du Millionen von Menschen in deinen Vorträgen und Büchern und Pamphleten mitgeteilt hast, wenn alles das dir keine Kraft und nicht ein wenig Trost für deine alten Tage geben kann, dann sage ich ohne Zögern, du hast der Welt nie viel Freude oder Gutes gegeben.

Denn wir besitzen, was wir *der Welt gegeben haben*. Wenn du Verbitterung, Verzweiflung und Kummer besitzt, dann hast du der Welt eben das gegeben und verdienst nichts anderes. ...

Ich versuche, dir zu erklären, warum ich die Welt optimistisch sehe, und zu fragen, weshalb du so unglücklich und mutlos bist. Und dein Pessimismus und deine Verzweiflung sind unter den alten Genossen so verbreitet.

Die Welt wird schöner, die Männer und Frauen sind glücklicher, sauberer, feiner, edler, besser ausgebildet und genießen das Leben mehr. Das Gefühl für Freiheit und Gerechtigkeit ist viel stärker geworden. Mehr Menschen sind bereit, mitzuarbeiten und für eine bessere Welt zu kämpfen.

Du bist es, die *versagt* hat, nicht die *Menschen*. Du warst *ohne klare Vorstellungen* – nicht die *Massen*. Weil du die Psychologie der Rasse, aus der du kommst, der Russen, nicht verstehen konntest, hast du ihre neuen Führer verflucht. Weil es dir an genügend Einsicht fehlte, die menschliche Natur und das menschliche Verhalten grundlegend zu begreifen, warst du untröstlich und enttäuscht über eine ganz natürliche Erscheinungsform eines sozialen Phänomens. ... Und hättest du das Herz eines Tolstoi oder eines Kropotkin und die Menschheit wirklich geliebt, dann hättest du deinen Stolz beiseite gelassen und mit den Russen zusammengearbeitet, um ihnen Frieden und Überfluß zu bringen. ...

Ja, Mommy, die Welt ist sicher, und wir werden nicht zur Hölle fahren.

Manchmal denke ich, daß ihr, du und die anderen Rebellen, keine Welt der Freude, Schönheit und Zusammenarbeit wollt. *Ihr habt eure beschränkte Welt. Ihr wollt nur, daß *Eure* Ideen in die Praxis umgesetzt werden."

Im folgenden machte Ben die eher konservative Bemerkung, daß „es mir auch recht ist, wenn die Menschen keine [Freiheit, Gerechtigkeit und Brüderlichkeit] verlangen, sondern Herren, Regierende, Könige und Ausbeuter lieben wollen". Er selbst war zufrieden mit seinem Leben. „Ich habe alles, was ich brauche... Ich genieße täglich das Leben. Ich wohne zu Hause bei Mutter. Mit ihren dreiundsiebzig Jahren verwöhnt sie mich immer noch. Mein Sohn Brutus macht mir Freude. Ich hatte recht, als ich mich für Anna und den Sohn entschied. Mein Sohn lebt, um mir Freude zu bereiten – und *du*...

Wenn du im Besitz der Wahrheit bist, warum macht sie dich nicht glücklich und frei? Also, ich will es dir sagen: Es liegt daran, daß Wahrheit und Freiheit nicht ausreichen. Du mußt *Liebe* haben, die Art von Liebe, von der Jesus sprach. Und du hattest sie nicht. Lach nicht. Ich weiß mehr über Jesus als du. Ich weiß nicht, ob er wirklich gelebt hat, aber das ist mir auch egal. Ich weiß nur, daß man die Welt lieben muß, wenn man ihr wirklich helfen und die Freude am Dienen erfahren will. Ja, die Welt mehr lieben, als Emma Goldman es tat. Ich glaube, du hast dich selbst und deine eigenen Ideen mehr geliebt als die Menschen."

Auf diesen Brief antwortete Emma:

„Du hast dich bestimmt nicht verändert. Du bist derselbe geblieben, in deinen brutalen Stimmungen wie in denen, die mich, wenn ich aufgebracht war, immer beruhigt haben. Keiner könnte dich in deiner Fähigkeit übertreffen, die zu verletzen, die du liebst. Oder sie zu hypnotisieren durch deine Art, anderen gut zuzureden, sie anzuflehen und dich selbst zu erniedrigen, damit man die Verletzung wieder vergißt. Nein, du hast dich nicht verändert. Aber deine Anziehungskraft hat ihre Macht verloren. Wenigstens für mich. ... Einen Augenblick lang schien es, als wären wir nie durch die zwischen uns liegenden schmerzvollen Jahre auseinandergerissen worden. Alles schien ausgelöscht. Aber es gab ein böses Erwachen, das Erwachen, das Erwachen der Realität gegenüber. Mehr als die Hälfte der Jahre, seit du den Weg allen Fleisches gegangen bist, habe ich darum gekämpft, die Vergangenheit zu überwinden. Das war wirklich sehr bitter. Ich könnte es nicht noch einmal ertragen. Dies offen zuzugeben, war ich dir wohl schuldig. Wenn wir uns also tatsächlich wiedersehen, ob in den Staaten oder hier, mach nicht den Fehler anzunehmen, daß alles so ist, wie es einmal zwischen uns war. Wir wollen Freunde sein und uns als solche treffen, wenn es soweit ist. Das wird uns beiden viel Kummer ersparen."

Im Dezember 1933 traf Emma in Kanada ein und blieb dort, bis die Formalitäten für ihr US–Visum erledigt waren. Endlich dann im Februar 1934 konnte sie in die Vereinigten Staaten einreisen. Der Zollbeamte prüfte ihre äußeren Merkmale: „Alter: 64, Größe: 1,54 m, Augen: blau, Haar: graublond, Gesichtsform: rund." Ein Zeitungsreporter beschrieb sie als „großmütterliche Person mit funkelnden blauen Augen".

Ihr Visum war an die wichtige Auflage gebunden, daß sie in ihren Vorträgen nur Themen behandelte, die mit dem Drama zusammenhingen. Aber Emma hatte ihre eigene Definition von „Drama". Einen Vortrag in der Musikakademie von Brooklyn begann sie mit der Frage: „Gibt es ein größeres Drama auf der Welt als das Drama von Deutschland und Österreich heute?"

Sie hatte ihre Fähigkeit zu knappen politischen Kommentaren nicht verloren. Als Reporter von der Wochenschau sie über Italien befragten, antwortete sie, es sei ein wunderschönes Land – nur Mussolini störe. Was sie von Hitler halte? „Ich kenne ihn nicht, will ihn auch nicht kennenlernen." Auf die Frage nach ihrer eigenen unsicheren politischen Zukunft anwortete sie: „Nur die Freiheit ist es wert, daß man für sie kämpft. Das ist der Job, bei dem ich bleibe, bis ich entweder aufgehängt werde oder auf sonst eine Art ende." In Spanien sah Emma Hoffnung für den Anarchismus. Und über Amerika: „Ich bin hocherfreut, wieder in den Vereinigten Staaten zu sein, dem Land, wo ich mich 35 Jahre lang im sozialen und wirtschaftlichen Kampf engagiert habe..."

Bei ihrer Ankunft in New York streikten die Taxifahrer, und Emma ging zu Fuß ins Hotel. Leider war ihr entgangen, daß zur gleichen Zeit auch das Hotelpersonal streikte, weshalb sie sich von Anfang an den Zorn der Linken zuzog.

Bei der folgenden Pressekonferenz warf ein Kameramann im Eifer des Gefechts einen Papierkorb um, in dem alte Blitzbirnen lagen. Emma sprang auf, weil sie eine Explosion befürchtete, faßte sich aber schnell wieder und scherzte, wenn es eine Bombe gewesen wäre, „werde ich sicher dafür verantwortlich gemacht. Also, bitte, keine Explosion, bis das Interview beendet ist. ..." „Sind Sie für Sterilisation?" wurde sie gefragt. „Ach, mein Gott, es gibt eine Menge Leute, die sterilisiert werden sollten. Aber natürlich würden die Reichen sich dem entziehen können, und ich war schon immer der Meinung, daß man an höherer Stelle auf den meisten Wahnsinn und die größte Idiotie trifft." Auf die Frage, ob sie sich noch als „philosophische Anarchistin" betrachte, antwortete sie: „Philosophische Anarchistin? Ich war nie eine philosophische Anarchistin. Ich bin Anarchistin, einfach Anarchistin. Ein philosophischer Anarchist, das ist wie ein 'Christian Scientist', nämlich weder christlich noch wissenschaftlich."

Zu den Würdigungen, die Emma zuteil wurden, gehörte auch ein offizielles Festessen im Rathaus von New York, an dem dreihundert Personen teilnahmen (achthundert hatten sich beworben).

Einige Tage später kamen zweitausend Leute in die Gemeindekirche des Rathauses, um Emmas "ruhig vorgetragene Gedenkrede zum 13. Todestag von Peter Kropotkin" zu hören. Zwei Stunden lang wartete draußen eine Menschenmenge, nur um sie bei ihrer Abfahrt flüchtig zu Gesicht zu bekommen. Die *New York Times* bemerkte, daß diese „sanfte, grauhaarige Frau, die mit einem rot–goldenen Umhang über ihrem schwarzen Kleid auf das Podium kam, so gar nicht an die Emma Goldman von früher erinnerte, die sich über den Krieg entrüstete".

In Rochester sprach sie vor siebenhundert Leuten, die bis 3 Uhr früh blieben, um ihr zuzuhören und Fragen zu stellen. „Denken Sie bitte nicht, ich hätte Opfer gebracht, ich sei eine Märtyrerin", sagte Emma. „Ich bin meiner Neigung gefolgt, habe mein Leben gelebt, so wie ich es wollte, und keiner schuldet mir etwas. Ich bin nicht respektabler als früher. Auch Sie sind etwas liberaler geworden, und es ist nie zu spät, Fortschritte zu machen. Sie machen Fortschritte."

Emmas unverminderte politische Heftigkeit brachte manchen zu der Ansicht, sie sei „ein weiblicher Peter Pan. Sie ist gefühlsmäßig nie erwachsen geworden, das heißt, sie hat nicht den naiven Mut und die Beharrlichkeit der Kindheit und Jugend verloren. ... Fanatiker, die, wie Emma, die Welt ins Wanken gebracht haben, sind Leute, deren Denken ihrer emotionalen Entwicklung weit voraus ist und bleibt."

Ein Reporter in Madison, Wisconsin, sah hingegen nur die zeitlose Seite von Emmas Persönlichkeit:

„Emma Goldmans Intelligenz und Vitalität beeindruckte die vierhundert Zuhörer in Madison zutiefst. Alt, aber zeitlos strahlte sie das aus, was in den Werbeanzeigen von Schulen der Grazie 'Persönlichkeit' heißt, diesen seltenen und unverwechselbaren Heiligenschein, der den einzelnen aus der Masse hervorhebt. Vom Leben mißhandelt, strömt sie doch Kraft aus, unaufhörlich und heftig. Ihr Blut und ihre Leidenschaft sind die Waffen, die sie ihrer revolutionären Sache gewidmet hat. Sie hat sich in dem schweren Kampf um Freiheit für andere verausgabt; sie selbst war immer frei. Ob im Gefängnis oder im Exil, ihre geflügelten Worte verjagten die Verfolger, trafen sie, wo sie in Selbstgefälligkeit schwelgten und gefesselt waren, was erniedrigender ist als Gefängnisgitter."

Außerhalb von New York und Rochester hatte Emma allerdings selten so viele Zuhörer wie bei ihren früheren Reisen. James Pond, den sie als Manager angeheuert hatte, mietete nämlich, um das Sensationelle an Emmas Rückkehr zu betonen, so teure Säle, das viele den Eintritt nicht bezahlen konnten. Meistens waren die Zuhörerzahlen so gering, daß sich Emma das Geld für ihren Lebensunterhalt, für Telegramme, Telefongespräche und Porto borgen mußte. Neben Ponds mangelhafter Organisation verhinderte auch der Aufstieg der kommunistischen Bewegung in den Vereinigten Staaten, daß Emma mehr Beachtung geschenkt wurde. Bens Angebot, ihre Reise zu managen, hatte sie ja rigoros abgelehnt, ebenso seinen Wunsch, sie in Kanada zu besuchen. Ihre Ablehnung traf ihn hart. „Meine Mommy will also nichts von mir wissen, nicht mal einen Besuch von einer Stunde dulden. Die Erinnerung an ein halbes dutzend glückliche Jahre mit Vortragsreisen, mit Erfolgen, mit ruhmreichen Tagen der Arbeit und wild erregenden Nächten der Leidenschaft – alles umsonst. Du hast gesagt, 'man kann das nicht wiederbeleben'. Ich glaube doch."

In der Absicht, sie umzustimmen, schrieb er ihr eine Woche später:

„Liebe Mommy:

Ich werde dich auf deiner triumphalen Reise in die Staaten begleiten und bei dir sein, wenn du deine geliebten Verwandten besuchst. ...

Ich erinnere mich an unseren ersten Besuch in Rochester.

Und du wirst mich nicht sehen, wenn die Menge dich am New Yorker Bahnhof empfängt, aber ich werde dort sein und die Photographen und Filmleute und Reporter sehen. ...

Ich werde weinen, weil ich nicht an deiner Seite sein kann, aber jauchzen, weil dir Liebe und Ruhm und Ehre und Wohlstand zuteil werden.

Ich werde dich vermutlich in Chikago treffen. Das ist unwichtig. Was wichtig ist, und was mir keiner jemals nehmen kann, war ein Jahrzehnt an deiner Seite.

Vielleicht wird dich einmal in einem überfüllten Vortragssaal jemand nach deinem alten Hobo–Manager fragen. Bitte, sei gütig und sprich gut über den 'Toten'. Sag ihnen, daß er heute, am 31. Januar 1934, vor Gericht einen Vergewaltiger verteidigt und gestern einen Bericht über Männer im Obdachlosenasyl geschrieben hat, der dazu beitragen soll, ihre Ernährung, Unterbringung und medizinische Versorgung ein bißchen zu verbessern. Und wenn du das gesagt hast, füge hinzu: 'Wie ich in meinem Buch geschrieben habe, ist Ben ein Feigling. Er hat uns in der Stunde unserer größten Not, im Krieg nämlich, im Stich gelassen. Er hat nicht korrekt abgerechnet. Er hatte Todesangst, als er nach San Diego fuhr. Er versteckte sich immer hinter Jesus und unter Frauenröcken.' Und wenn du das sagst, werde ich lange tränenlos schluchzen. Aber trotzdem werde ich die Arme nach dir ausstrecken und fragen: 'Wo kann ich hingehen oder mich verstecken? Was soll ich bloß noch tun? Oh Gott, ich habe dich so geliebt.'

Währenddessen vergehen die Jahre.

Hobo–Ben L. Reitman"

Als der Termin für Emmas Fahrt nach Chikago näherrückte, schrieb ihr Ben, ihre Ankunft sei ungenügend bekanntgemacht und vorbereitet worden. Er hatte sich für sie eine „triumphale Reise" erträumt. „Tägliche Veranstaltungen mit den Arbeitslosen, mit Studenten und mit den Massen. Aber jetzt ist es zu spät, und ich kann nur noch sagen: 'Gott hat es so gewollt.' Nichtsdestoweniger muß ich mich fragen, wie es gelaufen wäre, hättest du meinen Vorschlag angenommen. ...

Noch etwas, worüber ich oft nachgedacht habe, war deine Abneigung oder dein Zögern oder deine Angst, du könntest vergewaltigt werden oder gegen deinen Willen nachgeben ... Dein Seelenleben interessiert mich. Besonders jetzt, wo ich gerade mit einem Buch über Frauen anfange und viel über dich schreiben will. Ich bin zur Zeit zu glücklich und zu selig und so ohne jede Bitterkeit, als daß ich irgendetwas sagen möchte, was dich verletzen könnte, aber als Amateurpsychologe und als angehender Psychiater muß ich mich doch fragen, was in deinem Innern vorgeht, daß du mich in deinem Buch in Mißkredit gebracht und davor Angst hast, mit mir irgendetwas zu tun zu haben."

Schließlich machten Ben und andere Genossen von sich aus noch eine Menge Werbung für Emmas Vorträge in Chikago und sorgten dafür, daß die Eintrittspreise gesenkt wurden, so daß einige tausend Zuhörer kamen. Auch ihr Treffen verlief freundlicher, als beide es erwartet hatten. Aber Ben hoffte vergeblich auf „ein leidenschaftliches Wort" von Emma und mußte sich mit dem Gedanken trösten, daß „wir Schlachtrösser kaum zu etwas anderem als *Arbeit* taugen."

Nach diesem Wiedersehen schrieb Ben alle paar Tage an Emma. Schließlich erläuterte sie ihm ausführlich, warum sie nicht zusammengehörten. Ben war dankbar für den Ton ihrer Ablehnung, für „den besten und verständnisvollsten Brief, den du mir seit über 15 Jahren geschrieben hast".

Das erfreulichste Ereignis während Emmas Aufenthalt in Chikago war, daß sie sich wieder verliebte, und zwar in Frank Heiner, einen sechsunddreißigjährigen Doktoranden der Soziologie an der Universität Chikago, verheiratet und blind, der in seiner Kindheit an Osteopathie gelitten hatte. Frank hatte sich schon vor zehn Jahren in Emma verliebt, als man ihm *Anarchismus und andere Aufsätze* vorlas. Und nun hatte sich sein Traum, sie zu treffen, erfüllt. Begeistert genoß sie seine Verehrung.

In der Beziehung zu dem jungen Heiner fühlte auch Emma sich jünger. Frank hatte, wie auch sie, über alle Widrigkeiten des Lebens triumphiert und setzte sich, wie sie glaubte, für freie Liebe ein. Sogar seine Frau unterstützte seine Beziehung zu Emma; sie hoffte, Emma würde ihm helfen, die Schwierigkeiten beim Schreiben seiner Doktorarbeit zu überwinden.

An Emmy Eckstein schrieb Emma über ihr neues Glück – und seine Schwierigkeiten:

„Meine Liebste, ich habe tatsächlich ein liebendes Herz gefunden. Aber was bringt das? Der betreffende Mann hat sein eigenes Leben, eine sehr schöne Frau und ein Kind. Er ist tragischerweise körperbehindert, könnte also nicht für längere Zeit bei mir bleiben, selbst wenn er die Mittel dazu hätte und alles andere harmonisch verliefe. Und für eine kurze Affäre das anzunehmen, was er mir so großzügig und liebevoll anbietet, würde mir dann doch zu viel Schmerz bereiten. Außerdem sieht mich Dr. Heiner mit seinem inneren Auge und mit der Kraft seiner poetischen Seele. Wie kann ich bloß das Gefühl loswerden, daß er nicht dasselbe empfände, wenn er mich so sehen könnte, wie ich bin. Mein geliebtes Kind, ich bin fünfundsechzig Jahre alt. Er ist wahrscheinlich erst vierzig, wenn überhaupt. ... Aber am meisten quält es mich zu wissen, daß das Wunder nur kurze Zeit dauern würde. Vielleicht dauern Wunder nie lange, sonst wären sie nicht so wunderbar. Wenn man jung ist, macht einem das nichts aus. Aber in meinem Alter will man sich auf keinen Fall verletzen, kann man sich nicht leicht wieder losreißen. Und, was noch wichtiger ist, man gibt sich nicht mehr mit der rein geistigen Liebe zufrieden. Du siehst also, meine Liebe, die Lage ist nicht vielversprechend. Aber es tröstet mich, daß ich immer noch Liebe erwecken kann. ... Es ist wirklich wunderbar, daß Heiner in mein Leben getreten ist. Seine Briefe sind wahre Liebessymphonien. Sein Geist so rein und schön. Und doch, und doch kann aus der ganzen Sache nichts werden. Ehrlich gesagt, ich habe Angst davor. Ich habe in meinem Liebesleben zu viel gelitten, als daß ich noch mehr von dem Elend wollte. Nicht, daß Heiner mir Schmerz zufügen würde. Aber die Umstände sind nicht günstig. Jedenfalls ist es bis jetzt sehr platonisch, dies neue Erlebnis.

Heiners Frau ist eine selten gute Seele. Sie weiß alles über seine Vernarrtheit. Sie schreibt mir wunderschöne Briefe. Ich möchte ihr niemals bewußt auch nur einen Augenblick lang wehtun. Das Leben ist schrecklich kompliziert, Emmicken. ...

Also, was immer aus dieser seltsamen, aber faszinierenden Affäre wird, ich bin glücklich, Heiner entdeckt zu haben. Er wird eine Kraft in unseren

Reihen werden. Wenn mir also die völlige Vereinigung mit ihm nicht vergönnt sein sollte, werde ich doch froh sein über den Augenblick, als er in mein Leben trat und ich seine wunderbare Stimme ein Loblied auf Amerika singen hörte." Als Heiner sie später in Toronto besuchen wollte, versuchte Emma, ihn davon abzubringen. Sie dachte an früher, als sie von jüngeren Männern enttäuscht worden war, und an die öffentliche Erniedrigung, die sie durchgemacht hatte:

„Ich weiß, wie vulgär und verletzend es ist, wenn etwas erhaben Schönes in den Schmutz gezogen wird. ...

So wie ich gebaut bin, kann ich Liebe nicht leichtfertig erwidern oder aufgeben. Ich habe Jahre gebraucht, um meine Leidenschaft zu Ben Reitman, die mich unheimlich gepackt hatte, zu überwinden. Und dann die lange, entsetzliche Zeit, als ich versuchte, eine Liebesaffäre mit einem dreißig Jahre jüngeren Mann in Schweden zu bewältigen. Obwohl das schon 12 Jahre her ist, habe ich keinen anderen seither geliebt. ...

Auch wenn ich dein vielversprechendes Angebot nicht annehmen kann, habe ich mich doch sehr darüber gefreut. Mein Leben war und ist sehr einsam, seit ich deportiert wurde. Einsamer und von größerer innerer Leere, als man mir äußerlich ansieht. ...

Ich umarme dich, meine liebe, überschwengliche Seele."

In einem weiteren Brief beschrieb sie den Konflikt zwischen ihrem inneren und äußeren Leben:

„Liebster, du sagst, du kennst mich und bist mir in all den Jahren gefolgt. Das bezweifle ich nicht. Aber ich bin mir sicher, daß du nicht mein inneres Wesen kennst, das durch den Konflikt zwischen meinem Ideal und meinen Bedürfnissen ständig hin- und hergerissen wird. Und du kannst es auch nicht kennen. Wie solltest du denn, wenn selbst Menschen, die mir jahrelang nahestanden, den Schmerz und den Hunger, der gestillt werden wollte, nicht kannten, ja nicht einmal vermuteten. Das hat niemand je verstanden, mein Liebster. Ja, die Feuerprobe in meinem Leben, das waren nicht die Verfolgungen, Entbehrungen und Schmähungen. Die Probe, die wie Weißglut brannte, war, daß ich dem abschwören mußte, was ich am meisten ersehnte: dem ungehemmten Ausleben der wilden Leidenschaft. Liebe in ihrer ganzen ekstatischen Form. Ben war ihr nahegekommen, aber unsere Vorstellungen von Schönheit waren doch zu verschieden. Und der Preis für die paar Momente höchsten Glücks, die Ben mir bot, erwies sich oft als zu hoch. Das schwedische Erlebnis war ganz furchtbar. Mein Fehler, natürlich. Denn wie konnte ein vernünftiger Mensch glauben, daß eine Frau von zweiundfünfzig einen Mann von 29 längere Zeit halten kann? Die einzige Entschuldigung für meine Dummheit war meine Einsamkeit nach Rußland und das, was mir damals als Zusammenbruch all meiner sozialen und revolutionären Werte erschien. Ich hätte noch in Schweden mit allem Schluß machen wollen, wäre mir nicht der Junge über den Weg gelaufen. ... Wie du siehst, mein herrlicher Frank, ist meine Angst nicht eingebildet. Sie lähmt mich ... Ich würde tausendmal lieber nie von der wunderbaren Quelle kosten, die du mir anbietest, als den Moment ertragen,

312

wenn du zwangsläufig erkennst, daß zwischen uns eine Kluft von Jahren liegt. Lieber gar nicht erst den Aufstieg beginnen, als in den Abgrund der Isolation und Verzweiflung zurückgeschleudert zu werden. Nein, das könnte ich nicht ertragen. …

Mary [Franks Frau] hat sich vielleicht noch nie eingestanden, wie sehr deine Affären mit anderen Frauen sie aufwühlen. Ich weiß, wovon ich rede, denn ich war mit Dutzenden von Frauen konfrontiert, die es Ben in den zehn Jahren unseres gemeinsamen Lebens angetan hatten. Nicht, daß ich Ben das Recht auf seine Sex–„Manie", wie er es nannte, absprach. Ich glaube zu leidenschaftlich an die Freiheit der Liebe, als daß ich sie einem, der mich liebt, verweigert hätte. Aber ich würde lügen, wenn ich dir sagte, es hätte mich kalt gelassen. Vielleicht lag das an der Art von Frauen, die Ben bei jeder Gelegenheit anschleppte. … Ich weiß wirklich, daß kultivierte und feinfühlige Frauen den vielen sexuellen Launen der Männer, die sie lieben, nicht gleichgültig gegenüberstehen. Besonders dann, wenn sie mit dem Mann, der auch der Vater ihres Kindes oder ihrer Kinder ist, schon seit Jahren eng verbunden sind. Du siehst, ich bin dir gegenüber völlig offen, mein Liebster. Du sollst wissen, daß ich meine Freude nicht leicht nehmen kann, wenn das heißt, dadurch die Gefühle einer anderen mit Füßen zu treten."

Emmas Sorge, sie könnte Franks Frau verletzen, war um so größer, weil es Mary war, die ihm Emmas Briefe vorlas.

Als Franks Briefe leidenschaftlicher und poetischer wurden, begann Emmas Zurückhaltung abzubröckeln, und sie stimmte seinem Vorschlag, sie im August für zwei Wochen zu besuchen, zu.

„Deine Briefe sind wie ein Bach für den müden und ausgedörrten Wüstenwanderer. … Es hat mich völlig aus der Bahn geworfen, daß du in mein Leben getreten bist … Ich warte sehnsüchtig auf dich und deine Umarmung. Und doch wage ich nicht ganz an das Geschenk zu glauben, daß deine Briefe mir versprechen. Ach, deine Briefe. Nie habe ich etwas Derartiges erhalten. Ja, natürlich habe ich viele Liebesbriefe bekommen. Vielleicht mehr als ein Dutzend anderer Frauen zusammen. Aber nie zuvor hat jemand seine Liebe in so poetischer Form, mit dieser Leidenschaft und solch verzehrendem Feuer ausgedrückt. Mein Liebling, ohne deine Briefe könnte ich nicht auskommen. Das Leben würde seinen Reichtum und seine Schönheit verlieren."

Emma wußte nicht, ob sie verliebt war oder nur „hungrig nach Liebe". Es werde sich zeigen, schrieb sie, ob ihre Beziehung zu Frank „das Wunder aller Wunder, die Grande Passion oder der Sonnenuntergang [ihres] Lebens" würde.

Frank versicherte Emma, daß er für seine Liebe keine Gegenleistung erwarte und meinte, er hätte ihr eigentlich nichts zu bieten: „Man kann einer Rose keinen Duft schenken."

Aber er war eifersüchtig auf Emmas frühere Liebhaber, besonders auf Ben. Es machte ihm Vergnügen, Ben zu kritisieren, indem er scheinbar dessen Tugenden lobte. Er berichtete, Ben habe in einer Vorlesung über die sinkende Geburtenrate gescherzt: „Nicht gerade ein Kompliment an die Männer. Die Frauen sehen uns nur einmal an und weigern sich, uns zu reproduzieren." Frank fuhr fort:

„Er kommt mir völlig emotional vor. ... Er versteckt seine Frustrationen und Wunden hinter einer gespielten Aggressivität, so daß ihn die Leute manchmal unnötigerweise verletzen. Auch wenn er nicht immer für meine Art Verständnis aufbringt, mag ich ihn ehrlich. Er hat hochgesteckte Ziele und kommt manchmal, wie die meisten von uns, vom Weg ab. Das einzige, worin er konsequent ist – und wie wenige sind das! –, ist sein Mitgefühl für die, die von der Gesellschaft im Stich gelassen wurden, die, die Mitgefühl und Verständnis am nötigsten brauchen."

Um seine diversen früheren Affären mit anderen Frauen zu rechtfertigen, betonte Frank, daß man sie nicht mit Bens Liebschaften gleichsetzen könne. Emma nahm diese Aussage skeptisch auf und schrieb an Mary, daß sie sie bewundere ob ihrer Fähigkeit, Franks Beziehungen zu anderen Frauen mit so viel „Verständnis und Würde" zu begegnen. Sie bezweifelte, daß sie selbst dazu fähig wäre: „Die tragische Tatsache, daß Frank meine Briefe nicht lesen kann, erlegt mir noch größere Verantwortung auf, euch beiden gegenüber aufmerksamer und rücksichtsvoller zu sein. Ich hoffe, ich habe nicht zu schmerzhaft in eurem Inneren gewühlt." Mary versicherte ihr, sie vertraue darauf, daß Emma „das Spiel fair spielen" werde. Oft fügte sie nun Franks Briefen an Emma ein paar Zeilen bei, unterließ es jedoch, Franks Fehler zu korrigieren oder die Zeilen einzusetzen, die fehlten, wenn er nichtsahnend über den Rand des Blattes geschrieben hatte.

Schließlich besuchte Frank Emma in Kanada, und sie verbrachten zwei wundervolle Wochen miteinander. Alles andere trat zurück, sie ließ Arbeit Arbeit sein und widmete sich ganz ihm. Als er in die Staaten zurückfuhr, verfluchte er die Grenzen und Gesetze, die ihn von „dem Hain, der Grotte der Glückseligkeit", „seiner Göttin, seinem Schatz", den er „mehr als alles in der Welt" liebte, trennten. Auch er sah in Emma Mutter und Geliebte.

„Ach, meine Mutter, die mir Wasser und Zigaretten ans Bett brachte, die mich weckte mit Liebkosungen und ihrer schönen Stimme, die wie ein Ruf zu den Waffen klingen und von unendlich tiefer, mütterlicher Zärtlichkeit überströmen kann. Wie ich mich an diese Mutter klammerte und wie ich mich noch an sie klammere. Dein Kind wird dich immer brauchen in dieser trostlosen Welt, der es an Zärtlichkeit und Verständnis mangelt.

Dein Geliebter wird immer bei dir sein.

Wenn du durch deine Vorträge innerlich zerrissen bist, denk daran, daß ich weiß, wann sie stattfinden. Wenn die Zeit näherrückt und die Spannung schmerzhafter wird, werde ich mir zu Hause ganz fest vorstellen, daß ich dir mit Küssen Mut mache und Kraft gebe. Nach dem Vortrag werde ich spät am Abend denken, daß ich dich besänftige, verwöhne und liebkose."

Emma schrieb Frank, sein Besuch habe sie „in erhabene Höhen" getragen. „Du hast für mich nicht nur den ganzen Raum durchdrungen, du hast selbst die Luft erfüllt." Und erklärte ihm, daß der Fluch ihrer langen Beziehung zu Ben nun gebrochen sei. „Meine Vergangenheit mit Ben ist so ausgelöscht, als hätte sie nie existiert ... Jetzt, da ich weiß, was deine Liebe zu geben vermag, könnte ich es nicht ertragen, B auch nur in meiner Nähe zu haben."

Frank genoß es, von Emma zu ihrem leidenschaftlichsten Liebhaber erklärt zu werden, und nährte ihre erotischen Phantasien: „Oh, stell dir vor, meine Zunge über deinen ganzen Körper für eine Ewigkeit. Du bist Leben, du bist Ewigkeit, du bist alles."

Nun, da Frank weg war, hatte das Leben für Emma „jeden Sinn verloren". „Je mehr man zu verlieren hat, desto tiefer der Schmerz. ... Du bist nicht nur in meinem Herzen, du bist mir in alle Poren gedrungen – bis an mein Lebensende." Sie war von dem Verlangen beherrscht, ihre zwei glückseligen Wochen mit Heiner noch einmal zu erleben.

Zwischen den Vorträgen und ihrer sonstigen Arbeit schrieb Emma ihren Verwandten und Freunden von Heiner. Stella fragte sie: „Hättest du dir je träumen lassen, daß deine alte Tante in einem Mann, der halb so alt ist wie sie, eine wilde Leidenschaft erwecken würde? Das ist wahrhaftig ein Wunder. ... Denk nicht, ich bin zynisch, wenn ich sage, das kommt nur, weil der liebe Mann blind ist." Emma bat Stella, die Sache für sich zu behalten, weil sie sich auf keinen Fall lächerlich machen wollte. Ihrem jüngsten Bruder Moe schrieb sie: „Deine schamlose Schwester hat vollkommen ihr Herz verloren ... Wie das Kind, das zu unserer Vorfahrin Sarah kam. Wirklich, ein Wunder." Sascha vertraute sie an:

„Das Leben, besonders mein Liebesleben, hat mir so böse zugesetzt, daß ich mir kaum mehr erhoffen kann, als Frank mir schon gegeben hat. Ich denke, ich werde mich zügeln können. Aber im Moment fühle ich mich völlig zerschlagen. Ich mache mir keine Illusionen, das weißt du genau. Ich habe nicht für einen Augenblick erwartet, daß Frank sein Leben an meins binden würde, auch wenn er keine Frau hätte, an der ihm sehr viel liegt. Er hat noch sein ganzes Leben vor sich. Meins ist auf dem Weg nach unten. Er gehört nach Amerika, wo ich nicht bleiben kann. Und er muß für seinen Studienabschluß arbeiten, damit er sich irgendwo unabhängig niederlassen kann, denn er ist arm, hat Verpflichtungen, und ich kann ihm nichts bieten als Liebe, größer und strahlender wie nie zuvor. Du siehst also, Dusch, ich habe keinen Grund, glücklich zu sein, obwohl ich den Sternen, die mir Frank finden halfen, dankbar bin und zwei wunderbare Wochen mit ihm hatte. Wenn ich ihn nicht wiedersehen sollte, habe ich wenigstens die Genugtuung, ihn in unsere Bewegung gebracht zu haben. Das ist doch was."

Da Emma das Gefühl hatte, daß alle ihre früheren Beziehungen gegenüber der zu Frank verblaßten, schrieb sie an Stella:

„Ist es nicht seltsam, meine Liebste, daß ich mit fünfundsechzig plötzlich feststelle, daß meine Liebe bei all den Männern, die ich intim kannte, nie zur Erfüllung kam? Sascha wurde mir entrissen, bevor wir Zeit hatten zu erfahren, was Liebe überhaupt ist. Aber wir hätten es auch dann nicht verstanden, wenn er geblieben wäre. Wir waren beide zu besessen von unseren Ideen und unserer Arbeit, um an etwas Persönliches zu denken. ...

Dann war da Ed, er hätte mich befriedigen können, wenn ich nicht bis zur völligen Selbstverleugnung in der Bewegung gesteckt hätte. Und nach Ed, wen gab es da schon, der weiter als bis zur Oberfläche meines Wesens gedrungen wäre? Ben R. und Arthur haben mich schlicht und einfach mitgezogen. Bei Ben kam noch hinzu, daß unsere Welten, Ideen und Vorlieben verschieden waren. Und Arthur dachte zu sehr an den Altersunterschied zwischen uns und ließ ihn mich keinen Augenblick lang vergessen. Danach jahrelang Einsamkeit und Liebeshunger und schließlich die Erkenntnis, daß ich nichts mehr zu erwarten habe. Tatsächlich glaubte ich nicht mehr daran, daß ich noch einmal erweckt werden könnte oder reagieren würde, wenn mir Liebe oder auch nur eine Gelegenheitsaffäre über den Weg liefe.

Und dann Frank zu treffen, seine Welt der Schönheit, seine Vorstellung von Freiheit und Kameradschaft, seine herzliche, zärtliche Ausstrahlung kennenzulernen. Ach, mein Liebling, es ist ein Wunder, wirklich wahr. Glaub nicht, das überwältigende Glück der zwei Wochen hätte meinen Arbeitseifer oder meine Sehnsucht nach einer Nische gemindert. … Es hat meinen Glauben in die Menschheit gestärkt, daß Frank so einen unbeugsamen Willen zeigt, all die schrecklichen Schwierigkeiten, die seine Behinderung ihm in den Weg gelegt hat, zu überwinden. Weißt du, Liebste, bei Frank habe ich die völlige Harmonie von Ideen, von der Welt, die wir aufbauen wollen, und von unserem Bedürfnis nach Kunst und Schönheit und Erfüllung meines Frauenherzens gefunden. Ist das in meinem Alter nicht ein großes Wunder? Und in dieser kalten und häßlichen Welt?"

Als Ben von Emmas Liebesaffäre erfuhr, fühlte er sich zu einem neuen Versuch, sie zu verführen, herausgefordert. Aber Emma, stark durch ihre Liebe zu Frank, sagte nein. Ben erklärte, Emma könne ihn niemals aus ihrem Leben vertreiben: „Du hast gesagt, mein Blatt in der Geschichte hänge von dir ab und vielleicht hast du recht. Aber, liebe, blauäugige Mommie, die Geschichte geht seltsame Wege und vielleicht hängt dein Blatt in der Geschichte von Ben Reitman ab …"

Ben wohnte mit seiner Mutter und seinem Sohn Brutus zusammen. Er war in Chikago eine Berühmtheit geworden, und die Zeitungen schrieben oft über ihn: „Wenn er mit einem spricht, sieht man an seinen Augen, daß er über Dinge nachdenkt, die weitab von der trivialen Unterhaltung liegen. Er hat weise Augen, traurige und lächelnde – verständnisvolle Augen. … Die Leute gehen nicht nur in seine Praxis, um behandelt zu werden, sondern auch, um zu reden und sich trösten zu lassen. Jeder verläßt sie reicher, einige, was die Brieftasche, alle, was die geistige Verfassung betrifft."

Aber seine Verpflichtungen Mutter und Sohn gegenüber ließen ihm das Leben wie Routine erscheinen, und er vermißte die unbeschwerte Zeit mit Emma. Im November schickte er ihr sein neues Gedicht *Diener, Sklaven und Erlöser*:

„Ich brauche eine neue Frau, der ich mein Herz ausschütten kann;
Die anderen Frauen in meinem Leben scheinen mir unvollkommen.
Sie sind anscheinend unfähig, mich zu erreichen oder mein Weinen zu hören.

Das ist das Elend, wenn man ein 'Großer Mann' ist.
Man darf nicht weinen, Bedürfnisse haben oder einsam sein ...
Die zehn Jahre, die ich mit dieser Riesin von Agitatorin zusammen war,
Verbrachte ich damit, ihr zu dienen und nur an ihre Bedürfnisse zu denken.
Sie wurde auf meinem Rücken berühmt. ...
Alle großen Geister sind einfach unersättlich.
Sie brauchen Fleisch, Hindernisse, Blut, Feinde, Diener, Ziele.
Und das ist das Traurige am Leben – wir haben keinen
Typ von Mann und Frau hervorgebracht, dem das Dienen und Lieben
Freude macht;
Die Frauen wollen nicht, daß jemand auf ihren Schultern steht oder ihnen
voraus ist
Sie wollen alle auf eigenen Füßen stehen ... in der Sonne. ...
Ich bin auf dem Markt ein Pfund Fleisch. ...
Was die Welt braucht, sind Huren, denen das Dienen Freude macht.
Möchtest du eine Sklavin sein? Sklaven werden so dringend gebraucht. ...
Um ein Erlöser der Welt zu sein, muß man Sklave und Diener sein,
Und den großartigen Choral singen können, 'So wie ich bin,
Ohne einen Fetzen auf dem Leib, komme ich zu dir, Herr'

Ben L. Reitman"

Kurz nachdem Ben dieses Gedicht geschrieben hatte, wollte er einige von Emmas Briefen in seinem neuen Buch veröffentlichen. Emma war dagegen und schrieb ihm, er müßte schon bis nach ihrem Tod warten, wenn er unbedingt alle Welt wissen lassen wollte, was für ein großartiger Liebhaber er gewesen war. „Du bist viel jünger, lieber Ben, und du wirst mich überleben. Ist es zuviel verlangt, so lange zu warten? Ich will nicht, daß meine Briefe an dich veröffentlicht werden, nicht, soweit sie von dem Kampf meiner Liebe zu dir handeln. Er hat mich zu sehr beherrscht, zu grundsätzlich betroffen und zu sehr verschlungen, als daß ich ihn zu meinen Lebzeiten zu Allgemeingut machen würde."

Das Schicksal ihrer Liebesbriefe wurde eine Frage von Stolz und Prinzip. Emma meinte, sie würden sowieso mißverstanden werden, weil viele von Bens Briefen vom Justizministerium im Zuge der Hausdurchsuchungen im Jahre 1917 beschlagnahmt worden waren. Und in dieser entscheidenden Phase von 1916 bis zu ihrer Deportation lag der Schlüssel zum Verständnis ihrer Enttäuschung von Ben.

Ben wandte ein, Emma habe auch einen seiner Briefe in ihrer Autobiographie benutzt. Überhaupt nicht wahr, antwortete Emma, sie habe den Brief nur umschrieben und nicht zitiert. Was seinen Vorwurf betraf, daß sie sich der Briefe und ihrer gemeinsamen Vergangenheit schäme, hatte Emma eine andere Erklärung:

„Wie ich sehe, bist du trotz Alter und Erfahrung nicht sensibler geworden. Du bist grob und rachsüchtig, wenn deine Wünsche nicht erfüllt werden. Ich habe die Hoffnung aufgegeben, dir irgendetwas verständlich machen zu können, zumindest soweit es mich betrifft. Und sicher hast du genauso wenig Verständnis für andere. Warum schreiben wir uns also noch? Offen gesagt, sehe ich keinen Sinn darin. Ich würde ja sofort aufhören, aber ich will dich noch in zwei Punkten berichtigen.

Erstens habe ich deinen Brief nicht veröffentlicht. ... Wenn ich alles hätte, was du mir je geschrieben hast, würde ich keinen Augenblick zögern, und du könntest meine Briefe zusammen mit deinen veröffentlichen. Das würde eine interessante Lektüre abgeben über eine Menschenseele, die sich aus dem eisernen Griff wilder Vernarrtheit loszureißen versucht. ...

Und noch eins. Jeder der LML [Gelebtes Leben] gelesen hat – ich meine die, die überhaupt empfindsam sind –, hat mich gefragt, wie ich mich soweit erniedrigen konnte, daß ich wie ein ausgepeitschter Hund zu dir zurückgekrochen kam, nachdem du mich mit deiner Beichte überschüttet hattest. Nur du fühltest dich ins Unrecht gesetzt und machst weiter mit all den Gemeinheiten ... darüber, wie sehr du verletzt warst. Du hast nicht ein einziges Mal gemerkt, daß ich mich selbst viel mehr bloßgestellt habe als dich. Aber wozu reden? Ich verschwende nur Worte und Zeit, denn du hast nie etwas anderes als dein Streben nach Anerkennung und Pomp im Kopf gehabt – und so ist es immer noch."

Als Emma diesen Brief im Dezember 1934 schrieb, hatte sie endgültig genug von Ben und von Kanada und beschloß, nach St. Tropez zurückzukehren. Auch die Beziehung zu Frank neigte sich ihrem Ende zu; er schrieb immer seltener und gehemmter. Sie sehnte sich jetzt nach Sascha, seiner Ruhe und Ausgeglichenheit und war sogar bereit, mit Emmy Frieden zu schließen. Als Ausländer mit zeitlich begrenzten Visa, die jederzeit widerrufen werden konnten, durfte Sascha in Frankreich nicht legal arbeiten. Obwohl er Übersetzungen machte und Emmy Schreibarbeiten, verdienten sie so wenig, daß sie zeitweise nur von Brot und Tee lebten. Emma teilte ihr ganzes Geld mit den beiden und tat, was sie konnte, um Genossen in den Staaten dazu zu bringen, daß sie Sascha Geld schickten. Bei ihren Vorträgen hatte sie für Saschas Buch *ABC des Anarchismus* geworben, aber nicht allzuviel Resonanz gehabt. Der finanzielle Mißerfolg ihrer Reise wirkte sich nun auch auf Sascha und Emmy aus, und es war sogar die Rede davon, *Bon Esprit* zu verkaufen, um nur über die Runden zu kommen.

Sascha schrieb Emma nach Kanada:

„Also, liebstes Mädchen, komm doch bitte bald. Es ist schon so lange her, seit ich dich zum letztenmal gesehen habe. Kommt mir schrecklich lang vor. Und ich freue mich riesig darauf, dich wiederzusehen nach all dem, was du in den letzten 18 Monaten durchgemacht hast. Bis dahin umarme ich dich nur mit Worten, hoffe aber, daß ich dich bald wieder richtig, wie es sich gehört, in den Arm nehmen und an mein Herz drücken kann wie eine lange vermißte Seele, mein neuentdeckter Matrose.

Also, hoffentlich ist es bald so weit.

Herzliche Grüße S"

Nach diesem liebevollen Brief von Sascha öffnete Emma auch Emmy ihr Herz:

„Liebes, weder S. noch du habt euch jemals vorstellen können, wie unglücklich und niedergeschlagen ich in den Jahren nach meiner Rückkehr aus Rußland war. Ihr werdet auch nie erfahren, wie sehr ich mich bemüht habe, das Unvermeidliche zu akzeptieren, ein inaktives und schrecklich einsames Leben. Wenn ich ungeduldig und unfreundlich zu dir war, meine Liebe, dann nur, weil ich mich innerlich so leer fühlte und mich vergeblich nach dem sehnte, was ich zurückgelassen hatte. Ich bin sicher, hier in Amerika hättest du mich, deine alte, griesgrämige Freundin, kaum wiedererkannt. Nicht, daß es nicht genug Gründe gab, niedergeschlagen und besorgt zu sein. ... Aber der bloße Aufenthalt in Amerika ließ alles andere unwichtig erscheinen. Kein Wunder, daß unsere alten Freunde allesamt meinten, ich sei noch nie so guter Dinge gewesen und hätte nie so gut geredet. Ja, meine Liebe, die Umgebung ist für so launische Leute wie dich und mich von großer Bedeutung. Oder meinst du etwa, daß ich die einzig Launische in unserer kleinen Familie bin.“

Emma konnte jetzt Emmy gegenüber aufrichtig sein, weil sie sich als verliebte Frau ihr ebenbürtig fühlte. Emmy ihrerseits gab zu, daß sie mit Emma nicht immer gut ausgekommen war:

„Ich erzähle dir das jetzt, weil ich mich dir vertraut fühle ... Und wenn du kommst, süße Emma, wirst du merken, daß ich mein Glück ganz mit Sascha und dir teile. Du wirst mir nicht glauben, daß ich das schon immer wollte. Aber die Umstände gaben mir keine Gelegenheit dazu.

Ich habe auch Kämpfe durchgestanden, und sie haben mich reifer gemacht und das Herz von anderen besser verstehen lassen. Ich liebe Sascha mehr denn je, aber in einer viel tieferen Art, weißt du. Nicht so, daß ich die ganze Zeit hinter ihm her bin usw.

Ich weiß, daß wir beide in dieser Hinsicht vollkommen glücklich sein werden, Emma, weil ich denke, meine Liebe für Sascha entspricht deiner ungeheuer. Und wenn auch ganz anders, weil wir eben total verschiedene Charaktere sind, meine Liebe, so liebt er uns doch beide gleich stark. Daß ich als Genossin im Vergleich zu dir sehr farblos bin, weißt du. Aber ich tue, was ich kann.

Emma–Liebling, Sascha ist nicht sehr stark. Ich habe den Wunsch und die tiefste Hoffnung, wenigstens jetzt ihm und dir das größtmögliche Glück zu bieten. Mein Gott, das Leben vergeht so schnell.“

Anfang Februar 1935 buchte Emma die Passage für die Rückreise nach Europa im Mai. Ihre Freunde in Europa bereitete sie darauf vor, daß sie „eine viel traurigere Emma“ treffen würden, „weiser zwar, aber innerlich zerrissener und leerer als vor 15 Monaten, als ich euch verließ – obwohl ich tierisch gesund aussehe und den Eindruck mache, als gehöre mir das Vermögen Rockefellers. ...“

Kurz vor ihrer Abfahrt schrieb sie an Frank: „Es ist so schwer zu schreiben. Es ist, als ob man die heranbrausenden Meereswogen mit einem Besen zurückfegen wollte.“ Sie malte sich aus, daß sie Frank in St. Tropez wiedersehen würde und daß ihre Liebe, fernab vom Druck seiner häuslichen Verpflichtungen, aufblühen könnte. Aber vor allem wollte sie ihre

Besessenheit nach Frank zügeln und sich ihrer Exilgemeinschaft, dem Schreiben, Vortragsreisen und Sascha widmen.

XVII.
TÖDLICHES ENDE

Während ihrer fünfwöchigen Rückreise hörte Emma nichts von Frank Heiner. Das machte sie fast rasend:

„Deine Briefe … sind wie ein kühler Bach für den Wüstenwanderer. … Ach, mein Frank, es war Irrsinn zu denken, ich könnte das Leben genießen, wenn ich tausende von Meilen von dir weg bin. Es war schon in Kanada schwer genug. Jetzt ist es ganz unerträglich. … Ich bin allein, ohne dich bin ich so allein wie nie zuvor in meinem Leben. Es war verrückt, verrückt wegzugehen.

Ich sage verrückt, weil ich glaube, ich hätte nie meiner Sehnsucht nach dir nachgeben dürfen. Wenn nicht unsere zwei Wochen in Toronto gewesen wären, zwei faszinierende, überwältigende, ekstatische Wochen, würde ich dich vielleicht nicht so schrecklich vermissen. Ich versuche verzweifelt, dich aus meinem Dasein auszuradieren, versuche, mir einzureden, wir könnten gute Genossen und Freunde sein, und ich würde lernen, mich damit zufriedenzugeben. Aber je mehr ich daran denke, desto lauter schreit alles in mir nach deiner belebenden Gegenwart, deiner wilden Leidenschaft, deiner magischen Berührung, deinem wunderbar verständnisvollen Wesen. Warum mußtest du mich so verhexen, meine Gedanken völlig in Besitz nehmen … ein Erdbeben, das mir die letzten Kräfte raubte, das mich vergessen ließ, daß ich nichts mehr zu erhoffen habe. Nichts, das ich mein eigen nennen könnte. Es war das spontanste, elementarste, überwältigendste Ereignis meines Lebens. Trotzdem hätte ich dagegen ankämpfen müssen. Ich wußte ja nur zu gut, daß es nicht lange dauern würde. Ja, Frank, mein Schatz, ich weiß, du liebst mich.

Mein Leben wäre jetzt noch unerträglicher, wenn ich an deiner Liebe zweifelte. Aber ist das genug? Ich meine, kann man seinen Hunger stillen, wenn man weiß, daß es auf der Welt Brot im Überfluß gibt. Was nützt das ganze Wissen, wenn das Brot nicht in meiner Reichweite ist? … Du hast auch ohne mich noch Liebe und viele Interessen. Aber ich habe jetzt nichts mehr, weder politische Arbeit noch Liebe noch sonst etwas, wonach ich mich sehne. Ich fühle mich leer … Ich träume Nacht für Nacht von dir … müde vom Herzensverlangen nach deiner Gegenwart und deiner Umarmung. Doch ich sehe nichts ... vor mir, nur Raum und Zeit. Warum mußte das ausgerechnet mir passieren. ...

Ich werde wohl keine Ruhe finden, bis ich wenigstens wieder auf dem amerikanischen Kontinent bin. Dort hätte ich die Hoffnung, dich wiederzusehen. Jetzt habe ich keine.

Ich drücke dich an mein sehnsüchtiges und schmerzendes Herz. In Liebe, sehr, sehr großer und leidenschaftlicher Liebe."

Die Briefe, die Frank ihr später schrieb, waren für Emma mehr eine Qual als ein Trost. Er schien ganz verzweifelt und klagte, nicht mal der Anarchismus könne ihm die elende Angst davor nehmen, daß er vielleicht nie wieder mit ihr zusammensein würde.

Als Emma schließlich in *Bon Esprit* eintraf, das in neuem Glanz erstrahlte, weil Emmy in den beiden letzten Wochen eifrig geputzt und gestrichen hatte, war sie reisemüde und ausgelaugt – ringsum unzufrieden. Ihr einziger Kommentar zu Emmys Arbeit war kritisch. Warum Emmy so viel Geld für Farben ausgegeben habe, fragte sie.

Sascha schrieb an Stella und versuchte, Emmas rücksichtsloses Benehmen bei ihrer Rückkehr zu entschuldigen.

„EG kam ganz schön erschöpft aus Kanada zurück, vielleicht geistig noch mehr als körperlich. Ja, ich fand, sie war niedergeschlagener als je zuvor. Höchstwahrscheinlich war Chikago [d. h. Frank Heiner] der Grund dafür. Jedenfalls konnten wir sie leider nicht aufmuntern mit der Überraschung, daß das Haus renoviert und der Garten in Ordnung gebracht worden war, daß wir sie sehr herzlich empfingen usw. Du kennst unsere liebe Emma – auch Emmys Fröhlichkeit und meine 'berühmten' Witze waren machtlos gegen ihre bedrückte Stimmung. Ja, ich glaube, die Fröhlichkeit wurde von ihr nur als Ärgernis empfunden. Wirklich schade, aber da hilft nichts. Die Dinge müssen ihren Lauf nehmen ..."

Emma konnte nicht einmal Begeisterung aufbringen, als Emmy und Sascha eine kleine Geburtstagsfeier für sie arrangieren wollten. Was sie auch taten, sie konnten Emma nicht aus ihrer Lethargie reißen. Sie suchte Trost, indem sie an Frank schrieb:

„Stell dir vor, letzten Donnerstag, am 27. Juni, bin ich sechsundsechzig Jahre alt geworden. Ich habe mein Alter noch nie so stark gespürt. Es ist mir noch nie so zum Bewußtsein gekommen, wie zutiefst unpassend meine verrückte, wilde Vernarrtheit in dich ist, einen Mann, der dreißig Jahre jünger ist als ich. Und wo doch fast alles gegen eine solche Liebe spricht. Aber nicht nur das. Viel entscheidender ist der allgegenwärtige Gedanke an Amerika. Die Tatsache liegt klar auf der Hand, daß ich in Europa nutzlos bin und daß Amerika mir für immer verschlossen ist. All diese entmutigenden Gedanken überfielen mich an meinem Geburtstag wie eine Lawine. Ich konnte dir an dem Tag nicht mal eine Postkarte schreiben. Und doch warst du mir so tief im Blut und im Sinn, daß ich dich fast spüren konnte. Ein verrückter Zustand, nicht wahr?"

Als Frank ihr antwortete, Liebe kenne kein Alter, gab sie sich erneut dem Traum von seiner Liebe zu ihr hin:

„Das Verlangen nach dir und die Pläne und Ideen, wie ich dich in der Nähe haben oder in deine Reichweite gelangen könnte, beschäftigen mich so sehr, daß ich für den Umgang mit Menschen untauglich geworden bin. Ich strenge mich teuflisch an, nicht an dich zu denken, damit ich bloß etwas Frieden finde. Aber je mehr ich mich anstrenge, desto ruheloser werde ich.

An manchen Tagen ist mir, als müßte ich den nächsten Dampfer zurück nach Kanada nehmen. Natürlich ist das Wahnsinn.

Aber was willst du machen, wenn die Sehnsucht zur fixen Idee geworden ist, zum allgegenwärtigen Denken, zu einem Gefühl, das für nichts anderes Platz läßt und aller Vernunft trotzt. Viele Jahre war ich in so einem verwirrten Zustand. ... Ich bin ständig im Konflikt mit mir selbst, mit dir, mit deiner Liebe.

Frank, mein Frank, ich sehne mich nach dir mit jeder Faser meines Wesens."

Die Liebesbriefe gaben Emma die Möglichkeit, vor ihrem zunehmend untragbaren Verhältnis zu Emmy zu fliehen. Die fast zweijährige Trennung hatte bei beiden Frauen die Hoffnung wachsen lassen, sie würden sich jetzt gut verstehen, aber das erwies sich als Illusion. An manchen Tagen lag eine solche Spannung in der Luft, daß jede verzweifelt in ihr Zimmer ging, um sich dort beim Schreiben abzureagieren. Schließlich explodierte Emmy, und Emma, ihre eigene glühende Eifersucht ignorierend, giftete zurück, Emmy sei

„Sascha gegenüber maßlos, ja, fast krankhaft besitzergreifend. Das ist es, was all deine Gedanken und Handlungen beeinflußt. Darum kannst du einfach nicht ertragen, daß irgendjemand, besonders ich, eine Rolle in Saschas Leben, seinen Gedanken, seiner Arbeit spielt ... Natürlich weiß ich, wie tapfer du versucht hast, dich von diesem völligen Besitzanspruch zu befreien, von dem Monopol an einem menschlichen Körper und, was noch tödlicher ist, an einem menschlichen Geist. Dein tapferer Versuch war in all deinen Briefen zu spüren. Du wolltest unbedingt frei und großzügig mir und dem gegenüber, was ich Sascha geben kann, sein. Aber als du dann damit konfrontiert wurdest, daß ich eine Rolle in Saschas Leben und Arbeit spiele, hast du es nicht ertragen. Du hast es nicht ertragen, daß wir in wichtigen Fragen die gleiche Sprache sprechen. Natürlich warst du dir nie der Ursache für deine Verärgerung bewußt und hast alle deine Probleme auf meine Taktlosigkeit oder meine mangelnde Fähigkeit, fröhlich und unbeschwert zu sein, geschoben. Vergib mir, meine liebe Emmy, ich will dich wirklich nicht verletzen, aber ich muß dir sagen, diese Vorstellungen sind kindisch, kindisch und mehr noch, sie sind einfach nicht wahr. Ich gebe zu, es ist ein großer Unterschied zwischen Fröhlichkeit und kindischem Gehabe. Ich verstehe und liebe Kindlichkeit bei anderen und habe auch selbst viel davon. Wie hätte ich sonst mein Leben lang die Jugend angezogen, wie hätte sie sich sonst um mich geschart und sich in meiner Gegenwart – und immerhin bin ich sechsundsechzig – wohlgefühlt? ... Aber ich gebe zu, daß mir kindisches Gehabe bei erwachsenen Menschen auf die Nerven

geht. Besonders das kindische Gehabe, das sich in albernem Babygeschwätz mit dem Geliebten äußert. Mir ist nichts Menschliches fremd, und
ich weiß nur zu gut, wie furchtbar kindisch die Klügsten von uns in einer
Liebesbeziehung sein können. Dagegen ist nichts zu sagen, solange man
unter sich ist. Aber wenn demonstrativ in der Gegenwart von anderen so
albern geschwätzt wird, dann klingt es nicht wahr oder überzeugend und
läßt uns in den Augen der anderen, die dabei sind und zuhören müssen, töricht erscheinen. ... Du versuchst unbewußt, Saschas Interesse oder Ver-
sunkenheit durch dein 'Babygeschwätz' abzulenken, was immer er auch
tut oder mit wem er zusammen ist. Das Tragische daran scheint mir, daß du
dir überhaupt nicht bewußt bist, daß Männer wie Sascha solcher Liebesbe-
weise überdrüssig werden. ... Nein, liebste Emmy, als ich dich darauf aufmerksam machte, daß du nicht mehr fünf Jahre alt bist, hieß das nicht, daß
ich etwas gegen Fröhlichkeit habe. Du hast das natürlich falsch verstanden. Du dachtest, ich wollte deine fröhliche Stimmung dämpfen. Darum
hast du mir prompt versichert, daß du die Absicht hast, bis ans Ende deiner
Tage jung und kindlich zu bleiben. Hättest du auch nur einen Augenblick
nachgedacht, wäre dir klargeworden, daß nichts meiner Absicht ferner
lag, als dein Lachen zu unterdrücken, ein Lachen, das aus dir hervor-
sprüht. Es geht mir um dieses kindische Kichern, mit dem wir das zur
Schau stellen, was wir eigentlich verbergen wollen. Bei dir nämlich deinen
Besitzanspruch auf Sascha. ...

Was die Taktlosigkeit betrifft, mein liebes Mädchen, hast du überhaupt
eine Ahnung, wie ungeheuer taktlos du warst? Sicher nicht. Ich habe nicht
die Absicht, alles aufzuzählen, was du mir sagst und womit du mich verletzen willst. Ich möchte nur auf deine heftige Abneigung meiner Tatkraft
und Energie hinweisen, auf deine ständige Klage, daß ich das Haus mit
Düsterkeit erfülle, auf deine wiederholten Bemerkungen, daß Sascha zu
dir wunderbarer ist, als er es je zu einem anderen Menschen war – und
das alles einer Frau gegenüber, die fünfundvierzig Jahre der reinsten Hölle
mit dem Mann geteilt hat.

Was ist das alles, liebe Emmy, wenn nicht Taktlosigkeit. Und was hast du
bei deinem letzten Anfall von schlechter Laune gemacht, als du tagelang
an mir vorbeigerauscht bist, ohne ein Wort zu sagen, als ob ich gar nicht da
wäre. Hast nicht du das Haus mit Düsterkeit erfüllt, hast nicht du bittere
Sachen gesagt, nur viel lauter und schroffer, als du es je von mir gehört
hast. Dabei weißt du, daß ich unendlich viel mehr Grund für meine Launen hatte als du. Bei dir ist es natürlich dein armer Magen – das verstehe
ich. Bei mir ist es die Einsamkeit, die Tatsache, daß ich dreitausend Meilen
von dem Mann, der die letzte große Erfahrung meines Lebens war, entfernt bin. ... Taktlos, meine Liebe – bist du dir darüber im klaren, daß ich
mich seit meiner Rückkehr wie im Glashaus fühle? Ich, die ich an freie
Meinungsäußerung gewohnt bin, habe meine Gefühle für die, die mir teuer sind, unterdrückt, um dir nicht weh zu tun. Wie lächerlich also, mir Taktlosigkeit vorzuwerfen! Aber ... du bist von deinem Besitzanspruch ver-
blendet und siehst nichts, was mich betrifft, im richtigen Licht.

Leider war ich schon in Saschas Leben, als du kamst. Nichts kann daran und an dem Platz, den ich in seinem Leben einnehme – ob er es nun zeigt oder nicht –, etwas ändern. Als ich in Kanada war, hatte ich gehofft, daß du dich nun endlich damit abgefunden und mich als deine Freundin ebenso wie Saschas Gefährtin, Genossin und Freundin akzeptiert hättest. Ich habe offenbar Unmögliches erwartet. Machen wir also das Beste draus, liebe Emmy. Der Sommer ist fast vorbei. Im Herbst ziehst du wieder in deine eigene kleine Wohnung und hast Sascha dann ganz für dich allein. Ich versichere dir, ich werde deine Idylle nicht stören. ... Laß uns also zusammenhalten, solange wir können und – finanziell gesehen – müssen. ...

Eines noch: Ich war nicht wütend. Ich war nur betrübt und unsagbar traurig, weil du in mir noch immer, wenn nicht eine Feindin, so doch eine siehst, die du im Hinblick auf Sascha fürchten mußt. ...

Ich selbst fühle mich mehr als je zuvor wie der ewige Jude. Darum will ich auch meinen Weg gehen, wenn die Zeit kommt. Du sagst ja selbst, du magst mich viel lieber aus der Ferne.

Danke, meine Liebe, für alles, was du wieder für *Bon Esprit* getan hast. Denk nie, ich würde es nicht zu schätzen wissen ... Ich will mich in Zukunft noch mehr bemühen, dir nicht als taktlos und bitter zu erscheinen.

Herzlichst"

Sascha versuchte, einen Waffenstillstand herbeizuführen und schrieb an Emma, nachdem er Ende August mit Emmy nach Nizza zurückgekehrt war:

„Liebste Em,

es tut mir sehr leid, daß du diesmal so enttäuscht von deiner Heimkehr bist. Mir liegt es gewiß nicht, Gefühle zu zeigen, vor allem mag ich nicht darüber reden. Meine Gefühle zu dir haben sich in keiner Weise geändert und werden sich nicht ändern. Aber die Atmosphäre in St. Tropez war reichlich bedrückend, hauptsächlich wegen deines seelischen Zustands, deiner Sehnsucht nach Frank usw.

Aber all das war nicht so entscheidend. Ich glaube, in Wirklichkeit ist es deine allgemeine Unzufriedenheit mit der Welt und die Tatsache, daß ein ménage à trois einfach nicht klappt. ...

Ich weiß, du wirst sagen, daß Emmy eifersüchtig auf dich ist und daß darin die Ursache des Problems liegt. Aber nichts wäre weiter von der Wahrheit entfernt als diese Annahme. Vielleicht war Emmy früher eifersüchtig auf dich, aber das ist lange vorbei. Auf jeden Fall hat sie den ganzen letzten Winter von nichts anderem geträumt als von deiner Rückkehr und hat sich überlegt, wie sie uns dreien das Leben in St. Tropez angenehm machen könnte. Darum ist sie auch zwei Wochen vor deiner Ankunft dorthin gefahren, um als Überraschung für dich das Haus zu renovieren usw. Und sie wollte unbedingt, daß *du* dort glücklich bist, so glücklich wie möglich.

Das ist ihr aber nicht gelungen. Also, meine Liebe, sicher weiß ich, daß Emmy viele Fehler hat – aber ich sehe lieber die guten Seiten beim Menschen. Und da ich den ganzen Sommer in St. Tropez war und beobachten konnte, wie die Sache lief, muß ich dir sagen, sie hat sich sehr angestrengt, dir alles angenehm zu machen. Aber, wie gesagt, es hat nicht funktioniert. Wahrscheinlich hatte keiner Schuld daran, jedoch muß man die Tatsache einfach sehen.

Du wirst hoffentlich zugeben, meine Liebe, daß es nicht gerade leicht ist, mit dir zusammenzuleben. Ich glaube, deine besten Freunde werden dir das sagen, wenn sie offen zu dir sind. Und man kann sich nicht immer unterdrücken lassen, ohne von Zeit zu Zeit herauszuplatzen. Mit unterdrücken meine ich mehr die Atmosphäre, die du schaffst, als irgendwas, was du sagst. Bist du dir im klaren, daß es so weit ging, daß Emmy Angst hatte zu lachen oder ihre angeborene Lebensfreude zu zeigen, weil es dich störte und sogar verärgerte, wie ich selbst bei mehreren Gelegenheiten festgestellt habe. Unter solchen Umständen können Menschen wirklich nicht zusammenleben.

Und ich muß dir sagen, meine Liebe, daß ich selbst oft niedergeschlagen war von der Atmosphäre, die du verbreitest. Und ich bin nicht nervös wie Emmy. Ich kann in jeder Hinsicht eine ganze Menge ab. Trotzdem bedrückten mich deine häufig schwermütige Stimmung und deine schlechte Laune und oft konnte ich deswegen nicht einmal arbeiten. Du kannst dir also vorstellen, wie solche Umstände auf ein nervöses und überempfindliches Wesen wie Emmy wirken. Kein Wunder, daß sie explodierte.

All das zeigt einfach, daß ein ménage à trois nicht funktioniert. Wenigstens nicht in diesem Fall, obwohl ich glaube, es funktioniert in keinem Fall. Das ist bedauerlich, aber eine Tatsache."

Als Emma dann ihre Wohnung wieder für sich hatte, schrieb sie Sascha mehr philosophisch über Emmy:

„Ich wünschte, ich könnte sie davon überzeugen, daß es nie meine Absicht gewesen ist, unfreundlich oder ungeduldig zu ihr zu sein. Ich möchte natürlich auch ihr zuliebe, daß sie sich bei mir ungezwungener fühlt, aber hauptsächlich deinet– und meinetwegen. Denn ich bin zu der Überzeugung gekommen, daß ich dir nur auf diese Weise Ruhe geben kann und du mich dafür gelegentlich besuchst ... Daß ich das jetzt mehr als je brauche, sollte dich eigentlich nicht wundern. Denn mir ist nichts von der Vergangenheit geblieben, weder Mann, Kind noch die Arbeit für unsere Ideen. Und die hat mein Leben schließlich immer mehr ausgefüllt als jeder Liebhaber oder Freund – mit Ausnahme von dir. Da wir jetzt beide alt werden, sollten wir an unserer Freundschaft festhalten, die so kostbar war und bis zu unserem letzten Atemzug sein wird."

Am 21. November 1935 wurde Sascha fünfundsechzig Jahre alt. Emma schrieb ihm:

„Mein lieber, alter Dusch,

als Gruß zu deinem fünfundsechzigsten Geburtstag ist es vielleicht angebracht, daß ich dir das Geheimnis meines Lebens verrate, nämlich, daß ich als einzigen Schatz aus meinem langen, bitteren Kampf meine Freundschaft zu dir gerettet habe. Ob du es glaubst oder nicht, lieber Sasch, ich weiß sonst nichts Wertvolleres – seien es Menschen oder Erfolge ... Ja, ich habe andere Männer geliebt. Ich liebe Frank aus einem törichten, aber dennoch starken Gefühl heraus. Aber es ist nicht übertrieben, wenn ich sage, daß keiner je so in meinem Wesen verwurzelt war wie du – und das bis zum heutigen Tag. In meinem langen Leben sind Männer gekommen und gegangen. Aber du, mein Liebster, wirst für immer bleiben. Ich weiß nicht, warum das so ist. Unser gemeinsamer Kampf und alles, was er uns an Mühe und Enttäuschung gebracht hat, erklärt kaum, was ich für dich empfinde. Aber ich weiß, der einzige Verlust, der mich wirklich tief treffen würde, wäre, dich und deine Freundschaft zu verlieren.

Dieses unerschütterliche Gefühl wäre leichter zu erklären, wenn du immer nur freundlich und verständnisvoll gewesen wärst. Aber das warst du nicht. Im Gegenteil, du warst und bist oft barsch und begreifst nicht die inneren Beweggründe für mein Handeln. Aber das alles zählt nicht, verglichen mit der Kraft, die du für mich warst, seit ich deine Stimme zum ersten Mal hörte und dich in Sachs Café traf. Mir scheint, daß ich erst in dem Moment als Frau, Mutter, Genossin und Freundin geboren wurde. Ja, ich glaube, mein stärkstes und überwältigendstes Gefühl für dich ist das einer Mutter. Du hast mir das übelgenommen und gesagt, du bist kein verwöhntes Kind. Natürlich hast du nicht verstanden, daß ich gar nicht die Absicht hatte, dir meine Mutterautorität aufzuzwingen. Ich war nur immer um dein Wohlergehen besorgt und hatte auch ständig Angst, daß dir etwas zustoßen könnte, was dich mir entreißen würde. Schrecklich egoistisch, nicht wahr, liebes Herz? … Aber ich weiß, ich würde alles nur Erdenkliche mit Freude geben, um dein Leben zu bereichern."

Sascha, der an Prostatabeschwerden litt, wußte Emmas stillschweigendes Verständnis für seinen mißlichen Zustand zu schätzen, es machte ihm sogar Spaß, sich mit ihr über das Altern zu streiten. Sie hatten beide seit langem erkannt, daß sie in „einer kämpferischen Atmosphäre" erst richtig aufblühten, aber Sascha konnte sich den Hinweis nicht verkneifen, daß „man alt wird, meine Liebe – *du* allerdings *nicht*." Emma protestierte, er solle nicht ständig ans Altern denken.

„Was das Alter betrifft, so glaube ich dir kein Wort. Ich war schon immer der Meinung, daß du dein Alter innerhalb von Sekunden vergessen würdest, wenn du in der Lage wärst, an interessanten Aktivitäten teilzunehmen. … Ich wette um mein letztes Hemd, daß du nicht mehr von den alten Tagen reden würdest, wenn du deine Aufmerksamkeit auf eine wichtige Sache konzentrieren müßtest und die Freiheit hättest, sie anzupacken. … Aber trotz deiner fixen Idee, daß du alt bist, kannst du noch ein paar Jahre machen. Das hoffe ich inständig, Emmys und meinetwegen. Schließlich brauche ich dich auch, mein Sasch… Fünfundvierzig Jahre sind kein Witz. Jede Phase meines Lebens war mit deinem Leben verknüpft. Es ist schon schmerzlich genug, auch nur ein Jahr fort zu sein. Ich kann mir nicht vorstellen, wie es ganz ohne dich wäre. Meine einzige Hoffnung ist, daß ich vor dir abtrete. Du hast dann noch unsere süße Emmy, die dich so innig liebt. Ich hätte niemanden, daher wäre der Verlust für mich unendlich schwerer zu ertragen."

Trotz optimistischer Briefe verhandelten sie offen über ihre Testamente.

Emma hatte beschlossen, ihm *Bon Esprit* zu vermachen. Sie, die nun allein in St. Tropez lebte, vermochte den düsteren Schatten seiner Krankheit nicht abzuschütteln.

Franks Briefe konnten ihr nicht mehr genug Kraft geben. Obwohl er denselben hingebungsvollen Ton beibehielt, schrieb er immer seltener. Ihr Entschluß, die Beziehung zu Frank abzubrechen, war zum Teil darin begründet, daß sie seine Zurückhaltung spürte und wußte, daß sie vergeblich auf seinen Besuch hoffte.

Ende 1935 schwor sie sich, diese sie nunmehr frustrierende Beziehung zu beenden. Finanzielle Schwierigkeiten und die langen Abstände zwischen Franks Briefen hatten ihren Mut gebrochen. „Ich weiß nicht, ob es eine Tugend oder ein Laster ist, fast jedes Leid der Sinnlosigkeit vorzuziehen", schrieb sie ihm und daß sie beschlossen hatte, St. Tropez zu verlassen und nach England zu gehen:

„Ich kann die Folterqualen nicht mehr ertragen. Mehr denn je brauche ich wirklich jedes bißchen Energie und Konzentration, um mich in England niederzulassen. ... Es erfordert übermenschliche Kraft und Entschlossenheit, den ganzen Schutt, der sich seit langem angesammelt hat, aus dem Weg zu räumen. Und das wird mir nur gelingen, wenn ich alle persönlichen Gefühle und Sehnsüchte hinter mich bringe und mich völlig der Aufgabe widme. *Und ich muß es schaffen oder Schluß machen. Ich kann es nicht länger ertragen, geknebelt und gefesselt zu sein.* Du siehst also, mein Liebster, es ist eine Frage von Leben und Tod.

Im Sommer ist mir klar geworden, daß mich meine Gefühle für dich völlig untauglich für alles andere machen. Deshalb will ich mich davon befreien. Ich werde dich nicht vergessen. Aber ich muß die Leere ausfüllen, die unsere Trennung bei mir hinterlassen hat, und ich denke, daß der Versuch, dem Anarchismus in England Gehör zu verschaffen und eine Grundlage für systematische Propaganda zu legen, mir dabei behilflich sein wird. Schließlich hat mir unser Ideal immer mehr bedeutet als alles andere. Ich sage nicht, daß mir die Wahl leicht fällt. Aber es hilft nichts ... es muß sein."

Im Dezember zog Emma nach London.

Sascha freute sich auf die Briefe seiner „lieben, kleinen Kämpferin und treuen Seele", und Emma ließ keine Woche vergehen, ohne ihm zu schreiben. Er war verblüfft, wie hektisch ihr Leben in London war: „Was du bloß alles schaffst, die vielen Leute, die Parties, die Vorträge und die langen Briefe! Erstaunlich." Emma betonte, die Arbeit hätte ihr neue Lebenskraft gegeben: „Liebes Herz, was sollte ich wohl machen, wenn meine Vitalität und Energie mich verließen? Es gibt so wenig Persönliches in meinem Leben, daß ich aktiv sein muß, um die innere Leere auszufüllen. Ich bin dankbar, daß ich noch gesund bin und daß meine Energie mit der Arbeit zunimmt."

Frank versuchte, Emma mit Liebesbriefen zu trösten. Keine noch so lange Abwesenheit oder „Dürre", wie er es nannte, könne ihn seine „Brunhilde" vergessen lassen. „Liebling, ich habe in Gedanken jeden

Zentimeter deines Körpers mit heißen Küssen bedeckt." Er war selbst erstaunt, was für eine „Ehrfurcht, die der Vergötterung gleichkommt", er für sie empfand.

„Nun, was die Gefühle betrifft, die du in deinen letzten Briefen, vor allem in deinem letzten Brief so wunderbar und zärtlich ausgedrückt hast, nämlich daß du mich vermißt, aber meinst, du darfst nicht so oft daran denken – so verstehe ich diese Gefühle sehr gut, mein Liebling, und ich wäre der erste, der sie unterstützen, und der letzte, der sie behindern würde. Aber laß mich bitte ein bißchen leidenschaftlich zu dir sein. Ich kann dir nicht auf rein freundschaftlicher Basis schreiben. Ich würde jedoch nicht versuchen, deinem Glück Hindernisse in den Weg zu legen. Ich liebe dich, wie ich es immer getan habe und immer tun werde, aber wir müssen uns den Verhältnissen beugen. Ich weiß, daß du mich liebst, und glaube nicht, daß ich dich verloren habe. Manchmal habe ich inmitten der Schwierigkeiten des letzten Jahres davon geträumt, für immer mit dir zusammenzuleben, aber wenn ich nur eine Sekunde nachdachte, mußte ich erkennen, daß es völlig unmöglich ist. Das Leben, das wir gezwungenermaßen führen, du wegen deiner Arbeit, ich wegen der finanziellen Schwierigkeiten, würde so etwas unmöglich machen. Wenn ich die Lage objektiv betrachte, muß ich dir auch energisch davon abraten, wieder nach Kanada zu kommen. Dort könnte ich immer nur für kurze Zeit und relativ selten bei dir sein. Indessen sehe ich nicht ein, weshalb es zwischen uns nicht so weitergehen sollte wie bisher. Wir können es ja auch etwas gelassener nehmen, aber ebenso herzlich bleiben. ...

Du bleibst immer die Göttin, und dich zu kennen, an dich zu denken, heißt für mich, dich immer und ewig lieben.

Frank"

Dieser Brief muß ein schwerer Schlag für Emma gewesen sein, aber sie fügte sich in das idealisierte Bild, das Frank von ihr gemalt hatte:

„Du hast mich im Sturm erobert, mein Lieber, und mir so den Kopf verdreht, daß ich Monate brauchte, um darüber hinwegzukommen. Letzten Sommer hatte ich reichlich Zeit, den Wahnsinn, der uns beide gepackt hatte, zu analysieren. Und je mehr ich darüber nachdachte, desto absurder und hoffnungsloser wurde es. Ich sah ein, daß ich den gordischen Knoten zerschneiden mußte, wenn ich nicht völlig unfähig werden wollte, mein Lebensziel zu verfolgen und meine Arbeit für unsere Ideale fortzusetzen. Ich habe nie zugelassen, daß sich dieser meiner einzigen Daseinsberechtigung irgendetwas in den Weg stellte. ... Also blieb mir nichts anderes übrig, als dir die Änderung in unserer Beziehung vorzuschlagen. Ich sage dir ganz offen, das hat mich beträchtlich erleichtert und beruhigt."

In den politischen Auseinandersetzungen fühlte sich Emma ganz in ihrem Element und das trotz der Opposition der kommunistischen Gruppen in England, die sie bei ihren Reden gegen die Mißstände des Stalinismus mit „Lügerin, Hitler, Faschistin ..." beschimpften, wobei „ihnen der Haß und die Wut förmlich aus den jungen Augen sprühten". Da sie nun wieder politisch aktiv war, fiel es ihr leichter, die Trennung von Frank zu verkraften: „Lebwohl, mein lieber Frank. Nichts kann mir oder meiner Erinnerung die zwei wundervollen Wochen in T. nehmen. Ich werde sie immer in meinem Herzen tragen und für alle Zeit meinem guten Stern danken, daß er dich zu mir geführt hat. Unsere Bindung geht tiefer als das Gefühl und wird nie zerbrechen. Ich umarme dich, mein Lieber, in innigster Kameradschaft."

Die Rückkehr in die Politik erweckte fast zwangsläufig wieder Emmas Gefühle für Ben, der ihr weiterhin getreulich schrieb. Anläßlich seiner Teilnahme am amerikanischen Soziologenkongreß 1935 hatte die *New York Sun* über ihn berichtet:

„Doc Reitman wird am Dienstag 57. Er ist von massiver Statur und hat immer noch eine grenzenlose Energie. Gestern abend beim Festessen der Soziologen im Commodore stand er oft auf und ging ruhelos auf und ab. Nur der Festsaal setzte seinem Bewegungsdrang Grenzen. In der Tasche seines Mantels, den er einfach unter seinen Stuhl geschoben hatte, steckte eine Flasche Rum. Immer, wenn er nicht mehr sitzen konnte, sagte er zu seinem Tischnachbarn: 'Halten Sie meinen Platz frei, und passen Sie auf meinen Schnaps auf.'

Ben Reitman hatte eine Frisur wie Senator Borah, einen großen, schwarzen Schnurrbart und trug eine riesige Windsor-Krawatte aus cremefarbener Seide. Er war einer der führenden Anarchisten seiner Zeit, Reisegefährte von Emma Goldman, Anhänger der IWW und einer der ersten Befürworter von Aufklärungsschriften. In Kalifornien wurde er geteert und gefedert. In Cleveland und anderswo im Westen saß er wegen seiner Propaganda für die Empfängnisverhütung im Gefängnis. Schließlich war er Hausarzt von Al Capone und in den letzten Jahren Religionslehrer und Reformer in Chikago. ... Er gründete das erste College für Hobos in Chikago....

'Zur Zeit beschäftige ich mich mit Angehörigen der Unterwelt', sagte er. 'Ich versuche, sie positiv zu beeinflussen, genau wie ich versuche, die Soziologen dazu zu bringen, sich weniger auf Forschungsarbeit als vielmehr auf die Praxis, auf die Anwendung ihrer Studien zu konzentrieren.' Er sprach mit leiser, kultivierter Stimme. Wieso diese Veränderung?

'Das Leben zähmt einen', sagte er. 'Aber der Grund dafür ist wohl vor allem, daß man ein Gentleman sein muß, um im Leben etwas zu erreichen. Sie werden unter den ganz großen Gaunern keine knallharten Burschen finden. Harte Burschen sind kleine Fische. Das weiß doch jeder, selbst die Gauner."

Ben hegte den Plan, nach Europa zu gehen, um wieder mit Emma und Sascha zu leben und sein Buch über sie alle drei (geplanter Titel: *Das große Jahrzehnt*) zu schreiben. Dieses Vorhaben widerstrebte Emma. Ihr Dreiecksverhältnis mit Sascha und Emmy war kompliziert genug. Als Ben ihr aus Anlaß der 29. Wiederkehr ihrer ersten gemeinsamen Vortragsreise gratulierte, schrieb sie ihm:

„Lieber Ben.
Wenn ich nur deine Gabe hätte, das Leben durch eine rosarote Brille zu

sehen, wäre ich zufriedener. Aber du weißt von früher, daß ich realistisch bin. Ich halte das Leben für eine ganz schön ernste Angelegenheit, besonders seit ich im Exil bin. Darum habe ich nichts von mir hören lassen. Der monatelange Kampf, in England Fuß zu fassen, Saschas schwere Krankheit und die allgemein chaotische Lage der Dinge in Europa haben mich so beschäftigt, daß ich fast nichts anderes machen konnte. Außerdem hast du genug mit deinen eigenen Angelegenheiten und Erfolgen zu tun. Warum sollte ich dich also noch mit meinen Sorgen belasten? ...

Was mich betrifft, so brauche ich dir wohl kaum zu versichern, daß ich gern dein MSS [Manuskript] lesen und dir offen meine Meinung darüber sagen will, wenn du bereit bist, sie in dem Geist zu akzeptieren, in dem sie gemeint ist. Denkst du, daß du das fertigbringen wirst, ohne in dein altes Mißtrauen zu verfallen, ich wollte dich in irgendeiner Weise verletzen? Einstweilen hast du auf jeden Fall meinen Segen, vor allem weil *du* an Segnungen glaubst. Und du hast meine Freundschaft, weil ich an sie glaube."

Emma, die selber an diversen Beschwerden (wie Krampfadern und Wasser in den Beinen) litt, war äußerst beunruhigt über Saschas Gesundheitszustand. Er hatte sich einer Prostataoperation unterziehen müssen, die jedoch nicht die gewünschte Besserung brachte. Zu allem Unglück mußte nun auch Emmy wegen ihrer pylorischen Gastritis operiert werden. Sascha beschloß, Emma davon nichts zu sagen. Stattdessen versuchte er, den Eindruck zu erwecken, als sei er "immer noch der alte, wenn ich auch nicht mehr pissen kann". Emma selbst war knapp dem Tod entronnen, als sie in einem Zimmer mit einem nicht angezündeten Gasofen eingeschlafen war. "Wenn man vom Teufel redet ... Ich bin offengestanden nicht erpicht darauf, gerade jetzt, wo ihr beide mich so sehr braucht, auf diese Weise zu sterben. Sonst wäre es ja vielleicht ein Ausweg aus dem Leben mit all seinem Elend gewesen. Aber es hat offenbar nicht sein sollen. Ich schätze, der Kampf geht weiter."

Sascha, der seit seiner Operation ans Bett gefesselt war, nahm, dessen ungeachtet, lebhaften Anteil an Emmas politischen Siegen und Niederlagen. Liebevoll rühmte er ihre Fähigkeit, "ganz allein" unter scheinbar aussichtslosen Bedingungen in England zu kämpfen und "trotz des Fehlens von aktiven Genossen, trotz der Enttäuschungen, des drohenden Krieges und der großen Armut in der Krise Wunder zu vollbringen", große Veranstaltungen abzuhalten und an den bestehenden sozialen Verhältnissen zu rütteln.

Emmas Antwort zeigt, wie sehr sie Saschas Zuneigung brauchte und wie gern sie ihn hatte, der nunmehr ihre einzige Zuflucht war.

"Und schließlich legt man, wenn man älter wird, auch mehr Wert auf die wenigen Freunde, die einem ein Leben lang teuer waren, als in der Jugend. Die Jugend hat das ganze Leben vor sich und ist oft gefühllos und gleichgültig. Aber wenn man in mein Alter kommt, klammert man sich fester an die wenigen Freunde. Dein Brief hat mir sehr viel Freude gemacht. Von dir so Schönes und Lobendes über mich zu hören, das war es fast wert, vier

Monate lang Schmerz und Elend zu ertragen. Dafür möchte ich dich ganz fest umarmen, wenn ich zurückkomme."

Am 24. März 1936 mußte Sascha ein zweites Mal operiert werden. Um Emma nicht zu beunruhigen, telegrafierte er ihr einen Tag vorher: „Operation verschoben." Am gleichen Tag noch schrieb er ihr vom Krankenbett aus einen Brief, der jedoch nur im Falle seines Todes abgeschickt werden sollte.

„Mein liebster Matrose und getreuester lebenslanger Kumpel,
…

Nun, Liebste, ich denke, es wird schon alles wieder gut werden; ich habe überhaupt keine Angst. Aber wissen kann man es ja nie. Und, falls etwas passiert, gräme dich nicht zu sehr, Liebste. Ich habe mein Leben gelebt und bin wirklich der Meinung, daß man abtreten sollte, wenn man krank und mittellos ist und für seine Ideen nicht mehr arbeiten kann.

Aber davon will ich jetzt gar nicht reden. Ich möchte dir nur sagen, daß meine Gedanken bei dir sind und daß unsere lebenslange gemeinsame Arbeit und Kameradschaft und Freundschaft, die nun 45 Jahre dauert, für mich zu den schönsten und teuersten Dingen auf der Welt gehört.

In diesem Sinne grüße ich dich jetzt, lieber, unwandelbarer, kleiner Matrose. Möge deine Arbeit weiterhin Licht und Verständnis in diese unsere verkehrte Welt bringen. Ich umarme dich von ganzem Herzen, du tapferste, stärkste und treueste Frau und Genossin, die ich je in meinem Leben kannte.

Dein alter Kumpel, Freund und Genosse

Sascha

P. S. Ich freue mich, daß du dich mit Emmy jetzt besser verstehst. Sie war wundervoll zu mir und ihre Hingabe grenzenlos. Ich hoffe, ihr werdet euch gegenseitig Trost sein.

S

… Sag unseren Genossen, ich grüße sie brüderlich. Mögen sie die Arbeit für eine freundlichere und bessere Zeit und eine Zukunft in Freiheit, Vernunft und Zusammenarbeit unter den Menschen energisch fortsetzen.

S"

Der Brief wurde nie abgeschickt und Emma von der Operation erst informiert, als sie vorbei war. Sie schien erfolgreich verlaufen zu sein, aber am 1. Mai war Sascha immer noch im Krankenhaus. Emma kehrte nach St. Tropez zurück, um in der Nähe ihres „lebenslangen Kumpels" zu sein; sie besuchte ihn täglich im Krankenhaus.

Sascha hatte eigentlich vorgehabt, Emma zu ihrem Geburtstag mit Emmy und einigen Freunden zu besuchen, aber seine Operationsnarbe platzte auf, und er konnte sich kaum noch bewegen. Daher schrieb er ihr: „Ich wünsche dir einen netten Geburtstag in guter Gesellschaft. … Ich umarme dich herzlich und hoffe, dieser Geburtstag wird dir etwas Freude bringen und die kommenden Tage aufheitern. Herzlichst, mein lieber, alter Kamerad und Kumpel, Sascha."

Emma schrieb enttäuscht zurück: „Ja, euer Besuch wäre eine großartige Überraschung gewesen. Mein Ärmster, es ist furchtbar, wie lange-man braucht, um sich von einer ernsten Krankheit zu erholen. ...

Aber, wie du sagst, was ist schon dran an Geburtstagen, besonders wenn die Jahre sich häufen. Ich wünschte, ich wüßte, warum man weitermacht. Was meinen Geburtstag betrifft ... Mir geht es wie dem armen Mädchen, das sang: 'Ich sitz auf a Stein und wein und wein. Alle Maidlach Kales weren, nour ich bleib allein.' 'Bleiben allein', das ist ziemlich sicher in meinem Alter."

An ihrem Geburtstag telegrafierte Sascha:

"Liebes, / heute hast du Geburtstag. Schade, daß ich nicht bei dir sein kann. Ein andermal – hoffentlich. / Nichts Neues hier. Geht beiden etwas besser. Rufe dich heute noch an – es ist erst 7 Uhr früh. Noch keine Busse. / Deinen vom 25. erhalten. Antwort auf deine Punkte nach und nach. / Hoffe, du hast dort einen schönen Tag (das Wetter heute hier unsicher). Genieße den Tag. / Herzlichst S"

Emma aß mit Freunden zu Mittag und vermißte Sascha und Emmy ganz furchtbar, für die sie schon ein Zimmer hergerichtet hatte. Aber sie schrieb an Sascha: „Wenn es dir nur besser geht und du wieder zu Kräften kommst, macht mir die Enttäuschung nichts aus."

Sascha ging es nicht besser, der Krebs war offensichtlich durch die Operation nicht zum Stillstand gekommen. Im Laufe des Tages verschlimmerte sich sein Zustand. Am Abend litt er solche Qualen, daß Emmy auf die Straße rannte und nach einem Arzt suchte. Jetzt nahm Sascha den Revolver, den er immer in der Schublade hatte, zielte auf sein Herz und drückte ab. Aber der Selbstmordversuch mißlang; er durchschoß sich den Magen und den unteren Teil der Lunge. Als Emmy zurückkam, weil sie keinen Arzt gefunden hatte, schaffte sie es gerade noch, Sascha ins Krankenhaus zu bringen und Emma anzurufen, bevor sie zusammenbrach. Die Polizei fand den Revolver unter der Bettdecke, verdächtigte Emmy des Mordversuchs und nahm sie mit auf die Wache. Zum Glück hatte ein Nachbar Emmy zur Tatzeit auf ihrer Suche nach einem Arzt gesehen, so daß sie wieder freigelassen wurde.

Sascha lebte nach seinem Selbstmordversuch noch sechzehn qualvolle Stunden. Obwohl er solche Qualen litt, daß er nicht mehr sprechen konnte, merkte er, daß die Polizei, seine Freunde und möglicherweise auch Emma Emmy des Mordversuchs an ihn verdächtigten. Mit letzter Kraft kritzelte er auf ein Stück Papier: „Emmy hat es nicht getan! Emmy hat es nicht getan." Als er ins Koma fiel und die Personen an seinem Bett nicht mehr erkannte, verließ Emma für kurze Zeit den Raum. Sascha starb um 10 Uhr abends am 28. Juni 1936, bevor Emma zurückkam. Später wurde ein Zettel gefunden: „Ich will nicht als kranker Mann leben und anderen zur Last fallen. Vergib mir, liebste Emmie, und auch du, Emma. Grüße an alle. Helft Emmie."

Erst zwei Wochen später hatte Emma sich soweit gefangen, daß sie an gemeinsame Freunde und Genossen schrieb:

„Was mich betrifft, der größte Teil meines Lebens ist mit unserem Genossen ins Grab gegangen. Der Tod nahm mir die Möglichkeit, bis zum letzten Atemzug bei meinem lebenslangen Freund zu sein. Aber er konnte mir nicht die wenigen kostbaren Augenblicke nehmen, die ich allein mit ihm in der Totenhalle verbrachte – Augenblicke von gelassener Ruhe und stiller Besinnung auf unsere stets unerschütterliche Freundschaft, unsere Kämpfe und unsere Arbeit für das Ideal, für das Sascha gelitten und dem er sein ganzes Leben gewidmet hat.

Diese Augenblicke werden mir bis zu meinem letzten Atemzug bleiben und mich anspornen, die Arbeit fortzusetzen, die Sascha und ich am 15. August 1889 begonnen haben.

Zwei Aufgaben habe ich vor mir. Ich muß Emmy helfen, nicht nur, weil das Saschas letzter Wunsch war, sondern weil sie vierzehn Jahre lang mit ihm gelebt und ihm alles gegeben hat. Und ich muß Saschas Andenken hochhalten, damit es in den Herzen und Gedanken derer, die ihn geliebt haben, weiterlebt. Damit es die junge Generation zu heroischen Taten inspiriert, so wie sein eigenes Leben heroisch war. Denn ist Sascha nicht gestorben, wie er gelebt hat? Konsequent bis zum letzten? Ich hoffe inständig, daß ich so stark sein werde wie er, wenn ich je in unerträglichem Maß an einer Krankheit leide. ...

Unsere Trauer ist allumfassend, unser Verlust nicht mit Worten zu beschreiben. Laßt uns unsere Kräfte sammeln, um dem leuchtenden Geist von Alexander Berkman treu zu bleiben. Laßt uns den Kampf für eine neue und schöne Welt fortsetzen, laßt uns für den endgültigen Triumph des Anarchismus arbeiten, für das Ideal, das Sascha leidenschaftlich liebte **und an das er mit jeder Faser seines Wesens glaubte. Nur so können wir Alexander Berkman, einen der bedeutendsten und mutigsten Genossen in unseren Reihen, ehren.**"

Mit einem ähnlichen Aufruf zur Aktion antwortete Emma den Hunderten von Freunden und Genossen aus aller Welt, die Sascha in Briefen und Telegrammen die letzte Ehre erwiesen.

Um ihr beizustehen, kamen Mollie Steimer und Senja Fleshine nach *Bon Esprit*. Der Verlust Saschas hatte Emma „vollkommen niedergeschmettert". Nachts, wenn sie nicht schlafen konnte, sah man sie des öfteren mit einer Kerze durch den Garten irren. „Saschenka, mein Saschenka, wo bist du?" klang der verzweifelte Ruf. Emma war von dem Gedanken besessen, Sascha zu folgen. Einige Freunde fürchteten um sie, die erst kürzlich an die Genossen appelliert hatte, Saschas Tod zum Anlaß zu nehmen, sich für die Sache zu engagieren.

Viele Freunde schrieben ihr, aber keine Worte konnten die innere Leere ausfüllen, nichts konnte ihre Stimmung heben. Als Frank Heiner ihr sein Mitgefühl aussprach, klagte sie: „Ach, wenn du nur hier sein könntest und sei es auch nur für kurze Zeit. Es ist alles so hoffnungslos, so sinnlos." Daß sie von Ben nichts hörte, obwohl er angeblich ein Telegramm geschickt hatte, ließ sie wütend an Stella schreiben: „Ben hat gesagt, er hätte telegrafiert – der verdammte Idiot."

XVIII.
GEGEN EINE LAWINE

Mollie Steimer und Senja Fleshine befürchteten, daß die Depressionen Emma überwältigen könnten und suchten nach einem Weg, um Emmas Lebensgeister zu aktivieren. Sie wußten, daß ihr Lebenswille neu erwachen würde, wenn sie Gelegenheit hätte, sich für ihr Ideal einzusetzen.

Das Hauptzentrum anarchistischer Aktivität in der Welt war in jenem Sommer 1936 Spanien. Im April 1931 war die spanische Monarchie durch eine demokratische Wahlentscheidung für eine Republik entmachtet worden. Emma hatte damals an Max Nettlau geschrieben: „Mein Herz ist ganz auf Seiten des spanischen Volkes, aber mein Verstand warnt mich davor, dem Erfolg zu vertrauen." Den führenden Kräften in der Republik, hauptsächlich Sozialisten, war es gelungen, viele progressive Veränderungen durchzusetzen, darunter die Gewährung der Autonomie für das vorwiegend anarchistische Katalonien. 1933 konnten die Gemäßigten und die Katholiken die republikanisch–sozialistische Koalition schlagen und die Republik zeitweilig unter ihre Kontrolle bringen.

Emma hatte die Ereignisse verfolgt und den Mut der spanischen Anarchisten bewundert. Am 17. Juli 1936 putschte General Franco mit dem Ziel, die Republik zu beseitigen und in Spanien ein faschistisches Regime zu errichten. Das Land spaltete sich sofort in eine republikanische und eine nationalistische Zone, und es kam zum Bürgerkrieg.

Franco konnte auf militärische Hilfe von Hitler und Mussolini rechnen, während die Volksfrontregierung militärisch zunehmend isoliert war. Freiwillige aus der ganzen Welt kamen nach Spanien, um den Kampf gegen Franco und den Faschismus zu unterstützen; sie bildeten die Internationalen Brigaden.

Auch Augustin Souchy, ein deutscher Anarchosyndikalist und Gründer der *Deutschen Anarchistischen Internationale*, weilte in Spanien. Er war dort Sekretär des *Comités Anarco–Sindicalista* in Barcelona und gab ein deutschsprachiges Bulletin der *Confederación Nacional del Trabajo (CNT)*, der größten spanischen Gewerkschaft, heraus, mit dem er die deutsche Aufmerksamkeit auf die Ereignisse in Spanien zu lenken versuchte. An ihn wandten sich Mollie und Senja mit der Bitte, Emma nach Spanien einzuladen.

Am 18. August schrieb Souchy als Vertreter der *CNT* Emma eine offizielle Einladung und betonte, daß ihre Fähigkeiten in Spanien dringend gebraucht würden. Sie solle den tapferen und beispielhaften Kampf gegen den Faschismus selbst miterleben und dann wieder nach England gehen, um in der englischsprachigen Welt als Propagandistin der *CNT* zu agieren. Überrascht und erfreut nahm Emma das Angebot an.

Erfüllt von revolutionärem Eifer kam Emma im September 1936 in Barcelona an. Sie war so begeistert von dem, was sie in Katalonien als erstes Beispiel für die Umsetzung anarchistischer Prinzipien vorfand – Kollektivierung der Landwirtschaft und der Fabriken –, daß sie schrieb: „Mir ist, als ob ich schwebe, so begeistert und erregt bin ich darüber, daß ich das Glück habe, hier zu sein und unseren tapferen, wunderbaren Genossen helfen zu können." Nach Jahren im Exil glaubte sie endlich eine Heimat gefunden zu haben und wollte für immer in Spanien bleiben, wie sie an Fitzi schrieb: „Lieber würde ich mit der Revolution untergehen, als nach Europa, England oder Kanada zurückzukehren." Sie gestand, sie mache sich keine Illusionen über den Ausgang des Kampfes und habe ihre Vorbehalte hinsichtlich der Koalition von Anarchisten und Kommunisten. Aber was sie hier vorfand – den Idealismus, die Zusammenarbeit, die Bereitschaft, Risiken für die Freiheit auf sich zu nehmen –, gab ihr Zuversicht. „Ich vertraue auf die Menschheit – ich vertraue ganz fest auf sie. Regierungen kommen und gehen. Aber der immanente Wert von menschlichen Empfindungen und der Gerechtigkeitssinn bleiben für immer", schrieb sie an Rudolf und Millie Rocker und war „ziemlich berauscht von den Erlebnissen, den Eindrücken und dem Mut unserer Genossen."

Im Oktober, nur einen Monat nach ihrer Ankunft, sprach Emma vor einer Versammlung von sechzehntausend Angehörigen der Jugendsektion der *Federación Anarquista Ibérica (FAI)*. Überglücklich stellte sie fest, daß die spanischen Anarchisten als leuchtendes Beispiel für die Welt den Beweis dafür lieferten, daß der Anarchismus „die konstruktivste Gesellschaftstheorie" sei, „für die es sich lohnt, zu leben, zu kämpfen und – wenn nötig – zu sterben".

Emmas ungetrübte Begeisterung zerschellte an der Wirklichkeit des Krieges, „dem Blut Spaniens". Sie wünschte sich, daß sie mit den tapferen Soldaten an der Front kämpfen könnte, anstatt sie nur aus der Ferne zu unterstützen: „Es ist schwer mitanzusehen, wie große Geister im Kampf fallen. Man kommt sich so klein und nutzlos vor, wenn man in sicherer Entfernung kleine Aufgaben verrichtet. Nie habe ich mich so alt gefühlt wie jetzt."

Im Januar 1937 war Emma wieder in London, nahm Kontakt zu alten Freunden und einflußreichen Liberalen auf und versuchte, sie dazu zu bewegen, Spanien zu unterstützen. Sie schrieb sogar an John Dewey, begrüßte seine Opposition gegen die politische Verfolgung in der Sowjetunion und bat ihn eindringlich, sich in gleicher Weise für Spanien zu engagieren.

Die Bombenangriffe auf die Zivilbevölkerung und die entsetzlichen Luftangriffe auf Guérnica riefen allgemeine Entrüstung hervor und brachten Menschen in aller Welt dazu, sich mit den Republikanern zu solidarisieren; Picasso hielt das Grauen von Guérnica in seinem weltberühmten Gemälde fest.

Zwar hatte es in den Reihen der Anarchisten immer mißbilligendes Grollen über das gemeinsame Vorgehen mit den Kommunisten im Kampf gegen den Faschismus gegeben, aber erst jetzt, da die Volksfront stärker auf Nachschub an Waffen aus der Sowjetunion angewiesen war, schienen die Kommunisten überlegen. Daher trat die alte Spaltung unter den Anarchisten wieder zutage. Emma, die als offizielle Vertreterin der *CNT-FAI* eine englische Ausgabe ihres Bulletins in London herausgab, enthielt sich öffentlicher Kommentare. Ihre Erfahrungen in der Sowjetunion machten sie zweifellos mißtrauisch gegenüber einer allzu engen Zusammenarbeit mit den Kommunisten. Dennoch zog sie sich die Kritik der *Association Internationale des Travailleurs (AIT)* zu, die, militanter als die *CNT*, gegen jede Zusammenarbeit mit hierarchischen Institutionen auftrat, weil sie die *CNT–FAI* trotz ihrer Zusammenarbeit mit den Kommunisten unterstützte. Emma hielt diese Zusammenarbeit für ein notwendiges Übel, wenn die spanischen Anarchisten im Kampf gegen Franco und den Faschismus überleben sollten, und organisierte weiterhin Solidaritätsveranstaltungen verschiedener britischer Gruppen.

Privat riet Emma den spanischen Anarchisten, im Umgang mit den Kommunisten vorsichtiger zu sein, aber weiterhin fest zur Volksfront zu stehen, die nur noch „an einem seidenen Faden zu hängen" schien. Sie fürchtete, daß es nur eine Frage der Zeit sei, bis die politischen Spaltungen zur Auflösung der Volksfront führen würden.

Im Mai 1937 erhielt sie in London die Nachricht, daß die katalanische Regierung „von den Kommunisten angeführte Sturmtruppen beauftragt hatte, das Gebäude der Telefonvermittlung in Barcelona, das die Anarchisten im vorigen Juli von den Faschisten erobert hatten und seitdem besetzt hielten, einzunehmen". Daraufhin legten die Anarchisten die Waffen nieder. Das führte dazu, daß sie aus der Volksfrontregierung ausgeschlossen wurden. Aber das genügte den Kommunisten nicht, und sie traten offiziell aus dem Kabinett zurück, weil sich Premierminister Largo Caballero weigerte, die Trotzkisten wegen ihrer angeblichen Mitschuld an der Krise zu verfolgen. Juán Negrín, ein mit den mehr zentristischen republikanischen Kräften verbündeter Sozialist, wurde Caballeros Nachfolger, ging neue Bündnisse mit den Kommunisten ein und bekräftigte den Ausschluß der *CNT*. Einige anarchistische Fraktionen der *CNT*, die die Zusammenarbeit mit dieser Regierung abgelehnt hatten, fühlten sich bestätigt, aber zweifellos empfanden alle Anarchisten den Waffenstillstand, den sie in Barcelona geschlossen hatten, als Niederlage. Die Anarchisten erinnerten sich daran, wie ihre Genossen, die der Russischen Revolution zum Sieg verholfen hatten, hingemetzelt und eingesperrt worden waren.

Emma teilte ihre schmerzliche Enttäuschung über die Ereignisse in Spanien ihrer Freundin Ethel Mannin mit: „Es ist, als hättest du dein Leben lang ein Kind gewollt, und dann endlich, als du die Hoffnung schon fast aufgegeben hattest, bekamst du eins – nur damit es bald nach der Geburt wieder stirbt."

Sie beantragte bei der Volksfront die Wiedereinreise, um mit eigenen Augen zu sehen, was mit den Anarchisten geschehen war. Als sie im September in Spanien eintraf, fand sie ihre schlimmsten Befürchtungen bestätigt: die Gefängnisse waren voll mit ihren Genossen aus den Reihen der *CNT* und *FAI*. Emma empörte sich über diese kommunistische Willkür und wandte sich damit gegen die Ansicht der noch verbliebenen *CNT*–Führer, die die Anarchisten – Emmas Meinung nach – im Kampf gegen den Faschismus kompromittiert hatten. Ihr wurde das Recht abgesprochen, die *CNT* zu vertreten, und ihr lautstarkes Auftreten gegen die Kommunisten und gegen Juan Negrín, den sie als Stalinisten bezeichnete, isolierte sie nur noch mehr von dem Kampf.

Mollie Steimer gegenüber, die die Meinung vertrat, die Bemühungen der spanischen Anarchisten seien wegen ihrer törichten Kompromisse gescheitert, verteidigte Emma ihre spanischen Genossen:

„Der Anarchismus in Spanien ist keineswegs gescheitert, sondern hat sich vielmehr als konsequent und realisierbar erwiesen ... nicht nur in der Theorie, als wilde, unverantwortliche Phantasievorstellung, als destruktive Kraft, sondern darin, daß er das Leben und die innersten Bedürfnisse der Menschen betrifft. ...

Seit den Mai–Ereignissen in Spanien stehe ich immer wieder vor der Frage, ob wir Anarchisten nicht einem Wunschdenken verfallen sind. Ob wir nicht zu optimistisch geglaubt haben, der Anarchismus hätte schon in den Massen Fuß gefaßt. Der Krieg, die Revolutionen in Rußland und Spanien und das völlige Versagen der Massen ... haben mich zu der Überzeugung gebracht, daß der Anarchismus noch weniger als jede andere soziale Idee die Köpfe und Herzen einer beträchtlichen Minderheit, geschweige denn der großen Masse, erfaßt hat. Eigentlich gibt es nirgends auf der Welt eine anarchistische Bewegung. Was es gibt, ist so unbedeutend, so ein Witz, daß es lächerlich wäre, von einer organisierten anarchistischen Bewegung zu sprechen. Mit anderen Worten: der Boden für unsere Ideen hat sich überall als unfruchtbar erwiesen. Nur in Spanien war er fruchtbar ... und die Ernte vielversprechend. In unserer Begeisterung haben wir vergessen, daß die jungen Pflanzen den Naturgewalten – dem Sturm, der Hitze, der Kälte und der Dürre – ausgesetzt sind. In der Natur erkennen wir diese Kräfte an. Aber wir wollten nicht zugeben, daß sie auch das soziale Wachstum beeinflussen. ...

Das war unser Fehler, und jetzt bezahlen wir dafür mit den *Qualen unserer bitteren Enttäuschung.* ... Es wird mehr als eine Revolution brauchen, bis unsere Ideale das volle Wachstum erreichen. Bis dahin wird es nur zögernd vorangehen, unsere Ideen werden viele Male von den lichten Höhen herabstürzen, und unsere Genossen werden zwangsläufig viele Fehler machen. ... Ich werde sterben, wie ich gelebt habe: in dem brennenden Glauben an den schließlichen Triumph unseres Ideals."

Der Enttäuschung darüber, wie billig das menschliche Leben und wie abgestumpft die Gefühle in dem schrecklichen Gemetzel geworden waren, setzte Emma Begeisterung für den Heldenmut, „den Optimismus" und „den unerschütterlichen Glauben" des Volkes entgegen. „Man vergißt vollkommen sich selbst und alles Persönliche, wenn man sieht, wie lebendig der kollektive Geist der Massen ist. Keine Macht kann ihn zerstören, er ist tief in den spanischen Massen verwurzelt."

Emma schrieb an ihre Freunde in aller Welt über den Kampf der spanischen Anarchisten, die lebendige Verkörperung der Ideale, nach denen sie zu leben versucht hatte.

„Sie kämpfen weiter, weil sie die einzigen Menschen auf der Welt sind, die die Freiheit noch so lieben, daß sie bereit sind, für sie zu sterben. Ich hätte so etwas nicht für möglich gehalten, hätte ich nicht mit eigenen Augen die epische Größe des spanischen Volkes gesehen. Erst die Verteidigung von Madrid und jetzt der übermenschliche Kampf zur Verteidigung Kataloniens in einer fast aussichtslosen Situation. Wie auch immer der ungleiche Kampf ausgehen mag, der Beitrag des spanischen Volkes zur Größe des unbezähmbaren menschlichen Geistes ist jetzt schon unvergänglich und unvergeßlich.

Meine Arbeit für die spanischen Genossen hat ihnen zwar nur magere Ergebnisse gebracht, aber sie war die größte Erfüllung meines politischen Lebens. Sie hat mir die Gelegenheit gegeben, mit ganz außerordentlichen Männern und Frauen in Kontakt zu kommen, und mir geholfen, den großen Verlust, den ich durch den Tod meines lebenslangen Freundes erlitten habe, zu überwinden."

Jetzt, da Emma es gewagt hatte, sich gegen die Zusammenarbeit der *CNT–FAI* mit den Kommunisten auszusprechen, erlaubte ihr die militantere *AIT* in Paris, im Dezember 1937 an einer internationalen Konferenz teilzunehmen, in der die Kämpfe zwischen den Fraktionen, die sich unter den Anarchisten gebildet hatten, beigelegt werden sollten. Emma war froh, daß sie Spanien verlassen und etwas tun konnte, was sich vielleicht als konstruktiv erweisen würde. Auf Wunsch der *CNT* kam sie als Beobachterin. Trotz anfänglicher Proteste, weil sie früher für die *CNT–FAI* gearbeitet hatte, durfte sie reden. Sie vertrat nicht ihren extremsten Standpunkt gegen die Politik der Anarchisten in Spanien, klagte vielmehr die Mächte an, die hinter dem drohenden Zweiten Weltkrieg standen, womit der Kampf gegen den Faschismus letztlich zur entscheidendsten Aufgabe wurde, und betonte, daß die spanischen Anarchisten jetzt mehr Unterstützung als Kritik brauchten.

Fitzi vertraute sie an, daß Sascha es sicher für unvereinbar mit der anarchistischen Grundposition gehalten hätte, die *CNT–FAI* zu verteidigen. „Wenn ich trotzdem so gesprochen habe, dann nur, weil die miese sozialistische und kommunistische Bande die Anarchisten haßt und verleumdet und weil die *CNT–FAI* mit der ganzen Welt – Faschisten, Imperialisten und sogenannten Republikanern – in einen Kampf auf Leben und Tod verstrickt ist. Aber leicht war es nicht, das kann ich dir sagen."

Nach Beendigung der Konferenz reiste Emma nach London und Schottland. Bei ihren Reden betonte sie jetzt oft die Ähnlichkeit von Faschismus und Kommunismus und deutete sogar an, daß die doktrinären Anarchisten genauso schlimm wie die Stalinisten seien. Ihre Veranstaltungen waren schwach besucht und wurden häufig von militanten Faschisten gesprengt. Um in solchen Situationen nicht die Ruhe zu verlieren, nahm sie schon mal einen Schluck Whisky aus dem Flachmann, den sie in ihrem Korsett verborgen trug. Sie spürte, wie die Unterstützung für die Anarchisten abnahm und glaubte jetzt, die ganze Welt habe Spanien verraten.

„Leider fing das Übel damit an, daß Sowjetrußland nach dreieinhalb Monaten – den entscheidensten Monaten übrigens – beschloß, Spanien mit Waffen zu beliefern. Das war wirklich die Stunde des Bösen, es war der Anfang vom Ende. Von dem Augenblick an, als russische Waffen und Stalins Satrapen ankamen, begann die innere Zersetzung, bis Stalins Macht sich wie eine ansteckende Krankheit über das revolutionäre Spanien ausbreitete und jedermann befiel, sogar einige meiner Genossen. ... Bei meinem letzten Besuch gelang es mir, in den Besitz dokumentarischer Beweise für die von der spanisch–russischen Tscheka begangenen Verbrechen zu gelangen – Angaben über die Zahl der Männer in der Armee, die getötet wurden, über die erschreckende Zerstörung von Kollektiven und die Demoralisierung durch die von Rußland verbreitete heimtückische Propaganda. Das alles erreichte mit den Mai–Ereignissen seinen Höhepunkt, aber noch im Mai 1937 wäre Zeit gewesen, der Schreckensherrschaft von Stalins Agenten Einhalt zu gebieten. Leider waren die führenden Leute in der *CNT* und einige meiner *FAI*–Genossen so naiv zu glauben, daß die Kommunisten als Partei unmöglich für die von ihnen verursachten Schrecken verantwortlich sein könnten. Und sie waren auch die ersten und letzten, die eine Konzession nach der anderen machten, nur um die antifaschistische Front nicht zu gefährden. Jetzt bezahlen sie teuer dafür, bezahlen mit Blut, Idealen und dem Leben. Das Tragischste an dem allgemeinen Zusammenbruch ist, daß die *CNT* und die *FAI* über viele Jahre hinweg eine mächtige Bewegung aufgebaut hatten, eine Bewegung, um deretwillen sie tausendfach gejagt und verfolgt, eingesperrt und unterdrückt wurden. Und nachdem sie dann an dem glorreichen 19. Juli schließlich ihre Stärke bewiesen und ihren Traum in ersten Anfängen verwirklicht hatten, wurden ihnen alle Möglichkeiten und alle Chancen, die sie in der Hand hatten, entrissen und allmählich wurden sie ihrer Kraft und revolutionären Leidenschaft beraubt – das ist die größte aller Tragödien.

Was die fürchterliche Lage der Flüchtlinge betrifft, so wäre ich lieber durch Francos Schergen gefallen, als dem Grauen ausgesetzt zu sein, zu Fuß von Barcelona zur französischen Grenze zu laufen, frierend, hungernd und ständig unter Beschuß, und dann in eine absolute Hölle von Konzentrationslager gesteckt und wie ein Verbrecher behandelt zu werden – das ist für mich am schwersten zu ertragen, und ich weiß, für viele

Genossen ist diese demütigende Behandlung qualvoller als Hunger und Kälte.

Das, meine Liebe, ist alles, was ich dir über den Zusammenbruch eines großen Anfangs, dem größten in der Geschichte, und über einen Kampf, der in keinem Jahrhundert seinesgleichen hatte, sagen kann."

Weil Emma nicht mit der taktischen und politischen Richtung, die die Volksfront eingeschlagen hatte, übereinstimmte, war ihr Handlungsspielraum begrenzt. Sie gründete ein Hilfskomitee für emigrierte spanische Frauen und Kinder und wollte dafür in den Vereinigten Staaten und Kanada Unterstützung finden.

Um ihr Publikum auch über die letzten Ereignisse in Spanien aus eigener Sicht berichten zu können, entschloß sie sich, noch einmal dorthin zu gehen, obwohl ihr die meisten ihrer Freunde und Genossen abrieten, sich mit ihren neunundsechzig Jahren den Strapazen einer solchen Reise auszusetzen. Emma war jedoch überzeugt, sie könne ein paar Wochen durchhalten und versicherte Fitzi: „Was die Gefahren betrifft, so habe ich Rußland überlebt und werde auch Spanien überleben. Ich muß einfach wieder hinfahren, um neue Eindrücke zu bekommen. Außerdem wird es mir sehr helfen, wenn ich in Kanada sagen kann, ich komme direkt aus Spanien. Also wünsch mir Glück."

Im September 1938 fuhr Emma zum dritten und letzten Mal nach Spanien, obwohl sie das notwendige Geld nur mit Mühe zusammenbekam und es mit ihrer Gesundheit allmählich bergab ging.

Die Zeit bis zu ihrer Abreise nach Kanada nutzte sie, um *Bon Esprit* zu verkaufen. Den größten Teil des Erlöses überließ sie Emmy, die wegen der vielen Operationen, denen sie sich wegen ihrer Darmerkrankung unterziehen mußte, in ständigen Geldnöten steckte.

Dann ging sie nach Amsterdam, um im Internationalen Institut für Sozialgeschichte Saschas und ihre eigenen politischen Papiere zu ordnen und so „ihr Leben in Europa" abzuschließen. Nach Durchsicht von Saschas persönlichen Briefen schrieb sie an Fitzi: „Ach, unser lieber Sasch, mit der Zeit vermisse ich ihn immer mehr, obwohl ich in seinen Schriften einiges gefunden habe, was höllisch weh getan und mir gezeigt hat, wie ungeheuer naiv und blind Sascha in vieler Hinsicht war. Aber trotz allem erscheint er mir mehr denn je als wahrhaft großartige Persönlichkeit, und meine Liebe zu ihm ist größer als je zuvor."

Am 8. April 1939 trat Emma ihre Reise nach Kanada an. Ihre Ankunft blieb fast unbemerkt, was sie jedoch nicht sonderlich traf, da die kanadischen Anarchisten ihrer Meinung nach „lebenden Kadavern" glichen. Weiter teilte sie Fitzi mit: „Wenn ich nicht wüßte, wie entsetzlich die Lage der spanischen Flüchtlinge in den furchtbaren französischen Lagern ist, wäre es mir egal, ob ich jemals wieder vor einem Publikum stehe. Aber so muß ich alle Hebel in Bewegung setzen, um Geld für die zu sammeln, die ich in Frankreich zurückgelassen habe, und für 50 spanische Genossen in London."

Angesichts der weltweiten Depression schienen die Aussichten, Geld für die spanischen Flüchtlinge zu bekommen, gering. Emma selbst war fast ohne einen Pfennig nach Kanada gekommen. Ihre finanziellen Sorgen wurden noch größer, als Emmy sie um Geld für die sechste Operation und für eine Kur bat. Obwohl Emma der Meinung war, daß Emmy sich mit den vielen Operationen nur eher ins Grab bringen würde, beschaffte sie das Geld, doch Emmy starb noch in demselben Jahr.

Um selbst finanziell überleben zu können, bat Emma Fitzi, einen Fonds zu ihrem siebzigsten Geburtstag zu organisieren. Fitzi nahm die Idee begeistert auf, ebenso viele von Emmas ältesten Freunden, unter ihnen Roger Baldwin, Leonard Abbott und Harry Weinberger. Ben bot sich an, die Sache zu managen. In einem Brief an Fitzi sinnierte er darüber nach, wie doch die Zeit vergehe: Emma ging auf die Siebzig zu, er selbst war sechzig, und seine Mutter war mit achtzig noch prächtig in Form. Er lebte mit einer jungen Frau namens Medina Oliver zusammen und hatte mit ihr ein Kind, Mecca.

„EG hatte schon ein großartiges Leben, bevor sie mich kennenlernte, und dann waren wir fast zehn Jahre zusammen.

Danach hat sie noch einmal zwanzig aufregende Jahre erlebt. Ich glaube, ihr Jahrzehnt mit mir war ihr glücklichstes und produktivstes.

In Amerika war sie am aktivsten, und sie hat in der Arbeiterbewegung und im Bereich des Dramas und der Geburtenkontrolle viel geleistet. Rußland, Spanien, Deutschland und England waren so enttäuschend für sie.

Die liebe 'Mommy', sie hat mir seit drei Jahren kein Wort nicht geschrieben. Irgendwas, was ich angeblich gesagt habe, hat sie geärgert. Meine Freundin Medina ist wirklich Gold wert, und wir führen ein wunderbares Leben miteinander. Ist das nun Glück oder mein gerechter Lohn, oder liegt es daran, daß du und EG und Anna mich ausgebildet haben?

EGs Vortrag in Kanada wird sicher ein Erfolg. Hoffentlich kann sie nach Amerika kommen. Ich fahre nach Kanada, um sie zu besuchen, vielleicht jedoch will sie mich nicht sehen. Aber ich muß sie aus vielen Gründen sehen. Ich möchte, daß sie einen Teil meines Manuskripts durchliest, ich schreibe gerade ein Buch über unsere zehn Jahre der Propaganda. Meine anderen Bücher verkaufen sich noch immer, und ich habe mehrere Aufträge für Bücher und Artikel. Wie die meisten Ärzte in Chikago verdiene ich nicht genug zum Leben."

Fitzi schickte Bens Brief an Emma weiter in der Hoffnung, wieder Kontakt zwischen den beiden herstellen zu können. Aber es kränkte Emma, daß Ben dachte, sie hätte ihm nur darum drei Jahre nicht geschrieben, weil sie wütend auf ihn war.

„Das hatte einen viel tieferen Grund, mein Lieber. Der Schicksalsschlag von Saschas vorzeitigem Tod hatte mir den Boden unter den Füßen weggerissen... Dann kam die spanische Revolution, ihr glorreicher Aufstieg und ihr herzzerbrechender Untergang durch den niederträchtigen Verrat deiner Freunde, der Kommunisten, am spanischen Volk. All das löschte die Vergangenheit vollkommen aus; nicht nur die mit dir, sondern die gesamte Vergangenheit hatte ihre Bedeutung verloren. Darum war es für mich völlig unmöglich, dir zu schreiben, und nicht, weil ich wegen etwas, was du geschrieben oder gesagt hast, wütend auf dich war. ... Ich habe wirklich nur den einen sehnlichen Wunsch, die perfiden Machenschaften und die furchtbaren Verbrechen, die Stalins Spießgesellen in Spanien begangen haben, aufzudecken – alles andere, ob politisch oder persönlich, ist mir gleichgültig. Ich hoffe, ich bin großzügig genug, eine mir zugefügte Verletzung zu vergeben und zu vergessen. Aber den Verrat an Spanien kann ich weder vergeben noch vergessen. Ich werde den Rest meines Lebens der Aufgabe widmen zu enthüllen, welche Geißel Sowjetrußland für die Welt ist. Ich weiß, daß du diese Ansicht nicht verstehen oder teilen kannst – aber mich interessiert sonst wirklich gar nichts mehr."

Emma erkundigte sich eingehend nach seinem Leben in den letzten Jahren, nach seiner Familie, bot Ben ihre Hilfe bei seinem Manuskript an und schlug ihm schließlich vor, sie nach ihrem Geburtstag zu besuchen, weil sie schon ein paar Freunden versprochen hätte, den Tag mit ihnen zu verbringen. Sie wollte Ben viel lieber allein treffen und grüßte ihn in „alter Freundschaft".

Ben gefiel der Vorschlag, den 4. Juli mit Emma zu verbringen. Er hatte Schwierigkeiten, ihre Trauer um Sascha zu verstehen und sagte ihr das. Sascha hatte doch „ein gutes Leben... war ein wahrhaft großer Mann... hatte einen scharfen Verstand und viel Mut... machte seine Arbeit gut... diente der Freiheit und der Menschheit". Um auch Emmas Trauer um die niedergeschlagene spanische Revolution zu mildern, beteuerte Ben, sie hätte der Welt eine Inspiration hinterlassen, genau wie Amerikas Abraham Lincoln Brigade, die an der Seite der Revolutionäre gekämpft hatte. Er leugnete ganz entschieden, je zu den Kommunisten gehört zu haben, und führte als Beweis an, daß er wegen seiner Verbindung zu Emma von kommunistischen Veranstaltungen ausgeschlossen worden war.

Ben versuchte, Emma davon zu überzeugen, einen positiven „Glauben" an die Zukunft zu entwickeln. „Ich glaube an den Gott des Kosmos***. Das ist gut so, ja, alles ist gut. Also bitte, ich weiß, es gibt Armut, Krankheit, Gefängnisse, Krieg, Alkohol und Verzweiflung. Aber ich bin ziemlich zufrieden, und die Zukunft sieht freundlich aus. Brutus und Mecca sind so eine Freude. Weißt du, Blauäugige Mommy, ich habe als Trost den Anarchismus, die Revolution, Jesus und die Religion."

Emma nahm Bens Brief freundlich auf, und daraus schloß er, ihre Beziehung verliefe nun endlich wieder harmonisch.

„Meine liebe EG Mommy:

Dein schöner, herzerwärmender Brief hat mich erreicht. Das ist der Brief, auf den ich seit Jahren gewartet habe. Zu wissen, daß du unsere gemeinsame Arbeit in freundlicher und ziemlich dankbarer Erinnerung hältst und daß du deine Sorgen und innersten Gedanken und deine Niederlagen und deine Siege mit mir teilst, ist alles, was ich jemals verlangt habe. ... Weißt du, Mommy, ich habe so viele Frauen enttäuscht und groß ist meine Sünde und groß ist meine Strafe. ... Liebe, alte Freundin, ich bin natürlich nicht enttäuscht oder verärgert darüber, daß du mir nicht mehr geben kannst, als du geben kannst. Ich verstehe, daß die Zeit mit Siebzig langsam zu Ende geht und daß du, die du höchstens noch ein paar Jahre zum Arbeiten hast, dich dem widmen willst, was dir am wichtigsten ist, wo es auf der Welt doch Franco und Hitler und Mussolini und Krieg und Haß gibt. Wenn ich zu dir komme, gib mir also von deiner Liebe und deiner Zeit so viel, wie du kannst. Ich hoffe, wir werden ein paar Tage Zeit haben, um einige Dinge aufs Papier zu bringen. Ich könnte einen Artikel über *Zehn Jahre mit Emma Goldman* gut verkaufen. Ich möchte so gern etwas schreiben, auf das du stolz sein kannst. Ich möchte die Geschichte erzählen, wie du aus einem Hobo einen Agitator gemacht hast. Ich möchte von der Macht des Anarchismus, dem Ruhm der Freiheit erzählen. … In der vergangenen Woche haben mein Diabetes und eine Nierenentzündung mir wieder zu schaffen gemacht. Außerdem hatte ich einen schmerzhaften Furunkel ausgerechnet an der Stelle, auf die ich mich so oft setze. … Und als ich dann **zu Hause darniederlag und meine Mutter und Brutus heiße Tücher auf mei**nen Furunkel legten, dachte ich, statt an unsere gemeinsamen Freuden und Siege, an Alexander Berkman und die Schmerzen, die ihn zur Verzweiflung trieben. …

Natürlich ist es sehr egoistisch und schäbig, sich an seinem eigenen Schmerz zu verzehren, wenn es 10.000.000 Arbeitslose und Millionen von Flüchtlingen und Hunderte von Tyrannen gibt. Aber so ist das Leben. Ich hoffe für uns, liebe Mommy, daß unser Glaube und unsere Liebe uns nie verlassen werden – so wie bei Berkman. Diese schreckliche Selbstzerstörung. Sie ist ein schlechtes Beispiel für die, die zurückbleiben. Ich nehme deine Hand, ich schaue in deine schönen blauen Augen. Ich könnte weinen.

In Liebe, Ben"

Emma antwortete ihm:
„Lieber Ben.
Ich habe deinen sehr netten Brief zu meinem 70. Geburtstag erhalten und gestern kam noch eine kurze Notiz an. Für einen, der auf Jesus schwört, bist du aber kleingläubig, wenn du über meine Haltung zu den zehn Jahren, die wir zusammen verbracht haben, Zweifel hegst. Ich gestehe, sie waren meistenteils sehr schmerzhaft für mich und zweifellos auch für dich. Aber ich hätte nicht darauf verzichten wollen, ein so exotisches und ursprüngliches Wesen wie dich kennenzulernen. Und ich habe immer allen Leuten erzählt, wie gut du gearbeitet hast. Du warst wirklich der einzige von allen Männern, die ich kannte, der sich vollkommen meiner Arbeit und meinen Zielen gewidmet hat... Du erinnerst dich sicher an meinen Ausspruch, daß es keinen Sünder gibt, der nicht auch oft ein Heiliger ist, oder umgekehrt. Du warst ganz sicher beides."

Dann erzählte Emma von den Ehrungen, die sie zu ihrem Geburtstag erhalten hatte.

„Meine Genossen haben mich nicht vergessen. Sie haben mich wirklich mit Liebe und Bewunderung überschüttet wie nie zuvor in meiner ganzen politischen Laufbahn. Wenn du kommst, kannst du all die Telegramme und Briefe aus Europa, den Staaten und Kanada lesen. … Natürlich war ich von der Ehrung, die mir meine spanischen Genossen erwiesen haben, am tiefsten bewegt. Es ist die schönste Ehrung, die ich je erhalten habe. Alles in allem bin ich in diesem Jahr ungeheuer reich bedacht worden."

Der Höhepunkt war für sie ein Brief ihres Genossen Mariano Vázquez, dem im Exil lebenden Sekretär des *CNT*–Nationalkomitees, der jetzt die *Movimiento Libertario Español (MLE)*, einen 1938 gegründeten Zusammenschluß von libertären Gruppen, vertrat.

„Liebe, verehrte Genossin Emma:

Siebzig Jahre! Ein ganzes Leben geweiht dem Dienst an den Menschen und ihrer Befreiung!

Diese siebzig Jahre stellen wahrhaftig unaufhörliche Arbeit und Opfer dar, die wir nie vergessen werden.

Du verkörperst die lebendige und pulsierende Erfahrung! Du bist die leibhaftige, ewige Flamme des Ideals. Die spanischen Militanten bewundern und verehren dich, so wie Anarchisten Menschen, die sich durch ein großes Herz und unvergängliche kollektive Menschlichkeit auszeichnen, bewundern und schätzen. …

Wir hoffen und wünschen inbrünstig, daß du noch viele Jahre in unserer Mitte weilen mögest.

SALUTE MUTTER EMMA!

Wir erklären dich zu unserer geistigen Mutter. Zum Beweis für unsere Bewunderung versprechen wir, deinem leuchtenden Beispiel von Opferbereitschaft, Entsagung und unbeirrbarer Beständigkeit, das du in all den Jahren angesichts sozialer Ungerechtigkeit, Ungleichheit, Grausamkeit und Verständnislosigkeit für dein großes Ziel gewesen bist, zu folgen.

Wir verpflichten uns, als Avantgarde im Kampf um die Befreiung der Massen und um die Emanzipation des Proletariats auf unserem Posten zu bleiben.

Liebe, verehrte Genossin Emma, nimm unsere herzlichsten und aufrichtigsten Grüße zu diesem deinen siebzigsten Geburtstag entgegen."

Als Antwort auf alle Geburtstagswünsche verschickte Emma einen Dankesbrief, der mit folgender Passage endete:

„Zum Schluß möchte ich euch heute sagen, wie überaus dankbar ich bin und wie sehr ich alles, was ihr mir zu meinem 70. Geburtstag geschenkt habt, zu schätzen weiß. Ich versichere euch, daß ich mich, solange ich lebe, der Verwirklichung unseres Ideals und dem Dienst an unseren spanischen Genossen widmen werde, die uns so leuchtende Beispiele von revolutionärem Eifer und Entschlossenheit im Kampf gegen den Faschismus und für die wahre Freiheit und das Wohlergehen in ihrem schönen Land gegeben haben.

Um meinen Genossen und Freunden die Mühe zu ersparen, einen Gedenkstein auf mein Grab zu setzen, will ich sie um ihre Hilfe bitten, am 15. August einen ständigen Emma Goldman–Fonds für die Repatriierung der spanischen Flüchtlinge einzurichten."

Ihr Terminkalender war voll, weil Freunde und Verwandte zu Besuch kamen, und sie mußte sogar Bens Besuch wegen anderer Verpflichtungen verschieben. Ben nahm es zunächst gelassen und schloß seinen Brief mit der Bemerkung:

„Bleib bei Laune, werde leidenschaftlich
Bis ich dich Freitag sehe

Gruß HQ BO"

Drei Tage später jedoch schrieb er ihr, er habe versucht, sich in eine kreative Stimmung hineinzuarbeiten, aber er fühle sich „lahm und einfallslos". Er fügte hinzu, er habe zwar mit Emma mehr für die Geburtenkontrolle getan als Margarete Sanger, aber seit Jahren rate er den Frauen, trotz Armut, Depression oder Kriegsgefahr Kinder zu bekommen. Er war überzeugt, daß „Babies für viele Frauen ein wesentlicher Bestandteil eines erfüllten Lebens sind".

Am 7. Juli endlich besuchte Ben Emma. Er verspätete sich jedoch, und Emma nutzte die Zeit des Wartens, um an Fitzi zu schreiben:

„Ben R. sollte heute morgen ankommen. Also bin ich um sechs Uhr aufgestanden und habe die Wohnung saubergemacht. Jetzt ist es etwa 3 Uhr nachmittags, er ist nicht da. Er wird schon kommen... Früher zitterte ich vor Aufregung am ganzen Körper und zählte die Sekunden bis zu Bens Ankunft. Jetzt bleibe ich so ruhig, als hätte er oder vielmehr meine Leidenschaft für ihn mich nie gefesselt. Natürlich werde ich ihn so gut ich kann bewirten, aber ich hoffe, er kann sich für ein paar Tage ein Hotel leisten. Ich möchte Ben wirklich lieber nicht in nächster Nähe haben. Das Tote ist begraben, und keiner kann es wieder zum Leben erwecken. Naja, mal sehen. Eins ist sicher, er hat sich nicht im geringsten geändert, wie du aus den Kopien seiner Briefe ersehen kannst. Eine merkwürdige Mischung, dieser Ben."

Als Ben schließlich da war, beschworen sie die Vergangenheit; redeten über die alten Zeiten, die gemeinsamen Bekannten und die politische Bedeutung der Ereignisse jener Jahre. Dabei zeigte sich, daß Ben in fast allen Punkten nicht mit Emma übereinstimmte. Ihr war unwohl bei dem Gedanken an Bens Vorhaben, über ihre zehn gemeinsamen Jahre zu schreiben, und sie bat Fitzi, Ben das Buch auszureden:

„Zu Ben R. und seinem Buch über die zehn Jahre mit mir: Mir ist klar, daß es ein heilloses Durcheinander wird, so wie alles, was er veröffentlicht hat. Der Mann hat nie gelernt, zu schreiben oder sich dabei Zeit zu lassen. Aber die einzige, die ihn dazu bewegen kann, seine neue fixe Idee nicht weiterzuverfolgen, bist du. Ben hat dich immer hoch geachtet, und das tut er heute noch. Wenn du ihm begreiflich machen könntest, daß mein Name solange nicht ins Licht der Öffentlichkeit gezerrt werden sollte, bis die Frage meiner Wiedereinreise so oder so entschieden ist, würde Ben sein Meisterwerk sicher aufschieben. Tu es doch, bitte, Liebling. Weißt du, meine Liebe, ich bin selbst zu sehr von Bens neuem Fimmel betroffen, ich kann ihn unmöglich bitten, vorläufig von der Publicity abzulassen. Aber du kannst es leicht tun. Schreib ihm, bitte."

Ben war gekränkt ob der Unterstellung, er würde irgendetwas über seine Beziehung zu Emma schreiben, das ihre Aussichten, ein Visum zu erhalten, gefährden könnte, verlangsamte aber aus Respekt vor Emmas Wunsch, in die Vereinigten Staaten zurückzukehren, die Arbeit an seinem Buch.

Dessenungeachtet hatten sie über Monate hinweg keinen Kontakt miteinander, bis Emma hörte, daß Ben im Oktober einen Schlaganfall erlitten hatte. Freundlich und mit einer Spur von Humor schrieb sie ihm:

„Es tut mir furchtbar leid, lieber Ben, daß du einen Schlaganfall hattest. Allerdings überrascht mich das nicht, so hektisch, wie du immer gelebt hast. Hoffentlich wirst du jetzt ruhiger. Ich weiß, daß du immer noch eine Anziehungskraft auf die Damen ausübst. Aber das Herz ist nicht mehr so jung, es kann mit deinen affairs d'amour nicht Schritt halten. Ganz im Ernst, lieber Ben, du solltest dich entscheiden und die Hände in den Schoß legen und zur Einsicht und Besinnung kommen. ... Deine alte Freundin.

Emma"

Anfangs war Ben verzweifelt über die Einschränkungen, die ihm sein geschwächter Körper auferlegte – er konnte sich kaum die Schuhe zubinden oder die Knöpfe an Hemd und Hose schließen und mußte eine strenge Diät einhalten und regelmäßig Insulin spritzen. Dann jedoch entdeckte er auch in dieser Krankheit die Möglichkeit zu einem Neuanfang und schrieb an Emma:

„Mit 62 muß ich wieder ein neues Leben anfangen. Ich bin ungefähr in derselben Lage wie seinerzeit, als wir uns getrennt hatten und ich nach Chikago zurückkam, um ein neues Leben anzufangen. ... Die zehn Jahre mit Anna und Brutus waren ein Segen, und ich machte damals eine Menge Geld. Seit Annas Tod vor zehn Jahren habe ich nicht mehr genug zum Leben verdient. Die letzte Krankheit zwang mich, mein Büro und die Praxis aufzugeben, und es war ein ziemlicher Schock für mich, keine Möglichkeit zum Geldverdienen zu haben. Das hat meinem Selbstbewußtsein einen beträchtlichen Schlag versetzt, obwohl die Luft noch nicht ganz raus ist. Noch nie im Leben habe ich meine Grenzen und meine Armut so sehr gespürt. In den 15 Jahren, die ich in meiner Praxis war, hatte ich über 6.000 Patienten. Innerhalb von zwei Monaten sind sie alle verschwunden und nicht eine Rechnung konnte ich eintreiben. Meine Verleger haben mir einen Scheck geschickt, als sie von meiner Erkrankung hörten. Ein paar Freunde erkannten meine Not und versuchten zu helfen, aber 'mein Publikum' hat mich verlassen. ...

Zum erstenmal in meinem Leben merke ich, daß ich weder zu den Anarchisten und Radikalen noch zu den Soziologen und Kriminologen gehört habe – den Gruppen , denen ich in den letzten 20 Jahren meine Zeit gewidmet habe. Du hast so oft Ibsen zitiert: 'Der ist am stärksten, der auf sich selbst gestellt ist.' Ich war so lange bei dem Mob und den breiten Massen und den Gruppen und den Versammlungen, daß ich verlernt habe, auf eigenen Füßen zu stehen. ... Ich habe keine Angst oder Furcht. Ich bin nur schockiert festzustellen, wie wenig ich den Leuten, mit denen ich gearbeitet habe, bedeute. Ich habe immer gedacht, wenn ich wirklich in Not bin, würde mir irgendeine Universität oder Stiftung ein Stipendium oder einen Zuschuß gewähren, damit ich eine soziologische Abhandlung über meine Erfahrungen mit den Arbeitslosen und den Hobos und den Verfechtern der Geburtenkontrolle und den Anarchisten schreiben kann. Ich habe Tausende von Briefen, Broschüren und Dokumenten, die ich leicht in eine soziologische Abhandlung einbeziehen könnte. Ich habe mich bei der Social Science Research Group, bei der Guggenheim–Stiftung, bei der Universität Chikago und einer Reihe anderer Institutionen beworben – und alle haben abgelehnt. Ich bin entweder zu alt oder zu unzuverlässig oder zu beschränkt, jedenfalls zu unzulänglich – für ihre Zwecke.

Das ist natürlich nicht erstaunlich. Es ist nur beunruhigend festzustellen, daß weder Gott noch der Teufel mich will. Du hast immer gesagt, ich werde mich eines Tages wieder der Kirche zuwenden, aber der Witz ist, daß auch die Kirche mich nicht will. Meine einzige Möglichkeit besteht darin, wieder eine Praxis aufzumachen. Wir hatten eine einfache Methode zur Vorsorge gegen Syphillis und Tripper erarbeitet und ein brauchbares Konzept entwickelt, sie zu propagieren und die breite Öffentlichkeit in der Vorbeugung gegen Geschlechtskrankheiten zu unterrichten... so erfolgreich... das Gesundheitsamt von Chikago und die US–Gesundheitsbehörde haben mich rausgeworfen.

Nein, ich bin nicht entmutigt. Ich habe ein Zuhause, einen reizenden, großen Sohn, eine wunderbare, 3jährige Tochter und eine Gefährtin, und ich habe den schwachen Willen weiterzumachen. Ich möchte gern einen autobiographischen Roman schreiben und von den wundervollen Augenblicken und der Propaganda, mit der ich zu tun hatte, erzählen. Ich hoffe, du bist gesund und munter und kannst das tun, was du gern machen willst. In Liebe,

Ben"

Emma versuchte, sein Selbstvertrauen zu stärken, und schrieb ihm: „Ich habe deinen Brief vom 13. erhalten. Dafür, daß er von dir kam, klang er sehr niedergeschlagen. Hoffentlich war das nur eine vorübergehende Stimmung. Ich verstehe, was für ein... Schock es für dich gewesen sein muß zu entdecken, daß die Welt sich auch ohne uns dreht. Aber das geht vorüber. Ich hätte nicht geglaubt, daß du so reagierst. ... Seit ich dich kenne, schienst du mir durchweg optimistisch, manchmal zu optimistisch, was das Resultat deiner Arbeit... betraf. Ich habe schon früher befürchtet, daß du eines Tages aufwachen... würdest. Aber warte ab: wenn du erst wieder gesund bist, wirst du auch deine Unbekümmertheit zurückerlangen. ... Ich glaube allerdings, daß du trotz all deiner Enttäuschungen noch Grund hast, froh zu sein. Nach deiner eigenen Darstellung hast du einen großartigen Sohn, eine liebe, kleine Tochter, eine Gefährtin und noch vieles mehr. Du bist also noch reich, mein Lieber, viel reicher als Zehntausende von Menschen, die niemanden haben und die nirgends gebraucht werden. Ich bin froh, daß du nicht zu ihnen gehörst. ... Man lebt jetzt von einem Tag auf den anderen. ..."

Emma gestand ihren alten Freunden, den Rockers, sie „würde nicht weitermachen", wenn Spanien nicht wäre. Auch wenn sie an ihrem Geburtstag im Juni und zum 50. Jubiläum des ersten Tages ihrer politischen Arbeit
in New York City im August mit persönlicher und politischer Anerkennung
überhäuft wurde, war der Herbst in Kanada eine relativ isolierte Zeit. „Ich
bin ohne jeden geistigen Kontakt. Manchmal fühle ich mich so entsetzlich
niedergeschlagen und unglücklich, daß ich denke, ich könnte es keinen
Tag länger aushalten." Sogar Fitzis Vorschlag, für sie ein Festessen zu arrangieren, konnte sie nicht aufmuntern: „Laß das Essen für mich. Wenn
ich sehe, wie schwierig es zu organisieren ist, habe ich schon keine Lust
mehr darauf... Also mach dir weiter keine Mühe. Man kann sich nicht gegen eine Lawine stellen."

Aus dieser düsteren Stimmung riß sie die Nachricht, daß eine Gruppe
von vier italienischen Anarchisten wegen Besitzes von subversiven Schriften verhaftet worden war. Unter ihnen befand sich Arthur Bortolotti, den
Emma 1934 in Kanada anläßlich einer Gedenkveranstaltung zum Todestag
von Sacco und Vanzetti kennengelernt hatte. Bortolotti lebte zwar schon
seit zwanzig Jahren in Kanada, hatte sich aber aus Prinzip geweigert, die
kanadische Staatsangehörigkeit zu beantragen. Im Falle einer Verurteilung drohte ihm daher nunmehr die Ausweisung in das von Mussolini re-
gierte Italien.

Emma gründete ein Solidaritätskomitee für die Freilassung der vier Italiener und fand sich plötzlich „bei meiner alten Arbeit" wieder, „jemanden
aus den Klauen der Polizei herauszuhelfen". Sie bat Fitzi um Hilfe und
schrieb ihr:

„Sie wurden am 4. Oktober verhaftet, ihr Haus durchsucht und Literatur beschlagnahmt – und das nur fünf Tage nach dem Inkrafttreten des
neuen Gesetzes [War Measures Act]. Es ist ein sehr drastisches Gesetz. ...
Wenn es Erfolg hat, werden unsere Genossen wahrscheinlich etliche Jahre
eingesperrt. Außerdem würden ihre Verurteilung und das Strafmaß einen
Präzedenzfall schaffen und es den Behörden noch leichter machen, jeden,
der über die Regierung die Nase rümpft, zu schnappen. ...

Weißt du, Arthur ist... sehr intelligent, gut informiert und durch und
durch Idealist. Er würde dir bestimmt gefallen. Wenn sie ihn nun nach Italien schicken – der bloße Gedanke macht mich schaudern. So etwas dürfen wir einfach nicht zulassen. Bis jetzt habe ich die ganze Last, das Geld
für die Verteidigung aufzubringen, fast allein getragen. ... Aber es geht
nicht nur um das Geld, es geht auch um moralische Unterstützung für Arthur, eine Art *Komitee zur Rettung von Bortolotti* oder so etwas."

Zuerst lehnte Fitzi ab, aber Emma gab nicht nach und bedrängte sie,
von New York aus weitere Hilfsmaßnahmen in den Vereinigten Staaten zu
organisieren. Ende November berichtete Fitzi, sie sei „die ganze Woche im
Fall Bortolotti unterwegs gewesen. ... Ach, Emma Liebling, ich weiß
nicht, was ich zu deiner Sorge um Bortolotti sagen soll – weißt du, trotz
aller Proteste und Kampagnen für Sacco und Vanzetti wurden sie schließlich hingerichtet. Und unsere Arbeit für Mooney und Billings – nach

zwei– oder dreiundzwanzig Jahren sind sie jetzt endlich das, was man 'frei' nennt. – Ich werde tun, was ich kann. ..."

Nach Beendigung ihrer Vortragsreise durch Kanada, auf der sie über den Krieg, den Faschismus und „Stalin – den Judas Spaniens" gesprochen hatte, widmete sich Emma fast ausschließlich ihrem Engagement für Bortolotti. Sie entdeckte Ähnlichkeiten zwischen ihm und Sascha – bis hin zu den Initialen. Als die letzte platonische Liebe in ihrem Leben ersetzte er ihr Sascha immer mehr, und sie hatte nur den einen Wunsch, ihn zu retten. Sie schrieb an Fitzi:

„Auch er ist eine merkwürdige Mischung. Er hat sehr viel Verständnis für menschliche Beweggründe und ist die Großzügigkeit in Person; er gibt so gut wie kein Geld für sich selbst aus, verschenkt alles, was er als hochqualifizierter Mechaniker verdient, nimmt aber ungern selbst etwas an, besonders von jemandem, der ideologisch nicht lupenrein ist. ... Du weißt ja auch, wie Sascha manchmal war. Sein hiesiger Namensvetter A. B. ist eine Art jüngerer Sascha... genauso edel und großherzig."

Als Arthur schließlich gegen Kaution freigelassen wurde, hatte er hohes Fieber. Emma nahm ihn auf und pflegte ihn; sie fand ihn nach vierzehn Wochen Haft „furchtbar erschöpft".

Immer wenn Emma und Arthur sich etwas Zeit nahmen, um von ihrer Arbeit auszuspannen, bat sie ihn, an die kanadische Grenze zu fahren. Dort saß sie dann und schaute mit starrem Blick zu ihrem geliebten Amerika hinüber, und die Tränen strömten ihr übers Gesicht. Die Hoffnung, in nächster Zukunft dorthin zurückkehren zu können, hatte sie aufgegeben; alle ihre Anträge auf eine Wiedereinreise waren bisher abgelehnt worden.

Im Februar 1940 schließlich, als die Einwanderungsbehörde Arthurs Deportation anordnete, erhielt Emma die Erlaubnis, ihre Verwandten in den Vereinigten Staaten zu besuchen. Nun völlig damit beschäftigt, die Öffentlichkeit über den Fall Bortolotti zu informieren, lehnte Emma ab und begründete dies Fitzi gegenüber damit, daß sie sich keinesfalls der ihr auferlegten Schweigepflicht unterwerfen könne:

„Mir schaudert schon bei dem bloßen Gedanken, daß ich bei einem Besuch in Amerika dauernd aufpassen und jedes Wort prüfen müßte. Es ist schlimm genug, hier zum Schweigen verurteilt zu sein, wo sich doch alles in mir voller Entrüstung gegen die grauenerregenden Zustände in der Welt aufbäumt. Oh, ich weiß, ich könnte gar nichts tun, was auch nur die geringste Auswirkung auf die Weltlage hätte. Darum geht es auch nicht. Aber ich habe das Gefühl, daß sich in dieser Atmosphäre feigen Schweigens alles in mir aufstaut und ich ersticke. Hier bin ich wenigstens nicht bekannt... In Amerika wäre das anders. Wenn ich dort meine Meinung sagen dürfte, würde mich gewiß wenigstens eine Minderheit anhören. Ich könnte auch Geld für die Rettung von Arthur Bortolotti und für meine bedauernswerten spanischen Freunde sammeln. Was hat es aber für einen Sinn, nach Amerika zu kommen, wenn ich zur Inaktivität und zum Schweigen verurteilt bin? ..."

Am 17. Februar 1940, einem verschneiten Samstag, erwartete Emma

Bortolotti und andere Genossen zu einem Treffen der Libertären Gesellschaft von Toronto in ihrer Wohnung. Um die Zeit des Wartens abzukürzen, spielte sie mit Dorothy Rogers, einer jungen Anarchistin, die ihr als Sekretärin zur Hand ging, und zwei jungen, holländischen Genossen Karten. Als einer der Spieler an der Reihe war, rief Emma aus: „Gottverdammt noch mal, warum hast du denn die Karte ausgespielt?" und fiel vornüber. Das waren ihre letzten Worte.

Emma hatte einen Schlaganfall erlitten, konnte nicht mehr sprechen und war einseitig gelähmt. Man brachte sie sofort ins Allgemeine Krankenhaus von Toronto.

Ihr Schlaganfall war ein Schock für alle. Sie hatte nicht besonders über ihre Gesundheit geklagt und war auch nicht regelmäßig zum Arzt gegangen. Sechs Wochen blieb Emma im Krankenhaus, dann wurde sie nach Hause entlassen, wo Stella, die trotz ihrer labilen psychischen Verfassung sofort nach Toronto gekommen war, sie pflegte. Stella antwortete auch Ben auf den Brief, den er Emma am Tag ihres Schlaganfalls geschrieben hatte:

„Sie kann immer noch nicht wieder lesen, also habe ich ihn in ihren Schreibtisch gelegt. Sie wird ihn bekommen, wenn es ihr besser geht, ebenso die vielen Telegramme von Freunden und Genossen, von denen sie seit Jahren nichts gehört hat. …

Emma kann noch nicht wieder sprechen und kann ihre rechte Seite nicht bewegen. Sie weint sehr viel und ist sich ihres hilflosen Zustands anscheinend voll bewußt. Sie reagiert, indem sie mir die Hand drückt und meine Wange berührt. …

Ich brauche dir nicht zu sagen, wie furchtbar es ist, sie so hilflos zu sehen – ausgerechnet Emma. … Ich bleibe bei ihr, bis es ihr besser geht, und werde versuchen, sie mit mir zurück in die Staaten zu nehmen. …

Wenn sie doch nur den beigefügten Leitartikel lesen könnte. Das ist einzig und allein ihrem übermenschlichen Einsatz für Arthur Bortolotti zu verdanken."

Der Artikel, den Stella Ben schickte, war eine entschiedene Aufforderung an die Regierung, die angeordnete Deportation Bortolottis rückgängig zu machen, weil seine Auslieferung nach Italien wegen seiner antifaschistischen Aktivitäten in Kanada einem Todesurteil gleichkäme. Der Ausweisungsbeschluß wurde schließlich aufgehoben – ein letzter Sieg Emmas.

Nach ihrem Schlaganfall lebte Emma noch drei Monate. Sie konnte sich nur verständlich machen, indem sie Laute von sich gab und die Augen von einer Richtung in die andere rollte. In diesem Zustand suchte sie ein italienischer Genosse auf, der gegen Kaution freigekommen war und nun nach Mexiko gehen wollte und Adressen brauchte. Emma wurde ganz aufgeregt und deutete mit dem Kopf in Richtung ihres Arbeitszimmers, woraufhin ihr Dorothy Rogers etliche Kartons mit Briefen ans Bett brachte, bis Emma bei einem Karton zustimmend nickte. Er enthielt die Adresse eines Genossen in Mexiko, zu dem der junge Italiener gehen konnte.

Am 12. Mai, als Stella, Moe und Arthur bei ihr waren, fiel Emma in ein Koma, und am 14. Mai, nach dreißig Stunden tiefer Bewußtlosigkeit, verstummte die große Rednerin für immer.

Ihr Leichnam wurde in der Zentrale der jüdischen Arbeiterschaft, dem Labor Lyceum in Toronto, aufgebahrt, damit Freunde und Genossen ihr die letzte Ehre erweisen konnten. Pfarrer Salem Bland von der United Church of Canada* war der einzige, der sie in einer Rede würdigte. Erst jetzt war die Regierung der Vereinigten Staaten bereit, Emma die Rückkehr in ihre Wahlheimat zu gestatten. Ihr Leichnam wurde mit dem Schiff nach Chikago gebracht und auf dem Waldheim–Friedhof neben dem Grab der Haymarket–Märtyrer und nicht weit von Voltairine de Cleyre beigesetzt.

Weniger als ein Dutzend Freunde versammelten sich zu ihrer Beerdigung am Freitag, dem 17. Mai 1940. Harry Weinberger, Emmas Anwalt und über dreißig Jahre lang ihr Freund, sagte in seiner Grabrede:

„Emma Goldman war eine unermüdliche, furchtlose und kompromißlose Kämpferin für Freiheit und Gerechtigkeit. Freiheit war immer ihr Thema, Freiheit war immer ihr Traum, Freiheit war immer ihr Ziel. ... Emma Goldman wurde zu Lebzeiten vom Pöbel angegriffen, geächtet, eingesperrt und aus diesem Lande deportiert, weil sie für das eintrat, was inzwischen die ganze Welt für erstrebenswert hält – eine Welt ohne Krieg, eine Welt ohne Armut, eine Welt in Hoffnung auf Brüderlichkeit unter den Menschen. ...

Mut war für Emma Goldman so natürlich wie das Atmen."

Er stockte, mit Tränen in den Augen, und seine Stimme versagte. Dann sprach er weiter, so als ob er Emma selbst anredete:

„Emma Goldman, wir heißen dich in Amerika willkommen, wo du deine letzten Tage mit Freunden und Genossen verbringen wolltest. Wir hatten gehofft, dich im Leben wieder hier zu begrüßen – aber nun begrüßen wir dich im Tod. In den Herzen deiner Freunde lebst du für immer weiter, und die Geschichte deines Lebens wird erzählt werden, wann und wo immer von mutigen und idealistischen Frauen und Männern gesprochen wird."

Emmas Grabstein, der erst viele Jahre später von dem Bildhauer Jo Davison angefertigt wurde, trägt die Inschrift ihres eigenen Ausspruchs: „Die Freiheit steigt nicht zu einem Volk herab. Ein Volk muß sich zur Freiheit erheben."

---

* United Church of Canada, 1925 entstanden aus einer Vereinigung von Methodisten, Presbyterianern u. a. Kirchen, hatte später den Ruf, in moralischen, politischen und sozialen Fragen besonders engagiert zu sein, und wurde zur größten protestantischen Kirche in Kanada (A. d. Ü.)

NACHWORT

Alles begann mit meinem Hund Emma – einer gelungenen Kombination aus Irisch Setter und goldhaarigem Apportierhund von abwechselnd wildem und liebebedürftigem Naturell. Um das Jahr 1971, als die junge feministische Bewegung die Rechte der Frauen sowohl im politischen als auch privaten Bereich radikal verkündete und durchzusetzen versuchte, wurden alle möglichen Dinge nach Emma Goldman benannt. Man war auf der ständigen Suche nach Vorbildern, das heißt nach Frauen, die es gewagt hatten, den herrschenden Konventionen zu trotzen. Emma Goldmans Autobiographie wurde zur begehrten Lektüre; sie selbst für uns zum Symbol des Mutes und der Leidenschaft.

Im Sommer 1975 – nach einer turbulenten Vortragsreihe im kurzlebigen Feministischen Institut von Sagaris/Vermont – fuhr ich mit meinem späteren Mann Lowell und meinem Hund im Auto zurück nach Kalifornien. Wir unterbrachen unsere Fahrt im Hyde–Park–Bezirk von Chikago, schlenderten durch die Gegend und suchten schließlich meinen alten Bekannten John Bowen in seinem Gitarrengeschäft auf; Emma sollte draußen warten. Aber es dauerte nicht lange, und Emma folgte uns in den Laden. John streichelte den Hund und fragte beiläufig: „Wie heißt er eigentlich?"

„Emma", antwortete ich, „wie die Rote Emma Goldman."

„Emma Goldman?" fragte John nachdenklich, „Emma Goldman...? Ich meine, da müßten noch einige Briefe von ihr irgendwo im hinteren Zimmer sein – vor fünf Jahren jedenfalls waren sie noch da. Ich habe sie damals ganz oben in einem Regal verstaut."

Er verschwand im Lagerraum, um die Briefe zu suchen, während wir ein Eis essen gingen. Nach zehn Minuten kam er zu uns hinübergerannt. „Ich hab' sie gefunden", rief er uns zu. Und wirklich – da schleppte er eine alte Schuhschachtel heran, in der sich ein paar hundert Briefe verbargen. Obgleich aus den Absenderangaben hervorging, daß sie von *E. Goldman* stammten, lautete die Unterschrift jeweils auf *Mommy*. Als wir uns an das Entziffern machten, stellten wir fest, daß wir es hier mit Emmas Liebesbriefen an Ben Reitman zu tun hatten.

Mit Einverständnis von John Bowen fotokopierte ich alle diese Briefe, verstaute dann aber die Kopien in mein Bücherregal, wo sie ein Jahr lang blieben.

Das Hauptaugenmerk meiner akademischen Arbeit galt der politischen Theorie – insbesondere den Werken junger feministischer Autorinnen. Vielleicht hat mich auch Emma Goldman in einem gewissen Sinne inspiriert, aber sie bildete keinesfalls den Mittelpunkt meiner Überlegungen. Ich wollte Emma nicht der öffentlichen Kritik aussetzen. Ich fragte mich nur ständig, in welcher Beziehung die in ihren Briefen erörterten Probleme zu ihren öffentlichen Äußerungen standen, und begann, mehr über sie zu lesen – teilweise auch in dem Bestreben, einen Ausgleich zwischen meinem bisherigen Verständnis von ihr und den sich mir jetzt enthüllenden Aspekten ihres privaten Lebens zu schaffen.

1976 rief mich John Bowen an: er hatte weitere Briefe gefunden, und zwar auf dem Dachboden des Nachbarhauses, das einst Ben Reitman gehört hatte. Nun, da die Briefe nicht mehr, wie zu Emmas Lebzeiten, dem allgemeinen Zugriff entzogen waren, regte sich in mir der Plan, all diese Fragmente zu einer Geschichte ihrer Liebe zusammenzufügen. Mit Unterstützung einer meiner Professoren – Herbert Marcuse – machte ich mich daran, den Zusammenhang zwischen der politisch aktiven Emma und ihrem privaten Leben herzustellen. Diese Aufgabe erwies sich als eine höchst aufreibende Suche. Niemand konnte mich zunächst bei meinem Versuch unterstützen. Es gab zwar eine bahnbrechende Biographie über Emma unter dem Titel *Rebel in Paradise* von Richard Drinnon, aber über die Beziehung zwischen ihr und Ben sagte sie wenig aus. So durchforschte ich über viele Jahre hinweg die verschiedensten Bibliotheken quer durch die Vereinigten Staaten: in Washington, New York, Chikago, Boston und dann sogar in Amsterdam. Ich las Tausende von Briefen, Artikeln und Zeitungsberichten über Emmas Aktivitäten.

1977 besuchte ich Mollie Steimer und Senja Fleshine, die in Cuernavaca im Exil lebten. Bei dem Gedanken, die intimsten Dinge aus Emmas Leben der Veröffentlichung preiszugeben, fühlten sich beide sofort alarmiert. Sie waren empört, daß ich meinen Hund Emma nannte – und noch dazu „Rote Emma", wo doch *schwarz* die Farbe der Anarchisten war! In einem Brief an mich faßte Mollie Steimer ihre Meinung folgendermaßen zusammen:

„Nun also zur Sache: Als du und dein Genosse mir über euren Plan erzähltet, EGs Beziehungen zu Ben Reitman einer Art Analyse zu unterziehen und diese schließlich in Buchform herauszugeben, war ich zutiefst verärgert. Schließlich sind Sex und Liebesbekundungen zwischen zwei Menschen eine höchst *persönliche Erfahrung*! Niemand von uns hat Ben gemocht, und wir haben uns sehr gewundert: 'Wie kann Emma ihn nur gerne haben?' Aber Ben war ein Teufelskerl – hübsch und erfolgreich bei den Frauen. EG kannte alle seine Fehler, aber liebte ihn ungeheuer.

Ich fürchte, die Enthüllung ihrer Briefe an BR könnte nutzlose Diskussionen nach sich ziehen – oder vielmehr: feindselige Reaktionen auf Seiten der Leser auslösen. Immerhin, deinen Zeilen nach zu urteilen bist du eine aufrichtige, interessante und sympathische Frau, die, wie ich hoffe,

Emma gerecht werden wird. Außerdem ist uns beiden ja bekannt, daß es Emma war, die, trotz aller Qualen, sich aus der Beziehung *gelöst* hat.

Wieder einmal bewies sie hier ihre Charakterstärke – kurz: das, was sie war, ist und bleiben wird: *ein großartiges Vorbild!* Sie liebte tief und leidenschaftlich, aber hätte ihre Würde niemals (der Liebe) geopfert. Und noch etwas: Emma stellte niemals die Forderung nach gleichen Rechten. Sie *agitierte als gleiche*. Sie hatte ihre Überzeugungen und dazu stand sie – wenn auch auf Kosten ihres persönlichen Glücks."

Die Niederschrift des vorliegenden Buches einschließlich der dazu erforderlichen Recherchen erstreckte sich über volle sechs Jahre. Als ich fast damit fertig war, erschien mir der Gedanke, nun auch noch Emmas Lebensende schildern zu müssen, nahezu unerträglich. Alle Dokumente deuteten auf eine mit dem Alter wachsende Verzweiflung und Bitterkeit hin und meine eigene Depressivität steigerte sich dementsprechend. Eines Sonntagmorgens klingelte das Telefon. Am Apparat war jemand, der sich als Arthur Bortolotti vorstellte: „Ich war ein Freund von Emma Goldman. Kurz vor ihrem Tod hat sie mir das Leben gerettet. Inzwischen habe ich erfahren, daß sie damit befaßt sind, ihre Papiere zu sammeln und zu ordnen, um sie der Nachwelt als historisches Zeugnis zu erschließen. Ich möchte Ihnen gerne helfen."

Dieser Anruf von Bortolotti gab mir den nötigen Schwung, um mein Buch zu vollenden. Emmas Ideen und Taten werden ihren Tod überdauern, und heute noch – zweiundvierzig Jahre danach – zeugen Bortolottis Loyalität sowie Dutzende von Berichten über ihre mitreißende Wirkung auf andere für die unvergängliche Größe dieser Frau.

Hinweise, Anmerkungen und Danksagungen
der Autorin

Im *Founding Mother's Program* werden alle Emma Goldman Dokumente (Briefe, Zeitungsausschnitte, Regierungsdokumente) unter der Schirmherrschaft der National Historical Publications and Records Commission des Nationalarchivs in Washington zusammengestellt.

Um den Inhalt der Briefe Emma Goldmans und Ben Reitmans verständlicher zu machen, habe ich mir die Freiheit genommen, Abkürzungen in voller Wortlänge zu bringen und orthographische sowie grammatikalische Abweichungen von der gängigen Schreibweise zu korrigieren.

Besonderer Dank gilt folgenden Institutionen, die mir bei meinen Recherchen sehr behilflich waren: der University of Illinois, Bibliothek Chikago, Manuskript–Abteilung, für die Erlaubnis, die Ben Lewis Reitman Papiere zu zitieren; dem Department of Rare Books and Special Collections der University of Michigan ,Ann Arbor, für die Zurverfügungstellung der Emma Goldman Briefe aus der Labadie Sammlung; der Boston University Libraries , Special Collections, für die Erlaubnis, die Korrespondenz mit Almeda Sperry und Ben Lewis Reitman einzusehen; der Schlesinger Library, Radcliffe College, für die Erlaubnis, aus den Briefen der Emma Goldman Sammlung zu zitieren; der Tamiment Library, New York University, für die Erlaubnis, die Emma Goldman Papiere zu benutzen; der New York Public Library für die Erlaubnis, aus Emma Goldmans und Rose Pesottas Papieren und Emma Goldmans Sammelalbum in der Abteilung für seltene Bücher und Manuskripte der New York Public Library, Astor, Lenox und Tilden Foundations zu zitieren; der Yale University Library für die Erlaubnis, die Harry Weinberger Papiere durchzusehen; der Beinecke Rare Book and Manuscript Library der Yale University für die Erlaubnis, die Hutchins Hapgood Papiere zu verwenden; der Bancroft Library der University of California, Berkeley, für die Erlaubnis, die Briefe von Emma Goldman an Fremont Older einzusehen; der Sophia Smith Collection, Smith College, für die Erlaubnis, die Henriette Posner und Margaret Sanger Sammlung einzusehen; der State Historical Society of Wisconsin für die Erlaubnis, die Theodore Herfurth und die Gwyneth K. Roe Sammlung zu benutzen; und schließlich dem International Institute for Social History, Amsterdam, für die Erlaubnis, aus dem sehr umfangreichen Emma Goldman Material zu zitieren.

Hinweise, Anmerkungen und Danksagungen
des Verlags

Der Verlag hat darauf verzichtet, Worte, Briefstellen oder auch vollständige Briefe mit einer Quellenangabe zu versehen, wie es in der amerikanischen Ausgabe gemacht worden ist. Da das Buch von Candace Falk kein wissenschaftliches Werk im engeren Sinne ist und die Lesbarkeit des gesamtes Buches nicht durch einen Anmerkungsapparat von über tausend Anmerkungen beeinträchtigt werden sollte, erschien uns diese Vorgehensweise für die deutsche Ausgabe, sowohl dem Inhalt als auch der Form nach, entsprechend sinnvoll. Die zitierten Briefpassagen sind apostrophiert; aus folgenden Archiven, Bibliotheken, Instituten, Büchern und Periodika stammen die zitierten Passagen:

Yale University, Connecticut, Beinecke Library / Yale University, Sterling Memorial, Harry Weinberger Collection, Beinecke Library / University of California, Berkeley, Bancroft Library / Library of Congress, Washington, D.C. / International Institute for Social History, Amsterdam, Emma Goldman Collection / Boston University Libraries, Special Collections / Radcliffe College, Cambridge, Mass., Schlesinger Library / University of Michigan, Ann Arbor, Labadie Collection / Sophia Smith Collection, Smith College / National Archives Record Group / New York University, Tamiment Library / New York Public Library / State Historical Society of Wisconsin, Manuscript Division / University of Illinois, Circle Campus / YIVO Institute;

An American Anarchist: The Life of Voltairine de Cleyre by Paul Avrich / Anarchism and Other Essays by Emma Goldman / Following the Monkey by Ben Reitman / General Services / Living My Life by Emma Goldman / My Disillusionment in Russia by Emma Goldman / Mother Earth / Mother Earth Bulletin / Military Intelligence Division / Nowhere at Home: Letters from Exile of Emma Goldman and Alexander Berkman edited by Richard and Anna Maria Drinnon / National Archives Record Group / The New York Times / Prison Memoirs of an Anarchist by Alexander Berkman / Red Emma Speaks: Selected Writings and Speeches by Emma Goldman compiled and edited by Alix Kates Shulman / Record Group / Rebel in Paradise by Richard Drinnon / The Social Significance of the Modern Drama by Emma Goldman / The People's Almanac.

Besonderen Dank gilt, entsprechend der Chronologie der Herausgabe des Buches, Vivien Marx, die uns im Pflasterstrand, Frankfurt/Main, auf das Buch von Candace Falk aufmerksam machte; Mohrbooks – Literary Agency Rainer Heumann, Zürich, für die Unterstützung bei der Lizenzbeschaffung für die deutsche Ausgabe vom Verlag Holt, Rinehart and Winston, New York; den beiden Übersetzerinnen Dita Stafski und Helga Woggon.

Herzlichen Dank gilt besonders der Lektorin und Setzerin Nirak Renfpoeh, die mit Geduld und unzähligen Überstunden dieses Buch überhaupt ermöglichte.

Zum Schluß sei Candace Falk gedankt, die die Herausgabe in unserem Verlag tatkräftig unterstützt hat.

Bildnachweise:
S. 8, Emma Goldman, IISG, Amsterdam / 4. Umschlagseite: Emma Goldman, IISG
Bilder:
1 Emma Goldman, IISG / 2 Emma Goldman, IISG / 3 Taube Goldman, IISG / 4 Abraham Goldman, IISG / 5 Emma Goldman, IISG / 6 Alexander Berkman, IISG / 7 Johann Most, IISG / 8 Hippolyte Havel, IISG / 9 Edward Brady, IISG 10 Ben Reitman, University of Illinois, Chikago / 11 Ben Reitman, University of Illinois / 12 Emma Goldman, UPI / 13 Emma Goldman und Alexander Berkman, National Archives, New York / 14 Almeda Sperry, Boston University / 15 Senja Fleshine, IISG / 16 Margaret Sanger, Sophia Smith Collection / 17 Leon Malmed, Familienbesitz / 18 Emma Goldman, Hoover Institut / 19 Emma Goldman, IISG / 20 Streikkomitee der IWW, Wayne State University / 21 Kate Richards O'Hare, New York University / 22 Stella Ballantine, Foto von Senja Fleshine / 23 Emma Goldman, IISG / 24 Alexander Berkman, IISG / 25 Arthur Swenson, National Archives / 26 Ben Reitman, IISG / 27 M. E. Fitzgerald und A. Berkman, IISG / 28 M. Lowensohn u. a., IISG / 29 Agnes Smedley, IISG / 30 Voltairine de Cleyre, IISG / 31 Harry Weinberger und Emma Goldman, IISG / 32 Emma Goldman u. a., IISG / 33 Modest Stein u. a., IISG / 34 Modest Stein und Alexander Berkman, IISG / 35 Alexander Berkman u. a., IISG / 36 Rudolf Rocker, IISG / 37 Millie Rocker, IISG / 38 Nestor Machno und Alexander Berkman, IISG / 39 Emma Goldman, Foto von Senja Fleshine / 40 Ben Reitman, University of Illinois / 41 Emma Goldman u. a., Foto von Senja Fleshine.

Abbot, Leonard 207, 342
Aleichem, Sholem 24
Alsberg, Henry 259, 299
Altgeld, John B. 27
Anderson, Margaret 182, 193, 203, 220, 269, 294
Averbuch, Lazarus 58

Baginski, Max 43, 52, 75, 115, 190, 207, 208
Bakunin, Michael 127
Balabanoff, Angelika 242
Baldwin, Roger 19, 79, 221, 261, 342
Ballantine, Ian 249, 258
Ballantine, Stella Comminsky 49, 50, 52, 194, 249, 257, 258, 315, 322
Ballantine, Teddy 234
Barling, Marion 234
Beck, Kitty 269
Beethoven, Ludwig van 261
Berkman, Alexander (Sascha) 10 ff
·Bernstein 29
Bernstein, Ethel 29, 239
Bierce, Ambrose 40
Biggy (Polizeichef) 68
Billings, Warren 205, 222
Binowitz 25
Björnson, Björnstjerne 46
Bland, Salem 352
Borah (Senator) 330
Bortolotti, Arthur 316, 349–351
Boyer 76
Brady, Edward 38, 40, 41, 54
Brandeis, Louis D. (Richter) 217
Breschkowskaja, Katharina 229
Brieux, Eugène 185
Brown, Thurston 178
Buwalda, William 69, 70, 85

Caballero, Largo 337
Caffey (Staatsanwalt) 218
Chattopadhyaya, Virendranath (Chatto) 259
Capes, Ben 226, 275
Capone, Al 330
Cleyre, Voltairine de 39, 93, 143, 145, 230, 352
Coleman, Emily 289, 318, 319, 322, 333
Colton, James 269
Commins, Saxe 163, 164, 166, 196
Comminsky, Lena s. Goldman
Comminsky, Samuel 25
Comminsky, Stella s. Ballantine

Comstock, Anthony 198, 201
Corneille, Pierre 38
Crones, Jean 219
Crouch, Mabel 305
Czolgosz, Leon 45–48, 51, 131, 290

Dan 51
Dante, Alighieri 249
Davidson, Jo 352
Dean, Harriet 182
Debs, Eugene 230
Denekin (General) 242
Dostojewski, F. 50, 65
Douglas, Lord 284
Duncan, Isadora 221

Eastman, Max 203, 204, 215
Eckstein, Emmy 276, 288, 311
Edelson, Becky 52, 54, 237
Evans (Captain) 219

Ferrer, Francisco 101, 102, 110, 139, 191
Fickert, Charles 220
Fitzgerald, Margaret Eleanor (Fitzi) 91, 164, 165, 168, 190, 212, 217, 220, 222, 230, 233, 237, 238, 259, 268, 269, 341, 349
Fleshine, Senja 79, 230, 260, 287, 335
Flynn, Elisabeth Gurley 140, 179, 260
Ford, Miriam Allen de 161
Foster, William Z. 260
Francis, David Rowland 220
Franco, Francisco 335, 337, 344
Freeman, Alden 95, 96
Freud, Sigmund 41
Frick, Henry Clay 35–37, 47, 156

Goethe, Johann Wolfgang von 38
Goldman, Abraham 21
Goldman, Emma 9 ff
Goldman, Helena 21, 22, 24–26, 29, 116
Goldman, Herman 21
Goldman, Lena 21, 24, 25, 47, 164
Goldman, Moe 125
Goldman, Morris 21, 22
Goldman, Taube 21, 22
Gontscharow, Iwan Alexander 23
Gordin, Jacob 97
Gorki, Maxim 65
Graham, Marcus 303
Gray 147
Guggenheim, Peggy 269, 289
Guggenheim, Lawrence 289

Hallbeck, James 216
Hapgood, Hutchins 14, 115, 125, 126, 128, 150, 156
Harris, Frank 14, 63, 215, 264, 269
Harris, Nellie 269
Hartman, Sadakichi 40, 126
Hauptmann, Gerhart 10
Havel, Hippolyte 44, 90, 125, 126, 207, 295
Haywood, Bill 140, 218, 230, 247, 255, 260
Heiner, Frank 311, 312, 314, 315, 318, 321, 326, 334
Heiner, Mary 313, 314
Hitler, Adolf 304, 308, 329, 335, 344
Hochstein, David 232
Hochstein, Helena s. Goldman
Hochstein, Jacob 29
Holmes, John Haynes 299
Hoover, J. Edgar 235, 237, 239, 252
Horr, Alexander 49, 69
Huneker, James 40

Ibsen, Henrik 50, 133, 284
Imlay, Gilbert 13
Inglis, Agnes 211, 215, 227, 234, 249, 261, 295, 296, 299

Jampolski, Dr. Becky 59, 60, 64
Johnson, Dr. 69
Johnson, Tom 208
Joyce, James 214

Kemp, Harry 294
Kennan, Ellen 155, 202, 203, 233, 259, 263, 269
Kerschner, Jacob 26–29, 86, 89, 232, 235
Kirchwey, Freda 299
Kollontai, Alexandra 242
Kotoku, Dr. Denjiro 127
Krafft–Ebing, Richard von 44
Kropotkin, Peter 41, 44, 54, 122, 123, 127, 230, 243, 245, 264, 306, 308

Lawrence, D. H. 168, 169
Lee, Emma 40
Lenin, W. I. 242, 243, 245, 246, 252, 301
Lewis, Dr. Denslow 140
Lincoln, Abraham 343
Lipkin, Dora 239
Loeb, Leo 61
London, Charmain 119
London, Jack 119, 156
Lowensohn, Minna 261
Luxemburg, Rosa 301

Mahony (Captain) 63
Machno, Gallina 244
Machno, Nestor 244
Malatesta, Enrico 41, 122, 124
Malmed, Leon 198, 233, 257, 270–272, 275, 278, 280, 281, 285
Malone, Maud 112
Mannin, Ethel 338
Martindale, Anna 170, 195, 221
Martow 247
Marx, Karl 30, 99, 127
Marx–Aveling, Elinor 99
McCarthy, Thomas 214, 218, 219
McKinley, William 45, 47, 93
McNamara 139
Meyer, Louis 85
Michel, Louise 41, 263
Mikolasek, Joseph 140, 198
Millay, Kathleen 269, 270
Miller, Hermann 44
Minkin, Anna 31, 33, 34
Minkin, Helen 31–35
Molière, Jean Baptiste 38
Mooney, Rena 205
Mooney, Tom 205, 217, 219, 222
Most, Johann 30, 31, 33–36
Moyer, Charles H. 218
Mundelein (Erzbischof) 218
Mussolini, Benito 308, 335, 344

Nasimova, Alla 50
Negrín, Juan 338
Nettlau, Max 57, 260, 261, 335
Newton, Isaac 261
Nietzsche, Friedrich 217
Nolan, Edward 205

O'Hare, Kate Richards 230, 232, 233, 264
O'Neill, Eugene 228
Oliver, Medina 342
Orleneff, Pawel 50

Palmer, A. Mitchel 232, 235
Parsons, Albert 64
Parsons, Lucy 63, 64
Perkus 246
Petrowski 246
Petruschka 23, 27
Pettibone, George A. 218
Picasso, Pablo 337
Pond, James 309

Racine, Jean Baptiste 38
Reed, John 215, 216, 242

Reedy, William Marion 20
Reitman, Ben 11 ff
Reitman, Brutus 227, 228, 236, 251, 307, 343
Reitman, Ida 62, 74–77, 100
Reitman, Lew 60, 267
Reitzel, Robert 44
Robinson, Dr. William 197, 209
Rocker, Millie 256, 259, 304, 336, 349
Rocker, Rudolf 256, 259, 304, 349
Roe, Gilbert 219
Rogers, Dorothy 351
Roosevelt, Theodore 69, 85, 155, 201, 295, 319
Rousseau, Jean Jacques 38, 299
Ryan (Polizeichef) 68

Sacco, Dante 305
Sacco, Nicola 305, 349
Sanger, Margaret 185, 186, 196–198, 200–202, 209, 346
Sanger, Peggy 200
Sanger, William 196
Schatoff, Bill 242
Schroeder, Theodore 200
Schuettler, Herman 66, 219, 220
Schwab, Justus 38
Scott, Evelyn 289
Shakespeare, William 38, 261
Shapiro, Alexander 252, 253
Shapiro, Meyer 89
Shapiro, Sophie 89
Shaw, George Bernard 111, 211, 297
Shipley, Maynard 161, 162
Shippy (Polizeipräsident) 58
Sinowjew, G. J. 242, 245, 246
Smedley, Agnes 259
Smith, E. G. 37
Smith, Rhoda 168
Solotaroff, Dr. Hillel 30, 31, 33
Sorin 242
Souchy, Augustin 335, 336
Sperry, Almeda 147–153, 193
Spies, August 28
Stalin, Josef 340, 343, 350

Stallings, Laurence 290
Stanislawski 250
Steffens, Lincoln 216
Steimer, Mollie 230, 235, 260, 287, 335, 338
Stein, Modest (Fedja)32–35, 41–44
Stokes, Rose Pastor 260
Stone, Carl 44
Sunday, Bill 198
Swenson, Arthur 256–259
Swinton, John 40
Synges, John Milligton 292

Tannenbaum, Frank 179
Thorp, Dr. 143
Tolstoi, Leo 69, 127, 191, 306
Trotzki, Leon 244, 246, 252
Tschernischewski, Nikolai 23, 32
Tschirikow 50
Turgenjew, I. S. 23
Twain, Mark 160

Vail, Lawrence 269
Valkenburgh, W. S. van 233, 237, 261, 270
Vanzetti, Bartolomeo 305, 349
Vázquez, Mariano 345
Verdi, Guiseppe 23, 31
Voltaire, François–Marie 38

Wagner, Richard 146
Weinberg, Israel 205, 220
Weinberger, Harry 214, 217–219, 231, 235, 249, 342, 352
Whitman, Charles S. 218
Wilde, Oskar 284
Wilson, Woodrow 218
Winn, Ross 134
Wollstonecraft, Mary 13, 133, 152

Young, Howard 270

Zibelin, Albert 49
Zodokoff, Labe 21